U0488905

河南专门史大型学术文化工程丛书

主编 王承哲

河南救灾史

焦培民 著

中原出版传媒集团
中原传媒股份公司
大象出版社
·郑州·

图书在版编目(CIP)数据

河南救灾史/焦培民著. -- 郑州：大象出版社，
2025. 2. -- (河南专门史大型学术文化工程丛书).
ISBN 978-7-5711-2366-6
Ⅰ. D632. 5
中国国家版本馆 CIP 数据核字第 202425630V 号

河南专门史大型学术文化工程丛书

河南救灾史
HENAN JIUZAI SHI

焦培民　著

出 版 人　汪林中
选题策划　王刘纯　张前进
责任编辑　宋　伟
责任校对　毛　路　陶媛媛　马　宁　张迎娟
装帧设计　张　帆

出版发行　大象出版社(郑州市郑东新区祥盛街27号　邮政编码450016)
　　　　　发行科　0371-63863551　总编室　0371-65597936
网　　址　www.daxiang.cn
印　　刷　北京汇林印务有限公司
经　　销　各地新华书店经销
开　　本　720 mm×1020 mm　1/16
印　　张　38.75
字　　数　633 千字
版　　次　2025 年 2 月第 1 版　2025 年 2 月第 1 次印刷
定　　价　175.00 元

若发现印、装质量问题，影响阅读，请与承印厂联系调换。
印厂地址　北京市大兴区黄村镇南六环磁各庄立交桥南200米(中轴路东侧)
邮政编码　102600　　　　电话　010-61264834

河南专门史大型学术文化工程丛书(第二辑)编辑委员会

主　　任　　王承哲

副 主 任　　李同新　王玲杰　郭　杰

主　　编　　王承哲

执 行 主 编　　陈建魁

执行副主编　　李　乔

编　委
(以姓氏笔画为序)

于为民	王记录	王景全	王星光	田　冰
田国行	代　云	朱海风	任崇岳	李　龙
李　暖	杨　波	杨世利	张玉霞	张佐良
张新斌	陈习刚	赵广军	赵保佑	赵炳清
贾兵强	徐春燕	唐金培	高丽杨	郭建慧
程有为	焦培民	魏淑民		

河南专门史总论

张新斌

河南专门史研究,是河南历史的细化研究,是河南历史的全面研究,是河南历史的深入研究,也是河南历史的综合研究。河南历史研究,不仅是地方史研究,也是中国史研究,是中国史的核心研究,是中国史的主干研究,更是中国史的精华研究。

一、河南称谓的区域变迁及价值

(一)河南:由地理到政治概念的演变

河南是一个地理概念。河南概念的核心是"河",以黄河为指向形成地理方位概念,如河南、河东、河西、河内、河外等。《史记·殷本纪》:"盘庚渡河南,复居成汤之故居。"又,《战国策·齐策》:"兼魏之河南,绝赵之东阳。"魏惠王徙都大梁(今开封),而河南地区为魏之重要区域。《史记·项羽本纪》:"彭越渡河,击楚东阿,杀楚将军薛公。项王乃自东击彭越。汉王得淮阴侯兵,欲渡河南。"这里的"河南"明显不是一个政区概念,而是一个地理概念。

河南也是一个政治概念。《史记·货殖列传》所云"三河"地区为王都之地。"昔唐人都河东,殷人都河内,周人都河南。夫三河在天下之中,若鼎足,王者所更居也。"可见河南为周之王畿之地。又,《史记·周本纪》:"子威烈王午立。考王封其弟于河南,是为桓公。"《史记·项羽本纪》:"故立申阳为河南王,都洛阳。"这也从一个侧面反映出河南在战国、秦汉之际与王都连在一起,无疑应为政治中心。《通志·都邑略》对河南有一个重要评价："故中原依大河以为固,吴越依大江以为固。中原无事则居河之南,中原多事则居江之南。自开辟以来皆河南建都,虽黄帝之都、尧舜禹之都于今皆为河北,在昔皆为河南。"

（二）河南：以洛阳为中心的政区概念

1. 河南郡。汉代始设,至隋唐之前设置。《汉书·地理志》云,河南郡,辖县22个,有洛阳、荥阳、偃师、京、平阴、中牟、平、阳武、河南、缑氏、卷、原武、巩、谷成、故市、密、新成、开封、成皋、苑陵、梁、新郑。以上地区包括今洛阳市区周边,含今新安、孟津、伊川、偃师,今郑州市的全部,今开封市区,以及今原阳县,今汝州市。据《晋书·地理志》,河南郡领河南、巩、安、河阴、新安、成皋、缑氏、新城、阳城、陆浑。西晋时,汉河南郡东部析置荥阳郡,而西晋时的河南郡大致包括今洛阳市区及嵩县、新安、偃师、伊川等,以及巩义、登封、新密,还有荥阳的一部分和今汝州市。《宋书·州郡志》：南朝宋司州有三郡,包括河南郡,领河南、洛阳、巩、缑氏、新城、梁、河阴、陆浑、东垣、新安、西东垣等,其范围与西晋河南郡差不多。《魏书·地形志》说河南郡仅领县1个,其区划郡县叠加。《隋书·地理志》记述隋设河南郡,统领18个县,为河南、洛阳、桃林、阌乡、陕、熊耳、渑池、新安、偃师、巩、宜阳、寿安、陆浑、伊阙、兴泰、缑氏、嵩阳、阳城,涉及今三门峡市区及灵宝、渑池、义马等,今洛阳市区及新安、偃师、嵩县、宜阳等,今郑州所辖巩义、登封等。

2. 河南尹。东汉时洛阳为都,在都城设河南尹。《后汉书·郡国志》：河南尹,辖洛阳、河南、梁、荥阳、卷、原武、阳武、中牟、开封、苑陵、平阴、缑氏、巩、成皋、京、密、新城、偃师、新郑、平。其所辖范围与西汉河南郡基本相当。三国魏时亦有"河南尹",如《三国志·魏志》：夏侯惇曾"转领河南尹",司马芝于"黄初中,入为河南尹"。

3. 河南县。西汉时设县,沿至东汉、西晋、刘宋、北魏、隋、唐、宋等,金代已无河南县,洛阳的"河南""洛阳"双城结构正式瓦解。

4. 河南府。唐代始设,沿至宋、金、元,但元代已称之为路。据《旧唐书·地理志》,河南府辖河南、洛阳、偃师、巩、缑氏、告成、登封、陆浑、伊阙、伊阳、寿安、新安、福昌、渑池、永宁、长水、密、河清、颖阳、河阳、汜水、温、河阴、阳翟、济源、王屋。《新唐书·地理志》载,河南府共辖20县,有河南、洛阳、偃师、巩、缑氏、阳城、登封、陆浑、伊阙、新安、渑池、福昌、长水、永宁、寿安、密、河清、颍阳、伊阳、王屋。由此可以看出,其地含今洛阳绝大部分,今郑州的巩义、登封,甚至今豫西北的济源。《宋史·地理志》有河南府,辖河南、洛阳、永安、偃师、颍阳、巩、密、新安、福昌、伊阙、渑池、永宁、长水、寿安、河清、登封共16县。《金史·地理志》载,金时河南府仅辖9个县,即洛阳、渑池、登封、孟津、芝田、新安、偃师、宜阳、巩。以上县名与今县名比较接近,主要分布在今洛阳周边。《元史·地理志》载,在河南行省下有"河南府路",实相当于河南府,相关县有洛阳、宜阳、永宁、登封、巩县、孟津、新安、偃师,以及陕州的陕县、灵宝、阌乡、渑池,相当于今三门峡市一部分、洛阳市一部分及郑州市一部分。《明史·地理志》记录的河南省下有河南府,属地有洛阳、偃师、孟津、宜阳、永宁、新安、渑池、登封、嵩县、卢氏及陕州的灵宝、阌乡2县。其地较元代河南府稍大。

5. 河南道。仅在唐代、五代时实行。据《旧唐书·地理志》载,"河南道"辖河南府、孟州、郑州、陕州、虢州、汝州、许州、汴州、蔡州、滑州、陈州、亳州、颍州、宋州、曹州、濮州等,其范围"约当今河南、山东两省黄河故道以南(唐河、白河流域除外),江苏、安徽两省淮河以北地区"[①]。《新唐书·地理志》也讲到"河南道",相当于古豫、兖、青、徐四州之域。据《旧五代史·郡县志》载,五代时有"河南道",含河南府、滑州、许州、陕州、青州、兖州、宋州、陈州、曹州、亳州、郑州、汝州、单州、济州、滨州、密州、颍州、濮州、蔡州等,可见其范围是极大的。

(三)河南:以开封为中心的政区概念

自元代开始,"省"成为地方最高级行政建制。元代正式设立"河南江北等处行中书省"。《元史·地理志》云,河南行省辖路12、府7、州1、属州34、属县182。其中,汴梁路,领录事司1(县17,开封一带),还领郑、许、陈、钧、睢等5州21县。河南府路,领录事司1(县8,洛阳一带),还领陕州及4县。南阳府,领南阳、镇平2县及邓、唐、嵩、汝、裕5州11县。汝宁府,领汝阳、上蔡、西平、确山、遂平5县及颍、息、光、信阳4州10县。归德府,领睢阳、永城、下邑、宁陵4县及徐、宿、邳、亳4州8县。襄阳路,领录事司1县6,还领均、房2州4县。蕲州

---

① 复旦大学历史地理研究所《中国历史地名辞典》编委会:《中国历史地名辞典》,江西教育出版社1988年版,第538页。

路,领录事司1县5。黄州路,领录事司1县3。以上仅为"河南江北道肃政廉访司",所领范围已包括今河南省黄河以南部分,以及今湖北省江北部分地区,今苏北、皖北部分地区。

明代正式称河南行省(承宣布政使司),《明史·地理志》记录河南省辖府8、直隶州1、属州11、县96。府有开封府、河南府、归德府、汝宁府、南阳府、怀庆府、卫辉府、彰德府,以及直隶州汝州。总的来看,明代的河南省已经与现在的河南省大体范围相当,成为一个跨越黄河南北的省。

清代沿袭了相关的行政建制。需要注意的是,其治所在开封。直到民国及新中国成立初期,开封一直为省会所在。

从以上的史料罗列中可以看出,"河南"是一个重要的概念。先秦时期,河南是一个重要的地理概念,而这个概念中实际上包含了非常深刻的政治含义,河南实际上是天下政治中心的具体体现。从西汉开始到清代,河南成为一个非常重要的行政建制名称。隋唐之前是河南郡(尹),隋唐之后则为河南府(路)。元代之前,河南郡、府、道、尹、县的治所,以及地理概念、政治概念的核心,均在今洛阳。可以说,河南的范围时有变化,作为河南中心的洛阳地位始终是不变的,洛阳甚至是河南的代名词。元代以后行省设立,开封成为行省治所(省会)所在,数以百年。虽然如此,但河南的根源、灵魂在洛阳。

二、河南历史的高度与灵魂

(一)河南历史的高度:河南史的实质就是中国史

河南是个大概念,不仅涉及地理、政区,也涉及政治,研究中国历史是绕不开以洛阳为中心的河南的。《元和郡县志》卷六对"河南"有一个解读:"《禹贡》豫州之域,在天地之中,故三代皆为都邑。"这里对夏至唐的洛阳为都有一个清晰的勾勒,如禹都阳翟、汤都西亳、成王都成周,东汉、曹魏、西晋、北魏等均都洛阳,隋炀帝号为东京,唐代号称东都或东京,"则天改为神都",到了北宋则成为西京。可以说,一部王朝史,绕不开以洛阳为中心的河南。《说苑·辨物》载"八荒之内有四海,四海之内有九州,天子处中州而制八方耳",而这个"中州"就是河南。

对于河南的认识,其战略地位的重要性不言而喻,还有另外一个角度的分析。《读史方舆纪要》卷四十六:"河南,古所称四战之地也。当取天下之日,河南在所必争;及天下既定,而守在河南,则岌岌焉有必亡之势矣。周之东也,以河南而衰;汉之东也,以河南而弱;拓跋魏之南也,以河南而丧乱。朱温篡窃于汴梁,延及五季,皆以河南为归重之地。以宋太祖之雄略,而不能改其辙也,从而都汴。都汴而肩背之虑实在河北,识者早已忧之矣。"在这里,作者将洛阳的战略地位定性为"四战之地",讲到得天下者首先要得河南,反映了作者的敏锐性。但是,将洛阳定位于岌岌可危之地则有所不妥。河南对关中的承接,实际上反映了中国古代的两大政治中心相互补充完善的作用。中国历史上的统一王朝,基本上都经历了定都于关中长安和河洛洛阳两个阶段。所以,从某种意义上讲,河南历史既是河南地方的历史,也是中国古代的历史;从区域角度来看,可以说河南区域史是极为精练的中国史,是影响甚至决定王朝走向的关键历史;从中国历史的大视野考察,具备这种关键作用的区域,在中国这种大格局中,也就是那么一两个地区,而河南无疑是其中之一。

(二)天地之中:中国历史最具灵魂的思维探寻

中国古代都城的选择是与中国人特定的宇宙观联系在一起的。在中国人的观念中,"中"具有极为特殊的意义。中国古代历史上最具影响力的都城中,最能体现这种观念的非洛阳莫属。[①]

周灭商之后,周公受命探寻"天地之中"。《太平寰宇记》卷之三云:"按《博物志》云:'周在中枢,三河之分,风雷所起,四险之国也。昔周武王克殷还,顾瞻河、洛而叹曰:"我南望三涂,北望岳鄙,顾瞻有河,粤瞻雒、伊,毋远天室。"遂定鼎郏鄏,以为东都。'《周书》又曰:'周公将致政,乃作大邑,南系于洛水,北因于郏山,以为天下之大凑也。'皇甫谧《帝王世纪》云:'周公相成王,以丰、镐偏在西方,职贡不均,乃使召公卜居涧水东、瀍水之阳,以即中土。而为洛邑,而为成周王都。'"周朝建立后,最大的问题是"择中而居"。选择"天下之中"与"天地之中",关键是"中"。《路史》卷三十:"古之王者,择天下之中而立国,择国之中而立官,择官之中而立庙。"又,《周礼订义》卷十五:"夫天不足西北,地不足东南,有余不足皆非天地之中,惟得天地之中,然后天地于此乎合土播于四时,所

---

① 张新斌:《"天地之中"与"天下之中"初论》,《中州学刊》2018 年第 4 期。

以生长收藏万物一时之气,不至则偏而为害。惟得天地之中,然后四时于此而交,通风以散之,雨以润之,偏于阳则多风,偏于阴则多雨。惟得天地之中,然后阴阳和而风雨以序,而至独阴不生,独阳不成。阴阳之和不成则反伤夫形。"这里论述了天地之中的阴阳秩序。但从众多文献看,天地之合、四时之交、风雨之会、阴阳之和是个立体的概念。"天地之中"刻意强调了思想观念上的特殊性,着重关注了本质文化上的特质性,重点强化了政治统治上的正当性,具有综合意义。

"天地之中"所在地,以洛阳(洛、洛地、洛师、洛邑、洛之邑、洛河之邑、洛水之涯、洛邑之地、河洛等)之说为绝对主流观点;与"天地之中"对应的"天下之中",则更多强调了位置适中,交通便利,其地方文献也多以洛阳为主。《河南通志》卷七:"河南居天下之中,嵩岳表其峻,大河、淮、济萦流境内。"这里所说的河南实则是大河南,河南的本质是洛阳。所以,洛阳为都的观念思想特征的探寻,反映了中国古代的思维方式与思维特点,其理论的深刻性极大丰富了中国古代的思想宝库,也是中国古都历史的灵魂所在。

三、河南历史:既是地方史也是区域史

河南地方史同时还是河南区域史,这是我们对河南专门史进行研究时时常要注意的关键性问题。我们应该如何对待我们的研究?

(一)作为地方史的河南专门史

地方是相对中央而言的。每一个王朝,都有中央与地方。中央就是皇帝,以及三省六部;地方则是郡县、省府县。对中央而言,省及以下建置都是地方。地方史就是研究一定行政建制内的历史,比如县的历史、市的历史、省的历史。

关于地方史,有人认为"所谓地方史研究,就是专门考察、分析某一地区历史变迁的史学工作"[1],或认为"地方史的书写往往是一种以国家宏大历史叙事为背景,又兼具本土地方特色的历史书写","地方历史的建构既是对国家宏大

---

[1] 叶舟:《地方文献与地方史研究》,载《上海地方志》编辑部编《2017年地方志与地方史理论研讨会论文汇编》,第199—203页。

历史叙事的补充,也是新时期国家与地方共同致力于民族地方形象、软实力及文化生态打造的努力"。[①] 一般而言,地方史是与一定级别的行政建置有关联的。河南长期为地方行政建置,从河南郡与河南县,到河南尹与河南县,到河南府与河南县,到河南路与河南县,再到河南省,作为省级建置也有七百余年的历史。相对王朝而言,河南的历史理所当然地就是地方史。换句话说,河南地方史就是研究河南地方的历史,就是研究在省的建置下河南这一特定范围内所发生的历史。河南地方史,就是对河南特定行政建置(省)内所有历史大事、历史人物、历史规制、历史机构、历史社会、历史文化等总的汇集、总的提炼、总的评价,是一部中国特定地方的小通史,是中国通史的河南卷。河南专门史,则是河南地方历史的细化,是河南专门历史的汇集,是作为地方的河南的历史的总的盘点。

河南地方史的研究,在河南是个"偏科"。河南史学界研究中国史,研究世界史,研究考古学,研究史学理论,当然,大家的研究无疑必然会触及河南,因为在中国史的研究范畴中,如果回避了河南,中国史肯定就不是完整的中国史。一方面,从夏到北宋,河南是王朝的政治中心所在,从某种意义上讲,这期间河南史中的重大事件无疑也是中国史中的重大事件,河南的历史也是中国的核心历史、中国的精英历史。另一方面,关键是要从河南的角度来研究中国的历史,从历史纵的时间轴来研究河南史,从历史横的空间区域比较中研究河南历史。所以,对于研究中国史的学者而言,河南地方史既是熟悉的,又是陌生的。

(二)作为区域史的河南专门史

区域是相对总体而言的。区域可以是一个地方行政建置,如河南、郑州、新郑,也可以是一个地区,如豫北、河朔、齐鲁、三秦、华北。当然,区域也可以是永恒的,对全球而言,中国、东亚、远东,都是区域。在全球史的背景下,区域史是个很时尚的东西,研究中国史与世界史(世界各国的历史),实质上研究的都是区域史。

学界有关区域史的讨论,是非常复杂的。例如,将地方史等同于区域史就

---

① 杨旭东:《近年来地方史研究评述》,《中原文化研究》2016年第1期。

是一种常见的声音,如:"地方史,或称区域史,是历史学科的一个重要分支。"①有的直接将区域史的研究范式等同于地方史的研究范式;②也有的将区域史作为地方史的支脉,"地方史内部也演化出了新的支系"③。尽管区域史和地方史有一定的契合点,但两者还不能完全画等号。区域史研究一般多关注区域的特殊性,但是,"区域史研究的意义不仅仅在于认识作为个案的区域本身,而且有助于对国家整体史的认识。于是,区域史研究的一个重要归宿还在于对中华帝国整体史的理解和把握,并不是局限于孤零零的区域个案,也非仅凭借一两个新线索的发现来填补漏洞、空白,而是从局部、微观、特殊性中找到一些带有普遍性的反映整体的现象和规则"④。区域史,就是由诸地理要素所构成的特定地理空间,有较长时段的经济交流与政治联系,以及内部所共生的以文化为纽带的规律性问题的研究。区域史更多关注点在基层社会,是对特定的人群、组织架构、民间信仰,以及形成的民风进行的研究。除利用正史、正志之外,区域史也要更多关注地方文献,如家谱、文书、契约、方志等,只有这样,区域史才会更加丰满。

河南历史,就河南而言,其起点是地理概念。从历代史志可以看出,行政区划的河南是立足于地理概念河南之上而设置的,在中国古代由特定地理概念而产生的政区并不多见,仅从这一点而言,河南历史既可以是地方史,又可以成为区域史,甚至由于以洛阳为核心的河南在历史上特殊的政治地位,河南史在某些时段可以上升为中国史。这就是河南历史的特殊价值所在。

四、河南历史的研究现状与努力目标

(一)河南历史的主要研究成果

改革开放以来,河南省社会科学院及全省学界陆续推出了一系列河南历史

---

① 叶舟:《地方文献与地方史研究》,载《上海地方志》编辑部编《2017年地方志与地方史理论研讨会论文汇编》,第199—203页。
② 段建宏:《地方史研究的思考》,《忻州师范学院学报》2007年第1期。
③ 姚乐:《如何理解地方史与区域史?——以〈江苏通史·魏晋南北朝卷〉为例的分析》,《南京晓庄学院学报》2014年第3期。
④ 孙竞昊、孙杰:《中国古代区域史中的国家史》,《中国史研究》2014年第4期。

的研究成果：

一是通史类。如《简明河南史》（张文彬主编，1996）、《河南通史》（4卷本，程有为、王天奖主编，2005）。以上成果有首创意义，但分量不足，不足以反映河南历史文化的厚重与辉煌。

二是专门史类。如《河南航运史》（河南省交通厅史志编审委员会，1989）、《河南少数民族史稿》（马迎洲等，1990）、《河南陶瓷史》（赵青云，1993）、《河南新闻事业简史》（陈承铮，1994）、《河南考试史》（李春祥、侯福禄主编，1994）、《河南文学史·古代卷》（王永宽、白本松主编，2002）、《河南文化史》（申畅、申少春主编，2002）、《河南教育通史》（王日新、蒋笃运主编，2004）、《河南农业发展史》（胡廷积主编，2005）、《河南经济通史》（程民生主编，2012）、《河南生态文化史纲》（刘有富、刘道兴主编，2013）、《中原科学技术史》（王星光主编，2016），以及即将出版的《中原文化通史》（8卷本，程有为主编，2019）等。总体来讲，质量参差不齐，形成不了河南专门史体系类的成果。

三是市县通史类。如《驻马店通史》（郭超、刘海峰、余全有主编，2000）、《商丘通史（上编）》（李可亭等，2000）、《洛阳通史》（李振刚、郑贞富，2001）、《南阳通史》（李保铨，2002）、《安阳通史》（王迎喜，2003）、《嵩县通史》（嵩县地方史志编纂委员会，2016），以及我们即将完稿的《郑州通史》（张新斌、任伟主编，2020）等。

（二）河南历史的研究机构与研究重点

河南历史研究以河南省社会科学院历史与考古研究所为核心。河南省社会科学院历史与考古研究所是专门从事河南历史研究的权威机构，该所前身为成立于1958年的河南省历史研究所。1979年河南省社会科学院成立之际，河南省历史研究所正式成为河南省社会科学院历史研究所，以后又成立了河南省社会科学院考古研究所，2007年正式合并为河南省社会科学院历史与考古研究所。该所现有工作人员19人，其中研究员4人、副研究员10人，博士或在读博士7人，其研究涉及中国历史的各个方面，尤以中国古代史研究实力最为雄厚，在省级社科院中位列前茅。该所主编的"河南历史与考古研究丛书"已出版第一辑（9本）、第二辑（6本），在中原文化、河洛文化、姓氏文化研究方面均有标志性成果。郑州大学的历史研究在以刘庆柱研究员领衔的中原历史文化重点学科、王星光教授为代表的中原科技史方向、吴宏亮教授为代表的河南与近现代中国方向、陈隆文教授为代表的河南史地方向等方面成果卓著。河南大学以黄河文明研究作为主轴,李玉洁教授的河南先秦史研究、程民生教授为代表的以汴京为核心的宋史研究等较为突出。河南师范大学、新乡学院立足新乡,开展牧野文化研究。安阳师范学院则形成了以甲骨文、殷商史为代表的特色学科。河南理工大学立足于焦作,研究太行文化、太行发展。河南科技大学、洛阳师范学院、洛阳理工学院及文物部门的徐金星、蔡运章、薛瑞泽、毛阳光、扈耕田等先生立足于洛阳,开展河洛文化和洛阳学研究。商丘师范学院立足于商丘,对三商文化与商起源的研究颇有建树。许昌学院对汉魏许都的研究、黄淮学院对天中文化的研究、南阳师范学院对东汉文化的研究则各具特色。信阳师范学院以尹全海教授为代表的根亲文化研究、以金荣灿教授为代表的淮河文化研究及三门峡职业技术学院李久昌教授的崤函文化研究等均独树一帜。这些都已经成为河南历史研究的重要力量,也总体反映出河南历史研究的特色。

(三)河南专门史大型学术文化工程运作的过程与目标

2007年以来,为了进一步整合力量,推出标志性成果,我们在已完成的《河南通史》等研究成果的基础上,提出加大对河南历史研究的力度,并以"河南专门史"作为深化河南历史研究的重要抓手。河南专门史的研究工作得到了河南省社会科学院历任领导的重视。早在2008年,河南省社会科学院副院长赵保佑研究员就积极支持专门史研究的工作构想,积极推动该项工作的落实。2010年,院长张锐研究员、副院长谷建全研究员,专门带历史与考古研究所的相关人员到北京社科院进行调研,向他们学习北京专史集成研究的工作经验。2015年,院党委书记魏一明、院长张占仓研究员、副院长丁同民研究员积极推动,将河南专门史正式纳入河南省社会科学院重大专项工作,并于年底召开了河南专门史的正式启动会。在河南专门史创研期间,院领导积极关注工作进展,副院长袁凯声研究员统筹协调,有力地推动了后续工作。2019年,院领导班子对河南专门史工作给予了大力支持,尤其是院长谷建全研究员更是将专门史作为院哲学社会科学创新工程的标志性成果,院办公室、科研处等相关部门为本套书的出版做了大量的后勤保障工作,使河南专门史第一批成果能够按时高质量地出版。河南省社会科学院历史与考古研究所在承担繁重的创研工作的同时,也承担了大量的学术组织工作,张新斌、唐金培、李乔、陈建魁多次在一起商议工程的组织与推动,唐金培在学术组织工作方面,在上下联动、督促、组织上付出了大量的艰辛。大家只有一个想法:尽快拿出一批高质量的学术成果。

为了有效推动河南专门史大型学术文化工程,我们在工作之初便编辑了《河南专门史研究编写实施方案》《河南专门史大型学术文化工程第一批实施方案》《河南专门史大型学术文化工程工作方案》《关于征集河南专门史重大专项书稿的函》等文件,成立了以魏一明、张占仓为组长的"河南专门史大型学术文化工程"领导小组,工程实行首席专家制,由河南省社会科学院历史与考古研究所所长张新斌研究员为首席专家。整个工程坚持"三为主、三兼顾"的原则,即以河南省社科院科研人员为主,兼顾河南史学界;以在职科研人员为主,兼顾退休科研人员;以团队合作为主,兼顾个人独著。在写作上,采用"三结合"的方法,即史实考证与理论提高相结合、学术价值与当代意义相结合、学术性与可读性相结合。

在第一批书稿创研中,我们结合各自的研究基础,自动组成团队,不但河南省社会科学院历史与考古研究所全体科研人员参与了该项工程,文学研究所、哲学与宗教研究所等单位的科研人员也都承担了相关的任务。河南大学、河南师范大学、河南农业大学、华北水利水电大学、郑州市委党校等同行均参与了创研。最终确定了第一批 15 本书稿的创研目标:《河南考古史》《河南水利史》《河南移民史》《河南园林史》《河南哲学史》《河南水文化史》《河南道教史》《河南城镇史》《河南行政区划史》《河南基督教史》《河南古都史》《河南家族史》《河南书院史》《河南诗歌史》《河南史学史》。我们的总体目标是推出 100 部具有学术意义的河南专门史成果。

从第一批 15 部书稿中我们归纳出以下几个特点:一是极大丰富了河南历史研究的内容。这些书稿所涉及的门类有大有小,其研究不仅梳理了相关门类的历史脉络,也丰富了通史类成果无法容纳的分量。如考古史、基督教史时段较短但内容更为丰满,有的甚至可以形成重大事件的编年。二是从更高的视角研究河南。现代考古学在河南的发展对中国考古学的分期具有标志性意义,实际上我们是从中国考古史的角度来研究河南考古史的。正因为这样,我们对河南考古学在中国考古学中的地位有了更为清晰的看法。三是从史料梳理中探寻发展规律。对于每一个专题的研究者,我们更多地要求大家在对史实进行研究的基础上,要探寻相关门类发展的规律,寻找兴衰的规律,以及决定这种兴衰规律的内在因素。我认为在这批成果中,有的已经超越了地方史的范畴,而进入区域史的研究探索之中。当然,研究是一个永无止境的过程,我们期待着河南专门史在以后的创研过程中不断有更多的学术精品问世。

2019 年 8 月

目 录

绪 论 　　　　　　　　　　　　　　　　　　　　　　　　001
　　一、河南救灾史的研究意义　　　　　　　　　　　　　　002
　　二、河南自然灾害的研究现状　　　　　　　　　　　　　003
　　三、河南历代救灾的研究状况　　　　　　　　　　　　　013
　　四、河南救灾史的研究内容　　　　　　　　　　　　　　029

第一章　先秦时期河南救灾　　　　　　　　　　　　　　031
　　第一节　先秦时期河南各类自然灾害统计分析　　　　　034
　　　　一、先秦时期河南水灾　　　　　　　　　　　　　　034
　　　　二、先秦时期河南旱灾　　　　　　　　　　　　　　037
　　　　三、先秦时期河南虫灾　　　　　　　　　　　　　　039
　　　　四、先秦时期河南寒灾　　　　　　　　　　　　　　040
　　　　五、先秦时期河南风灾　　　　　　　　　　　　　　041
　　　　六、先秦时期河南震灾　　　　　　　　　　　　　　042
　　　　七、先秦时期河南疫灾　　　　　　　　　　　　　　043
　　第二节　先秦时期河南自然灾害概况　　　　　　　　　043
　　　　一、各类自然灾害数据的总量和比重　　　　　　　　043
　　　　二、自然灾害数据的时段分布特征　　　　　　　　　044

第三节　先秦时期救灾机构、程序和措施　　045
　　　　一、救灾机构　　046
　　　　二、救灾程序　　048
　　　　三、一般灾害防治　　049
　　　　四、特种灾害防治　　052
　　　　五、修政禳灾　　055

第二章　秦汉时期河南救灾　　057
第一节　秦汉时期河南各类自然灾害统计分析　　059
　　　　一、秦汉时期河南水灾　　059
　　　　二、秦汉时期河南旱灾　　064
　　　　三、秦汉时期河南虫灾　　067
　　　　四、秦汉时期河南雹灾　　070
　　　　五、秦汉时期河南寒灾　　073
　　　　六、秦汉时期河南风灾　　073
　　　　七、秦汉时期河南震灾　　076
　　　　八、秦汉时期河南疫灾　　079
第二节　秦汉时期河南自然灾害概况　　082
　　　　一、各类自然灾害数据的总量和比重　　082
　　　　二、自然灾害数据的时段分布特征　　082
第三节　秦汉时期救灾机构、程序和措施　　085
　　　　一、救灾机构　　085
　　　　二、救灾程序　　088
　　　　三、一般灾害防治　　091
　　　　四、特种灾害防治　　097
　　　　五、修政禳灾　　101

第三章　魏晋南北朝时期河南救灾　　103
第一节　魏晋南北朝时期河南各类自然灾害统计分析　　105
　　　　一、魏晋南北朝时期河南水灾　　105

二、魏晋南北朝时期河南旱灾　　　　　　　　　111
　　三、魏晋南北朝时期河南虫灾　　　　　　　　　118
　　四、魏晋南北朝时期河南雹灾　　　　　　　　　121
　　五、魏晋南北朝时期河南寒灾　　　　　　　　　124
　　六、魏晋南北朝时期河南风灾　　　　　　　　　127
　　七、魏晋南北朝时期河南震灾　　　　　　　　　132
　　八、魏晋南北朝时期河南疫灾　　　　　　　　　135
第二节　魏晋南北朝时期河南自然灾害概况　　　　138
　　一、各类自然灾害数据的总量和比重　　　　　　138
　　二、自然灾害数据的时段分布特征　　　　　　　139
第三节　魏晋南北朝时期救灾机构、程序和措施　　141
　　一、救灾机构　　　　　　　　　　　　　　　　141
　　二、救灾程序　　　　　　　　　　　　　　　　145
　　三、一般灾害防治　　　　　　　　　　　　　　146
　　四、特种灾害防治　　　　　　　　　　　　　　152
　　五、修政禳灾　　　　　　　　　　　　　　　　155

第四章　隋唐五代时期河南救灾　　　　　　　　　159
第一节　隋唐五代时期河南各类自然灾害统计分析　161
　　一、隋唐五代时期河南水灾　　　　　　　　　　161
　　二、隋唐五代时期河南旱灾　　　　　　　　　　172
　　三、隋唐五代时期河南虫灾　　　　　　　　　　176
　　四、隋唐五代时期河南雹灾　　　　　　　　　　181
　　五、隋唐五代时期河南寒灾　　　　　　　　　　182
　　六、隋唐五代时期河南风灾　　　　　　　　　　183
　　七、隋唐五代时期河南震灾　　　　　　　　　　186
　　八、隋唐五代时期河南疫灾　　　　　　　　　　187
第二节　隋唐五代时期河南自然灾害概况　　　　　189
　　一、各类自然灾害数据的总量和比重　　　　　　189
　　二、自然灾害数据的时段分布特征　　　　　　　189

第三节　隋唐五代时期救灾机构、程序与措施　　191
　　一、救灾机构　　192
　　二、救灾程序　　198
　　三、一般灾害防治　　204
　　四、特种灾害防治　　211
　　五、修政禳灾　　214

第五章　宋金时期河南救灾　　217
第一节　宋金时期河南各类自然灾害统计分析　　219
　　一、宋金时期河南水灾　　219
　　二、宋金时期河南旱灾　　231
　　三、宋金时期河南虫灾　　242
　　四、宋金时期河南雹灾　　247
　　五、宋金时期河南寒灾　　250
　　六、宋金时期河南风灾　　252
　　七、宋金时期河南震灾　　257
　　八、宋金时期河南疫灾　　260
第二节　宋金时期河南自然灾害概况　　262
　　一、各类自然灾害数据的总量和比重　　262
　　二、自然灾害数据的时段分布特征　　263
第三节　宋金时期救灾机构、程序和措施　　266
　　一、救灾机构　　266
　　二、救灾程序　　274
　　三、一般灾害防治　　279
　　四、特种灾害防治　　290
　　五、修政禳灾　　294

第六章　元代河南救灾　　297
第一节　元代河南各类自然灾害统计分析　　301
　　一、元代河南水灾　　301

二、元代河南旱灾　　　　　　　　　　　　　313
　　三、元代河南虫灾　　　　　　　　　　　　　320
　　四、元代河南雹灾　　　　　　　　　　　　　328
　　五、元代河南寒灾　　　　　　　　　　　　　331
　　六、元代河南风灾　　　　　　　　　　　　　333
　　七、元代河南震灾　　　　　　　　　　　　　334
　　八、元代河南疫灾　　　　　　　　　　　　　336
　第二节　**元代河南自然灾害概况**　　　　　　　338
　　一、各类自然灾害数据的总量和比重　　　　　338
　　二、自然灾害数据的时段分布特征　　　　　　338
　第三节　**元代救灾机构、程序和措施**　　　　　341
　　一、救灾机构　　　　　　　　　　　　　　　341
　　二、救灾程序　　　　　　　　　　　　　　　348
　　三、一般灾害防治　　　　　　　　　　　　　351
　　四、特种灾害防治　　　　　　　　　　　　　355
　　五、修政禳灾　　　　　　　　　　　　　　　359

第七章　明代河南救灾　　　　　　　　　　　　363
　第一节　**明代河南各类自然灾害统计分析**　　365
　　一、明代河南水灾　　　　　　　　　　　　　365
　　二、明代河南旱灾　　　　　　　　　　　　　390
　　三、明代河南虫灾　　　　　　　　　　　　　407
　　四、明代河南雹灾　　　　　　　　　　　　　417
　　五、明代河南寒灾　　　　　　　　　　　　　423
　　六、明代河南风灾　　　　　　　　　　　　　428
　　七、明代河南震灾　　　　　　　　　　　　　433
　　八、明代河南疫灾　　　　　　　　　　　　　440
　第二节　**明代河南自然灾害概况**　　　　　　　445
　　一、各类自然灾害数据的总量和比重　　　　　445
　　二、自然灾害数据的时段分布特征　　　　　　446

第三节　明代救灾机构、程序和措施　　448
　　一、救灾机构　　448
　　二、救灾程序　　452
　　三、一般灾害防治　　456
　　四、特种灾害防治　　461
　　五、修政禳灾　　465

第八章　清代河南救灾　　469
第一节　清代河南各类自然灾害统计分析　　472
　　一、清代河南水灾　　472
　　二、清代河南旱灾　　489
　　三、清代河南虫灾　　499
　　四、清代河南雹灾　　502
　　五、清代河南寒灾　　508
　　六、清代河南风灾　　513
　　七、清代河南震灾　　517
　　八、清代河南疫灾　　520
第二节　清代河南自然灾害概况　　523
　　一、各类自然灾害数据的总量和比重　　523
　　二、自然灾害数据的时段分布特征　　524
第三节　清代救灾机构、程序和措施　　527
　　一、救灾机构　　527
　　二、救灾程序　　535
　　三、一般灾害防治　　538
　　四、特种灾害防治　　546
　　五、从修政禳灾到科学救灾　　550

结　语　　557

参考资料 560

后　记 594

绪论

一、河南救灾史的研究意义

河南地区地处中原腹地，自古以来是中国重要的粮食生产基地，也是全国高人口密度地区。同时该地区处在亚热带季风气候区向暖温带季风气候区过渡地带，气候带有过渡性特点，历史上水旱灾害、蝗灾等农业灾害是该地区频发的自然灾害。水旱灾害交替发生的特征为蝗灾的发生提供了条件，因此该地区也是蝗灾易于发生的地区。水旱灾害、蝗灾、雹灾、霜灾等自然灾害对河南地区农业生产活动造成了严重的影响。据河南省政府网的报告来看，2020年河南省自然灾害的主要灾情指标较往年下降，但所造成的损失依然很严重。"2020年，河南省自然灾害以洪涝、生物灾害、干旱、风雹灾害为主，低温冷冻、雪灾等灾害也有不同程度发生。各种自然灾害共造成1026.57万人受灾，4人因灾死亡，17729人次紧急转移安置；1958间房屋倒塌，1614间严重损坏，3537间一般损坏；农作物受灾面积836.9千公顷，其中成灾面积327.7千公顷、绝收面积53.7千公顷；直接经济损失40.95亿元。"[①]其中洪涝灾害导致农作物受灾面积达60%。在古代，水旱灾害、虫灾、寒灾、雹灾等灾害也是影响河南省农业生产及百姓生活的主要灾害。河南救灾史的研究有利于我们从历史中寻找自然灾害发生的规律和总结古代救灾经验，为今天河南防灾、救灾工作提供借鉴。

---

① 数据来自河南省政府网2021年1月26日发布的报告。

二、河南自然灾害的研究现状

学界关于河南救灾的研究相对较少,对灾害发生情况的研究成果具有以下特点:研究局限于史料汇编,对灾害特征分析较少;研究集中于发生频率高、危害严重的水旱灾害、蝗灾;明清时期河南地区发生的自然灾害的研究成果更为丰富。

(一)河南灾害史料汇编情况

有关河南地区自然灾害的资料汇编性质的研究成果相对来说较为丰富,学人利用史书、地方志、碑刻等资料,对发生在河南境内的自然灾害以编年形式进行汇总。河南省地震局、河南省博物馆编的《河南地震历史资料》,通过利用史书、碑刻、墓志、墨书题记、摩崖题记等珍贵资料的记载,整理了河南省3500多年间的地震史料。[①] 吕国强、刘金良主编的《河南蝗虫灾害史》,厘清了2000多年来河南省历朝历代蝗灾发生的范围、次数、频率,以及新中国成立前各地市蝗灾记载情况,进一步总结了前人在治蝗法度、治蝗技术等方面的经验,整理了河南省有史以来有关蝗灾及治蝗的民间故事、诗词以及治蝗书籍,同时对记载河南省蝗灾的参考文献进行了分类归纳,梳理了二十五史、河南省地方志以及其他史料中的蝗灾记载情况;对新中国成立后河南省治蝗减灾中的重大历史事件及减灾工作成就也进行了总结。[②] 河南省水文总站编写的《河南省历代旱涝等水文气候史料(包括旱、涝、蝗、风、雹、霜、大雪、寒、暑)》将河南发生的水灾、旱灾以年表的形式,按照时间分为两部分,唐以前全省水旱等灾害史料放在一起,唐及唐以后则是分为豫西、豫北、豫东、豫南、豫中五个地区分别整理,为研究河南自然灾害的空间分布提供了借鉴。[③]《河南省历代大水大旱年表》对河南在公元前21世纪到1979年发生的自然灾害做了整理,灾害种类以水旱灾害为

[①] 河南省地震局、河南省博物馆编:《河南地震历史资料》,河南人民出版社,1980年。
[②] 吕国强、刘金良主编:《河南蝗虫灾害史》,河南科学技术出版社,2014年。
[③] 河南省水文总站编:《河南省历代旱涝等水文气候史料(包括旱、涝、蝗、风、雹、霜、大雪、寒、暑)》,河南省水文总站,1982年。

主,但也会涉及蝗、雹、霜、大雪、严寒、黄河清等水文气候资料,对河南五个地区(豫西、豫北、豫东、豫南、豫中)发生的大型水旱灾害做了纪年统计,但还是侧重于河南历史上部分灾害的史料的搜集整理,并未对历史上河南发生的灾害做出详细的统计。① 刘照渊编著的《河南水利大事记》(公元前21世纪至1949年),采用以编年体为主,纪事本末体为辅的体例,对从公元前2297年至1949年在河南发生的水旱灾害及有关水利的历史进行了梳理。② 河南河务局编纂的《河南黄河大事记》,梳理了从上古大禹治水至今黄河水患治理及利用的历史,可以为我们研究历史上河南发生的水灾及水利工程的建设提供资料。③ 中央气象局研究所等编的《华北、东北近五百年旱涝史料》第4册为河南省分册,以河南五大河流域为主线,以州县为单位,对河南地区发生的旱涝灾害史料做了整理。④ 李文海等编著的《近代中国灾荒纪年》,综合、系统地记述了从1840年至1919年间全国自然灾害的状况,对河南省发生的灾害也有较多的记录,对灾害发生的时间、地点、范围、危害程度进行介绍,并且对灾区人民的生活以及晚清、民国政府的救灾措施等进行论述,为研究晚清河南灾害及救灾措施提供了史料。⑤ 宋正海著的《中国古代重大自然灾害和异常年表总集》也涉及了河南发生的地震、河决、大风天气等,但作者主要选取大型灾害的记录。⑥ 庞天荷主编的《中国气象灾害大典·河南卷》,对河南地区发生的气象灾害做了研究和分析,认为从公元前206年到1948年的2155年间,发生了雨涝1038次,干旱949次,冰雹277次,风灾144次,霜灾59次,雪灾63次,还对这几种灾害的地区分布、灾害季节性特点做了分析。⑦ 河南省水利厅水旱灾害专著编辑委员会编的《河南水旱灾害》一书,对河南省近500年来的水旱灾害情况及特点进行了梳理总结,分析了水旱灾害的成因与防治,以鉴古知今的角度总结了防治水旱灾害的经验教训,并联系河南实际,提出了可行性对策。⑧ 程炳岩、庞天荷在《河南气象灾害及

---

① 河南省水文总站编:《河南省历代大水大旱年表》,河南省水文总站,1999年。
② 刘照渊:《河南水利大事记》,方志出版社,2005年。
③ 河南黄河河务局编:《河南黄河大事记》,黄河水利出版社,2013年。
④ 中央气象局研究所等编:《华北、东北近五百年旱涝史料》,中央气象局研究所出版,1975年。
⑤ 李文海:《近代中国灾荒纪年》,湖南教育出版社,1990年。
⑥ 宋正海:《中国古代重大自然灾害和异常年表总集》,广东教育出版社,1992年。
⑦ 温克刚主编,庞天荷卷主编:《中国气象灾害大典·河南卷》,气象出版社,2005年。
⑧ 河南省水利厅水旱灾害专著编辑委员会编:《河南水旱灾害》,黄河水利出版社,1999年。

防御》一书中比较系统地概括了河南气象灾害发生的类型、特点、形成原因及对社会生产的影响,对河南旱、涝、风、雹等多种气象灾害发生的时空变化及年际变化特点进行了详细的分析,其中记载了近500年来河南重大旱涝灾害实况及新中国成立以来河南逐年的气候状况,为我们研究河南明清时期的多种灾害提供了史料参考。[1]

以上这些研究成果比较侧重于对历史上河南地区自然灾害的梳理,但对河南各阶段、各地区灾害的发生情况及特征的分析并不充分。

(二)河南历代自然灾害的研究

学界目前有关河南地区发生的自然灾害的研究主要集中在一些论文中。这方面的成果大致可以分为两部分,一部分是对河南地区发生的自然灾害的数量的统计,另一部分则是对这个时期某一次灾害的研究,包括灾害的起因、影响及赈灾状况。

1. 先秦时期

学界关于河南地区在先秦时期发生的自然灾害的研究成果侧重于水旱蝗灾,但研究结果缺乏准确的灾害数据统计。马宗申[2]、王润涛[3]、毛曦[4]以及王青[5]等学者普遍认同了史前河南发生的洪水的真实性。商代的统治范围主要在今天的河南一带,学界对商代水灾的研究可以看作商代河南地区的水灾状况。王建军[6]对商代的水灾及其相关问题作了大致梳理,重点说明了在盘庚迁殷之后,商王朝仍然面临着严重的水患威胁。刘继刚、何婷立认为龙山文化晚期、商代中期和春秋时期为水灾相对高发时期,多发生在农历的五、六、七月,水灾主要分布在河流沿岸和平原低洼地带;先秦时期黄河泛滥与迁徙危害性较大,春秋以降兼并战争加剧了水灾的发生。[7] 梁留科认为商周时期旱灾已经成为威胁

---

[1] 程炳岩、庞天荷主编:《河南气象灾害及防御》,气象出版社,1994年。
[2] 马宗申:《关于我国古代洪水和大禹治水的探讨》,《农业考古》1982年第2期。
[3] 王润涛:《洪水传说与中国古代国家的形成》,《湖北大学学报(哲学社会科学版)》1990年第2期。
[4] 毛曦:《历史学视阈中的洪水传说及其意蕴》,《中国社会科学报》2011.12.08 A08历史学。
[5] 王青:《试论史前黄河下游的改道与古文化的发展》,《中原文物》1993年第4期。
[6] 王建军:《甲骨文所见的"水灾"及其相关问题》,《殷都学刊》2019年第2期。
[7] 刘继刚、何婷立:《先秦水灾概说》,《华北水利水电学院学报(社科版)》2007年第2期。

河南地区农业生产的重要因素,这个时期的人们采取了一些抗旱的办法。① 张军涛、刘星营指出殷商时期中原地区的蝗灾多发生在夏、秋、冬三个季节,认为虫灾的发生与殷商时期较为温暖湿润有关,并指出当时商人对蝗灾发生的时间及其与旱灾、阴雨的关系都有了一定的认识。② 刘继刚利用甲骨文中的资料对先秦时期河南地区的蝗灾进行了考证,认为商人或通过祭祀祈求神灵消灾除灾,或利用火烧对蝗虫进行驱赶和扑杀,或利用网具捕捉蝗虫。③ 任美锷指出,《淮南子·天文训》中记载的共工怒触不周山的传说就是史前在河南发生大地震的记载。④ 这些研究不仅充实了先秦时期的灾害史内容,同时为河南地区的自然灾害研究奠定了基础。

2. 秦汉时期

近年来学界在灾害数据统计及水旱蝗灾的时空分布特征、成灾原因等方面的研究都有所突破。王尚义、任世芳就两汉时期黄河下游水患及中游河口—龙门间土地利用方式的环境后果提出了新的认识,东汉时期河口镇至龙门间迁入了大量游牧民族,原始的游牧方式对天然植被破坏性极大,是造成东汉黄河下游水患频繁的主要原因。⑤ 张亮、徐鹏对河南地区水灾进行了统计,汉代河南的水灾、旱灾次数分别是39次、30次,总计69次。⑥ 张文安认为在地域分布上西汉水患主要集中在豫西与豫东地区,东汉主要集中在豫西地区,其中豫西水患主要由长时间降水引起,豫东水患主要由黄河决口、改道造成。在时间上水患大多发生在雨水集中的夏、秋两季。西汉时期,河南水患大灾多,东汉王景治河以后有所改善。水患分布集中的原因,除气候、地理、农业开发、黄河淤积等因素外,还有一定的政治因素。⑦ 刘春雨认为东汉196年中有70个年份发生旱灾,司隶26次(其中京师洛阳21次),豫州1次,司隶校尉部(包括京师洛阳、河

---

① 梁留科:《论人类与旱涝灾害相互作用的关系》,《灾害学》1995年第3期。
② 张军涛、刘星营:《殷商中原地区蝗灾探析》,《自然科学史研究》2018年第4期。
③ 刘继刚:《甲骨文所见殷商时期的蝗灾及防治方法》,《中国农史》2017年第4期。
④ 任美锷:《4280a B. P. 太行山大地震与大禹治水后(4070a B. P.)的黄河下游河道》,《地理科学》2002年第5期。
⑤ 王尚义、任世芳:《两汉黄河水患与河口龙门间土地利用之关系》,《中国农史》2003年第3期。
⑥ 张亮、徐鹏:《试析汉代河南地域的水旱灾及其影响》,《安阳师范学院学报》2019年第6期。
⑦ 张文安:《东汉时期河南地区的水灾》,《华北水利水电学院学报(社科版)》2007年第5期。

南、河内、三辅)是旱灾发生最多的地区。① 学界通过对秦汉时期蝗灾的研究,认为河南地区是这个时期蝗灾频繁发生的地区之一。张文华认为汉代蝗灾主要集中在山东、河南、陕西、河北、山西一带。② 崔彦华、贾碧真认为东汉蝗灾发生较为频繁,黄淮海平原地区蝗灾最严重,蝗灾年内发生的时间主要集中在夏、秋两季,且夏季发生次数最多。③ 施和金认为东汉蝗灾主要发生在今河南、河北、陕西、甘肃和山东境内。④ 杨丽对中原地区的疫灾概况和特点等进行了研究后指出,这一时期共发生疫灾19次。⑤ 刘继刚认为在东汉有地点可考的21次疫灾中,洛阳发生了8次疾疫。⑥ 刘春雨指出京师洛阳、扬州会稽等地是疫灾高发区且疫灾成因复杂。⑦ 王文涛对东汉安帝年间的灾害进行了列表统计,汉安帝在位期间无年不灾且一年数灾,自然灾害最多的地点是都城洛阳,多达34次。⑧ 王文涛对东汉时期洛阳的地震、水、旱、虫、风、雹、疫等灾害进行了分时、分类的考察,后就自然与社会因素对灾害的影响、灾害救助与政治关系等问题进行了探讨。⑨ 通过对这个时期灾害数据的统计,学者认为河南地区是秦汉时期自然灾害的重灾区之一。

3. 魏晋南北朝时期

施和金认为魏晋时期发生蝗灾共12次,此时蝗灾主要发生在河南、河北、山东三省。⑩ 张美莉等认为南北朝时期北方发生的自然灾害分布在包括今陕西、山西、河南、河北、山东的黄河中下游地区,统计出河南发生了18次水灾、28次旱灾、7次地震、12次风灾、3次冻害、7次虫灾、6次沙尘、1次雹灾、4次疫病。⑪

---

① 刘春雨:《东汉三国时期的旱灾研究》,《兰台世界》2008年第18期。
② 张文华:《汉代蝗灾论略》,《唐都学刊》2003年第1期。
③ 崔彦华、贾碧真:《东汉蝗灾概述》,《社科纵横》2016年第9期。
④ 施和金:《论中国历史上的蝗灾及其社会影响》,《南京师大学报(社会科学版)》2002年第2期。
⑤ 杨丽:《两汉时期中原地区瘟疫研究》,《中州学刊》2014年第2期。
⑥ 刘继刚:《论东汉时期的疾疫》,《医学与研究(人文社会医学版)》2007年第10期。
⑦ 刘春雨:《东汉疫灾初探》,《华北水利水电学院学报(社科版)》2009年第4期。
⑧ 王文涛:《东汉安帝朝自然灾害与政府赈灾年表》,《咸阳师范学院学报》2007年第3期。
⑨ 王文涛:《东汉洛阳灾害记载的社会史考察》,《中国史研究》2010年第1期。
⑩ 施和金:《论中国历史上的蝗灾及其社会影响》,《南京师大学报(社会科学版)》2002年第2期。
⑪ 袁祖亮主编,张美莉、刘继宪、焦培民著:《中国灾害通史·魏晋南北朝卷》,郑州大学出版社,2009年。

4. 隋唐五代时期

阎守诚认为唐代蝗灾多发生在北方,即今河南、河北、陕西、山东、山西数省,他的统计数据显示河南在唐代共计发生18次蝗灾。[①] 李欢、张明芳、白景锋认为唐代河南蝗灾发生的频率为7.27年一次,空间上主要分布在河南省东部和西部,其中黄淮海平原中部的开封、周口发生次数最多,蝗灾发生在时间上呈现集中暴发的特点,在地区上也集聚出现。[②] 袁野认为河南道在唐代发生水灾59次、山南东道12次、都畿道8次、淮南道11次;河南道出现旱灾15次、山南东道5次、淮南道15次、河北道6次。[③] 靳强认为唐代的水灾主要发生地为关内道、河南道、江南道,时间集中在唐高宗、玄宗、宪宗、文宗时期;河南道也是唐代蝗灾暴发次数最多的地区,共计14次蝗灾,河北道次之,发生蝗灾4次。[④] 陈国生认为唐代洪涝灾害主要集中在关内道、江南道和河南道,河南道成为多涝区主要是受到大陆性气候的影响,再加上地势平坦,河道淤积,不利于积水排泄;在北方发生的旱灾主要集中在黄淮海干旱区。[⑤] 刘俊文认为唐代河南、河北地区发生水灾100多次,大型水害中河南、河北发生近30次。[⑥] 朱宇强通过考证有关唐代洛阳发生的水灾的记载,认为唐代洛阳共发生水灾23次,平均12.6年一次,水灾多集中在夏秋季节。[⑦] 在其另一文中,根据史书的记载,朱宇强认为隋唐时期洛阳共计发生水灾49次,发生季节为春夏之交、秋季,霜灾发生3次,风灾发生3次,雹灾发生3次,地震灾害发生3次,旱灾发生13次,虫灾发生9次。[⑧] 二者数据之间的差距较大,作者两次统计的结果并不一致的原因在于二者根据的史料记载不同,所统计的地域范围也有所区别。上述隋唐五代时期的自然灾害的研究未有专门针对河南地区发生的自然灾害的成果,或仅有关于

[①] 阎守诚:《唐代的蝗灾》,《首都师范大学学报(社会科学版)》2003年第2期。
[②] 李欢、张明芳、白景锋:《唐代以来河南蝗灾时空分布变化分析》,《南阳师范学院学报》2018年第1期。
[③] 袁野:《唐代的自然灾害——〈两唐书·五行志〉有关记载研究》(硕士学位论文),首都师范大学,2004年。
[④] 靳强:《唐代的自然灾害若干问题研究》(博士学位论文),武汉大学,2013年。
[⑤] 陈国生:《唐代自然灾害初步研究》,《湖北大学学报(哲学社会科学版)》1995年第1期。
[⑥] 刘俊文:《唐代水害史论》,《北京大学学报(哲学社会科学版)》1988年第2期。
[⑦] 朱宇强:《略论唐代伊洛河水系与洛阳城水灾》(硕士学位论文),暨南大学,2006年。
[⑧] 朱宇强:《汉唐时期洛阳的生态与社会》(博士学位论文),南开大学,2012年。

河南地区的某种灾害的研究。

5. 宋金时期

陈鑫从蝗灾灾情、时空分布特点及其防治和灾后救济等方面对北宋时期的蝗灾进行了论述，其中就有涉及河南蝗灾的情况。[①] 刘双怡研究了宋代地震灾害与救治，对河南地区的情况有所涉及。[②] 张维也在研究中明确指出了北宋时期河南地区发生的地震为全国最多，达29次。[③] 李铁松等人指出，随着两宋时期政治经济中心的南移，瘟疫灾害的重灾区也从河南开封转移到杭州，受灾次数从东南向西南逐渐减少。[④] 周峰对金代蝗灾的特点及其防治做了简要介绍，他统计指出，金代120年间大蝗灾发生20次，平均每6年一次，其中就有关于河南地区蝗灾的介绍。[⑤] 邱云飞对宋金河南灾害记录进行统计，得出共发生350次灾害，其中水灾137次，旱灾95次，蝗灾42次，地震21次，雹灾10次，霜灾2次，瘟疫5次，沙尘21次，风灾17次。[⑥]

6. 元代

楚纯洁、赵景波对宋元时期开封地区的水灾进行了研究，表明宋元开封地区洪灾频发，平均2.75~2.89年发生一次，北宋以中度雨涝为主，元代以河流决溢大灾为主。[⑦] 此外，程遂营认为自12世纪以后的元明清时期黄河泛滥加剧。[⑧] 萧廷奎等人在20世纪60年代通过大量的史料统计，分析了河南省元明清时期的旱灾周期，就干旱季节类型而言，以夏旱为最多，指出"旱"与"大旱"出现的次数以豫北居首位。[⑨] 李开封等人指出元代河南豫北地区在时间、季节上的分

[①] 陈鑫：《北宋蝗灾浅探》，《内蒙古农业大学学报（社会科学版）》2008年第4期。

[②] 刘双怡：《宋代地震灾害与政府应对》，《防灾科技学院学报》2010年第3期。

[③] 张维：《两宋地震灾害的基本情况与特点分析》，《宋代文化研究》2010年第00期。

[④] 李铁松、潘兴树、尹念辅等：《两宋时期瘟疫灾害时空分布规律初探》，《防灾科技学院学报》2012年第3期。

[⑤] 周峰：《金代的蝗灾》，《农业考古》2003年第3期。

[⑥] 袁祖亮主编，邱云飞著：《中国灾害通史·宋代卷》，郑州大学出版社，2008年。

[⑦] 楚纯洁、赵景波：《开封地区宋元时期洪涝灾害与气候变化》，《地理科学》2013年第9期。

[⑧] 程遂营：《12世纪前后黄河在开封地区的安流与泛滥》，《河南大学学报（社会科学版）》2003年第6期。

[⑨] 萧廷奎、彭芳草、李长付等：《河南省历史时期干旱的分析》，《地理学报》1964年第3期。

布特点。① 李开封等人进一步对元代豫北地区的旱灾情况、灾害成因进行了分析。② 张国旺指出"蒙古窝阔台时期、元前中期是蝗灾的高发时段……腹里地区、河南行省是蝗灾的主要发生区域"。③ 王培华、方修琦探究了包括河南在内的华北地区的蝗灾发生的频率和太阳活动的关系。④ 此外,施和金利用元、明、清的基本文献,制作了这三个时代中国蝗灾地域分布表,认为这三个时代的蝗灾主要集中在河北、山东、河南。雹灾与寒灾方面研究总体来说较少,只有王培华研究了元代北方雹灾的时空特点以及救灾减灾措施,其中河南行省发生雹灾13次。⑤ 地震方面,张国旺指出元代腹里地区、河南行省、陕西行省和宣政院辖地是地震灾害的多发行省。腹里地区所在的华北地震带是元代地震活动最为频繁的区域,也是地震灾害最为严重的地区。⑥ 和付强指出河南地区的灾害占整个元代水灾的23.58%、旱灾的16%,虫灾则发生了11次,蝗灾以中书省和河南行省为最多。⑦ 陈高华将元代划分为四个时期,分别对这四个时期的各类自然灾害进行了总体全面的论述,基本上勾勒出元代灾害发生的历史过程,其中也有涉及河南地区的内容。⑧ 程亚琼专门叙述元代河南江北行省的灾害情况,其中包含了现河南行政区的大部分地区。⑨

---

① 李开封、高文华、赵延粉等:《中世纪暖期豫北地区水灾灾害研究》,《自然灾害学报》2017年第2期。
② 李开封、高文华、李溯源等:《中世纪暖期豫北地区干旱灾害研究》,《河南大学学报(自然科学版)》2018年第3期。
③ 张国旺:《元代蝗灾述论》,载中国社会科学院隋唐辽宋金元史重点学科研究室编:《隋唐辽宋金元史论丛》第五辑,上海古籍出版社,2015年。
④ 王培华、方修琦:《1238—1368年华北地区蝗灾的时聚性与重现期及其与太阳活动的关系》,《社会科学战线》2002年第4期。
⑤ 王培华:《元代北方雹灾的时空特点及国家救灾减灾措施》,《中国历史地理论丛》1999年第2期。
⑥ 张国旺:《元代地震灾害发生史述论》,载《隋唐辽宋金元史论丛》第六辑,上海古籍出版社,2016年。
⑦ 袁祖亮主编,和付强著:《中国灾害通史·元代卷》,郑州大学出版社,2009年,第124、149、202页。
⑧ 陈高华:《元代灾害发生史概述》,载《中国社会科学院学术咨询委员会集刊》第3辑,社会科学文献出版社,2007年。
⑨ 程亚琼:《元代河南江北行省自然灾害研究》(硕士学位论文),暨南大学,2015年。

7. 明代

苏新留、邢祎则重点研究崇祯时期河南旱灾对河南社会的影响及社会应对,明末崇祯时期,河南省大范围发生旱灾,其严重程度、涉及范围和持续时间在历史上罕见,严重破坏了当时的农业生产生活和社会发展,也加速了明代的灭亡。① 李艳萍等人通过研究指出,河南在明代共发生干旱灾害88次,其中1级旱灾35次,2级大旱灾48次,3级特大旱灾5次,明代河南干旱频次总体呈现前期少、中后期多的特点,豫北地区是干旱灾害易发区,也是干旱灾害最严重的地区。② 鞠明库指出明代河南旱灾具有频率高、危害性大的特点,即使河南地方社会采取兴修水利、蠲免赋税、祭祀祈雨等活动,依然无法挽救明末严重的政治危机。③ 李庆勇对明代河南地区地震灾害在时间和空间上的分布特征进行了详细的分析探究。④ 向安强、贾兵强对明清河南地区的旱灾进行论述,对明清河南灾害的特征和原因进行了分析总结。⑤ 王世杰对明代开封府蝗灾情况进行了叙述,分析蝗灾发生原因,整理出蝗灾发生的时空分布与特征,并总结了蝗灾的应对措施。⑥ 郑民德、吴志远整理了明代地震的史料记载情况,指出明代的地震灾害涉及范围较大,河南地区多次受到其他地区的地震波及。⑦ 吴朋飞等人通过研究得出明代河南大水灾城洪水灾害共发生101次,平均每3.65年发生一次。明代河南有64个州县发生灾害,祥符、睢州受灾最为严重。文中认为发生大水灾、洪水的州县与所处的河湖环境关系密切。⑧ 邱云飞对明代瘟疫灾害的次数进行了统计,并对瘟疫的时空分布特征展开了分析论述,对河南地区的瘟疫救治措施也有简要论述。⑨ 林欣华对明代的疫灾做了全面考察,对疫灾的特点、原

---

① 苏新留、邢祎:《明末大旱及其对河南社会的影响》,《中州学刊》2020年第3期。
② 李艳萍、陈昌春、张余庆、毕硕本:《明代河南地区干旱灾害的时空特征分析》,《干旱区资源与环境》2015年第5期。
③ 鞠明库:《明代河南旱灾与社会应对》,《华北水利水电学院学报(社科版)》2010年第5期。
④ 李庆勇:《明代河南地震时空分布分析》,《商丘职业技术学院学报》2019年第3期。
⑤ 向安强、贾兵强:《略论明清以来河南旱灾》,《农业考古》2005年第3期。
⑥ 王世杰:《明朝开封府蝗灾与应对研究》(硕士学位论文),上海师范大学,2018年。
⑦ 郑民德、吴志远:《明代的地震灾害与国家应对举措》,《辽宁教育行政学院学报》2014年第2期。
⑧ 吴朋飞、李娟、费杰:《明代河南大水灾城洪涝灾害时空特征分析》,《干旱区资源与环境》2012年第5期。
⑨ 邱云飞:《明代瘟疫灾害史论》,《医学与哲学(人文社会医学版)》2011年第1期。

因、影响及其应对措施展开了论述探究,文中亦涉及河南地区的疫灾发生情况及原因分析。① 此外,关于明代河南灾害的整体研究,高英霞等人研究指出明代河南共发生水、旱、蝗和霜雪低温灾害 395 次,其中开封府发生灾害的总次数最多,河南府次之,汝州发生灾害的总次数最少,明代河南省的水、旱、蝗和霜雪低温灾害的发生频次在 1619 年后均呈上升趋势。② 朱永杰、韩光辉对洪武年间不同时间段河南各府州的灾害发生情况进行了分析,对洪涝频次进行了统计,但并未对洪武时期各灾害发生总次数进行统计。③

8. 清代

李岩、赵景波对清代开封地区的洪涝灾害的变化趋势、空间分布、等级及成因进行了研究,认为开封地区洪涝灾害从清代早期到晚期具有明显的波动递减的趋势,其中,兰考县发生洪涝次数最多,其次为开封市。④ 吴小伦还对清代开封的黄河水患进行分析,指出黄河水患是开封在清代发展落后的原因之一。⑤ 向安强、贾兵强分析明清以来河南旱灾频次、旱灾特点及成因,指出明清两代河南共发生大旱灾 51 次,平均每 10 年一次,明清河南旱灾呈现频度大,范围广,持续时间长,季节性、区域性强,灾害链式特征显著等特点,而河南省的地理位置和自然气候条件是造成河南旱灾的先导因素。⑥ 蝗灾方面,李钢等对明清时期河南蝗灾的时空特征进行分析,认为明清时期河南蝗灾平均 2.4 年一遇,是过去千年蝗灾频发期;河南蝗灾的空间分布呈现广泛但不均的特点,豫北、豫东地区是蝗灾高发区域,豫西、豫南地区则发生相对较少;在气温偏冷和偏暖时期都有可能暴发,受温度变化影响不显著;蝗灾与降水关系密切,与干旱呈正相关关系。⑦ 此外,王武结合晚清社会状况对河南地区的水旱灾害进行分析,指出这

---

① 林欣华:《明代疫灾研究》(硕士学位论文),江西师范大学,2010 年。
② 高英霞、孟万忠、魏靖宇:《明代河南自然灾害与粮食安全研究》,《忻州师范学院学报》2020 年第 4 期。
③ 朱永杰、韩光辉:《洪武年间河南自然灾害时空特征探析》,《农业考古》2014 年第 4 期。
④ 李岩、赵景波:《开封清代洪涝灾害与发生类型研究》,《干旱区资源与环境》2010 年第 3 期。
⑤ 吴小伦:《黄河水患与清代开封的衰落》,《兰台世界》2011 年第 16 期。
⑥ 向安强、贾兵强:《略论明清以来河南旱灾》,《农业考古》2005 年第 3 期。
⑦ 李钢、刘倩、杨新军等:《明清时期河南蝗灾时空特征及其与气候变化的联系》,《自然灾害学报》2015 年第 1 期。

一时期河南水旱灾害呈现出频率高、范围广、灾情重、连发性和群发性强的特点。① 王晓艳对清代河南自然灾害的状况进行统计分析,揭示出清代河南自然灾害存在发生频繁,几乎无年不灾,灾害具有连发性,灾害发生区域不平衡等特点。② 陈晓玲对明清时期豫北地区的灾害概况、灾害的影响以及灾害应对措施进行分析,指出明清时期豫北灾害频繁既与明清时期特殊的气候周期有关,也和当地地形地貌等自然因素有关,更是长期以来过度垦殖、不合理地利用滩涂地导致植被破坏、生态环境恶化的结果。③ 马雪芹从旱、涝、蝗、盐碱、风、沙、雹、震等几个方面分析了明清时期河南省自然灾害的发生情况、主要原因及所采取的对策,认为森林植被的破坏和水利事业的衰落是当时自然灾害频繁的主要原因。④

学界关于河南地区的自然灾害的研究成果显然较为丰富,但是关于河南地区自然灾害的研究主要集中在水、旱、虫等方面,对河南地区发生的自然灾害的整体性研究不足。专门研究河南省自然灾害史的著作很少,仅吕国强、刘金良的《河南蝗虫灾害史》对河南历代的蝗灾做了统计,简述了中国古代治理蝗灾的办法与技术。

三、河南历代救灾的研究状况

河南地处中原,古代大部分时间是政治中心所在。河南地区在防灾救灾措施上与整个国家的防灾救灾措施基本相同,有特色的防灾救灾措施很少。关于古代中国官方与民间的防灾救灾措施,学界的研究成果也很丰富。邓拓先生在其《中国救荒史》一书中将古代的防灾救灾措施大致分为救灾政策(包括赈济、调粟、养恤及除害)、灾后补救措施(安辑、蠲缓、放贷、节约),这类政策被看作是消极的救灾措施;此外,作者将改良社会条件(重农政策、仓储政策)及改良自然

---

① 王武:《晚清河南的水旱灾害及特点分析》,《农业考古》2013 年第 4 期。
② 王晓艳:《清代河南的自然灾害述论》,《河南理工大学学报(社会科学版)》2005 年第 4 期。
③ 陈晓玲:《明清时期豫北地区自然灾害研究(1368—1840)》(硕士学位论文),广西师范大学,2015 年。
④ 马雪芹:《明清河南自然灾害研究》,《中国历史地理论丛》1998 年第 1 期。

条件的政策(水利政策、林垦政策)看作是积极的救荒政策。此后学界所研究的历代官方推出的防灾救灾措施都是在这个框架内不断细化的。

(一)断代救灾的研究

1. 先秦时期

卜风贤等人对先秦时期的防灾减灾做了较全面的研究,认为我国在先秦时期已经形成了系统的农业减灾救荒思想,包括灾前预防、农业减灾,以及灾后救荒。[①] 卜风贤还研究了先秦与秦汉时期的水利工程,以及在农业生产环节,政府采取了抗旱保墒、调整作物种植结构、病虫害防治、中耕除草等农业技术措施以减灾防灾,收到良好的减灾效益。[②] 牛淑贞指出古代救灾中以工代赈的思想朝向积极有利一面发展;认为创制于西周宣王时期的以工代赈,一直到汉唐时期实践并不普遍,规模也不大,但其项目类型有所增加,应用范围及思想内涵逐渐扩大,人们已开始将以工代赈与维持灾后农业生产的持续发展结合起来,并开始突破灾时奉神禳灾的心态,组织人力抗灾、救灾。[③] 王元林、孟昭锋提到政府面对灾害的应对方式主要有:赐、禀、免、恤制度,遣使循行与恤刑制度,灾后重建与借贷制度,谴己改元与求谏制度,责臣与策免选士制度,建立灾害预报制度。关于灾害预报制度,作者认为在我国出现较早,商代已有大量的巫、祝负责天气预报活动,现存的甲骨卜辞中有大量卜雨、卜雪、卜霜、卜雹的辞例。周初,已设有专门的官吏来负责天气预报。[④] 王晖用文化人类学的理论和方法,对卜辞所记录的舞雩焚巫现象进行分析,是对传统救灾思想研究方法的突破。[⑤] 赵容俊从探讨巫术的功能出发,通过对甲骨卜辞所记巫者在"祈雨""止风雨""战事""蝗灾"四种活动中作用的分析,认为各种救灾巫仪最大的功效,即在于安抚人心,助众人走出疑惧的阴影。[⑥] 宋镇豪对甲骨辞例进行系统考察,从中揭示出商代55种疾患,认为当时对病象病因的认识已达到相当水平,散积久演的医疗

[①] 卜风贤、冯利兵:《先秦时期农业减灾救荒思想研究》,《灾害学》2007年第3期。
[②] 卜风贤:《周秦两汉时期农业灾害防灾技术措施》,《古今农业》2001年第2期。
[③] 牛淑贞:《先秦至汉唐时期的以工代赈思想及其实践》,《兰台世界》2019年第5期。
[④] 王元林、孟昭锋:《先秦两汉时期地质灾害的时空分布及政府应对(哲学社会科学版)》,《陕西师范大学学报》2011年第3期。
[⑤] 王晖:《商代卜辞中祈雨巫术的文化意蕴》,《文史知识》1999年第8期。
[⑥] 赵容俊:《甲骨卜辞所见之巫者的救灾活动》,《殷都学刊》2003年第4期。

病患方法与卫生保健方面的社会成俗,内容相当丰富,标志着当时社会生活的文明发展状态。作者同时指出"早先人们通常把疾病的致因直接归诸自然界神祇的降灾或人鬼作祟……但消除灾害必须借助于能够沟通人鬼间的媒介来完成,即巫的力量"。① 李亚光认为农业生产及其相关的刻辞占有重要地位,由此,殷人对于卜雨的事看得极其重要。在发生其他灾害时,殷人也会通过巫来沟通人神,以祭祀天地神祇、祖先等以祈求免除灾害。但由于是没有科学依据的,在战胜自然灾害方面不会有多大的建树。② 王星光研究了春秋战国时期"救灾恤邻、扶危济贫"的邦国间的救助现象,对于全面把握这一时期的灾害救助很有意义。③ 艾红玲、陈成国指出先秦荒礼大概有祷神、变礼、减膳减用以及提供财物赒补等几种表现形式,同时指出荒礼可以安抚民心、维护社会安定、节省财物,以利于人民的生产生活。④ 郭珂指出禁乐的基本思想是在灾害发生时的一种节约举措。⑤ 救灾思想上,阎应福以先秦救灾思想为题,从传说时代到战国,对先秦时期救灾思想做了一个概要性叙述。⑥ 吴十洲分析"天人合一"的观念与荒政的主导思想之间的关系,接着论述了"圣王"标准和救荒中的"仁政""廉政"问题,荒政中的古代农业科学技术思想的开创以及传统荒政思想的深远意义等方面,这也是一篇较早系统研究先秦荒政思想的论文。⑦ 刘光本从哲学的角度对汉代灾异说进行深入分析时,涉及先秦时期灾异思想的产生和形成,分析了符瑞、感应的观念在先秦时期对人事和政事的巨大影响。⑧ 李亚光对春秋时期积极的救灾思想和防灾思想进行梳理,认为古人在与自然灾害的长期斗争中,总结并积累了丰富的救灾、防灾的宝贵经验,这是中华文明史中人和自然作斗争过程中形成的珍贵的历史遗产。在人与自然的关系问题上,人类由依赖、顺

---

① 宋镇豪:《商代的疾患医疗与卫生保健》,《历史研究》2004年第2期。
② 李亚光:《从甲骨文看商代的自然灾害及救治》,《锦州师范学院学报(哲学社会科学版)》2003年第5期。
③ 王星光:《春秋战国时期国家间的灾害救助》,《史学月刊》2010年第12期。
④ 艾红玲、陈成国:《先秦荒礼探微》,《华南农业大学学报(社会科学版)》2008年第2期。
⑤ 郭珂:《先秦救荒禁乐述论》,《兰台世界》2008年第12期。
⑥ 阎应福:《先秦救灾思想概略》,《中国减灾》1995年第3期。
⑦ 吴十洲:《先秦荒政思想的研究》,《农业考古》1999年第1期。
⑧ 刘光本:《中国古代灾异说之流变》,《青岛海洋大学学报(社会科学版)》2001年第2期。

应自然发展为与自然抗争,反映了人类的进步。① 陈彩琴②、甄尽忠③、黄晓非④等都以《周礼》中的"荒政制度""荒政思想"和"备荒救灾思想"为题,认为"《周礼》中系统的荒政制度是古代人们长期救灾经验的总结",其"荒政思想"是先秦时期"较为系统的荒政思想","已初步构建了我国古代救灾制度的基本框架","成为后世备荒救灾的理论依据"。

2. 秦汉时期

刘厚琴认为,汉代提倡灾前积极预防、临灾救济、灾后实行补救的措施,这使社会系统对自然灾害系统具有抑制作用,能够有效地减少自然灾害造成的损失。⑤ 温乐平指出,汉代的主要救灾措施为廪给衣粮,减免租赋,"假民公田"或"赋民公田",假贷种子、农具等。⑥ 赵沛将东汉赈灾政策分为紧急对策和长期对策两类:紧急对策不仅包括灾后的赈恤和廪贷措施,还包括减税、安辑流民等旨在减轻灾民负担的应急措施;长期对策则以兴修水利和兴建仓储为主要内容。⑦ 刘太祥对东汉防灾赈灾措施进行了简单论述,主要有:第一,通过兴修水利、发展科技、改进农业生产、预测灾害发生、提高对疫病的抵抗能力等来提高防御自然灾害的能力;第二,及时赈济灾民,减轻人民负担;第三,改革政治,减少人祸,为灾民恢复生产创造安定的政治环境。⑧ 刘厚琴、李长辉认为汉代依据儒家吏治之道形成了比较系统的灾害吏治机制,皇帝的自我反省不仅在某种程度上可以修正政治过失,而且在一定程度上起到了安抚民众的作用,举贤和罢免救灾不力的官员亦能够在百姓心中树立政府的良好形象,由此可见,汉代的灾害吏治机制对汉代抗灾救灾产生了一定的积极作用。⑨ 张涛指出汉代自汉武帝罢黜百家,尊崇儒术之后,经学著作成了统治者处理各种社会问题包括救灾问题的理论依据,其精神与内容成为制定救灾措施的依据。经学的渗入确也起

---

① 李亚光:《春秋时期的救灾思想和防灾思想》,《长春师范学院学报》2004 年第 3 期。
② 陈采勤:《试论〈周礼〉的荒政制度》,《学术月刊》1998 年第 2 期。
③ 甄尽忠:《〈周礼〉备荒救灾思想浅论》,《河南社会科学》2004 年第 4 期。
④ 黄晓非:《论〈周礼〉的备荒救灾思想》,《社科纵横》2006 年第 12 期。
⑤ 刘厚琴:《略论汉代抑制型防灾减灾机制》,《烟台大学学报(哲学社会科学版)》2004 年第 3 期。
⑥ 温乐平:《汉代自然灾害与政府的救灾举措》,《江西师范大学学报》2001 年第 2 期。
⑦ 赵沛:《试论东汉的赈灾政策》,《河南师范大学学报(哲学社会科学版)》2000 年第 1 期。
⑧ 刘太祥:《东汉防灾赈灾措施》,《南都学坛(哲学社会科学版)》1994 年第 1 期。
⑨ 刘厚琴、李长辉:《儒学与汉代灾害吏治机制》,《咸阳师范学院学报》2009 年第 5 期。

到了某些积极作用,比如有利于缓和社会阶级矛盾、改善人民生活、开展灾后重建、恢复发展社会经济等,但是救灾赈灾是一项复杂的工程,仅仅取资于经学著作是远远不够的。[①] 王文涛认为济穷救困在汉代已经制度化,是郡国守相的例行工作。每年春季,郡国守相巡察所辖各县,检查落实社会救助情况。而且两汉时期涌现了不少敢于负责、竭力救助贫弱的"循吏",在一定程度上保证了济贫扶困措施的贯彻落实。汉代郡国行政长官每年都要向朝廷汇报治理情况,叫作"上计"。上计的内容有户口、垦田、钱谷、社会治安等,安辑流民和赈济贫困是与户口相关的重要事项,朝廷据此考核地方官的政绩,决定其升降陟罚。[②] 王文涛又指出在疾疫多发时期,政府都采取了一些积极的抗疫救灾措施,如发放药物、医治疫病、强制隔离病人等。当然针对疫病同样也采取了普遍性的措施,比如减免田租、赋税,开仓赈济,安置流民,节用抗灾等。受科学技术、社会生产力发展水平和国家财力等因素的制约,汉代抗疫救灾的成效是比较有限的。[③]

3. 魏晋南北朝时期

杨钰侠研究了南北朝时期赈灾的途径、措施(临时救济、灾害的抚恤)和地方官吏在赈灾中的作用。[④] 刘春香也是主要从灾前的重农政策、仓储政策、水利政策及救灾时的临时救济措施对南北朝时期的救灾减灾做了研究。[⑤] 王强研究了十六国北朝时期的灾害状况、救灾思想及救灾措施,救灾措施主要也是研究临时的救济、灾后恢复及灾前备灾等方面。[⑥] 卜风贤、王向辉论述了古代政权采取的灾前预防政策、临灾救济政策和灾后安抚政策等救灾政策,这些政策可以看作是古代救灾减灾的主要方式和内容。[⑦] 之后学界对救灾减灾措施的研究也都主要从这些方面着手,例如叶依能从农耕、垦殖、水利建设、积谷赈济和改革税制四方面论述了魏晋南北朝时期对灾荒的防治,较为详细地总结了魏晋南北朝时期统治者所采取的救灾措施。[⑧] 甄尽忠在研究魏晋南北朝时期发生的水灾

---

① 张涛:《经学与汉代的救灾活动》,《东岳论丛》1993年第1期。
② 王文涛:《汉代吏治与社会救助》,《河南大学学报(社会科学版)》2008年第6期。
③ 王文涛:《汉代的抗疫救灾措施与疫病的影响》,《社会科学战线》2007年第6期。
④ 杨钰侠:《试论南北朝时期的赈灾之政》,《中国农史》2000年第2期。
⑤ 刘春香:《魏晋南北朝时期荒政述论》,《许昌学院学报》2004年第4期。
⑥ 王强:《十六国北朝荒政研究》(硕士学位论文),安徽师范大学,2004年。
⑦ 卜风贤、王向辉:《魏晋南北朝时期的减灾政策与救荒制度》,《中国减灾》2007年第8期。
⑧ 叶依能:《南北朝时期农政概述》,《古今农业》1998年第4期。

时,指出统治阶层主要采用水利防灾、以实物救济灾民或调粟赈民,也采取蠲免租调的方式减轻灾民负担。[1] 甄尽忠在研究魏晋南北朝时期发生的旱灾时,指出政府还采用了掩埋遗骸、减轻刑罚、节约开支和开关弛禁的方式来进行灾后的赈济。[2] 许秀文认为魏晋南北朝时期主要采取的救灾措施包括下发罪己诏、节用救荒、赈给、赈贷、移粟就民、移民就粟、蠲免赋役及兴修水利等。[3] 薛瑞泽在文章中表示北魏时期逐渐形成了代北地区、薄骨律镇地区、幽燕地区、徐淮地区、河洛地区等几大灌溉区,旱涝灾害的频仍使政府对农田水利事业关注有加,并积极进行农田水利建设。[4] 黄平芳在文章中从灾前的预防措施、灾中的救援措施和灾后的恢复措施三个方面对刘宋时期政府在减轻灾荒影响方面进行了较为详细的阐述。[5] 在救灾程序研究方面,夏炎认为魏晋南北朝时期救灾程序分为两个并行的轨道:一个是"法内"行为,就是实行严格的"先表后给",但是这样救灾的时效性较差,一个是"被合法化"的"法外"行为,即擅自开仓与私产赈济,这样的时效性较前者更强。这两种救灾程序同时并存也能体现中央和地方权力的此消彼长。[6] 另外,关于魏晋南北朝时期禳灾文化的研究也有一些。王亚利认为魏晋南北朝时期天人感应理论下的天谴灾异学说和天道自然观下的进步灾害观并存,但是就总体而言,神秘主义的阴阳灾异说在当时仍占据主流地位,迫使朝廷重视灾害,对减轻灾害对人民产生的影响有一定的积极作用,不应全盘否定。[7] 她还认为魏晋南北朝时期政府对自然灾害的赈救防治,主要是在儒家荒政学说的理论框架下进行的,故其灾荒救治政策措施带有浓厚的儒学化色彩。在这方面,最突出的是汉儒天人感应的天谴灾异学说对魏晋南北朝赈灾救饥之政的深刻影响。[8]

---

[1] 甄尽忠:《论魏晋南北朝时期的水灾与救助》,《华北水利水电学院学报(社科版)》2010年第5期。
[2] 甄尽忠:《论魏晋南北朝时期的旱灾与赈济》,《吉首大学学报(社会科学版)》2011年第2期。
[3] 许秀文:《魏晋南北朝社会保障研究》(博士学位论文),河北师范大学,2020年。
[4] 薛瑞泽:《北魏的农田水利建设》,《安徽史学》2002年第3期。
[5] 黄平芳:《刘宋朝救荒措施述评》,《湖南农业大学学报(社会科学版)》2002年第4期。
[6] 夏炎:《中古灾害史研究的新路径:魏晋南北朝地方官灾后救济的史实重建》,《史学月刊》2016年第10期。
[7] 王亚利:《魏晋南北朝时期的灾害思想初探》,《四川大学学报(哲学社会科学版)》2003年第1期。
[8] 王亚利:《论儒家思想对魏晋南北朝救灾理念的主导作用》,《社会科学研究》2003年第4期。

4. 隋唐五代时期

闵祥鹏对隋唐五代时期的救灾机构、防灾机构及救灾财务支出的监督机构做了研究。其中救灾机构包括户部下的度支、仓部及司农卿、太府卿等其他机构;防灾机构主要为水部、都水监、河堤谒者及诸津长官;监察机构包括审计部门比部及御史台。① 李福长、尤聪认为唐代建立了一套防灾、报灾、检灾、赈灾机制。在灾害监督机制方面,中书省、门下省的谏议大夫、散骑常侍、左右拾遗等言官及监察御史具有检覆灾情及监督地方官员救灾的作用。救灾审计方面则主要由尚书省的比部司负责。② 李邦儒认为唐代救灾决策的制定归于中央,皇帝是减灾决策中枢,具有最终决定权。救灾决策的制定过程为中书省根据皇帝旨意拟成诏书,经门下省审定,交由尚书省依据诏书,制定具体的救灾方案。③ 郑秋实研究了包括以太医署为核心的中央医疗机构及地方医疗机构,认为地方医疗机构的力量较为薄弱。④ 么振华认为唐代形成了一套由地方报灾、御史检灾、朝廷下令损免等在内的比较系统完整的因灾蠲免制度。⑤ 毛阳光认为唐代灾害申报、官员检覆及监察已经形成了较为固定的程序。他将中央对地方官员灾害申报及救灾落实情况的监察分为四类,包括御史监察、派遣专门的使臣监察、出使官员的临时性监察及唐后期巡院的监察。⑥ 毛阳光在《遣使与唐代地方救灾》一文中认为中央派往地方参与救灾的使臣具有检覆灾情、监督地方落实救灾措施、按察吏治及赈济灾民的作用。⑦ 刘俊文认为唐代治理水灾的方式包括灾前兴修水利以预防水灾,制定水法加强水利设施管理,水灾发生时则通过组织抗灾、善后抚恤及蠲免等措施救灾与恢复生产。⑧ 潘孝伟将唐代的减灾对策分为灾荒预防对策、灾荒抗御对策、灾荒救济对策和灾后恢复对策,认为唐代的救灾思想与对策具有系统性、科学性与实用性。⑨ 陈海军认为隋唐时期采取

---

① 袁祖亮主编,闵祥鹏著:《中国灾害通史·隋唐五代卷》,郑州大学出版社,2008年。
② 李福长、尤聪:《唐代中央灾害处置机制研究》,《西部学刊》2017年第10期。
③ 李邦儒:《论唐代救灾机制》,《农业考古》2008年第6期。
④ 郑秋实:《唐代疫灾防治研究》(硕士学位论文),中央民族大学,2012年。
⑤ 么振华:《唐朝的因灾蠲免程序及其实效》,《人文杂志》2005年第3期。
⑥ 毛阳光:《唐代灾害奏报与监察制度略论》,《唐都学刊》2006年第6期。
⑦ 毛阳光:《遣使与唐代地方救灾》,《首都师范大学学报(社会科学版)》2003年第4期。
⑧ 刘俊文:《唐代水害史论》,《北京大学学报(哲学社会科学版)》1988年第2期。
⑨ 潘孝伟:《唐代减灾思想和对策》,《中国农史》1995年第1期。

的救灾措施包括灾前准备、灾时的临时措施及灾后的补救措施,基本列举了隋唐时期的备灾、救灾方式。① 郭林、丁建定则认为隋唐五代时期的防灾措施包括重农政策、义仓制度、水利政策等,救灾政策包含赈济、调粟、养恤、除害等。②

5. 宋金时期

华文煜于1932年发表的著作,首先研究了宋代的赈灾措施。③ 新中国成立后至20世纪80年代前,最具代表性的是王德毅的著作,从平常和荒年两个层面展开论述,但讨论主题仅限于政府的救济政策。④ 张文对宋代赈灾程序、措施、实施状况进行实证考察,特别是对政府赈灾成就做了准确的历史定位。⑤ 宋湛秋指出宋代除推行传统的重农政策,进行垦荒、屯田、兴修水利、发展灌溉等增产粮食的通常做法外,主要的措施还有采用设仓积谷、政府赈济、减赋免役、放贷复业等。⑥ 杭宏秋指出在有宋一代,始终把和籴作为平抑粮价、赈济灾民和储备戍边军粮的举措,曾发挥备荒的积极作用。然而在和籴执行中,因缺乏严密的管理制度,出现大量弊病,不利于救灾的施行。⑦ 郭文佳研究了宋代审灾、检放等救灾程序。⑧ 范勇、郑志强对宋代的社会救灾制度做出了分析。⑨ 谭景玉指出在宋代的救灾工作尤其是事关救灾成败的抄札和赈济环节中,乡村行政组织扮演了重要角色。⑩ 武玉环对金代的防灾救灾措施进行了较为全面的梳理。⑪ 此外,李华瑞在主持国家社会科学基金重点项目"宋朝应对自然灾害的危机管理及历史经验研究"时,撰写了诸多论文分析宋代治灾问题,具体有劝分、

---

① 陈海军:《隋唐时期荒政研究》(硕士学位论文),青海师范大学,2011年。
② 郭林、丁建定:《隋唐五代灾害及其防救措施评析》,《山东社会科学》2013年第6期。
③ 华文煜:《宋代之荒政》,《经济统计季刊》1932年第4期。
④ 王德毅:《宋代灾荒的救济政策》,中国学术著作奖助委员会,1970年。
⑤ 张文:《宋代社会救济研究》,西南师范大学出版社,2001年。
⑥ 宋湛庆:《宋元明清时期备荒救灾的主要措施》,《中国农史》1990年第2期。
⑦ 杭宏秋:《宋代和籴备荒之利弊及其思考》,《中国农史》1995年第4期。
⑧ 郭文佳:《论宋代灾害救助程序》,《求索》2004年第9期。
⑨ 范勇、郑志强:《宋代社会救灾制度及其对当代社会保障的启示》,《华东交通大学学报》2010年第2期。
⑩ 谭景玉:《宋代乡村行政组织在救灾中的作用》,《广西社会科学》2007年第1期。
⑪ 武玉环:《金代的防灾救灾措施述论》,《吉林大学社会科学学报》2010年第4期。

荒政、地方官救荒、具体救灾措施、赈济、赈贷和赈粜、荒政与民变等。①

6.元代

赵经纬曾分析了元代中央和地方各级政府机构与监察机构的救灾职责以及惠民药局、孤老院、养济院等专职性赈灾机构的设置与职能。② 李莎认为,元代官方的救荒赈恤政策,主要包括仿效前朝设置常平仓和义仓、赈贷、赈粜和纳粟补官等制度。③ 杨代娟④和申友良、肖月娥⑤则对元代救灾的申检体覆制度进行了讨论。此外,王培华首次对元代北方灾荒及其救济展开系统和深入的研究,其中就有河南地区的救济措施。⑥ 陈高华则指出元代官方赈恤分为蠲免和赈济两项,其中赈济又分赈给、赈贷、赈粜三种。⑦ 陈高华还注意到元代的应灾议(谏)政是其应对自然灾害的一种行政方式,并认为由于元代灾害频发,故蒙古统治者鼓励应灾议(谏)政,其主要有百官集议和官员上书两种形式,但是元代的应灾议(谏)政效果总体不大。⑧ 此外还有一些针对具体灾害的防治论述,例如,安英桥指出元代的救荒措施有蠲免租税、调粟、禁酒省粮和安置流民等。⑨ 宋建晓提出元代形成了以兴修水利为防灾基础,以储备物资为救灾前提,以申检体覆制度为救灾关键的完整救灾体系。⑩ 金日寿对元代的水利建设进行研究,指出河南地区利用兴修水利、整修黄河来应对水旱灾害。⑪ 李迪专门研究了

---

① 李华瑞:《劝分与宋代救荒》,《中国经济史研究》2010年第1期;《北宋荒政的发展与变化》,《文史哲》2010年第6期;《抄札救荒与宋代赈灾户口的调查统计》,《历史研究》2012年第6期;《论宋代的自然灾害与荒政》,《首都师范大学学报(社会科学版)》2013年第2期;《宋代地方官员与救荒》,《地方文化研究》2013年第2期;《略论宋朝临灾救助的三项重要措施》,《淮阴师范学院学报(哲学社会科学版)》2013年第1期。
② 赵经纬:《元代赈灾机构初探》,《张家口师专学报(社会科学版)》1996年第1期。
③ 李莎:《元代官方的救荒和抚恤政策》,《河南财政税务高等专科学校学报》2008年第1期。
④ 杨代娟:《元代三种自然灾害及灾伤申检制度研究》(硕士学位论文),云南师范大学,2004年。
⑤ 申友良、肖月娥:《元代申检体覆制度与减灾救灾》,《湛江师范学院学报》2012年第5期。
⑥ 王培华:《元代北方灾荒与救济》,北京师范大学出版社,2017年。
⑦ 陈高华:《元朝赈恤制度研究》,《中国史研究》2009年第4期。
⑧ 陈高华:《灾害与政治:元朝应灾议(谏)政初探》,《北京联合大学学报(人文社会科学版)》2010年第4期。
⑨ 安英桥:《蒙元时期的灾荒与灾荒赈济》,《赤峰学院学报(汉文哲学社会科学版)》2013年第10期。
⑩ 宋建晓:《元代防灾减灾救灾思想探析》,《东南学术》2018年第6期。
⑪ 金日寿:《元代的水利建设》,《历史教学》1962年第10期。

元代治蝗制度,讨论了元代以防为主的蝗灾治理思想,并指出元代是最早建立自上而下的除蝗机构的朝代。① 杨旺生、龚光明则看到了元代的蝗灾防治出现"敬"和"治"的矛盾,并指出当时官方治蝗的成效较小,面对危害巨大的蝗虫灾害,禳灾活动盛行。② 王培华指出元人通过熏烟桑树、掌握春耕秋耕的时机来预防寒灾。③ 王星光也曾对《农桑衣食撮要》中农业防灾技术,如雪水浸种防旱防虫、修池贮水防旱等进行了具体介绍。④ 关于元代救济思想,主要有王星光对《农桑衣食撮要》中有关防灾备灾的思想和措施等内容进行的梳理。⑤ 此外,刘荣臻、包羽指出元代统治者出于统治的需要,建立了一系列社会救济制度,具体包括恩免之制、灾免之制、鳏寡孤独赈贷之制、水旱疫疠赈贷之制、京师赈粜之制、纳粟补官之制、惠民药局和常平、义仓制度等。这些社会救济制度中包含了社会保障与家庭保障并重、政府救济与自我救济并重、政府提供多方面的救济、采用国家财经手段用于救济、采用各种手段保证社会救济物资来源和进行广泛救济等社会救济思想。⑥

7. 明代

这一时期赈灾体系与措施大多继承了前朝的做法,但也发生了一些转变。学界已经注意到这一时期赈灾活动的变化及官方与民间在赈灾力量上的转变。孙玲指出洪武时期河南荒政措施推行55次,其中命建立仓储1次,命种植作物2次,命修建水利工程6次,在临灾救荒的举措中赈济12次、调粟4次、养恤2次、除害2次;在灾后补救举措中,安辑6次、蠲免16次、放贷4次。其中赈济和蠲免的次数最多,其次为安辑、兴修水利、放贷、调粟、养恤、种植农作物、建立仓储等。⑦ 李亚鹏通过总结万历年间灾荒给河南地区社会生产生活、经济、社会秩序等方面带来的严重影响,论述了社会各个阶层采取的不同救助措施,主要从

---

① 李迪:《元代防治蝗灾的措施》,《内蒙古师大学报(自然科学汉文版)》1998年第3期。
② 杨旺生、龚光明:《元代蝗灾防治措施及成效论析》,《古今农业》2007年第3期。
③ 王培华:《元代北方寒害及减灾防灾措施》,《文史知识》1998年第9期。
④ 王星光:《鲁明善〈农桑衣食撮要〉的灾害防护措施探析》,《青海民族研究》2014年第3期。
⑤ 王星光:《鲁明善〈农桑衣食撮要〉的灾害防护措施探析》,《青海民族研究》2014年第3期。
⑥ 刘荣臻、包羽:《元代社会救济思想初探》,《前沿》2011年第21期。
⑦ 孙玲:《明洪武时期救荒实践及其影响——以河南布政司为中心》,《齐齐哈尔师范高等专科学校学报》2012年第1期。

政府的蠲免、灾后的赈济、地方及民间救助三个层面展开叙述。① 王日根、涂丹聚焦在万历二十二年（1594）河南的大饥荒，通过对政府备荒与救荒情况的总结，展现了明代中央与地方的救灾程序，对明代的备灾救灾体系有一定的认识。② 曹锦云对明代官办的社会救济机构，如养济院、惠民药局、漏泽园、仓储机构常平仓和济农仓，以及民间的社会救助组织，如会馆、族田义庄、善会与善堂等展开了论述，有助于读者了解明代的救灾体系。③ 张静对明代河南灾害的应对措施展开了分析论述，对中央的赈灾和河南地方的民间自救进行了分析，文中涉及明代在河南的一些救灾人物，对了解明代河南地区的救灾情况具有借鉴意义。④ 迭小方对河南的灾祸状况进行了介绍，系统阐述了中央到地方的救灾程序、中央和地方的救助措施以及民间的慈善活动，对河南地区的救灾有较为全面的认识。⑤ 田家溧、王超燕对明代河南的巡抚、巡按官员在灾荒救济中的设置、地方特色、河南巡抚巡按官参与河南地区的灾害救济情况展开了具体分析，指出明代河南巡抚与灾荒救济关系密切，体现了一定的区域特色。⑥ 鞠明库对明代形成的救灾程序进行了论述，包括急赈、报灾、勘灾、决策、审户、赈济等较为完善的救灾程序，并指出了救灾程序、制度的不完善导致的救灾效率低下的问题，对了解明代河南地区的救灾程序具有借鉴意义。⑦

8. 清代

针对清代河南个别灾害的救灾研究较多。丁戊奇荒，是中国华北地区发生于清朝光绪元年（1875）至四年（1878）之间的一场罕见的特大旱灾饥荒，受灾地区有山西、河南、陕西、直隶（今河北）、山东等北方五省，并波及苏北、皖北、陇东和川北等地区，大旱使农产绝收，田园荒芜，饿死人口1000万以上。1877年为丁丑年，1878年为戊寅年，因此史称"丁戊奇荒"。张九洲对"丁戊奇荒"对河南

---

① 李亚鹏：《论万历年间河南灾荒影响及社会救助》，《赤峰学院学报（汉文哲学社会科学版）》2016年第2期。
② 王日根、涂丹：《从万历二十二年河南大饥荒看政府救荒与备荒之得失》，第六届中国灾害史国际学术研讨会会议论文，2009年，第260~272页。
③ 曹锦云：《简论明代的社会救济制度》，《晋中学院学报》2010年第1期。
④ 张静：《明代河南地区水旱灾害与社会应对》（硕士学位论文），郑州大学，2015年。
⑤ 迭小方：《明代河南的赈济慈善研究》（硕士学位论文），华东师范大学，2012年。
⑥ 田家溧、王超燕：《明代河南抚按与灾荒救济》，《安阳师范学院学报》2021年第1期。
⑦ 鞠明库：《明代救灾的基本程序与效率》，《兰州学刊》2014年第5期。

的影响以及官府救灾应对措施进行研究,指出这场灾害造成如此严重的影响,一方面是由于旱情严重,另一方面是由于当政者的不作为。① 王鑫宏对河南"丁戊奇荒"以及各方赈灾活动进行探析,认为河南"丁戊奇荒"期间,官赈、义赈和"洋赈"各自为政,快速有效的救灾机制难以建立起来。② 周晨星对河南人袁保恒在"丁戊奇荒"中的赈灾举措进行分析,指出由于河南的吏治腐败,赈灾过程中出现了各种问题,而袁保恒虽然赈灾时间短,但为河南的赈灾以及灾后的重建打下了重要基础,为河南的赈灾做出了重要的贡献。③ 闫娜轲还对"丁戊奇荒"中清代河南的义赈情况进行分析,指出江南义赈的主要施救对象和放赈地点都在河南,在查户放赈、以工代赈修堤开渠、筹办水利车马局、代赎资遣、留养被灾妇幼等赈济活动中均投入很大,有效地缓解了豫西、豫北地区的灾情。④ 朱浒对光绪十三年(1887)黄河在郑州决口期间的义赈活动进行研究,认为义赈活动不仅承担了此次赈务中的很大一部分工作,而且是整个晚清义赈机制发展到一个新阶段的标志。⑤ 谢堂银则对光绪十三年(1887)这次决口中政府及民间的应对措施进行论述,认为在应对大的突发事件时,国家财政、人员任用、新观念以及政府决策等对灾害事件有重大影响。⑥ 陈业新对道光二十一年(1841)的黄河水患以及社会应对进行探讨,政府以及民间均采取多种措施(济民粮物、以工代赈、蠲免税赋、赈恤灾民),还指出政府与民间在应对灾害时的局限性。⑦ 田冰、吴小伦则对道光二十一年水患中政府和民间的应对措施以及救灾赈济中的问题进行分析,认为道光以后,随着内忧外患的深入,国家救灾能力日益萎缩,而以绅士为代表的"地方精英"的救灾活动为地方政府所倚重,成为晚清时期的一个社会发展趋向。⑧ 吴小伦、王文君还分析了清代河南黄河水患中以地

---

① 张九洲:《光绪初年的河南大旱及影响》,《史学月刊》1990年第5期。
② 王鑫宏:《"丁戊奇荒"对河南的影响及各方赈灾》,《农业考古》2010年第3期。
③ 周晨星:《河南"丁戊奇荒"与袁保恒赈灾研究》(硕士学位论文),郑州大学,2016年。
④ 闫娜轲:《光绪初年河南地区的江南义赈——以征信录为中心的考察》,《农业考古》2013年第1期。
⑤ 朱浒:《地方社会与国家的跨地方互补——光绪十三年黄河郑州决口与晚清义赈的新发展》,《史学月刊》2007年第2期。
⑥ 谢堂银:《光绪十三年黄河郑州决口与清政府的应对措施》(硕士学位论文),东北师范大学,2009年。
⑦ 陈业新:《道光二十一年豫皖黄泛之灾与社会应对研究》,《清史研究》2011年第2期。
⑧ 田冰、吴小伦:《道光二十一年开封黄河水患与社会应对》,《中州学刊》2012年第1期。

方士绅为主导的民间自救形式(拯危救溺、提供粮粟、修堤筑坝等),指出其与地方士绅的社会地位、经济实力、政府的劝谕褒奖及黄河水患时的社会形势相关,认为民间自救为政府救灾之补充,在一定程度上维护了灾区的社会秩序,推动清代河南地方绅权日益增大。[1] 虽然是针对个别灾害的救灾进行的分析,但从这些救灾措施中,也可以窥见清代河南整个的救灾活动。

此外,闫娜轲对清代河南省的仓储做了初步探索,认为直到清晚期官方赈灾一直处于主导地位,但官方赈灾逐渐衰落,民间救灾活动活跃,成为救灾的重要力量。[2] 王晓艳对清代河南水、旱、震、雹、蝗五种灾害的状况、特点、成因、影响以及防灾、救灾措施进行探讨,指出国家力量的强弱直接影响自然灾害对社会的破坏程度。[3] 韩晓彤对清代河南慈善机构进行研究,认为各类慈善机构互相配合、各有侧重,不仅保障了清代的灾害赈济和民众的基本生活,还构建起清代社会慈善救助体系。[4] 李喜霞则以嘉庆十八年(1813)河南灾荒为中心探讨清代养廉银与灾荒救济之间的关系,认为从嘉庆十八年(1813)的河南灾荒开始,形成捐献养廉银救济灾荒的制度。养廉银的捐献在一定程度上缓解了灾荒带来的困境,对灾荒救济起到了正面影响。[5]

(二)特种灾害防治研究

1. 蝗灾方面

郭旭东认为殷商时期人们对蝗虫的危害已有十分清楚的认识,经常占卜蝗灾是否会来,并祈求神灵和先祖帮忙宁息蝗灾。[6] 章义和先生在《中国蝗灾史》一书中研究了历代的蝗灾状况、影响蝗灾发生的因素及治蝗实践等。[7] 刘继刚

---

[1] 吴小伦、王文君:《清代河南黄河水患中的民间自救》,《郑州航空工业管理学院学报(社会科学版)》2010年第3期。
[2] 闫娜轲:《清代河南灾荒及其社会应对研究》(博士学位论文),南开大学,2013年。
[3] 王晓艳:《清代河南自然灾害研究》(硕士学位论文),郑州大学,2006年。
[4] 韩晓彤:《清代河南慈善机构研究——以养济院、普济堂为例》(硕士学位论文),郑州大学,2018年。
[5] 李喜霞:《养廉银与灾荒救济——以嘉庆十八年豫省灾荒为中心的考察》,《宁夏社会科学》2012年第4期。
[6] 郭旭东:《殷商时期的自然灾害及其相关问题》,《史学集刊》2002年第4期。
[7] 章义和:《中国蝗灾史》,安徽人民出版社,2008年。

的《甲骨文所见殷商时期的蝗灾及防治方法》一文利用甲骨文中的资料对先秦时期河南地区的蝗灾进行了讨论，认为商人或用祭祀祈求神灵消灾除灾，或利用火烧对蝗虫进行驱赶和扑杀，或利用网具来捕捉蝗虫。[1] 官德祥认为两汉时期的蝗灾与水旱灾害具有相关性。[2] 章义和认为魏晋南北朝时期治理蝗灾的方式包括人力捕杀及改变农业种植结构。[3] 王芙蓉、续敏认为两晋时期时人对蝗灾的治理既包括预防与除蝗等方式，同时也使用祈祷的方式禳除蝗灾。[4] 蔡定益研究了魏晋南北朝时期人们预防、治理蝗灾的方式，主要为捕捉蝗虫，通过处理种子及种植早熟的粟以预防蝗灾的发生。[5] 张剑光、邹国慰认为唐人主要通过焚瘗蝗虫治理蝗灾。[6] 何先成认为唐代已经出现了生态灭蝗的现象，捕蝗的方法主要包括焚瘗、遣使者捕蝗、鼓励百姓参与捕蝗。[7] 丁建军、郭志安研究了宋代颁布的捕蝗法，认为捕蝗法的颁布将中国的蝗灾防治推入一个新的阶段。[8] 李迪的《元代防治蝗灾的措施》一文认为元代治蝗是以防为主、防重于治，且指出元代建立从下到上的除蝗机构是管理上的一个创举。[9] 杨旺生、龚光明则指出元代的蝗灾防治出现了"敬"和"治"的矛盾，禳灾活动盛行，制度规定下治蝗的成效比较微弱。[10] 涂斌对明代蝗灾及蝗灾治理进行研究，对明代蝗灾的特征和应对措施及产生的影响进行了细致的探究。[11] 龚光明、胡楠指出明清时期"以德驱蝗"、祈神禳蝗的观念受到怀疑，人们通过更加积极的方式应对蝗灾。在捕捉蝗虫的同时，通过利用蝗虫的天敌灭蝗，根除蝗源、蝗子，易旱地为水田等方式预防、治理蝗灾。[12] 马一峰认为清前期河南的除蝗方式包括挖沟焚瘗、扑打蝗虫、人工驱赶、收买蝗虫、抢收庄稼及利用天敌消灭蝗虫，这些积极的除蝗方式

---

[1] 刘继刚：《甲骨文所见殷商时期的蝗灾及防治方法》，《中国农史》2017年第4期。
[2] 官德祥：《两汉时期蝗灾述论》，《中国农史》2001年第3期。
[3] 章义和：《魏晋南北朝时期蝗灾述论》，《许昌学院学报》2005年第1期。
[4] 王芙蓉、续敏：《晋代蝗灾初探》，《乐山师范学院学报》2007年第1期。
[5] 蔡定益：《魏晋南北朝时期的蝗灾探析》，《农业考古》2009年第4期。
[6] 张剑光、邹国慰：《唐代的蝗害及其防治》，《南都学坛》1997年第1期。
[7] 何先成：《唐代治蝗举措及影响》，《农业考古》2014年第1期。
[8] 丁建军、郭志安：《宋代依法治蝗述论》，《河北大学学报（哲学社会科学版）》2005年第5期。
[9] 李迪：《元代防治蝗灾的措施》，《内蒙古师范大学学报（自然科学汉文版）》1998年第3期。
[10] 杨旺生、龚光明：《元代蝗灾防治措施及成效论析》，《古今农业》2007年第3期。
[11] 涂斌：《明代蝗灾与治蝗研究》（硕士学位论文），江西师范大学，2013年。
[12] 龚光明、胡楠：《明清蝗虫知识与蝗灾防治技术研究》，《中国农史》2019年第6期。

起到了较好的作用。① 明清时期,有关蝗灾治理及地方蝗灾状况的研究成果在不断丰富。

2. 疫灾防治

刘继刚在《试论先秦时期的疾疫》一文中对先秦疾疫的基本概况、疾疫的发生特点、疾疫的防治方法,以及先秦时期的防疫思想进行了论述概括。② 宋镇豪在《商代的疫病认知与防控》一文中认为商人对于突发性疠疫瘟疾已有一定的认知,并积累了许多抵御疾病传染、防控疫情蔓延的应对办法和社会俗尚,应对方法既有限于认知水平和宗教观念的非科学手段,也有基于理性思考的防控措施。③ 张剑光、邹国慰针对两汉时期的疫灾概况及救灾措施做了研究,认为这个时期统治者采取给医药、施钱财、开仓赈济、安置死者、隔离病人的措施防治疫灾。④ 庄华峰、蔡小冬认为秦汉魏晋南北朝时期的人们通过顺应四季变化、注意维护清洁居住环境、隔离病人、派遣医生巡诊及无偿施药、实施助葬等措施预防、控制流行病。⑤ 梁松石的研究结果与此观点相似。⑥ 李胜伟在《唐代疫病流行与政府应对措施浅论》一文中认为唐代统治阶层主要采取的方式有宣传、普及防疫治疫知识,遣医施药,处理尸体、发廪、蠲赋。⑦ 郑秋实认为唐代设置了官方医疗机构,但很少真正为平民服务,地方医疗机构人员缺乏,在疫灾方面发挥的作用不大。民众多通过求助于佛、道等,因此心理救助多于实际的疫灾防治。⑧ 高云波认为唐代官方设立了医疗机构,并且管控药材的生产、采购及溯源也很细致,这些都有利于疫灾的防治。在唐代官方的组织下,对医籍进行了整理,为唐代治疫救灾活动提供了理论基础。⑨ 和付强对元代的医疗机构及防治

---

① 马一峰:《清前期河南蝗灾与地方社会(1644—1795年)》(硕士学位论文),云南大学,2018年。
② 刘继刚:《试论先秦时期的疾疫》,《医学与哲学(人文社会医学版)》2007年第3期。
③ 宋镇豪:《商代的疫病认知与防控》,《历史研究》2020年第2期。
④ 张剑光、邹国慰:《略论两汉疫情的特点和救灾措施》,《北京师范大学学报(人文社会科学版)》1999年第4期。
⑤ 庄华峰、蔡小冬:《秦汉魏晋南北朝时期的流行病及其防治》,《中国社会科学院研究生院学报》2017年第1期。
⑥ 梁松石:《秦汉魏晋南北朝时期的流行病特点与防治研究》,《北方文学》2018年第27期。
⑦ 李胜伟:《唐代疫病流行与政府应对措施浅论》,《河南师范大学学报(哲学社会科学版)》2013年第1期。
⑧ 郑秋实:《唐代疫灾防治研究》(硕士学位论文),中央民族大学,2012年。
⑨ 高云波:《唐代疫疾流行与社会主要应对机制研究》(硕士学位论文),云南师范大学,2019年。

疫病的措施的研究表明,元代的医学与医生的地位高,疫灾发生时一般采取给医送药、掩埋骸骨的方式,百姓也会采取自救措施。[①] 郭珂、张功员认为元代官方通过重视医学、注意个人卫生及控制人口迁移的方式预防疫灾的发生。[②] 林欣华研究认为明代的疫灾防治方式主要包括赈济抚恤、遣医送药、瘗葬死者、祈祷禳灾。[③] 何欣峰提出明代的疫病救治主要包括遣医送药、抚恤灾民,后者包括蠲免赋税、赈济钱粮、掩埋骸骨等。[④] 翁晓红等人认为明清时期疫病发生频率高,这个时期的人们重视通过隔离、祛除病毒、切断传播等方式预防流行病。[⑤] 石深研究了清前期的疫病防治,认为清前期统治阶层通过蠲免租赋、施放药品治疗疫病,也通过采取避痘及隔离措施和查痘、种痘、发展种痘技术等措施预防疫病的传染。[⑥] 林乾、陈丽认为自道光时颁布《救疫章程》,清朝已经将疫灾的防治纳入法制化体系、救灾措施也从以遣送医药为主要手段,向挽救患者生命为主要目标转变。[⑦]

学界目前关于中国古代的救灾方式及救灾措施的研究已经取得了很大的成果,但救灾制度体系、救灾措施的时代和区域差异尚未被广泛关注。总的来看,河南救灾史的研究还没有得到充分重视,甚至有些学者质疑区域救灾史研究的意义,自然灾害发生与气候、自然地理条件相关,与政区关系不大,救灾活动同样也不以行政区域为界。这种看法虽然有一定道理,但无论是从现实需要,还是从学术发展趋势看,区域史兴起是一种时代潮流,河南救灾史作为一种区域文化将来也必然会得到重视和发展,也必然能为国家区域治理提供历史借鉴。

---

① 和付强:《元代疫病史初步研究》(硕士学位论文),郑州大学,2006年。
② 郭珂、张功员:《元代疫灾述论》,《医学与哲学(人文社会医学版)》2008年第1期。
③ 林欣华:《明代疫灾研究》(硕士学位论文),江西师范大学,2010年。
④ 何欣峰:《明代疫灾应对机制研究》,《中州学刊》2020年第12期。
⑤ 翁晓红、李丽华、肖林榕:《明清时期疫病的预防思想与方法》,《福建中医学院学报》2006年第4期。
⑥ 石琛:《清朝前期政府及社会各界对瘟疫的应对措施》(硕士学位论文),兰州大学,2008年。
⑦ 林乾、陈丽:《法律视域下的清代疫灾奏报与防治》,《西南大学学报(社会科学版)》2020年第3期。

四、河南救灾史的研究内容

自然灾害是指一种或数种具有破坏性的自然力,通过非正常的、非一般的方式释放出来,在一定范围内,威胁人类生命财产安全,破坏人类正常生产、生活的自然现象。河南救灾史的研究,主要集中于古代水灾、旱灾、蝗灾、风灾、雹灾、寒灾、地震、瘟疫8种自然灾害。火灾、战争等灾害未列入研究范围。我们对自然灾害数据的统计标准为:一般来说,同一年内同一季节数地发生的灾害记录记为一次;同一年内不同季节发生的灾害记录记为不同次,跨季节记为2次,例如一条史料里出现连续季节,为方便数据统计,采取重复这条史料的方法,并加括号说明;所有时间不详的灾害记录都单独记为一次,这里的时间不详指只有年份,没有月份和季节;关于出现闰月的灾害记录,采取直接记入当时月份的方法。因元代记录材料较为清晰,故采用以同一年内同一季节不同月份发生的灾害记录记为不同次。灾害数据是我们分析自然灾害发生时空规律的重要依据,也是研究人类应对灾害行为的重要参考。换句话说,灾害记录既有客观性,也有主观性。自然灾害的发生是客观存在的,但要不要记录、是否成灾有人为的因素。战乱年代,军阀割据,灾害的统计、上报很成问题,这个时期国家的灾害记录就少。相反社会安定、统治清明时期,报灾制度执行得好,灾害记录反而多。很多朝代都城灾害记录特别多是因为皇帝特别重视,历史上很多朝代河南灾害记录比其他省份多,也是因为在河南建都的缘故,不完全是自然的原因。从另一方面讲,同样程度的自然界变化,能否成灾,与人类的防灾技术有关。防洪排涝设施完善,一般降水难以成灾,随着社会的进步,有些灾害次数减少,有些灾害能从根本上得到预防,如古代盛行的蝗灾,随着农业技术的进步,现在正逐渐消失。因此,对古代灾害的记录不能简单作为客观发生的次数、频率的依据,还要分析其主观性因素。

河南救灾史分为先秦、秦汉、魏晋南北朝、隋唐五代、宋金、元、明、清8个历史时期,每个时期分为3个部分:第一部分,分水灾、旱灾、虫灾、风灾、雹灾、寒灾、震灾、疫灾等8个灾种,总结不同灾害的具体数据,对各种灾害的时空特点进行分析;第二部分,对在该历史时期的河南自然灾害总体情况进行分析;第三部分,介绍该历史时期的救灾体系与制度、灾害预防与预测以及一般、特殊救治措施和修政禳灾情况。

本书是集体合作撰写的,最初由王梦欣负责先秦、秦汉史料的搜集和整理,牛小燕负责魏晋南北朝、隋唐五代部分,苏爽负责宋金、元部分,胡巧、张朦朦分别负责明、清部分。根据出版社的意见,又进行了灾害标准的统一,灾害记录的修改和文字的补充,由郝炳森负责先秦部分,王程炜负责秦汉部分,刘任菲负责魏晋南北朝部分,郭海燕负责隋唐五代部分,蔡路负责宋金部分,曹茹负责元代部分,刘瑞、王纪恒负责明代部分,刘浩负责清代部分,全书最后由焦培民统一补充、修改、完善。

我们的研究还有许多不足之处,还只是史料的初步搜集和分类整理,将来还需要进一步深化。例如,防灾救灾措施与灾害观念,原计划挖掘防灾救灾和灾害文化的河南特色,后来发现这一点并不突出,这可能与河南长期处在国家政治中心区域有关。但愿我们的工作能为了解古代河南自然灾害、了解河南救灾经验起到借鉴和帮助作用,能为弘扬中原文化、中原智慧起到促进作用。

第一章 先秦时期河南救灾

先秦时期河南救灾史的时间范围上起五帝,下至秦始皇统一六国之前(约前3000—前222),共约2778年,五帝时期的灾害记录不计入总数。商代甲骨文中有很多占卜灾害的记载,由于缺乏明确的时间、地点,也不列入统计范围。这一时期由于年代久远,很难进行精确的灾害数据的统计,这些数字仅能作为大致的参考。

中国自传说中的黄帝时代起就进入到了早期国家阶段,河南地区分布着大大小小的邦国,这些邦国还带有部族特征,史书上一般称为"某某氏"。有些邦国已经发展为邦国联合体的性质,如传说中的黄帝、颛顼、帝喾、唐尧、虞舜政权就是如此,他们被司马迁称为"五帝"。

五帝时期河南境内的邦国有黄帝有熊氏(今河南新郑、新密一带)、颛顼高阳氏(今河南杞县高阳镇)、帝喾高辛氏(今河南商丘谷熟集)、有崇氏(今河南登封一带)、共工氏(今河南辉县)等。

夏朝是五帝时期的有崇氏建立起来的。最初都城一般认为是阳城,在河南登封,后多次迁都。夏代的邦国有昆吾(今河南濮阳南)、韦(今河南滑县东南)、葛(今河南宁陵东北)、商(今河南商丘)以及夏部落有虞氏(今河南虞城东北)、斟灌氏(今河南濮阳东北)等。

商代前期都城一般认为是亳,在今河南商丘,中间多次迁都,最后以殷(今河南安阳)为都城。邦国有历(今河南鹿邑东南)、鄂(今河南沁阳北)、霍(今河南临汝西南)、应(今河南鲁山东)、畴(今河南鲁山东南)[1]等。

西周时期,洛邑是重要的都城,称为成周。河南境内比较重要的诸侯国有共(辉县)、卫(淇县)、杞(杞县)、许(鄢陵)、宋(商丘)、陈(淮阳)、蔡(上蔡)、申(南阳)、吕(南阳)、江(正阳)、息(息县)等国。

---

[1] 浦善新:《先秦行政区划钩沉上》,《中国地名》1999年第4期。

春秋时期周天子大权旁落,诸侯争霸兼并。这一时期河南境内的邦国有周(洛阳)、郑(新郑)、宋(商丘)、卫(淇县)、陈(淮阳)、管(郑州)、许(鄢陵、许昌)、蔡(上蔡、新蔡)、叶(叶县)、申(南阳)等国。这一时期由于战乱,很多诸侯国有地理上的迁徙。上古至春秋时期邦国规模一般较小,"小国寡民",面积不过当今一县,人口不过万人左右,所以春秋时期有很多"灭国为县"的记载。

战国时期由于长期的兼并战争,诸侯国数量大为减少,河南地区(前350)主要由宋、韩、魏、楚四国控制。

宋国(前1114—前286),周朝的一个诸侯国,国都商丘,统治中心在今商丘市。公元前286年,齐、楚、魏三国联手灭掉宋国,瓜分宋国领土。

公元前403年,韩国建立,开国君主是晋国大夫韩武子的后代,建都于阳翟(今河南禹州)。公元前375年,韩哀侯灭郑,迁都新郑(今河南新郑)。公元前230年为秦所灭。韩国主要包括今山西南部及河南北部,其河南境内领土包括今洛阳、郑州、平顶山一带。

魏国于公元前403年正式建立,都安邑(今山西夏县西北)。公元前364年,魏惠王迁都大梁(今河南开封)。公元前225年,秦将王贲以水淹之计攻破大梁,魏王假投降,魏亡。战国时期,其主要领土曾包括现在的山西南部、河南中北部,今焦作、新乡、安阳、开封、濮阳、许昌等地均在魏国境内。

楚国是西周至战国时期的诸侯国。周成王(前1042—前1021年在位)"举文、武勤劳之后嗣,而封熊绎于楚蛮,封以子男之田,姓芈姓,居丹阳(今河南淅川)"①。楚国势力不断向南发展,楚文王定都于郢(今湖北荆州),楚顷襄王二十一年(前278),秦将白起攻打楚国,夺取都城郢。楚将都城迁到陈(今河南周口淮阳)。公元前223年,秦大败楚军,俘虏楚君负刍,楚国灭亡。楚国强盛时期,疆土西起大巴山、巫山、武陵山,东至大海,南起南岭,北至今河南中部、安徽和江苏北部、陕西东南部、山东西南部,幅员广阔。此时,河南南阳、信阳、漯河、周口等地均在楚国境内。

---

① 〔汉〕司马迁:《史记》卷40《楚世家第十》,中华书局,2020年,第1691页。

第一节　先秦时期河南各类自然灾害统计分析

一、先秦时期河南水灾

水灾泛指洪水泛滥、暴雨积水和土壤水分过多对人类社会造成的灾害。我们在统计过程中，将霖雨天气、河水泛滥、暴雨等灾害合并为水灾，这些灾害相当于今天我们所说的洪涝灾害。河南地区是大陆季风性气候，降水集中于夏季，再加上河南大部分处于黄河中下游，所以极易发生水患。

（一）先秦时期水灾数据统计

史前时代的水灾在文献中多有记载。[1] 从记述内容看，所记之事相同，尧舜禹时期有涉及全国范围的大洪水，在距今4000年左右，在大禹治水之后洪水逐渐平息，中国也进入夏朝。

夏朝没有直接记录水灾的文献，亦没有发现考古遗存。但在《国语·鲁语上》中有"冥勤其官而水死"，韦昭注："冥，契后六世孙、根圉之子也，为夏水官，勤于其职而死于水也。"有学者认为这是一次水灾记录。冥所处的年代约在夏代前期的中康之时，其所任水官有日常维护河堤、防范水患的职责，但殉职是否代表发生了水灾值得怀疑。

商时河南地区共发生水灾大约有5次，水灾是商人迁都的重要原因。

1. 仲丁之时，仲丁自亳（偃师）迁于嚣（郑州西北）。（《古本竹书纪

---

[1] 《尚书·尧典》："汤汤洪水方割，荡荡怀山襄陵，浩浩滔天。"《尚书·益稷》："洪水滔天，浩浩怀山襄陵。"《孟子·滕文公上》："当尧之时，天下犹未平。洪水横流，泛滥于天下，草木畅茂，禽兽繁殖；五谷不登，禽兽逼人。兽蹄鸟迹之道，交于中国。"《庄子·天下篇》："昔者禹之湮洪水，决江河而通四夷九州也，名山三百，支川三千，小者无数。禹亲自操橐耜，而九杂天下之川。"《山海经·海内经》："洪水滔天，鲧窃帝之息壤以堙洪水。"《管子·山权数》："禹五年水。"

年》)

2. 河亶甲时,河亶甲立,是时嚣有河决之患,遂自嚣迁于相(内黄)。(《通鉴前编》)

3. 祖乙之时,祖乙迁于邢。圯于相,迁于耿(邢)。(《史记·殷本纪》)

4. 盘庚之时,盘庚旬日自奄迁于北蒙,曰殷(亳,郑州东南)。(《古本竹书纪年》)

5. 盘庚之时,盘庚渡河南,复居成汤之故居(亳,郑州东南)。(《史记·殷本纪》)

商代迁都原因史学界争议很多,有学者认为是水患所致。① 顾颉刚、刘起釪等人认为商代迁都是由于"水涝给旧地造成了祸患,引起了经济的、社会的问题,不得不迁"。② 史念海认为,除政治、经济等诸多因素外,三代都邑的频繁迁徙,与第四纪全新世以来的新构造运动导致黄河中下游主河道及其支流灌溉系统的决口改道、泛滥成灾,有着更密切的因果关系。③

西周时期黄河流域未见水灾记录。

春秋时期文献记载的河南水灾共有6次:

1. 周庄公十二年(前685),其后楚人攻宋郑(商丘)……要宋田,夹塞两川,使水不得东流。东山之西,水深灭垝,四百里而后可田也。(《管子·霸形》)

2. 周庄公十四年(前683),秋,宋(商丘)大水。(《左传》)

3. 周定王五年(前602),定王五年,河徙(洛阳)。(《汉书·沟洫志》)

4. 周灵王二十二年(前550),谷、洛斗,将毁王宫(洛阳)。(《国语·周语下》)

5. 周景王二十二年(前523),郑(新郑)大水。(《左传》)

6. 周敬王四十三年(前477),宋(商丘)大水,丹水壅不流。(《古本竹

---

① 水患说的首倡者是西汉的孔安国,见于汉代的《书序》之中:"祖乙圯于耿。"之后传承者颇多,唐孔颖达《尚书正义》、南宋蔡沈《书集传》均持此说。元代史家金履祥在《通鉴前编》中言:"河亶甲立,是时嚣有河决之患,遂自嚣迁于相""祖乙既立,是时相都又有河决之患,乃自相而徙都于耿。"

② 顾颉刚、刘起釪:《〈盘庚〉三篇校释译论》,《历史学》1979年第1、2期。

③ 史念海:《历史时期黄河流域的侵蚀与堆积》,《河山集·二集》,生活·读书·新知三联书店,1981年。

书纪年》,见于《水经·获水注》)

这6次水灾分别是宋、郑各2次,楚、徐各1次,其中有一次是人为造成的灾害。《管子·霸形》载:齐桓公时楚国侵犯宋国和郑国,"要宋田,夹塞两川,使水不得东流。东山之西,水深灭垝,四百里而后可田也",大约是在睢水上游拦河筑坝,使上游地区泛滥成灾,从而达到战争胜利的目的。出于战争需要而导致的人为水灾的发生对生态环境造成了极大的损害。

战国时期水灾共有7次:

1. 周显王七年(前362),大雨三月(韩国,今禹州)。(《史记·六国年表》)

2. 周显王十一年(前358),魏国(开封),楚师出河水,以水长垣之外。(《古本竹书纪年》,见于《水经·河水注》)

3. 周显王三十七年(前332),赵肃侯十八年,齐、魏(开封)伐我,我决河水灌之,兵去。(《史记·赵世家》)

4. 周显王四十三年(前326),魏襄王九年,洛入成周(开封),山水大出。(《古本竹书纪年》,见于《水经·洛水注》)

5. 周显王四十四年(前325),魏襄王十年十月(开封),大霖雨,疾风,河水溢酸枣郛。(《古本竹书纪年》,见于《水经·济水注》)

6. 周赧王三十三年(前282),魏国(开封),大水。(《史记·六国年表》)

7. 秦王政二十二年(前225),王贲攻魏(开封),引河沟灌大梁,大梁城坏,其王请降,尽取其地。(《史记·秦始皇本纪》)

这7次水灾分别是魏国6次,韩国1次。与春秋时期相比,人为灾害增多,其中1次是魏与赵韩联军作战,1次是赵国与魏国之间的战争,1次是秦国与魏国之间的战争,1次是魏国与楚国之间的战争。他们通常是用水来攻击对手之城,城池是人员聚居的地方,淹没城池对对方造成的杀伤力较大,但在无形之中对自己也是一种伤害。

(二)水灾特征

先秦河南地区水灾,春秋时期记载较多,这说明随着经济发展和社会进步,各诸侯国对于灾害的关注度有了显著提高。据文献记载,商代从仲丁经河亶甲、祖乙到盘庚,都曾发生过大的水灾。据《春秋》《左传》《管子》《国语》《汉书·沟洫志》《古本竹书纪年》等书载,东周共有水灾13次,尤其是战国时期,发生水灾7次,从公元前362年到前225年,平均每19年1次。春秋以前,没有记录水灾发生的具体月份,无法考察其时间特点。

从上述历史时期来看,黄河的泛滥与迁徙危害性较大,有关黄河变迁的记载在先秦时期,最确切的一次发生在周定王五年(前602)"河徙"(《汉书·沟洫志》)。这是一次没有人为因素的自然改道,具体原因不详,但影响巨大。大禹治水时,所治理的众多河流中,主要的一条就是黄河。中国科学院任美锷院士在探讨禹贡河和山经河的流向时提出:在大禹治水前不久,太行山地区曾经发生一次强烈地震。大禹治水时是在新石器时代,没有金属工具,需要开挖一条从郑州附近到石家庄的长约400千米的人工河道,在工程技术上是不可能的。他认为:"当时太行山东麓有一条天然谷地,很容易把黄河下游的洪水引入那里,继续向北流去。"[①]这次人为的黄河改道为之后的黄河治理提供了宝贵的经验。

二、先秦时期河南旱灾

旱灾指因气候严酷或不正常的干旱而形成的气象灾害。一般指因土壤水分不足,农作物水分平衡遭到破坏而减产或歉收从而带来粮食问题,甚至引发饥荒。同时,旱灾亦可令人类及动物因缺乏足够的饮用水而死。河南属于季风性气候,降水集中于夏季,所以在降水稀少的季节极易发生旱灾。旱灾是对农业生产和人民生活影响最为严重的气象灾害,也是河南省危害最大、最为主要的气象灾害。

先秦时期最早的旱灾记录发生在尧的时代。《淮南子·本经训》载:"逮至尧之时,十日并出,焦禾稼,杀草木,而民无所食。""十日并出"听起来是神话,实际是对天气炎热、造成大旱的描绘。夏、商、周河南地区旱灾记录共有12次(不

[①] 任美锷:《4280 a B. P. 太行山大地震与大禹治水后(4070 a B. P.)的黄河下游河道》,《地理科学》2002年第5期。

含五帝时期）：

1. 胤甲之时，西河，胤甲即位，居西河，天有妖孽，十日并出。(《古本竹书纪年》)

2. 夏桀（帝癸）二十九年（前1790），伊、洛一带，三日并出。(《今本竹书纪年》)

3. 夏桀末年，伊、洛一带，昔伊、洛竭而夏亡。(《国语·周语上》)

4. 商汤初年，主要在河南境内，汤克夏而正天下，天大旱，五年不收。(《吕氏春秋·顺民》)

主要在河南境内，汤伐桀之后大旱七年。(《尚书大传》)

5. 商汤十九至二十四年（前1599—前1594），主要在河南境内，十九年，大旱……二十年，大旱……二十一年，大旱……二十二年，大旱。二十三年，大旱。二十四年，大旱。(《今本竹书纪年》)

6. 太丁三年（前1192），洹水（安阳）一日三绝。(《古本竹书纪年》)

7. 帝辛五年（前1071），夏……雨土于亳（郑州）。(《今本竹书纪年》)

遝至乎商王纣，天不序其德，祀用失时，兼夜中十日，雨土于薄。(《墨子·非攻下》)

8. 帝辛末年，渭水、泾水、洛水流域，逮至夏桀、殷纣，……峣山崩，三川涸。(《淮南子·俶真训》)

9. 周襄公十一年（前641），秋，卫人伐邢，以报菟圃之役。于是卫（鹤壁、濮阳一带）大旱。(《左传》)

10. 周景王十九年（前526），郑（新郑一带）大旱。(《左传》)

11. 周显王三十五年（前334），韩国（禹州一带），旱。(《史记·韩世家》)

12. 周显王四十四年（前325），魏国（开封一带），与齐、韩共击秦于函谷。河、渭绝一日。(《史记·六国年表》)

河南旱灾记录中夏代有3次，其中胤甲1次，夏桀2次；商代有5次，其中汤2次（第二次大旱连续6年），太丁1次，帝辛2次；西周无旱灾记录；春秋战国4次，其中春秋2次，战国2次。

夏桀时期出现了严重的旱灾，《今本竹书纪年》载："帝癸十（应为"末"）年……伊、洛竭。"这一事件亦见于《国语·周语上》："昔伊、洛竭而夏亡。"

夏末的干旱持续到商汤初年,这是当时气候波动的表现。①《今本竹书纪年》载:"(汤)十九年,大旱……二十年,大旱……二十一年,大旱……二十二年,大旱。二十三年,大旱。二十四年,大旱。"对于商汤初年的大旱,先秦诸子也多有记述,或记五年,或记七年。《吕氏春秋·顺民篇》记:"天大旱,五年不收,汤乃以身祷于桑林。"《管子·山权数》载:"汤七年旱……。"另有《通鉴前编》载:"三月,商王践天子之位,是岁大旱。"大旱对商初的稳定产生了极大威胁。商代后期也出现了大旱,时间大约在文丁以后,至纣王亡国。《古本竹书纪年》载:"(太丁)三年,洹水一日三绝。"方诗铭案:洹水固可以泛滥,亦可以因旱而绝流。②《今本竹书纪年》载,帝辛"五年,夏……雨土于亳"。《墨子·非攻下》载:"遝至乎商王纣,天不序其德,祀用失时,兼夜中十日,雨土于薄。"这可能是由于天气干旱而形成了沙尘暴。

《国语·周语上》伯阳父曰:"河竭而商亡。"干旱对商朝造成了巨大的影响,《淮南子·俶真训》载:"逮至夏桀、殷纣,……峣山崩,三川涸。"《淮南子·览冥训》又记:"峣山崩而薄落之水涸",可见在渭水、泾水、洛水流域都发生了大规模的旱灾,导致河水断流。

东周旱灾记录有4次:春秋时期,郑国、卫国各1次;战国时期文献记录的旱灾同样有2次。

旱灾也给当时社会带来了很大的影响。首先,旱灾加速王朝的灭亡,如《国语·周语上》载:"昔伊、洛竭而夏亡。"其次,旱灾引发次生灾害,如蝗灾、沙尘暴、河水断流等,尤其是河水断流,从而对农业产生严重的危害。

三、先秦时期河南虫灾

徐光启指出:"凶饥之因有三:曰水,曰旱,曰蝗。地有高卑,雨泽有偏被。水旱为灾,尚多幸免之处;惟旱极而蝗,数千里间草木皆尽,或牛马毛幡帜皆尽,

---

① 王星光:《生态环境变迁与夏代的兴起探索》,科学出版社,2004年,第137~143页。
② 方诗铭等:《古本竹书纪年辑证》,上海古籍出版社,1981年,第35页。

其害尤惨,过于水旱也。"①虫灾属于有害生物繁殖过量型灾害,指由于某种昆虫的发生量过大,吞食大量农作物,从而造成饥馑的自然灾害。虫灾主要是蝗灾,但蟓虫、黏虫、桑虫、螟虫、蝻虫等也曾引起过严重的虫灾。

夏代以前,文字并不发达,并没有虫灾的记录。但在考古上我们发现了红山文化出土的玉蝗虫,可见早在四五千年前中国人已经关注到虫灾问题。

甲骨文已经能见到对蝗虫为灾的记录。在甲骨文中有䗍字,彭邦炯认为即"蟲"字,即蝗虫。② 商代人们对蝗虫已经有了较为深刻的认识。第一,蝗虫危害于田间庄稼。第二,他们通常会在蝗灾到来之前的2月、6月进行卜问,相当于农历的三四月间和七八月间。③ 卜问的内容大致有蝗虫会不会危害商地,是否会成群为害。第三,殷人采取各种方式进行告祭,希望能求助于上帝及其执司平息蟲害。告有㞢、米、帝形式,他们还向先人们告祭,如上甲还有河、岳、夒等商人的先祖神。而且在商代的地下遗存中也发现了与蝗虫有关的物品,如在安阳殷墟的妇好墓中曾出土了一件玉雕蝗虫,它圆眼突出,双翅并拢,下有两个较大的后肢前屈,栩栩如生。

但见诸史书的先秦河南虫灾记录只有1条,《春秋·左传》记载,鲁文公三年(前624)秋,"雨蟲于宋"。宋国的都城在今河南商丘,"蟲"就是蝗虫。"雨蟲"是说天上蚱蜢落地如雨,极言其多。

四、先秦时期河南寒灾

袁林先生在《西北灾荒史》一书中指出:霜雪寒灾害是一个含义较为广泛的概念,凡是地面气温急剧下降,或因地面气温达到某一较低水平,或因地面有一定积雪而造成的灾害都属于霜雪寒灾害,它们有一个共同的特点,即成灾原因都在于低温,或是相对低温,或是绝对低温,这是我们把它们归为一类灾害的理由所在。④ 因此,我们在统计寒灾的过程中,将史书中所记载的雪灾、霜冻都列

---

① 〔明〕徐光启撰,石声汉校注:《农政全书校注》,上海古籍出版社,1979年,第1299页。
② 彭邦炯:《商人卜蟲说——兼说甲骨文的秋字》,《农业考古》1983年第2期。
③ 陈梦家:《殷墟卜辞综述》,中华书局,1988年,第541页。
④ 袁林:《西北灾荒史》,甘肃人民出版社,1994年,第145页。

入其中。寒灾对农作物的影响也是比较严重的,若是初霜日期提前或终霜日期推后都可能导致农作物大规模减产。

先秦有一条关于河南雪灾的记载。《战国策·魏策二》记载:公元前319年(即魏惠王后元十六年),"魏惠王死,葬有日矣,天大雨雪,至于牛目,坏城郭"。魏国始都安邑(今山西夏县),公元前364年魏惠王从安邑迁都大梁(今河南开封,《史记集解》引《汲冢纪年》曰:"梁惠成王九年四月甲寅徙都大梁也。"),此后的魏国又被称为梁国。惠王去世当在都城大梁,根据《战国策》的记载,魏惠王去世时,降雪厚度几乎埋没牛马,还压坏了城墙,导致交通受阻,惠王的葬礼没有办法如期举行,可见雪灾对当时社会产生的危害。

五、先秦时期河南风灾

我们在统计先秦时期河南发生的风灾时,将史书中记载的大风天气、沙尘暴天气都包含在内,所以把这两种灾害放在了一起,统称为风灾。

在甲骨卜辞中也有对风灾的记载。例如:

丙寅卜:日风不囚?(《合》34036)

丙午卜,亘贞:今日风祸?(《合》13369)

贞:兹风不佳(唯)(孽)?(《合》10131)

这表明当时人民已经意识到了风灾的危害程度,他们通过祈祷,希望大风能早点宁息,并为此举行了一些祭祀活动,希望能得到先人和上天的保护:

其宁风雨?(《屯南》2772)

丙辰卜:于土宁风?(《合》32301)

癸未卜,其宁风于方,有雨?(《合》30260)

甲戌,贞:其宁风,三羊三犬三豕?(《合》34137)

传统文献记载的先秦风灾只有两次,都发生在春秋时期,具体如下:

1. 鲁隐公三年(前720),冬……庚戌,郑伯之车偾于济(杨伯峻引杜预注,谓郑伯之车所以倾覆,因遇大风之故)。(《左传·隐公三年》)

2. 鲁僖公十六年(前644),春,王正月……六鹢退飞,过宋都(杜注:鹢,水鸟,高飞遇风而退。宋人以为灾,告于诸侯,故书)。(《左传·僖公十

六年》)

对于以上资料来说,虽然记录较少,发生次数不多,但作为一种灾害性天气,风灾对先秦时期人们的生产和生活都产生了一定的影响。当然古代对灾害的认识与今人不同。古人眼中的"灾"不一定产生实际危害,有时只是一种"异常",宋国"六鹢退飞"是异常猛烈的大风造成的,但并无实际受害情况的记载。

六、先秦时期河南震灾

地震,是地壳快速释放能量过程中造成震动,其间会产生地震波的一种自然现象。地球上板块与板块之间相互挤压碰撞,造成板块边沿及板块内部产生错动和破裂,是引起地震的主要原因。河南省境内分布着太行山前断裂带、聊城—兰考断裂带、华北断块南缘断裂带、秦岭北麓断裂带(东段)等一系列活动构造带,也属于地震多发区。夏、商、周三代河南地区共记载地震灾害3次:

1. 夏桀末年,社坼裂(偃师)①。(《古本竹书纪年》)

[桀]十(末?)年,五星错行,夜中,星陨如雨。地震。(《今本竹书纪年》)

2. 周敬王元年(前519),八月丁酉,南宫(在东周王城洛阳)极震。(《左传》)

3. 周安王三年(前399),魏虢山(今河南三门峡西)崩,壅河,水涌起数十丈。(《史记·六国年表》)

夏、商、周三代地震记录多发生在王朝末年,《古本竹书纪年》记载:"夏桀末年,社坼裂。"(帝辛四十三年,公元前1060)"峣山崩。"《淮南子·俶真训》描述为"逮至夏桀、殷纣,……峣山崩,三川涸",《国语》说"幽王二年,西周三川皆震",说明地震对王朝安全构成严重威胁。

---

① 发生地区在斟鄩(今河南偃师),董瑞树、于红梅、潘波2010年发表在《震灾防御技术》第4期的文章《公元前1767年河南偃师地震核查》一文对此次灾害进行了考证。

七、先秦时期河南疫灾

瘟疫是由于一些强致病性生物如细菌、病毒引起的传染病。先秦时期河南疫灾记录有3条：

1. 襄公七年（前566），冬，郑（新郑）公子骕"以疟疾赴于诸侯"。（《左传·襄公七年》）
2. 昭公十九年（前523），夏，许悼公（许昌）疟。（《左传·昭公十九年》）
3. 秦王政四年（前243），十月庚寅，蝗虫从东方来蔽天，天下疫。（《史记·秦始皇本纪》）

春秋战国时期，周王室衰微，小国林立，各大国为了争夺更多的土地和人口，不断发动掠夺战争。频繁的战事加剧了传染性疾病的暴发，墨子叹曰："今岁有疠疫，万民多有勤苦冻馁，转死沟壑中者，既已众矣。"

先秦典籍《礼记·月令》对疾疫的发生原因进行了系统的总结：孟春行秋令，则其民大疫；季春行夏令，则民多疾疫；仲夏行秋令，民殃于疫；孟秋行夏令，民多疟疾；仲冬行春令，民多疥疠。这些疾疫皆是由于节气与时令不合而致。疾疫并不限于一年中的某个季节，每个季节都可能出现，从历史上看，春季和夏季相对较为高发。东周时期，鲁昭公十九年（前523），许悼公疟，即在夏季。战争加剧疾疫的发生和传播，战国初年只是局部疫，到了战国末年，出现了"天下疫"的局面。

第二节　先秦时期河南自然灾害概况

一、各类自然灾害数据的总量和比重

先秦夏、商、周三代能统计到的河南地区的自然灾害共有40次，其中水灾

18次,占总数的45%;旱灾12次,占总数的30%;虫灾1次(未加上甲骨文卜辞),占总数的2.5%;寒灾1次,占总数的2.5%;风灾2次,占总数的5%;震灾3次,占总数的7.5%;疫灾3次,占总数的7.5%。这一时期河南各类自然灾害呈现如下总体特征。

(一)水旱灾害所占比重较大

先秦时期河南自然灾害种类主要有水灾、火灾、震灾、风灾、旱灾、饥荒和瘟疫,水灾和旱灾所占比重较大,这与河南地区的气候和地理环境密切相关。其中水灾有18次,旱灾有12次,水旱灾害占先秦时期河南自然总灾害的75%。

春秋时期,宋、郑等国都是以农业为主的国家,十分重视传统农业生产,农业种植面积和从事农业的人口都比前代有了很大的增加。黄河中下游地区以种植禾本类植物为主,这一带又常常是夏季高温多雨,蒸发量大,冬季低温少雨,年内降雨量分配不均。降雨过少时易出现干旱,雨量过大时易形成内涝。

(二)阶段性集中高发

夏、商和西周时期灾害集中多发于王朝末年,这一共同特性早在2000多年前已经有人做了总结:"昔伊、洛竭而夏亡,河竭而商亡。"[①]西周末年出现了长时间的大旱。可以说,夏、商和西周三代的灭亡都与自然灾害集中大规模暴发有关。除大旱外,在夏代末年还出现了地震灾害。《今本竹书纪年》载:"(桀)十年,五星错行,夜中星陨如雨。地震。伊洛竭。"地震和旱灾的同时到来,对于政治已经腐朽的夏桀王朝来说,无疑是雪上加霜。

二、自然灾害数据的时段分布特征

这一时期河南自然灾害分为以下三个历史阶段:夏、商、西周,春秋时期,战国时期。其灾害情况见表1-1。

---

① 〔汉〕班固:《汉书》卷二十七下之上《五行志第七下之上》,中华书局,2002年,第1451页。

表 1-1　先秦时期自然灾害情况统计表

时间	水灾	旱灾	虫灾	震灾	疫灾	风霜雪雹	小计
夏	0	3	0	1	0	0	4
商	5	5	0	1	0	0	11
西周	0	0	0	0	0	0	0
春秋时期	6	2	1	0	2	2	13
战国时期	7	2	0	1	1	1	12
总计	18	12	1	3	3	3	40

夏、商、西周为第一阶段，各种自然灾害统计15次，其中，夏代共4次，商代共11次，西周（前2070—前771）并无自然灾害记录。具体到各种灾害，其中水灾5次，旱灾8次，震灾2次。第一阶段自然灾害占先秦时期自然灾害的比重为37.5%。

春秋时期为第二阶段（前770—前476），自然灾害共有13次，水灾最多，有6次，旱灾2次，风灾2次，虫灾1次，疫灾2次。春秋时期自然灾害占先秦时期自然灾害的比重为32.5%。

战国时期为第三阶段（前475—前222），自然灾害共有12次，同夏、商、周三代一样，其中发生最多的自然灾害是水灾，有7次，也是各个阶段中发生次数最多的灾害，旱灾2次，雪灾1次，震灾1次，疫灾1次，并无虫灾等其他自然灾害的发生。关于虫灾的记录在甲骨文中虽多，但由于是殷人卜问，所以无法确认虫灾发生于何时。从目前发现的卜辞看，商代河南虫灾的发生恐怕也远不止几次所能概括。战国时期自然灾害占先秦时期自然灾害的比重为30.0%。

第三节　先秦时期救灾机构、程序和措施

中国古代自然灾害频发，灾害的发生会影响民众的生命财产安全，不利于农业的发展。为了降低自然灾害所带来的损失，历史上的统治阶层及民众逐步发展和完善了救灾减灾方式与制度。

一、救灾机构

先秦时期是中国古代防灾、救灾体系的萌芽时期，各种制度初步形成。商代以前没有专门的救灾机构和特有的工作程序的直接记载，一般都是后人的追述，不仅难见全貌，也存在后人附会的成分。

（一）中央王朝

1. 君主

传说尧舜禹时期洪水泛滥中国，尧曾主持天下治水工作，经各邦推荐，先后任命共工、鲧、禹治水，由此可见早期国家阶段尧作为邦国联合体的首领，曾经与各邦国联合救灾，并在救灾过程中形成各个邦国的君臣上下等级体系，大邦首领成为统一王朝之君，如尧、舜、禹等，小邦国首领逐渐成为统一王朝之臣，如后稷、伯夷、契等。崇伯鲧、崇伯禹曾任尧舜王朝的司空，从事治水，商先王冥也曾为夏朝的水官。《管子·山权数》载："汤七年旱，禹五年水，民之无饘卖子者。汤以庄山之金铸币而赎民之无饘卖子者，禹以历山之金铸币而赎民之无饘卖子者。"当然这可能只是个传说，铸币赎民之举并不可信，但多少说明这一时期救灾是早期国家、早期国君的重要职能。因此，从某种意义上讲，抗击洪水促进了中国的政治统一，也推动了中国救灾体系和救灾制度的建设。

2. 礼官

先秦礼官最初是主管祭祀神灵、禳福去灾的，礼官源于上古的巫觋。《说文解字》说："礼，履也，所以事神致福也。""巫，祝也，女能事无形，以舞降神者也。"传说颛顼时，南正重司天以属神，火正黎司地以属民。司天就是祭神，司地就是规范人民的礼仪。《国语·楚语》说："民神异业，敬而不渎，故神降之嘉生，民以物享，祸灾不至，求用不匮。"认为实行祭神与齐民的礼仪分工，有利于减少灾祸。《尚书》记载，舜曾命伯夷为秩宗，掌三礼（天神、地祇、人鬼之礼）。周代礼制由大宗伯负责。《周礼》云："大宗伯之职，掌建邦之天神、人鬼、地示之礼，以佐王建保邦国。""大灾，及执事祷祠于上下神示。""以凶礼哀邦国之忧，以丧礼哀死亡，以荒礼哀凶札，以吊礼哀祸灾。"凡遇灾荒，则"杀礼"，"凶荒杀礼，札丧杀礼,祸灾杀礼",即减少礼乐活动的规格,节省人力、物力和财力,用于灾害救治。从以上记载可知,礼官在古代救灾活动中起到精神安慰、增强信心的作用。

3. 史官

古人说:"史者,使也,言为天子之所使也。"最初史官是早期国家的使者,掌天子与诸侯国之间的联络,这一点甲骨文中已经有印证。殷商时期的"史"已经发生分化,有大史、小史、外史、作册史等。周代"行人"之职也是从"史"中分化出来的。《周礼》云:大行人"殷眺以除邦国之慝","致禬以补诸侯之灾"。其下有小行人,出使各诸侯国。"若国札丧,则令赙补之。若国凶荒,则令赒委之。""若国有祸灾,则令哀吊之。"中央王朝对各诸侯国的灾害有慰问、赈济之责。

4. 水官

上古时期,水患是对人类威胁最大的灾害,专门的治水之官也逐渐产生。《左传·昭公二十九年》云少暤氏有子曰修、曰熙,又云修及熙为玄冥,相代为水官。传说共工、鲧都曾在唐尧时代负治水之责。夏朝时,商人的祖先冥曾为水官。上古时期,人们从四季、四方的环境中逐渐形成了五行观念,并进而产生五官、五祀制度,有金官、木官、水官、火官、土官,木、火、金、水之官也可称为春官、夏官、秋官、冬官。玄冥是北方之神,也是冬官或水官。一些诸侯国还建立起了防灾体系和防灾制度。《管子》提到五种灾害的防治:"水,一害也。旱,一害也。风雾雹霜,一害也。厉(疠),一害也。虫,一害也。此谓五害。五害之属,水最为大。"防治水灾的办法是建立水官,"令之行水道、城郭、堤川、沟池、官府、寺舍及州中。当缮治者,给卒财足"。[①] 可见,古代发生水灾时,人们不但要祭祀水神,还要设水官救灾。

(二)诸侯国

各诸侯国以本国的中央政府作为救灾的主体力量,在灾后进行救灾与赈济。吴王夫差"天有灾疠,亲巡孤寡,而共其乏困"。魏惠王在国内发生饥荒时,发逢忌之薮以赐民[②],还曾令河内的饥民移至河东就食。各诸侯也有从国君、官

[①] 《管子》第57《度地》,华夏出版社,2000年,第314~318页。
[②] 薛瓒注《汉书·地理志》引《汲郡古文》云:"梁惠王发逢忌之薮以赐民"。

吏到社会基层组织的防灾救灾体系。社会基层组织是社会救灾体系的基础。《逸周书·大聚解》说："以国为邑，以邑为乡，以乡为闾，祸灾相恤。"孟子谈到古代商周时期的农民生活在井田制下，"乡田同井，出入相友，守望相助，疾病相扶持"。可见，先秦时期的社会组织具有相互帮助、共同应对灾害的责任。

二、救灾程序

据《尚书》记载，唐尧时代中国遭受洪水，尧向四岳询问如何救灾。四岳先后推荐了共工和鲧治水都没有成功，后来任命禹治水才取得成效。在讨论救灾方案时，君主尧比较开明，他虽然对共工和鲧不太看好，但仍听从了四岳的意见，任命二人治水。共工、鲧治水无功，都被流放。鲧的儿子大禹，继承了他崇伯和司空的爵位和官职，继续治水。因为有功，被赐为夏伯，后来成为天子。这说明，唐尧时代已经开启了中央王朝对灾害的讨论和决策程序。国家在救灾过程中，实行监督和奖惩。

夏朝是靠治水取得成功的大禹建立起来的，大禹进一步提高了君主权威。《左传》说："禹会诸侯于涂山，执玉帛者万国。"传说他定五服、划九州，将诸侯国纳入地方管理体系，这有利于提高国家防灾、救灾的效率。

商朝应对灾害带有浓厚的迷信色彩。统治者经常祭祀祖先神灵，乞求他们的保佑，并常用占卜预测吉凶，并根据占卜结果采取对策。《尚书大传》说："汤伐桀之后，大旱七年，史卜曰：'当以人为祷。'汤乃剪发断爪，自以为牲，而祷于桑林之社。"

西周时期救灾程序和体系的记载就比较丰富了。我们可以通过《逸周书·大匡解》来了解西周时期救灾的工作程序。《逸周书·大匡解》载："维周王宅程三年，遭天之大荒。……王乃召冢卿、三老、三吏、大夫、百执事之人朝于大庭。问罢病之故，政事之失……水旱之灾。""乡问其人，因其耆老，及其总害，慎问其故，无隐乃情，及某日以告于庙。有不用命，有常不赦。"遇到灾害会对灾害进行调查，周人对灾害的调查相当细致：首先是询问朝中官员；其次是向乡里的老年人问明众人所受之害；最后是下级报告灾害实情，不得隐瞒，不如实报告者，要受到严厉惩罚。

总之，早期国家时代，祈祷占卜是救灾程序中的重要环节，不同时代、不同部族都有所体现，同时遵循自然规律、敬授民时、顺时行政也是古代重要的防灾、救灾理念。灾害发生后，当政者了解灾情、确定救灾人选、制定救灾方案、实行救灾监督奖惩的程序也在不断完善之中。

三、一般灾害防治

通过历代救灾防灾经验的积累，中国古代逐渐形成了一些常见的普遍的救灾措施。

（一）救灾物资节约筹集

先秦时期，当政者在大灾之时，会选择节用救灾——节衣缩食、减少消费的措施，这不仅能节约一定的开支，而且对官员、富人也起到了示范作用。当然国家也会下令提倡节约谷物衣帛，采取禁酒、减少养马养兽、减少粮食消耗以及减少宫中和官府人员、节约财政开支等措施。远古时期，人类社会就存在着有饭共吃、有衣共穿的互惠机制。在灾害发生时，这种互惠机制就逐渐演化为劝分，鼓励富人救济穷人。《左传·僖公二十一年》："修城郭，贬食，省用，务穑，劝分，此其务也。"杜预注："劝分，有无相济。"劝分就是劝有储积者分施他人。"劝"的常见办法是用官、爵与钱、粮进行交换，这成为后人诟病的卖官鬻爵之先声。

（二）救灾物资储存

先秦时期就已经出现了仓储，在我国新石器时代的许多遗址中都出现了窖穴。这些窖穴或是储存日常食物，或是储存一些粮食，通常放置于瓮、罐之中。也有专门存放粮食的窖穴，在商代多处遗址中已有发现。这些窖穴分长方井形、圆口长方井形和圆井形三种，且分布相当稠密。如在二里岗发掘的 600 平方米内，就发现 6 座；在人民公园之彭公祠前的 600 平方米内也发现 10 座之多。[1]

---

[1] 赵全古、韩维周、裴明相、安金槐：《郑州商代遗址的发掘》，《考古学报》1957 年第 1 期。

到了周代,仓储制度进一步完善。在《周礼》中,周人分设各级官僚机构来负责储粮备荒的工作。"遗人"是管理储粮的总机构,掌管着各个方面的"委积"。"邦之委积,以待施惠。乡里之委积,以恤民之艰厄;门关之委积,以养老孤;郊里之委积,以待宾客;野鄙之委积,以待羁旅;县都之委积,以待凶荒。"[①]这里所说的"委积",就是储备粟米、薪刍以待用的仓库。除"遗人"外,还设有"廪人"一职,"掌九谷之数,以待国之匪颁、赒赐、稍食。以岁之上下数邦用,以知足否,以诏谷用,以治年之凶丰。"[②]"廪人"的属官"仓人","掌粟入之藏,辨九谷之物,以待邦用。若谷不足,则止余法用;有余,则藏之,以待凶而颁之"。[③] 他们的职责都是分管粮储工作,而粮储的主要目的就是"以待凶而颁之",即在凶荒之年实施赈济。

春秋时期,窖穴越来越多。在郑州碧沙岗郑国遗址发现有贮藏粮食的窖穴,仅30平方米内就有8个之多。[④] 河南省新郑市的郑韩故城遗址,是春秋战国时期的郑国和韩国前后相继建都之地。故城中的仓城,就是当时郑国和韩国的仓库。[⑤] 从地下粮仓发展到仓城,可见仓储制度在不断完善。

(三)救灾物资流通

在我国早期的救荒活动中,国家通过鼓励商人活动并适当控制物价上涨等措施来缓解灾情。《逸周书·大匡解》载:"维周王宅程之年,遭天之大荒……于是告四方:游旅旁生忻通,津济道宿,所至如归。币租轻,乃作母以行其子。易资贵贱以均,游旅使无滞。无粥熟,无室市。权内外以立均,无蚤暮,间次均行。"《周礼》载"凡天患,禁贵儥,使有恒贾",《周礼》救荒十二策中规定的"去几"即是去除关卡和市场上的稽查征税。它不是单方面地限制灾区市场物价上涨,而是首先采取减免灾区关、市之税的方式来吸引商人从事贩运活动,从而避免单方面的"禁贵儥"政策,不会使商人望而却步。禁遏籴,即禁止各地阻止粮食出境,促使粮食从丰稔之地流向灾荒地区,从而达到赈济灾荒的目的。早在春秋时期,公

---

① 李学勤:《周礼注疏》,北京大学出版社,1999年,第344页。
② 李学勤:《周礼注疏》,北京大学出版社,1999年,第424~425页。
③ 李学勤:《周礼注疏》,北京大学出版社,1999年,第428页。
④ 河南省文化局文物工作队第一队:《郑州碧沙岗发掘简报》,《文物参考资料》1956年第3期。
⑤ 马俊才:《郑、韩两都平面布局初论》,《中国历史地理论丛》1999年第2期。

元前651年,齐桓公主持葵丘会盟,就制定了诸侯国之间"勿遏籴"的盟约。

(四)救灾物资发放

1. 赈济

"赈"亦作"振",赈济主要是指用货币或衣服、粮食等救济灾民,是最常见的一种救灾措施。先秦时期赈济就已经成为救灾的重要手段。据《礼记·月令》所载:"季春之月……天子布德行惠,命有司发仓廪,赐贫穷,振乏绝;开府库,出币帛,周天下。"在春末青黄不接之时,国家按时发放赈济钱粮。当国家财用匮乏无力救助时,号召有储积者施舍救济也不失为有效之策。如公元前611年,宋国发生了饥荒,宋公子鲍"竭其粟而贷之"。卫国大夫公叔文子在卫国遭到最严重的饥荒时,曾施粥给国中挨饿的民众。[1] 类似的事例在先秦时期有很多。

2. 工赈

以工代赈在先秦时期已经出现,之后为历朝历代所继承。《左传·僖公二十一年》载:"夏,大旱。公欲焚巫、尪。臧文仲曰:'非旱备也。修城郭……'公从之。是岁也,饥而不害。"孔颖达引服虔云:"国家凶荒,则无道之国乘而加兵,故修城郭为守备也。"[2]利用民力修筑城防,一方面可加强国家防御,另一方面又可以供给饥民糊口之粮,助其渡过灾荒,这就是以工代赈。《晏子春秋》记载:"景公之时饥,晏子请为民发粟,公不许,当为路寝之台,晏子令吏重其赁,远其兆,徐其日而不趋。三年台成而民振,故上悦乎游,民足乎食。"晏子在齐景公不同意给灾民发放救济粮时,采取了变通的办法。他吸收灾民为景公建路寝之台,增加工价,延长工时,变相救济了灾民。

(五)赋役债务减免

贡赋制度是随着早期国家的出现而出现的,至迟在夏代就已经比较完善了。正如《史记·夏本纪》所说:"自虞、夏时,贡赋备矣。"同时,也产生了减免赋税的救灾措施。《国语·晋语》记载,晋文公在灾害之年,曾"弃责、薄敛"。

---

[1] 李学勤:《礼记正义》,北京大学出版社,1999年,第291页。
[2] 杨伯峻:《春秋左传注》,中华书局,2000年,第390页。

弃责,就是免除旧债;薄敛,即减少税收。《周礼》中的荒政十二条中也有"薄征"一条。郑司农注:"薄征,轻租税也。"这足以说明减免赋税的措施先秦时期就已经出现。

(六)灾民护理安置

灾害发生时,灾民无力自养,只得出卖妻子儿女甚至自身而求活命。灾后,官府有时出资为其赎身。《管子·山权数》载:"汤七年旱,禹五年水,民之无饘卖子者。汤以庄山之金铸币而赎民之无饘卖子者,禹以历山之金铸币而赎民之无饘卖子者。"当然这可能只是传说,但也反映了当时的一些救灾情况。

四、特种灾害防治

中国古代自然灾害频发,为了应对灾害,减少灾害的发生,在先秦时期就已经有了预防灾害的措施。

(一)水旱防治

水旱灾害与农业生产关系最为密切,先秦时期河南地区就开始了修堤建坝、兴修水利以应对水旱灾害。如鲧在治水时采用了围堵之法,《尚书·洪范》载"鲧堙洪水",体现了人们知道通过堤防来防御水灾的意识。大禹治水人们耳熟能详,后人将兴修水利归功于大禹对洪水的治理。他认真总结父亲治水失败的经验,吸取教训,一改父辈的围堵之法,采用疏导治水,使肆虐多年的洪水得以平治,但这其实是古代劳动人民对付水旱灾害的智慧结晶。到了春秋中期,堤防已经较为普遍。《国语·周语下》载"灵王二十二年(前550),谷、洛斗,将毁王宫",为此,周王下令筑堤坝以防洪水。孙畅之《述征记》云遗堰三堤现存,这也说明了人们在不断地积累筑坝经验。战国时人们对于防止堤防的溃决有了更多的经验,谓之曰"巨防容蝼,而漂邑杀人"[1]。魏国魏惠王时期,有个著名的大臣叫白圭(名丹),他是个防止堤防溃决的专家,经常巡视堤防,对堤防有不

---

[1] 〔汉〕高诱注:《吕氏春秋》,上海书店出版社,1986年,第326页。

少的经验,就连他自己也曾夸言:"丹之治水也,愈于禹。"① 战国时所筑的堤防规模较大,在许多大河上都已筑有比较长的堤防,当时黄河两岸,河水"时至而去,则填淤肥美,民耕田之。或久无害,稍筑室宅,遂成聚落。大水时至漂没,则更起堤防以自救,稍去其城郭,排水泽而居之"②。

北方黄河流域以耐旱的粟为主,但如不能适时获得灌溉也难有收获,兴修水利进行灌溉就显得极为重要。近年来考古工作不断进行,证实了作为灌溉设备的水井和水渠存在于龙山文化晚期的河南洛阳矬李遗址中。③ 西周后形成了更为完备的沟洫制度,以增加排涝抗旱能力。各国统治者为了提高农田的产量,已十分重视沟渠的整修。郑国的执政"子驷为田洫"④,另一执政子产使"田有封洫"⑤。崔寔《月令》云:"孙叔敖作期思陂即此是也。"期思陂在今河南固始一带,孙叔敖将古期思水(今史河和灌河)引入众多的中小陂塘而形成期思—零娄渠导工程,期思陂是我国最早的大型水利工程。⑥ 春秋时在兴修水渠的基础上开始修建我国最早的人工运河。据记载,"(徐)偃王治国,仁义著闻,欲舟行上国,乃导(通)沟陈、蔡之间"⑦,后又开通沂、济水⑧。这些运河的开凿,对春秋时期的水运有重大意义,同时对陈、蔡、宋等国的农田灌溉也起了相当重要的作用。

战国时期,各诸侯国开始专门为农业灌溉而开凿运河。公元前360年(魏惠王十年),魏国曾在黄河、圃田间开凿了一条大沟(运河),使黄河的水流入圃田(在今中牟西),又从圃田开凿运河。公元前339年(魏惠王三十一年),魏国又从大梁的北郭开凿大沟(运河)来引圃田的水⑨,就是鸿沟最早开凿的一段。又有睢水自大梁以南从鸿沟分出东南流,经过宋都睢阳(今商丘东南),经今安徽宿县、江苏睢宁以北,注入泗水。这些水利工程有力地促进了当地农业生产的发展,有些工程现在仍然发挥着作用。

---

① 〔清〕焦循:《孟子正义》,中华书局,2004年,第859页。
② 〔汉〕班固:《汉书》卷29《沟洫志》,中华书局,2002年,第1692页。
③ 洛阳博物馆:《洛阳矬李遗址试掘简报》,《考古》1978年第1期。
④ 杨伯峻:《春秋左传注》,中华书局,1990年,第980页。
⑤ 杨伯峻:《春秋左传注》,中华书局,1990年,第1181页。
⑥ 顾德融等:《春秋史》,上海人民出版社,2001年,第209页。
⑦ 〔北魏〕郦道元:《水经注·济水》,陕西人民出版社,1995年,第125页。
⑧ 徐元诰:《国语集解·吴语》,中华书局,2002年,第545页。
⑨ 〔北魏〕郦道元:《水经注·渠水》,陕西人民出版社,1995年,第117页。

先秦时期为防备水灾,非常注意居住地的选择和城郭的设计,通常选择既接近水源又能避免水患的高地。从石器时代聚落的选择到三代城址的选择上,都已经显示出了对取水和防止水患的考虑,这就大大降低了因为选址不当而造成缺水或是水患危害的可能性。《淮南子·齐俗训》载:"禹令人民聚土积薪,择丘陵而处之。"考古发现,河南地区的几个都城遗址大多接近水源,如偃师二里头夏代都城遗址、偃师商城、郑州商城、安阳殷墟等。

(二)虫灾防治

虫灾也是严重威胁古代农业生产的一种农业灾害,其中蝗灾危害最大。中国历代统治阶层及百姓在不断探索中逐渐完善了农业防蝗、生态灭蝗及人力捕蝗等措施。

先秦虫灾的防治,以火攻为主。在甲骨文中有用火杀蝗的记载。彭邦炯在释"蟲"与"秋"的演化关系时也指出:秋字甲骨文作,为禾+蟲+火,后来简化为,当是以烟火驱杀了危害禾苗的蟊蝗,从而保住了禾苗才有谷熟可收而引申出来的意思,只有烟火驱杀了吃禾的蝗虫,才与谷熟收获相关。[1] 传统文献也有先秦杀虫的记载。《诗经·小雅·大田》载:"去其螟螣,及其蟊贼,无害我田稚。"《吕氏春秋·不屈》亦载:"蝗螟,农夫得而杀之,奚故?为其害稼也。"人们还认识到可通过深耕除草、施用杀虫剂等办法预防病虫害。

(三)疫灾防治

对于传染性强、致病率高的疫病,历代统治者也形成了相应的防治措施。自先秦时期就有一些防治疫病的措施,后世逐渐发展与完善,主要包括灾前的预防措施,灾时的隔离病原、遣医送药等措施。

先秦疫灾防治中已出现了卫生防疫管理。在《周礼·天官冢宰》中有"凌人"一职,其职责是"掌冰",主管凌阴(冰室)。其人员达90余,一年四季有着严格的工作秩序。"宫人","掌王之六寝之修,为其井匽,除其不蠲,去其恶臭,共王之沐浴"。夏、商、周时期许多城址内都发现有陶质排水管道,可为文献记述提供有力实证。饮食卫生方面,设有"内饔",其职责之一是"辨腥臊膻香之不

---

[1] 彭邦炯:《商人卜蟲说——兼说甲骨文的秋字》,《农业考古》1983年第2期。

可食者",具有卫生检查监督之职。卫生防疫对于减少疫病的发生具有积极的作用。当时人认为疫灾发生的原因是"夏有大露原烟,噎下百草,人采食之伤人,人多疾病而不止,民乃恐殆"。古人已经认识到春夏空气中可能有病毒传播,导致疫病发生。防疫的办法是:"令五官之吏,与三老里有司伍长,行里顺(训)之,令之家起火为温,其田及宫中皆盖井,毋令毒下及食器,将饮伤人。"①由此可见,春秋战国时期已经有一套高温消毒和水井加盖隔离消毒的防疫办法。

五、修政禳灾

在灾害产生方面,古人通常有两种认知,一种是天人感应,将天看作是有意志的,有道德的,灾害是上天对于人事的反映;另一种则是认为天道自然,把天看作是自然的,是与地一样的物质实体,我们可以通过掌握自然变化的规律而利用天、防范天。这两种思想观念在先秦时期就已经存在,在不同的思想观念指导之下,产生的灾害文化也有很大的不同。

在漫长的生活实践中,人类逐渐产生了对大自然及周围事物的信仰和万物有灵的原始巫术思想。这种现象的产生正是源于人类面对灾害时束手无策,才借助超自然的神秘力量对某些人、事、物施加影响或予以控制,以期实现自己的愿望。远古时期流行自然崇拜,人们认为日月星辰、天地山川、风雷雨电等都是神,需要加以祭祀祈祷才能避祸求福。后来人们在长期的观察中,发现了自然运行的某些规律,发展出天象、阴阳、五行、八卦等观念,认为天道可以通过天象、阴阳、五行、八卦的运行显示出来,人要顺从这些运行才能避免灾祸,否则就会有灾害发生。人们在长期的生产、生活实践中形成了"顺时行政"的观念,传说颛顼"载时以象天,依鬼神以制义",帝喾"历日月而迎送之,明鬼神而敬事之",尧"敬顺昊天,数法日月星辰,敬授民时"。② 后来禹颁布夏时,规定每月应做之事,这应当是后来的《月令》。《管子》亦云:"圣人知四时,不知四时,乃失

---

① 《管子》第57《度地》,华夏出版社,2000年,第318页。
② 〔汉〕司马迁:《史记》卷1《五帝本纪》,中华书局,1959年,第11、13、16页。

国之基,不知五谷之故。""阴阳者天地之大理也,四时者阴阳之大经也。刑德者,四时之合也(德合于春夏,刑合于秋冬)。刑德合于时则生福,诡则生祸。""刑德易节,失次则贼气速至,贼气速至,则国多灾殃。是故圣王务时而寄政焉。"管子还将阴阳五行与顺时行政联系起来,认为"阳为德,阴为刑,和为事"。春为木,夏为火,秋为金,冬为水,敬天命、顺天时是先秦社会最大的政治,它包含着神圣观念,也符合四季运行的自然规律。因此,先秦产生的天道、天命,法阴阳五行的观念并不全是迷信,也有一定的科学成分。

祭祀禳灾是天人感应观念主导下的消极救灾方式,主要指通过祭祀天地、日月星辰、山川、诸神及宗庙等方式达到消灾的目的。先秦时期祭祀禳灾主要从早期天神崇拜、自然崇拜和鬼神崇拜发展而来,祭祀禳灾从新石器时代开始孕育,到夏、商和两周,形式逐渐多样化。夏代可能存在着祭祀天神、鬼神的禳灾活动,《论语·泰伯》中有关于禹"致孝乎鬼神"的记载。商代神权思想又有了很大的发展,认为这个时期的风雨雷电等自然现象及灾害都是上天对人类的处罚。从一些卜辞中,我们也可以看到相关记载,"帝令雨足[年]"[1]。为了消除由上天所带来的自然灾害,商人通常祭祀与祈求上帝及神明。具体的祭祀与祈求的过程是由当时的"巫"完成的。祭祀是有一定章法的,遇到什么样的灾,就祭祀什么样的神。《左传·昭公元年》记郑国子产之语:"山川之神,则水旱疠疫之灾,于是乎禜之。日月星辰之神,则雪霜风雨之不时,于是乎禜之。"

祭祀禳灾能消除人们对灾害的恐慌心理,有益于灾后社会的稳定,而弭禳思想对于防范灾害的发生有一定的积极作用。在春秋后期及战国年间,祭祀禳灾受到了部分统治阶层的质疑。《左传·昭公十八年》载,郑国史官裨灶预言将发生火灾,要求用玉器祭神禳灾,执政大臣子产不同意:"天道远,人道迩,非所及也,何以知之? 灶焉知天道? 是亦多言矣,岂不或信。"虽然没有祭祀,郑国也没有发生火灾。次年,郑国发生大水,洧河里有龙相斗。国人请求祭祀,子产又不许,认为"吾无求于龙,龙亦无求于我",龙相斗和灾害没有什么关系。

---

[1] 刘继刚:《论先秦时期的祭祀禳灾》,《河南科技大学学报(社会科学版)》2012年第5期。

第二章 秦汉时期河南救灾

秦汉时期包括秦朝15年(前221—前207)、西汉214年(前206—8)、新朝15年(9—23)、刘玄更始二年1年(24)、东汉195年(25—219)共440年。

秦统一六国之后,废封建、立郡县,在全国范围内推行中央集权的郡县制,结束了延续数千年的邦国林立的早期国家时代——"封建时代",建立了单一制的统一王朝——"郡县时代":"分天下以为三十六郡,郡置守、尉、监。"郡下统县,县下分为若干乡,乡则由亭部和里组成。今河南省在秦朝时主要包括河内郡、三川郡、陈郡西部、砀郡西部、东郡西部、颍川郡、南阳郡北部、衡山郡北部。具体来说,秦朝的河内郡主要包括今河南省焦作市、安阳市、鹤壁市和新乡市;三川郡主要包括今河南省三门峡市、洛阳市和郑州市北;陈郡主要包括今河南省漯河市和周口市;砀郡主要包括今河南省开封市和商丘市;东郡主要包括今河南省滑县、濮阳市一带;颍川郡主要包括今河南省平顶山市和许昌市;南阳郡主要包括今河南省南阳市;衡山郡主要包括今河南省信阳市。西汉初年推行郡国并行制度。自汉武帝之后,王国被屡屡削地,地位渐渐等同于郡,为了更有效地控制地方,汉武帝置司隶校尉监察长安至洛阳一带的京畿地区,又置十三州部刺史监察全国各地。今河南省在西汉时是司隶校尉、豫州刺史、兖州刺史和荆州刺史的监察区。司隶校尉和各州刺史下统若干郡国,其中在今河南省境内的郡国有司隶弘农郡、河南郡、河内郡,豫州颍川郡、梁国、陈留郡、汝南郡(大部分)、东郡(部分)、沛郡(部分),兖州淮阳国,荆州南阳郡。冀州魏郡南部若干县,亦在今河南省境内。西汉时,豫州主要包括今河南省郑州市南、平顶山市、漯河市、周口市、商丘市,司隶部主要包括今河南省安阳市、鹤壁市、新乡市、焦作市、洛阳市、郑州市,荆州主要包括今河南省南阳市和信阳市部分地区,兖州主要包括今河南省开封市以及濮阳市一带。

东汉时总体上依然推行郡(国)县二级制,到了东汉末年,为了镇压黄巾起义,出现了全新的州—郡—县三级制。今河南省在东汉时主要包括司隶部东部、荆州东北部、兖州西部、豫州西部。[①] 东汉时所辖今河南省地区与西汉时基本一致。

第一节　秦汉时期河南各类自然灾害统计分析

一、秦汉时期河南水灾

(一)秦汉时期河南水灾数据统计

秦汉时期,河南发生水灾55次,记录如下:

1. 高后四年(前184)秋,河南大水,伊(洛阳、偃师)、雒(河南西)流千六百余家,汝水流八百余家。(《汉书·五行志》)

2. 高后八年(前180)夏……南阳沔水流万余家。(《汉书·五行志》)

3. 文帝前元十二年(前168)冬十二月,河决东郡(濮阳附近)。(《汉书·文帝纪》《史记·河渠书》)

4. 景帝中元五年(前145)夏,天下大潦。(《史记·孝景纪》)

5. 武帝建元三年(前138)春,河水溢于平原,大饥,人相食。(《汉书·武帝纪》)

6. 武帝建元三年(前138)河内(焦作一带)贫人伤水旱万余家,或父子相食。(《汉书·汲黯传》)

7. 武帝元光三年(前132)河水决濮阳,泛郡十六。(《汉书·武帝纪》《史记·河渠书》)

8. 武帝元鼎二年(前115)夏,大水,关东(含河南)饿死者以千数。(《汉书·武帝纪》)

9. 元帝初元元年(前48)关东(含河南)郡国十一大水,饥,或人相食。(《汉书·元帝纪》)

[①] 周振鹤:《中国行政区划通史·秦汉卷下》,复旦大学出版社,2009年。

10. 元帝永光五年(前39)秋,颍川(禹州)水出,流杀人民。(《汉书·元帝纪》)

11. 夏及秋,大水。颍川、汝南……坏乡聚民舍,及水流杀人。(《汉书·五行志》)

12. 成帝建始四年(前29)大水,河决东郡(濮阳附近)金堤。(《汉书·成帝纪》)

13. 成帝河平元年(前28)春三月,诏曰:"河决东郡(濮阳附近),流漂二州。"(《汉书·成帝纪》)

14. 成帝阳朔二年(前23)关东(含河南)大水。(《汉书·成帝纪》)

15. 成帝永始二年(前15)梁国(商丘)……比年伤水灾,人相食。(《汉书·成帝纪》)

16. 成帝永始三年(前14)往六七岁,河水大盛,增丈七尺,坏黎阳(浚县东北)南郭门。(《汉书·沟洫志》)

17. 成帝永始四年(前13)往六七岁,河水大盛,增丈七尺,坏黎阳(浚县东北)南郭门。(《汉书·沟洫志》)

18. 成帝绥和二年(前7)河南、颍川郡(禹州)水出,流杀人民,坏败庐舍。(《汉书·哀帝纪》)

19. 哀帝时(前5—前1)日将中,天北云起,须臾大雨,至晡时,湔水涌起十余丈,突坏庐舍,所害数千人。(《后汉书·方术列传·任文公传》)

20. 王莽始建国三年(11)河决魏郡(安阳东北),泛清河以东数郡。(《汉书·王莽传》)

21. 王莽地皇四年(23)六月[昆阳(叶县一带)之战],天风飞瓦,雨如注水。(《汉书·王莽传》)

22. 光武建武四年(28)东郡(濮阳附近)以北伤水。(《后汉书·五行志》注引《古今注》)

23. 光武建武七年(31)六月戊辰,雒水(河南西)盛溢……民溺,伤稼,坏庐舍。(《后汉书·五行志》注引《古今注》)

24. 光武建武十年(34)雒水(河南西)出造津。(《后汉书·五行志》)

25. 光武建武十七年(41)洛阳暴雨,坏民庐舍,压杀人,伤害禾稼。(《后汉书·五行志》注引《古今注》)

26. 明帝永平三年(60)京师(洛阳)及郡国七大水。(《后汉书·明帝纪》)

27. 明帝永平三年(60)是岁,伊(洛阳、偃师)、雒水(河南西)溢……郡七县三十二皆大水。(《后汉书·天文志》)

28. 明帝永平十三年(70)今兖、豫(河南南部)之人,多被水患。(《后汉书·明帝纪》)

29. 和帝永元十年(98)夏五月,京师(洛阳)大水。注引《东观记》曰:"京师大雨……坏人庐舍。"(《后汉书·和帝纪》)

30. 和帝永元十二年(100)六月,舞阳(叶县东南)大水。(《后汉书·和帝纪》)

颍川(禹州)大水伤稼。(《后汉书·五行志》)

31. 殇帝延平元年(106)五月,郡国三十七大水伤稼。注引《袁山松书》曰:"六州河、济(济源一带)……雒(河南西)、洧水盛长,泛溢伤秋稼。"(《后汉书·五行志》)

32. 安帝永初元年(107)冬十月辛酉,河南新城(伊川西南)山水暴出,突坏民田,坏处泉水出,深三丈。(《后汉书·五行志》)

33. 安帝永初元年(107)京师(洛阳)淫雨,螽贼伤稼穑。(《后汉书·徐防传》注引《东观记》)

34. 安帝永初二年(108)六月,京师(洛阳)……大水,大风,雨雹。注引《东观记》曰:"雹大如芋魁、鸡子,风拔树发屋。"(《后汉书·安帝纪》)

35. 安帝永初三年(109)京师(洛阳)……雨水雹。(《后汉书·安帝纪》)

36. 安帝元初四年(117)七月,京师(洛阳)及郡国十雨水。(《后汉书·安帝纪》)

37. 安帝永宁元年(120)自三月至是月(十月),京师(洛阳)……大风,雨水。(《后汉书·安帝纪》)

38. 安帝永宁元年(120)自三月至是月(十月),京师(洛阳)……大风,雨水。(《后汉书·安帝纪》)

39. 安帝永宁元年(120)自三月至是月(十月),京师(洛阳)……大风,雨水。(《后汉书·安帝纪》)

40. 安帝永宁元年(120)自三月至是月(十月),京师(洛阳)……大风,雨水。(《后汉书·安帝纪》)

41. 安帝建光元年(121)是秋,京师(洛阳)及郡国二十九雨水。(《后汉书·安帝纪》)

是秋,京师(洛阳)及郡国二十九淫雨伤稼。(《后汉书·五行志》)

42. 安帝延光元年(122)是岁,京师(洛阳)……雨水,大风,杀人。(《后汉书·安帝纪》)

43. 安帝延光三年(124)是岁,京师(洛阳)及郡国二十三地震;三十六雨水,疾风,雨雹。(《后汉书·安帝纪》)

44. 顺帝永建四年(129)司隶、荆、豫(河南南部)、兖……淫雨伤稼。(《后汉书·五行志》)

45. 顺帝永和元年(136)是夏,洛阳暴水,杀千余人。(《后汉书·杨厚传》)

46. 桓帝建和二年(148)秋七月,京师(洛阳)大水。(《后汉书·桓帝纪》)

47. 桓帝建和三年(149)八月乙丑,……京师(洛阳)大水。(《后汉书·桓帝纪》)

48. 桓帝永寿元年(155)六月,洛水(河南西)溢,坏鸿德苑。南阳大水。(《后汉书·桓帝纪》)

六月,雒水(河南西)溢至津城门,漂流人物。(《后汉书·五行志》)

49. 桓帝永寿元年(155),霖雨大水,三辅以东莫不湮没。(《后汉书·方术列传·公沙穆传》)

50. 桓帝延熹二年(159)夏,京师(洛阳)雨水。(《后汉书·桓帝纪》)

51. 灵帝建宁元年(168)六月,京师(洛阳)雨水。(《后汉书·灵帝纪》)

52. 灵帝熹平元年(172)六月,京师(洛阳)雨水。(《后汉书·灵帝纪》)

53. 灵帝熹平三年(174)秋,洛水(河南西)溢。(《后汉书·灵帝纪》)

54. 灵帝中平五年(188)郡国六水大出。臣昭按:……梁(商丘)……(《后汉书·五行志》)

55. 献帝建安十七年(212)秋七月,洧水、颍水(流经郑州、许昌)溢。螟。(《后汉书·献帝纪》)

(二)秦汉时期河南水灾时间特征

1.年际分布特征

我们将秦汉时期分为四个阶段,考察这一时期河南水灾的时间分布特征,如表2-1。

表2-1　秦汉时期河南水灾数据年际分布统计表

时段	秦朝	西汉	新朝、刘玄	东汉	总体情况
年号	始皇元年至子婴元年	高祖元年至居摄三年	始建国元年至更始二年	建武元年至建安二十四年	
起止	前221—前207	前206—8	9—24	25—219	前221—219
年长	15	214	16	195	440
次数	0	19	2	34	55
比重	0	34.5%	3.6%	61.8%	100%
频度	0	1次/11.3年	1次/8年	1次/5.7年	1次/8年

秦朝河南无水灾记录,有水灾的为三个阶段:

第一阶段:西汉时期,即从高祖元年(前206)到居摄三年(8)。在此期间,河南发生水灾19次,平均11.3年发生1次,占水灾总数的34.5%,相对来说属于水灾"低发期",汉成帝在位时期水灾发生较为频繁。

第二阶段:新朝、刘玄时期,即从王莽始建国元年(9)到更始二年(24)。在此期间,河南发生水灾2次,平均8年发生1次,占水灾总数的3.6%。

第三阶段:东汉时期,即从建武元年(25)到建安二十四年(219)。在此期间,河南发生水灾34次,平均5.7年发生1次,占水灾总数的61.8%,整体上属于水灾"高发期"。安帝在位时期水灾发生最为频繁,从永初元年(107)几乎是连年发生,且存在一年多发的情况,如在永初元年(107)记录了2次水灾,1次是在河南新城,1次是在京师。东汉水灾记录中,京师占了很大比重,这与东汉定都河南洛阳有关。

根据上述统计,东汉时期是灾害发生最为频繁的时期,灾害发生频次最低的为西汉时期。

2.季节分布特征

水灾除了具有大的时段分布特征,还具有季节、月份分布特点。为了方便大家更直观地看出其特点,特制表 2-2。

表 2-2　秦汉时期河南水灾数据年内分布统计表

季节	春季				夏季				秋季				冬季				不详
次数	3				16				10				3				23
月份	一	二	三	不详	四	五	六	不详	七	八	九	不详	十	十一	十二	不详	
次数	0	0	2	1	0	2	8	6	3	1	0	6	1	0	1	1	

在此说明,此表统计的是有季节、有明确月份记录的水灾次数。有些只明确到季节的水灾记录在月份统计中计入了不详之中,因此季节和月份水灾次数没有完全对应。总的看来,秦汉时期,我国水灾主要发生在夏秋两季,其中六月份发生最多,其次是七月,其他各月都较少发生。

二、秦汉时期河南旱灾

(一)秦汉时期河南旱灾数据统计

根据我们收集的资料,秦汉时期河南旱灾有 28 次,具体记录如下:

1. 文帝前元三年(前 177)秋,天下旱。(《汉书·五行志》)

2. 文帝后元六年(前 158)春,天下大旱。(《汉书·五行志》)

3. 文帝后元六年(前 158)冬,天下旱。(《史记·孝文本纪》)

4. 武帝建元三年(前 138)河内(焦作一带)贫人伤水旱万余家,或父子相食。(《汉书·汲黯传》)

5. 哀帝时(前 5—前 1)天大旱。(《后汉书·方术列传·任文公传》)

6. 王莽天凤六年(19)是时,关东(含河南省)饥旱数年。(《汉书·王莽传》)

7. 光武建武三年(27)七月,洛阳大旱。(《后汉书·五行志》注引《古今注》)

8. 光武建武二十三年(47)京师(洛阳)、郡国十八大蝗,旱,草木尽。(《后汉书·五行志》注引《古今注》)

9. 明帝永平十八年(75)是岁,京师(洛阳)及兖、豫(河南南部)、徐州

大旱。(《资治通鉴》)

10. 章帝建初二年(77)夏,洛阳旱。(《后汉书·五行志》注引《古今注》)

11. 章帝元和元年(84)时岁天下遭旱,边方有警,人食不足,而帑藏殷积。(《后汉书·郑弘传》)

12. 章帝章和二年(88)五月,京师(洛阳)旱。(《后汉书·和帝纪》)

13. 和帝永元六年(94)秋七月,京师(洛阳)旱。(《后汉书·和帝纪》)

14. 和帝永元九年(97)六月,旱、蝗。(《后汉书·和帝纪》)

15. 安帝永初七年(113)五月庚子,京师(洛阳)大雩。(《后汉书·安帝纪》)

16. 安帝元初元年(114)四月,京师(洛阳)及郡国五旱、蝗。(《后汉书·安帝纪》)

17. 安帝元初二年(115)五月,京师(洛阳)旱,河南及郡国十九蝗。(《后汉书·安帝纪》)

18. 安帝元初三年(116)夏四月,京师(洛阳)旱。(《后汉书·安帝纪》)

19. 安帝元初五年(118)三月,京师(洛阳)及郡国五旱。(《后汉书·安帝纪》)

20. 安帝元初六年(119)五月,京师(洛阳)旱。(《后汉书·安帝纪》)

21. 顺帝永建五年(130)夏四月,京师(洛阳)旱。(《后汉书·顺帝纪》)

22. 顺帝阳嘉元年(132)二月,京师(洛阳)旱。(《后汉书·顺帝纪》)

23. 顺帝阳嘉二年(133)六月,旱。(《后汉书·顺帝纪》)

24. 顺帝阳嘉三年(134)是岁河南、三辅大旱,五谷灾伤。(《后汉书·周举传》)

25. 质帝本初元年(146)二月,京师(洛阳)旱。(《后汉书·五行志》注引《古今注》)

26. 桓帝元嘉元年(151)夏四月,京师(洛阳)旱。(《后汉书·桓帝纪》)

27. 桓帝延熹四年(161)秋七月,京师(洛阳)雩。(《后汉书·桓帝

纪》)

28.献帝建安二年(197)天旱岁荒,士民冻馁,江淮间相食殆尽。(《后汉书·袁术传》)

(二)秦汉时期河南旱灾特征

1.年际分布特征

我们将秦汉时期分为四个阶段,考察这一时期河南旱灾的时间分布特征,如表2-3。

表2-3 秦汉时期河南旱灾数据年际分布统计表

时段	秦朝	西汉	新朝、刘玄	东汉	总体情况
年号	始皇元年至子婴元年	高祖元年至居摄三年	始建国元年至更始二年	建武元年至建安二十四年	
起止	前221—前207	前206—8	9—24	25—219	前221—219
年长	15	214	16	195	440
次数	0	5	1	22	28
比重	0	17.8%	3.6%	78.6%	100%
频度	0	1次/42.8年	1次/16年	1次/8.9年	1次/15.7年

秦朝无旱灾记录,其余三个阶段情况如下:

第一阶段:西汉时期,即从高祖元年(前206)到居摄三年(8)。在此期间,河南发生旱灾5次,平均42.8年发生1次,占旱灾总数的17.8%,相对来说属于旱灾"低发期"。西汉统治214年间共有5次旱灾记录,汉文帝后元六年(前158)春冬两季都发生了旱灾,而发生在汉武帝建元三年(前138)的第4次旱灾和发生在汉哀帝时(前5—前1)的第5次旱灾之间相隔了近百年,这是西汉时期间隔最长的一次,同时也是整个秦汉时期河南地区旱灾发生间隔最长的一次。

第二阶段:新朝、刘玄时期,即从王莽始建国元年(9)到更始二年(24)。在此期间,河南发生旱灾1次,平均16年发生1次,占旱灾总数的3.6%。

第三阶段:东汉时期,即从建武元年(25)到建安二十四年(219)。在此期间,河南发生旱灾22次,平均8.9年发生1次,占旱灾总数的78.6%,整体上属于旱灾"高发期",尤其是汉安帝和汉顺帝在位期间甚至出现连续三至四年旱灾的情况,由此可见,东汉旱灾具有明显的连续发生特征。

从上述阶段来看,东汉时期旱灾发生频率远远高于西汉时期,也与其定都河南洛阳有关。

2. 季节分布特征

旱灾也具有季节和月份分布特点,我们特制表2-4,方便读者认识到旱灾的季节、月份特征。

表2-4 秦汉时期河南旱灾数据年内分布统计表

季节	春季				夏季					秋季					冬季				不详
次数	4				11					4					1				8
月份	一	二	三	不详	四	五	六	不详	七	八	九	不详	十	十一	十二	不详	
次数	0	2	1	1	4	4	2	1	3	0	0	1	0	0	0	1	

上表统计结果表明:秦汉时期,夏季是旱灾的高发季节,主要发生在四五月份,春秋季旱灾也有发生,冬季旱灾较少。

三、秦汉时期河南虫灾

(一)秦汉时期河南虫灾数据统计

根据我们收集的资料,秦汉时期河南的具体虫灾记录有29条,具体如下:

1. 文帝后元六年(前158)冬,天下蝗。(《史记·孝文本纪》)

2. 武帝太初元年(前104)秋八月,蝗从东方飞至敦煌。(《汉书·武帝纪》)

3. 宣帝神爵四年(前58)河南界中又有蝗虫,府丞义出行蝗。(《汉书·严延年传》)

4. 平帝元始二年(2)秋,蝗,遍天下。(《汉书·五行志》)

5. 王莽始建国三年(11)濒河郡(安阳东北)蝗生。(《汉书·王莽传》)

6. 王莽地皇二年(21)秋,陨霜杀菽,关东(含河南)大饥,蝗。(《汉书·王莽传》)

7. 光武建武二十二年(46)三月,京师(洛阳)郡国十九蝗。(《后汉书·五行志》注引《古今注》)

8. 光武建武二十三年(47)京师(洛阳)、郡国十八大蝗,旱,草木尽。(《后汉书·五行志》注引《古今注》)

9. 光武建武二十九年(53)四月,……魏郡(安阳东北)、弘农(灵宝东北)蝗。(《后汉书·五行志》注引《古今注》)

10. 光武建武三十年(54)蝗起太山郡西南,过陈留、河南,遂入夷狄所集乡县。(《论衡·商虫篇》)

11. 明帝永平十五年(72)蝗起泰山,弥行兖、豫(河南南部)。(《后汉书·五行志》注引《谢承书》)

12. 章帝建初七年(82)京师(洛阳)及郡国螟。(《后汉书·章帝纪》)

13. 章帝建初八年(83)京师(洛阳)及郡国螟。(《后汉书·章帝纪》)

14. 和帝永元八年(96)五月,河内、陈留蝗。(《后汉书·和帝纪》)

15. 和帝永元八年(96)九月,京师(洛阳)蝗。(《后汉书·和帝纪》)

16. 和帝永元九年(97)六月,蝗、旱。(《后汉书·和帝纪》)

17. 和帝永元九年(97)七月,蝗虫飞过京师(洛阳)。(《后汉书·和帝纪》)

18. 安帝永初七年(113)八月丙寅,蝗虫飞过洛阳。(《后汉书·安帝纪》)

19. 安帝元初元年(114)四月,京师(洛阳)及郡国五旱、蝗。(《后汉书·安帝纪》)

20. 安帝元初二年(115)五月,河南及郡国十九蝗。(《后汉书·安帝纪》)

21. 安帝延光元年(122)兖豫(河南南部)蝗蟓滋生。(《后汉书·陈忠传》)

22. 顺帝永建五年(130)夏四月,京师(洛阳)及郡国十二蝗。(《后汉书·顺帝纪》)

23. 顺帝永和元年(136)秋七月,偃师蝗。(《后汉书·顺帝纪》)

24. 桓帝永兴二年(154)六月,京师(洛阳)蝗。(《后汉书·桓帝纪》)

25. 桓帝永寿元年(155)(弘农,今灵宝东北)县界有螟虫食稼。(《后汉书·方术列传·公沙穆传》)

26. 桓帝永寿三年(157)六月,京师(洛阳)蝗。(《后汉书·桓帝纪》)

27. 桓帝延熹元年(158)五月甲戌晦,日有食之。京师(洛阳)蝗。(《后汉书·桓帝纪》)

28.灵帝熹平四年(175)六月,弘农(灵宝东北)、三辅螟。(《后汉书·灵帝纪》)

29.献帝建安十七年(212)秋七月,洧水、颍水(流经郑州、许昌)溢。螟。(《后汉书·献帝纪》)

(二)秦汉时期河南虫灾时间特征

1.年际分布特征

我们将秦汉时期分为四个阶段,考察这一时期河南虫灾的时间分布特征,如表2-1。

表2-5 秦汉时期河南虫灾数据年际分布统计表

时段	秦朝	西汉	新朝、刘玄	东汉	总体情况
年号	始皇元年至子婴元年	高祖元年至居摄三年	始建国元年至更始二年	建武元年至建安二十四年	
起止	前221—前207	前206—8	9—24	25—219	前221—219
年长	15	214	16	195	440
次数	0	4	2	23	29
比重	0	13.8%	6.9%	79.3%	100%
频度	0	1次/53.5年	1次/8年	1次/8.5年	1次/15.2年

秦朝无虫灾记录,其余三个阶段情况如下:

第一阶段:西汉时期,即从高祖元年(前206)到居摄三年(8)。在此期间,河南发生虫灾4次,平均53.5年发生1次,占虫灾总数的13.8%,相对来说属于虫灾"低发期"。秦汉时期虫灾分布存在着较严重的不平衡性,既有较长的无灾年时间区间,又有连年发生蝗灾的时间区间。西汉时期发生虫灾的时间间隔较长,从高祖元年(前206)到汉文帝后元五年(前159),长达48年的时间里没有虫灾记录。汉文帝后元六年(前158)发生虫灾之后,又连续54年没有虫灾记录。从汉武帝太初元年(前104)发生虫灾之后,连续46年没有虫灾记录。汉宣帝神爵四年(前58)发生虫灾后连续60年没有虫灾记录。

第二阶段:新朝、刘玄时期,即从王莽始建国元年(9)到更始二年(24)。在此期间,河南发生虫灾2次,平均8年发生1次,占记录总数的6.9%。

第三阶段:东汉时期,即从建武元年(25)到建安二十四年(219)。在此期间,河南发生虫灾 23 次,平均 8.5 年发生 1 次,占虫灾总数的 79.3%,整体上属于虫灾"高发期"。东汉时期的虫灾相对西汉时期来说发生比较集中,且连续两年发生虫灾的有 6 次:第一次是光武建武二十二年(46)到建武二十三年(47);第二次是光武建武二十九(53)到建武三十年(54);第三次是汉章帝建初七年(82)到建初八年(83);第四次是汉和帝永元八年(96)到永元九年(97);第五次是汉桓帝永兴二年(154)到永寿元年(155);第六次是汉桓帝永寿三年(157)到延熹元年(158)。有 1 次连续三年发生蝗灾的记录,即汉安帝永初七年(113)、元初元年(114)、元初二年(115)连续三年发生了虫灾。螟虫灾害共发生了 5 次,全部发生在东汉时期,分别发生在汉章帝建初七年(82)、建初八年(83),汉桓帝永寿元年(155),汉灵帝熹平四年(175),汉献帝建安十七年(212)。

2. 季节分布特征

秦汉时期 29 次虫灾中有具体月份记录的有 17 次,时间只具体到季节的有 3 次,不详季节月份的有 9 次,大多数虫灾的发生时间是比较明确的。根据现有史料统计如表 2-6。

表 2-6 秦汉时期河南虫灾数据年内分布统计表

季节	春季				夏季				秋季				冬季				不详
次数	1				10				8				1				9
月份	一	二	三	不详	四	五	六	不详	七	八	九	不详	十	十一	十二	不详	
次数	0	0	1	0	3	3	4	0	3	2	1	2	0	0	0	1	

由上表可知:秦汉时期虫灾主要发生在夏秋两季,冬季和春季各有 1 次虫灾记录,这主要与河南春冬两季气温较低有关。

四、秦汉时期河南雹灾

雹灾又称为雹子,是重要灾害性天气之一。雹灾的发生常伴有狂风骤雨,往往会给农业乃至人民的生命财产造成较大的损失。

(一)秦汉时期河南雹灾数据统计

根据我们收集的资料,秦汉时期河南地区雹灾共发生 10 次,秦朝无雹灾记

录,新朝、刘玄时期也没有雹灾记录,具体记录如下:

1. 武帝元鼎三年(前114)夏四月,雨雹,关东(含河南省)郡国十余饥,人相食。(《汉书·武帝纪》)

2. 宣帝地节三年(前67)夏,京师(洛阳)雨雹。(《汉书·萧望之传》)

3. 安帝永初二年(108)六月,京师(洛阳)及郡国四十大水,大风,雨雹。注引《东观记》曰:"雹大如芋魁、鸡子,风拔树发屋。"(《后汉书·安帝纪》)

4. 安帝永初三年(109)是岁,京师(洛阳)及郡国四十一雨水雹。注引《续汉书》曰:雹大如雁子也。(《后汉书·安帝纪》)

5. 安帝延光元年(122)夏四月癸未,京师(洛阳)郡国二十一雨雹。(《后汉书·安帝纪》)

6. 安帝延光三年(124)是岁,京师(洛阳)及郡国二十三地震;三十六雨水,疾风,雨雹。(《后汉书·安帝纪》)

7. 安帝延光三年(124)雨雹,大如鸡子。(《后汉书·五行志》)

8. 桓帝延熹四年(161)五月己卯,京师(洛阳)雨雹。(《后汉书·桓帝纪》)

9. 桓帝延熹七年(164)五月己丑,京师(洛阳)雨雹。(《后汉书·桓帝纪》)

10. 灵帝建宁二年(169)四月癸巳,大风,雨雹。(《后汉书·灵帝纪》)

四月癸巳,京都(洛阳)大风雨雹,拔郊道树十围以上百余枚。(《后汉书·五行志》)

(二)秦汉时期河南雹灾时间特征

1. 年际分布特征

我们将秦汉时期分为四个阶段,考察这一时期河南雹灾的时间分布特征,如表2-7。

表 2-7　秦汉时期河南雹灾数据年际分布统计表

时段	秦朝	西汉	新朝、刘玄	东汉	总体情况
年号	始皇元年至子婴元年	高祖元年至居摄三年	始建国元年至更始二年	建武元年至建安二十四年	
起止	前221—前207	前206—8	9—24	25—219	前221—219
年长	15	214	16	195	440
次数	0	2	0	8	10
比重	0	20%	0	80%	100%
频度	0	1次/107年	0	1次/24.4年	1次/41年

秦朝,新朝、刘玄这两个时段无雹灾记录,其余两个阶段情况如下:

第一阶段:西汉时期,即从高祖元年(前206)到居摄三年(8)。在此期间,河南发生雹灾2次,平均107年发生1次,占雹灾总数的20%。西汉时期河南地区雹灾发生时间间隔较长,第一次雹灾发生在汉武帝元鼎三年(前114),此后间隔了将近50年,汉宣帝地节三年(前67)夏,京师发生了第二次雨雹灾害。

第二阶段:东汉时期,即从建武元年(25)到建安二十四年(219)。在此期间,河南发生雹灾8次,平均24.4年发生1次,占雹灾总数的80%。东汉时期河南地区雹灾发生相对集中,出现连年灾害的状况。连年发生的灾害有1次,为汉安帝永初二年(108)和永初三年(109)。总体来说,灾害发生时间是相对集中的。

2. 季节分布特征(如表2-8)

表 2-8　秦汉河南雹灾数据年内分布统计表

季节	春季	夏季	秋季	冬季	不详
次数	0	7	0	0	3
月份	一 二 三 不详	四 五 六 不详	七 八 九 不详	十 十一 十二 不详	
次数	0 0 0 0	3 2 1 1	0 0 0 0	0 0 0 0	

从表中可以看出,雹灾多发生在夏季,10次雹灾有7次都在夏季发生,且四五月发生的次数最多,发生了5次雹灾,而春、秋、冬三季并未发生雹灾。

五、秦汉时期河南寒灾

秦汉时期,我们统计到河南发生了 4 次寒灾,其中 2 次霜灾、2 次雪灾。具体如下:

  1. 武帝元鼎三年(前 114)四月雨雪,关东(含河南)十余郡人相食。(《汉书·五行志》)

  2. 元帝永光元年(前 43)九月二日陨霜杀稼,天下大饥。(《汉书·五行志》)

  3. 王莽天凤三年(16)二月乙酉,地震,大雨雪,关东(含河南)尤甚,深者一丈,竹柏或枯。(《汉书·王莽传》)

  4. 王莽地皇二年(21)秋,陨霜杀菽,关东(含河南)大饥,蝗。(《汉书·王莽传》)

寒灾主要发生在西汉和王莽时期,秦、东汉时未有相关记载。汉武帝元鼎三年(前 114)发生了第一次雪灾,此次雪灾发生在夏季的四月份,在关东地区,对农作物产生了很大的影响,引发了次生灾害饥荒,造成了"人相食"。第二次发生在王莽时期,天凤三年(16),此次雪灾发生在二月份,在关东地区。

秦汉时期河南地区的低温灾害雪灾、霜灾共发生了 4 次,其中雪灾发生了 2 次,霜灾发生了 2 次。汉元帝永光元年(前 43)记录了第一次霜灾,此次霜灾范围涉及全国,但并未指明详细的灾害发生地点。第二次发生在王莽地皇二年(21),这次霜灾发生在关东地区,涉及河南,也未指出详细地点。霜灾多发生在秋季,主要对农作物产生不利影响,从而引发次生灾害饥荒,甚至造成"人相食"。

六、秦汉时期河南风灾

(一)秦汉时期河南风灾数据统计

根据我们收集的资料,秦汉时期河南地区风灾有 14 次,秦朝、西汉、新朝刘玄时期没有风灾记录。具体风灾记录如下：

1. 和帝永元五年(93)五月戊寅,南阳大风拔树。(《后汉书·五行志》)

2. 和帝永元十五年(103)五月戊寅,南阳大风。(《后汉书·和帝纪》)

3. 安帝永初二年(108)六月,京师(洛阳)及郡国四十大水,大风,雨雹。(《后汉书·安帝纪》)

4. 安帝永初三年(109)五月癸酉,京都(洛阳)大风。(《后汉书·五行志》)

5. 安帝永初七年(113)八月丙寅,京都(洛阳)大风拔树。(《后汉书·五行志》)

6. 安帝元初二年(115)二月癸亥,京都(洛阳)大风拔树。(《后汉书·五行志》)

三月癸亥,京师(洛阳)大风。(《后汉书·安帝纪》)

7. 安帝永宁元年(120)自三月至是月(十月),京师(洛阳)及郡国三十三大风,雨水。(《后汉书·安帝纪》)

8. 安帝永宁元年(120)自三月至是月(十月),京师(洛阳)及郡国三十三大风,雨水。(《后汉书·安帝纪》)

9. 安帝永宁元年(120)自三月至是月(十月),京师(洛阳)及郡国三十三大风,雨水。(《后汉书·安帝纪》)

10. 安帝永宁元年(120)自三月至是月(十月),京师(洛阳)及郡国三十三大风,雨水。(《后汉书·安帝纪》)

11. 安帝延光元年(122)是岁,京师(洛阳)及郡国二十七雨水,大风,杀人。(《后汉书·安帝纪》)

12. 安帝延光二年(123)正月丙辰,河东、颍川(禹州)大风。(《后汉书·安帝纪》)

13. 安帝延光三年(124)京都(洛阳)及郡国三十六大风拔树。(《后汉书·五行志》)

14. 灵帝建宁二年(169)四月癸巳,大风,雨雹。(《后汉书·灵帝纪》)

四月癸巳,京都(洛阳)大风雨雹,拔郊道树十围以上百余枚。(《后汉书·五行志》)

(二)秦汉时期河南风灾时间特征

1. 年际分布特征

我们将秦汉时期分为四个阶段,考察这一时期河南风灾的时间分布特征,如表2-9。

表2-9 秦汉时期河南风灾数据年际分布统计表

时段	秦朝	西汉	新朝、刘玄	东汉	总体情况
年号	始皇元年至子婴元年	高祖元年至居摄三年	始建国元年至更始二年	建武元年至建安二十四年	
起止	前221—前207	前206—8	9—24	25—219	前221—219
年长	15	214	16	195	440
次数	0	0	0	14	14
比重	0	0	0	100%	100%
频度	0	0	0	1次/13.9年	1次/31.4年

秦汉时期河南地区最早的一次风灾记录在东汉和帝永元五年(93),最后一次风灾发生于汉灵帝建宁二年(169)。东汉195年间共发生风灾14次,平均每13.9年发生一次风灾。东汉风灾发生的时间分布相对比较均匀,从汉和帝永元五年(93)开始到汉安帝延光三年(124),其间记录的13次风灾发生的间隔最多的是10年,高于平均发生率。延光三年(124)到建宁二年(169)之间所记录的最后一次风灾发生的时间间隔为45年,远低于平均发生率。

2. 季节分布特征

风灾发生的月份分布如表2-10。

表2-10 秦汉时期河南风灾数据年内分布统计表

季节	春季			夏季				秋季				冬季			不详
次数	3			6				2				1			2
月份	一	二	三	不详	四	五	六	不详	七	八	九	不详	十	十一	十二	不详
次数	1	1	1	0	1	3	1	1	0	1	0	1	0	0	0	1

风灾发生在春、夏、秋三个季节,冬季仅1次记录,相对来说,五月份风灾发生比较频繁。

七、秦汉时期河南震灾

(一)秦汉时期河南震灾数据统计

根据我们收集的资料,秦汉时期共计发生震灾37次,秦和西汉没有震灾记录。记录如下:

1. 王莽天凤三年(16)二月乙酉,地震。(《汉书·王莽传》)

2. 光武建武二十二年(46)九月戊辰,地震裂……南阳尤甚。(《后汉书·光武帝纪》)

3. 光武建武二十二年(46)九月,郡国四十二地震,南阳尤甚,地裂压杀人。(《后汉书·五行志》)

4. 和帝永元七年(95)九月癸卯,京师(洛阳)地震。(《后汉书·和帝纪》)

5. 安帝元初二年(115)六月丙戌,洛阳新城地裂。(《后汉书·安帝纪》)

6. 安帝元初三年(116)七月,缑氏(偃师)地坼。(《后汉书·安帝纪》)

7. 安帝元初六年(119)春二月乙巳,京师(洛阳)及郡国四十二地震,或坼裂,水泉涌出。(《后汉书·安帝纪》)

8. 安帝延光元年(122)四月,京师(洛阳)地震,癸巳,司空陈褒以灾异免。(《后汉书·安帝纪》)

9. 安帝延光元年(122)秋七月癸卯,京师(洛阳)及郡国十三地震。(《后汉书·安帝纪》)

10. 安帝延光二年(123)十二月戊辰,京师(洛阳)及郡国三地震。(《资治通鉴》)

11. 安帝延光三年(124)是岁,京师(洛阳)及郡国二十三地震。(《后汉书·安帝纪》)

12. 安帝延光四年(125)十一月丁巳,京师(洛阳)及郡国十六地震。(《后汉书·顺帝纪》)

13. 顺帝永建三年(128)春正月丙子,京师(洛阳)地震,汉阳地陷裂。(《后汉书·顺帝纪》)

14. 顺帝阳嘉二年(133)夏四月,己亥,京师(洛阳)地震。(《后汉书·顺帝纪》)

15. 顺帝阳嘉四年(135)十二月甲寅,京师(洛阳)地震。(《后汉书·顺帝纪》)

地摇京师(洛阳)。(《后汉书·顺帝纪》)

16. 顺帝永和二年(137)夏四月丙申,京师(洛阳)地震。(《后汉书·顺帝纪》)

17. 顺帝永和二年(137)十一月丁卯,京师(洛阳)地震。(《后汉书·顺帝纪》)

18. 顺帝永和三年(138)春二月乙亥,京师(洛阳)及金城、陇西地震。(《后汉书·顺帝纪》)

19. 顺帝永和三年(138)闰月己酉,京师(洛阳)地震。(《后汉书·顺帝纪》)

20. 顺帝永和四年(139)三月乙亥,京师(洛阳)地震。(《后汉书·顺帝纪》)

21. 顺帝永和五年(140)春二月戊申,京师(洛阳)地震。(《后汉书·顺帝纪》)

22. 顺帝建康元年(144)九月丙午……京师(洛阳)及太原、雁门地震,三郡水涌土裂。(《后汉书·顺帝纪》)

23. 桓帝建和元年(147)夏四月庚寅,京师(洛阳)地震。(《后汉书·桓帝纪》)

24. 桓帝建和元年(147)九月丁卯,京师(洛阳)地震。(《后汉书·桓帝纪》)

25. 桓帝建和三年(149)六月乙卯,震宪陵寝屋。(《后汉书·桓帝纪》)

26. 桓帝建和三年(149)九月己卯,地震。(《后汉书·桓帝纪》)

27. 桓帝元嘉元年(151)十一月辛巳,京师(洛阳)地震。(《后汉书·桓帝纪》)

28. 桓帝元嘉二年(152)正月丙辰,京师(洛阳)地震。(《后汉书·桓帝纪》)

29. 桓帝元嘉二年(152)冬十月乙亥,京师(洛阳)地震。(《后汉书·

30. 桓帝永兴二年(154)二月癸卯,京师(洛阳)地震。(《后汉书·桓帝纪》)

31. 桓帝永寿二年(156)十二月,京师(洛阳)地震。(《后汉书·桓帝纪》)

32. 桓帝延熹五年(162)五月,康陵园寝火。……乙亥,京师(洛阳)地震。诏公、卿各上封事。(《后汉书·桓帝纪》)

33. 桓帝延熹八年(165)六月丙辰,缑氏地裂。(《后汉书·桓帝纪》)

34. 桓帝延熹八年(165)九月丁未,京师(洛阳)地震。(《后汉书·桓帝纪》)

35. 桓帝永康元年(167)五月丙申,京师(洛阳)及上党地裂。(《后汉书·桓帝纪》)

36. 灵帝熹平六年(177)冬十月辛丑,京师(洛阳)地震。(《后汉书·灵帝纪》)

37. 灵帝光和二年(179)三月,京兆(洛阳)地震。(《后汉书·灵帝纪》)

(二)秦汉时期河南震灾时间特征

1.年际分布特征

我们将秦汉时期分为四个阶段,考察这一时期河南震灾的时间分布特征,如表2-11。

表2-11 秦汉时期河南震灾数据年际分布统计表

时段	秦朝	西汉	新朝、刘玄	东汉	总体情况
年号	始皇元年至子婴元年	高祖元年至居摄三年	始建国元年至更始二年	建武元年至建安二十四年	
起止	前221—前207	前206—8	9—24	25—219	前221—219
年长	15	214	16	195	440
次数	0	0	1	36	37
比重	0	0	2.7%	97.3%	100%
频度	0	0	1次/16年	1次/5.4年	1次/11.9年

秦汉时期共计发生震灾约37次,平均11.9年有1次灾害记录。新朝刘玄

时期有1次,东汉震灾36次,平均5.4年发生1次。

整体上来说,秦汉时期震灾的年际分布非常不平衡。震灾记录基本上全集中在东汉时期,在汉和帝永元七年(95)以后,存在着强度大、连年发生和高频发的情况。有2次连续两年发生自然灾害的记录:汉安帝元初二年(115)到元初三年(116);汉桓帝元嘉元年(151)到元嘉二年(152)。连着一年发生两次地震的年份有:汉安帝延光元年(122)、汉顺帝永和二年(137)、汉顺帝永和三年(138)、汉桓帝建和元年(147)、汉桓帝建和三年(149)、汉桓帝元嘉二年(152)、汉桓帝延熹八年(165),共7个年份,并且发生地点多在京师洛阳。还有两次连年发生地震的记录:第一次为连续4年发生地震,从汉安帝延光元年(122)到延光四年(125);第二次是连续4年发生地震灾害,从汉顺帝永和二年(137)到永和五年(140),其中汉顺帝永和二年(137)和永和三年(138)分别一年发生了两次地震灾害。

2. 季节分布特征(如表2-12)

表2-12　秦汉时期河南震灾数据年内分布统计表

季节	春季				夏季				秋季				冬季				不详
次数	9				10				9				8				1
月份	一	二	三	不详	四	五	六	不详	七	八	九	不详	十	十一	十二	不详	
次数	2	5	2	0	5	2	3	0	2	0	7	0	2	3	3	0	

相比其他自然灾害,震灾没有明显突出的季节特征,整体来看,四季的震灾记录基本均衡分布。相较之下二、四、九月份震灾发生比较频繁。

八、秦汉时期河南疫灾

(一)秦汉时期河南疫灾数据统计

秦汉时期共计发生疫灾11次,其中,秦朝没有疫灾记录,具体如下:

1. 景帝后元二年(前142)十月,衡山国(信阳一带)……民疫。(《史记·孝景本纪》)

2. 宣帝元康二年(前64)夏五月……今天下颇被疾疫之灾。(《汉书·宣帝纪》)

3. 元帝初元元年(前48)是岁,关东(含河南)大水,郡国十一饥,疫尤甚。(《后汉书·翼奉传》)

4. 元帝初元五年(前44)夏四月……乃者关东(含河南)连遭灾害,饥寒疾疫。(《后汉书·元帝纪》)

5. 光武建武二十年(44)秋,振旅还京师(洛阳),军吏经瘴疫死者十四五。(《后汉书·马援传》)

6. 明帝永平十八年(75)是岁,牛疫。京师(洛阳)及三州大旱。(《后汉书·章帝纪》)

7. 章帝建初四年(79)京都(洛阳)牛大疫。(《后汉书·五行志》)

8. 安帝延光四年(125)是冬,京师(洛阳)大疫。(《后汉书·安纪》)

9. 顺帝永建二年(127)二月……甲辰,诏禀贷荆、豫(河南南部)、兖、冀四州流冗贫人,所在安业之;疾病致医药。(《后汉书·顺帝纪》)

10. 桓帝元嘉元年(151)春正月,京师(洛阳)疾疫。(《后汉书·桓帝纪》)

11. 桓帝延熹四年(161)四年春正月辛酉,南宫嘉德殿火。戊子,丙署火。大疫。(《后汉书·桓帝纪》)

(二)秦汉时期河南疫灾时间特征

1. 年际分布特征

秦汉时期共计发生疫灾 11 次,平均每 40 年有 1 次灾害记录。西汉疫灾记录 4 次,东汉疫灾 7 次,相比水、旱等自然灾害的记载,疫灾记载相对较少。整体上,秦汉时期疫灾的年际分布比较不平衡,如表 2-13。

表 2-13 秦汉时期河南疫灾数据年际分布统计表

时段	秦朝	西汉	新朝、刘玄	东汉	总体情况
年号	始皇元年至子婴元年	高祖元年至居摄三年	始建国元年至更始二年	建武元年至建安二十四年	
起止	前221—前207	前206—8	9—24	25—219	前221—219
年长	15	214	16	195	440
次数	0	4	0	7	11
比重	0	36.4%	0	63.6%	100%
频度	0	1次/53.5年	0	1次/27.9年	1次/40年

第一阶段:西汉时期,即从高祖元年(前206)到居摄三年(8)。在此期间,河南发生疫灾4次,平均53.5年发生1次,占疫灾总数的36.4%。

第二阶段:东汉时期,即从建武元年(25)到建安二十四年(219)。在此期间,河南发生疫灾7次,平均27.9年发生1次,占疫灾总数的63.6%。

西汉的前两次疫灾发生间隔时间为80年左右,西汉最后与东汉最初发生的疫灾间隔时间为80年左右,其余6次灾害的发生分别为汉元帝初元五年(前44)、汉明帝永平十八年(75)、汉章帝建初四年(79)、汉安帝延光四年(125)、汉顺帝永建二年(127)、汉桓帝元嘉元年(151)、汉桓帝延熹四年(161),这几次疫灾发生的时间间隔远低于前三次疫灾的发生间隔。而且这一时期最早的疫灾发生在汉景帝后元二年(前142),发生在大旱之后,《史记·孝景本纪》载,十月,"大旱。衡山国、河东、云中郡民疫"①,衡山国的辖境包括今河南省信阳市。疫病不仅严重影响人们的生命健康,在一定程度上还会影响人们的精神与心理健康,从而对社会上层建筑产生一定的影响。②

2. 季节分布特征(如表2-14)

表2-14 秦汉时期河南疫灾数据年内分布统计表

季节	春季				夏季				秋季				冬季				不详
次数	3				2				1				2				3
月份	一	二	三	不详	四	五	六	不详	七	八	九	不详	十	十一	十二	不详	
次数	2	1	0	0	1	1	0	0	0	0	0	1	1	0	0	1	

秦汉时期11次疫灾季节分布特征并不特别突出,且大多数疫灾的发生或波及地区都含有京师洛阳。

---

① 〔汉〕司马迁:《史记》卷11《孝景本纪》,中华书局,1959年,第448页。
② 赵夏竹:《汉末三国时代的疾疫、社会与文学》,《中国典籍与文化》2001年第3期。

第二节　秦汉时期河南自然灾害概况

一、各类自然灾害数据的总量和比重

在秦汉 440 年间，河南地区共发生自然灾害 188 次，平均每 2.3 年发生一次。在这 188 次自然灾害中，有水灾 55 次，占秦汉时期河南自然灾害总数的 29.2%；旱灾 28 次，占秦汉时期河南自然灾害总数的 14.9%；虫灾 29 次，占秦汉时期河南自然灾害总数的 15.4%；雹灾 10 次，占秦汉时期河南自然灾害总数的 5.3%；寒灾 4 次，其中霜灾 2 次、雪灾 2 次，占秦汉时期河南自然灾害总数的 2.1%；风灾 14 次，占秦汉时期河南自然灾害总数的 7.4%；震灾 37 次，其中地震 33 次、地裂 3 次、地圻 1 次，占秦汉时期河南自然灾害总数的 19.7%；疫灾 11 次，占秦汉时期河南自然灾害总数的 5.9%。在所记载的自然灾害中水灾发生的次数最多，所占比重最大。

二、自然灾害数据的时段分布特征

（一）年际分布特征

秦朝存在的 15 年里，并未见自然灾害的记载。两汉时期的自然灾害记载根据其特点和发生状况分为三个阶段：西汉时期（前 206—8），在位皇帝包括汉高祖、汉惠帝、汉前少帝、汉文帝、汉景帝、汉武帝、汉昭帝、汉宣帝、汉元帝、汉成帝、汉哀帝、汉平帝和孺子刘婴，共 214 年；新朝(9—23)和更始帝刘玄(1 年)共 16 年；东汉时期(25—219)，在位皇帝包括汉光武帝、汉明帝、汉章帝、汉和帝、汉殇帝、汉安帝、汉顺帝、汉冲帝、汉质帝、汉桓帝、汉灵帝、汉献帝，共 195 年。秦汉时期河南地区的自然灾害记录如表 2-15。

表 2-15　秦汉时期河南自然灾害数据年际分布统计表

时段	秦朝	西汉	新朝、刘玄	东汉	总体情况
年号	始皇元年至子婴元年	高祖元年至居摄三年	始建国元年至更始二年	建武元年至建安二十四年	
起止	前221—前207	前206—8	9—24	25—219	前221—219
年长	15	214	16	195	440
次数	0	36	8	144	188
比重	0	19.1%	4.2%	76.6%	100%
频度	0	1次/5.9年	1次/2年	1次/1.4年	1次/2.3年

秦朝时期没有自然灾害记录，在此不作讨论。根据灾害频次分析秦汉时期河南地区三个阶段的自然灾害情况。

第一阶段：西汉时期，从汉高祖元年（前206）到孺子刘婴（8），在此期间，共发生36次自然灾害，平均每5.9年发生一次灾害，其中水灾18次，旱灾5次，虫灾4次，雹灾2次，寒灾2次，疫灾4次，占河南自然灾害总量的19.1%。

第二阶段：新朝、刘玄时期，从新朝始建国元年（9）到更始帝更始二年（24），在此期间，共发生8次自然灾害，平均每2年发生一次。其中水灾2次，旱灾1次，虫灾2次，寒灾2次，震灾1次，占河南自然灾害总量的4.2%。

第三阶段：东汉时期，从光武帝建武元年（25）到汉献帝建安二十四年（219），在此期间，共发生144次自然灾害，平均每1.4年发生一次。其中水灾34次，旱灾22次，虫灾23次，雹灾8次，风灾14次，震灾36次，疫灾7次，占秦汉时期河南自然灾害总量的76.6%。这一阶段记录灾害次数较多，可能与东汉定都洛阳有关，同时和此时人们更加注重灾害也有一定的关系。

从上述各个时期来看，东汉时期是自然灾害发生最为频繁的时期，自然灾害发生频次最低为西汉时期。

（二）季节月份分布特征

秦汉时期河南地区发生的自然灾害种类较多，具有很强的季节性，为方便大家直观地看出其季节分布特点，特做表2-16、2-17。

表 2-16　秦汉时期河南自然灾害季节分布表

灾种 季节	水灾	旱灾	虫灾	雹灾	寒灾	风灾	震灾	疫灾	合计
春季	3	4	1	0	2	3	9	3	25
夏季	18	11	10	7	0	6	9	2	61
秋季	10	4	8	0	2	2	8	1	35
冬季	2	1	1	0	0	1	8	2	16
不详	14	8	9	3	0	2	3	3	15
总计	47	28	29	10	4	14	37	11	188

表 2-17　秦汉时期河南自然灾害月份分布表

灾种 月份	水灾	旱灾	虫灾	雹灾	寒灾	风灾	震灾	疫灾	合计
一月	0	0	0	0	0	1	2	2	5
二月	0	2	0	0	1	1	5	1	10
三月	2	1	1	0	0	1	2	0	7
四月	0	4	3	3	1	1	3	1	16
五月	2	4	3	2	0	3	2	1	17
六月	8	2	4	1	0	1	4	0	20
七月	3	3	3	0	0	0	2	0	11
八月	1	0	2	0	0	1	0	0	4
九月	0	0	1	0	1	0	6	0	8
十月	1	0	0	0	0	0	2	1	4
十一月	0	0	0	0	0	0	3	0	3
十二月	1	0	0	0	0	0	3	0	4
不详	37	12	12	4	1	5	3	5	79
总计	55	28	29	10	4	14	37	11	188

特此说明,连季发生的灾害在以上两表中都未统计在内。在月份分布表中,只标明季节而未标明月份的都计入了不详之中,这使上述两个表格中的灾害数据无法一一对应,这样是为了更好地论述秦汉时期河南地区自然灾害的一些规律和特征,并不是统计错误。

根据上表反映出的几种灾害发生的季节性特征比较,夏秋两季的灾害发生较多,夏季共发生灾害 61 次,秋季共发生灾害 35 次,占灾害总数的 51.1%。如水灾在夏秋季节就比较集中,其间发生的水灾 26 次,占水灾总数的 47.3%,尤其五、六、七月份更是水灾的集中高发期。旱灾则集中在春夏两季,其间发生旱灾 15 次,占旱灾总数的 53.6%。关于旱灾在此时多发,考虑是因为春季北方降水少,植物生长用水量大;夏季天气炎热,水分蒸发量大。虫灾则集中在夏秋两季,一是因为夏秋时节高温,二是这一时期食物充足,对于害虫的繁殖十分有利。发生在夏秋两季的虫灾占到了虫灾总数的 62.1%。其他灾害的季节性特征则不是十分明显。从总体来看,夏季和秋季发生自然灾害次数最多,四至九月发生灾害的频率较高。

第三节 秦汉时期救灾机构、程序和措施

秦汉时期,随着人们对灾害的重视,特定的救灾体系与制度随之形成,即使未设置专门的救灾机构,但在长期救灾过程中也形成了一定的制度。

一、救灾机构

秦汉时期河南还不是一个独立的行政区,河南地区的救灾由中央机关和河南境内的州郡县负责。

(一)中央救灾机构

在汉代救灾机构中,中央由皇帝负总责,皇帝起主要的决策与领导作用;三公九卿为参与救灾决策的主要代表。

1. 三公

汉初三公指丞相、御史大夫、太尉,成帝时分别更名为大司徒、大司空、大司

马。三公是汉代的最高长官,对灾害负有特殊的责任,主要责任在"调理阴阳"。东汉以后,尚书台成为国家政治中枢,三公权力虚化,但名义上仍要为发生灾异承担责任,出现了因为灾异频繁而"免三公"的现象,这种情况到了曹魏时期才有所减少。

2. 九卿

汉代九卿中以太常、郎中令、治粟内史、少府与救灾关系密切。

(1)太常。《汉书·百官公卿表》记载:"奉常,秦官,掌宗庙礼仪,有丞。景帝中六年更名太常。属官有太乐、太祝、太宰、太史、太卜、太医六令丞。……又博士及诸陵县皆属焉。"①太常掌祭祀之事,灾害发生时,太常负责通过祈禳仪式达到消灾的目的。太常属官太史负责灾异的解释和记载。《后汉书·百官志》注曰:"掌天时、星历。凡岁将终,奏新年历。凡国祭祀、丧、娶之事,掌奏良日及时节禁忌。凡国有瑞应、灾异,掌记之。"②太史向朝廷解释灾害原因并陈述救灾之术。太常另一个属官博士在西汉时期常常代皇帝巡视灾区,实行救灾及对地方救灾的监督。③

(2)郎中令。郎中令后更名为光禄勋,其本身无救灾职责,但其下属太(亦作"大")中大夫、中大夫(光禄大夫)、谏大夫、谒者等常常出使,代行皇帝的救灾职责。

(3)治粟内史。《汉书·百官公卿表》载:"治粟内史,秦官,掌谷货,有两丞。景帝后元年更名大农令,武帝太初元年更名大司农。"④它是国家的财政部门,在救灾中主要掌管救灾物资的筹集与发放,受灾后农业的生产、灾区的税收等工作。

(4)少府。少府是秦汉帝室的财务机构。少府救灾济贫职责主要表现在以下几个方面:一是山泽园田在灾害发生时向贫民开放,供百姓捕鱼、采食,渡过饥荒。二是负责帝王后宫节用措施。三是少府也向百姓发放救灾贷款。四是少府属官太医令,对百姓疫病负有主要责任。太医之官,《汉书·百官公卿表》载有两处,一处在奉常,一处在少府;东汉仅属少府。五是少府属官侍御史,对

---

① 〔汉〕班固:《汉书》卷19《百官公卿表》,中华书局,1962年,第726页。
② 〔南朝宋〕范晔:《后汉书》卷115《百官志》,中华书局,1965年,第3572页。
③ 袁祖亮主编,焦培民等著:《中国灾害通史·秦汉卷》,郑州大学出版社,2008年,第321页。
④ 〔汉〕班固:《汉书》卷19《百官公卿表》,中华书局,1962年,第731页。

灾异上书的监察和落实因灾缓刑措施负有重要责任。六是少府属官尚书在灾异讨论和应灾决策过程中扮演重要角色,尚书不仅可以对灾异上书发表意见,而且常常代表皇帝预先处理大臣灾异奏疏;此外,尚书的属官有时也会被派出救灾。

(二)地方救灾机构

1. 刺史

《汉书·百官公卿表》载:"武帝元封五年初置部刺史,掌奉诏条察州。"①刺史负责监察救灾中的不法行为。桓帝永兴二年(154)六月,诏司隶校尉、部刺史曰:"蝗灾为害,水变仍至,五谷不登,人无宿储。其令所伤郡国种芜菁,以助人食。"②刺史有监察救灾职责,但发放救灾物资需要向中央请示,否则就是违法犯罪行为。在灾害之年,刺史也直接监督中央救灾措施的执行情况。汉代司隶校尉、豫州刺史、兖州刺史、荆州刺史监管的部分区域在今河南境内,其中豫州刺史监察区与今河南重合面积最大。

2. 太守、相

郡守为秦官,景帝中二年(前148)更名太守。《汉官解诂》云:"太守专郡,信理庶绩,劝农赈贫,决讼断辟,兴利除害,检能察奸,举善黜恶,诛讨暴残者也。"③其中"劝农赈贫""兴利除害"与救灾有直接的关系。汉代实行郡国并行制,诸侯王国"有太傅辅王,内史治国民,中尉掌武职,丞相统众官,群卿大夫都官如汉朝。景帝中五年令诸侯王不得复治国,天子为置吏,改丞相曰相……成帝绥和元年省内史,更令相治民,如郡太守"④。太守和同样秩级为二千石的地方长吏负有核实灾害损失,减免灾民田租、刍稿的职责。济穷救困在汉代是郡国守相的例行工作。《后汉书·百官志五》说:"凡郡国皆掌治民……常以春行所主县,劝民农桑,振救乏绝。"⑤灾害之年,朝廷有时会直接诏令郡国救灾。明帝永平十八年(75),京师及兖、豫、徐州大旱。次年春正月,诏三州郡国:"方春东作,恐人稍受禀(通"廪",仓库里的粮食),往来烦剧,或妨耕农。其各实核尤

---

① 〔汉〕班固:《汉书》卷19《百官公卿表》,中华书局,1962年,第741页。
② 〔南朝宋〕范晔:《后汉书》卷5《孝安帝纪》,中华书局,1965年,第222页。
③ 〔汉〕班固:《汉书》卷19《百官公卿表》,中华书局,1962年,第741页。
④ 〔清〕孙星衍:《汉官六种》卷1《汉官解诂》,中华书局,1990年,第20页。
⑤ 〔南朝宋〕范晔:《后汉书》卷28《百官志》,中华书局,1965年,第3621页。

贫者,计所贷并与之。流人欲归本者,郡县其实禀,令足还到,听过止官亭,无雇舍宿。长吏亲躬,无使贫弱遗脱,小吏豪右得容奸妄。诏书既下,勿得稽留,刺史明加督察尤无状者。"①

3.县令、长

县令、长,皆秦官,掌治其县。万户以上为令,秩千石至六百石。减万户为长,秩五百石至三百石。县令受郡国直辖,负责上报灾情,落实救灾措施,并接受监督。

(三)乡里组织

《汉书·百官公卿表》:"大率十里一亭,亭有长。十亭一乡,乡有三老、有秩、啬夫、游徼。三老掌教化;啬夫职听讼,收赋税。游徼徼循禁贼盗。"②乡官也有救灾职责,如《汉书·黄霸传》载,黄霸为颍川太守,"使邮亭乡官皆畜鸡豚,以赡鳏寡贫穷者。然后为条教,置父老师帅伍长,班行之于民间,劝以为善防奸之意,及务耕桑,节用殖财,种树畜养,去食谷马"③。

二、救灾程序

秦汉时期,救灾已经形成了一定的程序,大体包括灾情上报、救灾朝议、救灾推行三个步骤。

(一)灾情上报

秦国在统一六国前就已经建立了以农业为主的灾情上报制度。《秦律十八种·田律》规定:下及时雨和谷物抽穗,应即书面报告受雨、抽穗的顷数和已开垦而未耕种田地顷数。禾稼生长期下雨,也要立即报告降雨量和受益田地顷数。如有旱灾、暴风雨、涝灾、蝗虫及其他虫害等损伤了禾稼,也要报告受灾顷

---

① 〔南朝宋〕范晔:《后汉书》卷3《肃宗孝章帝纪》,中华书局,1965年,第132页。
② 〔汉〕班固:《汉书》卷19《百官公卿表》,中华书局,1962年,第742页。
③ 〔汉〕班固:《汉书》卷76《黄霸传》,中华书局,1962年,第3629页。

数。距离近的县由走得快的人专送报告,距离远的县由驿站传送,在八月底以前送达。

汉代继承了秦代的灾害上报制度,并对上报不实者进行惩罚。为了不受地方郡守蒙蔽,丞相还派属吏巡视郡国,报告地方灾情。西汉宣帝时,丞相魏相"敕掾吏案事郡国及休告从家还至府,辄白四方异闻,或有逆贼风雨灾变,郡不上,相辄奏言之"①。东汉明帝永平年间,第五伦为蜀郡太守,时有水灾,伦"以汉中斗平,不足表闻","后刺史至,与伦不平,求郡短,劾伦不言水灾",郡吏则以"诏书:上灾异不得由州"辩解。②可见,是否向中央报灾是由郡守决定的,刺史只是起到监察作用。

(二)救灾朝议

灾害发生后,一般程序是皇帝下诏求谏,大臣上书探讨灾害发生原因和救灾方案,最后由皇帝颁布救灾措施,并安排各级官员贯彻执行。受天人感应观念影响,朝廷认真研究出来的"救灾方案",很多情况下会将救灾重点偏移到人事、政治、司法上,如因灾求谏、因灾举士、因灾免三公、因灾大赦、因灾赎刑等,这在一定程度上推进了政治和司法公平,但也在一定程度上遮蔽了对灾害产生的自然原因的认识,对直接救灾产生不利影响。

(三)救灾推行

救灾推行有皇帝亲自救灾、遣使救灾、地方官救灾三种方式,在此,我们主要讨论遣使救灾的方式。先将史料列举如下:

表 2-18　汉代遣使救灾情况

	时间	遣使情况
1	宣帝元康四年（前 62）	四年春正月……遣大中大夫强等十二人循行天下,存问鳏寡,览观风俗,察吏治得失,举茂材异伦之士。(《汉书·宣帝纪》)

---

① 〔汉〕班固:《汉书》卷 74《魏相传》,中华书局,1962 年,第 3141 页。
② 任乃强:《华阳国志校补图注》,上海古籍出版社,1987 年,第 537 页。

(续表)

	时间	遣使情况
2	宣帝五凤四年（前54）	夏四月辛丑晦,日有蚀之。诏曰:"皇天见异,以戒朕躬,是朕之不逮,吏之不称也。以前使使者问民所疾苦,复遣丞相、御史掾二十四人循行天下,举冤狱,察擅为苛禁深刻不改者。"(《汉书·宣帝纪》)
3	元帝初元元年（前48）	夏四月,诏曰:"……间者地数动而未静,惧于天地之戒……临遣光禄大夫褒等十二人循行天下,存问耆老、鳏、寡、孤、独、困乏、失职之民,延登贤俊,招显侧陋,因览风俗之化。"(《汉书·元帝纪》)
4	成帝河平四年（前25）	三月……遣光禄大夫博士嘉等十一人举瀕河之郡水所毁伤困乏不能自存者,财振贷。其为水所流压死,不能自葬,令郡国给椟椟葬埋。已葬者与钱,人二千。避水它郡国,在所冗食之,谨遇以文理,无令失职。(《汉书·成帝纪》)
5	成帝永始三年（前14）	正月己卯晦,日有蚀之。诏曰:"天灾仍重,朕甚惧焉。惟民之失职,临遣大中大夫嘉等循行天下,存问耆老,民所疾苦。其与部刺史举惇朴逊让有行义者各一人。"(《汉书·成帝纪》)
6	成帝绥和二年（前7）	秋……诏曰:"乃者河南、颍川郡水出,流杀人民,坏败庐舍。朕之不德,民反蒙辜,朕甚惧焉。已遣光禄大夫循行举籍,赐死者棺钱,人三千。其令水所伤县邑及他郡国灾害什四以上,民赀不满十万,皆无出今年租赋。"(《汉书·哀帝纪》)
7	光武建武二十二年（46）	九月戊辰,地震裂。制诏曰:"日者地震,南阳尤甚……其令南阳勿输今年田租刍稾。遣谒者案行,其死罪系囚在戊辰以前,减死罪一等;徒皆弛解钳,衣丝絮。赐郡中居人压死者棺钱,人三千。其口赋逋税而庐宅尤破坏者,勿收责。吏人死亡,或在坏垣毁屋之下,而家羸弱不能收拾者,其以见钱谷取佣,为寻求之。"(《后汉书·光武帝纪》)
8	和帝永元十五年（103）	十六年"二月己未,诏兖、豫、徐、冀四州比年雨多伤稼,禁沽酒。夏四月,遣三府掾分行四州,贫民无以耕者,为雇犁牛直"。(《后汉书·和帝纪》)
9	安帝永初元年（107）	二年春正月,禀河南、下邳、东莱、河内贫民。……二月乙丑,遣光禄大夫樊准、吕仓分行冀、兖二州,禀贷流民。(《后汉书·安帝纪》)

(续表)

	时间	遣使情况
10	安帝元初元年（114）	二月戊戌,遣中谒者收葬京师客死无家属及棺椁朽败者,皆为设祭;其有家属,尤贫无以葬者,赐钱人五千。（《后汉书·安帝纪》）
11	顺帝永建三年（128）	夏四月癸卯,遣光禄大夫案行汉阳及河内、魏郡、陈留、东郡,禀贷贫人。（《后汉书·顺帝纪》）
12	顺帝阳嘉元年（132）	二月……京师旱。庚申,敕郡国二千石各祷名山岳渎,遣大夫、谒者诣嵩高、首阳山,并祠河、洛,请雨。（《后汉书·顺帝纪》）
13	桓帝元嘉元年（151）	春正月,京师疾疫,使光禄大夫将医药案行。（《后汉书·桓帝纪》）
14	桓帝延熹九年（166）	三月,……司隶、豫州饥死者什四五,至有灭户者,遣三府掾赈禀之。（《后汉书·桓帝纪》）

从以上史料可知,汉代遣使救灾所遣使者主要有两大类:一类是代表皇帝的大夫、博士和谒者,一类是三公府掾属,以第一类为主。所遣使者一般具有直接支配救灾物资的权力,可现场实施救灾活动。

三、一般灾害防治

汉代受天人感应、失德天谴观念的影响,很多应对灾害的措施带有调整政治的色彩,如皇帝因灾下诏自谴,因灾免三公,因灾求谏选举,因灾大赦,因灾改元,甚至对神灵祈祷禳祭,这些措施效果有限。下面只介绍积极有效的措施。

（一）救灾物资节约筹集

1. 节用

节用,即国家减少行政开支。节用措施是历代常见的救灾措施之一。一方面,发生灾害会导致国家财政收入减少;另一方面,国家减少开支,可以临时结余出一部分物资用于救灾。首先是皇帝、后宫带头节用,减少吃、穿、娱乐用度,减少马、兽、乐人。汉元帝初元元年（前48）,"关东大水,郡国十一饥,疫尤甚。

上乃下诏江海陂湖园池属少府者以假贫民,勿租税;损大官膳,减乐府员,省苑马,诸官馆稀御幸者勿缮治;太仆少府减食谷马,水衡省食肉兽"①。政府也要减少官吏俸禄,以新莽和东汉最为常见。王莽时,"枯、旱、蝗虫相因。又用制作未定,上自公侯,下至小吏,皆不得奉禄"②。安帝永初四年(110)春正月丙午,"诏减百官及州、郡、县奉各有差"③。顺帝汉安二年(143)冬十月甲辰,"减百官奉……是岁,凉州地百八十震"④。桓帝延熹四年(161)秋七月,"京师雩。减公卿以下奉"⑤,延熹五年(162)八月庚子,"诏减虎贲、羽林住寺不任事者半奉,勿与冬衣;其公卿以下给冬衣之半"⑥。

2. 劝分

劝分,即鼓励官员和富人捐献救灾物资。"劝"的常见方式有两种,一是赏赐官爵,甚至是卖官鬻爵。例如,汉武帝元朔五年(前120),"浑邪等降,县官费众,仓府空,贫民大徙,皆卬给县官,无以尽赡。(卜)式复持钱二十万与河南太守,以给徙民","天子乃超拜式为中郎,赐爵左庶长,田十顷,布告天下,以风百姓"。⑦成帝永始二年(前15)诏:"关东比岁不登,吏民以义收食贫民、入谷物助县官振赡者,已赐直,其百万以上,加赐爵右更,欲为吏补三百石,其吏也迁二等。三十万以上,赐爵五大夫,吏亦迁二等,民补郎。十万以上,家无出租赋三岁。万钱以上,一年。"⑧又新莽地皇元年(20)九月,大雨六十余日。令民入米六百斛为郎,其郎吏增秩赐爵至附城(由关内侯更名)。⑨东汉也有很多卖官鬻爵的记载。安帝永初三年(109)三月,"京师大饥,民相食。……三公以国用不足,奏令吏人入钱谷,得为关内侯、虎贲羽林郎、五大夫、官府吏、缇骑、营士各有差"⑩。《潜夫论》:"入谷,远郡千斛、近郡二千斛,拜爵五大夫。"⑪二是强行借

---

① 〔汉〕班固:《汉书》卷75《翼奉传》,中华书局,1962年,第3171页。
② 〔汉〕班固:《汉书》卷24《食货志》,中华书局,1962年,第1185页。
③ 〔南朝宋〕范晔:《后汉书》卷5《孝安帝纪》,中华书局,1965年,第214页。
④ 〔南朝宋〕范晔:《后汉书》卷6《孝顺孝冲孝质帝纪》,中华书局,1965年,第273页。
⑤ 〔南朝宋〕范晔:《后汉书》卷7《孝桓帝纪》,中华书局,1965年,第309页。
⑥ 〔南朝宋〕范晔:《后汉书》卷7《孝桓帝纪》,中华书局,1965年,第310页。
⑦ 〔汉〕班固:《汉书》卷24《食货志》,中华书局,1962年,第1167页。
⑧ 〔汉〕班固:《汉书》卷10《成帝纪》,中华书局,1962年,第321页。
⑨ 〔汉〕班固:《汉书》卷99《王莽传》,中华书局,1962年,第4162页。
⑩ 〔南朝宋〕范晔:《后汉书》卷5《孝安帝纪》,中华书局,1962年,第213页。
⑪ 〔汉〕王符:《潜夫论笺校正》卷5《实边》,中华书局,1985年,第288页。

贷。通常是向官吏、王侯强行暂借租谷和俸禄。宣帝本始四年(前70)春正月,诏曰:"丞相以下至都官令、丞上书入谷,输长安仓,助贷贫民。"①这个诏书明显具有强制性。东汉政府强行借贷的情况更多。如桓帝永寿元年(155)二月,"司隶、冀州饥,人相食。敕州郡赈给贫弱。若王侯吏民有积谷者,一切贷十分之三,以助禀贷……王侯须新租乃偿"②。桓帝延熹四年(161)秋七月,"京师雩。减公卿以下奉,贷王侯半租"③。桓帝延熹五年(162)十月,"假公卿以下奉"④。

3. 赎刑

赎刑,即用钱财换取罪罚的减免,这也是汉代筹集救灾物资的办法之一。两汉均有实行。西汉文帝前元十二年(前168),晁错进言:"募天下入粟县官,得以拜爵,得以除罪。"⑤景帝前元三年(前154),"上郡以西旱,复修卖爵令,而裁其贾以招民;及徒复作,得输粟于县官以除罪","民有罪得买爵三十级以免死罪"。应劭曰:"一级直钱二千,凡为六万。"⑥武帝太始二年(前95),"秋,旱。九月,募死罪人赎钱五十万减死一等"⑦。东汉也有大量赎刑的记载,例如明帝永平十五年(72)春二月,"诏亡命自殊死以下赎:死罪缣四十匹,右趾至髡钳城旦舂十匹,完城旦至司寇五匹;犯罪未发觉,诏书到日自告者,半入赎"⑧。赎罪并不一定全是因为灾害发生,也有其他原因,如节庆、改元等。但两汉赎刑的确有很多是因为发生灾情。皇帝下诏赎刑,一方面是为了筹集救灾物资,另一方面也是受失德天谴观念的影响,认为刑罚太过导致上天降灾,所以要大赦、宽刑。当然,频繁大赦、赎刑会影响法治的严肃性和稳定性,助长犯罪分子的侥幸心理,不利于社会秩序的安定。所以后世赎刑救灾的措施就逐渐减少了。

(二)救灾物资储存

秦汉时期积贮备灾一般基于这一时期的经济发展水平。汉文帝时期,大臣

---

① 〔汉〕班固:《汉书》卷8《宣帝纪》,中华书局,1962年,第245页。
② 〔南朝宋〕范晔:《后汉书》卷7《孝桓帝纪》,中华书局,1965年,第300页。
③ 〔南朝宋〕范晔:《后汉书》卷7《孝桓帝纪》,中华书局,1965年,第308~309页。
④ 〔南朝宋〕范晔:《后汉书》卷7《孝桓帝纪》,中华书局,1965年,第311页。
⑤ 〔汉〕班固:《汉书》卷24《食货志》,中华书局,1962年,第1133页。
⑥ 〔汉〕班固:《汉书》卷2《惠帝纪》,中华书局,1962年,第88页。
⑦ 〔汉〕班固:《汉书》卷6《武帝纪》,中华书局,1962年,第206页。
⑧ 〔南朝宋〕范晔:《后汉书》卷2《显宗孝明帝纪》,中华书局,1965年,第118页。

贾谊上《论积贮疏》,提出要重视发展农业,积累财富,其最重要的理由就是防备灾荒。"古之治天下,至纤至悉也,故其畜积足恃。"①汉文帝听从贾谊的建议,躬耕以劝百姓。后又有大臣晁错继续建言积贮:"圣王在上而民不冻饥者,非能耕而食之,织而衣之也,为开其资财之道也。故尧、禹有九年之水,汤有七年之旱,而国亡捐瘠者,以畜积多而备先具也。"②晁错也建议朝廷"务民于农桑,薄赋敛,广畜积,以实仓廪,备水旱"③,只有这样才能"民可得而有也"④,有利于维持统治。在贾谊、晁错的建议下,文帝、景帝都采取了重视农业、提倡节俭和轻徭薄赋的政策,国家积累了大量的财富,"至武帝之初七十年间,国家亡事,非遇水旱,则民人给家足,都鄙廪庾尽满,而府库余财。京师之钱累百巨万,贯朽而不可校。太仓之粟陈陈相因,充溢露积于外,腐败不可食"⑤。

西汉时还在边郡建立常平仓,也有一定的救灾功能。汉宣帝听从大司农中丞耿寿昌的建议,"令边郡皆筑仓,以谷贱时增其贾而籴,以利农,谷贵时减贾而粜,名曰常平仓。民便之"⑥。汉代的常平仓总体来讲还很不成熟,宣帝去世不久就废除了。东汉时期,随着地方豪族的逐步强大,中央财力不断削弱,这种"官商"性质的救灾措施就很少实行了。

(三)救灾物资发放

灾害发生时,汉代赈济救灾的措施根据提供物资类型不同,分为施粥、赐爵、赐谷、赐衣帛、赐医药、赐棺钱、假贷耕牛粮种、赋贷园田等几种情况;从提供方式上可分为禀赐、借贷、工赈、平粜等,但前两种比较典型。

1. 禀赐

禀,通常作"廪",主要是发放粮食。禀赐包括施粥、发放口粮。汉代每年八月施粥,针对的对象都是90岁以上的老年人,与救灾关系不大,但在灾年可能会特别加强这一政策的执行力度。安帝元初四年(119)秋,京师及郡国十雨水。

---

① 〔汉〕班固:《汉书》卷24《食货志》,中华书局,1962年,第1128页。
② 〔汉〕班固:《汉书》卷24《食货志》,中华书局,1962年,第1130页。
③ 〔汉〕班固:《汉书》卷24《食货志》,中华书局,1962年,第1131页。
④ 〔汉〕班固:《汉书》卷24《食货志》,中华书局,1962年,第1131页。
⑤ 〔汉〕班固:《汉书》卷24《食货志》,中华书局,1962年,第1135页。
⑥ 〔汉〕班固:《汉书》卷24《食货志》,中华书局,1962年,第1141页。

诏曰："今年秋稼茂好,垂可收获,而连雨未霁,惧必淹伤。夕惕惟忧,思念厥咎。夫霖雨者,人怨之所致。其武吏以威暴下,文吏妄行苛刻,乡吏因公生奸,为百姓所患苦者,有司显明其罚。又《月令》'仲秋养衰老,授几杖,行糜粥'。方今案比之时,郡县多不奉行。虽有糜粥,糠秕相半,长吏怠事,莫有躬亲,甚违诏书养老之意。其务崇仁恕,赈护寡独,称朕意焉。"①

2. 借贷

借贷一般由使者或地方政府根据实际情况做出。成帝河平四年（前25）,朝廷"遣光禄大夫博士嘉等十一人行举濒河之郡水所毁伤困乏不能自存者,财振贷"。颜师古注："财与裁同,谓量其等差而振贷之。"②有时官府还通过挪用其他资金放贷贫民以谋取私利。

3. 工赈

工赈即以工代赈,受灾者用劳作换取钱财。汉代也有工赈的例子。西汉平帝元始二年（2）发生蝗灾,王莽"遣使者捕蝗,民捕蝗诣吏,以石斗受钱"③。王莽地皇三年（22）"夏,蝗从东方来,飞蔽天,至长安,入未央宫,缘殿阁。莽发吏民设购赏捕击"④。王莽发钱鼓励农民捕杀蝗虫具有工赈性质。他还召集人讨论过治理黄河,司空掾桓谭认为："（治河）费不过数亿万,亦可以事诸浮食无产业民。空居与行役,同当衣食;衣食县官,而为之作,乃两便,可以上继禹功,下除民疾。"⑤桓谭主张发动灾民治河,以工代赈,可惜没有实行。

4. 平粜

平粜的意思是官府在荒年缺粮时,将仓库所存粮食平价出售。宣帝五凤四年（前54）,"大司农中丞耿寿昌奏设常平仓,以给北边,赐爵关内侯。"⑥

（四）赋役债务减免

两汉时期,农民的负担主要有田租、人头税,还要服兵役和徭役。这些负担

---

① 〔南朝宋〕范晔:《后汉书》卷5《孝安帝纪》,中华书局,1965年,第227页。
② 〔汉〕班固:《汉书》卷10《成帝纪》,中华书局,1962年,第310~311页。
③ 〔汉〕班固:《汉书》卷12《平帝纪》,中华书局,1962年,第353页。
④ 〔汉〕班固:《汉书》卷99《王莽传》,中华书局,1962年,第4176页。
⑤ 〔汉〕班固:《汉书》卷29《沟洫志》,中华书局,1962年,第1697页。
⑥ 〔汉〕班固:《汉书》卷8《宣帝纪》,中华书局,1962年,第268页。

在平时对一个普通农家来说,已是一项沉重的负担。如再遇上灾害,常常导致家破人亡。因此,汉代政府非常重视灾害时期农民的生计问题,通常要根据实际情况实行减免赋税徭役。汉代通常减免的方式是"毋出租赋",租包括田租和刍稿,赋包括算赋和口赋,"毋出"即全部免除。标准是"被灾甚者",即受灾比较严重的。一般期限是一年,即受灾当年。如宣帝元康二年(前64)诏令:"今天下颇被疾疫之灾,朕甚愍之。其令郡国被灾甚者,毋出今年租赋。"①元帝初元元年(前48)以"关东今年谷不登,民多困乏。其令郡国被灾害甚者毋出租赋"②。

(五)灾民护理安置

1. 安辑流民

灾害发生后,会产生大量流民,严重影响社会稳定,所以两汉政府对流民实施赈济、护送、安抚,保证他们的生计。元鼎三年(前114),"山东被河灾,乃岁不登数年,人或相食,方二三千里。天子怜之,令饥民得流就食江淮间,欲留,留处。使者冠盖相属于道护之,下巴蜀粟以赈焉"③。

一旦灾害造成的威胁减轻或解除,政府总是鼓励流民还乡或在逃荒之地著籍,继续成为国家的编户齐民,纳税服役。如东汉章帝因上年发生疫灾,且"京师及三州大旱",建初元年(76)春正月诏三州郡国:"方春东作,恐人稍受禀,往来烦剧,或妨耕农。其各实核尤贫者,计所贷并与之。流人欲归本者,郡县其实禀,令足还到,听过止官亭,无雇舍宿。"④东汉政府多次颁布赐爵令,"流人无名数欲自占者人一级",鼓励流民上报户口。

2. 掩埋尸骨、赐棺敛葬

灾害中常有死者,国家负责埋葬尸骨,既是对死者及其家属的一个交代,也是安定社会、恢复生产生活的前提,同时也是国家仁政的体现。汉代继承了这一传统,并形成了为灾害死亡者赐棺敛葬的制度。汉初规定:"一室二骍在堂,县官给一棺;三骍在堂,给二棺。""赐棺椁而受资者,卿以上予棺钱级千,椁级六

---

① 〔汉〕班固:《汉书》卷8《宣帝纪》,中华书局,1962年,第256页。
② 〔汉〕班固:《汉书》卷9《元帝纪》,中华书局,1962年,第279页。
③ 〔汉〕班固:《汉书》卷24《食货志》,中华书局,1962年,第1172页。
④ 〔南朝宋〕范晔:《后汉书》卷3《孝章帝纪》,中华书局,1965年,第132页。

百;五大夫以下棺钱级六百、椁级三百;无爵者棺钱三百。"①如成帝绥和二年(前7)"河南、颍川郡水出,流杀人民,坏败庐舍。……遣光禄大夫循行举籍,赐死者棺钱,人三千"②。到了安帝时期,元初二年(115)二月因为地震"遣中谒者收葬京师客死无家属及棺椁朽败者,皆为设祭;其有家属,尤贫无以葬者,赐钱人五千"③。在灾荒时期,民食维艰,民众的身体素质不高,对于疾病的抵抗力较弱。应对灾荒时期的疾病和瘟疫,施药及掩埋尸体也是救灾中不可或缺的措施,掩埋尸体可以减缓疾病疫灾的扩散。

四、特种灾害防治

(一)水旱防治

1. 推广农业抗灾技术

西汉武帝时,赵过任搜粟都尉,推广代田法,使作物增强了抗风抗旱能力。《汉书》卷24《食货志》载:"武帝末年,悔征伐之事,乃封丞相为富民侯。下诏曰:'方今之务,在于力农。'以赵过为搜粟都尉。过能为代田,一亩三甽。岁代处,故曰代田,古法也。后稷始甽田,以二耜为耦,广尺、深尺曰甽,长终亩。一亩三甽,一夫三百甽,而播种于甽中。苗生叶以上,稍耨陇草,因隤其土以附苗根。……比盛暑,陇尽而根深,能风与旱,故儗儗而盛也。"④

汉代还有一种"区田法",依靠人力精耕细作,提高作物产量。

汉代还推广冬小麦、大豆、芜菁、芋以及桑树、榆树等经济林木的种植,增加食物来源,提高农业抗灾能力。《氾胜之书》说:"大豆保岁易为,宜古之所以备凶年也。谨计家口数种大豆,率人五亩,五谷不登,此田之本也。"⑤桓帝永兴二年(154)诏司隶校尉、部刺史曰:"蝗灾为害,水变仍至,五谷不登,人无宿储。其

---

① 朱红林:《张家山汉简〈二年律令〉集释》,社会科学文献出版社,2005年。
② 〔汉〕班固:《汉书》卷11《哀帝纪》,中华书局,1962年,第337页。
③ 〔南朝宋〕范晔:《后汉书》卷5《孝安帝纪》,中华书局,1965年,第222页。
④ 〔汉〕班固:《汉书》卷24《食华志》,中华书局,1962年,第1138~1139页。
⑤ 〔清〕王聘珍:《大戴礼记解诂》卷二《夏小正》,中华书局,1983年,第40页。

令所伤郡国种芜菁以助人食。"①

2. 加强水利工程建设

农业的发展离不开水利,水利工程的建设对防止水旱灾害有着非常重要的意义。秦汉时期黄河多次发生决口,对农业产生了很大影响,由于黄河等决口,秦汉时期河南地区修建了许多著名的水利工程。

西汉武帝元光三年(前132)春,黄河在瓠子(河南濮阳)决口,"东南注巨野,通于淮、泗"②。泛及十六郡,汉武帝派汲黯、郑当时"兴人徒(十万)塞之,辄复坏"③。当时,武安侯田蚡为丞相,他的封邑在鄃。鄃在黄河以北,黄河决口水向南流,鄃地无水灾,封邑收入很多。田蚡对汉武帝说:"江河之决皆天事,未易以人力为强塞,塞之未必应天。"④有些"望气用数"的方术之士也加以附和。因此,汉武帝很长时间不再考虑堵塞黄河决口的事情。到了元封二年(前109),汉武帝"使汲仁、郭昌发卒数万人塞瓠子决"⑤,并"自临决河,沉白马玉璧于河,令群臣从官自将军已下皆负薪填决河","下淇园之竹以为楗"⑥,最终黄河决口被堵上,汉武帝在大堤上建了一座宫殿,名曰宣房宫。又"道河北行二渠,复禹旧迹"⑦,结果"梁、楚之地复宁,无水灾"⑧。"自是之后,用事者争言水利。"⑨全国兴起了修建水利工程的高潮。

到了汉宣帝时,召信臣为南阳太守,"行视郡中水泉,开通沟渎,起水门提阏凡数十处,以广溉灌,岁岁增加,多至三万顷。民得其利,蓄积有余"⑩。

东汉时期,为了抗御旱涝灾害,修复和扩建了一些已经废弃的陂塘,新修了一批水利灌溉工程。为了消除长期困扰兖、豫两州的大水灾,东汉政府对黄河、汴河进行了大规模的比较彻底的治理。如和帝永元十年(98)春三月壬戌,诏

---

① 〔南朝宋〕范晔:《后汉书》卷7《孝桓帝纪》,中华书局,1965年,第299页。
② 〔汉〕司马迁:《史记》卷29《河渠书》,中华书局,1959年,第1409页。
③ 〔汉〕司马迁:《史记》卷29《河渠书》,中华书局,1959年,第1409页。
④ 〔汉〕司马迁:《史记》卷29《河渠书》,中华书局,1959年,第1409页。
⑤ 〔汉〕司马迁:《史记》卷29《河渠书》,中华书局,1959年,第1412页。
⑥ 〔汉〕司马迁:《史记》卷29《河渠书》,中华书局,1959年,第1413页。
⑦ 〔汉〕司马迁:《史记》卷29《河渠书》,中华书局,1959年,第1413页。
⑧ 〔汉〕司马迁:《史记》卷29《河渠书》,中华书局,1959年,第1413页。
⑨ 〔汉〕班固:《汉书》卷29《沟洫志》,中华书局,1962年,第1684页。
⑩ 〔汉〕班固:《汉书》卷76《召信臣传》,中华书局,1962年,第3642页。

曰:"堤防沟渠,所以顺助地理,通利壅塞。今废慢懈弛,不以为负。刺史、二千石其随宜疏导。勿因缘妄发,以为烦扰,将显行其罚。"①安帝元初二年(115)春正月,"修理西门豹所分漳水为支渠,以溉民田。二月……辛酉,诏三辅、河内、河东、上党、赵国、太原各修理旧渠,通利水道,以溉公私田畴"②。

汉明帝永平九年(66)"大有年",永平十年(67)"蚕麦善收",连续几年的丰收使国家得以有力量进行黄河治理这样浩大的工程。永平十二年(69)"天下安平,人无徭役,岁比登稔,百姓殷富,粟斛三十,牛羊被野","夏四月,遣将作谒者王吴修汴渠,自荥阳至于千乘海口"。③ 参与治黄的还有司空掾属王景,《后汉书》详细记载了这次治理汴渠、黄河的过程:"夏,遂发卒数十万,遣景与王吴修渠筑堤,自荥阳东至千乘海口千余里。景乃商度地势,凿山阜,破砥绩,直截沟涧,防遏冲要,疏决壅积,十里立一水门,令更相洄注,无复溃漏之患。景虽简省役费,然犹以百亿计。明年(70)夏,渠成。帝亲自巡行,诏滨河郡国置河堤员吏,如西京旧制。景由是知名。王吴及诸从事掾史皆增秩一等。景三迁为侍御史。十五年,从驾车巡狩,至无盐,帝美其功绩,拜河堤谒者,赐车马缣钱。"④

这次对于汴渠、黄河的治理,结束了黄河自西汉末年于魏郡溃决后夺汴入海,导致汴渠决败,兖、豫二州沦为灾区长达60多年的历史,此后800年间黄河基本上没有过大的改道。

(二)疫灾防治

1. 强制隔离病人

西汉平帝元始二年(2)夏,"郡国大旱,蝗",百姓流亡,流行病暴发,平帝下诏:"民疾疫者,舍空邸第,为置医药。"⑤这次疫情很严重,患者多,政府腾出一些住宅作为隔离医院,集中对病人进行治疗,以防止疫病扩散,这是一种有效的措施。东汉桓帝延熹五年(162),中郎将皇甫规率兵进攻陇右的先零羌,由于道

---

① 〔南朝宋〕范晔:《后汉书》卷4《孝和孝殇帝纪》,中华书局,1965年,第184页。
② 〔南朝宋〕范晔:《后汉书》卷5《孝安帝纪》,中华书局,1965年,第222页。
③ 〔南朝宋〕范晔:《后汉书》卷2《显宗孝明帝纪》,中华书局,1965年,第114~115页。
④ 〔南朝宋〕范晔:《后汉书》卷76《循吏传》,中华书局,1965年,第2465页。
⑤ 〔汉〕班固:《汉书》卷12《平帝纪》,中华书局,1962年,第353页。

路阻绝不通,"军中大疫,死者十三四"①。皇甫规将传染病患者安置在临时搭建的庵庐中,把他们与健康的士兵隔离开来,避免扩大传染范围。皇甫规还亲自巡视检查,给予医药。用隔离治疗的方法对付传染病在两汉时期已经普遍施用,对病人及时进行隔离,是切断传染病的传染源、防治传染病的最有效措施。

2. 巡行疫区、医药治疗

疫病流行时,汉代中央政府和地方官员经常采用医药治疗来抵抗疫病。东汉马援出征交趾时,发现薏苡仁能在一定程度上预防瘴气引发的疫病,令将士食用,士兵们都没有染上瘴疫。不过在归途中,"军吏经瘴疫死者十四五"②,这说明薏苡仁的作用有限,只对某些瘴气有效,不能预防所有的瘴气。汉代政府有时还派专门为皇室治病的太医到地方为民众诊病。和帝永元年间,京师洛阳发生疾疫,城门校尉、将作大匠曹褒"巡行病徒,为致医药,经理馕粥,多蒙济活"③。安帝元初年间会稽大疫,政府派遣"光禄大夫将太医循行疫病"④,到乡间为百姓治病。桓帝元嘉元年(151)正月,京师疫疾,朝廷派光禄大夫将医药分给身染疫病的百姓。灵帝时,多次施行用药物治疫的措施。如建宁四年(171)三月大疫,命中谒者巡行致医药。熹平二年(173)正月大疫,派使者巡行百姓,分发医药。光和二年(179)春大疫,又派常侍、中谒者巡行疫区,报告疫情,分发医药。有些地方官员以民命为重,主动采取抗疫措施,如建武十四年(38)会稽大疫,太守钟离意亲自接济医药,"所部多蒙全济"⑤。尽管受当时医药水平的限制,并不能完全对症下药,有效控制疫情,但这种积极与疫病进行斗争的做法应该予以充分肯定。

---

① 〔南朝宋〕范晔:《后汉书》卷65《皇甫张段列传》,中华书局,1965年,第2133页。
② 〔南朝宋〕范晔:《后汉书》卷24《马援列传》,中华书局,1965年,第840页。
③ 〔南朝宋〕范晔:《后汉书》卷35《张曹郑列传》,中华书局,1965年,第1205页。
④ 〔南朝宋〕范晔:《后汉书》卷5《孝安帝纪》,中华书局,1965年,第230页。
⑤ 〔南朝宋〕范晔:《后汉书》卷41《钟离宋寒列传》,中华书局,1965年,第1406页。

五、修政禳灾

(一)修政弭灾

西汉的董仲舒继承了《公羊传》中的灾异说,同时发挥阴阳五行学,进一步发展了《春秋》的天人感应思想。他认为天是宇宙万物的创造者,也是人类的创造者,人是一个缩小了的宇宙,宇宙则是一个放大了的人。正由于天人同类同情,故可相互感应。董仲舒按照皇帝的形象塑造了天的形象,建立了一个合政治、伦理、哲学、神学为一体的经学体系,他以感性的方式论证天人合一,表现出明显的神学倾向。董仲舒认为天有意志,世间君主无道,上天会用灾害警告惩罚;君主有道,上天会用祥瑞丰收奖励。他说:"国家将有失道之败,而天乃先出灾害以谴告之,不知自省,又出怪异以警惧之,尚不知变,而伤败乃至。"①他还说:"天地之物有不常之变者,谓之异,小者谓之灾。灾常先至而异乃随之。灾者,天之谴也;异者,天之威也。谴之而不知,乃畏之以威。诗云:'畏天之威。'殆此谓也。凡灾异之本,尽生于国家之失。国家之失乃始萌芽,而天出灾害以谴告之,谴告之而不知变,乃见怪异以惊骇之,惊骇之尚不知畏恐,其殃咎乃至。"②这就把灾害产生的原因归结于神对国家政治行为的惩罚。

汉代"天人"问题集中体现在灾异思想之中,两汉灾异思想所见"天人"中"人"的内容不断发生演变:西汉前期,主体主要是君主,中后期"人"的内容先增入"臣",后加入"民",至东汉,"人"的内容中君、臣、民三者所占比重出现变化,"臣"与"民"所占比重加大。这意味着不仅"天"决定君主是否为命世者,"民"也成为决定君主是否得到承认的重要因素。汉代人还认为,君主修德行政是防止灾异发生的最好办法,也是日常的工作。例如,汉文帝二年(前178)十一月发生日食,文帝在诏书中称:"朕闻之,天生民,为之置君以养治之。人主不德,布政不均,则天示之灾以戒不治。""朕下不能治育群生,上以累三光之明,其不德大矣。令至,其悉思朕之过失,及知见之所不及,丐以启告朕。及举贤良方

---

① [汉]班固:《汉书》卷56《董仲舒传》,中华书局,1962年,第2498页。
② 苏舆撰,钟哲点校:《春秋繁露义证》卷8《必仁且智》,中华书局,1992年,第259页。

正能直言极谏者,以匡朕之不逮。因各敕以职任,务省繇费以便民。朕既不能远德,故悯然念外人之有非,是以设备未息。今纵不能罢边屯戍,又饬兵厚卫,其罢卫将军军。太仆见马遗财足,余皆以给传置。"①文帝的一系列政令就是修政弭灾的表现。再如,东汉桓帝永兴二年(154)二月,京师地震,诏书中就说:"比者星辰谬越,坤灵震动,灾异之降,必不空发。敕已修政,庶望有补。"②但修德弭灾并不仅仅是君主一人之行为与信仰,这一观念在汉代是遍及社会的各个层面的。正是由于这个原因,汉代应对灾害时,有很多"修德""修政"的措施,如皇帝减膳彻悬、罢免贪残或渎职官员、选举贤良、清理冤案、改元大赦、减轻刑罚、减轻赋役等。这些措施虽然对救灾没有直接帮助,但对改善社会治理和人民生活状况有一定的积极作用。

(二)祈禳救灾

汉代祈禳救灾仍占据着重要地位,汉代人通常认为:"祀者,所以昭孝事祖,通神明也。旁及四夷,莫不修之;下至禽兽,豺獭有祭。是以圣王为之典礼。……敬而不黩,故神降之嘉生,民以物序,灾祸不至,所求不匮。"③"若乃不敬鬼神,政令逆时,则水失其性。雾水暴出,百川逆溢,坏乡邑,溺人民,及淫雨伤稼穑。"④这些记载代表了汉代普遍相信祈禳救灾的观念。祭祀祈禳,有作土龙以求雨、溺女魃(女魃乃一旱神或旱鬼)、虎食旱魃、祭风伯雨师、祭雷神、雩祭求雨等几种形式⑤,河南地区也发现过类似形式的祭祀祈禳。河南南阳市出土的汉画像石中有雷神画像,这当与南阳汉代祭祀雷神求雨风俗有关。针对发生的疫灾,"逐疫"是最常用的禳灾仪式,如河南南阳英庄东汉墓出土过驱魔逐邪图⑥:左刻一怪兽,曲颈垂首;其右有一虎身牛尾的神一兽,昂首扬蹄,奔腾向前,张口欲吞噬怪兽;画右一人呼喊奔走。这幅图明显表现了汉代祈禳去灾的信仰。

---

① 〔汉〕班固:《汉书》卷4《文帝纪》,中华书局,1962年,第116页。
② 〔南朝宋〕范晔:《后汉书·桓帝纪》,中华书局,1965年,第299页。
③ 〔汉〕班固:《汉书·郊祀志》,中华书局,1962年,第1189页。
④ 〔汉〕班固:《汉书·五行志》,中华书局,1962年,第1342页。
⑤ 袁祖亮主编,焦培民等著:《中国灾害通史·秦汉卷》,郑州大学出版社,2008年,第231页。
⑥ 南阳市博物馆:《河南南阳英庄画像石墓》,《中原文物》1983年第3期。

第三章 魏晋南北朝时期河南救灾

魏晋南北朝始于220年曹丕建立魏国,终于580年隋朝建立前一年,共361年的历史。这是中国历史上分裂割据的时期,曹魏、北魏都曾以洛阳为都城,河南是其统治中心,所以此地区的灾害亦受到较多重视。

魏晋南北朝时期的地方行政区划主要是沿袭东汉时期的州、郡、县三级建制。今河南省三国时期属于魏国的司州、豫州、兖州、荆州等统辖的部分区域,具体包括:

1. 司州的河南尹、弘农郡、河内郡。
2. 豫州的颍川郡、陈郡、梁国、谯郡、汝南郡、弋阳郡、安丰郡。
3. 兖州的陈留郡、东郡。
4. 荆州的南乡郡、南阳郡、江夏郡。

西晋时期,河南地区隶属于司州、豫州、兖州、荆州等地。司州也可称为司隶。

1. 司州包括河南郡、荥阳郡、弘农郡、上洛郡、汲郡、河内郡、顿丘郡、魏郡等。
2. 兖州包括陈留国、东郡等地。
3. 豫州包括颍川郡、襄城郡、汝南国、梁国、陈国、弋阳郡等。
4. 荆州有南阳国等。

具体来说,荥阳郡包括今河南荥阳等地,上洛郡包括今河南卢氏等地,汲郡包括今河南新乡等地,河内郡包括今河南沁阳等地,顿丘郡包括今河南清丰等地,魏郡包括今河北磁县至河南安阳一带,襄城郡包括今河南襄城等地,陈国包括今河南周口淮阳等地,弋阳郡包括今河南光山等地,南阳国包括今南阳等河南南部地区。

东晋十六国时期,河南地区先后被前后赵占领,之后又被前燕占领,后归属前秦。东晋控制着河南南部的一些地区。这个时期河南大部分隶属于徐州、兖州、豫州、司州、荆州等地。豫州包括汝南郡、汝阳郡、新蔡郡等地,汝南郡包括今河南汝南等地,汝阳郡包括今河南商水等地,新蔡郡包括今河南新蔡等地。荆州包括今南阳等河南南部地区。徐州包括今河南东南部分地区。[1]

南北朝时期,河南大部分受北魏等北朝控制,南部一些地区属于南朝。这个时期河南隶属于司州、徐州、豫州、南豫州、东豫州、兖州、陕州和雍州等地。司州领有河南尹、陈留、恒农、河内、汲郡、荥阳和颍州等,汲郡在今河南卫辉等地,恒农包括今河南灵宝等地。豫州领有汝南郡、陈郡、汝阳郡、新蔡郡等,位于今天驻马店等河南南部地区。南豫州包括现在河南南部地区,东豫州包括现在河南息县等地区。相州包括魏郡和邺城,在今安阳等河南北部地区。兖州包括今河南北部和东部地区。陕州包括今河南三门峡市区及陕州区。雍州包括河南南部一些地区。另外还有南梁郡,包括今天河南东南一些地区。[2]

第一节 魏晋南北朝时期河南各类自然灾害统计分析

一、魏晋南北朝时期河南水灾

(一)魏晋南北朝时期河南水灾数据统计

据统计,魏晋南北朝时期水灾是河南发生的频率最高的灾害,达到了61次。这个时期具体的水灾发生情况如下:

1. 魏文帝黄初四年(223)是月(六月)大雨,伊、洛溢流,杀人民,坏庐宅。(《三国志》卷2《魏书·文帝纪》)

2. 魏文帝黄初五年(224)帝东征,后留许昌永始台。时霖雨百余日,城楼多坏,有司奏请移止。(《三国志》卷5《后妃传·文德郭皇后传》)

3. 魏明帝太和元年(227)秋,(洛阳)数大雨,多暴卒,雷电非常,至杀

---

[1] 周振鹤主编:《中国行政区划通史·三国两晋南朝卷》,复旦大学出版社,2009年。
[2] 周振鹤主编:《中国行政区划通史·三国两晋南朝卷》,复旦大学出版社,2009年。

鸟雀。(《晋书》卷27《五行志上》)

4. 魏明帝太和四年(230)九月,大雨,伊、洛、河、汉水(黄河中下游)溢。(《三国志》卷3《魏书·明帝纪》)

5. 魏明帝景初元年(237)夏,(河南)大水,伤五谷。(《晋书》卷13《天文志下》)

6. 魏明帝景初元年(237)九月,……冀、兖、徐、豫(今河南东部、南部)四州民遇水,遣侍御史循行没溺死亡及失财产者,在所开仓振救之。(《三国志》卷3《魏书·明帝纪》)

7. 晋武帝泰始四年(268)九月,……青、徐、兖、豫四州大水,伊、洛溢,合于河,开仓以振之。(《晋书》卷3《武帝纪》)

8. 晋武帝泰始五年(269)二月……青、徐、兖(包含今河南北部、东部)三州水,遣使振恤之。(《晋书》卷3《武帝纪》)

9. 晋武帝泰始六年(270)六月,大雨霖。甲辰,河、洛、伊、沁水(黄河中下游)同时并溢,流四千九百余家,杀二百余人,没秋稼千三百六十余顷。(《晋书》卷27《五行志上》)

10. 晋武帝泰始七年(271)六月,大雨霖,伊、洛、河溢,流居人四千余家,杀三百余人,有诏振贷给棺。(《晋书》卷3《武帝纪》)

11. 晋武帝咸宁二年(276)七月癸亥,河南(洛阳)、魏郡(今安阳)暴水,杀百余人。诏给棺。(《晋书》卷27《五行志上》)

闰(八)月,荆州(河南南部)五郡水,流四千余家。(《晋书》卷3《武帝纪》)

12. 晋武帝咸宁三年(277)九月戊子,兖、豫、徐……荆……七州大水,伤秋稼,诏振给之。(《晋书》卷3《武帝纪》)

13. 晋武帝咸宁四年(278)七月,司(河南西部、中部)……兖、豫、荆、扬郡国二十大水,伤秋稼,坏屋室,有死者。(《晋书》卷27《五行志上》)

14. 晋武帝泰康四年(283)七月,兖州大水。(《晋书》卷27《五行志上》)

15. 晋武帝泰康四年(283)十二月,河南(河南西部)及荆……六州大水。(《晋书》卷27《五行志上》)

16. 晋武帝太康五年(284)六月,(息县)大水。(嘉庆《息县志》)

17. 晋武帝太康五年(284)七月,……梁国(商丘、淮阳一带)暴雨,害豆麦。(《晋书》卷27《五行志上》)

是秋,魏郡……霖雨暴水,霜伤秋稼。(《晋书》卷27《五行志上》)

18. 晋武帝太康八年(287)七月,大雨,(洛阳)殿前地陷,方五尺,深数丈。(《晋书》卷29《五行志下》)

19. 晋惠帝元康四年(294)十一月,(上蔡)大水。(康熙《上蔡县志》)

20. 晋惠帝元康五年(295)五月,颍川(禹州)……大水。(《晋书》卷27《五行志上》)

六月,荆……徐、兖、豫五州又水。(《晋书》卷27《五行志上》)

21. 晋惠帝元康八年(298)秋九月,荆、豫……徐……等五州大水。(《晋书》卷4《惠帝纪》)

22. 晋惠帝永宁元年(301)七月,南阳、东海大水。(《晋书》卷27《五行志上》)

23. 晋惠帝永宁元年(301)十月,义阳(新野)、南阳……霖雨,淹害秋麦。(《晋书》卷27《五行志上》)

24. 晋惠帝太安元年(302)秋七月,兖、豫、徐……等四州大水。(《晋书》卷4《惠帝纪》)

25. 晋孝武帝太元十九年(394)七月,荆、徐大水,伤秋稼。(《晋书》卷27《五行志上》)

26. 晋孝武帝太元二十年(395)六月,荆、徐二州大水。(《晋书》卷9《孝武帝纪》)

27. 北魏太武帝神䴥四年(431),时南州(包括今河南)大水,百姓阻饥。(《魏书》卷28《刘洁传》)

28. 刘宋文帝元嘉十七年(440)八月,徐(河南东南)、兖……四州大水。己未,遣使检行赈恤。(《宋书》卷5《文帝纪》)

29. 刘宋文帝元嘉二十四年(447)是岁,徐、兖……四州大水。(《南史》卷2《宋本纪中·文帝纪》)

30. 刘宋孝武帝大明四年(460)八月,雍州(河南南部)大水,甲寅,遣军部赈给。(《宋书》卷6《孝武帝纪》)

31. 北魏文成帝和平四年(463)二月,诏以州镇十四(黄河中下游)去

岁虫、水,开仓赈恤。(《魏书》卷5《高宗纪》)

32. 北魏献文帝皇兴二年(468)后岁夏,旱,(黄河下游)河决,州镇二十七皆饥,寻又天下大疫。(《魏书》卷105之三《天象志三》)

33. 北魏献文帝皇兴二年(468)十有一月,以州镇二十七水旱,开仓赈恤。(《魏书》卷6《显祖纪》)

34. 北魏孝文帝延兴二年(472)九月己酉,诏以州镇十一水,丐民田租,开仓赈恤。又诏流迸之民,皆令还本。(《魏书》卷7上《高祖纪上》)

35. 北魏孝文帝延兴三年(473)是岁,州镇十一水旱,丐民田租,开仓赈恤。相州民饿死者二千八百四十五人。(《魏书》卷7上《高祖纪上》)

36. 北魏孝文帝太和元年(477)十二月,州郡八水旱蝗,民饥。(《魏书》卷7《高祖纪上》)

37. 北魏孝文帝太和二年(478)夏四月,南豫、徐、兖州大霖雨。(《魏书》卷112《灵征志上》)

38. 北魏孝文帝太和二年(478)是岁,州镇二十余水旱,民饥,开仓赈恤。(《魏书》卷7《高祖纪上》)

39. 北魏孝文帝太和三年(479)十一月戊申,豫州大雷雨,平地水三寸。(《魏书》卷112《灵征志上》)

40. 北魏孝文帝太和四年(480)是岁,诏以州镇十八(黄河中下游)水旱,民饥,开仓赈恤。(《魏书》卷7《高祖纪上》)

41. 孝文帝太和六年(482)八月,徐……兖……豫、光七州,平原、枋头、广阿、临济四镇大水。(《魏书》卷112《灵征志上》)

42. 北魏孝文帝太和八年(484)(十二月)诏以州镇十五(黄河中下游)水旱,民饥,遣使者循行,问所疾苦,开仓赈恤。(《魏书》卷7《高祖纪上》)

43. 北魏孝文帝太和九年(485)九月,南豫(河南南部)……二州各大水,杀千余人。(《魏书》卷112《灵征志上》)

44. 北魏孝文帝太和九年(485)是年,京师及州镇十三(黄河中下游)水旱伤稼。(《魏书》卷7《高祖纪上》)

45. 北魏孝文帝太和九年(485)数州(黄河中下游)灾水,饥馑荐臻,致有卖鬻男女者。(《魏书》卷7《高祖纪上》)

46. 北魏孝文帝太和二十二年(498)兖、豫二州大霖雨。(《魏书》卷

112《灵征志上》)

47. 北魏孝文帝太和二十三年(499)六月,……光……徐、豫、兖、东豫(治今河南息县)八州大水。(《魏书》卷112《灵征志上》)

48. 北魏宣武帝景明元年(500)七月,……徐、兖、豫、东豫、司州之颍川、汲郡(治卫辉)大水,平隰一丈五尺,民居全者十四五。(《魏书》卷112《灵征志上》)

49. 北魏宣武帝永平元年(508)自元年二月不雨,至六月雨,大水……是夏,州郡十二(黄河中下游)大水。(《魏书》卷105之四《天象志四》)

50. 北魏宣武帝永平三年(510)秋,州郡二十(黄河中下游)大水,冀定旱饥。(《魏书》卷105之四《天象志四》)

51. 北魏宣武帝永平四年(511),延昌元年(512)六月己卯诏书:(洛阳)去岁水灾,今春炎旱。(《魏书》卷8《世宗纪》)

52. 北魏宣武帝延昌元年(512)三月甲午,州郡十一(黄河中下游)大水,诏开仓赈恤。以京师谷贵,出仓粟八十万石以赈贫者。(《魏书》卷8《世宗纪》)

53. 北魏宣武帝延昌元年(512)夏,京师及四方(黄河中下游)大水。(《魏书》卷112《灵征志上》)

54. 北魏宣武帝延昌二年(513)是夏,州郡十三(黄河中下游)大水。(《魏书》卷8《世宗纪》)

55. 北魏孝明帝正光二年(521)夏,……相(安阳一带)四州大水。(《魏书》卷112《灵征志上》)

56. 北魏孝明帝孝昌三年(527)秋,京师(洛阳)大水。(《魏书》卷112《灵征志上》)

57. 北魏孝明帝武泰元年(528)(十二月)庆之马步数千,结阵东返,荣亲自来追,值嵩(登封嵩山)高山水洪滥,军人死散。(《梁书》卷32《陈庆之传》)

58. 北魏孝武帝永熙元年(532),出帝太昌元年六月庚午,京师大水,谷水泛滥,坏三百余家。(《魏书》卷112《灵征志上》)

59. 北魏孝武帝太昌三年(534)八月,河内(河南北部)大雨水。(乾隆《怀庆府志》)

60. 北齐废帝乾明元年(560)夏四月癸亥,诏河南(今河南西部)……九州,往因蚕水,颇伤时稼,遣使分途赡恤。(《北齐书》卷5《废帝纪》)

61. 陈文帝天嘉六年(北齐武成帝河清四年、北周武帝保定五年,565年)三月戊子,……司州之东郡(治今濮阳)……遭水潦之处贫下户粟,各有差。(《北齐书》卷7《武成帝纪》)

从统计所获得的信息来看,水灾的发生主要集中在西晋和北魏时期。西晋统治52年,在河南地区就发生了18次水灾;在北魏一共164年的时间中,发生了35次水灾。魏晋南北朝时期总共发生了61次水灾。

(二)魏晋南北朝时期河南水灾特征

1. 年际分布特征

根据统计资料,可以看出水灾的发生具有明显的集中时间段,如表3-1所示:

表3-1 魏晋南北朝时期河南水灾数据年际分布统计表

时段	曹魏	西晋	十六国	北魏	齐周	合计
年号	黄初元年至咸熙元年	泰始元年至建兴四年	建武元年至太元十年	登国元年至武定七年	天保元年至大定元年	
起止时期	220—264	265—316	317—385	386—549	550—580	220—580
年长	45	52	69	164	31	361
次数	6	18	0	35	2	61
比重	10%	30%	0	57%	3%	100%
频度	1次/7.5年	1次/2.9年	0	1次/4.7年	1次/15.5年	1次/5.9年

由史料和表格可知,水灾主要集中在西晋和北魏时期,具体可以细分为以下几个阶段:

魏文帝黄初元年(220)到魏明帝太和四年(230)是水灾集中发生的第一个时间段,一共发生了4次水灾。这个时间段内的水灾一般集中在六、九月份,大多是长时间的雨水天气导致的河水外溢,有些是暴雨天气对屋舍造成了损坏。

晋武帝泰始四年(268)到晋武帝咸宁四年(278)期间是水灾频发的第二个阶段,在这11年之内一共发生了7次水灾,平均约一年发生一次。

晋武帝泰康四年(283)到晋武帝太康八年(287)也是水灾集中发生期,一共发生5次水灾,有些年份发生了2次水灾。晋惠帝元康四年(294)到太安元年(302)也是水灾集中发生的阶段,共发生6次水灾。

魏晋南北朝时期,在河南地区的水灾主要集中在220—230年、268—278年、283—287年、294—302年、477—485年这五个时间段内。

2. 季节分布特征

统计资料显示,魏晋南北朝时期一共发生了61次水灾,其中有明确月份记载的40次,明确季节记载的8次,剩余的13次没有明确的月份记载。如表3-2所示:

表3-2 魏晋南北朝时期河南水灾季节分布表

季节	春季				夏季				秋季				冬季				不详
次数	4				16				21				7				13
月份	一	二	三	不详	四	五	六	不详	七	八	九	不详	十	十一	十二	不详	
次数	0	2	2	0	2	1	8	5	9	2	7	3	1	3	3	0	

水灾的发生有长时间的降水、河流交汇、汛期等因素的影响,这些现象的发生都具有时节性,因此,魏晋南北朝时期河南发生的水灾也呈现出季节性。分析上表中的内容,我们很容易发现这个时期的水灾主要分布在六、七、九这三个月份,其中六月8次,七月9次,九月7次。在一月份没有出现过水灾,其他月份都有分布,但所占比例很小。水灾在六、七、九月发生频率较高的原因在于河南所处的地理位置:河南地区属于季风气候区,降水的多少受到季风的影响,夏季风来得早退得迟,降水量就多,来得迟退得早,降水量便少。

二、魏晋南北朝时期河南旱灾

(一)魏晋南北朝时期河南旱灾数据统计

魏晋南北朝时期,旱灾是河南地区继水灾之后发生频率最高的自然灾害。当时河南发生的旱灾情况如下:

1. 魏明帝太和二年(228)五月,(河南)大旱。(《三国志》卷3《魏书·明帝纪》)

2. 魏明帝太和五年(231),自去冬十月至此月(三月)(河南)不雨,辛巳,大雩。(《三国志》卷3《魏书·明帝纪》)

3. 魏明帝太和五年(231),自去冬十月至此月(三月)(河南)不雨,辛巳,大雩。(《三国志》卷3《魏书·明帝纪》)(跨季节记为2次)

4. 魏齐王正始元年(240)(河南)自去冬十二月至此月(二月)不雨。(《三国志》卷4《魏书·少帝纪》)

5. 魏齐王正始元年(240)(河南)自去冬十二月至此月(二月)不雨。(《三国志》卷4《魏书·少帝纪》)(跨季节记为2次)

6. 魏高贵乡公甘露三年(258)正月,(黄河流域)自去秋至此月旱。(《晋书》卷28《五行志中》)

7. 魏高贵乡公甘露三年(258)正月,(黄河流域)自去秋至此月旱。(《晋书》卷28《五行志中》)

8. 魏高贵乡公甘露三年(258)正月,(黄河流域)自去秋至此月旱。(《晋书》卷28《五行志中》)(跨季节记为3次)

9. 晋武帝泰始七年(271)闰(五)月,(洛阳)大雩,太官减膳。(《晋书》卷3《武帝纪》)

10. 晋武帝泰始八年(272)五月,(洛阳)旱。(《晋书》卷28《五行志中》)

11. 晋武帝泰始九年(273)五月,(河南)旱。以太保何曾领司徒。(《晋书》卷3《武帝纪》)

12. 晋武帝泰始十年(274)四月,(河南)旱。(《晋书》卷28《五行志中》)

13. 晋武帝咸宁二年(276)五月庚午,(洛阳)大雩……自春旱,至于是月(六月)始雨。(《晋书》卷3《武帝纪》)

14. 晋武帝咸宁二年(276)五月庚午,(洛阳)大雩……自春旱,至于是月(六月)始雨。(《晋书》卷3《武帝纪》)(跨季节记为2次)

15. 晋武帝太康二年(281)旱,(河南)自去冬旱至此春。(《晋书》卷28《五行志中》)

16. 晋武帝太康二年(281)旱,(河南)自去冬旱至此春。(《晋书》卷28《五行志中》)(跨季节记为2次)

17. 晋武帝太康五年(284)六月旱。(《晋书》卷28《五行志中》)

18. 晋怀帝永嘉三年(309)(河南)大旱,江、汉、河、洛皆竭,可涉。(《晋书》卷5《孝怀帝纪》)

19. 晋元帝建武元年(晋愍帝建兴五年,317年)秋七月,(河南)大旱。(《晋书》卷5《孝愍帝纪》)

20. 前赵光初十二年(329)陕县(属三门峡)境及经岁不雨。(《十六国春秋》)

21. 晋穆帝永和八年(352)邺中(今安阳北郊)大饥,人相食……会旱蝗。(《资治通鉴》卷99)

22. 刘宋文帝元嘉十九年(442)南兖、豫州(河南南部)旱。(《宋书》卷31《五行志二》)

23. 刘宋文帝元嘉二十年(443)南兖、豫州旱。(《宋书》卷31《五行志二》)

24. 刘宋文帝元嘉二十一年(444)(南梁郡)(今河南东南)旱,百姓饥。(《宋书》卷51《宗室列传·营浦侯遵考传》)

25. 北魏献文帝天安元年(466)是岁,州镇十一(黄河下游)旱,民饥,开仓赈恤。(《魏书》卷6《显祖纪》)

26. 北魏献文帝皇兴二年(468)十有一月,以州镇二十七(黄河中下游)水旱,开仓赈恤。(《魏书》卷6《显祖纪》)

27. 北魏孝文帝延兴三年(473)是岁,州镇十一水旱,丐民田租,开仓赈恤。相州民饿死者二千八百四十五人。(《魏书》卷7上《高祖纪上》)

28. 北魏孝文帝太和元年(477)十二月,州郡八水旱蝗,民饥。(《魏书》卷7《高祖纪上》)

29. 北魏孝文帝太和二年(478)是岁,州镇二十余(黄河中下游)水旱,民饥,开仓赈恤。(《魏书》卷7《高祖纪上》)

30. 北魏孝文帝太和四年(480)是岁,诏以州镇十八(黄河中下游)水旱,民饥,开仓赈恤。(《魏书》卷7《高祖纪上》)

31. 北魏孝文帝太和八年(484)(十二月)诏以州镇十五水旱,民饥。(《魏书》卷7《高祖纪上》)

32. 北魏孝文帝太和九年(485)是年,京师及州镇十三水旱伤稼。

(《魏书》卷7《高祖纪上》)

33. 北魏孝文帝太和十二年(488)是岁,两雍及豫州旱饥。(《魏书》卷105《天象志三》)

34. 北魏孝文帝太和二十年(496)(洛阳)七月戊寅,帝以久旱,咸秩群神。(《魏书》卷7下《高祖纪下》)

35. 北魏宣武帝景明四年(503)(洛阳)四月戊戌,为旱故,命鞫冤狱……辛丑,澍雨大洽。(《魏书》卷8《世宗纪》)

(六月洛阳)以亢阳,诏撤乐减膳。(《魏书》卷105《天象志四》)

36. 北魏宣武帝正始元年(504)六月,(洛阳)以旱彻乐减膳……甲午,帝以旱亲荐享于太庙……庚子,以旱见公卿以下,引咎责躬。(《魏书》卷8《世宗纪》)

37. 北魏宣武帝正始二年(505)(八月)郊甸之内,(洛阳)大旱跨时,民劳物悴,莫此之甚。(《魏书》卷67《崔光传》)

38. 北魏宣武帝正始三年(506)五月丙寅,诏曰:"(洛阳)时泽未降,春稼已旱,或有孤老馁疾无人赡救,因以致死,暴露沟堑者,洛阳部尉依法棺埋。"(《魏书》卷8《世祖纪》)

39. 北魏宣武帝正始四年(507),永平元年诏:……以去年(洛阳)旱俭,遣使者所在赒恤。(《魏书》卷8《世祖纪》)

40. 北魏宣武帝永平元年(508)(黄河中下游)自元年二月不雨至六月雨。(《魏书》卷105之四《天象志四》)

41. 北魏宣武帝永平元年(508)(黄河中下游)自元年二月不雨至六月雨。(《魏书》卷105之四《天象志四》)(跨季节记为2次)

42. 北魏宣武帝永平二年(509)五月辛丑,帝以(洛阳)旱故,减膳彻悬,禁断屠杀。(《北史》卷4《魏本纪第四·宣武帝纪》)

43. 北魏宣武帝延昌元年(512)夏四月,诏以(洛阳)旱故,食粟之畜皆断之。……戊辰,以旱,诏尚书与群臣鞫理狱讼,诏河北民就谷燕恒二州。辛未,诏饥民就谷六镇。丁丑,帝以旱故,减膳撤悬。……己卯,诏曰:去岁水灾,今(洛阳)春炎旱。(《魏书》卷8《世宗纪》)

44. 北魏孝明帝熙平元年(516)五月丁卯朔,诏曰:(洛阳)炎旱积辰,苗稼萎悴,比虽微澍,犹未沾洽。(《魏书》卷9《肃宗纪》)

45. 北魏孝明帝神龟元年(518)(洛阳)自正月不雨至于六月辛卯,澍雨乃降。(《魏书》卷9《肃宗纪》)

46. 北魏孝明帝神龟元年(518)(洛阳)自正月不雨至于六月辛卯,澍雨乃降。(《魏书》卷9《肃宗纪》)(跨季节记为2次)

47. 北魏孝明帝神龟二年(519)二月壬寅,诏曰:可救内外,依旧雩祈,率从祀典。察冤理狱,掩胔埋骼。(《魏书》卷9《肃宗纪》)

48. 北魏孝明帝神龟二年(519)(九月洛阳)秋末久旱,尘壤委深,风霾一起,红埃四塞……霜旱为灾,所在不稔,饥馑荐臻,方成俭弊。(《魏书》卷67《崔光传》)

49. 北魏孝明帝正光元年(520)五月辛巳,以(洛阳)炎旱故,诏八坐鞫见囚,申枉滥。(《北史》卷4《孝明帝纪》)

50. 北魏孝明帝正光二年(521)(一月)尚书右丞张普惠上疏曰:"……况今(洛阳)旱暵方甚,圣慈降膳,乃以万五千人使杨钧为将,欲定蠕蠕于时而动,其可济乎!"(《资治通鉴》卷149《梁纪五》)

51. 北魏孝明帝正光二年(521)(洛阳)秋七月癸丑,以旱故,诏有司修案旧典,祇行六事。(《北史》卷4《孝明帝纪》)

52. 北魏孝明帝正光三年(522)六月己巳,以(洛阳)旱故,诏分遣有司驰祈岳渎及诸山川百神能兴云雨者。(《北史》卷4《孝明帝纪》)

53. 北魏孝明帝正光四年(523)(洛阳)八月戊寅,诏曰:……比雨旱愆时,星运舛错,政理阙和,灵祇表异,永寻夕惕,载恧于怀。(《魏书》卷9《肃宗纪》)

54. 北魏节闵帝普泰元年(531)(七月)丙戌,(洛阳)司徒公尔朱彦伯以旱逊位。(《魏书》卷11《前废帝广陵王纪》)

55. 东魏孝静帝天平四年(537)二月乙酉,神武以……东雍……陕(包括今三门峡市区及陕州区)九州霜旱,人饥流散,请所在开仓赈给。(《北齐书》卷2《神武帝纪下》)

56. 东魏孝静帝武定六年(547)自是旱疫者二年,……徐、兖(含今河南北部、东部)、豫尤甚。(《隋书》卷23《五行志下》)

魏晋南北朝时期,河南一共发生了56次旱灾,在三国时期的曹魏发生了8次,西晋时期发生了10次,十六国时期发生了3次,北魏时期发生了35次。这些数字表明,在这 361 年中,旱灾集中发生在北魏这一段时间中。

(二)魏晋南北朝时期旱灾特征

1. 年际分布特征

魏晋南北朝时期发生的旱灾有其阶段性和集中性,在一段时间内频繁地发生旱灾,有些时间段内则发生较少或者是不发生旱灾。如表 3-3 所示:

表 3-3　魏晋南北朝时期河南旱灾数据年际分布统计表

时段	曹魏	西晋	十六国	北魏	齐周	合计
年号	黄初元年至咸熙元年	泰始元年至建兴四年	建武元年至太元十年	登国元年至武定七年	天保元年至大定元年	
起止时期	220—264	265—316	317—385	386—549	550—580	220—580
年长	45	52	69	164	31	361
次数	8	10	3	35	0	56
比重	14%	18%	5%	63%	0	100%
频度	1次/5.6年	1次/5.2年	1次/23年	1次/4.7年	0	1次/6.4年

由上表可知,就次数来说,旱灾主要集中在北魏时期,其次是西晋时期。就频度来说,同样是北魏时期居最高位,其次是西晋时期。

具体可以细分为几个阶段:

魏文帝黄初元年(220)到晋武帝泰始三年(267)是旱灾频发的阶段。这 48 年中也发生了 8 次旱灾,大概是 6 年左右发生一次。晋武帝泰始四年(268)到晋武帝太熙元年(290)是旱灾集中发生的阶段,在这 23 年中一共发生了 9 次旱灾,大概 3 年发生一次。晋武帝太熙二年(291)到刘宋文帝元嘉二十一年(444)是旱灾少发阶段,一共发生了 7 次旱灾,大概每 22 年发生一次,其中刘宋文帝元嘉十九年(442)、二十年(443)、二十一年(444)也是每年发生一次。刘宋文帝元嘉二十二年(445)到东魏孝静帝天平四年(537)是旱灾频发的阶段,尤其北魏宣武帝统治时期。在这个时期内一共发生了旱灾 31 次,平均 3 年发生一次,北魏宣武帝景明四年(503),正始元年(504)、二年(505)、三年(506)、四年(507),永平元年(508)、二年(509),连着 7 年的时间内每年都会发生旱灾,发生频率很高。东魏孝静帝元象元年(538)到北齐后主天统四年(568)是旱灾发生较少的阶段。

从旱灾的发生频率来看,集中暴发的阶段为 220—267 年、268—290 年和 466—537 年。其他的时间段内暴发旱灾的频率较低。

2. 季节性分布特征

这一时期的旱灾还具有时间跨度长的特点,久旱、大旱的气候也很常见,有些旱灾月份长达 9 个月。有关旱灾的史料中,有精确时间记载的一共有 40 次,剩下的只记载年份,无法确定其具体的发生季节,对我们分析其特点产生了一定的影响。

表 3-4 魏晋南北朝时期河南旱灾季节分布情况表

季节	春季				夏季				秋季				冬季				不详
次数	10				16				8				6				6
月份	一	二	三	不详	四	五	六	不详	七	八	九	不详	十	十一	十二	不详	
次数	2	3	0	5	3	8	3	2	4	2	1	1	1	1	2	2	

正如前文所说,根据有确切时间的旱灾记载来看,旱灾主要集中在南北朝时期。加上上述的连旱情况,我们发现夏旱发生的频率最高,春旱次之,再次是秋旱,冬旱次数较少,其中冬春连旱的情况出现了 4 次。魏晋南北朝总共 361 年的时间,共计 56 次旱灾,有些年份发生旱灾的次数在 1 次以上。总的来说,旱灾是魏晋南北朝时期河南地区发生次数较多的灾害,其造成的后果也很严重。

水旱灾害受气候的影响,季节性很突出。河南地区属于季风区,季风气候带有不稳定性,季风的强弱决定着降水量的大小。夏季风如果来得迟或者比较弱,那么便会造成干旱天气。根据统计结果,我们会发现这个时期的旱灾主要还是以夏旱为主,分布在夏季的共有 16 次,春旱有 10 次,可见春季也是旱灾多发的一个季节。秋旱与冬旱分别出现了 8 次和 6 次,但有时会出现秋旱、冬旱与春旱相连的情况。

在这个时期常常出现连旱现象,有些跨时较长的旱灾甚至达到了 9 个月。如此长的时间跨度会严重影响农作物的生长,有些甚至导致河流出现断流和枯竭现象,从而影响民众的基本生活。当然在前面统计春旱、夏旱、秋旱、冬旱时,我们也会发现有跨时 1 个月的旱灾,这是旱灾与水灾的一个重要的不同点。

三、魏晋南北朝时期河南虫灾

(一)魏晋南北朝时期河南虫灾数据统计

据相关学者统计,魏晋南北朝时期是蝗灾发生的冷却期,但在这个阶段蝗灾的发生也有其特点。"陈正祥归纳蝗神庙分布图的特点有四:(1)蝗灾的分布以黄河下游为最多,尤其是河北、山东、河南三省。(2)华中以南,蝗灾渐少,到了东南沿海,几乎完全没有。(3)蝗神庙分布的南限,大致同春季及年平均80%的相对湿度等值线符合。(4)云南高原中部和太湖流域相似,故蝗灾也较普遍。"[①]根据现存的蝗神庙的分布研究蝗灾的发生状况,从这种方法得出河南省也是中国历史上蝗灾发生比较集中的地区。按照生物学家对现代蝗虫的分类,在中国境内的蝗虫可以分为东亚飞蝗、亚洲飞蝗、西藏飞蝗三类。[②]其中,东亚飞蝗主要出现在黄河和长江流域,可见,当时河南地区发生的蝗灾是由东亚飞蝗引起的。若只是零碎的蝗虫并不至于成灾,但若是数量庞大,那必然造成严重的蝗灾,再加上其具有远距离飞行的特点,造成的受灾面积很广。

魏晋南北朝时期,河南发生虫灾的相关记录如下:

1.晋武帝泰始十年(274)是夏,(包括今河南)大蝗。(《晋书》卷3《武帝纪》)

2.晋武帝咸宁三年(277)诏曰:"今年霖雨过差,又有虫灾,颍川(禹州)、襄城自春以来,略不下种……"(《晋书》卷26《食货志》)

3.晋武帝咸宁四年(278)司(包括今河南西部、中部)……兖(包括今河南北部、东部)、豫(今河南东部、南部)、荆(包括今河南南部)、扬郡国二十螟。(《晋书》卷29《五行志下》)

4.晋怀帝永嘉四年(310)五月,……司……雍等六州大蝗,食草木、牛马毛,皆尽。(《晋书》卷5《孝怀帝纪》)

5.晋愍帝建兴四年(316)六月,大蝗,十月,京师、孟津(今属洛阳)饥

---

① 游修龄:《中国蝗灾历史和治蝗观》,《华南农业大学学报(社会科学版)》2003年第2期。
② 游修龄:《中国蝗灾历史和治蝗观》,《华南农业大学学报(社会科学版)》2003年第2期。

馑,米斗金二两,人相食,死者大半。(民国《新安县志》)

6. 晋愍帝建兴五年(317)帝在平阳,司……雍蝥。(《晋》卷29《五行志下》)

7. 北魏文成帝太安三年(457)十有二月,以州镇五(黄河中下游)蝗,民饥,使使者开仓以赈之。(《魏书》卷5《高宗纪》)

8. 北魏文成帝和平四年(463),和平五年(464)二月,诏以州镇十四(黄河中下游)去岁虫、水,开仓赈恤。(《魏书》卷5《高宗纪》)

9. 北魏孝文帝太和元年(477)十二月丁未,诏以州郡八(黄河中下游)水旱蝗,民饥,开仓赈恤。(《魏书》卷7《高祖纪上》)

10. 北魏孝文帝太和七年(483)相(包括今安阳)、豫二州蝗害稼。(《魏书》卷112《灵征志上》)

11. 北魏孝文帝太和八年(484)三月,相州黏虫害稼。(乾隆《彰德府志》)

12. 北魏宣武帝景明元年(500)五月,……徐、兖、光(今河南东南部)、南青六州蚄蚜害稼。(《魏书》卷112《灵征志上》)

13. 北魏宣武帝正始二年(505)三月,徐州(今河南东北部)蚕蛾吃人,尪残者一百一十余人,死者二十二人。(《魏书》卷112《灵征志上》)

14. 北魏宣武帝正始四年(507)八月,泾州黄鼠、蝗虫、班虫,河州蚄蚜、班虫,凉州、司州恒农郡(今灵宝北)蝗虫并为灾。(《魏书》卷112《灵征志上》)

15. 北魏宣武帝延昌元年(512)七月蝗虫,京师(今洛阳)蚄蚜。(《魏书》卷112《灵征志上》)

16. 北齐文宣帝天保八年(557)自夏至九月,河北六州、河南十二州、畿内八郡大蝗。是月,飞至京师,蔽日,声如风雨。(《北齐书》卷4《文宣帝纪》)

17. 北齐文宣帝天保八年(557)自夏至九月,河北六州、河南十二州、畿内八郡大蝗。是月,飞至京师,蔽日,声如风雨。(《北齐书》卷4《文宣帝纪》)(跨季节记为2次)

18. 北齐废帝乾明元年(560)夏四月癸亥,诏河南(今河南西部)……九州,往因蝥水,颇伤时稼,遣使分途赡恤。(《北齐书》卷5《废帝纪》)

据我们统计,在魏晋南北朝时期,河南地区一共有17个虫灾年,占魏晋南北朝年份的5%,共有18次虫灾,平均20.1年发生一次虫灾。

总的来看,魏晋南北朝时期,河南地区发生蝗灾的频率不高,这与整个魏晋南北朝时期处于蝗灾的平静期相一致。有学者认为,魏晋南北朝时期属于中国历史上的低温时期。冬季的气温及湿度影响着虫卵的成活率,从而决定了次年的虫口密度。当冬季温度偏高时,越冬虫卵成活率高,虫卵成活率高,次年就容易出现蝗灾的暴发。如果冬季气候寒冷或者是夏季出现连续的内涝,对虫卵的生长环境造成了破坏,便不利于蝗灾的暴发。[1] 因此,魏晋南北朝时期出现的蝗灾事件较少。

(二)魏晋南北朝时期河南虫灾特征

1. 年际分布特征

通过史料整理,我们发现魏晋南北朝时期虫灾的发生具有很强的继起性,连年发生的现象较为常见,所以发生时间比较集中。如表3-5所示:

表3-5 魏晋南北朝时期河南虫灾数据年际分布统计表

时段	曹魏	西晋	十六国	北魏	齐周	合计
年号	黄初元年至咸熙元年	泰始元年至建兴四年	建武元年至太元十年	登国元年至武定七年	天保元年至大定元年	
起止	220—264	265—316	317—385	386—549	550—580	220—580
年长	45	52	69	164	31	361
次数	0	5	1	9	3	18
比重	0	28%	5%	50%	17%	100%
频度	0	1次/10.4年	1次/69年	1次/18.2年	1次/10.3年	1次/20.1年

由上表可知,曹魏时期河南地区没有发生虫灾;西晋时期发生了5次,占了这个时期虫灾总数的28%,平均10年一次;北魏时期一共发生了9次,占了50%,平均18年一次。

具体来说,晋武帝泰始十年(274),"是夏,大蝗"[2]。之后的咸宁三年(277)、咸宁四年(278)都发生了虫灾。晋愍帝建兴四年(316)和建兴五年

---

[1] 邹逸麟主编:《黄淮海平原历史地理》,安徽教育出版社,1997年,第84页。
[2] 〔唐〕房玄龄:《晋书》卷3《武帝纪》,中华书局,1974年,第64页。

(317)连续两年都发生了虫灾,涉及的范围很广。北魏孝文帝太和七年(483)和太和八年(484)同样也是连续两年发生了虫灾,当然不仅包括蝗灾,还包括其他的虫类灾害。北魏宣武帝景明元年(500)、正始二年(505)、正始四年(507)、延昌元年(512)也是虫灾的集中暴发时期。魏晋南北朝时期发生的虫灾继发性与集中性比较突出。

2.季节分布特征

我们所收集到的虫灾史料中,5次虫灾是有年份而无具体季节与月份的,3次只有季节而无月份,明确有月份的共有10次。从季节来看,这个时期的虫灾多暴发在夏季,秋、冬、春时节发生虫灾的频率较低。这与上文中所统计的水、旱灾多发的时节基本相同。主要在于虫灾的发生与水、旱灾有一定的关系,但三者发生的情况也并非完全相同。以上是从季节来看这个时期虫灾的特点。从月份上来看,三月、四月、五月、十二月相对来说发生虫灾的频率较高,六月、七月、八月次之。具体情况如表3-6所示：

表3-6 魏晋南北朝时期河南虫灾记录年内分布统计表

季节	春季				夏季				秋季				冬季				不详
次数	3				6				2				2				5
月份	一	二	三	不详	四	五	六	不详	七	八	九	不详	十	十一	十二	不详	
次数	0	1	2	0	1	2	1	2	0	1	0	1	0	0	2	0	

河南地区在魏晋南北朝时期发生的虫灾也有着非常明显的季节性。河南在这一时期一共发生了17次虫灾,其中夏季是虫灾暴发最集中的时间,占35.3%。春季发生的虫灾也占有一定的比例,但并不多。另外,虫灾所造成的后果是严重的,以禾本植物为主要食物的蝗虫对农作物的损害是其最直接的影响,蝗灾之后引发的饥荒是次生灾害,更严重者有可能引发疫灾。

四、魏晋南北朝时期河南雹灾

(一)魏晋南北朝时期河南雹灾数据统计

魏晋南北朝时期,共发生了14次雹灾,相关史料如下：

1.晋武帝咸宁五年(279)五月丁亥,……魏郡(安阳一带)雨雹,伤禾麦。六月庚戌,汲郡(新乡北)……陈留(开封东)、荥阳雨雹。丙辰,又雨雹,陨霜,伤秋麦千三百余顷,坏屋百二十余间。(《晋书》卷29《五行志下》)

2. 晋武帝咸宁五年(279)七月丙申,魏郡又雨雹;八月庚子,河南(河南洛阳)……弘农(三门峡市灵宝北)又雨雹,兼伤秋稼三豆。(《晋书》卷29《五行志下》)

3. 晋武帝太康元年(280)四月,三河、魏郡、弘农雨雹,伤宿麦。(《晋书》卷3《武帝纪》)

4. 晋武帝太康元年(280)四月,河南、河内、……魏郡、弘农雨雹,伤豆麦;是月(四月)庚午,畿内县二及东平、范阳(洛阳)雨雹;(四月)癸酉,畿内县五又雨雹。(《晋书》卷29《五行志下》)

5. 晋武帝太康二年(281)三月庚寅,弘农、河内、汲郡、魏郡雨雹伤禾。(雍正《河南通志》)

6. 晋武帝太康二年(281)(五月)庚寅,……河东……弘农(治今灵宝)、濮阳(治今濮阳市西南)……魏郡、河内、汲郡……雨雹,伤禾稼。(《晋书》卷29《五行志下》)

7. 晋武帝太康五年(284)七月,……梁国(商丘、淮阳一带)……雨雹,伤秋稼。减天下户课三分之一。(《晋书》卷3《武帝纪》)

8. 晋武帝太康六年(285)六月,荥阳、汲郡……雨雹。(《晋书》卷29《五行志下》)

9. 晋武帝太康九年(288)正月,京都(洛阳)雨雹,发屋拔树。(《晋书》卷29《五行志下》)

10. 晋惠帝元康二年(292)八月,沛及荡阴雨雹。(《晋书》卷29《五行志下》)

11. 晋惠帝元康三年(293)四月,荥阳雨雹;六月,弘农郡雨雹,深三尺。(《晋书》卷4《惠帝纪》)

12. 晋惠帝永宁元年(301)七月,襄城、河南雨雹。(《晋书》卷29《五行志下》)

13. 晋惠帝永宁元年(301)十月,襄城、河南……又风雹,折木伤稼。(《晋书》卷29《五行志下》)

14. 北魏宣武帝景明四年(503)七月甲戌,暴风,大雨雹,起自汾州,经……司(包括今河南北部)、兖,至徐州而止,广十里,所过草木无遗。(《魏书》卷112《灵征志上》)

统计史料中有关雹灾的记载,我们发现魏晋南北朝时期,河南地区一共有10个发生雹灾的年份,占整个魏晋南北朝时期总年份的3%,一共暴发了14次雹灾,平均26年出现一次雹灾,这与秦汉时期雹灾的平均值接近。

按照朝代来看,河南地区在曹魏时期未出现过雹灾,西晋时期是雹灾频发的集中时段,而北魏时期仅出现了1次雹灾,发生频率较低。可见在南北朝时期,河南并非雹灾发生的重点区域,反而属于少发地区。这一时期北方雹灾的相对高发区为山东、山西地区,这些地方的纬度较高,地势也较平原地区高。

(二)魏晋南北朝时期河南雹灾特征

1. 年际分布特征

雹灾的发生具有集中性,主要集中在晋朝统治时间段内。如表3-7所示:

表3-7　魏晋南北朝时期河南雹灾数据年际分布统计表

时段	曹魏	西晋	十六国	北魏	齐周	合计
年号	黄初元年至咸熙元年	泰始元年至建兴四年	建武元年至太元十年	登国元年至武定七年	天保元年至大定元年	
起止	220—264	265—316	317—385	386—549	550—580	220—580
年长	45	52	69	164	31	361
次数	0	13	0	1	0	14
比重	0	93%	0	7%	0	100%
频度	0	1次/4年	0	1次/164年	0	1次/25.8年

就史料和表格所知,仅西晋时期河南地区就发生了13次雹灾,比重为93%,平均4年一次。具体来说,晋武帝咸宁五年(279)到晋惠帝永宁元年(301)这段时期雹灾频发,共计发生雹灾13次,在些地区在一年之内发生2次雹灾,有些地区是连续两年出现雹灾。北魏164年间只出现了1次雹灾,而曹魏、十六国和齐周时期都未曾受到雹灾的侵扰。总之,这个时期的雹灾主要集中在西晋时期。

2. 季节分布特征

这个时期雹灾发生的集中性很强,具体的雹灾情况如表3-8所示:

表 3-8　魏晋南北朝时期河南雹灾记录年内分布统计表

季节	春季				夏季				秋季				冬季				不详
次数	3				5				5				1				0
月份	一	二	三	不详	四	五	六	不详	七	八	九	不详	十	十一	十二	不详	
次数	1	0	2	0	2	2	1	0	4	1	0	0	1	0	0	0	0

根据以上统计资料可知,在这个阶段内发生的雹灾分布在四季中,但由于其形成机制的限制,其发生具有明显的季节性。正如上文所述,雹灾主要还是发生在夏季和秋季,以三月、四月、五月、七月次数较多。由此,我们会发现雹灾具有明显的季节性特征。雹灾频发的时间段正是农作物生长的时期,对农作物的损害也很大。

五、魏晋南北朝时期河南寒灾

(一)魏晋南北朝时期河南寒灾数据统计

魏晋南北朝时期,共发生了 17 次寒灾,相关史料如下:

1.晋武帝泰始九年(273)四月辛未,(含洛阳)陨霜。(《晋书》卷29《五行志下》)

2.晋武帝咸宁五年(279)六月庚戌,汲郡(新乡北)……陈留(开封东)、荥阳雨雹。丙辰,又雨雹,陨霜,伤秋麦千三百余顷,坏屋百二十余间。(《晋书》卷29《五行志下》)

3.晋武帝太康五年(284)是秋,魏郡(安阳一带)西平郡九县、淮南、平原霖雨暴水,霜伤秋稼。(《晋书》卷27《五行志上》)

4.晋武帝太康七年(286)十二月己亥,河阴(孟津西)雨赤雪二顷。(《晋书》卷27《五行志上》)

5.晋惠帝元康九年(299)三月旬有八日,河南(洛阳地区)、荥阳、颍川(禹州)陨霜,伤禾。(《晋书》卷29《五行志下》)

6.晋怀帝永嘉元年(307)十二月冬,(今洛阳)雪,平地三尺。(《晋书》卷29《五行志下》)

7.晋安帝义熙五年(409)四月,颍川郡陨霜。(民国《许昌县志》)

8. 北魏献文帝天安元年(466)四月乙丑,(黄河中下游地区)陨霜。(《魏书》卷112《灵征志上》)

9. 北魏孝文帝太和六年(482)四月,颍川郡陨霜。(《魏书》卷112《灵征志上》)

10. 北魏孝文帝太和九年(485)六月,洛(洛阳)……相三州及司州(包括安阳)灵丘、广昌镇陨霜。(《魏书》卷112《灵征志上》)

11. 北魏宣武帝正始四年(507)二月乙卯,司、相二州暴风,大雨雪。(《魏书》卷112《灵征志上》)

12. 北魏宣武帝正始四年(507)九月壬申,(今洛阳)大雪。(《魏书》卷112《灵征志上》)

13. 北魏宣武帝延昌四年(515)三月癸亥,河南八州(黄河中下游地区)陨霜。(《魏书》卷112《灵征志上》)

14. 北魏孝明帝熙平元年(516)七月,河南、北(包括今河南、河北、山东地区)十一州霜。(《魏书》卷112《灵征志上》)

15. 北魏孝明帝神龟二年(519)(九月,今洛阳)秋末久旱,尘壤委深,风霾一起,红埃四塞……霜旱为灾,所在不稔,饥馑荐臻,方成俭弊。(《魏书》卷67《崔光传》)

16. 东魏孝静帝天平四年(537)二月乙酉,神武以……东雍……陕(包括今三门峡市区及陕州区)九州霜旱,人饥流散,请所在开仓赈给。(《北齐书》卷2《神武帝纪下》)

17. 梁简文帝大宝二年(551)(二月)会天寒大雪,(杨)忠等攻(汝南)不能克,死者甚众。(《梁书》卷29《高祖三王列传·邵陵携王纶传》)

魏晋南北朝时期,河南地区一共有16个受寒灾影响的年份,约占总年份的4%,平均22年发生一次寒灾。在这个时期,河南地区发生的寒灾主要集中在西晋与南北朝时期。寒灾中雪灾共有5次,约占寒灾总数的29%,这个时期大部分的寒灾是由霜冻引起的。

(二)魏晋南北朝时期河南寒灾特征

1. 年际分布特征

魏晋南北朝时期河南地区发生的寒灾在时间分布上也呈现出不均衡的特

点,在有些时间段内发生的频率高,有些时间段内发生的频率低,具有明显的集中性与间歇性。如表3-9所示:

表3-9 魏晋南北朝时期河南寒灾数据年际分布统计表

时段	曹魏	西晋	十六国	北魏	齐周	合计
年号	黄初元年至咸熙元年	泰始元年至建兴四年	建武元年至太元十年	登国元年至武定七年	天保元年至大定元年	
起止时期	220—264	265—316	317—385	386—549	550—580	220—580
年长	45	52	69	164	31	361
次数	0	6	0	10	1	17
比重	0	35%	0	59%	6%	100%
频度	0	1次/8.7年	0	1次/16.4年	1次/31年	1次/21年

由上表可知,西晋时期总共52年,发生了6次寒灾,占比35%,平均8.7年一次;北魏时期共164年,发生了10次寒灾,占比59%,平均16.4年一次。具体来说,寒灾的发生主要集中在以下几个时间段内:

晋武帝泰始九年(273)到晋怀帝永嘉元年(307)为低温灾害的第一个集中阶段。在本阶段的35年中,共有6个受灾年,共计6次寒灾,大概6年一次寒灾,高于魏晋南北朝时期河南发生寒灾的平均值。晋武帝太康五年(284)、太康七年(286)都发生了寒灾,而其中间隔也只是两年。

北魏宣武帝延昌四年(515)到北魏孝明帝神龟二年(519)是寒灾发生的另一个集中阶段。在本阶段的5年时间中,包含3个受灾年,共计3次寒灾,大概两年左右发生一次低温灾害。

这两个时间段内一共发生了9次低温灾害,约占了魏晋南北朝时期河南发生的低温灾害的一半。剩下的9次寒灾则比较分散,有些相隔10年以上的时间才会发生一次。

2. 季节分布特征

根据魏晋南北朝时期有关寒灾的史料,我们按照季节及月份将这个时期的寒灾状况罗列表3-10中:

表 3-10　魏晋南北朝时期河南寒灾记录年内分布统计表

季节	春季				夏季				秋季				冬季				不详
次数	5				6				4				2				0
月份	一	二	三	不详	四	五	六	不详	七	八	九	不详	十	十一	十二	不详	
次数	0	3	2	0	4	0	2	0	1	0	2	1	0	0	2	0	

寒灾的发生具有明显的季节性。正如上文所说，寒灾发生的时间主要分布在春、夏、秋三季。虽然寒灾在春、夏、秋发生率较高，但不同的寒灾类型发生的月份与季节也会不同。雪灾主要发生的月份为十二月、二月，三月、四月、六月是霜冻发生的主要月份，这些与寒灾的成灾机制有关。从雪灾与霜冻的比例和成灾程度来看，霜冻是造成寒灾的主要类型，造成的后果也更加严重。

六、魏晋南北朝时期河南风灾

(一)魏晋南北朝时期河南风灾数据统计

魏晋南北朝时期，河南发生了 37 次风灾。记录如下：

1. 魏齐王正始九年(248)冬十月，(洛阳)大风发屋折树。(《三国志》卷4《魏书·少帝纪》)

十一月，(洛阳)大风数十日，发屋折树;十二月戊午晦尤甚，(洛阳)动太极东阁。(《晋书》卷29《五行志下》)

2. 魏齐王嘉平元年(249)正月壬辰朔，(洛阳)西北大风，发屋折树木，昏尘蔽天。(《晋书》卷29《五行志下》)

3. 魏高贵乡公正元二年(255)闰正月戊戌，(洛阳)大风晦暝，行者皆顿伏。(《宋书》卷34《五行志五》)

4. 魏元帝景元三年(262)十月，京都(洛阳)大震，昼晦。(从该卷记述内容类别来看，此处大震之"震"字应为"风"之误)(《宋书》卷34《五行志五》)

5. 晋武帝太康九年(288)正月，京都风雹，发屋拔树。(《晋书》卷29《五行志下》)

6. 晋惠帝元康四年(294)六月，(今洛阳)大风雨，拔木。(《晋书》卷29

《五行志下》)

7. 晋惠帝元康五年(295)四月庚寅夜,(今洛阳)暴风,城东渠波浪杀人。(《晋书》卷29《五行志下》)

8. 晋惠帝元康六年(296)夏四月,(今洛阳)大风。(《晋书》卷4《惠帝纪》)

9. 晋惠帝元康九年(299)十一月,京师(洛阳)大风,发屋折木。(《晋书》卷4《惠帝纪》)

10. 晋惠帝永康元年(300)二月丁酉,大风,飞沙拔木。(《晋书》卷4《惠帝纪》)

11. 晋惠帝永康元年(300)四月,张华第舍(今洛阳)飙风起,折木飞缯,折轴六七。(《晋书》卷29《五行志下》)

12. 晋惠帝永康元年(300)冬十月,(今洛阳)黄雾四塞;十一月戊午,(今洛阳)大风飞沙石,六日乃止。(《晋书》卷4《惠帝纪》)

13. 晋惠帝永宁元年(301)十月,襄城、河南……又风雹,折木伤稼。(《晋书》卷29《五行志下》)

14. 晋惠帝永兴元年(304)正月乙丑,(今洛阳)西北大风。(《晋书》卷29《五行志下》)

15. 晋怀帝永嘉元年(307)十一月乙亥,(今洛阳)黄黑气掩日,所照皆黄。(《晋书》卷12《天文志中》)

16. 晋怀帝永嘉四年(310)五月,(今洛阳)大风折木。(《晋书》卷5《孝怀帝纪》)

17. 晋怀帝永嘉四年(310)十月辛卯,(今洛阳)昼昏,至于庚子。(《晋书》卷5《孝怀帝纪》)

18. 晋安帝义熙九年(413)正月,(今洛阳)大风,白马寺浮图刹柱折坏。(《晋书》卷29《五行志下》)

19. 北魏太武帝太延四年(438)正月庚子,雨土如雾于洛阳。(《魏书》卷112《灵征志上》)

20. 北魏孝文帝太和七年(483)四月,相(包括今河南安阳地区)、豫(今河南东部、南部)二州大风。(《魏书》卷112《灵征志上》)

21. 北魏宣武帝景明二年(501)(五月),禧是夜宿于洪池,(今洛阳)大

风暴雨,拔树折木。(《魏书》卷21上《咸阳王禧传》)

22. 北魏宣武帝景明三年(502)闰月(四月)甲午,京师大风,拔树发屋,吹折阊阖门关。(《魏书》卷112《灵征志上》)

23. 北魏宣武帝景明四年(503)三月己未,司州(包括今河南北部)之河北、河东、正平、平阳大风拔树。(《魏书》卷112《灵征志上》)

24. 北魏宣武帝景明四年(503)七月甲戌,暴风,大雨雹,起自汾州,经……相、司、兖,至徐州而止,广十里,所过草木无遗。(《魏书》卷112《灵征志上》)

25. 北魏宣武帝正始二年(505)正月己丑夜,(今洛阳)阴雾四塞,初黑后赤。(《魏书》卷112《灵征志上》)

26. 北魏宣武帝正始三年(506)正月辛丑,(今洛阳)土雾四塞。(《魏书》卷112《灵征志上》)

27. 北魏宣武帝正始三年(506)九月壬申,(今洛阳)黑雾四塞。(《魏书》卷112《灵征志上》)

28. 北魏宣武帝正始四年(507)二月乙卯,司、相二州暴风,大雨雹。《魏书》卷112《灵征志上》)

29. 北魏宣武帝正始四年(507)五月甲子,京师大风。(《魏书》卷112《灵征志上》)

30. 北魏宣武帝永平元年(508)四月壬申,京师大风拔树。(《魏书》卷112《灵征志上》)

31. 北魏宣武帝延昌四年(515)三月癸亥,京师暴风,从西北来,发屋折树。(《魏书》卷112《灵征志上》)

32. 北魏孝明帝神龟二年(519)秋末久旱,尘壤委深,(今洛阳)风霾一起,红埃四塞。(《魏书》卷67《崔光传》)

33. 北魏孝明帝正光三年(522)四月癸酉,京师暴风大雨,发屋拔树。(《魏书》卷112《灵征志上》)

34. 北魏孝明帝正光四年(523)四月辛巳,京师大风。(《魏书》卷112《灵征志上》)

35. 北魏孝明帝孝昌二年(526)五月丙寅,京师(今洛阳)暴风,拔树发屋,吹平昌门扉坏,永宁九层橙折。(《魏书》卷112《灵征志上》)

36. 北魏节闵帝普泰元年(531)夏(今洛阳)大风雨,吹普光寺门屋于地。(《魏书》卷112《灵征志上》)

37. 东魏孝静帝武定七年(梁武帝太清三年,西魏文帝大统十五年,549年)三月,颍川(在今禹州市境内)大风。(《魏书》卷112上《灵征志上》)

主要分布在北方干旱半干旱和半湿润地区的风沙灾害区的形成及常年在春季暴发的沙尘暴天气是人们关注的问题,风灾成为目前较影响人们生活的一种灾害。检索史料发现,像这样的沙尘天气在古代就已经存在,也应该看作是灾害的一种。

我们在统计这个时期发生在河南的风灾情况时,不仅包含了大风天气,也包括了沙尘天气。我们发现当时河南一共有31个受灾年,发生了37次风灾。风灾年份占了魏晋南北朝总年份的9%,平均10年出现一次风灾。

当然,以上只是根据正史当中的记载所获得的结果,我们认为当时的大风天气可能比记载的多,发生地也应该更加广泛,但由于史料的局限性,所获得的结果也难免与历史事实有所偏差。

(二)魏晋南北朝时期河南风灾特征

1. 年际分布特征

魏晋南北朝时期,河南发生的风灾具有明显的集中性,具体如表3-11所示:

表3-11 魏晋南北朝时期河南风灾数据年际分布统计表

时段	曹魏	西晋	十六国	北魏	齐周	合计
年号	黄初元年至咸熙元年	泰始元年至建兴四年	建武元年至太元十年	登国元年至武定七年	天保元年至大定元年	
起止时期	220—264	265—316	317—385	386—549	550—580	220—580
年长	45	52	69	164	31	361
次数	4	13	0	20	0	37
比重	11%	35%	0	54%	0	100%
频度	1次/11.3年	1次/4年	0	1次/8.2年	0	1次/9.8年

由史料和上表可知,在曹魏时期,河南省内发生了4次风灾,平均11.3年

一次;西晋时期发生了13次风灾,平均4年一次;北魏时期发生了20次风灾,平均约8.2年一次。

风灾主要分布在两个时间段内。晋惠帝元康三年(293)到晋怀帝永嘉四年(310)是风灾集中发生的第一个阶段,有9个受灾年,占了该阶段年份的53%,发生了12次风灾,大概一年一次。其中,洛阳在晋惠帝元康四年(294)、元康五年(295)、元康六年(296)连续发生了风灾;晋惠帝元康九年(299)、永康元年(300)、永宁元年(301)连续三年都发生了风灾,在公元300年这一年内,仅在河南洛阳就出现了3次风灾,可见在这个时间段内风灾发生的频率之高。

北魏宣武帝景明二年(501)到北魏孝明帝孝昌二年(526)是风灾集中发生的第二个时间段,共有12个受灾年,占该阶段年份的48%,发生风灾15次,占该阶段年份的56%,大概2年一次风灾,这个时期风灾发生的频率也很高。北魏宣武帝景明二年(501)、景明三年(502)、景明四年(503),北魏宣武帝正始二年(505)、正始三年(506)、正始四年(507),北魏宣武帝永平元年(508)连续7年的时间里,在河南都出现了大风天气,有些是沙尘天气。风灾在这个阶段的发生频率可见一斑。

以上两个时间段中,发生了27次风灾,约占风灾总数的73%,一半以上的风灾发生在这两个时间段内的20年内,可见魏晋南北朝时期,发生在河南地区的风灾具有集中性。

2. 季节分布特征

我们将史料中找到的风灾记载,按照季节与月份进行统计,发现在河南发生的风灾具有明显的季节性,主要发生在春季与夏季,冬季次之,秋季出现大风天气的频率较低。具体情况如表3-12所示:

表3-12 魏晋南北朝时期河南风灾记录年内分布统计表

季节	春季				夏季				秋季				冬季				不详
次数	12				14				3				7				1
月份	一	二	三	不详	四	五	六	不详	七	八	九	不详	十	十一	十二	不详	
次数	8	2	2	0	8	4	1	1	1	0	1	1	5	2	0	0	

由上表可见,魏晋南北朝时期,河南基本上每个季节都会发生风灾,但风灾出现频繁的季节主要是夏季与春季,这两个季节发生的风灾占了风灾总数的70%,冬季发生的风灾占风灾总数的18.9%,秋季的风灾占8.1%。从月份来

看,一月份、四月份是发生风灾次数最多的,十月次之,五月和十一月再次之,其他月份发生风灾的次数都较少。

七、魏晋南北朝时期河南震灾

(一)魏晋南北朝时期河南震灾数据统计

魏晋南北朝时期,河南共有24条震灾记录,史料如下:

1. 魏明帝青龙二年(234)十一月,京都(洛阳)地震,从东南来,隐隐有声,摇动屋瓦。十二月,诏有司删定大辟,减死罪。(《三国志》卷3《魏书·明帝纪》)

2. 魏明帝景初元年(237)六月戊申,京都地震。(《三国志》卷3《魏书·明帝纪》)

3. 晋武帝泰始五年(269)夏四月,(洛阳)地震。(《晋书》卷3《武帝纪》)

4. 晋武帝泰始七年(271)六月丙申,(洛阳)地震。(《晋书》卷29《五行志下》)

5. 晋武帝咸宁二年(276)八月庚辰,河南(洛阳一带)、河东、平阳地震。(《晋书》卷29《五行志下》)

6. 晋武帝太康五年(284)五月朔壬辰,京师(洛阳)地震。(《晋书》卷29《五行志下》)

7. 晋武帝太康八年(287)三月,临商(洛阳)观震。(《晋书》卷3《武帝纪》)

8. 晋武帝太康九年(288)十二月,(洛阳)又震。(《晋书》卷29《五行志下》)

9. 晋武帝太熙元年(290)正月,(洛阳)地又震。(《晋书》卷29《五行志下》)

10. 晋惠帝元康元年(291)十二月辛酉,京师地震。(《晋书》卷4《惠帝纪》)

11. 晋惠帝元康四年(294)十月,京都地震;十一月,荥阳、襄城……梁

国、南阳地皆震;十二月,京都又震。(《晋书》卷29《五行志下》)

12. 晋惠帝元康五年(295)五月丁丑,(今洛阳)地震。(《晋书》卷29《五行志下》)

13. 晋惠帝元康六年(296)正月丁丑,(洛阳)地震。(《晋书》卷4《惠帝纪》)

14. 晋惠帝元康八年(298)春正月丙辰,(今洛阳)地震。诏发仓廪,赈雍州饥人。三月壬戌,大赦。(《晋书》卷4《惠帝纪》)

15. 晋惠帝太安元年(302)冬十月,(今洛阳)地震。(《晋书》卷4《惠帝纪》)

16. 晋怀帝永嘉四年(310)(五月洛阳)大风折木,地震。(《晋书》卷5《孝怀帝纪》)

17. 东晋元帝大兴元年(318)四月乙酉,西平(舞阳、西平一带)地震。(《晋书》卷6《元帝纪》)

18. 晋简文帝咸安二年(372)十月辛未,安成(平舆南)地震。(《晋书》卷29《五行志下》)

19. 北魏孝文帝太和二十三年(499)六月乙未,京师地震。(《魏书》卷112《灵征志上》)

20. 北魏宣武帝正始元年(504)四月庚辰,京师地震;六月乙巳,京师(今洛阳)地震。(《魏书》卷112《灵征志上》)

21. 北魏宣武帝延昌元年(512)四月庚申,京师及并……六州地震。(《魏书》卷112《灵征志上》)

22. 北魏宣武帝延昌元年(512)十二月辛未,京师地震,东北有声。(《魏书》卷112《灵征志上》)

23. 北魏宣武帝延昌二年(513)四月丙戌,京师地震。(《魏书》卷112《灵征志上》)

24. 北魏宣武帝延昌四年(515)十一月甲午,(洛阳)地震从西北来,殷殷有声。丁酉,又地震从东北来。(《魏书》卷112《灵征志上》)

通过检索史籍中的相关史料,我们发现魏晋南北朝时期河南一共有23个地震受灾年,占总年份的6%,发生了约24次震灾,大概平均15年发生一次震灾。

(二)魏晋南北朝时期河南震灾特征

1. 年际分布特征(如表 3-13)

表 3-13　魏晋南北朝时期河南震灾数据年际分布统计表

时段	曹魏	西晋	十六国	北魏	齐周	合计
年号	黄初元年至咸熙元年	泰始元年至建兴四年	建武元年至太元十年	登国元年至武定七年	天保元年至大定元年	
起止时期	220—264	265—316	317—385	386—549	550—580	220—580
年长	45	52	69	164	31	361
次数	2	14	2	6	0	24
比重	8%	59%	8%	25%	0	100%
频度	1次/22.5年	1次/3.7年	1次/34.5年	1次/27.3年	0	1次/15年

由上表可知,魏晋南北朝时期河南地区发生的地震主要集中在西晋时期,共发生了 14 次地震,比重为 59%,平均 3.7 年发生一次。除此之外,曹魏时期河南地区发生了 2 次地震,十六国时期发生了 2 次地震,北魏时期有 6 次地震,可见这些时期属于河南地震少发时期。

具体来说,魏晋南北朝时期发生在河南的震灾也可以分成两个时间段:

晋武帝泰始五年(269)到晋怀帝永嘉四年(310)是震灾集中发生的第一个阶段,一共有 14 个受灾年,包含 14 次震灾,约 3 年半发生一次震灾,发生震灾的频率比较高,甚至高于整个魏晋南北朝时期河南地区的震灾平均值。晋武帝泰始五年(269)、泰始七年(271)都发生了震灾;晋武帝太康八年(287)、太康九年(288)连续发生了震灾;晋武帝太熙元年(290)、晋惠帝元康元年(291)也都发生了震灾。晋惠帝元康四年(294)、元康五年(295)、元康六年(296)连续三年发生了震灾。总之,这个时间段内,震灾暴发很频繁。

北魏孝文帝太和二十三年(499)到北魏宣武帝延昌四年(515)是震灾集中发生的第二个时间段,共有 5 个灾年,发生了 6 次震灾,灾年占该阶段年份的 29%,大概每隔 3 年出现一次震灾,频率高于河南地区在魏晋南北朝时期震灾的频率。其中北魏宣武帝延昌元年(512)、延昌二年(513)连续发生了地震,紧接着延昌四年(515)洛阳又发生了地震。

魏晋南北朝时期河南地震发生的年份共有23个,上述两个时间段包含了19个受灾年,约占了受灾年份的82%,也就是说,绝大部分的受灾年份都在这两个时间段内。这两个时间段内共发生了20次地震,占了震灾总数的83%。不论从震灾发生的年份还是从地震次数来看,魏晋南北朝时期河南发生的震灾都具有集中性。

2.季节分布特征

我们按照地震发生的季节或月份,将震灾统计如表3-14所示:

表3-14 魏晋南北朝时期河南震灾记录年内分布统计表

季节	春季				夏季				秋季				冬季				不详
次数	4				11				1				8				0
月份	一	二	三	不详	四	五	六	不详	七	八	九	不详	十	十一	十二	不详	
次数	3	0	1	0	5	3	3	0	0	1	0	0	3	2	3	0	

通过分析史料,我们发现在魏晋南北朝时期,地震基本上在一年四季都会发生,但其季节性特点还是比较明显。这个时期的震灾主要发生在夏季,共计11次,约占了震灾总数的46%。冬季8次,约占震灾总数的33.3%。春季4次,约占总数的16.7%。秋季地震次数最少,只有1次。如此,我们认为魏晋南北朝时期,震灾主要发生在冬、夏两个季节,秋季是震灾频率最低的季节。

八、魏晋南北朝时期河南疫灾

(一)魏晋南北朝时期河南疫灾数据统计

自东汉中后期到曹魏两晋时期,是中国历史上频繁发生疫灾的时期。《后汉书》中记载的11次瘟疫仅发生在汉安帝之后的100年之间,可见当时瘟疫发生的频率很高。据林富士统计,三国时期暴发了6次"大疫",西晋时期7次,东晋十六国时期9次。南北朝时期发生疫灾的频率降低了,在长达170年的时间里仅5次疫灾。[①] 由此可见,东汉中后期到东晋十六国这段时间里,是瘟疫集中暴发的阶段。

———————————
① 参见林富士《中国疾病史研究刍议》一文。

魏晋南北朝时期,河南共有 15 条疫灾记录:

1. 魏文帝黄初元年(220)(春)时太子在邺,鄢陵侯未到,士民颇苦劳役,(洛阳)又有疾疠,于是军中骚动。(《三国志·魏书·贾逵传》注引《魏略》)

2. 魏文帝黄初四年(223)三月,宛(南阳)、许(许昌)大疫,死者万数;三月,洛阳大疫。(《三国志》卷2《魏书·文帝纪》)

3. 魏明帝青龙二年(234)夏四月,(洛阳)大疫。(《三国志》卷3《魏书·明帝纪》)

4. 魏明帝青龙二年(234)冬,又大病,至三年春乃止。(《宋书》卷13《天文志下》)

5. 魏明帝青龙三年(235)(正月)京都(洛阳)大疫。(《三国志》卷3《魏书·明帝纪》)

6. 魏齐王嘉平元年(249)曹爽废,(王弼)以公事免。其秋(在洛阳)遇疠疾亡。(《三国志》卷28《魏书·钟会传附王弼传》)

7. 晋武帝泰始十年(274)大疫。(《宋书》卷24《五行志五》)

8. 晋武帝咸宁元年(275)是月(十二月)大疫,洛阳死者太半。(《晋书》卷3《武帝纪》)

9. 晋武帝咸宁二年(276)春正月,(今洛阳)以疾疫废朝。(《晋书》卷3《武帝纪》)

10. 晋惠帝元康二年(292)冬十一月,(河南洛阳地区)大疫。(《晋书》卷4《惠帝纪》)

11. 北魏明元帝泰常八年(423)(闰四月,今荥阳)士众大疫,死者十二三。(《魏书》卷3《太宗纪》)

12. 北魏献文帝皇兴二年(468)天下大疫。(《魏书》卷105之三《天象志三》)

13. 北魏献文帝皇兴二年(468)十月,豫州(今河南东部、南部)疫,民死十四五万。(《魏书》卷112《灵征志上》)

14. 东魏孝静帝武定六年(547)自是旱疫者二年,……徐、兖(含今河南北部、东部)、豫尤甚。(《隋书》卷23《五行志下》)

15. 北齐武成帝河清四年(565),河南(今洛阳)大疫。(《北齐书》卷8

《后主纪》)

通过检索史籍中的相关史料,我们发现魏晋南北朝时期河南一共有13个受灾年,占总年份的4%,发生了约15次疫灾,平均24.1年发生一次。

(二)魏晋南北朝时期河南疫灾特征

1. 年际分布特征(如表3-15)

表3-15　魏晋南北朝时期河南疫灾数据年际分布统计表

时段	曹魏	西晋	十六国	北魏	齐周	合计
年号	黄初元年至咸熙元年	泰始元年至建兴四年	建武元年至太元十年	登国元年至武定七年	天保元年至大定元年	
起止	220—264	265—316	317—385	386—549	550—580	220—580
年长	45	52	69	164	31	361
次数	6	4	0	4	1	15
比重	40%	27%	0	27%	6%	100%
频度	1次/7.5年	1次/13年	0	1次/41年	1次/31年	1次/24.1年

由上表可知,魏晋南北朝时期,河南地区一共发生了15次疫灾,而且主要集中在曹魏时期,共发生了6次,比重为40%,在这一时期平均7.5年发生一次疫灾。西晋时期发生了4次疫灾,大概13年发生一次。北魏共164年,只发生了4次疫灾,发生频度较低。齐周时期只发生了1次疫灾。有些疫灾连续两年内都有暴发,魏明帝青龙二年(234)、青龙三年(235)便是如此。

2. 季节分布特征

魏晋南北朝时期发生在河南地区的疫灾情况如表3-16所示:

表3-16　魏晋南北朝时期河南疫灾记录年内分布统计表

季节	春季				夏季				秋季				冬季				不详
次数	4				2				1				4				4
月份	一	二	三	不详	四	五	六	不详	七	八	九	不详	十	十一	十二	不详	
次数	2	0	1	1	2	0	0	0	0	0	0	1	1	1	1	1	

按照季节来分,疫灾主要还是在冬、春季发生得较为频繁,其次是夏季,秋季较少,暴发的月份则主要集中在一月、四月。冬、春季是这个时期暴发疫灾的主要时间段。就现在来看,冬、春季是容易患病的季节,尤其春季是流行性疾病

暴发的高潮期,一方面是由于此时气候变化迅速,人本身的机体免疫系统较弱,容易受到病毒的入侵。另一方面可能与带有传染源的传染媒介的生活习性有关,有些动物在进入冬眠之后,病原体也在其体内繁殖,一到春季这些动物的活动能力增强,在与人类接触的过程中可能会将这些病原体传染给人类。①

第二节 魏晋南北朝时期河南自然灾害概况

河南地区在这个时期发生的灾害种类比较多,在统计资料的过程中,将发生在同一年同一季度、数地发生的灾害记为一次,同一年不同季度发生灾害记为不同次,所有季度不详的单独记为一次,同时也会根据灾害发生的具体情况做出更加合理的统计。

一、各类自然灾害数据的总量和比重

根据我们的统计,魏晋南北朝时期今河南省一共发生了 242 次自然灾害,其中水灾 61 次,旱灾 56 次,虫灾 18 次,雹灾 14 次,寒灾 17 次,风灾 37 次,震灾 24 次,疫灾 15 次。曹魏时期河南发生了 26 次自然灾害,其中包括水灾 6 次、旱灾 8 次、风灾 4 次、地震 2 次、疫灾 6 次。西晋时期河南共发生 83 次自然灾害,其中水灾 18 次,旱灾 10 次,虫灾 5 次,雹灾 13 次,寒灾 6 次,风灾 13 次,地震 14 次,疫灾 4 次。

通过统计发现,魏晋时期河南发生的自然灾害在时间分布上并不均衡,有些年份发生的少,有些年份一年内发生的灾害则多达 5 次,可以想象这些灾害对百姓的生命和财产都造成了严重的损失。而且魏晋两个时期灾害发生的频率也不相同,在曹魏政权统治时期河南发生的水灾、旱灾、疫灾、风灾所占比重

---

① 秦妍:《汉末三国之际瘟疫探略》,《湖北文理学院学报》2019 年第 12 期。

较大,其他灾害发生较少,灾害发生频率约为 1.7 年一次。西晋时期与曹魏时期相比,水灾、雹灾、风灾、震灾发生频率高,平均 0.6 年发生一次。

十六国时期河南共发生 6 次灾害,其中旱灾 3 次,虫灾 1 次,震灾 2 次。北魏时期河南共发生灾害 120 次,其中水灾 35 次,旱灾 35 次,虫灾 9 次,雹灾 1 次,寒灾 10 次,风灾 20 次,震灾 6 次,疫灾 4 次。齐周时期河南灾害共发生 7 次,其中水灾 2 次,虫灾 3 次,寒灾 1 次,疫灾 1 次。与魏晋时期河南地区灾害发生的特点相似,这一时期灾害的集中性强,有些年份水旱灾害同时发生,而且其中水旱灾害相比于前期发生的频率大大提高,风灾的次数也在增加。与十六国和齐周时期相比,灾害次数最多、发生频率最高的是北魏时期,在长达 164 年的时间里,平均 1.4 年发生一次自然灾害。

二、自然灾害数据的时段分布特征

魏晋南北朝时期河南发生的自然灾害情况如表 3-17 所示。

表 3-17 魏晋南北朝时期河南灾害数据年际分布统计表

时段	曹魏	西晋	十六国	北魏	齐周	合计
年号	黄初元年至咸熙元年	泰始元年至建兴四年	建武元年至太元十年	登国元年至武定七年	天保元年至大定元年	
起止	220—264	265—316	317—385	386—549	550—580	220—580
年长	45	52	69	164	31	361
次数	26	83	6	120	7	242
比重	11%	34%	2%	50%	3%	100%
频度	1 次/1.7 年	1 次/0.6 年	1 次/11.5 年	1 次/1.4 年	1 次/4.4 年	1 次/1.5 年

由上表可知,就灾害发生次数来说,北魏时期最高,其次是西晋时期,曹魏 45 年发生了 26 次灾害,最后是十六国时期和齐周时期。就此看来,北魏和西晋时期的人们受到灾害的侵扰尤甚。就频度来说,最高的是西晋时期,平均 0.6 年就会发生一次灾害;其次是北魏时期,平均 1.4 年就会发生一次灾害;曹魏时期灾害发生的频度也较高,平均 1.7 年发生一次灾害;十六国和齐周时期发生灾害频度较小。总的来说,魏晋南北朝时期灾害发生较为频繁,大概 1.5 年就

会发生一次灾害,而且灾害的发生也具有集中性。

具体来讲可以分为以下几个集中时间段:

魏文帝黄初元年(220)到魏齐王正始元年(240)是河南灾害频发的第一个时间段。这段时间内共发生自然灾害18次,其中发生水灾6次,旱灾5次,地震2次,疫灾5次,灾害发生频率约为一年一次。水灾、旱灾和疫灾是该阶段最频发的灾害。魏明帝青龙二年(234)、魏明帝景初元年(237)分别在河南发生了3次自然灾害,魏文帝黄初四年(223)发生了2次,可见灾害的集中性。

晋武帝泰始四年(268)到晋怀帝永嘉四年(310)是河南灾害频发的第二个集中阶段。该阶段发生灾害82次,平均半年时间发生一次灾害,可见灾害的集中性。在这段时间内水灾、风灾、雹灾发生频率高,其中永宁元年(301)河南地区共发生了5次灾害,太康二年(281)发生了4次灾害,晋武帝咸宁五年(279)发生了3次灾害,太康元年(280)发生了2次灾害。

北魏太武帝太延四年(438)到刘宋文帝元嘉二十四年(447)是河南灾害集中发生的第三个阶段。该阶段共发生6次自然灾害,平均1.7年发生一次灾害。这段时间内发生旱灾3次,水灾2次,风灾1次,旱灾所占比重较高。

北魏文成帝太安三年(457)到北魏孝文帝太和十二年(488)是河南灾害频发的第四个阶段。该阶段共发生36次自然灾害,其中水灾16次,旱灾9次,虫灾5次,寒灾3次,风灾1次,疫灾2次,平均不到一年发生一次灾害,灾害发生频率也很高。

北魏孝文帝太和二十年(496)到东魏孝静帝元象元年(538)是自然灾害频发的第五个阶段。该阶段共发生69次自然灾害,也是平均不到一年发生一次自然灾害。从灾种来看,这个阶段发生旱灾的频率较高,共有22次,洛阳出现大风天气的频率也较前几个阶段高,这可能与北魏迁都洛阳,强化当地灾情记录报告制度有关。

以上五个阶段是魏晋南北朝时期河南灾害集中发生的时间段,149年的时间内发生了211次自然灾害,占灾害总数的87%。其他时间段内也有连续两年或三年发生自然灾害的情况,但时间分布相对较为分散。

第三节　魏晋南北朝时期救灾机构、程序和措施

魏晋南北朝是中国历史上的分裂战乱时期,也是制度转型时期,汉代三公九卿的政治体系逐渐被三省六部制取代,这也影响到了救灾机构和救灾制度。救灾机构可分为中央机构、遣使赈灾及地方机构三种,负责官员各司其职。救灾程序主要分为灾害的申报以及救灾,灾害治理方面具体可分为一般灾害防治和特种灾害防治,一般灾害防治包括救灾物资的节约筹集、储存、调运流通、发放及赋役债务减免和灾民的护理安置,特种灾害防治主要针对水旱防治、虫灾防治及疫灾防治。除这些具体的防治灾害的举措外,魏晋南北朝受到天人观念的影响,遇到大灾大难时还会采取修政和祭祀的方式来禳灾。

一、救灾机构

(一)中央机构

魏晋南北朝时期,尚书、中书、门下、集书四省已经成为国家政治制度的核心机构。一般而言,中书省草拟诏书,门下、集书二省审议,尚书省负责执行。这些机关分工合作,又相互制约。尚书省源于东汉时期的尚书台,是救灾的中央行政决策机构,分曹治事,机构庞大。原来的九卿逐渐成为受尚书各部门指挥的事务机关。

尚书省长官是尚书令、尚书仆射,以左右丞辅之,其下分六曹尚书,每尚书又领若干曹郎。"魏世有吏部、左民、客曹、五兵、度支五曹尚书。晋初有吏部、三公、客曹、驾部、屯田、度支六曹尚书。武帝咸宁二年,省驾部尚书,四年又置。太康中,有吏部、殿中、五兵、田曹、度支、左民六尚书。""魏世有殿中、吏部、驾部、金部、虞曹、比部、南主客、祠部、度支、库部、农部、水部、仪曹、三公、仓部、民曹、二千石、中兵、外兵、别兵、都兵、考功、定科,凡二十三郎。青龙二年有军事,

尚书令陈矫奏置都官、骑兵二曹郎，合为二十五曹。晋西朝则直事、殿中、祠部、仪曹、吏部、三公、比部、金部、仓部、度支、都官、二千石、左民、右民、虞曹、屯田、起部、水部、左主客、右主客、驾部、车部、库部、左中兵、右中兵、左外兵、右外兵、别兵、都兵、骑兵、左士、右士、北主客、南主客为三十四曹郎；后又置运曹，凡三十五曹。"[1]东晋南北朝虽然尚书、曹郎名称、数量有些变化，但总体格局不变。尚书省可以通过下达政令的方式统筹安排下属部门进行救灾。史书中，我们经常可见尚书省参与救灾的记载。刘宋时，沈昙庆为尚书右丞，"时岁有水旱，昙庆议立常平仓以救民急"[2]。北魏宣武帝即位之初，连年灾荒。他在景明二年（501）诏书中要求："诸州刺史，不亲民事，缓于督察，郡县稽逋，旬月之间，才一览决。淹狱久讼，动延时序，百姓怨嗟，方成困弊。尚书可明条制，申下四方，令日亲庶事，严勒守宰，不得因循，宽怠亏政。"景明四年（503），由于天旱，他又说："今不雨十旬，意者其有冤狱乎？尚书鞫京师见囚，务尽听察之理。"延昌元年（512），他在诏书中又说："去岁水灾，今春炎旱。百姓饥馁，救命靡寄，虽经蚕月，不能养绩。今秋输将及，郡县期于责办，尚书可严勒诸州，量民资产，明加检校，以救艰弊。"从上述记载可知，尚书省是中央救灾的核心机关，不仅负责救灾问题的商讨，直接参与减灾救灾，还要根据皇帝的指示，制定明确的救灾办法，督促地方州郡县贯彻执行。古人有天人感应观念，认为旱灾是冤狱刑滥所致。凡遇旱灾，除祈雨外，还要求尚书加快审理刑狱，避免冤滥。

魏晋南北朝时期，中央与救灾直接相关的机构有尚书省的仓部曹、水部曹及原来的都水使者、大司农。

1. 仓部曹

根据《通典》的记载，三国魏时便设立仓部，北魏时期的太仓尚书的职能与仓部尚书并无不同。《晋书·职官志》中也记载，至曹魏时已经有仓部曹，两晋时期也在尚书下设仓部曹。后周在地官下设司仓下大夫。仓部的主要职责是"掌仓廪之事"[3]。仓部管理仓廪之事，救济灾民所用的粮食谷物的管理当与仓部有关。

---

[1] 〔梁〕沈约：《宋书》卷39《百官志》，中华书局，1974年，第1235、1236页。
[2] 〔梁〕沈约：《宋书》卷54《沈昙庆传》，中华书局，1974年，第1539页。
[3] 〔唐〕杜佑：《通典》卷23《职官五》，中华书局，1988年，第638页。

2. 水部曹

曹魏时在尚书设立了水部曹,两晋时继续设置,北魏、北齐也设有水部曹,属都官尚书,主要掌管舟船津梁之事。后周设有司水大夫,与水部曹的职能相当。掌管内容包括舟船、关津、桥梁等事,事关救灾物资的运输方面的事务当与其有关。

3. 都水使者

都水使者是汉水衡之职也。汉又有都水长丞,主陂池灌溉,保守河渠,属太常。东汉省都水,置河堤谒者,魏因之。及武帝省水衡,置都水使者一人,以河堤谒者为都水官属。及东晋,省河堤谒者,置谒者六人。① 南朝宋继续设立都水使者,梁天监七年(508),改都水使者为大舟卿,主舟航河堤。陈朝继承了梁朝的制度。北魏初年即设立水衡都尉及河堤谒者、都水使者官,至天监八年(509),北魏永平二年(509),都水台依旧置二使。北齐也设置二使者。② 都水使者掌管下的河堤谒者管理与水利有关的事务,这些都与防灾救灾相关。

4. 大司农

汉代大司农是中央主管农业和财政的部门。魏晋南北朝时期,大司农管理权限逐渐缩小。据《晋书·职官志》记载,大司农统太仓、籍田、导官三令,襄国都水长,东西南北部护漕掾。大司农统领太仓,遇到大的灾荒,常按皇帝旨意开仓救济灾民。

(二)遣使救灾

遇到灾祸,除地方行政长官肩负救灾赈恤的责任外,朝廷也会派遣官员抚慰救灾。曹魏时期设立散骑省,并散骑和中常侍为散骑常侍,后演变为集书省,是四省制度的重要组成部分。集书省官员也可以"平尚书奏事",参与灾害的讨论,还时常被皇帝派往地方巡行救灾。北魏孝明帝熙平二年(517),"冬十月庚寅,以幽、冀、沧、瀛四州大饥,遣尚书长孙稚,兼尚书邓羡、元纂等巡抚百姓,开仓赈恤"。"戊戌,以光州饥弊,遣使赈恤。"③在邓羡本人传记中称,明帝时,"羡

---

① 〔唐〕房玄龄:《晋书》卷24《职官志》,中华书局,1974年,第739页。
② 〔唐〕杜佑:《通典》卷27《职官九》,中华书局,1988年,第770页。
③ 〔北齐〕魏收:《魏书》卷9《肃宗纪》,中华书局,1974年,第226页。

仍黄门,加平南将军","时幽、瀛、沧、冀大水,频经寇难,民饥。诏(邓)羡兼尚书、假散骑常侍,持节诣州,随方赈恤,多有所济"。① 可见,邓羡本官是门下省的黄门侍郎,加平南将军。遇到灾祸,他以代理散骑常侍、尚书的身份巡视地方,对灾区人民进行赈恤。"兼""假"都是临时代理之义。在魏晋南北朝时期,除地方行政机构外,朝廷遣使也是救灾的一个重要部分。

(三)地方机构

魏晋南北朝时期的地方救灾机构主要是州、郡、县三级政府,地方政府负责灾情的申报、灾民的救济、灾前防御等。

1. 刺史

汉武帝元封五年(前106)始置刺史。东汉末年,刺史由监察官变为地方军事行政长官,承担禳灾、救灾职责。北魏孝明帝时,奚康生出为抚军将军、相州刺史,"在州,以天旱令人鞭石虎画像;复就西门豹祠祈雨,不获,令吏取豹舌。未几,二儿暴丧,身亦遇疾。巫以为虎、豹之祟"②。奚康生一介武夫,祈雨方式野蛮粗暴,但多少反映了他的职责。朝廷也可直接指挥刺史救灾。明帝神龟元年(518),"幽州大饥,民死者三千七百九十九人,诏刺史赵邕开仓赈恤"③。

2. 太守、内史

汉初,王国分官置职,略同京师:置太傅,掌辅导;内史主治民;丞相统众官;中尉掌武职。至景帝惩七国之乱,更制诸王不得治国,汉为置吏,改丞相曰相,成帝更令相治民如郡太守,省内史。西晋太康十年(289)十一月,将王国的相改为内史,其他封国的行政长官依然称相。太守、内史是刺史之下的行政长官,守统郡,内史统诸侯国,他们负责郡国的救灾救治。夏侯惇领陈留太守、济阴太守,"时大旱,蝗虫起,惇乃断太寿水作陂"④。东晋时,桓玄辅政,以王镇之为大将军录事参军。"时三吴饥荒,遣镇之衔命赈恤,而会稽内史王愉不奉符旨,镇之依事纠奏。"⑤

----

① 〔北齐〕魏收:《魏书》卷24《邓羡传》,中华书局,1974年,第637页。
② 〔北齐〕魏收:《魏书》卷73《奚康生传》,中华书局,1974年,第1631~1632页。
③ 〔北齐〕魏收:《魏书》卷9《肃宗纪》,中华书局,1974年,第227页。
④ 〔晋〕陈寿:《三国志》卷9《魏书·夏侯惇传》,中华书局,1959年,第268页。
⑤ 〔梁〕沈约:《宋书》卷92《王镇之传》,中华书局,1974年,第2262页。

二、救灾程序

（一）灾害申报

灾害申报是救灾的必备程序，这一救灾程序也有相应的律令规定。西晋《擅兴令》中便规定"州郡岁饥，不待报而擅发仓者，有罚"①。在发生饥荒时，官员私自开仓赈济会受到相应的处罚。南北朝的统治者应该也是继承了西晋的法令。有学者研究认为，魏晋南北朝时期出现了民户诉灾及遣使巡视灾荒的记录，应当是诉灾检灾制度正式形成的证据。② 这个时期可能已经存在民众诉灾的制度。《宋书》卷5《文帝纪》载，宋文帝元嘉二十年（443），"诸州郡水旱伤稼，民大饥。遣使开仓赈恤，给赐粮种"。第二年，又令"去岁失收者，畴量申减"。这个地方的"去岁失收者"就是指受灾民户，"畴量申减"则是指民户自行申请减少租赋，这可以看作是民户诉灾的一次记录。这个时期的灾情申报程序当与两汉时期的灾情申报相同，存在着地方官向中央申报的程序，但在检灾的量化方面可能与两汉相比有所退步。

（二）救灾

魏晋南北朝时期的救灾赈济应该是"先表后给"，也就是说，由地方官将灾情上报到中央，中央通过商议制定出救灾策略，经由地方官执行，地方官并没有直接开仓赈济灾民的权力。北魏末期，杨逸担任光州刺史时，"时灾俭连岁，人多饿死，逸欲出仓粟赈给，而所司惧罪不敢。逸曰：'国以人为本，人以食为命，百姓不足，君孰与足？假令以此获戾，吾所甘心。'遂出粟，然后申表"③。杨逸在还未向中央奏报灾情的情况下私自开仓，这不符合当时正常的救灾程序，正是因为与正常的程序不符才导致有司担心获罪而不敢开仓。东魏天平四年（537），李元忠任光州刺史，"时州境灾俭，人皆菜色，元忠表求赈贷，俟秋征收。

---

① 张鹏一著，徐清廉校补：《晋令辑存·擅兴令》，三秦出版社，1989年，第203页。
② 张文：《中国古代报灾检灾制度述论》，《中国经济史研究》2004年第1期。
③ 〔北齐〕魏收：《魏书》卷58《杨播传》，中华书局，1974年，第1300~1301页。

被报,听用万石。元忠以为万石给人,计一家不过升斗而已,徒有虚名,不救其弊,遂出十五万石以赈之。事讫表陈,朝廷嘉而不责"①。

三、一般灾害防治

(一)救灾物资节约筹集

灾害发生,百姓饥馑,朝廷往往例行节俭,皇帝减少御膳、御服、宴乐用度,精简宫廷机构,减少开支。同时,精简官府机构,减少官员数量及俸禄开支。例如,东晋孝武帝太元四年(379)三月诏曰:"年谷不登,百姓多匮。其诏御所供,事从俭约,九亲供给,众官廪俸,权可减半。凡诸役费,自非军国事要,皆宜停省,以周时务。"太和六年(381)因"扬、荆、江三州大水","改制度,减烦费,损吏士员七百人"②。除此之外,国家还常在灾年禁止酿酒,也是为了节约粮食。西魏、北周还根据农业收成好坏,确定官员俸禄数量。"凡颁禄,视年之上下。亩至四釜为上年,上年颁其正。三釜为中年,中年颁其半。二釜为下年,下年颁其一。无年为凶荒,不颁禄。"③以上措施,不仅节约了大量物资,也体现了君主、官员与百姓同甘共苦的精神,对救灾起到了物质保障和精神安抚的双重作用。

北魏时期,还有统治者强制有余粮的较为富裕的阶层向饥民贷借粮食,鼓励民间借贷。宣武帝延昌元年(512)五月,"丙午,诏天下有粟之家,供年之外,悉贷饥民"④。北魏末,樊子鹄为殷州刺史,"属岁旱俭,子鹄恐民流亡,乃勒有粟之家分贷贫者"⑤,亦属于这样的例子。当灾害非常严重时,政府力量不足以应对,统治者鼓励和强制有多余粮食的百姓将粮食贷给灾民,这些在应对灾害时都会起到很重要的作用。

(二)救灾物资储存

利用仓储防灾是这个时期重要的防灾方式。西晋武帝试图建立常平仓,在

---

① 〔唐〕李百药:《北齐书》卷22《李元忠传》,中华书局,1972年,第314页。
② 〔唐〕房玄龄:《晋书》卷9《孝武帝纪》,中华书局,1974年,第229~231页。
③ 〔唐〕魏徵:《隋书》卷27《百官志中》,中华书局,1973年,第771页。
④ 〔北齐〕魏收:《魏书》卷8《世宗纪》,中华书局,1974年,第212页。
⑤ 〔北齐〕魏收:《魏书》卷80《樊子鹄传》,中华书局,1974年,第1778页。

泰始二年(266)下诏:"夫百姓年丰则用奢,凶荒则穷匮,是相报之理也。故古人权量国用,取赢散滞,有轻重平籴之法。理财钧施,惠而不费,政之善者也。然此事废久,天下希习其宜。加以官蓄未广,言者异同,财货未能达通其制。更令国宝散于穰岁而上不收,贫弱困于荒年而国无备。豪人富商,挟轻资,蕴重积,以管其利。故农夫苦其业,而末作不可禁也。今者省徭务本,并力垦殖,欲令农功益登,耕者益劝,而犹或腾踊,至于农人并伤。今宜通籴,以充俭乏。主者平议,具为条制。"①

在第二年常平仓就被建起来了。从晋武帝的叙述中,我们确实也可以看出常平仓在荒年救济贫弱的作用。

北魏也建有常平仓,并组织民户屯田,救济灾荒。《魏书》记载:"(北魏孝文帝太和)十二年(488),诏群臣求安民之术。有司上言:'请析州郡常调九分之二,京都度支岁用之余,各立官司,丰年籴贮于仓,时俭则加私之一,粜之于民。如此,民必力田以买绢,积财以取粟。官,年登则常积,岁凶则直给。又别立农官,取州郡户十分之一,以为屯民。相水陆之宜,断顷亩之数,以赃赎杂物市牛科给,令其肆力。一夫之田,岁责六十斛,甄其正课并征戍杂役。行此二事,数年之中则谷积而民足矣。'帝览而善之,寻施行焉。自此公私丰赡,虽时有水旱,不为灾也。"②

北魏文成帝(452—465 年在位)时,开始征收"僧祇粟"救济灾民,"平齐户及诸民,有能岁输谷六十斛入僧曹者,即为僧祇户,粟为僧祇粟,至于俭岁,赈给饥民"③。

北齐已经制度化的富人仓也是为了应对灾害。"诸州郡皆别置富人仓。初立之日,准所领中下户口数,得支一年之粮,逐当州谷价贱时,斟量割当年义租充入。谷贵,下价粜之;贱则还用所粜之物,依价籴贮。"④这些都是救灾史上的重要进步,被后世继承。

---

① 〔唐〕房玄龄:《晋书》卷26《食货志》,中华书局,1974 年,第786 页。
② 〔北齐〕魏收:《魏书》卷110《食货志》,中华书局,1974 年,第2856~2857 页。
③ 〔宋〕司马光:《资治通鉴》卷132《宋纪十四》,中华书局,1956 年,第4219 页。
④ 〔唐〕魏徵:《隋书》卷24《食货志》,中华书局,1973 年,第678 页。

(三)救灾物资调运流通

魏晋时期有两次有关移粟就民的记载。魏明帝青龙三年(235),"关东饥,帝运长安粟五百万斛输于京师"①。东晋哀帝隆和元年(362),"八月,西中郎将袁真进次汝南,运米五万斛以馈洛阳。冬十月,赐贫乏者米,人五斛"②。这两次移粟就民都是运送其他地方的粮食到京师洛阳,以解洛阳人民之饥。

北朝有关移粟就民的记载共有9次,其中北魏8次,东魏1次。有关河南地区的移粟救民记载是在北魏世宗景明元年(500),豫州大饥,"真度表曰:'去岁不收,饥谨十五,今又灾雪三尺,民人萎馁,无以济之。臣辄日别出州仓米五十斛为粥,救其甚者。'诏曰:'真度所表,甚有忧济百姓之意,宜在拯恤。陈郡储粟虽复不多,亦可分赡。尚书量赈以闻。'"③为了解决豫州的饥荒,宣武帝不仅没有处罚薛真度擅自开仓的罪行,还允许将陈郡的粮食分给豫州以救灾。北魏世宗延昌元年(512),北魏京师及各地先后发生严重水旱灾害,宣武帝下诏:"出太仓粟五十万石,以赈京师及州郡饥民。"④这次是开放太仓,赈济京师洛阳及周边受灾地区,显然运送太仓的粮食到周边地区也是移粟就民的一种方式。

(四)救灾物资发放

1. 施粥

施粥的行为是无偿的,灾民不需要付出什么代价,与借贷行为不同。施粥主体包括政府、乡绅,但适用的范围较小。在魏晋时期,此种赈济的做法比较少。

北朝施粥的行为最早见于孝文帝时期,共有3次,其中一次是私人的行为,另外两次是官方组织的赈济行为。在宣武帝与孝明帝时期也有过施粥行为,共有4次,其中有一例是关于河南地区的记载。景明初,豫州大饥,"真度表曰:'去岁不收,饥馑十五,今又灾雪三尺,民人萎馁,无以济之。臣辄日别出州仓米

---

① 〔唐〕房玄龄:《晋书》卷1《高祖宣帝纪》,中华书局,1974年,第9页。
② 〔唐〕房玄龄:《晋书》卷8《哀帝纪》,中华书局,1974年,第207页。
③ 〔北齐〕魏收:《魏书》卷61《薛安都传附从祖弟真度传》,中华书局,1974年,第1356页。
④ 〔北齐〕魏收:《魏书》卷8《世宗纪》,中华书局,1974年,第212页。

五十斛为粥,救其甚者。'"豫州刺史薛真度针对去年歉收,豫州民在第二年又遭到了雪灾、出现饥荒的现象,每日为这些饥民出州仓五十斛的粮食做粥以赈济。剩下的3次也是私人行为,孝庄帝时期有一次官方施粥的记载。总的来说,北朝的施粥行为还是较多的。

2. 赐谷物

在发生严重的灾害时,统治者派遣使者到地方询问灾情,并且开仓赈粟以救济灾民。魏明帝景初元年(237)九月,"冀、兖、徐、豫四州民遇水,遣侍御史循行没溺死亡及失财产者,在所开仓振救之"①。晋武帝泰始四年(268)九月,"青、徐、兖、豫四州大水,伊、洛溢,合于河,开仓以振之"②,晋始五年(269)二月,"青、徐、兖三州水,遣使振恤之"③。北魏文成帝太安三年(457),"十有二月,以州镇五蝗,民饥,使使者开仓以赈之"④。

3. 假贷

假贷是与无偿赈济不同的另一种形式的救济方式,是一种有偿给予。假贷是政府有条件地借贷给灾民粮种、食物、工具等,灾民利用这些工具与粮种可以恢复生产。晋武帝咸宁元年(275),原来的陂堨被水灾破坏之后,杜预主张为那些曾经以水田为业的农民廪贷耕牛,在获得收成之后,按照牛头数收取粮食,以作为利息。"东南以水田为业,人无牛犊。……可分种牛三万五千头,以付二州将吏士庶,使及春耕。谷登之后,头责三百斛。"⑤这是向灾民借贷耕牛的记载。北魏孝静帝天平四年(536),李元忠除使持节、光州刺史,"时州境灾俭,人皆菜色,元忠表求赈贷,俟秋征收。被报,听用万石。元忠以为万石给人,计一家不过升斗而已,徒有虚名,不救其弊,遂出十五万石以赈之。事讫表陈,朝廷嘉而不责"⑥。也是通过向灾民借贷粮种以帮助灾民度过青黄不接的时期,秋收之后再向其征收廪贷的粮食。在北魏孝文帝之前,政府向灾民廪贷的记载较少,之后逐渐增多。

---

① 〔晋〕陈寿:《三国志》卷3《魏书·明帝纪》,中华书局,1959年,第109页。
② 〔唐〕房玄龄:《晋书》卷3《武帝纪》,中华书局,1974年,第57页。
③ 〔唐〕房玄龄:《晋书》卷3《武帝纪》,中华书局,1974年,第58页。
④ 〔北齐〕魏收:《魏书》卷5《高宗纪》,中华书局,1974年,第116页。
⑤ 〔唐〕房玄龄:《晋书》卷26《食货志》,中华书局,1974年,第788页。
⑥ 〔唐〕李百药:《北齐书》卷22《李元忠传》,中华书局,1972年,第314页。

4. 工赈

西晋时,刘颂为淮南相。"旧修芍陂,年用数万人,豪强兼并,孤贫失业,颂使大小勠力,计功受分,百姓歌其平惠。"[1]刘颂发动贫民修建水利工程,计功给酬,也带有工赈性质。

(五)赋役债务减免

减免的内容包括减免租调、徭役、债务等。晋武帝太康五年(284),"七月……任城、梁国、中山雨雹,伤秋稼。减天下户课三分之一"[2]。东晋孝武帝太元五年(380),"夏四月,大旱","五月,大水","六月甲寅,震含章殿四柱,并杀内侍二人"。孝武帝"以比岁荒俭,大赦,自太元三年以前逋租宿债皆蠲除之"[3]。魏晋时期全国性和地方性的蠲免行动多达20次,[4]对减轻灾民负担、恢复生产方面起到了很大的作用。北魏时期,蠲免赋役的情况也是很常见的,有时会依据贫富差距来定减免赋税的内容,减免方式比较合理,减免力度也很大。北魏世宗延昌二年(513),"冬十月,诏以恒、肆地震,民多死伤,蠲两河一年租赋。十有二月丙戌,丐洛阳、河阴二县租赋"[5]。北齐武成帝河清三年(564),"闰(九)月乙未,诏遣十二使巡行水潦州,免其租调"[6]。这也说明在灾后施行过租调同减。北魏肃宗时,辛穆担任汝阳太守,"值水涝民饥,上表请轻租赋。帝从之,遂敕汝阳一郡,听以小绢为调"[7]。北朝统治者有时也会单独为灾民免田租、减免调,使百姓可以安心地从事农耕,这有利于生产力的恢复。

北周统治时期,在凶年减租已经成为一种制度。《隋书·食货志》记载:"后周太祖作相,创制六官……其赋之法,有室者,岁不过绢一匹,绵八两,粟五斛;丁者半之。其非桑土,有室者,布一匹,麻十斤;丁者又半之。丰年则全赋,中年半之,下年一之,皆以时征焉。若艰凶札,则不征其赋。司役掌力役之政令。凡

---

[1] [唐]房玄龄:《晋书》卷46《刘颂传》,中华书局,1974年,第1294页。
[2] [唐]房玄龄:《晋书》卷3《武帝纪》,中华书局,1974年,第75页。
[3] [唐]房玄龄:《晋书》卷9《孝武帝纪》,中华书局,1974年,第230页。
[4] 袁祖亮主编,张美莉、刘继宪、焦培民著:《中国灾害通史·魏晋南北朝卷》,郑州大学出版社,2009年,第110页。
[5] [北齐]魏收:《魏书》卷8《世宗纪》,中华书局,1974年,第214页。
[6] [唐]李百药:《北齐书》卷7《武成帝纪》,中华书局,1972年,第93页。
[7] [北齐]魏收:《魏书》卷45《辛绍先传附辛穆传》,中华书局,1974年,第1028页。

人自十八以至五十有九,皆任于役。丰年不过三旬,中年则二旬,下年则一旬。凡起徒役,无过家一人。其人有年八十者,一子不从役,百年者,家不从役。废疾非人不养者,一人不从役。若凶札,又无力征。"①北周太祖时就规定了赋的征收有丰年、歉年和凶年之区别,若是碰到凶年则不征收其赋,将因灾减免赋税从制度上做了规定,这可以看作是当时救灾的一大进步。

总之,在魏晋南北朝时期,统治者在灾后施行了减免赋税、徭役等救灾方式,有利于农业在灾后的恢复和发展。

(六)灾民护理安置

1. 移民就粟

魏晋时期采取移民就粟的方式应对灾害。惠帝元康年间,"频岁大饥,(雒阳、天水郡)百姓乃流移就谷,相与入汉川者数万家。……初,流人既至汉中,上书求寄食巴蜀,朝议不许,遣侍御史李苾持节慰劳,且监察之,不令入剑阁。苾至汉中,受流人货赂,反为表曰:'流人十万余口,非汉中一郡所能振赡,东下荆州,水湍迅险,又无舟船。蜀有仓储,人复丰稔,宜令就食。'朝廷从之"。在李苾再次上报之后寄食巴蜀才得以通过。北朝一共发生了7次移民就粟,其中北魏6次,北周1次。在北魏后期发生灾荒时,统治者也会通过移民就粟的方式救济灾民。

2. 招徕流民

魏晋南北朝统治者还要求地方官员招徕流民,以增加劳动人口从事农业,以此来恢复灾前的生产秩序。曹魏时期提供了一些优惠政策,地方官也大力招徕,确实有很大部分的流民返回桑梓。北朝统治者也重视对流民的招徕。延兴二年(472),有11个州镇发生了水旱之灾,孝文帝则下令,"又诏流迸之民,皆令还本,违者配徙边镇"②。有些统治者为了招徕流民,组织生产,还会为百姓借贷粮食、耕牛,这些优惠措施都有助于吸引流民从事农业生产,恢复正常的生产生活秩序,从而降低继发灾害的发生。

---

① 〔唐〕魏徵:《隋书》卷24《食货志》,中华书局,1973年,第679页。
② 〔北齐〕魏收:《魏书》卷7上《高祖纪上》,中华书局,1974年,第137页。

四、特种灾害防治

(一)水旱防治

1. 兴修水利

曹魏时期,中原地区的灌溉系统已经初具规模,灌溉事业已较普遍,西到关、陕,北至幽、冀,都有引河水灌溉的农业,从洛阳到淮南的灌溉系统尤其具有规模。农业受水利之益,灌溉数量也大大增加,但限于当时管水利的都水使者及其他农官对水利设施防旱防洪的认识不够,只注重灌溉系统的防旱与灌溉功能,而忽略了其在河水汛期泄洪的能力。

曹魏时期,在各地修造陂堨。建安七年(202),治睢阳渠。夏侯惇领陈留太守、济阴太守,"时大旱,蝗虫起,惇乃断太寿水作陂"[①]。魏文帝时,贾逵为豫州刺史,"外修军旅,内治民事,遏鄢、汝,造新陂,又断山溜长溪水,造小弋阳陂,又通运渠二百余里,所谓贾侯渠者也"[②]。在河南北部造沁水石门,"若天赐旱,增堰进水,若天霖雨,陂泽充溢,则闭以断水"[③]。今河南周口睢阳一带,"修广淮阳、百尺二渠,上引河流,下通淮、颍",又"大治诸陂于颍南、颍北,穿渠三百余里,灌田二万顷"[④]。这是在曹魏时期所修建及修缮的水利系统,应该说对于防御灾害是非常有利的,尤其是应对旱灾。

两晋时期,水利设施也有所发展,西晋泰始十年(274),"光禄勋夏侯和上修新渠、富寿、游陂三渠,凡溉田千五百顷"[⑤]。在河南、湖北交界处,杜预"又修邵信臣遗迹,激用滍淯诸水以浸原田万余顷"[⑥]。晋怀帝永嘉初年,李矩为汝阴太守,曾经与汝南太守袁孚率众修缮洛阳千金堨,以利运漕。两晋时期,地方官员注意到一些陂堨反而容易导致洪灾,因此,对一些陂堨有拆除的现象。杜预曾

---

① 〔晋〕陈寿:《三国志》卷9《魏书·夏侯惇传》,中华书局,1959年,第268页。
② 〔晋〕陈寿:《三国志》卷15《魏书·贾逵传》,中华书局,1959年,第482页。
③ 王仲荦:《魏晋南北朝史》引《水经注·沁水》,上海人民出版社,1979年,第128页。
④ 〔清〕赵一清:《三国志补注》卷28《魏志列传第二十八》,清广雅书局丛书本。
⑤ 〔唐〕房玄龄:《晋书》卷26《食货志》,中华书局,1974年,第787页。
⑥ 〔唐〕房玄龄:《晋书》卷34《杜预传》,中华书局,1974年,第1031页。杜预曾

为此建议"今既坏陂,可分种牛三万五千头,以付二州将吏士庶,使及春耕。谷登之后,头责三百斛……得运水次成谷七百万斛"①,之后朝廷也采纳了杜预的建议。

魏晋时期,水利设施的不断完善对耕地面积的扩大和灌溉起到了很大的作用,也增加了粮食收成。"公私丰赡,虽时有水旱,不为灾也"②,增强了百姓及统治者应对灾害的能力。

2.改进农业技术

魏晋南北朝时期的人们也继承了汉代杂种五谷应对灾害的经验。东魏著名农学家贾思勰的《齐民要术》是我国现存的一部最为完整的农学著作,里面记载了很多可以用来抗旱防灾的作物。其中说道:"芋可以救饥馑,度凶年。"③《齐民要术》还记载了种榆的方法,认为榆对于抗灾防灾有着重要的作用:"斫后复生,不劳更种,所谓一劳永逸。能种一顷,岁收千匹。"④与谷田相比,榆不需要耗费太多的人力,也不必担心会遇到水、旱、风、虫灾,而且获得的收益还很大,若遇到灾年百姓可以以榆为食。枣也是当时可以用来充饥的食物,耐旱性强,并且易于储存。在民间的救灾食物体系中,枣有着非凡的意义。《齐民要术》有载:"其阜劳之地,不任耕稼者,历落种枣则任矣。枣性燥故也。"⑤

魏晋南北朝时期统治阶层还通过改良种植技术,提高作物单位面积产量,增强作物抵御灾害的能力,从而增加粮食产量。魏晋继承了汉代以来的区种法与代田法的抗旱耕作方法。西晋时,"……是岁少雨,(艾)又为区种之法,手执耒耜,率先将士,所统万数"⑥。这里肯定了邓艾与将士共同以区种之法进行种植的做法,说明在西晋时期还是推行区种法。前秦苻坚"以境内旱,课百姓区种"⑦,说明区种法确实可以起到抵御灾害的作用。现今种植作物也会参考这两种做法,可谓影响深远。

魏晋南北朝时期,在农耕技术及防治病虫害、霜冻等方面有了发展。魏晋

---

① 〔唐〕房玄龄:《晋书》卷26《食货志》,中华书局,1974年,第788页。
② 〔北齐〕魏收:《魏书》卷110《食货志》,中华书局,1974年,第2857页。
③ 〔北魏〕贾思勰:《齐民要术》卷2《种芋第十六》,四部丛刊景明抄本。
④ 〔北魏〕贾思勰:《齐民要术》卷5《种榆白杨第四十》,四部丛刊景明抄本。
⑤ 〔北魏〕贾思勰:《齐民要术》卷4《种枣第三十三》,四部丛刊景明抄本。
⑥ 〔唐〕房玄龄:《晋书》卷48《邓艾传》,中华书局,1974年,第1337页。
⑦ 〔唐〕房玄龄:《晋书》卷113《苻坚载记》,中华书局,1974年,第2895页。

时还进一步发展垄作法、墒种法、耩种法等,都能够保持土壤水分,从而达到抗旱保墒的目的。北方已出现了重要的耙田工具"铁齿镂榛",形成了一套完整的耕、耙、耱的生产工具,耕后耙地,耙后耱地,进一步提高了抗旱保墒的效果。总之,这个时期内生产工具和技术都有所进步,为农业增产、提高抗灾能力提供了保障。

(二)虫灾防治

在预防虫灾方面,魏晋南北朝时期,存在通过改变农业生产结构治理蝗灾的方式,或是错过蝗灾发生的时间,或是选种蝗虫不喜爱的农作物。①《晋书·石勒载记上》中记载蝗虫"不食三豆及麻"②。那很有可能在种植过程中会种植不易遭受蝗虫侵害的农作物。

在治理蝗灾方面,魏晋南北朝时期,人力捕杀蝗虫是主要方式,组织百姓捕捉蝗虫是最主要的灭蝗措施。前秦苻坚建元十八年(382),幽州发生了严重的蝗灾,当时统治者派遣使者刘兰"发青、冀、幽、并百姓讨之"。但蝗虫经过一个冬天之后再次出现,刘兰也遭到了弹劾。③《北齐书·文宣纪》中记载天保九年(558)夏,"山东大蝗,差夫役捕而坑之"④。

(三)疫灾防治

隔离病源是常见的防止疾疫传播的方式,魏晋南北朝时期已经有这种措施。《晋书》记载:"永和末,多疾疫。旧制,朝臣家有时疾,染易三人以上者,身虽无病,百日不得入宫。"⑤这是东晋年间的记载,所提到的"旧制"有可能可以追溯到西晋。咸宁二年(276)春正月,晋武帝"以疾疫废朝",这极有可能也是与当时的隔离措施有关。

统治者在遇到严重的疫情时,也会下发诏书,对百姓表示慰问,以此稳定民

---

① 章义和:《魏晋南北朝时期蝗灾述论》,《许昌学院学报》2005 年第 1 期。
② 〔唐〕房玄龄:《晋书》卷 104《石勒载记上》,中华书局,1974 年,第 2727 页。
③ 〔唐〕房玄龄:《晋书》卷 114《苻坚载记下》,中华书局,1974 年,第 2910 页。
④ 〔唐〕李百药:《北齐书》卷 4《文宣纪》,中华书局,1972 年,第 64~65 页。
⑤ 〔唐〕房玄龄:《晋书》卷 76《王廙传附彬子彪之传》,中华书局,1974 年,第 2009 页。

心。晋武帝咸宁元年(275)发生了"大疫",仅京都洛阳就死亡数十万人。① 咸宁二年(276)春正月,晋武帝司马炎下发诏书,"每念顷遇疫气死亡,为之怆然。岂以一身之休息,亡百姓之艰邪?诸上礼者皆绝之"②。这在一定程度上表现了统治者对百姓的关心,可以增强受灾百姓应对疫情的信心。

两晋时期,地方官与世家大族也会遣送药物给灾民,但记载相对较少。北魏在疫灾防治过程中比较重视药方的推广及灾民的救治。献文帝在皇兴四年(470)下发诏书:"朕思百姓病苦,民多非命,明发不寐,疚心疾首。是以广集良医,远采名药,欲以救护兆民。可宣告天下,民有病者,所在官司遣医就家诊视,所须药物,任医量给之。"③献文帝此次下发的诏书说明当时的统治者重视疾病的诊疗,会专门派遣官员到患有疾病者家中治疗。北魏孝文帝太和年间,下令在洛阳居住,"不满六十而有废痼之疾,无大功之亲,穷困无以自疗者,皆于别坊遣医救护,给医师四人,豫请药物以疗之","集诸学士及工者百余人,在东宫撰诸药方百卷,皆行于世"。④ 永平三年(510)十月,北魏宣武帝元恪下诏:"下民之茕鳏疾苦,心常悯之,此而不恤,岂为民父母之意也。可敕太常于闲敞之处,别立一馆,使京畿内外疾病之徒,咸令居处。严敕医署,分师疗治,考其能否,而行赏罚。虽龄数有期,修短分定,然三疾不同,或赖针石,庶秦扁之言,理验今日。又经方浩博,流传处广,应病投药,卒难穷究。更令有司,集诸医工,寻篇推简,务存精要,取三十余卷,以班九服,郡县备写,布下乡邑,使知救患之术耳。"⑤北魏在都城洛阳设立医院,编撰及推广药方都有利于防治疫病。

五、修政禳灾

魏晋南北朝时期,统治阶层同样信奉天人感应学说,认为灾害的发生是上天的惩罚,"古人有言,夫灾异之生,由人而起。人无衅焉,妖不自作。故人失于

---

① 〔梁〕沈约:《宋书》卷34《五行志五》,中华书局,1974年,第1009页。
② 〔唐〕房玄龄:《晋书》卷3《武帝纪》,中华书局,1974年,第66页。
③ 〔北齐〕魏收:《魏书》卷6《显祖纪》,中华书局,1974年,第130页。
④ 〔唐〕李延寿:《北史》卷90《艺术下·李修传》,中华书局,1974年,第2968页。
⑤ 〔北齐〕魏收:《魏书》卷8《世宗纪》,中华书局,1974年,第210页。

下,则变见于上,天事恒象,百代不易"①。还将灾害的出现与当时的人事、政治相比附,也可以看作是时人灾害谴告思想的反映。晋武帝太熙元年(290)二月,发生旱灾,其原因被归结为"自太康以后,虽正人满朝,不被亲仗;而贾充、荀勖、杨骏、冯紞等,迭居要重。所以无年不旱者,欲德不用,上下皆蔽,庶位逾节之罚也"②。北魏也将灾害归因于君主本人的德行与政治的不清明。如北魏孝文帝太和元年说:"朕政治多阙,灾眚屡兴。"③北魏时期还将灾害的发生与天体的运行联系起来,并占卜吉凶。如《魏书·天象志二》载,太和十一年(487)"三月丙申,月三晕太微。庚子,月蚀氐。占曰籴贵。是年,年谷不登,听民出关就食,开仓赈恤"④。延昌元年(512)"五月己未晦,日十五分蚀九。占曰'大旱,民流千里'"⑤。因为迷信天人感应,古代也常常把祭祀上天和人事调整作为消灾的办法。北魏太武帝时,"太史屡奏天文错乱,帝亲览经占,多云改王易政,故数革官号,一欲防塞凶狡,二欲消灾应变"⑥。孝文帝太和二年(478)四月,"京师旱。甲辰,祈天灾于北苑,亲自礼焉。减膳,避正殿"⑦。孝明帝正光元年(520)发生旱灾,五月辛巳,诏曰:"朕以寡薄,运膺宝图……暗昧多阙,炎旱为灾,在予之愧,无忘寝食。今刑狱繁多,囹圄尚积,宜敷仁惠,以济斯民。八座可推鞫见囚,务申枉滥。"⑧癸未,诏曰:"禳灾招应,修政为本,民乃神主,实宜率先。刺史守令与朕共治天下,宜哀矜勿喜,视民如伤。况今炎旱历时,万姓凋弊,而不抚恤穷冤,理决庶狱。可严敕州郡,善加绥隐,务尽聪明,加之祗肃,必使事允人神,时政灵应。其赋役不便于民者,具以状闻,便当蠲罢。"⑨孝明帝把刑狱、赋税繁多作为灾害产生的重要原因,把轻刑、减税作为弭灾的重要手段,这种观念和措施具有一定的普遍性。

这一时期依然继承了前朝祭祀禳灾的做法,在遇到灾害时,采取祭祀等禳

---

① 〔北齐〕魏收:《魏书》卷35《崔浩列传》,中华书局,1974年,第811页。
② 〔梁〕沈约:《宋书》卷32《五行志二》,中华书局,1974年,第906页。
③ 〔北齐〕魏收:《魏书》卷7上《孝文帝纪》,中华书局,1974年,第144页。
④ 〔北齐〕魏收:《魏书》卷105《天象志二》,中华书局,1974年,第2364页。
⑤ 〔北齐〕魏收:《魏书》卷105《天象志一》,中华书局,1974年,第2340页。
⑥ 〔北齐〕魏收:《魏书》卷2《太祖纪》,中华书局,1974年,第37页。
⑦ 〔北齐〕魏收:《魏书》卷7《高祖纪上》,中华书局,1974年,第145页。
⑧ 〔北齐〕魏收:《魏书》卷9《肃宗纪》,中华书局,1974年,第230页。
⑨ 〔北齐〕魏收:《魏书》卷9《肃宗纪》,中华书局,1974年,第230页。

灾措施。魏明帝太和五年(231)发生了旱灾,"自去冬十月至此月(三月)(河南)不雨,辛巳,大雩"①。"雩"便是中国古代发展而来的一种专为求雨而举行的祭祀。北魏时期,"立五岳四渎庙于桑干水之阴,春秋遣有司祭,有牲及币。四渎唯以牲牢,准古望秩云。其余山川及海若诸神在州郡者,合三百二十四所,每岁十月,遣祀官诣州镇遍祀。有水旱灾厉,则牧守各随其界内祈谒,其祭皆用牲。王畿内诸山川,皆列祀次祭,若有水旱则祷之"②。当然,有时当政者也认识到一味祈祷并不一定有效果。北魏孝文帝太和十五年(491)四月,"自正月不雨,至于癸酉。有司奏祈百神。诏曰:'昔成汤遇旱,齐景逢灾,并不由祈山川而致雨,皆至诚发中,澍润千里。万方有罪,在予一人。今普天丧恃,幽显同哀,神若有灵,犹应未忍安飨,何宜四气未周,便欲祀事?唯当考躬责己,以待天谴。'"孝文帝在旱灾发生时,并没有按照官员的奏请,马上祭神祈雨,而是首先反躬自省。

---

① 〔晋〕陈寿:《三国志》卷3《魏书·明帝纪》,中华书局,1962年,第98页。
② 〔北齐〕魏收:《魏书》卷108《礼四》,中华书局,1974年,第2737页。

第四章 隋唐五代时期河南救灾

为保证各个时期的连贯性及避免在灾害统计中出现重复统计的现象,我们以隋开皇元年(581)与后周显德六年(959)作为隋唐五代时期的起止时间,共计379年的历史。

隋建立后,隋文帝鉴于之前地方州、郡、县三级机构重叠,人浮于事,于开皇三年(583)十一月,废除了诸郡,在地方形成了州、县两级制。大业三年(607),隋炀帝又改州为郡,实行郡、县两级制。炀帝时,今河南地区隶属于河南郡、荥阳郡、梁郡、颍川郡、汝南郡、淮阳郡、汝阴郡、淅阳郡、南阳郡、淮安郡、魏郡、汲郡、河内郡、弋阳郡。

唐朝建立后,又改郡为州,太守并称刺史。为方便管理,将全国分为十道:一曰关内道,二曰河南道,三曰河东道,四曰河北道,五曰山南道,六曰陇右道,七曰淮南道,八曰江南道,九曰剑南道,十曰岭南道。开元二十一年(733),分天下为十五道,每道置采访使,检察非法,如汉刺史之职。京畿采访使理京师城内,都畿理东都城内,关内以京官遥领,河南理汴州,河东理蒲州,河北理魏州,陇右理鄯州,山南东道理襄州,山南西道理梁州,剑南理益州,淮南理扬州,江南东道理苏州,江南西道理洪州,黔中理黔州,岭南理广州。[①] 唐时,今河南地区隶属于以下道、府、州:

1. 都畿道(陕州、河南府、郑州、怀州、汝州);

2. 河东道(虢州);

3. 河南道(滑州、濮州、汴州、许州、宋州、陈州、亳州、豫州);

4. 河北道(魏州、相州、卫州);

5. 山南东道(邓州、唐州);

6. 淮南道(光州、申州)。

---

① 〔后晋〕刘昫:《旧唐书》卷38《地理志》,中华书局,1975年,第1385页。

至五代时期,河南是各朝统治的中心地区。后梁时期,河南设有东都留守(治开封,领唐宣武军节度使所辖地区)、宋州宣武军节度使(治宋州,领宋州、亳州、辉州、颍州)、滑州宣义军节度使(治滑州,领滑州、郑州、濮州)、许州忠武军节度使(治许州,领许州、陈州、蔡州)、西都留守(治河南府,领河南府、汝州)、陕州镇国军节度使(治陕州,领陕州、虢州)、孟州河阳节度使(治孟州,领孟州、怀州)、邓州宣化军节度使(治邓州,领邓州、泌州、随州、复州、郢州)、魏州天雄军节度使(治魏州,领魏州、博州、澶州、卫州、相州、贝州)、安州宣威军节度使(治安州,领安州、申州)。后唐时期,设东都留守,治河南府,领河南府与汝州,将后梁所设东都留守改为汴州宣武军节度使,治开封府,领汴州、曹州。后晋时期,改后唐汴州宣武军节度使为东京留守,治开封府;滑州义成军节度使,治滑州,领滑州、濮州,后仅领滑州、卫州,原所辖的郑州直属京州;后唐时期的东都留守改为西京留守,所辖范围未有变化;改魏州天雄军节度使为兴唐府天雄军节度使,治兴唐府,领兴唐府、博州、澶州、卫州、相州、贝州等州,天福三年(938),析相州、澶州、卫州,置相州彰德军节度使,后仅领相州一州。后汉所设东京留守仅辖开封府一府,其余设置沿袭前朝。后周时,析许州忠武军节度使所领陈州,置陈州镇安军节度使,领陈州、颍州。南唐寿州清淮军节度使辖寿州、光州,其中光州包含今河南部分地区。[①]

第一节 隋唐五代时期河南各类自然灾害统计分析

一、隋唐五代时期河南水灾

(一)隋唐五代时期河南水灾数据统计

隋唐五代时期河南发生最多的灾害是水灾,比魏晋南北朝时期河南的水灾数量更多,波及范围更广,造成的损失更加严重。灾害记录如下:

---

① 周振鹤主编,李晓杰著:《中国行政区划通史》(五代十国卷),复旦大学出版社,2017年。

1. 隋文帝开皇五年(585)八月甲辰,河南诸州水,遣民部尚书邳国公苏威赈给之。(《隋书》卷1《高祖纪上》)

2. 隋文帝开皇六年(586)秋七月辛亥,河南诸州水。(《隋书》卷1《高祖纪上》)

3. 隋文帝开皇十八年(598)秋七月壬申,诏以河南八州水,免其课役。(《隋书》卷2《高祖纪下》)

4. 隋文帝仁寿二年(602)九月,河南、河北诸州大水。(《隋书》卷22《五行志上》)

5. 隋文帝仁寿三年(603)十二月,河南诸州水,遣纳言杨达赈恤之。(《隋书》卷2《高祖纪下》)

6. 隋炀帝大业三年(607)河南大水,漂没三十余郡。(《隋书》卷22《五行志上》)

7. 隋炀帝大业七年(611)秋,大水,山东、河南漂没三十余郡,民相卖为奴婢。(《隋书》卷3《炀帝纪上》)

8. 唐高祖武德元年(618),(朱)粲围南阳,会霖雨城坏,所亲劝子喊降。(《资治通鉴》卷186)

9. 唐太宗贞观四年(630)秋,许、戴、集三州水。(《新唐书》卷36《五行志三》)

10. 唐太宗贞观七年(633)八月,山东、河南州四十,大水。(《新唐书》卷36《五行志三》)

11. 唐太宗贞观八年(634)七月,山东、江淮大水。(《新唐书》卷36《五行志三》)

12. 唐太宗贞观十年(636),关东及淮海旁州二十八,大水。(《新唐书》卷36《五行志三》)

13. 唐太宗贞观十一年(637)七月癸未,黄气际天,大雨,谷水溢,入洛阳宫,深四尺,坏左掖门,毁官寺十九;洛水漂六百余家。九月丁亥,河溢,坏陕州之河北县及太原仓,毁河阳中潬。(《新唐书》卷36《五行志三》)

14. 唐太宗贞观十八年(644)秋,谷、襄、豫、荆、徐、梓、忠、绵、宋、亳十州大水。(《新唐书》卷36《五行志三》)

15. 唐太宗贞观十九年(645)秋,沁、易二州水,害稼。(《新唐书》卷36

《五行志三》)

16. 唐太宗贞观二十一年(647)八月壬戌,诏以河北大水,停封禅。(《旧唐书》卷3《太宗纪》)

17. 唐高宗永徽二年(651)秋,汴、定、濮、亳等州水。(《新唐书》卷35《五行志二》)

18. 唐高宗永徽五年(654)六月丙寅,河北诸州大水。(《旧唐书》卷4《高宗纪上》)

19. 唐高宗永徽六年(655)秋,冀、沂、密、兖、滑、汴、郑、婺等州水,害稼;洛州大水,毁天津桥。(《新唐书》卷36《五行志三》)

20. 唐高宗调露二年(永隆元年)(680)九月,河南、河北大水,溺死者甚众。(《新唐书》卷36《五行志三》)

21. 唐高宗永隆二年(681)八月,河南、河北大水,坏民居十万余家。(《新唐书》卷36《五行志三》)

22. 唐高宗永淳元年(682)五月丙午,东都连日澍雨;乙卯,洛水溢,坏天津桥及中桥,漂居民千余家。(《新唐书》卷36《五行志三》)

23. 唐高宗永淳元年(682)秋,山东大雨,水,大饥。(《新唐书》卷36《五行志三》)

24. 唐高宗永淳二年(弘道元年)(683)七月己巳,河溢,坏河阳桥。(《新唐书》卷36《五行志三》)

25. 武则天如意元年(692)四月,洛水溢,坏永昌桥,漂民居四百余家。(《新唐书》卷36《五行志三》)

26. 武则天如意元年(692)七月,洛水溢,漂民居五千余家;八月,河溢,坏河阳县。(《新唐书》卷36《五行志三》)

27. 武则天神功元年(697),是岁,河南州十九,水。(《新唐书》卷36《五行志三》)

28. 武则天圣历二年(699)七月丙辰,神都大雨,洛水坏天津桥;秋,河溢怀州,漂千余家。(《新唐书》卷36《五行志三》)

29. 武则天久视元年(700)十月,洛州水。(《新唐书》卷36《五行志三》)

30. 武则天神龙元年(705)六月,河北州十七,大水。(《新唐书》卷36

《五行志三》)

31. 唐中宗神龙元年(705)七月甲辰,洛水溢,坏民居二千余家。(《新唐书》卷36《五行志三》)

32. 唐中宗神龙二年(706)四月辛丑,洛水坏天津桥,溺死数百人。(《新唐书》卷36《五行志三》)

33. 唐玄宗开元三年(715),河南、河北水。(《新唐书》卷36《五行志三》)

34. 唐玄宗开元四年(716)七月丁酉,洛水溢,沉舟数百艘。(《新唐书》卷36《五行志三》)

35. 唐玄宗开元五年(717)六月甲申,瀍水溢,溺死者千余人;巩县大水,坏城邑,损居民数百家;河南水,害稼。(《新唐书》卷36《五行志三》)

36. 唐玄宗开元六年(718)六月甲申,瀍水暴涨,坏人庐舍,溺杀千余人。(《旧唐书》卷8《玄宗纪上》)

37. 唐玄宗开元八年(720)夏,契丹寇营州,发关中卒援之,宿渑池之阙门,营谷水上,夜半,山水暴至,万余人皆溺死。六月庚寅夜,谷、洛溢,入西上阳宫,宫人死者十七八,畿内诸县田稼庐舍荡尽,掌闲卫兵溺死千余人,京师兴道坊一夕陷为池,居民五百余家皆没不见。(《新唐书》卷36《五行志三》)

38. 唐玄宗开元八年(720),是年,邓州三鸦口大水塞谷,或见二小儿以水相沃,须臾,有蛇大十围,张口仰天,人或斫射之,俄而暴雷雨,漂溺数百家。(《新唐书》卷36《五行志三》)

39. 唐玄宗开元十年(722)五月辛酉,伊水溢,毁东都城东南隅,平地深六尺;河南许、仙、豫、陈、汝、唐、邓等州大水,害稼,漂没民居,溺死者甚众。(《新唐书》卷36《五行志三》)

40. 唐玄宗开元十二年(724)六月,豫州大水。(《新唐书》卷36《五行志三》)

41. 唐玄宗开元十四年(726)七月癸未,瀍水溢。(《新唐书》卷5《玄宗纪》)

秋,天下州五十,水,河南、河北尤甚,河及支川皆溢,怀、卫、郑、汴、濮人或巢或舟以居,死者千计。(《新唐书》卷36《五行志三》)

42. 唐玄宗开元十五年(727)七月,邓州大水,溺死数千人;八月,涧、谷溢,毁渑池县。(《新唐书》卷36《五行志三》)

43. 唐玄宗开元十八年(730)六月壬午,东都瀍水溺扬、楚等州租船,洛水坏天津、永济二桥及民居千余家。(《新唐书》卷36《五行志三》)

44. 唐玄宗开元十九年(731)秋,河南水,害稼。(《新唐书》卷36《五行志三》)

45. 唐玄宗开元二十年(732)秋,宋、滑、兖、郓等州大水。(《新唐书》卷35《五行志二》)

46. 唐玄宗开元二十二年(734)秋,关辅、河南州十余,水,害稼。(《新唐书》卷36《五行志三》)

47. 唐玄宗开元二十八年(740)十月,河南郡十三,水。(《新唐书》卷36《五行志三》)

48. 唐玄宗开元二十九年(741)七月,伊、洛及支川皆溢,害稼,毁天津桥及东西漕、上阳宫仗舍,溺死千余人。是秋,河南、河北郡二十四,水,害稼。(《新唐书》卷36《五行志三》)

49. 唐玄宗天宝四载(745)九月,河南、淮阳、睢阳、谯四郡水。(《新唐书》卷36《五行志三》)

50. 唐玄宗天宝十三载(754)九月,东都瀍、洛溢,坏十九坊。(《新唐书》卷36《五行志三》)

51. 唐肃宗广德二年(764)五月,东都大雨,洛水溢,漂二十余坊;河南诸州水。(《新唐书》卷36《五行志三》)

52. 唐代宗永泰二年(大历元年)(766)夏,洛阳大雨,水坏二十余坊及寺观廨舍。河南数十州大水。(《旧唐书》卷37《五行志》)

53. 唐代宗大历二年(767)秋,湖南及河东、河南、淮南、浙东西、福建等道州五十五水灾。(《新唐书》卷36《五行志三》)

54. 唐代宗大历十二年(777)秋,京畿及宋、亳、滑三州大雨水,害稼,河南尤甚,平地深五尺,河溢。(《新唐书》卷36《五行志三》)

55. 唐德宗贞元二年(786)夏,东都、河南、荆南、淮南江河泛溢,坏人庐舍。(《旧唐书》卷37《五行志》)

56. 唐德宗贞元三年(787)三月,东都、河南、江陵、汴、扬等州大水。

(《新唐书》卷 36《五行志三》)

57. 唐德宗贞元八年(792)秋,大雨。河南、河北、山南、江淮凡四十余州大水,漂溺死者二万余人。(《旧唐书》卷 37《五行志》)

58. 唐德宗贞元十五年(799),郑、滑大水。(《唐会要》卷 44)

59. 唐德宗贞元十八年(802)春,申、光、蔡等州大水。(《新唐书》卷 36《五行志三》)

60. 唐宪宗元和二年(807)六月,蔡州大雨,水平地深数尺。(《新唐书》卷 36《五行志三》)

61. 唐宪宗元和八年(813)五月,陈州、许州大雨,大隗山摧,水流出,溺死者千余人。(《新唐书》卷 36《五行志三》)

62. 唐宪宗元和十一年(816)六月……陈、许等州各损田万顷。(《旧唐书》卷 37《五行志》)

63. 唐宪宗元和十二年(817)秋,大雨,河南北水,害稼。(《旧唐书》卷 37《五行志》)

64. 唐宪宗元和十五年(820)八月,宋、沧、景等州大雨,自六月癸酉至于丁亥,庐舍漂没殆尽。(《新唐书》卷 35《五行志一》)

65. 唐穆宗长庆二年(822)七月,河南陈、许、蔡等州大水。(《新唐书》卷 36《五行志三》)

66. 唐穆宗长庆四年(824)秋,河南及陈、许二州水,害稼。(《新唐书》卷 36《五行志三》)

67. 唐文宗大和二年(828)夏,京畿及陈、滑二州水,害稼;河阳水,平地五尺。(《新唐书》卷 36《五行志三》)

68. 唐文宗大和三年(829)四月,宋、亳、徐等州大水,害稼。(《新唐书》卷 36《五行志三》)

69. 唐文宗大和四年(830)夏,浙西、浙东、宣歙、江西、鄜坊、山南东道、淮南、京畿、河南、江南、荆襄、鄂岳、湖南大水,皆害稼。(《新唐书》卷 36《五行志三》)

70. 唐文宗大和五年(831),是岁,淮南、浙江东西道、荆襄、鄂岳、剑南东川并水,害稼,请蠲秋租。(《旧唐书》卷 17 下《文宗纪下》)

71. 唐文宗开成三年(838)夏,河决,浸郑、滑外城;陈、许、鄜、坊、鄂、

曹、濮、襄、魏、博等州大水。(《新唐书》卷36《五行志三》)

72. 唐宣宗大中十二年(858)八月,魏、博、幽、镇、兖、郓、滑、汴、宋、舒、寿、和、润等州水,害稼。(《新唐书》卷36《五行志三》)

73. 唐懿宗咸通四年(863)闰六月,东都暴水,自龙门毁定鼎、长夏等门,漂溺居人。(《新唐书》卷36《五行志三》)

74. 唐懿宗咸通四年(863)七月,东都、许、汝、徐、泗等州大水,伤稼。(《新唐书》卷36《五行志三》)

75. 唐懿宗咸通六年(865)六月,东都大水,漂坏十二坊,溺死者甚众。(《新唐书》卷36《五行志三》)

76. 唐懿宗咸通七年(866)秋,河南大水,害稼。(《新唐书》卷36《五行志三》)

77. 唐懿宗咸通十四年(873)八月,关东、河南大水。(《新唐书》卷36《五行志三》)

78. 唐僖宗咸通十五年(乾符元年)(874),河南大水,自七月雨不止,至释服后方霁。(《旧唐书》卷19下《僖宗纪》)

79. 唐僖宗乾符三年(876),关东大水。(《新唐书》卷36《五行志三》)

80. 唐僖宗中和四年(884)五月丁卯,次尉氏,戊辰,大雨,平地水深三尺,沟河涨溢。(《旧唐书》卷19下《僖宗纪》)

81. 唐昭宗大顺二年(891)二月,属河溢,无舟楫,建坏人庐舍,为木罂数百,方获渡,人多覆溺,休其徒于司徒庙。(《旧唐书》卷20上《昭宗纪》)

82. 唐哀帝天祐三年(906),是岁,陈州大水,民饥,有物生于野,形类蒲萄,其实可食,贫民赖焉。(《旧五代史》卷59《袁象先传》)

83. 梁太祖开平二年(908)秋七月甲戌,大霖雨,陂泽泛溢,颇伤稼穑,帝幸右天武军河亭观水。(《旧五代史》卷4《梁太祖纪四》)

84. 梁太祖开平三年(909)八月甲午,以秋稼将登,霖雨特甚,命宰臣以下祷于社稷诸祠。(《旧五代史》卷4《梁太祖纪四》)

85. 梁太祖开平四年(910)五月己丑朔,以连雨不止,至壬辰,御文明殿,命宰臣分拜祠庙。(《旧五代史》卷5《梁太祖纪五》)

86. 梁太祖开平四年(910)十月,梁、宋、辉、亳水,诏令本州开仓赈贷。(《旧五代史》卷141《五行志》)

87. 唐庄宗同光二年(924)八月,汴州奏,大水损稼。宋州大水,郓、曹等州大风雨,损稼……(八月)癸巳,放朝参三日,以霖雨故也。陕州奏,河水溢岸。(《旧五代史》卷32《唐庄宗纪六》)

88. 唐庄宗同光三年(925)秋七月丁酉,以久雨,诏河南府依法祈晴。滑州上言,黄河决……丁未……洛水泛涨,坏天津桥,以舟济渡,日有覆溺者。……壬子,河阳、陕州上言,河溢岸……陕州上言,河涨二丈二尺,坏浮桥,入城门,居人有溺死者。乙卯,汴州上言,汴水泛涨,恐漂没城池,于州城东西权开壕口,引水入古河。泽潞上言,自今月一日雨,至十九日未止……许州、滑州奏,大水。(《旧五代史》卷33《唐庄宗纪六》)

89. 唐明宗长兴元年(930)五月丁亥,申州奏大水,平地深七尺。(《旧五代史》卷141《五行志》)

90. 唐明宗长兴三年(932)六月丁巳,卫州奏,河水坏堤,东北流入御河……(六月)甲子,以大雨未至,放朝参两日。洛水涨泛二丈,庐舍居民有溺死者……(《旧五代史》卷43《唐明宗纪九》)

91. 唐明宗长兴三年(932)秋七月,秦、凤、兖、宋、亳、颍、邓大水,漂邑屋,损苗稼。(《旧五代史》卷43《唐明宗纪九》)

92. 唐末帝清泰元年(934)九月,连雨害稼。(《旧五代史》卷141《五行志》)

93. 晋高祖天福四年(939)七月,西京大水,伊、洛、瀍、涧皆溢,坏天津桥。(《旧五代史》卷141《五行志》)

94. 晋高祖天福六年(941)九月,河决于滑州,一概东流。居民登丘冢,为水所隔。诏所在发舟楫以救之……兖州又奏,河水东流,阔七十里。(《旧五代史》卷141《五行志》)

95. 晋少帝天福八年(943)秋七月丁丑朔,京师雨水深三尺。(《旧五代史》卷82《晋少帝纪二》)

96. 晋少帝开运元年(944)六月,黄河、洛河泛溢堤堰,郑州原武、荥泽县界河决。(《旧五代史》卷141《五行志》)

97. 晋少帝开运元年(944),契丹伪弃远城去,伏精骑于古顿丘城,以俟晋军与恒、定之兵合而击之,邺都留守张从恩屡奏虏已遁去;大军欲进追之,会霖雨而止。(《资治通鉴》卷284)

98. 晋少帝开运三年(946)七月辛亥,宋州谷熟县河水、雨水一概东流,漂没秋稼……自夏初至是,河南、河北诸州郡饿死者数万人,群盗蜂起,剽略县镇,霖雨不止,川泽泛涨,损害秋稼;是月(八月),邺都雨水一丈,洛京、郑州、贝州大水。(《旧五代史》卷84《晋少帝纪四》)

九月,河决澶、滑、怀州。(《新五代史》卷9《晋出帝纪》)

99. 后汉高祖乾祐元年(948)四月丁亥,幸道宫、佛寺祷雨……是月,河决原武县。五月,河决滑州鱼池。(《旧五代史》卷101《汉隐帝纪上》)

100. 后汉高祖乾祐二年(949)九月……邺都、磁、相、邢、洺等州奏,霖雨害稼。西京奏,洛水溢岸。(《旧五代史》卷102《汉隐帝纪中》)

101. 后汉高祖乾祐三年(950)(五月)闰月癸巳,京师大风雨,坏营舍,吹郑门扉起,十数步而堕,拔大木数十,震死者六七人,水平地尺余,池隍皆溢。(《旧五代史》卷103《汉隐帝纪下》)

102. 后汉高祖乾祐三年(950)秋七月庚午,河阳奏,河涨三丈五尺。(《旧五代史》卷103《汉隐帝纪下》)

103. 后周太祖广顺二年(952)六月……是日大雨,城下行宫,水深数尺。(《旧五代史》卷112《周太祖纪二》)

104. 后周太祖广顺二年(952)七月,暴风雨,京师水深二尺,坏墙屋不可胜计。诸州皆奏大雨,所在河渠泛滥害稼。(《旧五代史》卷141《五行志》)

105. 后周太祖广顺三年(953)八月……丁卯,河决河阴,京师霖雨不止……(《旧五代史》卷113《周太祖纪四》)

106. 后周太祖显德五年(958)闰七月壬戌,河决河阴县,溺死者四十二人。(《旧五代史》卷118《周世宗纪五》)

107. 后周太祖显德六年(959)是月(九月),京师及诸州郡霖雨逾旬,所在水潦为患,川渠泛溢。(《旧五代史》卷120《周恭帝纪》)

资料显示,河南在隋唐五代时期共出现了107次水灾,占灾害总数的50%,平均约3.5年发生一次水灾。按照朝代来看,河南在隋朝时发生了7次水灾,占隋朝时期河南灾害总数的70%。在唐朝时发生了75次水灾,占唐朝时期河南灾害总数的48%,河南在这个时期几乎一半的灾害都是水灾。河南在五代时共发生了25次水灾,占五代时河南灾害总数的50%,一半的灾害为水灾,也是水灾频发的时期。

(二)隋唐五代时期河南水灾特征

1. 年际分布特征

如第一节中所述,我们将隋唐五代时期划分为隋(581—617)、初唐(618—712)、盛唐(713—754)、中唐(755—874)、晚唐(875—906)、五代(907—959)六个阶段,以此来考察这一时期水灾的年际分布特征,如表4-1。

表4-1　隋唐五代时期河南水灾数据年际分布统计表

时段	隋朝	初唐	盛唐	中唐	晚唐	五代	合计
年号	开皇元年至大业十三年	武德元年至先天元年	开元元年至天宝十三载	天宝十四载至咸通十五年	乾符二年至天祐三年	开平元年至显德六年	
起止	581—617	618—712	713—754	755—874	875—906	907—959	581—959
年长	37	95	42	120	32	53	379
次数	7	25	18	28	4	25	107
比重	7%	23%	17%	26%	4%	23%	100%
频度	1次/5.3年	1次/3.8年	1次/2.3年	1次/4.3年	1次/8年	1次/2.1年	1次/3.5年

由上表中的数据可知,总体来看,这个时期河南地区约3.5年暴发一次水灾,其中盛唐、五代时期河南地区出现水灾的频率较高,其他时期水灾发生的频率较低。晚唐时期河南水灾暴发频率为8年一次,这应当与当时河南水灾记录缺失有关。《新唐书》载,唐后期"滑临黄河,频年水潦,河流泛溢"[①]。"频年"二字反映了滑州(治今滑县)常年出现水灾,但史料中关于这一时期滑州遭遇水灾的记载并不多见。

从水灾发生的具体年份来看,并没有集中发生的阶段,但水灾的发生具有一定的连续性。其中连续两年发生水灾的年份有38年,占受灾年份总数的39%;连续3年发生水灾的年份有6年,占受灾年份总数的6%;连续4年发生水灾的年份有16年,占受灾年份总数的12%。其中连续两年暴发水灾的年份所占比重较多,说明隋唐五代时期河南发生的水灾具有一定的连续性。值得注意

---

① 〔宋〕欧阳修、宋祁:《新唐书》卷101《萧俛传》,中华书局,1975年,第3960页。

的是,五代是河南水灾频发的时期,53年的时间中共出现了25次水灾,平均一至两年出现一次水灾。

2. 年内分布特征

河南水灾的发生受季风因素的影响,季节性明显,具体情况如表4-2。

表4-2 隋唐五代时期河南水灾记录年内分布统计表

季节	春季				夏季				秋季				冬季				不详
次数	4				31				57				3				12
月份	一	二	三	不详	四	五	六	不详	七	八	九	不详	十	十一	十二	不详	
次数	0	1	2	1	4	8	13	6	22	10	9	16	2	0	1	0	

从季节分布上来看,秋季是河南在这个时期水灾发生频率最高的时期,共计57次水灾,占水灾总数的53%;夏季次之,一共有31次水灾,约占水灾总数的29%;冬季、春季水灾发生频率较低。

七月是水灾发生次数最多的月份,六月、八月次之,九月再次之,五月水灾发生频率略低于前者,剩下的月份发生水灾的频率很低。当时使用的是农历,六七月份大概相当于现在的七、八月份,与夏季风到达华北平原的时间正好相符合。

3. 河水外溢,危害大

通过分析史料,我们发现这个时期的水灾多是由河水外溢引起的,波及范围广,受灾程度严重。黄河流域是隋唐五代时决堤最频繁的地区。据一些学者的研究,认为隋朝的水灾基本发生在黄河流域,唐代水灾也主要发生在黄河流域,仅黄河干流决溢年份就有22个,人为决堤1次,安史之乱前后基本均衡,五代时黄河非人为决堤年份有20个,人为决堤年份2个。[①] 水灾频繁发生在黄河流域不免与这个区域的人口分布、经济发展、政治地位有关,但与魏晋南北朝时期黄河处于稳定期相比,这个时期的黄河及其支流决堤、外溢相对频繁。我们就河南所在的黄河中下游在隋唐五代出现的外溢及决堤现象做了统计,这一时期黄河在河南界内一共决堤、外溢18次,其支流洛水外溢21次,氾水外溢1次,洛水的支流谷水外溢2次,瀍水外溢5次,涧水外溢2次,伊水外溢4次,汝水外溢1次,合计发生了54次河水外溢的现象,其中洛水最为活跃,黄河次之。由

---

① 袁祖亮主编,闵祥鹏著:《中国灾害通史·隋唐五代卷》,郑州大学出版社,2008年,第63页。

河水外溢引发的水灾波及沿岸数州居民,对其生命、农田及屋舍都造成了严重的损失。"永淳元年(682)五月丙午,东都连日澍雨;乙卯,洛水溢,坏天津桥及中桥,漂民居千余家。""如意元年(692)四月,洛水溢,坏永昌桥,漂民居四百余家。七月,洛水溢,漂居民五千余家。"①频发的水灾既威胁着人民的生命安全,又破坏了社会生产活动,造成了严重的经济损失。

二、隋唐五代时期河南旱灾

(一)隋唐五代时期河南旱灾数据统计

旱灾是河南在隋唐五代时期继水灾之后的又一大灾害,与水灾相比,旱灾不会在短时间内破坏人民的生活和生产,但会以渐进的方式影响人民的生产与生活等各个方面,可能因引发疾疫等次生灾害而造成更加严重的后果。

隋唐五代时期,河南发生旱灾的相关记录如下:

1. 隋炀帝大业八年(612),是岁,大旱,疫,人多死,山东尤甚。(《隋书》卷4《炀帝纪下》)

2. 唐太宗贞观元年(627)夏,山东大旱。(《新唐书》卷35《五行志二》)

3. 唐太宗贞观九年(635)秋,剑南、关东州二十四,旱。(《新唐书》卷35《五行志二》)

4. 唐太宗贞观二十一年(647)秋,陕、绛、蒲、夔等州旱。(《新唐书》卷36《五行志三》)

5. 唐高宗永徽四年(653)夏、秋,旱,光、婺、滁、颍等州尤甚。(《新唐书》卷35《五行志二》)

6. 唐高宗永徽四年(653)夏、秋,旱,光、婺、滁、颍等州尤甚。(《新唐书》卷35《五行志二》)(连续跨季节记为2次)

7. 唐高宗显庆五年(660)春,河北州二十二,旱。(《新唐书》卷35《五行志二》)

8. 唐高宗总章元年(668),京师及山东、江淮大旱。(《新唐书》卷35

---

① 〔宋〕欧阳修、宋祁:《新唐书》卷36《五行志三》,中华书局,1975年,第929页。

《五行志二》)

9.唐高宗仪凤二年(677)夏(四月),河南、河北旱。(《新唐书》卷35《五行志二》)

10.唐高宗永淳二年(683)夏,河南、河北旱。(《新唐书》卷35《五行志二》)

11.武则天万岁通天元年(696)夏四月,以天下大旱,命文武官九品以上极言时政得失。(《旧唐书》卷6《则天皇后纪》)

12.唐中宗神龙二年(706)冬,不雨,至于明年五月,京师、山东、河北、河南旱,饥。(《新唐书》卷35《五行志二》,《旧唐书》卷37《五行志》)

13.唐中宗神龙二年(706)冬,不雨,至于明年五月,京师、山东、河北、河南旱,饥。(《新唐书》卷35《五行志二》,《旧唐书》卷37《五行志》)

14.唐中宗神龙二年(706)冬,不雨,至于明年五月,京师、山东、河北、河南旱,饥。(《新唐书》卷35《五行志二》,《旧唐书》卷37《五行志》)(连续跨季节记为3次)

15.唐玄宗开元十二年(724)七月,河东、河北旱,帝亲祷雨宫中,设坛席,暴立三日。(《新唐书》卷35《五行志二》)

16.唐玄宗开元十六年(728),东都、河南、宋、亳等州旱。(《新唐书》卷35《五行志二》)

17.唐代宗大历四年(769),改怀州刺史。乘乱兵之后,其夏大旱,人失耕稼;燧乃务修教化,将吏有父母者,燧辄造之施敬,收葬暴骨,去其烦苛。(《旧唐书》卷134《马燧传》)

18.唐德宗贞元十八年(802)秋七月庚辰,蔡、申、光三州春水夏旱,赐帛五万段,米十万石,盐三千石。(《旧唐书》卷13《德宗下》)

19.唐宪宗元和元年(806)五月……陈、许、蔡等州旱。(《旧唐书》卷14《宪宗纪》)

20.唐文宗大和六年(832),河东、河南、关辅旱。(《新唐书》卷35《五行志二》)

21.唐文宗大和八年(834)九月,陕州、江西旱,无稼……河南府、邓州、同州、扬州并奏旱虫伤损秋稼。(《旧唐书》卷17下《文宗纪下》)

22.唐文宗大和九年(835)秋,京兆、河南、河中、陕、华、同等州旱。

(《新唐书》卷35《五行志二》)

23. 唐文宗开成二年(837),河南、河北旱,蝗害稼;京师旱尤甚。(《旧唐书》卷37《五行志》)

24. 唐懿宗咸通二年(861)秋,淮南、河南不雨,至于明年六月。(《新唐书》卷35《五行志二》)

25. 唐懿宗咸通二年(861)秋,淮南、河南不雨,至于明年六月。(《新唐书》卷35《五行志二》)

26. 唐懿宗咸通二年(861)秋,淮南、河南不雨,至于明年六月。(《新唐书》卷35《五行志二》)

27. 唐懿宗咸通二年(861)秋,淮南、河南不雨,至于明年六月。(《新唐书》卷35《五行志二》)(连续跨季节记为4次)

28. 唐懿宗咸通八年(867),怀州民诉旱,刺史刘仁规揭榜禁之,民怒,相与作乱,逐仁规,逃匿村舍。(《资治通鉴》卷250)

29. 唐僖宗广明元年(880)夏,汝州岘阳峰龙池涸,近川竭也。(《新唐书》卷36《五行志三》)

30. 梁太祖开平四年(910)八月,是时悯雨,且命宰臣从官分祷灵迹,日中而雨,翌日止,帝大悦。(《旧五代史》卷5《梁太祖纪五》)

31. 唐闵宗应顺元年(934),是月(六月),京师大旱,热甚,暍死者百余人。(《旧五代史》卷46《唐末帝纪上》)

32. 唐闵宗应顺元年(934)十二月……庚寅,幸龙门祈雪,自九月至是无雨雪故也。(《旧五代史》卷46《唐末帝纪上》)

33. 唐闵宗应顺元年(934)十二月……庚寅,幸龙门祈雪,自九月至是无雨雪故也。(《旧五代史》卷46《唐末帝纪上》)(连续跨季节记为2次)

34. 晋高祖天福元年(936)(十二月),旱。(《新五代史》卷8《晋高祖纪》)

35. 晋高祖天福七年(942),是春,邺都、凤翔、兖、陕、汝、恒、陈等州旱,郓、曹、澶、博、相、洛诸州蝗。(《旧五代史》卷80《晋高祖纪六》)

36. 晋少帝天福八年(943)五月癸巳,命宰臣等分诣寺观祷雨。己亥,飞蝗自北翳天而南……甲辰,诏:"诸道州府见禁罪人,除十恶五逆、行劫杀人、伪行印信、合造毒药、官典犯赃各减一等外,余并放。"是时所在旱蝗,故

有是诏。乙巳,幸相国寺祈雨。(《旧五代史》卷81《晋少帝纪一》)

37. 晋少帝开运二年(945)六月,两京及州郡十五并奏旱。(《旧五代史》卷84《晋少帝纪四》)

38. 后汉高祖乾祐元年(948)四月丁亥,幸道宫、佛寺祷雨……是月,河决原武县。(《旧五代史》卷101《汉隐帝纪上》)

通过对正史资料中有关隋唐五代时发生在河南的旱灾进行统计,可看出河南共计出现旱灾38次,占灾害总数的18%,平均10年发生一次旱灾。我们发现河南在隋朝时发生旱灾1次,没有明确月份记载,在唐朝时发生旱灾28次,平均近10年出现一次旱灾。但史书中也有一些旱灾记录中没有明确的地点,我们在统计过程中未将这些旱灾统计进去,若加上这些旱灾记录,当时河南旱灾的发生频率可能会提高。在五代时河南共计出现旱灾9次,平均6年发生一次旱灾,可见五代时河南旱灾的发生频率较高。导致这一现象的原因可能在于五代的政治中心转移到河南洛阳与开封,对这些地区的灾害记载更为详细。

(二)隋唐五代时期河南旱灾特征

1. 年际分布特征

我们将隋唐五代时期划分为六个阶段,来考察这一时期河南旱灾的年际分布特征,具体如表4-3。

表4-3 隋唐五代时期河南旱灾数据年际分布统计表

时段	隋朝	初唐	盛唐	中唐	晚唐	五代	合计
年号	开皇元年至大业十三年	武德元年至先天元年	开元元年至天宝十三载	天宝十四载至咸通十五年	乾符二年至天祐三年	开平元年至显德六年	
起止	581—617	618—712	713—754	755—874	875—906	907—959	581—959
年长	37	95	42	120	32	53	379
次数	1	13	2	12	1	9	38
比重	2.6%	34.2%	5.3%	31.6%	2.6%	23.7%	100%
频度	1次/37年	1次/7.3年	1次/21年	1次/10年	1次/32年	1次/5.9年	1次/10年

总体来看,这个时期有关河南旱灾的记录较少,共计38次,有些可能因我们能力及时间的原因,未将灾害记载收录进来。就现有数据来看,五代时期是

河南出现旱灾频率较高的时期,约5.9年发生一次旱灾。

2.年内分布特征

旱灾属于气象灾害,其发生受气候的影响,具有明显的季节性。在这个时期河南旱灾的季节分布如表4-4。

表4-4 隋唐五代时期河南旱灾记录年内分布统计表

季节	春季				夏季				秋季				冬季				不详
次数	4				15				8				4				7
月份	一	二	三	不详	四	五	六	不详	七	八	九	不详	十	十一	十二	不详	
数量	0	0	0	4	3	2	2	8	1	0	2	5	0	0	1	3	

除去无明确季节记载的旱灾记录,我们发现隋唐五代时河南夏旱的情况最多,秋旱次之,春旱、冬旱情况较少。此外,夏秋连旱、冬春夏连旱、秋冬春夏连旱、秋冬连旱各一例。连旱现象的出现说明旱灾跨时很长,受灾程度更加严重。

三、隋唐五代时期河南虫灾

(一)隋唐五代时期河南虫灾数据统计

隋唐五代时期,对河南农作物生长产生影响的虫类主要包括蝗虫、螟虫、蚜蚄虫、黑虫等。有关河南虫灾的相关记录如下:

1.唐玄宗开元三年(715)七月,河南、河北蝗。(《新唐书》卷36《五行志三》)

2.唐玄宗开元四年(716)夏,山东蝗,蚀稼,声如风雨。(《新唐书》卷36《五行志三》)

3.唐德宗贞元元年(785)夏,蝗,东自海,西尽河、陇,群飞蔽天,旬日不息,所至草木叶及畜毛靡有孑遗,饿殣枕道,民蒸蝗、曝,扬去翅足而食之。(《新唐书》卷36《五行志三》)

4.唐德宗贞元二十一年(永贞元年)(805)七月……丙戌,关东蝗食田稼。(《旧唐书》卷14《顺宗纪》)

5.唐文宗大和八年(834)九月,陕州、江西旱,无稼……河南府、邓州、同州、扬州并奏旱虫伤损秋稼。(《旧唐书》卷17下《文宗纪下》)

6. 唐文宗开成二年(837)六月,魏博、昭义、淄青、沧州、兖海、河南蝗。(《新唐书》卷36《五行志三》)

7. 唐文宗开成三年(838)秋,河南、河北镇定等州蝗,草木叶皆尽。(《新唐书》卷36《五行志三》)

8. 唐文宗开成四年(839)五月……天平、魏博、易定等管内蝗食秋稼。(《旧唐书》卷17下《文宗纪下》)

9. 唐文宗开成四年(839)十二月,郑、滑两州蝗。(《唐会要》卷44)

10. 唐文宗开成四年(839),河南黑虫食田。(《新唐书》卷35《五行志二》)

11. 唐文宗开成五年(840)四月,又汝州有虫食苗;五月,河南府有黑虫生,食田苗;六月,淄青登莱四州蝗虫,河阳飞蝗入境。魏博、河南府河阳等九县,沂、密两州,沧州、易定、郓州、陕府、虢州六县蝗。(《唐会要》卷44)

12. 唐文宗开成五年(840),汝州管内蝗。(《唐会要》卷44)

13. 唐武宗会昌元年(841)七月,关东,山南邓、唐等州蝗。(《新唐书》卷36《五行志三》)

14. 唐懿宗咸通三年(862)六月,淮南、河南蝗。(《新唐书》卷35《五行志二》)

15. 唐懿宗咸通六年(865)八月,东都,同、华、陕、虢等州蝗。(《新唐书》卷36《五行志三》)

16. 唐懿宗咸通七年(866)夏,东都,同、华、陕、虢及京畿蝗。(《新唐书》卷36《五行志三》)

17. 唐懿宗咸通九年(868),江淮、关内及东都蝗。(《新唐书》卷36《五行志三》)

18. 唐懿宗咸通十年(869)夏,陕、虢等州蝗。(《新唐书》卷36《五行志三》)

19. 梁太祖开平元年(907)六月,许、陈、汝、蔡、颖五州蟓生,有野禽群飞蔽空,食之皆尽。(《旧五代史》卷141《五行志》)

20. 晋高祖天福七年(942),是春,邺都、凤翔、兖、陕、汝、恒、陈等州旱,郓、曹、澶、博、相、洺诸州蝗。(《旧五代史》卷80《晋高祖纪六》)

21. 晋高祖天福八年(943),是岁,春夏旱,秋冬水,蝗大起,东自海壖,西距陇坻,南逾江、淮,北抵幽蓟,原野、山谷、城郭、庐舍皆满,竹木叶俱尽。重以官括民谷,使者督责严急……民馁死者数十万口,流亡不可胜数。于是留守、节度使下至将军,各献马、金帛、刍粟以助国。(《资治通鉴》卷283)

22. 后汉高祖乾祐元年(948)七月,开封府奏,阳武、雍丘、襄邑等县蝗,开封尹侯益遣人以酒肴致祭,寻为鹳鸰食之皆尽。敕禁罗弋鹳鸰,以其有吞蝗之异也。(《旧五代史》卷141《五行志》)

23. 后汉高祖乾祐二年(949)五月,博州奏,有蟓生,化为蝶飞去。宋州奏,蝗一夕抱草而死,差官祭之。(《旧五代史》卷141《五行志》)

六月己卯,滑、濮、澶、曹、兖、淄、青、齐、宿、怀、相、卫、博、陈等州奏蝗,分命中使致祭于所在川泽山林之神。开封府、滑、曹等州蝗甚,遣使捕之。(《旧五代史》卷102《汉隐帝纪中》)

隋唐五代时,河南发生的虫灾包括蝗虫、黑虫,以蝗虫为主。统计显示,河南在这个时期共发生23起虫灾,有20个受灾年,有些年份发生的虫灾数量超过一次,与魏晋南北朝时期河南发生的虫灾数量相当,平均16.5年发生一次虫灾。但总体来看,虫灾在时间分布上并不均衡,具有集中性。从朝代来看,河南在唐代时出现了18次虫灾,平均16年发生一次;在五代时有5次虫灾,平均10.6年发生一次。五代时期是河南发生虫灾频率最高的时期。

(二)隋唐五代时期河南虫灾特征

1. 年际分布特征

我们将隋唐五代时期划分为六个阶段,考察这一时期河南虫灾的时间分布特征,如表4-5。

表 4-5　隋唐五代时期河南虫灾数据年际分布统计表

时段	隋朝	初唐	盛唐	中唐	晚唐	五代	合计
年号	开皇元年至大业十三年	武德元年至先天元年	开元元年至天宝十三载	天宝十四载至咸通十五年	乾符二年至天祐三年	开平元年至显德六年	
起止	581—617	618—712	713—754	755—874	875—906	907—959	581—959
年长	37	95	42	120	32	53	379
次数	0	0	2	16	0	5	23
比重	0	0	8.7%	69.6%	0	21.7%	100%
频度	0	0	1次/21年	1次/7.5年	0	1次/10.6年	1次/16.5年

由上表可知,这一时期虫灾的发生频率约为 16.5 年一次。河南在隋唐五代时发生的虫灾数量不算多,但虫灾的发生具有明显的集中性与连续性。开元三年(715)、四年(716)连续两年都发生了蝗灾,开成二年(837)、三年(838)、四年(839)、五年(840),会昌元年(841)连续 5 年都发生了蝗灾,咸通六年(865)、七年(866)连续两年发生了蝗灾,咸通九年(868)、十年(869)连续两年发生了蝗灾,天福七年(942)、八年(943)连续两年发生了蝗灾,乾祐元年(948)、二年(949)连续两年发生了虫灾。连续发生虫灾的年份共有 15 年,约占虫灾受灾年份的 75%,这个时期虫灾的连续性可见一斑,连续性特征也反映了虫灾的集中性。我们发现这个时期的虫灾主要发生在以下两个时间段:

大和八年(834)到咸通十年是河南虫灾频繁发生的第一个阶段。这段时间河南共计暴发虫灾 14 次,平均 2.6 年一次虫灾,共计受灾年 11 个,有些年份发生虫灾的数量高达 3 次。这段时期河南发生的虫灾频率高于隋唐五代时期河南出现虫灾频率的平均值。天福八年到乾祐二年是虫灾频发的第二个阶段,共计 4 次,平均 1.75 年一次虫灾,共计 3 个受灾年份。河南在上述两个阶段内发生的虫灾数量达到了 18 次,占虫灾总数的 78.3%,可见虫灾主要发生在这两个时间段内,也说明了虫灾的集中性。虫灾具有连续性和集中性与虫卵的习性有直接关系。一般来说,在河南可能会产生两代蝗虫,东亚飞蝗在温暖天气下也有可能繁殖三代以上,若是遇到暖冬天气,虫卵顺利度过冬天,则有可能产生四代的虫卵①,这是导致虫灾连续发生的一个重要因素。

2. 年内分布特征

虫灾的发生具有季节性,具体如表4-6。

表4-6 隋唐五代时期河南虫灾记录年内分布统计表

季节	春季				夏季				秋季				冬季				不详
次数	1				10				6				1				5
月份	一	二	三	不详	四	五	六	不详	七	八	九	不详	十	十一	十二	不详	
次数	0	0	0	1	2	1	3	4	4	1	0	1	0	0	1	0	

从季节分布上来看,我们发现夏季发生虫灾的频率最高,共计10次,约占虫灾总数的一半,秋季次之,约占虫灾总数的26%,春季与冬季发生虫灾的频率较低。从有明确月份的虫灾记载来看,六七月份是虫灾暴发的高峰期。虫灾的发生具有季节性与虫卵的繁殖生长有直接的关系。在河南的蝗虫主要是东亚飞蝗,"河南的蝗虫一般一年两代,第一代在5月孵化为夏蝻,6—7月间出现夏蝗;第二代在八月间出现秋蝗"②。蝗虫的生长与繁殖需要一定的温度与湿度,河南夏秋时节的气候更适宜蝗虫生长。"河南属于温带季风气候,雨季在7—8月。雨季过后伴随着降水量减少,此时处于高温干燥的环境,蒸发旺盛,大面积的积水退干,但由于土壤含水量相对偏高而不便耕种,为秋蝗产卵提供了适生环境。"③因此,蝗灾大都集中在夏秋季节。春季长期干旱少雨的气候又为蝗虫的繁殖提供了条件,夏蝗便多于秋蝗。④

河南在这段时间内出现的虫灾有继水旱灾害之后发生的现象,这加重了受灾程度。"开元三年(715),河南、河北水。"⑤这一地区在同一年的七月发生了蝗灾。开成三年(838),"夏,河决,浸郑、滑外城;陈、许、郿、坊、鄂、曹、濮、襄、魏、博等州大水",同年秋,"河南、河北镇定等州蝗,草木叶皆尽"。⑥咸通六年

---

① 商兆奎、邵侃:《唐代蝗灾考论》,《原生态民族文化学刊》2013年第3期。
② 李欢、张明芳、白景锋:《唐代以来河南蝗灾时空分布变化分析》,《南阳师范学院学报》2018年第1期。
③ 李欢、张明芳、白景锋:《唐代以来河南蝗灾时空分布变化分析》,《南阳师范学院学报》2018年第1期。
④ 勾利军、彭展:《唐代黄河中下游地区蝗灾分布研究》,《中州学刊》2006年第3期。
⑤ 〔宋〕欧阳修、宋祁:《新唐书》卷36《五行志三》,中华书局,1975年,第930页。
⑥ 〔宋〕欧阳修、宋祁:《新唐书》卷36《五行志三》,中华书局,1975年,第939页。

(865),"六月,东都大水,漂坏十二坊,溺死者甚众";八月,"东都(治今洛阳),同、华、陕(治今三门峡)、虢(治今灵宝)等州蝗"。① 天福八年(943)春夏出现旱灾,秋冬水灾,之后蝗灾又相继发生。乾祐元年(948),四月"丁亥,幸道宫、佛寺祷雨……是月,河决原武县,河北诸州旱"②,同年,开封几个县都有蝗虫出现。以上继水灾、旱灾之后发生的蝗灾共计 5 次,约占虫灾总数的 21.7%。这主要是因为旱灾与水灾的条件恰好满足了虫卵的生存条件,故而引起了蝗灾。总之,接连不断的灾害最终有可能引发饥荒,导致人口死亡。

四、隋唐五代时期河南雹灾

(一)隋唐五代时期河南雹灾数据统计

根据史料记载,河南在隋唐五代时期共发生了 9 次雹灾,与魏晋南北朝时期相比发生频率较低,在隋代未发生雹灾,在唐代有 8 次,五代时仅 1 次,河南在这个时期的雹灾主要集中在唐代。此处将有关河南的雹灾史料胪列于下:

1. 唐高宗咸亨二年(671)四月戊子,大雨雹,震电,大风折木,落则天门鸱尾三。(《新唐书》卷 36《五行志三》)

2. 武则天天授二年(691)六月庚戌,许州大雨雹。(《新唐书》卷 36《五行志三》)

3. 武则天证圣元年(695)二月癸卯,滑州大雨雹,杀燕雀。(《新唐书》卷 36《五行志三》)

4. 唐玄宗开元八年(720)十二月丁未,滑州大雨雹。(《新唐书》卷 36《五行志三》)

5. 唐宪宗元和十二年(817)夏,河南雨雹,中人有死者。(《新唐书》卷 36《五行志三》)

6. 唐文宗开成二年(837)秋,河南雹,害稼。(《新唐书》卷 36《五行志三》)

---

① 〔宋〕欧阳修、宋祁:《新唐书》卷 36《五行志三》,中华书局,1975 年,第 940 页。
② 〔宋〕薛居正等:《旧五代史》卷 101《汉隐帝纪上》,中华书局,1976 年,第 1347~1348 页。

7. 唐文宗开成四年(839)七月,郑、滑等州风雹。(《新唐书》卷36《五行志三》)

8. 唐僖宗广明元年(880)四月甲申朔,汝州大雨风,拔街衢树十二三;东都有云起西北,大风随之,长夏门内表道古槐树自拔者十五六,宫殿鸱尾皆落,雨雹大如杯,鸟兽殪于川泽。(《新唐书》卷36《五行志三》)

9. 唐闵宗应顺元年(934)(九月),京师大雨,雹如弹丸。(《旧五代史》卷46《唐末帝纪上》)

(二)隋唐五代时期河南雹灾特征

总体来看,这个时期的雹灾数量较少。从季节来看,夏季共计4次,秋季有3次,冬季发生了1次,春季发生了1次,河南在这个时期发生的雹灾主要在夏季,其次为秋季。从月份来看,四月份是雹灾发生频率较高的月份。

这个时期在河南发生的雹灾破坏了建筑物、农作物,甚至出现了击中人而导致其死亡的情况。咸亨二年(671)四月发生的那次雹灾对建筑物造成了破坏,应顺元年发生在河南洛阳的雹灾被形容为"雹如弹丸",可见这两次的雹灾具有很强的破坏力。元和十二年(817)的雹灾造成了人员死亡,其严重程度可见一斑。开成二年(837)发生在秋季的一次雹灾则对农作物造成了损害。

五、隋唐五代时期河南寒灾

(一)隋唐五代时期河南寒灾数据统计

我们在统计隋唐五代时期河南发生的寒灾时,主要包括了对农作物及人的生活影响程度较大的霜灾与雪灾。通过资料显示,这个时期河南共发生寒灾6次,其中霜灾2次,雪灾3次,雨灾1次。但在史料当中还存在很多发生地不详的雪灾与霜灾,若将这些都统计下来,寒灾的数量应该比6次多。隋唐五代时,河南发生的寒灾情况如下:

1. 唐武德元年(618)(一月),(李密、王世充隔洛水相拒)是夜,疾风寒雨,军士涉水沾湿,道路冻死者又以万数。(《资治通鉴》卷185)

2. 贞观二年(628)八月……河南、河北大霜,人饥。(《旧唐书》卷2《太

宗纪》）

3. 开元十一年（723）（十一月），自京师至于山东、淮南大雪,平地三尺余。（《旧唐书》卷8《玄宗纪》）

4. 元和八年（813）（十月），东都大寒，霜厚数寸，雀鼠多死。（《新唐书》卷36《五行志三》）

5. 元和十二年（817）（十月），（李愬讨吴元济）时大风雪，旌旗裂，人马冻死者相望。天阴黑，自张柴村以东道路，皆官军所未尝行，人人自以为必死；然畏愬，莫敢违。夜半，雪愈甚，行七十里，至州城。（《资治通鉴》卷240）

6. 天福四年（939）（十二月）丁酉朔，百官不入阁，大雪故也。（《旧五代史》卷78《晋高祖纪》）

河南在隋唐五代时发生的寒灾数量较少，在唐代时共计5次，五代时仅1次。

（二）隋唐五代时期河南寒灾特征

从季节来看，寒灾主要集中在冬季，秋霜发生了一次。贞观二年（628）八月发生的一次霜灾影响了农作物的收成，由于粮食歉收而引发了饥荒。元和八年十月出现了数寸厚的霜，甚至冻死了麻雀、老鼠，可见当时霜冻的严重程度。开元十一年发生了一场遍及长安、山东及淮南的雪灾，其波及范围很广，可能没有损害农作物，但降雪量很大。元和十二年十月发生的雪灾甚至出现了冻死人与马的现象。天福四年十二月发生的一次雪灾对官员的工作造成了影响。这个时期河南发生的寒灾，轻者可能对正常的生活秩序造成影响，严重者造成农作物的大面积歉收，从而引发饥荒，甚至由于低温天气而直接导致人口死亡。

六、隋唐五代时期河南风灾

（一）隋唐五代时期河南风灾数据统计

由于隋唐的统治中心都在关内，对于风灾的记载以长安的情况为主，对河南等其他地方风灾记载相对较少。因此，我们所统计的正史当中有关风灾的记载也只能反映隋唐五代时河南的部分风灾情况。河南在隋唐五代时的风灾记录如下：

1. 唐高宗咸亨二年(671)四月戊子,大雨雹,震电,大风折木,落则天门鸱尾三。(《新唐书》卷36《五行志三》)

2. 唐高宗弘道元年(683)十二月壬午晦,宋州大风拔木。(《新唐书》卷35《五行志二》)

3. 唐中宗神龙二年(706)六月乙亥,滑州大风拔木。(《新唐书》卷35《五行志二》)

4. 唐中宗景龙元年(707)六月庚午,陕州雨土。(《新唐书》卷35《五行志二》)

5. 唐中宗景龙元年(707)八月,宋州大风拔木,坏庐舍。(《新唐书》卷35《五行志二》)

6. 唐中宗景龙二年(708)十月辛亥,滑州暴风发屋。(《新唐书》卷35《五行志二》)

7. 唐玄宗开元四年(716)六月辛未,京师、陕、华大风拔木。(《新唐书》卷35《五行志二》)

8. 唐玄宗开元十四年(726)六月戊午,东都大风拔木。(《新唐书》卷5《睿宗玄宗》)

9. 唐玄宗天宝十一载(752)五月甲子,东京大风拔木。(《新唐书》卷35《五行志二》)

10. 唐肃宗乾元二年(759)三月壬申,官军步骑六十万陈于安阳河北……大风忽起,吹沙拔木,天地昼晦,咫尺不相辨。(《资治通鉴》卷221)

11. 唐僖宗乾符二年(875)二月,宣武境内黑风,雨土。(《新唐书》卷35《五行志二》)

12. 唐僖宗广明元年(880)四月甲申朔,汝州大雨风,拔街衢树十二三;东都有云起西北,大风随之,长夏门内表道古槐树自拔者十五六,宫殿鸱尾皆落,雨雹大如杯,鸟兽殪于川泽。(《新唐书》卷36《五行志三》)

13. 梁太祖开平四年(910)十一月,大风,下诏曰:"自朔至今,异风未息,宜命祈祷。"(《旧五代史》卷141《五行志》)

14. 唐庄宗同光二年(924)七月,汴州雍丘县大雨风,拔树伤稼。(《旧

五代史》卷141《五行志》)

15. 唐末帝清泰元年(934)闰正月丙寅辰时,唐闵帝幸至德宫,初出兴教门,有飞鸢自空而落,死于御前。是日,大风晦冥。(《旧五代史》卷141《五行志》)

16. 晋高祖天福四年(939)六月庚辰,西京大风雨,应天福门屋瓦皆飞,鸱吻俱折。(《旧五代史》卷78《晋高祖纪》)

17. 后汉高祖乾祐三年(950)闰五月癸巳,京师大风雨,坏营舍,吹郑门扉起,十数步而堕,拔大木数十,震死者六七人,水平地尺余,池隍皆溢。(《旧五代史》卷103《汉隐帝纪下》)

18. 后周太祖广顺二年(952)七月丙辰……是日大风雨,破屋拔树。(《旧五代史》卷112《周太祖纪二》)

隋唐五代时河南共发生风灾18次,在唐代出现12次风灾,五代时6次。五代时的风灾发生频率最高,原因在于五代时的政治统治中心已经由长安迁移到了河南开封与洛阳,因此关于河南风灾的记载较之前增加。

(二)隋唐五代时期河南风灾特征

我们将河南在隋唐五代时期的风灾记载按照具体月份及季节做了统计,试图通过分析有月份记载的风灾,对这个时期河南的风灾特征做初步的探究,如表4-7。

表4-7 隋唐五代时期河南风灾记录年内分布统计表

季节	春季				夏季				秋季				冬季				不详
次数	2				9				2				3				2
月份	一	二	三	不详	四	五	六	不详	七	八	九	不详	十	十一	十二	不详	
次数	1	0	1	0	2	2	5	0	2	0	0	0	1	1	1	0	

从季节来看,夏季是河南发生风灾次数最多的季节,冬季次之,春季、秋季再次之。此外,这个时期还出现沙尘天气。乾元二年(759)三月,郭子仪率领的军队与史思明的军队在今河南安阳对阵,此时暴发了沙尘暴,"郭子仪承其后,未及布陈,大风忽起,吹沙拔木,天地昼晦,咫尺不相辨,两军大惊,官军溃而南,

贼溃而北,弃甲仗辎重委积于路"①。这次沙尘天气导致史思明的军队丢盔弃甲,北逃而去。"乾符二年(875)二月,宣武境内黑风,雨土"②,这次沙尘天气发生在今河南开封与商丘。

这个时期河南发生的风灾强度较大,对建筑物造成了破坏,我们常见到大风"发屋""拔树"的记载。乾祐三年(950)闰五月癸巳,"京师大风雨,坏营舍,吹郑门扉起,十数步而堕,拔大木数十"③,可见风力的强劲程度。

七、隋唐五代时期河南震灾

(一)隋唐五代时期河南震灾数据统计

河南位于华北平原地震带上,地震也是这个时期河南易发的自然灾害之一。据统计,隋唐五代时河南共发生了9次地震。在隋代发生了1次,在唐代发生了5次,在五代出现了3次。相对来说,五代时地震发生较为频繁,53年的时间内发生了3次地震灾害。现将这个时期河南发生的地震灾害的史料胪列于下:

1. 隋文帝开皇二十年(600)十一月戊子,天下地震。(《隋书》卷2《高祖纪下》)

2. 唐太宗贞观十一年(637)四月甲子,震乾元殿前槐树。(《新唐书》卷36《五行志三》)

3. 唐睿宗垂拱四年(688)八月戊戌,神都地震。(《新唐书》卷35《五行志二》)

4. 唐玄宗开元二十四年(736)十一月辛丑,东都地震。(《新唐书》卷5《玄宗纪》)

5. 唐德宗贞元三年(787)十一月丁丑夜,京师、东都、蒲、陕地震。(《新唐书》卷35《五行志二》)

---

① 〔宋〕司马光:《资治通鉴》卷221《唐纪三十七》,中华书局,2010年,第7069页。
② 〔宋〕欧阳修、宋祁:《新唐书》卷35《五行志二》,中华书局,1975年,第903页。
③ 〔宋〕薛居正等:《旧五代史》卷103《汉隐帝纪下》,中华书局,1976年,第1367页。

6. 唐武宗会昌二年(842)正月癸亥,宋、亳二州地震。(《新唐书》卷35《五行志二》)

7. 后唐明宗天成二年(927)十二月,许州地震。(《旧五代史》卷38《唐明宗纪四》)

8. 后唐明宗天成三年(928)七月,郑州地震。(《旧五代史》卷141《五行志》)

9. 后唐明宗长兴二年(931)十一月,雄武军上言,洛阳地震。(《旧五代史》卷141《五行志》)

(二)隋唐五代时期河南震灾特征

从时间上来看,河南在隋朝时发生了1次地震,频率较低;唐代是河南地震的少发期,尤其在800—900年之间,仅在会昌二年(842)发生了1次地震。后梁之后,河南共发生了3次地震,其中天成二年与天成三年连续两年都出现了地震。

河南在这个时期发生的地震波及范围较广。开皇二十年(600)发生了一次涉及全国的地震,"天下地震"。贞元三年(787)十一月夜晚发生了一次波及河南洛阳、陕州(治今三门峡)的地震。会昌二年(842),在当时的宋州(治今商丘)、亳州发生了地震。

八、隋唐五代时期河南疫灾

(一)隋唐五代时期河南疫灾数据统计

根据正史当中的记载,整个隋唐五代时期发生的疫灾数量较少,关于这个时期河南的疫灾记载也不多。通过搜集整理正史当中有关河南的疫灾记载,我们发现隋唐五代时期河南共发生了5次疫灾,其中在隋代时1次,在唐代时4次,在五代时未发生过疫灾。还需要说明的是,河南地区在唐代时还发生了一次牛疫,"开元十五年春,河北牛大疫"[1]。这次疫灾应该也给百姓造成了一定

---

[1] 〔宋〕欧阳修、宋祁:《新唐书》卷35《五行志二》,中华书局,1975年,第905页。

的损失,故而在此处说明。我们将此时有关河南的疫灾史料胪列如下:

1. 隋炀帝大业八年(612),是岁,大旱,疫,人多死,山东尤甚。(《隋书》卷4《炀帝纪下》)

2. 唐太宗贞观十六年(642)夏,谷、泾、徐、戴、虢五州疫。(《新唐书》卷36《五行志三》)

3. 唐高宗永淳元年(682)冬,大疫,两京死者相枕于路。(《新唐书》卷36《五行志三》)

4. 唐中宗景龙元年(707)夏,自京师至山东、河北疫,死者千数。(《新唐书》卷36《五行志三》)

5. 唐德宗贞元十六年(800)(四月)天渐暑,士卒久屯沮洳之地,多病疫,人有离心。(《资治通鉴》卷235)

(二)隋唐五代时期河南疫灾特征

河南在唐代发生的疫灾主要集中在夏季,其中有一例的具体月份为四月。仅从这些数据来看,夏季是疫灾频发的时间。

这个时期,水旱灾害与疫灾相伴发生的情况也较为常见。在隋代发生的那一次疫灾与旱灾相继发生。景龙元年在同一个区域内不仅发生了疫灾,也发生了旱灾。唐中宗景龙元年,"是夏,山东、河北二十余州旱,饥馑疾疫死者数千计"[①]。此外,据一些学者研究,唐代疫灾还有与水灾相伴发生的现象。[②] 水旱灾害的发生可能会引发疫灾,两种自然灾害同时发生便加重了受灾程度,引起更多的人口死亡与人口流动。

---

① 〔后晋〕刘昫:《旧唐书》卷七《中宗纪》,中华书局,1975年,第144页。
② 李胜伟:《唐代疫病流行与政府应对措施浅论》,《河南师范大学学报(哲学社会科学版)》2013年第1期。

第二节　隋唐五代时期河南自然灾害概况

一、各类自然灾害数据的总量和比重

现有资料显示,河南在隋唐五代时共发生了 215 次自然灾害,其中水灾 107 次、旱灾 38 次、雹灾 9 次、寒灾 6 次、风灾 18 次、地震 9 次、虫灾 23 次、疫灾 5 次。水灾发生频次最高,旱灾次之,但二者之间的数量差距较大。按照朝代来说,河南在隋朝时共发生了 10 次自然灾害,约 3.7 年一次灾害,其中水灾 7 次,旱灾 1 次,疫灾 1 次,地震 1 次;在唐朝时共发生了 155 次自然灾害,平均 1.9 年一次灾害,其中水灾 75 次,旱灾 28 次,雹灾 8 次,寒灾 5 次,风灾 12 次,地震 5 次,虫灾 18 次,疫灾 4 次;在五代时共发生了 50 次自然灾害,平均 1 年一次灾害,其中水灾 35 次,旱灾 9 次,雹灾 1 次,寒灾 1 次,风灾 6 次,地震 3 次,虫灾 5 次。隋唐五代时,河南发生灾害的频率为 1.8 年一次。

从上述数据来看,隋代时河南灾害发生频率最低,五代时灾害发生频率最高,唐代也是灾害频发的时期。这个时期水灾的数量远高于魏晋南北朝时期河南发生的水灾次数,旱灾等其他灾害都较少,灾害发生频率与魏晋南北朝时期的频率相当,差不多一年左右发生一次。总的来看,隋唐五代也是河南灾害频发的时期,在这个阶段暴发的灾害也具有明显的特征。

二、自然灾害数据的时段分布特征

我们将这个时期划分为隋(581—617)、初唐(618—712)、盛唐(713—754)、中唐(755—874)、晚唐(875—906)、五代(907—959)六个阶段,考察隋唐五代时期河南灾害的特征,如表 4-8。

表 4-8　隋唐五代河南灾害数据年际分布统计表

时段	隋朝	初唐	盛唐	中唐	晚唐	五代	合计
年号	开皇元年至大业十三年	武德元年至先天元年	开元元年至天宝十三载	天宝十四载至咸通十五年	乾符二年至天祐三年	开平元年至显德六年	
起止	581—617	618—712	713—754	755—874	875—906	907—959	581—959
年长	37	95	42	120	32	53	379
次数	10	54	28	66	7	50	215
比重	4.7%	25%	13%	29%	3.3%	23.3%	100%
频度	1次/3.7年	1次/1.8年	1次/1.5年	1次/1.8年	1次/4.6年	1次/1.1年	1次/1.8年

从上表来看，这个时期的灾害发生频次为1.8年1次，灾害发生频率较高的时期分别是初唐、盛唐、中唐及五代时期，隋及晚唐时期灾害频次较低。有关隋朝河南的灾害记载多为大型灾害，一些小的灾害可能因史料阙如未被记载下来。晚唐时期河南的灾害应当比我们所统计的数据多。据《资治通鉴》载："自懿宗以来，奢侈日甚，用兵不息，赋敛愈急。关东连年水旱，州县不以实闻，上下相蒙，百姓流殍，无所控诉，相聚为盗，所在蜂起。"①"连年水旱"说明了这些地区灾害的频发程度，但有关晚唐时期河南地区的灾害记载较少，这很有可能是当时朝政不稳，导致唐王朝的报灾减灾系统无法正常发挥作用，灾情未上报到中央，造成了灾害记载阙如的问题。

河南在隋唐五代时期发生的自然灾害具有群发性、集中性的特点。在这个时期，有些年份发生灾害的次数比较多，其中有43个年份中发生的灾害都在两次及两次以上，约占了总年份的11.3%。后唐清泰元年（934），河南洛阳发生了5次灾害，分别为风灾、旱灾、水灾、雹灾，所造成的损失也很严重。后晋天福八年（943），河南遭受了5次灾害，分别为水灾、旱灾、蝗灾，"春夏旱，秋冬水，蝗大起"②，死亡人口多，流亡人口已经无法统计，可以想见这年的灾害对当时人口及财物造成损失的严重性。这些灾害多发的年份里，我们发现旱灾、蝗灾和水灾、蝗灾同时发生的情况也比较常见，一方面表明了水灾、旱灾与蝗灾之间的关系，同时水灾、旱灾、蝗灾接连发生又加深了受灾程度，可能会导致农作物颗粒无收

---

① 〔宋〕司马光：《资治通鉴》卷252《唐纪六十八》，中华书局，2010年，第8174页。
② 〔宋〕司马光：《资治通鉴》卷283《后晋纪四》，中华书局，2010年，第9257页。

的局面。开元三年(715),在当时的河南道与河北道都发生了水灾、蝗灾。开成三年(838),在河南发生了水灾、蝗灾。咸通六年(865)、七年(866),也相继发生了水灾与蝗灾。乾祐元年(948),河南发生了旱灾与蝗灾。蝗灾的发生需要一定的条件,一旦环境满足蝗虫的繁殖与生长的条件,则会引发蝗灾,在灾害特征中则表现为群发性。此外,我们发现这个时期的灾害也具有集中性的特点。

开皇五年(585)到仁寿三年(603)是灾害集中发生的第一个阶段,9年时间内发生6次灾害,开皇五年、六年(586)到仁寿二年(602)、三年都在河南道连续发生了水灾。贞观元年(627)到贞观十一年(637)是灾害集中发生的第二个阶段,共计9次灾害,平均一年一次灾害。贞观十六年(642)到永徽六年(655)是灾害集中发生的第三个阶段,共计10次灾害,平均一年一次灾害。仪凤二年(677)到天授三年(692)是灾害集中发生的第四个阶段,共计13次灾害,平均不到一年发生一次灾害。证圣元年(695)到天宝四载(745)是灾害集中发生的第五个阶段,共计42次灾害,平均一年一次灾害,受灾年份为28个,约占了这一阶段总年份的56%。天宝十一载(752)到大历四年(769)是灾害集中发生的第六个阶段,共计7次灾害,平均两年发生一次灾害。贞元十五年(799)到乾符三年(876)也是灾害比较集中的阶段,78年的时间内共发生55次灾害,平均一年半发生一次灾害。天祐三年(906)到开平四年(910)是灾害的又一个集中阶段,灾害总数为8次,不到一年发生一次灾害,仅开平四年就发生了4次灾害。同光二年(924)到显德六年(959)是灾害发生的最后一个集中阶段,共有48次灾害,平均不到一年发生一次灾害。

上述九个时间段是河南在隋唐五代时期灾害发生的集中时间段,在这些时间段中,灾害的发生频率基本为一年一次。

第三节　隋唐五代时期救灾机构、程序与措施

隋唐五代时,为应对各种灾害,统治者在中央和地方设立了一些能够承担救灾事务的机构,救灾流程也趋于制度化,逐渐形成了报灾、勘灾、议灾、救灾、

监察的救灾程序。在灾害防治方法方面分为一般灾害防治和特种灾害防治。这一时期的救灾思想集中表现为"修政弭灾"和"祈禳消灾",虽也有人认识到灾害发生的自然原因,但这种观点在当时并不占据主流。隋唐五代时期既继承了前朝的救灾经验与方法,又提出了新的救灾措施,形成了更加合理的救灾机制,其在应对灾害、救济灾民、稳定民心、维持社会安定方面都起到了积极作用。

一、救灾机构

(一)救灾决策机构

这个时期,救灾事务与其他事务的应对方式并无明显的区分,救灾决策依然主要由当时的皇帝及宰辅共同商议制定。隋及唐前期,三省制经过数百年的发展与演变,终于在这个时期完成。[①] 三省长官成了隋及唐前期的宰相,并在唐前期出现了"中书出令,门下封驳,尚书受而行之"的分工原则。唐后期发展为中书门下体制,中书省、门下省长官及被称为同中书门下平章事的其他官员为宰相,具有参政议政权。

1. 尚书省

隋时,尚书省具有重要地位,"朝之众务,总归于台阁"。其吏员设置情况包括尚书令,左、右仆射各一人,是尚书省的正、副长官,尚书令不常置,仆射实际是尚书省最高长官。尚书省长官是隋及唐前期的宰相,可以参议国政,救灾事宜也属于政务内容,其应当也有参与制定救灾决策之权。尚书、仆射下又置左右丞各一人,都事八人。尚书省的办事处被称为都省。都省下有吏部、礼部、兵部、都官、度支、工部等六曹事,各曹分置尚书一人,各部下又设四司。贞观二十三年(649),改民部尚书为户部尚书。但自武则天时期只有中书省、门下省长官及同中书门下三品并平章事为当时的宰相,不带同中书门下三品的尚书、仆射只能处理政务而已。

2. 中书省

中书省在隋时被称为"内史省",省内长官为中书令、监各一人,后废监,置

[①] 陈仲安、王素:《汉唐职官制度研究》,中华书局,1993年,第87页。

令二人。隋文帝时期,废除了三公府僚,并命中书令与侍中知政事,此时中书令与侍中成了宰相之职,唐代因袭。中书令之职,掌军国之政令,与皇帝关系密切。中书省还设有侍郎四人,后减为二人,中书令与侍郎是中书省的正、副长官。中书侍郎之权也较大,"凡邦国之庶务,朝廷之大政,皆参议焉"①。此外,还设有中书舍人四人,通事舍人十六人,后稍后移通事舍人为谒者台职,降舍人为六人,独掌中书省具体事务。这些官员主掌出令。②

3. 门下省

隋时,门下省设纳言(唐时称为侍中)二人,给事黄门侍郎四人,后减为二人,这二者是门下省的正、副长官。其中侍中是隋唐时期的宰相,与中书令共同参议朝政,"坐而论之,举而行之,此其大较也"③。唐代又改给事黄门侍郎为门下侍郎,也具有参议朝政之权,"凡政之弛张,事之与夺,皆参议焉"④。隋时另设录事、通事令史各六人,掌管门下省内的具体事务,稍后移置给事郎,改名为给事中,定员四人,以代其职。给事中是当时负责封驳的主要官员。隋初门下省还包括散骑常侍、员外散骑常侍等官员,后被省去,在唐代又复置,将散骑常侍、谏议大夫等官分属门下、中书二省,成为文属侍从官员。

唐高祖及太宗时期,各省长官的议事地点在政事堂。政事堂原设在门下省,高宗永淳二年(683),中书令裴炎将政事堂改设在中书省,开元十一年(723),中书令张说改政事堂为中书门下,政事印也改为中书门下印。⑤ 中书门下体制形成后,宰辅官员在中书门下商讨有关军国事务,救灾事宜也在商讨范围之内。文宗大和九年(835),中书门下奏称:"常平义仓,本虞水旱,以时赈恤。州府不详文理,或申省取裁,或奏候进止。自今已后,应遭水旱处,先据贫下户及鳏寡茕独不济者,便开仓,准元敕作等第赈贷讫,具数申报有司。如或水旱尤甚,米麦翔贵,亦任准元年敕,或减价出粜,熟时籴填。委诸道观察使各下诸州,重令知悉。"⑥因文宗时期灾害频发,故而中书门下向皇帝请奏,地方可以先向灾

---

① 〔后晋〕刘昫:《旧唐书》卷43《职官二》,中华书局,1975年,第1849页。
② 陈仲安、王素:《汉唐职官制度研究》,中华书局,1993年,第89页。
③ 〔后晋〕刘昫:《旧唐书》卷43《职官二》,中华书局,1975年,第1842页。
④ 〔后晋〕刘昫:《旧唐书》卷43《职官二》,中华书局,1975年,第1843页。
⑤ 〔后晋〕刘昫:《旧唐书》卷43《职官二》,中华书局,1975年,第1842页。
⑥ 〔宋〕王钦若:《册府元龟》卷502《邦计部·常平》,中华书局,1960年,第6023页。

民赈贷粮食,再将具体数额上报到中央即可。

(二)中央救灾执行机构

隋唐五代时期,有一些机构的职能与救灾直接相关。按照当时的政府分工,中央尚书户部、工部等部门承担救灾减灾的主要职能。

1. 户部

度支是户部下的一个重要机构。据《旧唐书》记载,其职能"掌判天下租赋多少之数,物产丰约之宜,水陆道途之利。每岁计其所出而度其所用,转运征敛送纳,皆准程而节其迟速。凡和籴和市,皆量其贵贱,均天下之货,以利于人。凡金银宝货绫罗之属,皆折庸调以造。凡天下舟车水陆载运,皆具为脚直,轻重贵贱、平易险涩而为之制"①。度支部门掌判租赋数量,根据每年的收入而判定支出,同时依市场货物价格而调控物资。救灾过程中,救灾物资的调配都需要度支发挥上述两项职能。仓部司是隋唐五代户部下的另一个机构,掌管天下仓储,义仓、常平仓、正仓在救灾过程中起着重要的作用,救灾物资的管理及供应是仓部司的职责之一。

另外,隋唐时期的司农寺、太府寺也与救灾任务相关。司农寺长官司农卿主管仓廪,内掌管太仓、导官、籍田、上林令等。《唐六典》卷19《司农寺》中记载:"司农卿之职,掌邦国仓储委积之政令。"司农寺主管太仓,遇到重大灾荒时,受皇帝和户部领导,也会开放仓储以赈济灾民。隋唐财务机构太府寺同样属于事务机关,受户部领导。隋朝承袭梁、北齐之制,置太府寺,设卿一人,"统左藏、左尚方、内尚方、右尚方、司染、右藏、黄藏、掌冶、甄官等署"②。隋炀帝时,原本属于司农寺的平准署、京师署隶属于太府寺。太府寺领京都五市及平准、左右藏八署。唐承隋制,太府寺领京都四市,平准,左、右藏,常平八署。太府寺掌"全国送京贡物钱财,'与司农寺分掌金谷之事'",其下设的常平署的救灾职能较多。

2. 工部

工部统工部、屯田、虞部、水部四司。其中,水部司掌管天下川渎陂池的政

---

① 〔后晋〕刘昫:《旧唐书》卷43《职官二》,中华书局,1975年,第1827页。
② 〔唐〕魏徵:《隋书》卷28《百官志下》,中华书局,1973年,第777页。

令,及疏导和修建水利工程,主要官员有水部郎中一员,从五品,掌管川渎、津济、船舻、浮桥、渠堰、渔捕、运漕等事。都水监是工部领导下的事务机构,掌管川泽、津梁、渠堰、陂池之政,总管河渠、诸津监署。在晋武帝时期开始设置,称为都水台,隋朝也设立都水台,仁寿元年(601)改为都水监。其下有河渠署,具有维护修补河堤等水利工程的职能,这与防灾救灾相关。

(三)救灾使职

隋唐五代时期一般通过两种方式救灾:一是由中央向地方下达救灾决策,地方按照中央的指令救济灾民;二是由中央派遣使臣前往灾区救济灾民。隋及唐前期派遣使臣赴灾区赈恤灾民的记载较多。隋朝统治者派遣尚书官员前去赈济灾民的情况较为常见。直至唐太宗统治时期,还未出现承担救灾任务的使职。毛阳光先生对唐代的遣使救灾问题做了较为详细的研究。① 唐代具有救灾职能的使职最早出现于武后时期。史载:"垂拱中,(王及善)历司属卿。时山东饥,及善为巡抚赈给使。"② 很明显,王及善以巡抚赈给使之职出使灾区,应当具有赈济灾民之权。开元三年(715)、四年(716),黄河中下游地区连续出现了蝗灾,唐玄宗于开元四年任御史狄光嗣、康瓘、敬昭道等人为河南、河北检校捕蝗使③,开元十五年(727),因河北道州县遭遇水灾,命宇文融为宣抚使,其职责为"巡抚水损"地方。④ 很明显,检校捕蝗使、宣抚使都是因救灾而设,其职责也与救灾相关,此后又出现了宣慰使、赈恤使。总的来看,唐代的救灾使职并不固定,其中宣抚使、宣慰使较为常见,不过到唐后期赈灾也仅成为宣慰使、宣抚使职责之一,其还具有安抚地方的职责。⑤

充当救灾使臣的官员包括三省官员及御史台官员,唐玄宗时期还派遣宦官前去参与救灾。⑥ 玄宗时期,河南河北诸道发生了蝗灾与水灾,唐玄宗派遣礼部尚书前去赈灾,"间者河北河南灾蝗水涝之处,闻其困弊。未获安存,念之忧然,

---

① 毛阳光:《遣使与唐代地方救灾》,《首都师范大学学报(社会科学版)》2003年第4期。
② 〔后晋〕刘昫:《旧唐书》卷90《王及善传》,中华书局,1975年,第2910页。
③ 〔后晋〕刘昫:《旧唐书》卷37《五行志》,中华书局,1975年,第1364页。
④ 〔宋〕王钦若:《册府元龟》卷162《帝王部·命使二》,中华书局,1960年,第1954页。
⑤ 毛阳光:《遣使与唐代地方救灾》,《首都师范大学学报(社会科学版)》2003年第4期。
⑥ 毛阳光:《遣使与唐代地方救灾》,《首都师范大学学报(社会科学版)》2003年第4期。

不忘瘝瘝。宜令礼部尚书……其被蝗水之州,量事赈贷"①。元和元年(806)五月,申(治今信阳)、光(治今潢川)、蔡州(治今汝南)等地发生了旱灾,唐宪宗下诏:"比遭旱损,多缺粮储,特宜赈给,令其有济。申、光、蔡等州宜赐米十万石,陈、许等州赐米五万石。仍令刑部员外郎薛舟充宣慰使,专往存问。"②这些使臣的职责包括代替皇帝巡视灾区,赈灾,监察地方的受灾情况、救灾措施的落实状况等。③

(四)地方救灾机构

1.州刺史、郡太守

隋代的地方救灾机构应当是指州、县级地方政府,州县官员的救灾任务主要包括灾情上报、灾前预防及灾时救助。大业十三年(617),黄河中下游地区发生了水灾,"死者将半,隋帝令饥人就食黎阳,开仓赈给。时政教已紊,仓司不时赈给,死者日数万人"④。这次赈济很可能是在地方上报灾情后,隋炀帝做出的救灾决策。州县长官还通过修筑水利工程来改善灌溉条件,达到预防水旱灾害的目的。卢贲为隋怀州(治今沁阳)刺史,"决沁水东注,名曰'利民渠'"⑤。在地方发生灾害时,地方官员也要迅速承担起救助任务。以岷州为例做一说明,辛公义曾任岷州刺史,"土俗畏病,若一人有疾,即合家避之,父子夫妻不相看养,孝义道绝,由是病者多死。公义患之,欲变其俗。因分遣官人巡检部内,凡有疾病,皆以床舆来,安置厅事。暑月疫时,病人或至数百,厅廊悉满"⑥。辛公义积极参与疫灾的救治。

唐代州、县一级的地方政府也是主要的地方救灾机构。当时已经有明确的法令规定了唐代州县官员在灾情上报及灾时防治的职责。在灾情上报过程中,先由里正负责将百姓的受灾情况上报到县官,县官检实完毕后,再向州官上报,州官对受灾情况再次检覆后,再向尚书省申报。地方官员在灾情上报过程中起

---

① 〔清〕董诰:《全唐文》卷26 玄宗《赈河南河北诏》,中华书局,1983年,第303页。
② 〔清〕董诰:《全唐文》卷59 宪宗《遣使宣慰申光蔡等州诏》,中华书局,1983年,第637~638页。
③ 毛阳光:《遣使与唐代地方救灾》,《首都师范大学学报(社会科学版)》2003年第4期。
④ 〔后晋〕刘昫:《旧唐书》卷67《李勣列传》,中华书局,1975年,第2483页。
⑤ 〔宋〕王钦若:《册府元龟》卷497《邦计部·河渠二》,中华书局,1960年,第5950页。
⑥ 〔唐〕魏徵:《隋书》卷73《辛公义传》,中华书局,1973年,第1682页。

着重要的作用。另外,隋唐时期的律令规定,州县长官需要按时巡视堤坝,若需要修缮,则在农闲时组织百姓及时修补。"'近河及大水有堤防之处,刺史、县令以时检校。若须修理,每秋收讫,量功多少,差人夫修理。若暴水泛溢,损坏堤防,交为人患者,先即修营,不拘时限。'若有损坏,当时不即修补,或修而失时者,主司杖七十。"①及时检查堤防是否完好或在发生水灾时随时处置,都有利于提高救灾的有效性。州县官员还需要积极参与救灾,唐代统治者还把灾害及其救治行为作为对州县官考课奖惩的重要内容,"每岁,尚书省诸司具州牧、刺史、县令殊功异行,灾蝗祥瑞,户口赋役增减,盗贼多少,皆上于考司"②。

2. 诸道观察使、节度使

唐后期节度使在地方的权力不断增强,地位高于州刺史,在救灾方面的权力也有所增强。节度观察使可能具有报灾的职责。据记载,咸通十年(869)六月,崔荛任陕虢(治今三门峡)观察使,"时河南寇盗蜂起,王仙芝乱汉南,朝纲不振,而荛自恃清贵,不恤人之疾苦。百姓诉旱,荛指庭树曰:'此尚有叶,何旱之有?'乃笞之"③。百姓向时任观察使的崔荛诉旱,很可能是地方节度使在当时具有向中央上报灾情的职责。有关节度使防灾救灾的记载也在这个时期逐渐增多。元和八年(813),观察使田弘正与郑滑节度使薛平在卫州(治今卫辉市)开新河,"长十四里,阔六十步,深丈有七尺,决河注故道,滑州遂无水患"④。在朝廷下令开仓赈济时,也多次提到使者与节度使共同商议具体赈灾事宜。如贞元七年(791),德宗下诏,"其州县遭水漂损乏绝户,宜共赐三十万石。度支即与本道节度观察使计度,各随所近支给,委本使择清干官送米给州县"⑤。由中央派出的度支与地方各道节度观察使商议救灾,并且节度使还需要组织地方吏员参与救灾。

(五)特殊救灾机构

中国古代针对疫灾设有专门的医疗机构。唐代中央设有宫中医疗机构尚

---

① 〔唐〕长孙无忌等:《唐律疏议》卷27《杂律·失时不修堤防》,中华书局,1983年,第504~505页。
② 〔宋〕欧阳修、宋祁:《新唐书》卷46《百官一》,中华书局,1975年,第1191页。
③ 〔后晋〕刘昫:《旧唐书》卷117《崔荛列传》,中华书局,1975年,第3404页。
④ 〔宋〕欧阳修、宋祁:《新唐书》卷39《地理志二》,中华书局,1975年,第1013页。
⑤ 〔清〕董诰:《全唐文》卷52德宗《宣慰河南河北诏》,中华书局,1983年,第566页。

药局,隶属于殿中省,主要负责皇帝、皇族和后宫的医疗服务。药藏局是服务于皇太子的医疗机构。唐朝中央最大的医疗机构是隶属于太常寺的太医署,"岁给药以防民疾"①,国家发生重大疫灾,朝廷常派太医巡疗救治。

唐朝规定:"凡有疫之处,委长吏简寻医方,于要路晓示,如有家无骨肉兼困穷不济者,即仰长吏差医给药救疗之。"②唐代还在三都(西都长安、东都洛阳、北都太原),地方各都督府、州设立医疗机构,这在历史上是个重大突破,使救治疫灾有了制度保障。各地医疗机构由医学博士负责。《新唐书》云:"医学博士一人,从九品上。掌疗民疾。贞观三年(629),置医学,有医药博士及学生。开元元年(713),改医药博士为医学博士,诸州置助教,写《本草》《百一集验方》藏之。未几,医学博士、学生皆省,僻州少医药者如故。二十七年(739),复置医学生,掌州境巡疗。永泰元年(765),复置医学博士。三都、都督府、上州、中州各有助教一人。三都学生二十人,都督府、上州二十人,中州、下州十人。"

二、救灾程序

隋朝短祚,关于报灾、检灾程序的记载较少,应当是继承了前朝的救灾程序。中国的报灾、检灾程序在唐代已经基本成熟,并且取得了一些成效。由地方县、州逐级上报灾情到尚书省,再由中央研究做出应对灾情的决策,之后下令逐级开始执行救灾措施。针对严重的灾情,中央会派遣使臣赴灾区参与救灾。

(一)报灾

报灾是指由地方官员将受灾情况上报到中央的救灾程序。唐代的灾情上报过程有明确的法令规定。《唐律疏议》卷13《户婚》中记载:"……其应损免者,皆主司合言。主司谓里正以上,里正须言于县,县申州,州申省,多者奏闻。"这则史料已经清楚地将灾情上报的过程呈现出来了。在百姓向里正诉灾后,里正要将受灾状况上报州县,经过州县勘察无误后,再由州县长官上报尚书省,这

---

① 〔宋〕欧阳修、宋祁:《新唐书》卷48《百官三》,中华书局,1975年,第1244页。
② 〔清〕董诰:《全唐文》卷101梁太祖《暑月施恩诏》,中华书局,1983年,第1038页。

是当时灾情的上报过程。唐律还规定,若不如实上报灾情,地方上负责上报的官吏与中央派去检覆灾情的官吏还会受到一定的处罚。"其应言而不言及妄言者,所由主司杖七十,其有充使覆检不以实者,与同罪,亦合杖七十。"同时唐代统治阶层也注重地方上报灾情信息的完整性及数据的准确性。以冀州上报的灾情内容为例,总章二年(669)七月,冀州上奏:"六月十三日夜降雨,至二十日,水深五尺,其夜暴水深一丈已上,坏屋一万四千三百九十区,害田四千四百九十六顷。"①救灾决策者则根据详细的受灾状况而制定出相应的救灾措施。

(二)勘灾

在逐级上报的过程中,还包括勘灾,在唐前期又被称为检灾或者覆灾,即由地方官员实地勘察灾民申告的受灾情况是否属实,以防灾民谎报灾情。据记载,"田有水、旱、虫、霜为灾处,据见营田,州、县检实,具帐申省"②。在灾害发生时,地方长官要检覆灾民实际耕种土地的受灾状况。这里的地方长官包括州官与县官,也就是说,在县官向州一级申报灾情时,还需要检实一次受灾情况,州官在接到县官的奏报时,也要再次检覆灾情。唐后期,各道观察使也有勘覆灾情的职能。以滁、和两州为例,大和年间,滁、和两州发生了水灾,文宗下诏:"据所申奏漂溺人户处,宜委本道观察使与本州刺史子细检勘,全放今年秋税钱米,仍以义仓斛斗,逐便据户赈接。"③这次检勘虽是申报之后的第二次勘察,但也说明观察使会参与地方检灾。在地方官员检灾结束之后,再向尚书省上报灾情。

(三)议灾

灾害发生并上报中央后,皇帝和宰相会讨论救灾救治方案,这一过程为议灾。隋代在中央实行三省制度,三省长官是当时的宰相,救灾决策也应当是由三省长官与皇帝共同决策后,下发地方执行或派遣使臣前往灾区救灾。其中尚书省地位突出,据记载,隋尚书省"事无不总"④,既是当时的决策机构,也是行政机构。从隋有关遣使赈济的记载来看,派遣民部、工部尚书前期赈灾的情况

---

① 〔后晋〕刘昫:《旧唐书》卷37《五行志》,中华书局,1975年,第1352页。
② 〔唐〕白居易:《白孔六帖》卷82《旱·水旱免税令》,上海古籍出版社,1989年,第347页。
③ 〔清〕董诰:《全唐文》卷74文宗《赈恤诸道水灾德音》,中华书局,1983年,第782页。
④ 〔唐〕魏徵:《隋书》卷28《百官志》,中华书局,1973年,第774页。

较多。开皇五年(585)八月,黄河以南地区发生了水灾,皇帝遣当时的民部尚书苏威前去赈济百姓。开皇六年(586)二月,山南地区的荆州、淅州(治今西峡县)等七州出现了水灾,当时隋文帝派遣了前工部尚书长孙毗去赈恤百姓。[1] 仁寿二年(602)九月,时河南、河北诸州发生了水灾,"遣工部尚书杨达赈恤之"[2]。

因唐前期对因灾蠲免有明确的法令规定,那些危害较小的灾害可能无须由皇帝组织大臣讨论救灾决策。据记载,当时地方受灾状况的申报程序为"县申州,州申省,多者奏闻"[3]。也就是说,一般的灾害蠲免无须再向皇帝奏闻,那些蠲免数量较多的情况则需要上报皇帝,蠲免数量多的情况事实上也是造成严重影响的灾害。前者的处理方式应当是在尚书省接到地方的奏报之后,根据法令,视灾情严重程度提出减免租调的措施,以奏抄的形式向皇帝奏闻,经门下省官员的读、省、审后,最后由皇帝御画,再下发地方执行即可。针对较为严重的灾害,若是需要救济或者蠲免范围较广,尚书省需要将此类灾害向皇帝上奏,也就是"多者奏闻"。唐前期,针对这类灾害的处置,则需要尚书省将有关灾情的奏报通过中书省奏闻皇帝,后经过中书省、门下省、尚书省长官的商议,制定赈济措施。做出救灾决议后,由中书省草拟诏敕,通过门下省审议后,再将敕令交给尚书省。由尚书户部将诏敕草成诏令,后由尚书都省下发地方执行。[4] 有关这类灾害的救灾记载多以诏敕的形式被保留了下来。唐后期中枢体制发生了变化,灾害决策多由皇帝与宰臣商议,救灾诏敕的起草也交由翰林学士。据《唐会要》卷57《翰林院》载:"凡白麻制诰,皆朝廷代言,命辅臣、除节将、恤灾患、讨不庭,则用之。宰臣于正衙受,付通事舍人。"再由中书舍人下发地方执行。[5]

(四)救灾

隋唐五代时期救灾活动的开展主要包括两种形式,一种是直接由地方官员开仓赈济百姓或出稟官物救灾,另一种则是由中央派遣使臣前往灾区救灾。隋

---

[1] 〔唐〕魏徵:《隋书》卷1《高祖纪上》,中华书局,1973年,第23页。
[2] 〔唐〕魏徵:《隋书》卷2《高祖纪下》,中华书局,1973年,第47页。
[3] 〔唐〕长孙无忌等:《唐律疏议》卷13《户婚》,中华书局,1983年,第247页。
[4] 毛阳光:《唐代灾害奏报与监察制度略论》,《唐都学刊》2006年第6期。
[5] 毛阳光:《唐代灾害奏报与监察制度略论》,《唐都学刊》2006年第6期。

开皇三年(583),隋文帝命"诸州水旱凶饥之处,亦便开仓赈给"[1]。由地方官员直接开仓赈济灾民可以节省使臣前往灾区救灾或因繁复的程序而花费的时间。不过这个时期针对大型的自然灾害,统治者大多是派遣使者前往灾区救灾。其中使者的身份大都是尚书省下的官员,如民部尚书、工部尚书等,前文已有说明,此处不再赘述。

  唐代时救灾活动的开展也主要包含这两种形式。贞观元年(627)夏,"山东诸州大旱,令所在赈恤"[2]。这里应当是指地方官员直接开仓赈恤。永徽四年(653),光州(治今潢川)、婺州、滁州、颍州等州发生了旱灾,高宗下令"赈贷之"[3]。开元年间,道采访使有时也可以开仓赈济灾民。开元二十三年(735)八月,江淮以南地区出现了水灾,"委本道使赈给之"[4]。开元二十八年(740),河北道二十四个州遭遇水灾,"敕本道采访使量事赈给"[5]。这个时期的采访使、按察使可以看作是中央派往地方的监察官,这类救灾情况与遣使赈济的意义更为接近。唐代时通过派遣使者前往灾区救灾的记载也很多,唐前期,太宗、高宗、玄宗时期派遣使臣前去赈灾的记载较多;唐中后期,宪宗、文宗时期也多次派遣使臣参与救灾。所派使臣的职务较为多元,包括三省官员、御史、郎官及谏官等。唐贞观元年,分派中书侍郎温彦博、尚书右丞魏徵、治书侍御史孙伏伽、检校中书舍人辛谞等前往河北等地勘察各地的受灾状况。[6] 开元三年(715),遣礼部尚书郑惟忠持节河南,宣抚受灾百姓;工部尚书刘知柔持节河北道,安抚灾民。[7] 开元二十二年(734),因怀州(治今沁阳)、卫州(治今卫辉市)、邢州、相州(治今安阳)等地百姓少粮,唐玄宗派遣中书舍人裴敦前去巡问。[8] 唐后期,度支使及转运使常作为出使对象,参与救灾。元和十年(815),宪宗命度支郎中薛公幹前去赈济易州、定州等州。[9] 五代时期也以上述两种方式救灾。

---

[1] 〔唐〕魏徵:《隋书》卷24《食货志》,中华书局,1973年,第684页。
[2] 〔后晋〕刘昫:《旧唐书》卷2《太宗纪上》,中华书局,1975年,第32页。
[3] 〔宋〕王钦若:《册府元龟》卷105《帝王部·惠民一》,中华书局,1960年,第1257页。
[4] 〔宋〕王钦若:《册府元龟》卷105《帝王部·惠民一》,中华书局,1960年,第1261页。
[5] 〔宋〕王钦若:《册府元龟》卷105《帝王部·惠民一》,中华书局,1960年,第1261页。
[6] 〔清〕董诰:《全唐文》卷4 太宗《赈关东等州诏》,中华书局,1983年,第55页。
[7] 〔宋〕王钦若:《册府元龟》卷105《帝王部·惠民一》,中华书局,1960年,第1259页。
[8] 〔宋〕王钦若:《册府元龟》卷105《帝王部·惠民一》,中华书局,1960年,第1261页。
[9] 〔宋〕王钦若:《册府元龟》卷105《帝王部·惠民一》,中华书局,1960年,第1266页。

但不论是由地方直接开仓赈济,还是中央派遣使者前去灾区赈恤灾民,地方官员在落实救灾决策的过程中都起着重要作用。贞元七年(791),"自江淮而及于荆襄,历陈宋而施于河朔,其间郡邑,连有水灾"。十二月,唐德宗下令,"其州县遭水漂损乏绝户,宜共赐三十万石,度支即与本道节度观察使计度,各随所近支给,委本使择清干官送米给州县"。[1] 这里的"本使"应当是指节度观察使,其所挑选的清干官即本道地方官吏,可见他们是负责具体落实救灾措施的主要官吏。

(五)监察

一方面,是关于调拨救灾物资及防灾所需的花费,这些都需要经尚书省的比部司审计,后再由御史监察。[2] 比部司隶属于刑部。据《通典》卷23《职官五》载,曹魏时期有比部曹,晋朝延续了这一设置,北齐时比部主要负责诏书、律令及勾检等事务。后周时期被称为计部中大夫,隋初为比部侍郎,隋炀帝时期改为比部郎,唐武德年间又改为比部侍郎,龙朔二年(662)改为司计大夫,咸亨元年(670)又改回比部侍郎,天宝十一载(752)改为司计,至德初年又再次被改为比部侍郎。唐代比部司的人员设置为比部郎中一员,员外郎一人,主事二人,令史二人,书令史二十七人,计史一人,掌固四人。史载比部郎中、员外郎的职务范围包括"掌勾诸司百僚俸料、公廨、赃赎、调敛、徒役、课程、逋悬数物,周知内外之经费,而总勾之"[3]。比部是独立于财政管理机构之外的审计机构,有着重要意义。比部郎中所勾校核对的内容范围广,其中对逋悬数物及经费的审计便涉及了对救灾财政的监督,因为内外经费中包括了对救灾物资的调拨,对蠲免灾民所拖欠债务的审计也涵盖在逋悬勾对之中。在救灾过程中,朝廷可能会采取向灾民赈贷粮食谷物或调粮救民的举措,这些物资也要交由比部审计,"凡京师有别借食本,每季一申省,诸州岁终而申省,比部总勾覆之"[4]。"凡仓库、出内、营造、佣市、丁匠、功程、赃赎、赋敛、勋赏、赐与、军资、器仗、和籴、屯牧,亦勾覆之。"[5]有关仓库物资的使用、工程的营造及各地对粮食等物资的和籴情况都

---

[1] 〔清〕董诰:《全唐文》卷52 德宗《宣慰河南河北诏》,中华书局,1983年,第566页。
[2] 袁祖亮主编,闵祥鹏著:《中国灾害通史·隋唐五代卷》,郑州大学出版社,2008年,第148页。
[3] 〔后晋〕刘昫:《旧唐书》卷43《职官二》,中华书局,1975年,第1839页。
[4] 〔后晋〕刘昫:《旧唐书》卷43《职官二》,中华书局,1975年,第1839页。
[5] 〔后晋〕刘昫:《旧唐书》卷43《职官二》,中华书局,1975年,第1839页。

要受比部的审计,这些都与救灾密切相关。比部对调拨救灾物资,减免受灾百姓的赋税、债务,以及建设防灾工程的审计可以起到监督的作用,防止救灾官员出现滥用、贪污救灾物资的情况。

另一方面,是对地方官员申报灾害及救灾措施落实情况的监督,主要机构是当时的御史台。隋时设有御史台,唐武德年间亦称为御史台,龙朔二年(662)改为宪台,咸亨年间改回御史台。光宅元年(684),将其分为左右肃政台,其中左台负责监察京师百司,右台则按察州县。唐时,御史台设有大夫一员、中丞二员,其下有台院、殿院及察院。在台院设有侍御史,殿院设殿中御史,察院有监察御史。按唐制规定,御史台有监察比部之权,"度支、太府、金部、仓部等官并掌出纳,以比部勾稽,而以御史监察之"①。御史会再次审查已经由比部审计过的物资使用状况。御史大夫及御史中丞具有弹劾中外百僚的权利,监察御史"掌分察巡按郡县、屯田、铸钱、岭南选补、知太府、司农出纳,监决囚徒"②之责。御史监察百官及巡察地方的职责中涵盖了监督救灾。从史料来看,中央经常派御史前往灾区检覆灾情或是充当救灾的使臣,后者既可以勘验灾情是否属实,同时也能够监督救灾措施的落实。开元初,黄河中下游地区发生了蝗灾,玄宗遣谏议大夫韩思复前往灾区检实受灾之处,后又令监察御史刘沼"重加详覆"③。唐大历末年,发生了旱灾,严郢请蠲免百姓租税,宰相杨炎"令度支御史按覆"④。这是在地方官员上报灾情后,御史前往受灾地区覆灾的记载。唐代统治者也会直接派遣御史前往灾区赈灾。开元十四年(726)秋,"五十州水,河南、河北尤甚,苏、同、常、福四州漂坏庐舍,遣御史中丞宇文融检覆赈给之"。御史中丞宇文融此次的救灾职责包括检覆灾情是否属实及赈给百姓。

事实上,在当时除御史负有检覆灾情及监督救灾决策落实状况职责外,还有一些官员负有监察之责。毛阳光先生已经研究了唐代的灾情监察。⑤ 除上述御史监察外,还包括派遣使臣监察,是指在发生大面积受灾时,专门派遣使臣前

---

① 引自袁祖亮主编,闵祥鹏著的《中国灾害通史·隋唐五代卷》中的引文,第149页。出自蒋廷锡:《古今图书集成》卷659,中华书局,巴蜀书社,1985年。
② 〔后晋〕刘昫:《旧唐书》卷44《职官三》,中华书局,1975年,第1863页。
③ 〔后晋〕刘昫:《旧唐书》卷101《韩思复传》,中华书局,1975年,第3149页。
④ 〔宋〕欧阳修:《新唐书》卷145《严郢传》,中华书局,1975年,第4729页。
⑤ 毛阳光:《唐代灾害奏报与监察制度略论》,《唐都学刊》2006年第6期。

往灾区巡覆与监督,所派使臣的职务大多不固定,包括一些朝廷大员、诸司郎官,有时也会有宦官。此外,还有出使官员的临时性监察,这是指有些出使官员也具有监察灾况的职责。如元和七年(812),宪宗下发敕文,"今后应出使郎官、御史,所历州县,其长吏政俗,闾阎疾苦,水旱灾伤,并一一条录奏闻"[①]。再者,自安史之乱后,唐统治者在各地建立了巡院[②],在其职责当中也涉及了监察救灾实效的部分。唐武宗在会昌元年(841)下发的诏书中提到,"今年诸道水灾蝗虫,诸州县或有存恤未及处,并委所在长吏与盐铁度支延(巡)院同访问闻奏"[③]。巡院在此时起到了监察救灾措施落实情况的作用。

三、一般灾害防治

(一)救灾物资节约筹集

减膳是这一时期统治阶层在灾时采取的一项较为常见的禳灾措施,客观上起到了节约粮食的作用。受天人感应思想的影响,隋唐五代时期的统治阶层将灾害发生的原因归结于上天对皇帝的警示。贞观年间,唐太宗针对发生的水灾下诏,"暴雨为灾,大水泛溢。静思厥咎,朕甚惧焉。文武百僚,各上封事,极言朕过,无有所讳。诸司供进,悉令减省"[④]。通过减省诸司上供来回应上天的惩戒。有时统治阶层采取的减膳力度较大,高宗曾因河南地区发生了大范围的水灾而下诏减去了三分之二的膳食。"夫国以人为本,以食为天,百姓不足,君孰与足?朕临御天下,于今七年,每留心庶绩,轸虑农亩,而政道未凝,仁风犹缺,致令九年无备,四气有乖,遂使去秋霖滞,便即罄竭。所以仁西郊而结念,眷东

[①] 〔宋〕王溥:《唐会要》卷62《出使》,中华书局,1998年,第1084页。
[②] 巡院是在唐代宗时期刘晏担任盐铁转运使期间于各道设置的,"诸道各置知院官,每旬月,具州县雨雪丰歉之状白使司,丰则贵籴,歉则贱粜,或以谷易杂货供官用,及于丰处卖之。知院官始见不稔之端,先申,至某月须如干蠲免,某月须如干救助,及期,晏不俟州县申请,即奏行之……"知院官在灾害还未对百姓造成影响时,已经向盐铁转运使申报了灾情及提出救灾建议,提高了救灾效率,起到了救灾减灾效果。
[③] 〔宋〕李昉:《文苑英华》卷441,中华书局,1966年,第2229页。
[④] 〔清〕董诰:《全唐文》卷6太宗《大水求直言诏》,中华书局,1983年,第74页。

作以劳怀。岂下乏农夫,上甘珍馔。宜令所司,常进之食,三分减二"①。唐后期针对频发的灾害,统治阶层也会采取减膳的措施。唐文宗曾下诏:"应久旱处,管内名山大川能致风雨者,亦委长吏精诚祷请……朕为人父母,虔奉丕业,夕惕若厉,夙夜匪宁。减膳彻乐,庶答天诫。"②在国用不足的情况下,统治阶层还会通过减少其他用度以救灾荒,以其他地区为例做一说明。唐文宗于大和六年(832)下诏:"如闻诸道水旱害人,疾疫相继……疾疫未定处,官给医药。诸道既有赈赐,国费复虑不充,其供御所须及诸公用,量宜节减,以救灾荒。"③

禁酒是古代统治者在灾时采取的一项节约粮食的措施。因酿酒会消耗粮食,灾时粮食供应紧张,为减少灾时粮食的意外损耗,隋唐五代时期的统治者也采取禁酤酒的措施。乾元元年(758),因百姓饥馑,唐肃宗下发了禁京城酤酒敕:"为政之本,期于节用,今农功在务,廪食未优。如闻京城之中,酒价尤贵,但以曲糵之费,有损国储,游惰之徒,益资废业。其京城内酤酒,即宜禁断,麦熟之后,任依常式。"④此例虽仅涉及当时的都城长安,但也说明这时统治阶层会采取禁酒的举措以防止灾区粮食的损耗。不过从史料记载来看,整个隋唐五代时期通过禁酒来节约粮食的情况较为少见。

(二)救灾物资储存

隋唐五代时期一些官员继承了前人的经验教训,也非常重视储存充足的粮食以备灾荒。隋代的长孙平在北齐义租的基础上,主张在民间建立专门用于救灾的粮仓、义仓。他认为"国以民为本,民以食为命,劝农重谷,先王令轨。古者三年耕而余一年之积,九年作而有三年之储,虽水旱为灾,而民无菜色,皆由劝导有方,蓄积先备者也"⑤。他深刻地认识到稳定统治最根本的是满足百姓的衣食问题,为使百姓在水旱之年也能够有充足的食物,那必须要储备充足的粮食。

---

① 〔清〕董诰:《全唐文》卷12高宗《减膳诏》,中华书局,1983年,第146页。
② 〔清〕董诰:《全唐文》卷74文宗《赈恤诸道旱灾敕》,中华书局,1983年,第776页。
③ 〔后晋〕刘昫等:《旧唐书》卷17《文宗纪下》,中华书局,1975年,第545页。
④ 〔清〕董诰:《全唐文》卷44宪宗《禁京城酤酒敕》,中华书局,1983年,第482页。
⑤ 〔唐〕魏徵:《隋书》卷46《长孙平传》,中华书局,1973年,第1254页。

唐中期的政治家陆贽也重视仓储,"储积备灾,圣王之急务也"①,蓄积粮食以备灾荒是统治者非常重要的事务,由此,他主张建立义仓。当时开明的统治者也大都听从这些官员的主张,建立义仓、常平仓以应对灾荒。

与前朝相比,这个时候设立了专门为应对灾害储备粮食的仓库义仓,在隋代又被称为社仓。隋度支尚书长孙平首次提出"储之闾巷,以备凶年",主张在民间建立义仓。隋朝出现民间设立义仓的现象应当是北齐义租的进一步发展。唐代在隋朝的基础上又不断完善义仓的相关规定,在更大范围内建立了义仓。

常平仓建立的目的之一也是应对灾害。汉宣帝时"耿寿昌请于边郡皆筑仓,谷贱时增价而籴,贵时减价而粜,名曰常平仓"②,通过控制商品的市场流通量,起到平抑物价,使谷贱不伤农,打击囤积居奇的作用,但常平仓储存的粮食谷物在唐后期也被用来赈济灾民。"张弓先生曾考证,从宪宗元和至宣宗大中七十余年间,常平仓充赈见于史籍者约十余次。"③可见常平仓在当时除具有平抑物价的作用外,储存的粮食也被用来赈济。隋文帝开皇三年(583)在陕州设置了常平仓,唐永徽年间在京师设立了常平仓,开元七年(719)后设立常平仓的地方越来越广。常平仓的建立与普及在平抑物价及救济灾民方面都起到了很好的作用。

此外,这一时期内还存在着太仓(长安)、含嘉仓(设在洛阳城内)及正仓(各地官仓)等粮仓,在灾害严重的情况之下,经统治者的允许也可以用来赈灾。贞元十四年(798)九月,"以岁饥,出太仓粟三十万石出粜。是岁冬,河南府谷贵人流,令以含嘉仓粟七万石出粜"④。地方正仓储备粮也会在必要的时候被官员用来赈济灾民,在常平仓、义仓前,它是赈灾物资的主要来源。隋唐五代时的仓储较前朝有了很大的发展,提高了整体的抗灾能力。

(三)救灾物资调运流通

灾时转运其他地区的粮食到灾区也是当时筹集粮食的方式之一。虽然河

---

① 〔清〕董诰:《全唐文》卷465《均节赋税恤百姓六条其五请以税茶钱置义仓以备水旱》,中华书局,1983年,第4758页。
② 〔唐〕杜佑:《通典》卷26《职官八》,中华书局,1988年,第732页。
③ 袁祖亮主编,闵祥鹏著:《中国灾害通史·隋唐五代卷》,郑州大学出版社,2008年,第156页。
④ 〔后晋〕刘昫等:《旧唐书》卷49《食货志下》,中华书局,1975年,第2126页。

南地区仓储丰富,但其也是隋唐五代时期灾害频发之地,灾害具有连续性与波及范围广的特点,遇到灾荒严重时期,也需要转运江淮地区的粮食以救济灾民。开元十五年(727)秋,"天下州六十三,大水,害稼及居人庐舍,河北尤甚"①。灾害发生之时,已经使用东都洛阳租米二十万石进行赈济,但到十二月份,河北道灾民饥馑,"转江淮以南租米百万石以赈给之"②。兴元元年(784)秋,黄河中下游地区发生了旱灾、蝗灾,在朝政较为平稳之后,至同年十月,德宗下诏赐宋亳、缁青、泽潞、河东、恒冀、幽、易定、魏博等八节度使米各五万石,河阳、东畿各赐三万石,"所司般运,于楚州分付"③。楚州属淮南道,位于大运河与淮河的交汇口,这说明此次赈灾所需的粮食来自江淮地区。之所以由各节度使前往楚州运输赈灾粮,很可能是由于大运河所经之地汴州处于李希烈的控制。建中四年(783),李希烈控制了汴州,直至兴元元年十一月,汴州才归于唐王朝的统治范围之内,当时还无法将粮食大规模地运往黄河中下游地区。转运其他地区的粮食赈济灾民,很可能会因转运时间长而延误救灾时机,为应对这一问题,唐后期统治者也会动用当地所贮军粮救济灾民。以其他地区使用军粮救济灾民的例子对此做一说明。元和四年(809)十一月,因淮南道三州、浙西道三州发生了旱灾,"以江西、湖南、鄂岳、荆南等使折籴米三十万石,赈贷淮南道三州,三十万石贷浙西道三州,恐此米来迟不救,敕所切宜委淮南、浙西观察使,且宜当道军粮米据数给旱损人户"④。先由军粮赈济百姓,后再由转运来的粮食充作军粮,这种做法可以增强救灾实效。

唐后期统治者也鼓励商人转运粮食到灾区,起到平抑物价的作用。受灾地区因粮食歉收而导致物价上涨,灾时平抑物价也是救灾内容之一。商人趋利,自然会将粮食运往物资匮乏之地,一定程度上能够缓解灾区粮食供应紧张的局面。唐后期统治者便在灾时鼓励各地通商往来,以促进物资流转。大和三年(829),因河南道、河北道常年出现水、旱等灾害,且兵役繁重,时汴州、徐州管辖范围内又遇涝灾,但因地方官吏禁止粮食售往其他地区,导致各地物资无法正常流通,"州县长吏苟思自便,条约不令出界,虽无严榜以避诏条,而商旅不通,

---

① 〔宋〕欧阳修、宋祁:《新唐书》卷36《五行志三》,中华书局,1975年,第931页。
② 〔后晋〕刘昫等:《旧唐书》卷8《玄宗纪上》,中华书局,1975年,第191页。
③ 〔后晋〕刘昫等:《旧唐书》卷12《德宗纪上》,中华书局,1975年,第347页。
④ 〔宋〕王钦若:《册府元龟》卷106《帝王部·惠民二》,第1265页。

米价悬异,致令水旱之处种食无资"①。唐文宗因此而派遣御史前往河南道巡检,以打破各地禁止向其他地区出售粮食的规定,使商旅可以正常通行,促进粮食等物资流通。

(四)救灾物资发放

隋唐五代的统治者继承了前朝施粥、赈粟、赈帛等措施,无偿地向灾民提供救济。开皇五年(585),"(八月)甲辰,河南诸州水,遣民部尚书邳国公苏威赈给之"②。宪宗时,"申(治今信阳)、光(治今潢川)、蔡(治今汝南)及陈、许两道将卒百姓等,比遭旱损,多缺粮储,特宜赈给,令其有济。申、光、蔡等州宜赐米十万石,陈、许等州赐米五万石"③,这是向灾民直接赈济粮食的记载。仪凤二年(677),"夏四月,以河南、河北旱,遣使赈给"④,派遣使臣前往灾区赈济灾民也是隋唐五代时期常见方式之一。

遣使赈济一方面可以核查灾情,对灾情制定出合理的救灾策略;另一方面也是对地方官救灾情况的监督。唐太宗下发的派遣使者前往灾区的诏书中提到"虫霜为害,风雨不时,政道未康,咎征斯在……有致饥馑,渐惕无忘,特宜矜恤,救其疾苦。可令中书侍郎温彦博、尚书右丞魏徵、治书侍御史孙伏伽、检校中书舍人辛谓等,分往诸州,驰驿检行。其苗稼不熟之处,使知损耗多少。户口乏粮之家存问,若为支计,必当细勘。速以奏闻,待使人还京,量行赈济"⑤。使者到受灾地后,需要对受灾民众的具体损失情况做详细的调查,并"速以奏闻,待使人还京"才会"量行赈济",如此细致的考察会使得赈灾物资发挥其最大的效能,但遣使—上报—赈济需要耗费一定的时间,反而会错过最佳的救灾时间。针对赈济过程繁杂,有时统治者会授予所派使者更大的权力,使其"量行赈济"。开元十四年(726)秋,"十五州言旱及霜,五十州言水,河南、河北尤甚,苏、同、常、福四州漂坏庐舍,遣御史中丞宇文融检覆赈给之"⑥。

---

① 〔宋〕王钦若:《册府元龟》卷502《邦计部·平籴》,第6015页。
② 〔唐〕魏徵:《隋书》卷1《高祖纪上》,中华书局,1973年,第23页。
③ 〔清〕董诰:《全唐文》卷59宪宗《遣使宣慰申光蔡等州诏》,中华书局,1983年,第637~638页。
④ 〔后晋〕刘昫:《旧唐书》卷5《高宗纪下》,中华书局,1975年,第103页。
⑤ 〔清〕董诰:《全唐文》卷4太宗《赈关东等州诏》,中华书局,1983年,第55页。
⑥ 〔后晋〕刘昫:《旧唐书》卷8《玄宗纪上》,中华书局,1975年,第190页。

除了直接赈济粮食,统治者也会赈济帛、盐等。《唐会要》卷43《水灾上》载,贞观十一年(637)七月,太宗下诏曰:"遭水之处,赐帛有差。"太宗下诏赐予遭遇水灾的洛阳百姓帛,同时还"废明德宫及飞山宫之元圃院,分给河南洛阳遭水户"。贞元十八年(802)"秋七月庚辰,蔡、申、光三州春水夏旱,赐帛五万段,米十万石,盐三千石"①。对遭受旱灾的河南灾民赈济帛、米及盐。

赈贷是一种有偿赈济的方式,统治者通过有偿向灾民提供种子、耕牛、生产工具等帮助灾民渡过灾荒,这有助于农业的恢复。玄宗在《缓逋赋诏》中就提到"河南河北诸州,去年缘遭水涝,虽频加赈贷,而恐未小康……然以产业初营,储积未赡,若非宽惠,不免艰辛。其贷粮麦种、谷子,回转变造,诸色欠负等并放,侯丰年以渐征纳,蚕麦事毕,及至秋收后,并委刺史、县令专勾当,各令贮积,勿使妄有费用"②。在灾民粮食获得好的收成之后,逐渐收回借贷出去的种子。这种借贷的方式在隋唐五代时期也是常见的一种救灾措施,也可以看作是灾后恢复生产力的方式之一。

出粜是指将粮食等物资以低于市场的价格出售给灾民,一方面防止大商人、富户囤积居奇,另一方面使百姓不会因物价过高而无粮可食。永隆元年(680),洛阳百姓饥馑,唐高宗命地方官员"减价出粜,以救饥人"③。天宝十四载(755)正月,因百姓饥乏,唐玄宗命地方官员向灾民出粜粮食,"河南府(治今洛阳)畿县出三十万石,太原府出三十万石,荥阳(治今郑州)、临汝(治今汝州市)等郡各出粟二十万石,河内郡出米十万石,陕郡(治今三门峡)出米二万石,并每斗减时价十文,粜与当处百姓"④。此次出粜是在原来物价的基础上减少了十文钱。从数量来看,此次各郡出粜的粮食较多。以河南府为例,共计在市场上投入三十万石粮食,若以天宝年间河南府人口(约一百一十八万三千九十三口)计算,假定粮食全部用来赈济灾民,按当时成人约一日二升口粮的标准,这些粮食大概可以维持全部百姓半月以上的生活。这一批粮食投入河南府市场后,因粮食缺乏导致的物价上涨会得到一定的控制。大和八年(834),淮南道、江南道等地区发生了涝灾,文宗命地方官吏以低于市场价一半的价格出粜官仓

---

① 〔后晋〕刘昫:《旧唐书》卷13《德宗纪下》,中华书局,1975年,第396页。
② 〔清〕董诰:《全唐文》卷229 玄宗《缓逋赋诏》,中华书局,1983年,第333~334页。
③ 〔后晋〕刘昫:《旧唐书》卷5《高宗纪下》,中华书局,1975年,第107页。
④ 〔宋〕王钦若:《册府元龟》卷105《帝王部·惠民一》,中华书局,1960年,第1261页。

粮食,"如无贮蓄处,即以常平义仓米出粜"①。

(五)赋役债务减免

与前朝有所不同,隋唐五代的赋税、徭役等的征收已经将受灾的情况考虑在内,直接继承了北周的制度。统治者也会根据受灾的严重程度做出相应的减免措施。《唐六典》卷3《尚书户部》中记载,武德七年(624),"凡水、旱、虫、霜为灾害,则有分数:十分损四已上,免租;损六已上,免租、调;损七已上,课、役俱免。若桑、麻损尽者,各免调。若已役、已输者,听免其来年"。

1. 减免租税

如唐太宗贞观元年(627)夏,"山东诸州大旱,诏无出今年租赋"②。唐玄宗开元五年(717)二月,"河南、河北遭涝及蝗虫处,无出今年地租"③。通过减免租税减轻灾民的负担,这有利于安定民心,稳定社会秩序。

2. 减免徭役

神龙元年(705)六月,"洛水暴涨,坏庐舍二千余家,溺死者甚众"。八月,诏"河南、洛阳百姓被水兼损者给复一年"④。开成五年(840)六月丙寅,"河北、河南、淮南、浙东、福建蝗疫州除其徭"⑤。蠲免徭役在很大程度上减少了对百姓从事农业生产的干预,有利于灾民安心从事农业生产,恢复正常的生产生活秩序。

3. 减免债务

唐宪宗元和七年(812)二月,"诏以去秋旱歉,赈京畿粟三十万石;其元和六年春赈贷百姓粟二十四万石,并宜放免"⑥。对债务的减免有助于降低百姓因灾害及债务而破产的数量,从而达到稳定民心的作用。

(六)灾民护理安置

隋唐五代的统治者依然继承了前代灾后安置与管理流民的措施。为尽快

---

① 〔宋〕王钦若:《册府元龟》卷106《帝王部·惠民二》,中华书局,1960年,第1269页。
② 〔宋〕王钦若:《册府元龟》卷490《邦计部·蠲复二》,中华书局,1960年,第5860页。
③ 〔后晋〕刘昫:《旧唐书》卷8《玄宗纪下》,中华书局,1975年,第177页。
④ 〔后晋〕刘昫:《旧唐书》卷7《中宗纪上》,中华书局,1975年,第140页。
⑤ 〔宋〕欧阳修、宋祁:《新唐书》卷8《武宗纪》,中华书局,1975年,第240页。
⑥ 〔后晋〕刘昫:《旧唐书》卷15《宪宗纪下》,中华书局,1975年,第441页。

安置灾民,统治者会为灾民提供财物、贷给棺木及修葺屋舍等。高宗永隆元年(680),"河南、北诸州大水。诏遣使分往存问,其漂溺死者,各给棺槽,仍赠其物七段;屋宇破坏者,劝课乡间,助其修葺,粮食乏绝者给贷之"①。在此次救济灾民过程中,为灾民提供棺木以掩埋尸体,还为灾民修缮房屋等,这些都有助于安抚灾民。

对于流入其他地区的灾民,统治者则加强对流民的管理及救济。玄宗开元十四年(726),诏曰:"近闻河南宋(治今商丘)、沛等州百姓多有沿流逐熟去者,须知所诣,有以安存,宜令本道劝农事,与州县检责其所去及所到户数奏闻。"②要求地方官调查灾民的迁入地,要详知具体流动的人口数量,这些措施有利于对流民的管理。同时,唐玄宗还有一个目的是让灾民可以尽快得到救助,"有以安存"。

四、特种灾害防治

(一)水旱防灾

水利工程也是历代统治者非常重视的抗击水旱灾害及扩大灌溉面积的重要方式,隋唐五代的统治者也利用水利工程应对水旱灾害。隋开皇八年(588),"天子遣使,将水工,巡行川源,相视高下,发随近丁以疏导之"③,设置了专门管理水利事务的官员。唐代也重视修建水利工程,一些学者研究认为,仅唐代兴修的水利建设共有264项。安史之乱之前修建了163项,约占总数的3/5强;安史之乱后唐代修建了101项。④ 河南作为当时重要的粮食生产基地与供应地,统治者也注重在河南修建水利工程。与隋朝相同,唐代也设有专门掌管天下水利事务的机构。工部中的水部司负责全国水利的管理,都水监负责全国水利事务的具体管理。这些官职的设置都说明了统治者对水利工程的重视。

唐代和五代时,黄河及其支流频现决堤、溢出的现象,这个时期的地方官及

---

① 〔宋〕王钦若:《册府元龟》卷147《帝王部·恤下二》,中华书局,1960年,第1778页。
② 〔宋〕王钦若:《册府元龟》卷147《帝王部·恤下二》,中华书局,1960年,第1779页。
③ 〔唐〕魏徵:《隋书》卷24《食货志》,中华书局,1973年,第685页。
④ 邹逸麟:《从唐代水利建设看与当时社会经济有关的两个问题》,《历史教学》1959年第12期。

统治者也通过疏通河道治理水患。元和八年(813),观察使田弘正及郑滑节度使薛平采取分流的方式,疏通长十四里,阔六十步,深丈有七尺的河道。天福六年(941)黄河决堤;天福七年(942)三月,"命宋州节度使安彦威率丁夫塞之"①,但随后黄河再次决堤。

隋唐五代时期农业技术有所提高,《隋书·经籍志》列举的农书只有5部,而《新唐书·艺文志》列举的唐代农书高达26部,其中有武则天组织编写的《兆人本业》。围田、圩田、湖田、沙田、葑田等后世所常用的几类造田技术都已经出现,大大提高了土地利用率。唐代的主要农作物是粟、稻、麦,产量高的粟、稻是农家的主要作物品种。麦在农家生产中地位上升,并不是因为其单产量高,而是因为麦属夏收作物,是唯一可在冬季生长的大田主粮作物,不仅具有接绝续乏的作用,更可以实施复种生产,与随后的秋收作物一起增加农家的总收入。唐代还广种菘菜和蚕豆,它们是特别适于在湿性土壤中栽培的作物。尤其是蚕豆,其叶苗既可作绿肥,又可作饲料,而且一旦结荚,青豆即可成为主食与菜蔬,不必等到完全成熟,这对于古代贫民接济粮荒特别重要。

(二)虫灾防治

针对蝗灾,地方官及一些官员主张通过捕捉或是坑埋蝗虫等方式防治。唐玄宗开元三年(715),"山东诸州大蝗,飞则蔽景,下则食苗稼,声如风雨。紫微令姚崇奏请差御史下诸道,促官吏遣人驱扑焚瘗,以救秋稼,从之"②。开元四年(716)夏,"山东、河南、河北蝗虫大起,遣使分捕而瘗之"③。驱逐、捕捉或坑埋蝗虫可以减少受灾面积,是当时治理蝗灾的主要方式。五代时已经出现了生态灭蝗的理念。《旧五代史·五行志》记载,后汉高祖乾祐元年(948)七月,"阳武、雍丘、襄邑等县蝗,开封尹侯益遣人以酒肴致祭,寻为鸜鹆食之皆尽。敕禁罗弋鸜鹆,以其有吞蝗之异也"。后汉统治阶层已经意识到利用蝗虫的天敌治理蝗灾,但限于当时人们的灾害观及科学知识,有时也会出现祭祀蝗虫的现象,"乾祐二年(949)五月,博州奏,有蠓生,化为蝶飞去。宋州奏,蝗一夕抱草而死,

---

① 〔宋〕薛居正:《旧五代史》卷141《五行志》,中华书局,1976年,第1883页。
② 〔后晋〕刘昫:《旧唐书》卷8《玄宗纪上》,中华书局,1975年,第175页。
③ 〔后晋〕刘昫:《旧唐书》卷8《玄宗纪上》,中华书局,1975年,第176页。

差官祭之"①。

(三)疫灾防治

隋唐五代,统治者针对流行范围广、危害大的疫灾,会派遣医生到灾区进行救治或者遣送药物到灾区。这在一定程度上会起到减少被传染人数、控制疫病发展的作用。贞观十六年(642)夏,"谷(治今宜阳县)、泾、徐、虢(治今灵宝)、戴五州疾疫,遣赐医药焉"②。大和六年(832)五月,文宗下诏曰:"其疫未定处,并委长吏差官巡抚,量给医药,询问救疗之术,各加拯济,事毕条疏奏闻。"③当时统治者为了防治疫情,不仅向灾民派送医药,还试图在民间寻找能够治疗疫病的药方以供各地使用,这些都是积极防治疫病的方式。此外,有关唐代遣派医生到地方的记载还有一些,说明统治者把"遣医送药"看作是防治疫灾的重要方式。

掩埋尸体、赐予棺木也是唐五代统治者在疫病发生后所采取的措施,这些措施在客观上起到了隔绝传染源、防止疫病进一步蔓延的作用。大和六年,文宗下诏:"灾荒处疾疫之家有一门尽殁者,官给凶具,随事瘗藏。"④处理尸体的主观目的主要还是受儒家传统文化的影响,对尸体有敬畏之心⑤,但客观上防止了疫病更进一步的传播。

统治者也重视推广药方。前文中提到大和六年所发布的诏书,强调要向民间寻找可以治疗疫病的医术之方,并向全国推广。开元十一年(723),唐玄宗"亲制广济方,颁示天下"。天宝五载(746),唐玄宗又下敕文,"朕所撰广济方,宜令郡县长官,选其切要者,录于大版上,就村坊要路榜示。仍委采访使勾当,无令脱错"。⑥可见,唐玄宗对药方推广的重视。此外,唐德宗制《贞元广利方》颁行于州府。⑦ 这些药方的推广有助于疾病的预防和治疗。

---

① 〔宋〕薛居正:《旧五代史》卷141《五行志》,中华书局,1976年,第1888页。
② 〔宋〕王钦若:《册府元龟》卷147《帝王部·恤下二》,中华书局,1960年,第1778页。
③ 〔宋〕王钦若:《册府元龟》卷147《帝王部·恤下二》,中华书局,1960年,第1783页。
④ 〔宋〕王钦若:《册府元龟》卷147《帝王部·恤下二》,中华书局,1960年,第1781页。
⑤ 郑秋实:《唐代疫灾防治研究》(硕士学位论文),中央民族大学,2012年。
⑥ 〔宋〕王溥:《唐会要》卷82《医术》,中华书局,1998年,第1524页。
⑦ 李胜伟:《唐代疫病流行与政府应对措施浅论》,《河南师范大学学报(哲学社会科学版)》2013年第1期。

五、修政禳灾

隋唐五代时期，人们对于灾害的认识可以概括为两个方面，一方面包括自汉以来形成的"天人感应"观念，认为灾害是上天对人事的反映，将灾害与政治相联系；另一方面也有人已经认识到灾害发生的自然原因。前者是社会统治阶层的主流观念，持后一种观念的官僚较少。如对开元年间灭蝗做出较大贡献的姚崇便力破众议，坚持通过捕捉、焚烧、坑杀的方式灭蝗，其灾害观念相对传统的灾害谴告思想有一定的突破。另外，当时刘禹锡提出了与"灾害天谴论"不同的灾害观，认为"天恒执其所能以临乎下，非有预乎治乱云尔；人恒能执其所能以仰乎天，非有预乎寒暑云尔"[1]。上天无法预测兴衰存亡，灾害仅是自然发展而来的一种现象。然而这并非是当时主流的灾害观，当时的官员与统治者对灾害的认识还主要停留在灾害谴告层面。

（一）修政弭灾

隋唐五代时，统治阶层的灾害观念依然是对前朝"天人感应""灾害谴告"思想的继承，认为灾害是上天对君主的告诫。因此，统治者在灾害发生时便开始反省，通过减少膳食、娱乐，平理冤狱，听取谏言，施行仁政等，回应上天的警示。君主在灾害发生时，往往会下发救济的诏书，其中大多含有将灾害发生的原因归于皇帝本人的内容。唐太宗在《赈关东等州诏》中讲道："虫霜为害，风雨不时，政道未康，咎征斯在。"[2]他认为虫、霜灾害的发生是"政道未康"所导致，将政治与灾害相联系，是典型的灾害谴告思想。唐太宗将阴阳不和、气候多变归结于他在政治上的不足，于是下令遣使到关东询问灾情。但当时的统治者似乎也认识到了灾害发生的客观因素。唐文宗在《赈诸道旱灾敕》中提及"水旱之数，虽云常理，导化失节，亦致咎灾。顾惟寡昧，敢忘克责"[3]。文宗一方面已经

---

[1]〔清〕董诰：《全唐文》卷607《天论（上）》，中华书局，1983年，第6127页。
[2]〔清〕董诰：《全唐文》卷4 太宗《赈关东等州诏》，中华书局，1983年，第55页。
[3]〔清〕董诰：《全唐文》卷74 文宗《赈恤诸道旱灾敕》，中华书局，1983年，第776页。

承认了水旱之灾有其规律,非人力所为,"水旱之数,虽云常理";另一方面又认为灾害是上天对人君的警示,"导化失节,亦致咎灾",但他主要的思想应该还是灾害谴告。在灾害发生后,他依然采取了前朝皇帝的做法,要求长吏能够积极劝谏、惩治贪官,使政治清明。

朝臣官员主流的灾害观是灾害谴告。魏徵在其所作的《隋书·五行志》中,将灾害的发生完全与政治相联系,磨灭了灾害发生的科学性因素。① 贞观十一年(637)在洛阳发生了水灾,岑文本(邓州棘阳人)进言:"伏唯陛下……明选举,慎赏罚,进贤才,退不肖。闻过即改,从谏如流。为善在于不疑,出令期于必信。颐神养性,省畋游之娱;去奢从俭,减工役之费。务静方内,不求辟土;载橐弓矢,而无忘武备。凡此数者,愿陛下行之不怠,必当转祸为福,化咎为祥。况水之为患,阴阳常理,岂可谓之天谴而系圣心哉!"②岑文本这次进言的内容并非包含着切实可行的救济措施,主要还是在表达唐太宗的文治武功、选贤举能都符合儒家的要求,只要继续保持这些政治行为,灾祸便会消失,这种思想显然是继承了传统的灾害天谴思想。不过从他所述"况水之为患,阴阳常理"也可以看出,他并非完全将灾害与人的行为相联系,还看到了灾害发生的客观因素。

当时的大文学家、哲学家韩愈(南阳邓州人)的灾害观也是继承了儒家思想中的灾害谴告思想,将政治与灾害相联系,认为灾害的发生是由于政治上未达到阴阳平衡。他在《论今年权停举选状》中认为,"(臣子失职)足以致旱"③。大臣若失职则会导致政治中的阴阳失调而引发旱灾,韩愈借此向皇帝表明其政治观点,主张选举一些敢直言进谏、忧国忧民的大臣以辅佐皇帝。但其本人在具体的救灾问题上,主张采取积极的救灾减灾措施,针对当时发生的旱灾,韩愈主张"应今年税钱及草粟等在百姓腹内征未得者,并且停征,容至来年蚕麦"④。

(二)祈禳消灾

隋唐五代的统治者继承了历代统治者的灾害观及救灾思想,在灾害发生时,会采取一些禳灾措施,包括祭祀宗庙、山川及其他的祭祀禳灾仪式。古时济

---

① 袁祖亮主编,闵祥鹏著:《中国灾害通史·隋唐五代卷》,郑州大学出版社,2008年,第186页。
② 〔后晋〕刘昫等:《旧唐书》卷37《五行志》,中华书局,1975年,第1351~1352页。
③ 〔清〕董诰:《全唐文》卷549《论今年权停举选状》,中华书局,1983年,第5559页。
④ 〔清〕董诰:《全唐文》卷549《御史台上论天旱人饥状》,中华书局,1983年,第5560页。

水因独流入海,与长江、黄河、淮河并称"四渎"。隋开皇二年(582),朝廷为"四渎"神之一的济渎神建庙,定期祭祀禳灾。

后唐末帝清泰元年(934),"九月,连雨害稼。诏曰:'久雨不止,礼有所禳,禜都城门,三日不止,乃祈山川,告宗庙社稷。宜令太子宾客李延范等禜诸城门,太常卿李怿等告宗庙社稷'"[1]。统治者为了应对霖雨天气,下诏命令官员及太子祭祀宗庙及山川。遇到旱灾时,统治者也会举行相应的祈雨活动。后汉高祖乾祐元年(948),"秋七月……丙辰,以久旱,幸道宫、佛寺祷雨,是日大澎"[2]。针对蝗灾,地方官员除利用人力捕杀及坑埋外,有时也会采用祈祷祭祀的方式。汉乾祐元年七月,"开封府奏,阳武、雍丘、襄邑等县蝗,开封尹侯益遣人以酒肴致祭"[3]。

---

[1] 〔宋〕薛居正:《旧五代史》卷141《五行志》,中华书局,1976年,第1883页。
[2] 〔宋〕薛居正:《旧五代史》卷101《汉隐帝纪上》,中华书局,1976年,第13459页。
[3] 〔宋〕薛居正:《旧五代史》卷141《五行志》,中华书局,1976年,第1887~1888页。

第五章 宋金时期河南救灾

本章中的宋金时期是从北宋建立的960年开始,到1233年即金朝灭亡的前一年结束,共274年。1234年蒙古灭金,占领河南地区。宋金时期河南地区灾害记录居全国之首,总计411次。河南作为北宋与金的京畿地区,灾害记录在各省之中最多。

河南在北宋共涉及8个路,分别为京畿路开封府,京东西路应天府、拱州,河北西路相州、怀州、浚州、卫州,河北东路开德府,永兴军路陕州、虢州,京西北路河南府、滑州、孟州、郑州、汝州、颍昌府、淮宁府、蔡州、信阳军,京西南路邓州、唐河属今河南,淮河西路光州。河北东路大名府的内黄县,京东西路濮州的范县,京西南路顺昌府的沈丘县,淮南东路亳州的鹿邑、卫真(今鹿邑县东)、永城、酂县(今永城市西酂城镇)等7县也属河南地区。[1]

宋钦宗靖康二年(1127),金占领北宋都城东京,改称汴京。此时,河南大部分地区沦为金国统治区。河南在金与南宋并立时期共涉及6个路,分别为金的南京路(今河南黄河以南,淮河以北的大部分地区),下设有开封府、归德府、河南府,属今河南;大名府路(今濮阳部分地区)下设有开州,属今河南;河北西路(今新乡、安阳、鹤壁部分地区),下设有彰德府,属今河南;河东南路(今济源、焦作部分地区),下设有孟州、怀州,属今河南;南宋的荆湖北路(今信阳部分地区),下设有信阳军,属今河南;淮南西路(今信阳部分地区),下设有光州,属今河南。贞元元年(1153),海陵王完颜亮迁都到中都大兴府,改汴京为南京开封府,作为金国陪都。贞祐二年(1214),金宣宗为避蒙古军锋,迁都"南京开封府",河南成为金国统治的核心区域。天兴二年(1233),金哀宗在开封被蒙古军围困的情况下,逃出开封,迁都归德府(今商丘)。次年,蒙古灭金,河南地区被蒙古占领。

---

[1] 马玉臣:《唐、北宋时期今河南对应区域政区之演变》,《史学月刊》2011年第10期。

第一节 宋金时期河南各类自然灾害统计分析

一、宋金时期河南水灾

(一)宋金时期河南水灾数据统计

宋金时期黄河已经成为"地上河",极易发生水患,所以宋金时期水灾频繁。关于宋代河南水灾概况,袁祖亮先生主编的《中国灾害通史·宋代卷》中统计两宋时期的水灾为628次,其中河南为137次。[①] 我们结合金代史料进行统计,宋金时期,河南发生水灾共有131次。宋金时期的水灾次数在各种自然灾害中居于首位,而河南是宋金时期水灾发生频率最高的省份。下面就是我们所收集到的宋金时期的河南水灾记录。

1. 宋太祖建隆元年(960)十月,蔡州(汝南)大霖雨,道路行舟。(《宋史》卷65《五行三》)

十月,河决滑州灵河县(卫辉东)。(《续资治通鉴长编》卷1"建隆元年冬十月壬申")

2. 宋太祖建隆二年(961),宋州(商丘)汴河溢,孟州坏堤。(《宋史》卷61《五行一上》)

3. 宋太祖建隆三年(962)三月,京师(开封)大雨。(《宋史》卷1《太祖纪一》)

4. 宋太祖建隆四年、乾德元年(963)八月,齐州河决,京师(开封)雨。(《宋史》卷1《太祖纪一》)

5. 宋太祖乾德四年(966)六月甲辰,河决观城(南乐东南)。(《宋史》卷2《太祖纪二》)

6. 宋太祖乾德四年(966)七月,(郑州)荥泽县(郑州西北)河南北堤

[①] 袁祖亮主编,邱云飞著:《中国灾害通史·宋代卷》,郑州大学出版社,2008年,第12页。

坏。(《宋史》卷61《五行一上》)

八月丙辰,河决滑州(滑县),坏灵河大堤。(《宋史》卷2《太祖纪二》)

7. 宋太祖乾德五年(967)八月,河溢入卫州(卫辉)城,民溺死者数百。(《宋史》卷2《太祖纪二》)

8. 宋太祖开宝二年(969)七月,汴决下邑(夏邑)。(《宋史》卷2《太祖纪二》)

七月,下邑县河决。(《宋史》卷61《五行一上》)

九月,京师(开封)大雨霖。(《宋史》卷65《五行三》)

9. 宋太祖开宝二年(969),是岁,青、蔡(汝南县)……宋(商丘市)诸州水,真定、澶(濮阳)、滑(滑县)……颍(灵宝东)、蔡(汝南县)、陈(淮阳)……许州(许昌)水,害秋苗。(《宋史》卷61《五行一上》)

10. 宋太祖开宝三年(970),郑(郑州)、澶(濮阳)……虢(汝南县)、蔡州(灵宝东)水灾,害民田。(《宋史》卷61《五行一上》)

11. 宋太祖开宝四年(971)六月乙酉,河决原武(原阳县西南),汴决谷熟(商丘东南)。(《宋史》卷2《太祖纪二》)

六月,蔡州(汝南县)淮及白露、舒、汝、庐、颍五水并涨,坏庐舍、民田。(《宋史》卷2《太祖纪二》)

12. 宋太祖开宝四年(971)七月癸亥,汴决宋城(商丘)。(《宋史》卷2《太祖纪二》)

13. 宋太祖开宝四年(971)十一月庚戌,河决澶州(濮阳)。(《宋史》卷2《太祖纪二》)

14. 宋太祖开宝五年(972)五月辛未,河决濮阳,命颍州团练使曹翰往塞之。丁亥,河南、北淫雨,澶(濮阳)、滑(滑县)……濮六州大水。(《宋史》卷3《太祖纪三》)

五月,京师(开封)雨,连旬不止。河南、河北诸州皆大霖雨。(《宋史》卷65《五行三》)

六月己丑,河决阳武(原阳县),汴决谷熟(商丘东南)。(《宋史》卷3《太祖纪三》)

15. 宋太祖开宝六年(973)是秋,宋(商丘)、汝(临汝)、澶(濮阳)、滑(滑县)诸州并水,伤田。(《宋史》卷61《五行一上》)

16. 宋太祖开宝六年(973),怀州(沁阳)河决获嘉县。颍州淮、浑水溢,淹民舍、田畴甚众。(《宋史》卷61《五行一上》)

17. 宋太祖开宝七年(974)四月,卫(卫辉)……州水。(《宋史》卷61《五行一上》)

六月壬寅,安阳河溢,皆坏民居。(《宋史》卷3《太祖纪三》)

18. 宋太祖开宝八年(975)五月,京师(开封)大雨水。(《宋史》卷61《五行一上》)

六月,河决澶州顿丘(濮阳清丰县)。(《宋史》卷3《太祖纪三》)

19. 宋太祖开宝九年(976)三月庚寅,(洛阳)大雨,分命近臣诣祠庙祈晴。(《宋史》卷3《太祖纪三》)

三月,京师(开封)大雨水。(《宋史》卷61《五行一上》)

20. 宋太宗太平兴国二年(977)六月,管城县(郑州东南)焦肇水暴涨,逾京水。(《宋史》卷61《五行一上》)

21. 宋太宗太平兴国二年(977)七月癸未,河决荥泽(郑州西北)、顿丘(濮阳境)、白马(卫辉南)、温县(河南温县);闰七月己酉,河溢开封等八县,害稼;八月,陕(三门峡西)、澶(濮阳)……诸州大水。(《宋史》卷4《太宗纪一》)

22. 宋太宗太平兴国三年(978)四月,河决获嘉县(获嘉);六月,泗州大水,汴水决宁陵县(宁陵西北)。(《宋史》卷4《太宗纪一》)

23. 宋太宗太平兴国三年(978)十月,河决灵河县(卫辉东)。(《宋史》卷4《太宗纪一》)

24. 宋太宗太平兴国四年(979)三月,河南府(洛阳)洛水涨七尺,坏民舍。泰州雨水害稼。河决宋城县。(《宋史》卷61《五行一上》)

25. 宋太宗太平兴国四年(979)八月,汴水决宋城县(商丘);九月,河决汲县(卫辉)。(《宋史》卷4《太宗纪一》)

九月,澶州(濮阳)河涨。郓州清、汶二水涨,坏东阿县民田。(《宋史》卷61《五行一上》)

26. 宋太宗太平兴国五年(980)五月,京师(开封)连旬雨不止。(《宋史》卷65《五行三》)

27. 宋太宗太平兴国七年(982)四月,卫州(卫辉)水害稼。(《宋史》卷

61《五行一上》)

28. 宋太宗太平兴国七年(982)七月,河决范济口(范县境),淮水、汉水、易水皆溢……关、陕诸州大水。(《宋史》卷4《太宗纪一》)

29. 宋太宗太平兴国七年(982)十月,河决武德县(武陟县西南)。(《宋史》卷4《太宗纪一》)

30. 宋太宗太平兴国八年(983)五月,河决滑州(滑县),过澶(濮阳)、濮(濮阳)……东南入于淮。(《宋史》卷4《太宗纪一》)

六月,陕州(三门峡西)河涨,坏浮梁;又永定涧水涨,坏民舍、军营千余区。河南府(洛阳)澎雨,洛水涨五丈余,坏巩县(巩义)官署、军营、民舍殆尽。(《宋史》卷61《五行一上》)

是夏及秋,开封、浚仪(开封境)、酸枣(延津西)、阳武(原阳)、封丘、长垣、中牟、尉氏、襄邑(睢县)、雍丘(杞县)等县河水害民田。(《宋史》卷61《五行一上》)

31. 宋太宗太平兴国八年(983)十二月,滑州(滑县)河决。(《宋史》卷4《太宗纪一》)

32. 宋太宗雍熙元年(984)八月,孟州河涨,坏浮梁,损民田。(《宋史》卷61《五行一上》)

33. 宋太宗雍熙二年(985)八月,京师(开封)大霖雨。(《宋史》卷65《五行三》)

34. 宋太宗淳化元年(990)六月,黄梅县崛口湖水涨,坏民田、庐舍皆尽,江水涨二丈八尺……孟州河涨。(《宋史》卷61《五行一上》)

35. 宋太宗淳化元年(990)七月,河阳(孟州)大水。(《宋史》卷5《太宗纪二》)

36. 宋太宗淳化元年(990)……诸州水,河阳(孟州)大水。(《宋史》卷5《太宗纪二》)

37. 宋太宗淳化二年(991)四月,京兆府河涨,陕州(三门峡西)河涨,坏大堤及五龙祠;六月辛卯,(河)又决于宋城县(商丘)。博州大霖雨,河涨,坏民庐舍八百七十区。(《宋史》卷61《五行一上》)

六月,汴水决浚仪县(开封境);六月,河水、汴水溢。(《宋史》卷5《太宗纪二》)

38. 宋太宗淳化三年(992)九月,京师(开封)霖雨。(《宋史》卷65《五行三》)

39. 宋太宗淳化四年(993)七月,京师(开封)大雨,十昼夜不止,朱雀、崇明门外积水尤甚,军营、庐舍多坏。(《宋史》卷65《五行三》)

九月,河水溢,坏澶州(濮阳);江溢,陷涪州。(《宋史》卷5《太宗纪二》)

秋,陈(淮阳)、宋(商丘)、许(许昌)、蔡(汝南县)、濮、澶(濮阳)诸州霖雨,秋稼多败。(《宋史》卷65《五行三》)

40. 宋太宗淳化四年(993)十月,河决澶州(濮阳),西北流入御河。(《宋史》卷5《太宗纪二》)

41. 宋太宗淳化五年(994)秋,开封府(开封)、宋(商丘)、陈(淮阳)、邓(邓州)、蔡(汝南)诸州雨水害稼。(《宋史》卷65《五行三》)

42. 宋太宗至道二年(996)六月,河南(洛阳)瀍、涧、洛三水涨,坏镇国桥。(《宋史》卷61《五行一上》)

43. 宋太宗至道二年(996)七月,汴水决谷熟县(商丘东南)。(《宋史》卷5《太宗纪二》)

闰七月,陕州(三门峡西)河涨。(《宋史》卷61《五行一上》)

44. 宋真宗咸平三年(1000)八月,京东(河南东部)水灾,遣使安抚。(《宋史》卷6《真宗纪一》)

45. 宋真宗咸平五年(1002)六月,都城(开封)大雨,坏庐舍,民有压死者,振恤其家。(《宋史》卷6《真宗纪一》)

46. 宋真宗咸平六年(1003)二月,京东(河南东部)西水灾。(《宋史》卷7《真宗纪二》)

47. 宋真宗景德元年(1004)九月丁酉,宋州(商丘)汴水决。乙巳,河决澶州(濮阳)。(《宋史》卷7《真宗纪二》)

48. 宋真宗景德三年(1006)七月,应天府(商丘)汴水决,南注亳州,合浪宕渠东入于淮。(《宋史》卷61《五行一上》)

49. 宋真宗景德四年(1007)六月,郑州索水涨,高四丈许,漂荥阳县居民四十二户,有溺死者。邓州江水暴涨。(《宋史》卷61《五行一上》)

50. 宋真宗景德四年(1007)七月,河溢澶州(濮阳),坏王八埽。(《宋

史》卷61《五行一上》)

51.宋真宗大中祥符元年(1008)六月,开封府尉氏县惠民河决。(《宋史》卷61《五行一上》)

52.宋真宗大中祥符二年(1009)八月,京东(河南东部)惠民河溢。(《宋史》卷7《真宗纪二》)

53.宋真宗大中祥符二年(1009)十月,京畿(河南)惠民河决,坏民田。(《宋史》卷61《五行一上》)

54.宋真宗大中祥符三年(1010)五月,京师(开封)大雨,平地数尺,坏军营、民舍,多压者,近畿积潦。(《宋史》卷65《五行三》)

55.宋真宗大中祥符四年(1011)八月乙丑,河决通利军(滑县北),合御河,坏州城及伤田庐。(《宋史》卷8《真宗纪三》)

九月,河溢于孟州温县。(《宋史》卷61《五行一上》)

56.宋真宗大中祥符七年(1014)六月,河南府(洛阳)洛水涨。(《宋史》卷61《五行一上》)

57.宋真宗大中祥符七年(1014)八月,河决澶州(濮阳)。(《宋史》卷8《真宗纪三》)

58.宋真宗天禧三年(1019)六月,滑州(滑县)决河,泛澶、濮、郓、齐、徐境。(《宋史》卷8《真宗纪三》)

59.宋真宗天禧三年(1019)八月,滑州(滑县)龙见,河决。(《宋史》卷8《真宗纪三》)

60.宋真宗天禧四年(1020)七月,京师(开封)连雨弥月。甲子夜大雨,流潦泛溢,民舍、军营圮坏大半,多压死者。自是频雨,及冬方止。(《宋史》卷65《五行三》)

61.宋真宗天禧五年(1021)三月,京东(河南东部)西水灾。(《宋史》卷8《真宗纪三》)

62.宋真宗乾兴元年(1022),京东(河南东部)雨,坏民田。(《宋史》卷65《五行三》)

63.宋仁宗天圣四年(1026)六月庚寅,大雨震电,京师(开封)平地水数尺。(《宋史》卷9《仁宗纪一》)

64.宋仁宗天圣四年(1026)六月,河南府(洛阳)、郑州大水。(《宋史》

卷61《五行一上》)

65. 宋仁宗天圣四年(1026),是岁,汴水溢,决陈留(开封)堤,又决京城(开封)西贾陂入护龙河,以杀其势。(《宋史》卷61《五行一上》)

66. 宋仁宗天圣五年(1027)三月,许(许昌)、汝(临汝)等州水。(《宋史》卷61《五行一上》)

67. 宋仁宗明道二年(1033)六月,京师(开封)雨,坏军营、府库。(《宋史》卷65《五行三》)

68. 宋仁宗景祐元年(1034)七月甲寅,河决澶州(濮阳)横陇埽。(《宋史》卷10《仁宗纪二》)

69. 宋仁宗康定元年(1040)九月,滑州(滑县)河溢。(《宋史》卷10《仁宗纪二》)

70. 宋仁宗庆历八年(1048)六月丙子,河决澶州(濮阳)商胡埽。(《宋史》卷11《仁宗纪三》)

71. 宋仁宗庆历八年(1048)七月癸丑,卫州(卫辉)大雨水,诸军走避,数日绝食。(《宋史》卷61《五行一上》)

72. 宋仁宗皇祐四年(1052)八月,京师(开封)大风雨,民庐摧圮,至有压死者。(《宋史》卷65《五行三》)

73. 宋仁宗嘉祐元年(1056)四月,京师(开封)大雨,水注安上门,门关折,坏官私庐舍数万区。诸路言江、河决溢,河北尤甚;六月乙亥,雨坏太社、太稷坛。(《宋史》卷12《仁宗纪四》)

74. 宋仁宗嘉祐二年(1057),京师(开封)自五月大雨不止,水冒安上门,门关折,坏官私庐舍数万区,城中系筏渡人。(《宋史》卷61《五行一上》)

(五月)丁未,昼夜大雨。(《宋史》卷65《五行三》)

六月,开封府界及京东西(河南境),水潦害民田。(《宋史》卷61《五行一上》)

六月乙亥,雨坏太社、太稷坛。(《宋史》卷65《五行三》)

75. 宋仁宗嘉祐二年(1057)七月,京东(河南东部)水灾。(《宋史》卷61《五行一上》)

76. 宋仁宗嘉祐三年(1058)七月,广济河溢,原武县(原阳县西南)河

决。(《宋史》卷12《仁宗纪四》)

77. 宋仁宗嘉祐六年(1061)七月,京西(河南西部)淫雨为灾;(闰八月)京师(开封)久雨。(《宋史》卷65《五行三》)

78. 宋英宗治平元年(1064),京师自夏历秋,久雨不止,摧真宗及穆、献、懿三后陵台。(《宋史》卷65《五行三》)

79. 宋英宗治平元年(1064),京师自夏历秋,久雨不止,摧真宗及穆、献、懿三后陵台。(《宋史》卷65《五行三》)(跨季节记为2次)

80. 宋英宗治平元年(1064)畿内(开封),宋(商丘)、陈(淮阳)、许(许昌)、汝(临汝)、蔡(许昌)、唐(唐河)……大水。(《宋史》卷13《英宗纪》)

81. 宋英宗治平二年(1065)八月,京师(开封)大雨,水。(《宋史》卷13《英宗纪》)

82. 宋神宗熙宁七年(1074)五月乙丑,大雨,水,坏陕(三门峡西)、平陆二县。(《宋史》卷15《神宗纪二》)

83. 宋神宗熙宁十年(1077)七月丙子,河决澶州(濮阳)曹村埽。(《宋史》卷15《神宗纪二》)

七月,沧、卫(卫辉)霖雨不止,河泺暴涨,败庐舍,损田苗。(《宋史》卷61《五行一上》)

84. 宋神宗元丰三年(1080)七月庚午,河决澶州(濮阳)。(《宋史》卷16《神宗纪三》)

85. 宋神宗元丰四年(1081)四月乙酉,河决澶州(濮阳)小吴埽。(《宋史》卷16《神宗纪三》)

86. 宋神宗元丰五年(1082)八月戊寅,河决原武(原阳西南);九月癸卯,滑州(滑县)河水溢。(《宋史》卷16《神宗纪三》)

87. 宋神宗元丰五年(1082)十月辛亥,洛口(巩义东北)、广武(荥阳县)大河溢。(《宋史》卷16《神宗纪三》)

88. 宋神宗元丰七年(1084)七月,河南府(洛阳)伊、洛溢,河决元城。(《宋史》卷16《神宗纪三》)

八月,相州(安阳)河水泛溢,坏城郭、军营。(《宋史》卷61《五行一上》)

89. 宋神宗元丰七年(1084),相州(安阳)漳河决,溺临漳县居民。怀州(沁阳)黄、沁河泛溢,大雨水,损稼,坏庐舍、城壁。(《宋史》卷61《五行

90. 宋哲宗元祐八年(1093)，自四月，雨至八月，昼夜不息，畿内(河南)、京东西(河南东部)、……诸路大水。(《宋史》卷61《五行一上》)

91. 宋哲宗元祐八年(1093)自四月，雨至八月，昼夜不息，畿内(河南)、京东西(河南东部)……诸路大水。(《宋史》卷61《五行一上》)(跨夏秋记为2次)

八月，京东西……水灾。《宋史》卷17《哲宗纪一》)

92. 宋哲宗元祐八年(1093)，河入德清军(清丰)，决内黄口。(《宋史》卷17《哲宗纪一》)

93. 宋哲宗绍圣元年(1094)七月，京畿(河南)久雨，曹、濮(濮阳)、陈(淮阳)、蔡(汝南)诸州水，害稼。(《宋史》卷61《五行一上》)

94. 宋哲宗元符元年(1098)，澶州(濮阳)河溢。(《宋史》卷18《哲宗纪二》)

95. 宋哲宗元符二年(1099)六月，久雨，……京西(河南西部)……大水，河溢，漂人民，坏庐舍。(《宋史》卷61《五行一上》)

96. 宋哲宗元符二年九月，京师(开封)以久雨罢秋宴。(《宋史》卷65《五行三》)

97. 宋哲宗元符三年(1100)七月，京师(开封)久雨，哲宗大升舆在道陷泥中。(《宋史》卷65《五行三》)

98. 宋徽宗建中靖国元年(1101)二月，京师(开封)久雨，时钦圣宪肃皇后、钦慈皇后二陵方用工，诏京西祈晴。(《宋史》卷65《五行三》)

99. 宋徽宗崇宁元年(1102)七月，雨水坏民庐舍。(《宋史》卷19《徽宗纪一》)

七月，久雨，坏京城(开封)庐舍，民多压溺而死者。(《宋史》卷65《五行三》)

100. 宋徽宗崇宁三年(1104)六月，京师(开封)久雨。(《宋史》卷65《五行三》)

101. 宋徽宗崇宁三年(1104)八月壬寅，京师(开封)大雨，坏民庐舍。(《宋史》卷19《徽宗纪一》)

102. 宋徽宗崇宁四年(1105)五月，京师(开封)久雨。(《宋史》卷65

《五行三》)

103. 宋徽宗崇宁四年(1105)冬十月,京师(开封)自七月雨,至是月不止。(《宋史》卷20《徽宗纪二》)

104. 宋徽宗崇宁四年(1105)冬十月,京师(开封)自七月雨,至是月不止。(《宋史》卷20《徽宗纪二》)(跨秋冬记为2次)

105. 宋徽宗大观元年(1107)夏,京畿(河南)大水。(《宋史》卷61《五行一上》)

106. 宋徽宗大观元年(1107),京东(河南东部)水,河溢。(《宋史》卷20《徽宗纪二》)

107. 宋徽宗大观四年(1110)夏,邓州大水,漂没顺阳县。(《宋史》卷61《五行一上》)

108. 宋徽宗宣和元年(1119)五月,大水犯都城(开封),西北有赤气亘天。(《宋史》卷22《徽宗纪四》)

109. 宋徽宗宣和六年(1124)秋,京畿(河南)恒雨。河北、京东(河南东部)、两浙水灾,民多流移。(《宋史》卷61《五行一上》)

110. 宋徽宗宣和六年(1124),京东(河南东部)水。(《宋史》卷22《徽宗纪四》)

111. 宋钦宗靖康元年(1126)四月,京师(开封)大雨,天气清寒;京师(开封)自五月甲申至六月,暴雨伤麦,夏行秋令。(《宋史》卷65《五行三》)

112. 宋高宗建炎二年(1128),滑州(滑县),(冬)杜充决黄河,自泗入淮以阻金兵。(《宋史》卷25《高宗纪二》)

113. 金熙宗皇统五年(1145)九月,河决李固渡(滑县西南),漂居民五千余家。(《大金国志》卷12《宗孝成皇帝纪年四》)

114. 宋孝宗隆兴二年(1164)七月,……光州(潢川)……皆大水,浸城郭,坏庐舍、圩田、军垒。(《宋史》卷61《五行一上》)

115. 金世宗大定八年(1168)六月,河决李固渡(滑县西南),水入曹州。(《金史》卷6《世宗纪上》)

116. 金世宗大定十一年(1171),河决王村,南京(开封)、孟州、卫州(卫辉)界多被其害。(《金史》卷27《河渠志》)

117. 金世宗大定二十年(1180)十二月己亥,河决卫州(卫辉)。(《金

史》卷7《世宗纪中》）

118. 金世宗大定二十五年（1185）三月，郑（郑州）、蔡（汝南）、颍等州大水，命赈恤之。（《大金国志》卷18《世宗皇帝纪年下》）

119. 金世宗大定二十六年（1186）秋，河决，坏卫州（卫辉）城。（《金史》卷23《五行志》）

120. 金世宗大定二十七年（1187）十一月甲寅，诏："河水泛溢，农夫被灾者，与免差税一年。卫（卫辉）、怀（沁阳）、孟（孟州）、郑（郑州）四州塞河劳役，并免今年差税。"（《金史》卷8《世宗纪下》）

121. 金章宗明昌五年（1194）八月壬子，河决阳武（原阳县）故堤，灌封丘而东。（《金史》卷10《章宗纪二》）

122. 金宣宗兴定元年（1217）十一月丁未，以霖雨，诏宽农民输税之限。（《金史》卷15《宣宗纪中》）

123. 金宣宗兴定元年（1217）秋，霖雨。（《金史》卷23《五行志》）

124. 金宣宗兴定二年（1218）七月癸未，大雨。（《金史》卷15《宣宗纪中》）

125. 金宣宗兴定四年（1220）七月，河南大水唐（唐河）、邓（邓州）尤甚。（《金史》卷16《宣宗纪下》）

126. 金哀宗正大二年（1225）五月丁酉，宿、郑州雨伤麦。（《金史》卷17《哀宗纪上》）

127. 金哀宗正大三年（1226）五月己未，大雨。乙丑，大雨。（《金史》卷17《哀宗纪上》）

128. 金哀宗天兴二年（1233）六月，上迁蔡（汝南），自发归德（商丘），连日暴雨，平地水数尺，军士漂没。（《金史》卷23《五行志》）

根据上面收集到的材料，我们简单分析一下宋金时期河南水灾的分布特征。

（二）宋金时期河南水灾特征

1. 年际分布特征

宋金时期，河南发生水灾128次，平均2.1年发生一次。现将这一时期划分为5个时段分别讨论不同时段的水灾特点，详见表5-1。

表 5-1　宋金时期河南水灾数据年际分布统计表

时段	北宋前期	北宋中期	北宋后期	金前期	金后期	总体情况
年号	建隆元年至乾兴元年	天圣元年至元丰八年	元祐元年至靖康元年	天会五年至大定二十九年	明昌元年至天兴二年	
起止	960—1022	1023—1085	1086—1126	1127—1189	1190—1233	960—1233
年长	63	63	41	63	44	274
次数	62	27	22	9	8	128
比重	49%	21%	17%	7%	6%	100%
频度	1次/1年	1次/2.3年	1次/1.9年	1次/7年	1次/5.5年	1次/2.1年

第一阶段:从宋太祖建隆元年(960)到宋真宗乾兴元年(1022),在此期间河南发生水灾62次,平均1年发生1次,约占全部灾害的49%。此时水灾不仅集中还具有连续性,从宋太祖开宝二年(969)到宋太宗太平兴国五年(980),连续12年在河南地区都发生了水患。

第二阶段:从宋仁宗天圣元年(1023)到宋神宗元丰八年(1085),在此期间河南发生水灾27次,平均2.3年发生1次,约占全部灾害的21%。其中因河决引起的水灾较多。虽然此时水灾具有连续性,但未像第一阶段中连续十几年都暴发水灾。

第三阶段:宋哲宗元祐元年(1086)到宋钦宗靖康元年(1126),在此期间河南发生水灾22次,平均1.9年发生1次,约占全部灾害的17%。其中因河决引起的水灾较多。

第四阶段:金太宗天会五年(1127)到金世宗大定二十九年(1189),在此期间河南发生水灾9次,平均7年发生1次,约占全部灾害的7%。此时灾害发生数据为五个阶段中较少的。其中一部分原因是处于宋金之交,战乱和政局不稳,使得资料没有稳定时期翔实。

第五阶段:金章宗明昌元年(1190)到金哀宗天兴二年(1233),在此期间河南发生水灾8次,平均5.5年发生1次,约占全部灾害的6%。

从上述阶段来看,宋金时期河南水灾严重的一个重要原因就是黄河水患在宋代十分频繁。宋金时期河患连年,黄河流域的水灾损失超过了此前任何朝代。其中在河南发生的决口就高达37次,进入金代后也有7次。所以黄河水患是造成河南水灾严重的一部分原因。

2. 季节分布特征

通过宋金时期河南水灾记录年内分布统计表(表5-2),对其季节和月份分布特征进行简单分析。

表 5-2　宋金时期河南水灾记录年内分布统计表

季节	春季				夏季				秋季				冬季				不详
次数	8				41				53				12				14
月份	一	二	三	不详	四	五	六	不详	七	八	九	不详	十	十一	十二	不详	
次数	0	2	6	0	8	11	18	4	27	15	5	6	7	3	2	0	

宋金时期河南发生的128次水灾,从季节上来看,夏秋季发生的频次较高,其中秋季最高,占全部水灾的41.4%,春季最低,为6.25%。从月份上来说,六月、七月、八月这三个月最为集中,以七月份发生水灾次数最高,占全部水灾的21.09%;一月发生水灾次数最少,为0次。关于表格还有一些问题要说明,季节和月份水灾没有完全对应,是因为有些水灾持续时间很长,有的跨越两季,有的持续数月。关于没有确定发生季节、月份的水灾,都归入了"不详"中计算,不详的水灾有24次,占水灾总数的18.75%。

二、宋金时期河南旱灾

(一)宋金时期河南旱灾数据统计

关于宋代时期河南的旱灾概况,袁祖亮主编、邱云飞著的《中国灾害通史·宋代卷》中统计两宋时期的旱灾为259次,其中河南为95次,是宋代旱灾发生最多的省份。[1] 我们结合金代史料进行统计,认为宋金时期河南发生旱灾共有126次。接下来,就我们收集到的材料对宋金时期河南的旱灾概况进行叙述。具体如下:

1. 宋太祖建隆二年(961),京师(开封)夏旱。(《宋史》卷66《五行四》)

2. 宋太祖建隆二年(961),京师(开封)冬又旱。(《宋史》卷66《五行

---

[1] 袁祖亮主编,邱云飞著:《中国灾害通史·宋代卷》,郑州大学出版社,2008年,第12页。

3. 宋太祖建隆三年(962)四月,卫州(卫辉)旱;五月,相州(安阳)自春不雨。(《宋史》卷1《太祖纪一》)

4. 宋太祖建隆三年(962),京师(开封)春夏旱。……又河南(洛阳)……孟(孟州)……滑(滑县)……等州,并春夏不雨。(《宋史》卷66《五行四》)

5. 宋太祖建隆三年(962),京师(开封)春夏旱。……又河南(洛阳)……孟(孟州)……滑(滑县)……等州,并春夏不雨。(《宋史》卷66《五行四》)(跨季节记为2次)

6. 宋太祖建隆四年、乾德元年(963)四月,京师(开封)旱。(《宋史》卷1《太祖纪一》)

7. 宋太祖建隆四年、乾德元年(963),京师(开封)夏秋旱。又怀州(沁阳)旱。(《宋史》卷66《五行四》)(本条夏旱与"6"记为一次)

8. 宋太祖建隆四年、乾德元年(963),京师(开封)冬旱。(《宋史》卷66《五行四》)

9. 宋太祖乾德二年(964)正月,京师(开封)旱。(《宋史》卷66《五行四》)

10. 宋太祖乾德二年(964)夏,京师(开封)不雨。(《宋史》卷66《五行四》)

11. 宋太祖乾德二年(964),河南府(洛阳)、陕(三门峡西)、虢、麟(灵宝东)……旱。(《宋史》卷66《五行四》)

12. 宋太祖乾德四年(966)春,京师(开封)不雨。(《宋史》卷66《五行四》)

13. 宋太祖乾德五年(967)正月,京师(开封)旱。(《宋史》卷66《五行四》)

14. 宋太祖乾德五年(967)十一月,京师(开封)复旱。(《宋史》卷2《太祖纪二》)

15. 宋太祖开宝二年(969)夏至七月,京师(开封)不雨。(《宋史》卷66《五行四》)

16. 宋太祖开宝二年(969)夏至七月,京师(开封)不雨。(《宋史》卷66

《五行四》)(跨季节记为 2 次)

17. 宋太祖开宝三年(970)春夏,京师(开封)旱。(《宋史》卷 66《五行四》)

18. 宋太祖开宝三年(970),京师(开封)春夏旱,邠州夏旱。(《宋史》卷 66《五行四》)

19. 宋太祖开宝五年(972)春,京师(开封)旱。(《宋史》卷 66《五行四》)

20. 宋太祖开宝五年(972),京师(开封)冬又旱。(《宋史》卷 66《五行四》)

21. 宋太祖开宝六年(973)冬,京师(开封)旱。(《宋史》卷 66《五行四》)

22. 宋太祖开宝七年(974),京师(开封)春夏旱。(《宋史》卷 66《五行四》)

23. 宋太祖开宝七年(974),京师(开封)春夏旱;河南府(洛阳)夏旱。(《宋史》卷 66《五行四》)

24. 宋太祖开宝七年(974),滑州(滑县)秋旱。(《宋史》卷 66《五行四》)

25. 宋太祖开宝七年(974),京师(开封)冬又旱。(《宋史》卷 66《五行四》)

26. 宋太祖开宝八年(975)春,澶州(濮阳)旱。(《宋史》卷 66《五行四》)

27. 宋太宗太平兴国二年(977)正月,京师(开封)旱。(《宋史》卷 66《五行四》)

28. 宋太宗太平兴国三年(978)春夏,京师(开封)旱。(《宋史》卷 66《五行四》)

29. 宋太宗太平兴国三年(978)春夏,京师(开封)旱。(《宋史》卷 66《五行四》)(跨季节记为 2 次)

30. 宋太宗太平兴国四年(979)冬,京师(开封)旱。(《宋史》卷 66《五行四》)

31. 宋太宗太平兴国五年(980)夏,京师(开封)旱。(《宋史》卷 66《五

行四》)

32. 宋太宗太平兴国五年(980)秋,京师(开封)又旱。(《宋史》卷66《五行四》)

33. 宋太宗太平兴国六年(981)春夏,京师(开封)旱。(《宋史》卷66《五行四》)

34. 宋太宗太平兴国六年(981)春夏,京师(开封)旱。(《宋史》卷66《五行四》)(跨季节记为2次)

35. 宋太宗太平兴国七年(982)春,京师(开封)、孟(孟州)、虢(灵宝东)、卫(卫辉)旱。(《宋史》卷66《五行四》)

36. 宋太宗雍熙元年(984)夏,京师(开封)旱。(《宋史》卷66《五行四》)

37. 宋太宗雍熙二年(985)冬,京师(开封)旱。(《宋史》卷66《五行四》)

38. 宋太宗雍熙三年(986)冬,京师(开封)旱。(《宋史》卷66《五行四》)

39. 宋太宗雍熙四年(987)冬,京师(开封)旱。(《宋史》卷66《五行四》)

40. 宋太宗端拱二年(989)五月,京师(开封)旱。(《宋史》卷66《五行四》)

41. 宋太宗端拱二年(989)七月至十一月,京师(开封)旱。(《宋史》卷66《五行四》)

42. 宋太宗端拱二年(989)七月至十一月,京师(开封)旱。(《宋史》卷66《五行四》)(跨季节记为2次)

43. 宋太宗端拱二年(989),京师(开封)旱甚,民多饥死,诏发仓粟贷之。(《宋史》卷66《五行四》)

44. 宋太宗淳化元年(990)正月至四月,京师(开封)不雨,帝蔬食祈雨。河南(洛阳)……许(许昌)……汝、乾、郑(郑州)、同等州旱。(《宋史》卷66《五行四》)

45. 宋太宗淳化元年(990)正月至四月,京师(开封)不雨,帝蔬食祈雨。河南(洛阳)……许(许昌)……汝、乾、郑(郑州)、同等州旱。(《宋史》卷66《五行四》)(跨季节记为2次)

46. 宋太宗淳化元年(990)七月,开封(开封)、陈留(开封境)、封丘、酸

枣(延津西)、鄢陵旱。(《宋史》卷5《太宗纪二》)

47. 宋太宗淳化元年(990)开封、许(许昌)、汝(临汝)、郑(郑州)旱。(《宋史》卷5《太宗纪二》)

48. 宋太宗淳化二年(991),陕(三门峡西)、汝(临汝)、虢(灵宝东)、郑(郑州)、许(许昌)、卫(卫辉)旱。(《宋史》卷5《太宗纪二》)

49. 宋太宗淳化二年(991)春,京师(开封)大旱。(《宋史》卷66《五行四》)

50. 宋太宗淳化三年(992)春,京师(开封)大旱。(《宋史》卷66《五行四》)

51. 宋太宗淳化三年(992)冬,京师(开封)复大旱。(《宋史》卷66《五行四》)

52. 宋太宗淳化三年(992),河南府(洛阳)、京东(河南东部)、京西(河南西部)旱。(《宋史》卷66《五行四》)

53. 宋太宗淳化四年(993)夏,京师(开封)不雨,河南府(洛阳)、许(许昌)、汝(临汝)、滑(滑县)旱。(《宋史》卷66《五行四》)

54. 宋太宗淳化五年(994)六月,京师(开封)旱。(《宋史》卷66《五行四》)

55. 宋太宗至道元年(995)春,京师(开封)旱。(《宋史》卷66《五行四》)

56. 宋太宗至道二年(996)三月,京师(开封)旱。(《宋史》卷5《太宗纪二》)

春夏,京师(开封)旱。(《宋史》卷66《五行四》)

57. 宋太宗至道二年(996)春夏,京师(开封)旱。(《宋史》卷66《五行四》)(跨季节记为2次)

58. 宋真宗咸平元年(998)春夏,京畿(河南)旱,又……四十六军州旱。(《宋史》卷66《五行四》)

59. 宋真宗咸平元年(998)春夏,京畿(河南)旱,又……四十六军州旱。(《宋史》卷66《五行四》)(跨季节记为2次)

60. 宋真宗咸平二年(999)春,京师(开封)旱甚。又……旱。(《宋史》卷66《五行四》)

61. 宋真宗咸平三年(1000)二月,京畿(河南)旱。(《宋史》卷6《真宗纪一》)

62. 宋真宗咸平三年(1000),畿内(河南)旱。(《宋史》卷6《真宗纪一》)

63. 宋真宗咸平四年(1001)正月至四月,京畿(河南)不雨。(《宋史》卷66《五行四》)

64. 宋真宗咸平四年(1001)正月至四月,京畿(河南)不雨。(《宋史》卷66《五行四》)(跨季节记为2次)

65. 宋真宗景德元年(1004)夏,京师(开封)旱,人多渴死。(《宋史》卷66《五行四》)

66. 宋真宗景德三年(1006)夏,京师(开封)旱。(《宋史》卷66《五行四》)

67. 宋真宗大中祥符二年(1009)春夏,京师(开封)旱,河南府(洛阳)及……旱。(《宋史》卷66《五行四》)

68. 宋真宗大中祥符二年(1009)春夏,京师(开封)旱,河南府(洛阳)及……旱。(《宋史》卷66《五行四》)(跨季节记为2次)

69. 宋真宗大中祥符八年(1015),京师(开封)旱。(《宋史》卷66《五行四》)

70. 宋真宗大中祥符九年(1016)秋,京师(开封)旱,……澶州(濮阳)、相州(安阳)旱。(《宋史》卷66《五行四》)

71. 宋真宗天禧元年(1017),京师(开封)春旱。(《宋史》卷66《五行四》)

72. 宋真宗天禧元年(1017)秋,京师(开封)又旱。(《宋史》卷66《五行四》)

73. 宋真宗天禧四年(1020)夏,京师(开封)旱。(《宋史》卷66《五行四》)

74. 宋真宗天禧五年(1021)冬,京师(开封)旱。(《宋史》卷66《五行四》)

75. 宋仁宗天圣二年(1024)春,京师(开封)不雨。(《宋史》卷66《五行四》)

76. 宋仁宗天圣五年(1027)五月,京畿(河南)旱。(《宋史》卷9《仁宗纪一》)

夏秋,京师(开封)大旱。(《宋史》卷66《五行四》)

77. 宋仁宗天圣五年(1027)夏秋,京师(开封)大旱。(《宋史》卷66《五行四》)(跨季节记为2次)

78. 宋仁宗天圣六年(1028)四月,京师(开封)不雨。(《宋史》卷66《五行四》)

79. 宋仁宗明道元年(1032)五月,畿县(河南)久旱伤苗。(《宋史》卷66《五行四》)

80. 宋仁宗庆历元年(1041)九月,京师(开封)遣官祈雨。(《宋史》卷66《五行四》)

81. 宋仁宗庆历二年(1042)六月,京师(开封)祈雨。(《宋史》卷66《五行四》)

82. 宋仁宗庆历三年(1043),京师(开封)遣使诣岳、渎祈雨。(《宋史》卷66《五行四》)

83. 宋仁宗庆历五年(1045)二月,诏:天久不雨,令州县决淹狱,又幸大相国寺、会灵观、天清寺、祥源观祈雨。(《宋史》卷66《五行四》)

84. 宋仁宗庆历六年(1046)四月,京师(开封)遣使祈雨。(《宋史》卷66《五行四》)

85. 宋仁宗庆历七年(1047)正月,京师(开封)不雨;二月,京师(开封)遣官岳、渎祈雨;三月,京师(开封)西太乙宫祈雨。(《宋史》卷66《五行四》)

86. 宋仁宗皇祐元年(1049)五月,京师(开封)遣官祈雨。(《宋史》卷66《五行四》)

87. 宋仁宗至和二年(1055)四月,京师(开封)遣官祈雨。(《宋史》卷66《五行四》)

88. 宋仁宗嘉祐七年(1062)三月甲子,罢春燕,以久旱故也。辛丑,西太乙宫祈雨。(《宋史》卷66《五行四》)

89. 宋英宗治平元年(1064)春,京师(开封)逾时不雨。郑(郑州)、滑(滑县)、蔡(上蔡)、汝(汝南)、颍……等州,河中府、庆成军旱。(《宋史》

卷66《五行四》)

90. 宋英宗治平二年(1065)春,京师(开封)不雨。(《宋史》卷66《五行四》)

91. 宋神宗熙宁二年(1069)三月,京师(开封)旱甚。(《宋史》卷66《五行四》)

92. 宋神宗熙宁三年(1070)六月,畿内(河南)旱。(《宋史》卷66《五行四》)

93. 宋神宗熙宁三年(1070)八月,卫州(卫辉)旱。(《宋史》卷15《神宗纪二》)

94. 宋神宗熙宁七年(1074)自春及夏,京东(河南东部)久旱。(《宋史》卷66《五行四》)

95. 宋神宗熙宁九年(1076)八月,京东(河南东部)、京西(河南西部)旱。(《宋史》卷66《五行四》)

96. 宋神宗元丰二年(1079)春,京东(河南东部)、京西(河南西部)旱。(《宋史》卷66《五行四》)

97. 宋神宗元丰五年(1082),京师(开封)亢旱。(《宋史》卷66《五行四》)

98. 宋神宗元丰六年(1083)夏,畿内(河南)旱。(《宋史》卷66《五行四》)

99. 宋哲宗元祐元年(1086)正月,帝及太皇太后车驾分日诣寺观祷雨;春,诸路(包括今河南)旱。(《宋史》卷66《五行四》)

100. 宋哲宗元祐元年(1086)冬,京师(开封)复旱。(《宋史》卷66《五行四》)

101. 宋哲宗元祐二年(1087)春,京师(开封)旱。(《宋史》卷66《五行四》)

102. 宋哲宗元祐三年(1088)秋,诸路旱,京西(河南西部)、陕西尤甚。(《宋史》卷66《五行四》)

103. 宋哲宗元祐四年(1089)春,京师(开封)旱,罢春燕。(《宋史》卷66《五行四》)

104. 宋哲宗元祐八年(1093)秋,京师(开封)旱。(《宋史》卷66《五行

四》)

105. 宋哲宗绍圣元年(1094)春,京师(开封)旱,疏决四京畿县囚。(《宋史》卷66《五行四》)

106. 宋哲宗绍圣四年(1097)五月,京师(开封)亢旱。(《宋史》卷18《哲宗纪二》)

107. 宋哲宗元符二年(1099)春,京畿(河南)旱。(《宋史》卷66《五行四》)

108. 宋孝宗淳熙八年(1181)七月至于十一月,信阳(河南信阳)……皆旱。(《宋史》卷66《五行四》)

109. 宋孝宗淳熙八年(1181)七月至于十一月,信阳(河南信阳)……皆旱。(《宋史》卷66《五行四》)(跨季节记为2次)

110. 宋孝宗淳熙九年(1182)五月至于七月,信阳(河南信阳)皆旱。(《宋史》卷66《五行四》)

111. 宋孝宗淳熙九年(1182)五月至于七月,信阳(河南信阳)皆旱。(《宋史》卷66《五行四》)(跨季节记为2次)

112. 卫绍王崇庆元年(1212)十一月,赈河东南路(河南)……卫州(卫辉)旱灾。(《金史》卷13《金绍王纪》)

113. 卫绍王崇庆元年(1212),河东(包括今河南)……诸路旱。(《金史》卷23《五行志》)

114. 金宣宗贞祐三年(1215)四月,河南路(河南)自去冬不雨。(《金史》卷23《五行志》)

115. 金宣宗贞祐三年(1215)四月,河南路(河南)自去冬不雨。(《金史》卷23《五行志》)

116. 金宣宗贞祐三年(1215)四月,河南路(河南)自去冬不雨。(《金史》卷23《五行志》)(跨季节记为3次)

117. 金宣宗贞祐四年(1216)七月,旱。(《金史》卷23《五行志》)

118. 金宣宗兴定二年(1218)六月丁巳,上以久旱,谕宰臣治京狱冤。(《金史》卷15《宣宗纪中》)

119. 金宣宗兴定二年(1218)秋七月甲戌,以旱灾,诏中外。(《金史》卷15《宣宗纪中》)

120. 金宣宗兴定三年(1219)夏,旱。(《金史》卷23《五行志》)

121. 金宣宗兴定四年(1220)六月,旱。(《金史》卷23《五行志》)

122. 金宣宗元光元年(1222)四月,京畿(开封)旱。(《金史》卷23《五行志》)

123. 金哀宗正大二年(1225)四月甲午,以京畿(开封)旱,遣使虑囚;五月丁丑,以旱甚责己,避正殿,减常膳,赦罪。(《金史》卷17《哀宗纪上》)

124. 金哀宗正大三年(1226)四月辛丑,以旱,遣官祷于济渎。(《金史》卷17《哀宗纪上》)

125. 金哀宗正大五年(1228)四月,京畿(开封)旱。(《金史》卷23《五行志》)

六月壬戌,以旱,赦杂犯罪死已下。(《金史》卷17《哀宗纪上》)

126. 金哀宗天兴二年(1233)六月,归德(商丘)及蔡(汝南),复大旱数月。(《金史》卷23《五行志》)

根据上面的统计我们可以看出宋金时期河南旱灾情况,接下来对其分布特征进行简单的分析。

(二)宋金时期河南旱灾特征

1. 年际分布特征(如表5-3)

表5-3 宋金时期河南旱灾数据年际分布统计表

时段	北宋前期	北宋中期	北宋后期	金前期	金后期	总体情况
年号	建隆元年至乾兴元年	天圣元年至元丰八年	元祐元年至靖康元年	天会五年至大定二十九年	明昌元年至天兴二年	
起止	960—1022	1023—1085	1086—1126	1127—1189	1190—1233	960—1233
年长	63	63	41	63	44	274
次数	74	24	9	4	15	126
比重	59%	19%	7%	3%	12%	100%
频度	1次/0.9年	1次/2.6年	1次/4.6年	1次/15.8年	1次/2.9年	1次/2.2年

宋金时期,河南发生旱灾126次,平均2.2年发生一次,可分为五个阶段。

第一阶段:从宋太祖建隆元年(960)到宋真宗乾兴元年(1022),在此期间河南发生旱灾74次,平均0.9年发生1次,约占全部灾害的59%。此时在河南地区连续多年发生旱灾,例如宋太祖建隆四年、乾德元年(963)至乾德五年(967)连续5年发生了旱灾。宋太宗太平兴国二年(977)至七年(982),连续6年河南地区都发生了旱灾,宋太宗端拱二年(989)至宋太宗至道二年(996)更是连续8年都发生了旱灾。

第二阶段:从宋仁宗天圣元年(1023)到宋神宗元丰八年(1085),在此期间河南发生旱灾24次,平均2.6年发生1次,约占全部灾害的19%。虽然此时旱灾具有连续性,但未像第一阶段连续几年间都暴发旱灾。另外值得注意的是,其中旱灾在京师开封就发生了18次。

第三阶段:宋哲宗元祐元年(1086)到宋钦宗靖康元年(1126),在此期间河南发生旱灾9次,平均4.6年发生1次,约占全部灾害的7%。

第四阶段:金太宗天会五年(1127)到金世宗大定二十九年(1189),在此期间河南发生旱灾4次,平均15.8年发生1次,约占全部灾害的3%。此时灾害发生数据为五个阶段中最少的。其中一部分原因是处于宋金之交,战乱和政局不稳,使得资料没有稳定时期翔实。

第五阶段:金章宗明昌元年(1190)到金哀宗天兴二年(1233),在此期间河南发生旱灾15次,平均2.9年发生1次,约占全部灾害的12%。

2. 季节分布特征

旱灾也具有季节和月份分布特点,我们特制表5-4,方便读者认识旱灾的季节和月份特征。

表5-4 宋金时期河南旱灾记录年内分布统计表

季节	春季				夏季				秋季				冬季				不详
次数	37				43				18				17				11
月份	一	二	三	不详	四	五	六	不详	七	八	九	不详	十	十一	十二	不详	
次数	7	2	3	25	11	6	6	20	7	2	1	8	2	2	0	13	

旱灾具有连续性,往往持续数月,甚至从一个季节延续到另一个季节。此外许多旱灾资料只记载了其发生的季节,所以在上表中一个季节发生灾害大于这个季节月份发生灾害之和。春季发生的37次旱灾中,有25次不知具体月份,占春季旱灾的67.56%。夏季发生的43次旱灾中,20次不详,占夏季旱灾的46.51%。秋季发生的18次旱灾中,8次不详,占秋季旱灾的44.44%。冬季发生的17次旱灾中,13次不详,占冬季旱灾的76.47%。根据上表,我们能看到旱

灾在春夏多发,其中夏季发生次数最多,占总数的 34.13%。这与河南的气候有关,春季河南降水量少,雨季未到,蒸发旺盛,农业生产需水量大;夏季虽然降水量增大,但降水集中,有时也会出现长时间无降水。发生最多的月份则为四月,河南降水多集中在七八月。春夏之交,降水量增加少,但蒸发量增加多,更易发生旱灾。

三、宋金时期河南虫灾

(一)宋金时期河南虫灾数据统计

前辈学者关于宋代蝗灾的研究主要是《中国灾害通史·宋代卷》,统计两宋时期的蝗灾共达 168 次之多,其中河南发生蝗灾 42 次。[①] 我们结合金代史料统计,宋金时期河南发生虫灾达 44 次,且都是蝗灾。具体如下:

1. 宋太祖建隆元年(960)七月,澶州(濮阳)蝗。(《宋史》卷 62《五行一下》)

2. 宋太祖建隆二年(961)五月,范县蝗。(《宋史》卷 62《五行一下》)

3. 宋太祖建隆四年、乾德元年(963)六月,澶州(濮阳)蝗,命以牢祭。(《宋史》卷 1《太祖纪一》)

4. 宋太祖建隆四年、乾德元年(963)七月,怀州(沁阳)蝗生。(《宋史》卷 62《五行一下》)

5. 宋太祖乾德二年(964)四月,相州(安阳)蜩虫食桑。(《宋史》卷 62《五行一下》)

6. 宋太祖乾德二年(964),是时,……河南(今河南)……诸州有蝗。(《宋史》卷 62《五行一下》)

7. 宋太宗太平兴国二年(977)闰七月,卫州(卫辉)蜩虫生。(《宋史》卷 62《五行一下》)

8. 宋太宗太平兴国六年(981)七月,河南府(洛阳)、宋州(商丘)蝗。(《宋史》卷 62《五行一下》)

---

① 袁祖亮主编,邱云飞著:《中国灾害通史·宋代卷》,郑州大学出版社,2008 年,第 12 页。

9. 宋太宗太平兴国七年(982)三月,北阳县(南阳境)蝗,飞鸟数万食之尽。(《宋史》卷4《太宗纪一》)

10. 宋太宗太平兴国七年(982)四月,北阳县(南阳境)蝻虫生,有飞鸟食之尽。滑州(滑县)蝻虫生。是月,……陈州(淮阳)蝗。(《宋史》卷62《五行一下》)

五月,陕州(三门峡西)蝗。(《宋史》卷4《太宗纪一》)

11. 宋太宗淳化元年(990)七月,……澶(濮阳)……有蝗。(《宋史》卷62《五行一下》)

12. 宋太宗淳化三年(992)七月,许(许昌)、汝(汝州)、蔡(汝南)蝗。(《宋史》卷5《太宗纪二》)

13. 宋太宗至道二年(996)七月,长葛、阳翟(许昌)二县有蝻虫食苗。(《宋史》卷62《五行一下》)

七月,许、宿、齐三州蝗抱草死。(《宋史》卷5《太宗纪二》)

14. 宋真宗景德元年(1004)八月,陕州(三门峡西)……虫蝝害稼。(《宋史》卷67《五行五》)

八月,陕州(三门峡西)蝗害稼。(《宋史》卷7《真宗纪二》)

15. 宋真宗景德三年(1006),京东(河南东部)蝻生。(《宋史》卷7《真宗纪二》)

16. 宋真宗景德四年(1007)九月,陈州、宛邱(淮阳)蝗不害稼,抱草死。(《续资治通鉴长编》卷66"真宗景德四年九月丙子")

17. 宋真宗大中祥符三年(1010)六月,开封府尉氏县(尉氏县)蝻虫生。(《宋史》卷62《五行一下》)

18. 宋真宗大中祥符四年(1011)六月,祥符县(开封境)蝗。(《宋史》卷62《五行一下》)

19. 宋真宗大中祥符四年(1011)七月,河南府(洛阳)及京东(河南东部)蝗生,食苗叶。(《宋史》卷62《五行一下》)

八月,开封府祥符(开封境)、咸平(通许县)、中牟、陈留(开封市境)、雍丘(杞县)、封丘六县蝗。(《宋史》卷62《五行一下》)

20. 宋真宗大中祥符四年(1011),畿内(河南)蝗。兖州蚄虫不为灾。(《宋史》卷8《真宗纪三》)

21. 宋真宗大中祥符九年(1016)六月,京畿(河南)蝗。(《宋史》卷8《真宗纪三》)

六月,京畿(河南)蝗蝻继生,弥覆郊野,食民田殆尽,入公私庐舍。(《宋史》卷62《五行一下》)

22. 宋真宗大中祥符九年(1016)七月,开封府祥符县蝗附草死者数里。(《宋史》卷8《真宗纪三》)

七月,蝗蝻过京师(开封),群飞翳空,延至江、淮南,趣河东,及霜寒始毙。(《宋史》卷62《五行一下》)

23. 宋真宗天禧元年(1017)二月,开封府、京东西(开封、河南)……蝗蝻复生,多去岁蛰者。和州蝗生卵,如稻粒而细。(《宋史》卷62《五行一下》)

24. 宋仁宗明道二年(1033)畿内(河南)蝗。(《宋史》卷10《仁宗纪二》)

25. 宋仁宗景祐元年(1034)六月,京师(开封)蝗。(《续资治通鉴长编》卷114"仁宗景祐元年六月乙卯")

26. 宋神宗熙宁七年(1074)夏,开封府界(开封)……蝗。(《宋史》卷62《五行一下》)

27. 宋神宗熙宁八年(1075)八月,淮西蝗,陈州(淮阳县)、颍州蔽野。(《宋史》卷62《五行一下》)

28. 宋神宗熙宁九年(1076)夏,开封府畿(开封)……蝗。(《宋史》卷62《五行一下》)

29. 宋神宗元丰四年(1081)秋,开封府界(开封)蝗。(《宋史》卷62《五行一下》)

30. 宋神宗元丰五年(1082)夏,开封府(开封)又蝗。(《宋史》卷62《五行一下》)

31. 宋神宗元丰六年(1083)夏,开封府(开封)又蝗。(《宋史》卷62《五行一下》)

32. 宋徽宗建中靖国元年(1101)二月,京畿(河南)蝗。(《宋史》卷19《徽宗纪一》)

33. 宋徽宗崇宁元年(1102)夏,开封府界(开封)……蝗。(《宋史》卷62《五行一下》)

34. 宋徽宗崇宁元年(1102),京畿(河南)蝗。(《宋史》卷19《徽宗纪一》)

35. 宋徽宗崇宁四年(1105),开封府(开封)连岁大蝗,其飞蔽日,来自山东及府界,河北尤甚。(《宋史》卷62《五行一下》)

36. 宋徽宗崇宁四年(1105),开封府(开封)连岁大蝗,其飞蔽日,来自山东及府界,河北尤甚。(《宋史》卷62《五行一下》)(跨年记为2次)

37. 宋徽宗宣和五年(1123),京师(开封)蝗。(《宋史》卷62《五行一下》)

38. 金章宗泰和八年(1208),河南路(河南)蝗。(《金史》卷23《五行志》)

39. 金宣宗贞祐三年(1215)四月丙申,河南路(河南)蝗,遣官分捕。(《金史》卷14《宣宗纪上》)

五月,河南大蝗。(《金史》卷23《五行志》)

40. 金宣宗贞祐四年(1216)五月戊寅,……邓(邓州)、裕(方城)、汝(汝州)……等州蝗。(《金史》卷14《宣宗纪上》)

六月丁未,河南大蝗伤稼,遣官分道捕之。(《金史》卷14《宣宗纪上》)

41. 金宣宗贞祐四年(1216)七月,飞蝗过京师(开封)。(《金史》卷14《宣宗纪上》)

42. 金宣宗兴定元年(1217)三月乙酉,上宫中见蝗,遣官分道督捕。(《金史》卷15《宣宗纪中》)

43. 金宣宗兴定二年(1218)四月丁卯,河南诸郡蝗。(《金史》卷15《宣宗纪中》)

44. 金哀宗正大三年(1226)四月己酉,遣使虑囚,遣使捕蝗。(《金史》卷17《哀宗纪上》)

根据上面收集到的材料,我们简单分析一下宋金时期河南虫灾的分布特征。

(二)宋金时期河南虫灾特征

1. 年际分布特征(如表 5-5)

表 5-5　宋金时期河南虫灾数据年际分布统计表

时段	北宋前期	北宋中期	北宋后期	金前期	金后期	总体情况
年号	建隆元年至乾兴元年	天圣元年至元丰八年	元祐元年至靖康元年	天会五年至大定二十九年	明昌元年至天兴二年	
起止	960—1022	1023—1085	1086—1126	1127—1189	1190—1233	960—1233
年长	63	63	41	63	44	274
次数	23	8	6	0	7	44
比重	52%	18%	14%	0	16%	100%
频度	1次/2.7年	1次/7.9年	1次/6.8年	0	1次/6.3年	1次/6.2年

宋金时期,河南发生蝗灾 44 次,平均 6.2 年发生一次,可分为五个阶段。

第一阶段:从宋太祖建隆元年(960)到宋真宗乾兴元年(1022),在此期间河南发生蝗灾 23 次,平均 2.7 年发生 1 次,占全部灾害的 52%。在此可以看出蝗灾与旱灾高度相关,像宋太祖建隆四年(963)、乾德二年(964),宋太宗太平兴国二年(977)、六年(981)、七年(982)等年份都是在旱灾后暴发了蝗灾。

第二阶段:从宋仁宗天圣元年(1023)到宋神宗元丰八年(1085),在此期间河南发生蝗灾 8 次,平均 7.9 年发生 1 次,约占全部灾害的 18%。

第三阶段:宋哲宗元祐元年(1086)到宋钦宗靖康元年(1126),在此期间河南发生蝗灾 6 次,平均 6.8 年发生 1 次,约占全部灾害的 14%。

第四阶段:金太宗天会五年(1127)到金世宗大定二十九年(1189),在此期间河南没有发生蝗灾的记录,其中一部分原因是处于宋金之交,战乱和政局不稳,使得资料没有稳定时期翔实。

第五阶段:金章宗明昌元年(1190)到金哀宗天兴二年(1233),在此期间河南发生蝗灾 7 次,平均 6.3 年发生 1 次,约占全部灾害的 16%。

2. 季节分布特征

通过宋金时期河南虫灾记录年内分布统计表(表 5-6),对其季节和月份分布特征进行简单分析。

表 5-6　宋金时期河南虫灾记录年内分布统计表

季节	春季				夏季				秋季				冬季				不详
次数	4				17				14				0				9
月份	一	二	三	不详	四	五	六	不详	七	八	九	不详	十	十一	十二	不详	
次数	0	2	2	0	5	3	5	4	11	2	1	0	0	0	0	0	

虫灾的发生会受到气温的影响,冬季河南因气温过低,没有发生过虫灾。此外春季也因气温原因,发生虫害的次数较少,仅出现过 4 次,其中分别发生在宋真宗天禧元年(1017)、宋徽宗建中靖国元年(1101)的二月,宋太宗太平兴国七年(982)、金宣宗兴定元年(1217)的三月。因这四年的二、三月气温高于往年,才会形成蝗灾。夏季是蝗灾高发期,占全部蝗灾的 38.64%。七月是蝗灾发生次数最高的月份,达 11 次,占全部的 25%。

四、宋金时期河南雹灾

(一)宋金时期河南雹灾数据统计

《中国灾害通史·宋代卷》统计到宋金时期发生雹灾 121 次,其中河南雹灾 10 次。[①] 我们通过数据,统计到河南发生雹灾 29 次。具体情况如下:

1. 宋太祖乾德二年(964)四月,阳武县(原阳县)雨雹,宋州宁陵县风雨雹伤民田。(《宋史》卷 62《五行一下》)

2. 宋太祖乾德三年(965)四月,尉氏、扶沟二县风雹,害民田,桑枣十损七八。(《宋史》卷 62《五行一下》)

3. 宋太祖开宝二年(969),京师(开封)风雹害夏苗。(《宋史》卷 62《五行一下》)

4. 宋太宗太平兴国八年(983)五月,相州(安阳)风雹害民田。(《宋史》卷 62《五行一下》)

5. 宋太宗淳化元年(990)六月,许州(许昌)大风雹,坏军营、民舍千一百五十六区。(《宋史》卷 62《五行一下》)

---

① 袁祖亮主编,邱云飞著:《中国灾害通史·宋代卷》,郑州大学出版社,2008 年,第 12 页。

6. 宋真宗咸平三年(1000)四月,京师(开封)雨雹,飞禽有陨者。(《宋史》卷62《五行一下》)

7. 宋真宗咸平六年(1003)四月,京师(开封)暴雨雹,如弹丸。(《宋史》卷62《五行一下》)

8. 宋仁宗庆历二年(1042)七月,大雨雹。(《宋史》卷11《仁宗纪三》)

9. 宋仁宗庆历六年(1046)五月,京师(开封)雨雹。(《宋史》卷11《仁宗纪三》)

10. 宋仁宗庆历六年(1046)七月,京师(开封)雨雹。(《宋史》卷11《仁宗纪三》)

11. 宋仁宗嘉祐四年(1059)四月,大震电,雨雹。(《宋史》卷12《仁宗纪四》)

12. 宋神宗熙宁三年(1070)七月戊戌,雨雹。(《续资治通鉴长编》卷213"神宗熙宁三年七月戊戌")

13. 宋神宗熙宁三年(1070)七月,雨雹。(《宋史》卷15《神宗纪二》)

14. 宋神宗熙宁七年(1074)四月,雨雹;五月壬寅,雨雹。癸卯,大雨雹。(《宋史》卷15《神宗纪二》)

15. 宋神宗熙宁九年(1076)二月,雨雹。(《宋史》卷15《神宗纪二》)

16. 宋哲宗绍圣四年(1097)二月,大雨雹。(《宋史》卷18《哲宗纪二》)

17. 宋徽宗建中靖国元年(1101)五月,大雨雹。(《宋史》卷19《徽宗纪一》)

18. 宋徽宗建中靖国元年(1101),雨雹。(《宋史》卷19《徽宗纪一》)

19. 宋徽宗崇宁三年(1104)二月,雨雹。(《宋史》卷19《徽宗纪一》)

20. 宋徽宗崇宁三年(1104)十月,大雨雹。(《宋史》卷19《徽宗纪一》)

21. 宋徽宗崇宁四年(1105)二月,雨雹。(《宋史》卷20《徽宗纪二》)

22. 宋徽宗大观元年(1107)十月,大雨雹。(《宋史》卷20《徽宗纪二》)

23. 宋徽宗大观三年(1109)五月,大雨雹。(《宋史》卷20《徽宗纪二》)

24. 宋徽宗宣和元年(1119)十二月,大雨雹。(《宋史》卷22《徽宗纪四》)

25. 宋徽宗宣和四年(1122)二月,雨雹。(《宋史》卷22《徽宗纪四》)

26. 宋徽宗宣和七年(1125)三月,雨雹。(《宋史》卷22《徽宗纪四》)

27. 金哀宗正大二年(1225)四月,钧(河南禹州)、许州(许昌)大雨雹。(《金史》卷17《哀宗纪上》)

28. 金哀宗正大三年(1226)四月,河南大雨雹;六月辛卯,京东(河南东部)大雨雹,蝗尽死。(《金史》卷17《哀宗纪上》)

29. 金哀宗正大五年(1228)四月,郑州大雨雹,桑柘皆枯。(《金史》卷23《五行志》)

根据以上统计对宋金时期河南雹灾时间分布规律进行简单的分析。

(二)宋金时期河南雹灾特征

1. 年际分布特征(如表5-7)

表5-7 宋金时期河南雹灾数据年际分布统计表

时段	北宋前期	北宋中期	北宋后期	金前期	金后期	总体情况
年号	建隆元年至乾兴元年	天圣元年至元丰八年	元祐元年至靖康元年	天会五年至大定二十九年	明昌元年至天兴二年	
起止	960—1022	1023—1085	1086—1126	1127—1189	1190—1233	960—1233
年长	63	63	41	63	44	274
次数	7	8	11	0	3	29
比重	24%	28%	38%	0	10%	100%
频度	1次/9年	1次/7.9年	1次/3.7年	0	1次/14.7年	1次/9.4年

宋金时期,河南发生雹灾29次,平均9.4年发生1次,可分为五个阶段。

第一阶段:从宋太祖建隆元年(960)到宋真宗乾兴元年(1022),在此期间河南发生雹灾7次,平均9年发生1次,约占全部灾害的24%。

第二阶段:从宋仁宗天圣元年(1023)到宋神宗元丰八年(1085),在此期间河南发生雹灾8次,平均7.9年发生1次,约占全部灾害的28%。

第三阶段:宋哲宗元祐元年(1086)到宋钦宗靖康元年(1126),在此期间河南发生雹灾11次,平均3.7年发生1次,约占全部灾害的38%。此阶段雹灾发生频次较高。

第四阶段:金太宗天会五年(1127)到金世宗大定二十九年(1189),在此期间河南没有关于雹灾的记载。其中一部分原因是处于宋金之交,战乱和政局不稳,使得资料没有稳定时期翔实。

第五阶段:金章宗明昌元年(1190)到金哀宗天兴二年(1233),河南发生雹灾3次,平均14.7年发生1次,约占全部灾害的10%。

2. 季节分布特征

通过宋金时期河南雹灾记录年内分布统计表(表5-8),对其季节和月份分布特征进行简单分析。

表5-8 宋金时期河南雹灾记录年内分布统计表

季节	春季				夏季				秋季				冬季				不详
次数	6				14				4				3				2
月份	一	二	三	不详	四	五	六	不详	七	八	九	不详	十	十一	十二	不详	
次数	0	5	1	0	9	4	0	1	3	0	1	0	2	0	1	0	

由上表可知,雹灾四个季节均有分布,以夏季发生的最多,占发生次数的48.28%。因冰雹产生在对流云里,强对流天气一般在夏季较多,所以冰雹在夏季也多;冬季地面温度不高,空气运动没有那么剧烈和复杂,所以一般较少出现冰雹。

五、宋金时期河南寒灾

(一)宋金时期河南寒灾数据统计

宋金时期,我们统计到河南发生了10次寒灾,其中2次霜灾、8次低温天气或寒雪。具体如下:

1. 宋真宗咸平四年(1001)三月,雪损桑。(《宋史》卷62《五行一下》)

2. 宋真宗大中祥符九年(1016)十二月,澶(濮阳)、相州(安阳)并霜害稼。(《宋史》卷62《五行一下》)

3. 宋真宗天禧元年(1017)十二月,京师(开封)大雪,苦寒,人多冻死,路有僵尸。(《宋史》卷62《五行一下》)

4. 宋仁宗至和元年(1054)正月,京师(开封)大雪,贫弱之民冻死者甚众。(《宋史》卷62《五行一下》)

5. 宋徽宗政和三年(1113)十一月,大雨雪,连十余日不止,平地八尺余。(《宋史》卷62《五行一下》)

6. 宋钦宗靖康元年(1126)闰十一月,大雪,盈三尺不止。(《宋史》卷62《五行一下》)

7. 金哀宗正大三年(1226)春,大寒。(《金史》卷23《五行志》)

8. 金哀宗正大四年(1227)八月,陨霜,禾尽损。(《金史》卷17《哀宗纪上》)

9. 金哀宗正大五年(1228)二月乙巳朔,大寒,雷,雨雪,木之华者尽死。(《金史》卷17《哀宗纪上》)

10. 金哀宗天兴元年(1232)五月辛卯,大寒如冬。(《金史》卷17《哀宗纪上》)

根据上面收集到的材料,我们简单分析一下宋金时期河南寒灾的分布特征。

(二)宋金时期河南寒灾特征

1. 年际分布特征(如表5-9)

表5-9 宋金时期河南寒灾数据年际分布统计表

时段	北宋前期	北宋中期	北宋后期	金前期	金后期	总体情况
年号	建隆元年至乾兴元年	天圣元年至元丰八年	元祐元年至靖康元年	天会五年至大定二十九年	明昌元年至天兴二年	
起止	960—1022	1023—1085	1086—1126	1127—1189	1190—1233	960—1233
年长	63	63	41	63	44	274
次数	3	1	2	0	4	10
比重	30%	10%	20%	0	40%	100%
频度	1次/21年	1次/63年	1次/20.5年	0	1次/11年	1次/27.4年

宋金时期的寒灾,除宋真宗大中祥符九年(1016)有详细发生地澶州、相州外,其余发生地均为不详。因为北宋和金代的都城均为开封地区,所以在地区上把其划归为开封。据统计,宋金时期寒灾总共发生10次,平均27.4年一次。

2. 季节分布特征

通过宋金时期河南寒灾记录年内分布统计表(表5-10),对其季节和月份分布特征进行简单分析。

表 5-10　宋金时期河南寒灾记录年内分布统计表

季节	春季				夏季				秋季				冬季				不详
次数	4				1				1				4				0
月份	一	二	三	不详	四	五	六	不详	七	八	九	不详	十	十一	十二	不详	
次数	1	1	1	1	0	1	0	0	0	1	0	0	0	3	1	0	

从上表可知,低温灾害一年四季均有分布,但冬季与春季居多。

六、宋金时期河南风灾

(一)宋金时期河南风灾数据统计

据我们统计,宋金时期,大风灾害出现了 17 次,沙尘灾害出现了 22 次,二者基本上各占风灾的一半。但由于北宋与金的统治中心都在河南一带,对风灾的记载则以开封府为主,对河南其他地方的风灾记载相对较少。具体如下:

1. 宋太祖开宝九年(976)四月,宋州(商丘)大风,坏甲仗库、城楼、军营凡四千五百九十六区。(《宋史》卷67《五行五》)

2. 宋太宗端拱二年(989),京师(开封)暴风起东北,尘沙曀日,人不相辨。(《宋史》卷67《五行五》)

3. 宋太宗淳化二年(991)五月,通利军(滑县北)大风害稼。(《宋史》卷67《五行五》)

4. 宋太宗淳化三年(992)正月,京师(开封)雨土。(《宋史》卷67《五行五》)

5. 宋真宗咸平四年(1001)八月,京师(开封)暴风。(《宋史》卷67《五行五》)

6. 宋真宗景德三年(1006)七月,京师(开封)大风。(《宋史》卷67《五行五》)

7. 宋真宗景德四年(1007)三月甲寅夕,京师(开封)大风,黄尘蔽天,自大名历京畿,害桑稼,唐州(唐河县)尤甚。(《宋史》卷67《五行五》)

8. 宋真宗大中祥符二年(1009)四月,大风起京师(开封)西北,连日不

止。(《宋史》卷67《五行五》)

9. 宋真宗大中祥符五年(1012)八月,京师(开封)大风。(《宋史》卷67《五行五》)

10. 宋真宗大中祥符七年(1014)三月戊辰,京师(开封)大风,扬沙砾。(《宋史》卷67《五行五》)

11. 宋真宗大中祥符八年(1015)六月辛亥,京师(开封)风起巳位,吹沙扬尘。(《宋史》卷67《五行五》)

12. 宋真宗天禧四年(1020)五月乙卯,京师(开封)暴风起西北有声,折木吹沙,黄尘蔽天。(《宋史》卷67《五行五》)

13. 宋仁宗天圣四年(1026)十月甲午,京师(开封)昏雾四塞。(《宋史》卷67《五行五》)

14. 宋仁宗庆历二年(1042)二月,京师(开封)黄雾四塞,霾风终日。(《宋史》卷67《五行五》)

15. 宋英宗治平元年(1064)三月辛酉,京师(开封)雨土。(《宋史》卷13《英宗纪》)

三月壬戌,雨土京师(开封)。(《宋史》卷67《五行五》)

16. 宋英宗治平元年(1064)十二月乙亥,京师(开封)雨黄土。(《宋史》卷13《英宗纪》)

17. 宋神宗熙宁四年(1071)二月,京东自濮州至河北旁边(河南东部)大风异常,百姓惊恐。(《宋史》卷67《五行五》)

18. 宋神宗熙宁五年(1072)十二月癸未,京师(开封)雨土。(《宋史》卷15《神宗纪二》)

19. 宋神宗熙宁七年(1074)三月戊午,京师(开封)雨黄土。(《宋史》卷67《五行五》)

20. 宋神宗熙宁八年(1075)五月丁丑,京师(开封)雨土。(《宋史》卷15《神宗纪二》)

21. 宋神宗元丰二年(1079)八月乙亥,京师(开封)雨土。(《宋史》卷15《神宗纪二》)

22. 宋神宗元丰五年(1082)三月丙午,京师(开封)雨土。(《宋史》卷16《神宗纪三》)

三月丙午,京师(开封)雨土。(《宋史》卷67《五行五》)

23. 宋神宗元丰六年(1083)四月辛未,京师(开封)雨土。(《宋史》卷16《神宗纪三》)

24. 宋哲宗元祐七年(1092)正月戊午,京师(开封)天雨尘土,主民劳苦。(《宋史》卷67《五行五》)

25. 宋徽宗宣和元年(1119)三月庚午,京师(开封)雨土著衣。(《宋史》卷67《五行五》)

26. 宋钦宗靖康元年(1126)正月望夜,大风起西北,有声,吹沙走石,尽明日乃止;二月,大风起东北,扬尘翳空;三月夜五更,大风乍缓乍急,声如叫怒。(《宋史》卷67《五行五》)

27. 宋钦宗靖康元年(1126)十一月,大风发屋折木;(闰十一月)大风起北方。(《宋史》卷67《五行五》)

28. 宋钦宗靖康二年、高宗建炎元年(1127)正月己亥,天气昏瞳,狂风迅发,竟日夜,西北阴云中如有火光,长二丈余,阔数尺,民时时见之。庚戌,大风雨;正月丁酉,大风吹石折木;二月大风折木,晚尤甚;三月,大风。(《宋史》卷67《五行五》)

29. 宋钦宗靖康二年、高宗建炎元年(1127)四月庚申朔,大风吹石折木。辛酉,北风益甚,苦寒。(《宋史》卷67《五行五》)

30. 宋钦宗靖康二年、高宗建炎元年(1127)十二月,大风拔木。(《宋史》卷67《五行五》)

31. 金宣宗贞祐三年(1215)二月戊午,大风,隆德殿鸱尾坏;三月戊辰,大风,霾。(《金史》卷23《五行志》)

32. 金宣宗贞祐三年(1215)十月丙申,西北有雾气如积土,至二更乃散。(《金史》卷23《五行志》)

33. 金宣宗贞祐四年(1216)正月己未旦,黑雾四塞,巳时乃散。(《金史》卷23《五行志》)

34. 金宣宗兴定元年(1217)五月乙丑,河南大风,吹府门署以去。(《金史》卷23《五行志》)

35. 金宣宗兴定四年(1220)(春正月)壬子,昼晦,有顷大雷电,雨以风。(《金史》卷16《宣宗纪下》)

36. 金宣宗兴定四年(1220)四月丁丑,大风吹河南府(洛阳)署飞百余步,户案门钥开,文牍飘散,不知所在。(《金史》卷23《五行志》)

37. 金宣宗元光二年(1223)七月乙卯,京畿(开封)丹凤门坏,压死者数人。(《金史》卷23《五行志》)

38. 金哀宗正大元年(1224)春正月,京畿(开封)大风飘端门瓦,昏霾不见日,黄气塞天。(《金史》卷23《五行志》)

39. 金哀宗正大四年(1227)八月己巳,京师(开封)大风落左披门鸱尾,坏丹凤门扉。(《金史》卷17《哀宗纪上》)

根据上面收集到的材料,我们简单分析一下宋金时期河南风灾的分布特征。

(二)宋金时期河南风灾特征

1. 年际分布特征(如表5-11)

表5-11 宋金时期河南风灾数据年际分布统计表

时段	北宋前期	北宋中期	北宋后期	金前期	金后期	总体情况
年号	建隆元年至乾兴元年	天圣元年至元丰八年	元祐元年至靖康元年	天会五年至大定二十九年	明昌元年至天兴二年	
起止	960—1022	1023—1085	1086—1126	1127—1189	1190—1233	960—1233
年长	63	63	41	63	44	274
次数	12	11	4	3	9	39
比重	31%	28%	10%	8%	23%	100%
频度	1次/5.3年	1次/5.7年	1次/10.25年	1次/21年	1次/4.9年	1次/7年

宋金时期,河南发生风灾39次,平均7年发生一次,可分为五个阶段。

第一阶段:从宋太祖建隆元年(960)到宋真宗乾兴元年(1022),在此期间河南发生风灾12次,平均5.3年发生1次,约占全部灾害的31%。此外在京师开封发生的风灾就高达9次。

第二阶段:从宋仁宗天圣元年(1023)到宋神宗元丰八年(1085),在此期间河南发生风灾11次,平均5.7年发生1次,约占全部灾害的28%。此时风灾发生地以京师为主,发生10次风灾。此阶段是风灾发生较为频繁的时期。

第三阶段:宋哲宗元祐元年(1086)到宋钦宗靖康元年(1126),在此期间河南发生风灾 4 次,平均 10.25 年发生 1 次,约占全部灾害的 10%。值得注意的是,宋钦宗靖康元年出现了 2 次大风。

第四阶段:金太宗天会五年(1127)到金世宗大定二十九年(1189),在此期间河南发生风灾 3 次,平均 21 年发生 1 次,约占全部灾害的 8%。值得注意的是,这 3 次大风都发生在金太宗天会五年,即宋钦宗靖康二年、高宗建炎元年。此时期灾害发生频率较低。其中一部分原因是处于宋金之交,战乱和政局不稳,使得资料没有稳定时期翔实。

第五阶段:金章宗明昌元年(1190)到金哀宗天兴二年(1233),在此期间河南发生风灾 9 次,平均 4.9 年发生 1 次,约占全部灾害的 23%。此阶段风灾发生的频率较高。

2. 季节分布特征

我们通过分析宋金时期河南风灾记录年内分布统计表(表 5-12),对其季节和月份分布特征进行简单分析。

表 5-12　宋金时期河南风灾记录年内分布统计表

季节	春季				夏季				秋季				冬季				不详
沙尘	11				4				2				4				1
大风	4				6				5				2				0
月份	一	二	三	不详	四	五	六	不详	七	八	九	不详	十	十一	十二	不详	
沙尘	5	1	5	0	1	2	1	0	1	1	0	0	2	0	2	0	
大风	2	2	0	0	4	2	0	0	2	3	0	0	0	1	1	0	

从上表可知,无论大风还是沙尘,一年四季均有分布,但春季居多。春季沙尘占全部沙尘灾害的 50%,大风占 23.53%。一是因为春季冷暖空气交锋,气压上升,极易造成大风。二是春季河南地区土地刚刚解冻,此时植被稀少,地面裸露,大风会带起地面沙石,形成沙尘天气。沙尘在一、三月出现的次数最多,均占全部沙尘灾害的 22.73%。大风灾害四月和八月发生次数相对多一些,分别为 4 次和 3 次。

七、宋金时期河南震灾

(一)宋金时期河南震灾数据统计

《中国灾害通史·宋代卷》统计宋代的震灾共达 127 次,河南发生了 21 次。[①] 综合金代资料,我们统计到宋金时期河南发生了 21 次地震。具体如下:

1. 宋太祖乾德三年(965),京师(开封)地震。(《宋史》卷 67《五行五》)

2. 宋太祖乾德五年(967)十一月,许州(许昌)开元观老君像自动。(《宋史》卷 67《五行五》)

3. 宋真宗景德元年(1004)正月丙申,京师(开封)地震。辛丑,京师地再震。丁未,京师地复震。(《宋史》卷 7《真宗纪二》)

4. 宋真宗景德元年(1004)十一月,京师(开封)地震。(《宋史》卷 67《五行五》)

5. 宋真宗天禧三年(1019)二月,河南府(洛阳)地震。(《宋史》卷 67《五行五》)

6. 宋仁宗天圣七年(1029)十月,京师(开封)地震。(《宋史》卷 9《仁宗纪一》)

7. 宋仁宗景祐四年(1037)十二月,京师(开封)地震。(《宋史》卷 67《五行五》)

8. 宋仁宗宝元元年(1038)十二月,京师(开封)地震。(《宋史》卷 10《仁宗纪二》)

9. 宋仁宗庆历六年(1046)五月甲申,京师(开封)地震。(《续资治通鉴长编》卷 159"仁宗庆历六年五月甲申")

10. 宋仁宗庆历七年(1047)十月,河阳(孟州)、许州(许昌)地震。(《宋史》卷 11《仁宗纪三》)

11. 宋仁宗嘉祐五年(1060)五月,京师(开封)地震。(《宋史》卷 12

[①] 袁祖亮主编,邱云飞著:《中国灾害通史·宋代卷》,郑州大学出版社,2008 年,第 12 页。

《仁宗纪四》)

12. 宋英宗治平四年(1067)八月,京师(开封)地震。(《宋史》卷 13《神宗纪一》)

13. 宋神宗熙宁元年(1068)七月甲申,京师(开封)地震。乙酉,又震,大雨。辛卯,河朔地大震,京师地再震。(《宋史》卷 14《神宗纪一》)

八月壬寅,京师(开封)地震。甲辰,又震。(《宋史》卷 14《神宗纪一》)

14. 宋神宗熙宁元年(1068)十一月,京师(开封)及莫州地震。(《宋史》卷 14《神宗纪一》)

15. 宋神宗元丰八年(1085)五月,京师(开封)地震。(《宋史》卷 17《哲宗纪一》)

16. 宋哲宗绍圣二年(1095)冬十月,河南府(洛阳)地震。(《宋史》卷 18《哲宗纪二》)

十一月,河南府(洛阳)地震。(《宋史》卷 67《五行五》)

17. 宋哲宗元符元年(1098)七月,京师(开封)地震良久。(《宋史》卷 67《五行五》)

18. 宋徽宗宣和六年(1124)正月,京师(开封)连日地震,宫殿门皆动有声。(《宋史》卷 67《五行五》)

19. 宋徽宗宣和六年(1124),京师(开封)地大震。(《宋史》卷 22《徽宗纪四》)

20. 金世宗大定二十一年(1181)二月,河东南路地震,……怀(沁阳)……等州地震弥昼夜不止。(《大金国志》卷 18《世宗皇帝纪年下》)

21. 金哀宗正大四年(1227)六月丙辰,京师(开封)地震。(《金史》卷 17《哀宗纪上》)

根据上面收集到的材料,我们简单分析一下宋金时期河南震灾的分布特征。

(二)宋金时期河南震灾特征

1. 年际分布特征(如表5-13)

表5-13　宋金时期河南震灾数据年际分布统计表

时段	北宋前期	北宋中期	北宋后期	金前期	金后期	总体情况
年号	建隆元年至乾兴元年	天圣元年至元丰八年	元祐元年至靖康元年	天会五年至大定二十九年	明昌元年至天兴二年	
起止	960—1022	1023—1085	1086—1126	1127—1189	1190—1233	960—1233
年长	63	63	41	63	44	274
次数	5	10	4	1	1	21
比重	24%	47%	19%	5%	5%	100%
频度	1次/12.6年	1次/6.3年	1次/10.3年	1次/63年	1次/44年	1次/13年

宋金时期,河南发生地震21次,平均13年发生一次,可分为五个阶段。

第一阶段:从宋太祖建隆元年(960)到宋真宗乾兴元年(1022),在此期间河南发生震灾5次,平均12.6年发生1次,约占全部灾害的24%。

第二阶段:从宋仁宗天圣元年(1023)到宋神宗元丰八年(1085),在此期间河南发生震灾10次,平均6.3年发生1次,约占全部灾害的47%。此阶段地震发生频率最高。

第三阶段:宋哲宗元祐元年(1086)到宋钦宗靖康元年(1126),在此期间河南发生震灾4次,平均10.3年发生1次,约占全部灾害的19%。

第四阶段:金太宗天会五年(1127)到金世宗大定二十九年(1189),在此期间河南发生震灾1次,约占全部灾害的5%。

第五阶段:金章宗明昌元年(1190)到金哀宗天兴二年(1233),河南发生震灾1次,约占全部灾害的5%。

在记载的21次地震中,大概有16次在开封。当时的开封作为北宋和金的京城,对地震有较为详细的记载。

2. 季节分布特征

具体宋金时期震灾年内分布可参照表5-14。地震灾害并非气象灾害,所以没有明显的气候特征,在四个季节均有分布。

表 5-14　宋金时期河南震灾记录年内分布统计表

季节	春季				夏季				秋季				冬季				不详
次数	4				5				3				7				2
月份	一	二	三	不详	四	五	六	不详	七	八	九	不详	十	十一	十二	不详	
次数	2	2	0	0	0	3	2	0	2	1	0	0	2	3	2	0	

八、宋金时期河南疫灾

(一)宋金时期河南疫灾数据统计

在宋金时期瘟疫发生的次数不多,但每次都会带来巨大的破坏。关于宋代的瘟疫状况,《中国灾害通史·宋代卷》统计两宋时期的疫灾共有 49 次,河南发生了 5 次。[①] 根据综合金代史料统计一共发生了 7 次。具体如下:

1. 宋太宗淳化五年(994)六月,都城(开封)大疫。(《宋史》卷 5《太宗纪二》)

2. 宋真宗咸平六年(1003)五月,都城(开封)疫。(《续资治通鉴长编》卷 54"咸平六年五月乙卯")

3. 宋仁宗至和元年(1054)正月,京师(开封)大疫。(《续资治通鉴长编》卷 176"至和元年春正月壬申")

4. 宋仁宗嘉祐五年(1060)五月,京师(开封)民疫。(《宋史》卷 12《仁宗纪四》)

5. 宋哲宗绍圣元年(1094),京师(开封)疫。(《宋史》卷 18《哲宗纪二》)

6. 宋钦宗靖康二年、高宗建炎元年(1127)三月,金人围汴京(开封),城中疫死者几半。(《宋史》卷 62《五行一下》)

7. 金哀宗天兴元年(1232)五月,汴京(开封)大疫,凡五十日,诸门出死者九十余万人,贫不能葬者不在是数。(《金史》卷 17《哀宗纪上》)

[①] 袁祖亮主编,邱云飞著:《中国灾害通史·宋代卷》,郑州大学出版社,2008 年,第 12 页。

根据以上统计可以得出疫灾的时间分布规律,下文我们将作简单分析。

(二)宋金时期河南疫灾特征

1. 年际分布特征(如表5-15)

表5-15　宋金时期河南疫灾数据年际分布统计表

时段	北宋前期	北宋中期	北宋后期	金前期	金后期	总体情况
年号	建隆元年至乾兴元年	天圣元年至元丰八年	元祐元年至靖康元年	天会五年至大定二十九年	明昌元年至天兴二年	
起止	960—1022	1023—1085	1086—1126	1127—1189	1190—1233	960—1233
年长	63	63	41	63	44	274
次数	2	2	1	1	1	7
比重	29%	29%	14%	14%	14%	100%
频度	1次/31.5年	1次/31.5年	1次/41年	1次/63年	1次/44年	1次/39.1年

疫灾在宋金时期发生了7次,平均39.1年一次。发生最为频繁的时期为仁宗时期,分别在至和元年(1054)和嘉祐五年(1060)发生了瘟疫。最为严重的一次是北宋末年,即高宗建炎元年(1127)三月,"金人围汴京(开封),城中疫死者几半"①。

2. 季节分布特征

宋金时期瘟疫时间分布的季节性特征如表5-16。

表5-16　宋金时期河南疫灾记录年内分布统计表

季节	春季			夏季				秋季				冬季				不详
次数	2			4				0				0				1
月份	一	二	三	不详	四	五	六	不详	七	八	九	不详	十	十一	十二	不详	
次数	1	0	1	0	0	3	1	0	0	0	0	0	0	0	0	0	

由上表可以得出结论,春、夏两季为宋金时期瘟疫的多发季节,其中以五月最为集中。

---

① 〔元〕脱脱:《宋史》卷62《五行一下》,中华书局,1977年,第1370页。

第二节　宋金时期河南自然灾害概况

一、各类自然灾害数据的总量和比重

根据资料统计,此时在河南发生的灾害有水灾、旱灾、虫灾、地震、瘟疫、风灾、雹灾、寒灾8类灾害。其中水灾有128次,占宋金河南灾害总数的31.68%;旱灾126次,占宋金河南灾害总数的31.18%;虫灾在宋金时期主要为蝗灾,共发生了44次;风灾39次,包括大风17次,沙尘暴22次;雹灾29次;地震21次;瘟疫7次;寒灾10次,其中2次霜灾。宋金时期,河南自然灾害具有比较明显的特征,具体说来有以下几个方面。

第一,灾害种类具有多样性。《宋史·五行志》中主要的灾种基本都有记载,如水、旱、虫、震、疫、沙尘、风、雹、霜等自然灾害有大量记载。第二,灾害发生及持续时间长,发生频率高,造成危害严重。灾害发生及持续时间长在宋金的灾害史料中随处可见。首先是单种灾害持续时间长,如许多水灾和旱灾往往持续数月之久。其次是多种灾害持续时间长,往往是一种灾害持续了很长时间,就要结束,而另一种灾害马上连接发生,这样就很容易形成连续一年以上的灾害。说灾害造成的严重危害主要从两个方面考虑:一是灾害影响的范围广大;二是造成的损失严重,灾害一旦发生便造成大量人口死亡,经济损失严重,"死者甚众""害稼甚众""损民田甚众"等记载随处可见。第三,各种灾害的交织发生现象十分明显。灾害学上把这种时间前后相继、成因相互关联而相继发生的灾害现象叫作自然灾害链。宋金时期自然灾害链现象也十分常见。最典型的例子就是旱灾与蝗灾之间的关系,旱灾极易引发蝗灾,大旱之年的温度和湿度给蝗灾的产生提供了条件。

二、自然灾害数据的时段分布特征

(一)年际分布特征

此时灾害的发生有一定的时间特征,根据宋金时期自然灾害的特点和发生状况可分为五个阶段,分别为北宋前期太祖、太宗、真宗(960—1022)63年,北宋中期仁、英、神宗(1023—1085)63年,北宋后期哲、徽、钦宗(1086—1126)41年,金前期(1127—1189)63年,金后期(1190—1233)44年。为了使大家能够直观地看出其特点,特制表格,如表5-17。

表5-17 宋金时期河南总体灾害数据年际分布统计表

时段	北宋前期	北宋中期	北宋后期	金前期	金后期	总体情况
年号	建隆元年至乾兴元年	天圣元年至元丰八年	元祐元年至靖康元年	天会五年至大定二十九年	明昌元年至天兴二年	
起止	960—1022	1023—1085	1086—1126	1127—1189	1190—1233	960—1233
年长	63	63	41	63	44	274
次数	189	91	59	18	47	404
比重	47%	22%	15%	4%	12%	100%
频度	1次/0.33年	1次/0.69年	1次/0.7年	1次/3.5年	1次/0.94年	1次/0.7年

第一阶段:从宋太祖建隆元年(960)到宋真宗乾兴元年(1022),在此期间河南发生了189次灾害,平均每0.33年发生1次,约占河南灾害总数的47%,此阶段是灾害发生最为频繁的时期。此时灾害具有连续性,例如宋太祖建隆元年到宋太宗雍熙四年(987),28年中仅开宝元年(968)没有灾害记录。

第二阶段:从宋仁宗天圣元年(1023)到宋神宗元丰八年(1085),在此期间河南发生了91次灾害,平均每0.69年发生1次,8个月左右发生一次灾害,约占河南灾害总数的22%。

第三阶段:宋哲宗元祐元年(1086)到宋钦宗靖康元年(1126),在此期间河南发生了59次灾害,平均每0.7年发生1次,约占河南灾害总数的15%。

第四阶段:金太宗天会五年(1127)到金世宗大定二十九年(1189),在此期间河南共发生了18次灾害,平均每3.5年发生1次,约占总数的4%。此时期灾害发生数据为五个阶段中最少的。其中一部分原因是处于宋金之交,战乱和政局不稳,使得资料没有稳定时期翔实。

第五阶段:金章宗明昌元年(1190)到金哀宗天兴二年(1233),在此期间河南共发生了47次灾害,平均每0.94年发生1次,约占总数的12%。

宋金时期河南地区自然灾害频繁发生,其原因主要有自然原因和人为原因两个方面。

引起灾害频发的主要原因应是自然原因,主要是气候环境的变迁,以及某些地区具备形成灾害的条件,还有各种灾害之间的相互作用的因素。首先,从气候来说,河南地区地处中纬度东亚季风区,具有明显的季风气候特征。雨热同期,降水分配不均,春秋两季降水少,易形成旱情;夏季降水占全年总降水量的60%左右,是水灾最容易发生的季节。另外,宋金时期是我国历史气候变迁的一个重要阶段。宋金时期气候变化相对频繁,跨越两个温暖期和一个寒冷期,这应是宋金时期灾害频繁发生的一个重要原因。其次,从自然生态环境来说,某些地区具备形成灾害的条件。最后,灾害之间的相互作用,各种自然灾害的发生不是孤立的,它们之间或多或少存在着一些联系,比如蝗灾的发生与旱灾就有很高的相关度。

人对自然资源不合理的开发和利用,导致生态环境的破坏,成为影响自然灾害发生的重要因素。宋金时期河南地区灾害频繁发生,尤以水灾最为严重,一方面是黄河下游地区人们不合理的活动,破坏了生态坏境;另一方面,由于过度放牧、农耕和频繁的战争,使黄河中上游地区水土流失严重,这是导致下游水患加剧的重要因素。而治水对于宋金两代来说是一个非常重要的问题,黄河下游频繁出现"河决""河溢"应是宋金时期河南地区水灾频繁发生的重要因素。除上文提到的灾害形成的原因外,黄河河道频繁变迁则是导致下游"河决""河溢"的重要原因。

(二)季节和月份分布特征

由于某些灾害发生的时间具有很强的季节性,所以季节和月份分布特征也是时间分布特征中比较重要的内容。为了使大家能够直观地看出其特点,特制表格,如表5-18、表5-19。

表 5-18　宋金时期河南灾害季节分布统计表

季节\灾种	水灾	旱灾	虫灾	风灾 沙尘	风灾 大风	雹灾	寒灾	地震	瘟疫	合计
春季	8	37	4	11	4	6	4	4	2	80
夏季	41	43	17	4	6	14	1	5	4	135
秋季	53	18	14	2	5	4	1	3	0	100
冬季	12	17	0	4	2	3	4	7	0	49
不详	14	11	9	1	0	2	0	2	1	40
总计	128	126	44	22	17	29	10	21	7	404

表 5-19　宋金时期河南灾害月份分布统计表

月份\灾种	水灾	旱灾	虫灾	风灾 沙尘	风灾 大风	雹灾	寒灾	地震	瘟疫	合计
一月	0	7	0	5	2	0	1	2	1	18
二月	2	2	2	1	2	5	1	2	0	17
三月	6	3	2	5	0	1	1	0	1	19
四月	8	11	5	1	4	9	0	0	0	38
五月	11	6	3	2	2	4	1	3	3	35
六月	18	6	5	1	0	0	0	2	1	33
七月	27	7	11	1	2	3	0	2	0	53
八月	15	2	2	1	3	0	1	1	0	25
九月	5	1	1	0	0	1	0	0	0	8
十月	7	2	0	2	0	2	0	2	0	15
十一月	3	2	0	0	1	0	3	3	0	12
十二月	2	0	0	0	2	0	1	2	0	9
不详	24	77	13	1	0	3	1	2	1	122
总计	128	126	44	22	17	29	10	21	7	404

宋金时期河南共发生水、旱、虫、震、疫、风、雹、寒等 8 类自然灾害达 404 次。但是有些灾害发生的时间比较长，往往超过一月甚至一季度，所以对这样的灾害，并未算作某一月份，而将其归入了不详之中。此外，有的灾害并未注明发生的月份，但注明了发生的季节，这使上述两个表格中的灾害数据无法一一

对应,这样做是为了更好地论述宋金时期自然灾害的一些规律和特征,并不是统计错误,特此说明。

由上表可知,在某些季节集中了大部分的灾害。如水灾集中在夏秋季节,发生的水灾占水灾总数的73.28%以上,尤其是六、七、八月更是水灾的集中高发期。旱灾则集中在春夏两季,占旱灾总数的64.29%以上,因为春季北方降水少,植物生长需水量大;夏季则是天气炎热,蒸发量大。虫灾则集中在夏秋两季,发生在夏秋两季的虫灾也达到了总数的70.83%。其他灾害的季节性特征则不是十分明显。从总体来看,夏季和秋季发生自然灾害次数最多,四月至八月发生灾害的频率较高。

第三节 宋金时期救灾机构、程序和措施

宋金时期河南灾害频发,统治者为维护国家稳定,保证社会再生产的正常运行,在继承前代的基础上,形成了较为完整的防灾救灾体系。下面就对宋金时期的救灾机构、救灾程序以及灾害防治进行简单介绍。

一、救灾机构

宋代官僚机构冗杂,涉及救灾的部门很多。在中央,决定国家事务,有其政治程序,除皇帝与宰执等外,牵涉救灾事务者还有三司、户部与司农寺等决策机构,此三机构之所以与救灾相关联是由于其负责钱粮的管理;使职救灾机构有安抚使和廉访使;地方有转运司、常平司、提刑司等执行机构。此外还有地方长官以及乡村机构的配合。金代救济机构的设置主要仿效宋代,在中央有皇帝和尚书省(包括礼部管辖的惠民司)、都水监,在各地方灾害发生时,直接管理赈济事宜。另外,还在地方设置了一些专门机构管理赈灾、救济事务,有提刑司(后称按察司)、养济院、暖汤院、普济院、惠民司等。

(一)宋代救灾机构

1.宋代中央救灾机构

(1)宰执。宰执在宋代主要是宰相与执政官的合称。宋代宰相在神宗元丰改制前后略有不同,宋初至元丰改制,以同中书门下平章事为宰相,元丰改制后,恢复三省制度,以尚书左仆射、尚书右仆射为宰相,到南宋孝宗以后"左右丞相为宰相"。执政官是指参知政事等副相,以及枢密院长贰(即枢密使、知枢密院事、枢密副使等的总称)。宰执救灾所当行的职责有八项:①以赞调为己责。②以饥溺为己任。③启人主警畏之心。④虑社稷颠危之渐。⑤陈缓征固本之言。⑥建散财发粟之策。⑦择监司以察守、令。⑧开言路以通下情。从救灾的职责来看,前五项和第八项也多属应对儒家政治理论中的"天谴论"所昭示的内容。宰执救灾职责的第六、七项则主要是辅佐皇帝妥善处理和应对灾害。

(2)三司。三司为北宋前期的财政管理机构,在北宋元丰改制后担负原三司职务,而司农寺主管的常平仓职务也隶属于三司与户部之下。以救灾而言,三司所负责的相关项目有:度支的常平案,掌诸州平籴;户部的税案与上供案,涉及灾伤百姓的赋税减免和上供斛斗的拨款赈济事宜,这也代表当地方政府处理灾伤检放之事时,有一部分受到三司监督。北宋前期,三司也实际参与救灾赈济,例如真宗大中祥符五年(1012)十二月,由于京城连日大雪苦寒,炭价每秤钱两百,除"令三司出炭四十万,减半价鬻与贫民",并且要三司如常平仓储存炭五十七万,以备平抑炭价[①]。此外,地方百姓遇灾需要钱粮时,也仰赖三司拨经费救济。在元丰改制前,三司在救灾上参与考核常平钱粮的平籴、赋税的减免,同时亦听令于朝廷把费用和物资用于支援灾区上。

(3)户部。神宗元丰年间,推行新官制,户部取代三司,成为北宋的财政机构,并将三司原本的职权纳入户部左、右曹,其下各设五案。其中左曹设有户口案、税赋案、农田案、检法案、知杂案,右曹设有常平案、免役案、坑场案、检法案、知杂案。这十案的职权与救灾有很大的关联。例如农田案是负责收集各地气候与农作物收成情况,若遇水旱等灾害也需查验之,因为灾伤检放将影响中央税赋的收入。常平案的农田水利与常平钱粮的籴粜或是义仓赈济之事,也都是

---

① [清]徐松:《宋会要辑稿》食货37,中华书局,1957年,第5451页。

其参与救灾工作的凭据。另一方面,户部还参与灾后赈济的工作,如哲宗元祐元年(1086)四月初,开封府诸路灾伤,三省虽已实时下令赈贷,仍抵挡不了米麦价格的上扬。二十六日,殿中侍御史林旦言:"都城比来米麦价长……以济阙乏。"户部于是遣官置场,来降低米麦的价格。① 在元符三年(1100)三月二十六日,户部采取减免商税的方式,鼓励商贾至灾伤地区卖米。由史料中户部转申提举常平司的陈述与安排提举常平司其后的赈粜工作,皆可发现各地方常平仓的管理是经由提举常平司到户部右曹的系统模式在运作,也可知道户部对于灾情的关注与救援主要是因为掌管全国财政大权。

(4)司农寺。在宋真宗景德三年(1006),司农寺开始负责常平仓的管理②。仁宗时,又将广惠仓交付司农寺管理,开始接触稳定各地物价的事宜。在宋神宗熙宁三年(1070),司农寺开始承接置制三司中条例司的工作,除负责常平仓、广惠仓、农田水利、免役等工作外,尚须管理各地的提举常平司,对之论功行赏,并遣官巡视诸路。从此演变来看,就有了对救灾任务的领导与监督的责任。但是神宗元丰年间,推行新官制,"司农寺旧职务悉归户部右曹"③,司农寺便失去了常平仓的管理权,所以司农寺对救灾的参与只有短暂的若干年。

(5)中央灾害预测机构。宋代政府的灾害预测机构为司天监,自元丰改制后,司天监改为太史局。无论是司天监还是以后的太史局,其内部机构中真正与灾害预测有直接关系的单位只有天文院以及下属的测验浑仪刻漏所。

司天监学生④在测验浑仪刻漏所负责观察天象变化,并将观察到的情况记录下来上报司天监天文院,再由天文院测验记注官上报司天监或其他负责人,如确有上报所示灾害大事,司天监负责人可以直接进入禁中,向皇帝汇报。例如大中祥符元年(1008)十二月,司天监观测到"扬楚之分当水旱",为了防患于未然,真宗下诏:"江淮发运转运司部内各留三年之储以备水旱。"以往江淮米都运送到京师,此后才有了江淮粮食储备,为以后的大灾赈救管理工作提供了有

---

① 〔宋〕李焘:《续资治通鉴长编》卷376,中华书局,1979年,第9114页。
② 〔清〕徐松:《宋会要辑稿》食货53,中华书局,1957年,第5721页。
③ 〔清〕徐松:《宋会要辑稿》职官26,中华书局,1957年,第2927页。
④ 《宋会要辑稿》载:熙宁二年(1069)二月,提举司天监司马光言:"……宋朝旧制,司天监天文院、翰林天文院、测验浑仪所,每夜专差学生数人台上四面,瞻望流星,逐次以闻……"故知是差遣司天学生进行观测。

效的帮助。①

翰林天文院是内庭官司，隶翰林院，从属于入内内侍省。翰林天文院内也设有浑仪所，职能与司天监测验浑仪刻漏所相同，也是观察天象，占卜吉凶，预测灾异。仁宗天圣五年（1027）以前，翰林天文院由司天监兼领。该年八月，仁宗谓辅臣曰："先朝以司天监及测验浑仪所凡奏灾祥，类阴相参合，故更置翰林天文院，以较得失。比又令司天监兼领，非先朝意也，其罢之。"②

2. 宋代使职救灾机构

（1）安抚使。安抚使为临时性官员，是临时负责赈济诸路灾伤及用兵的特使。各地一旦发生灾伤，往往由朝廷派出安抚使前往受灾区域，全权处置赈灾救荒事宜。仁宗时，"淮南灾"，乃以"兼管国子监判登闻鼓检院"之龚鼎臣"体量安抚，蠲逋振贷，全活甚众"。③ 安抚使权力甚大，"可以便宜行事，如俗谓先施行后奏之类是也"④。

（2）廉访使。廉访使也是临时性官员的一种，即走马承受公事，多以三班使臣或宦官担任，负责一路吏治查访。因此，廉访使往往也监察地方上的赈灾救荒事宜，并连带负责某些时候的赈灾事宜。徽宗政和八年（1118）七月二十九日，因"东南诸路山水暴涨，至坏州城，人被漂溺，不能奠居。可差廉访使者六员，分行诸路，检举常平，灾伤随宜赈救"⑤。

3. 宋代地方救灾机构

（1）转运司。转运司主管一路的财赋大权。转运司官员有转运使、副使、判官等。救灾所需之钱粮等物，大都要靠转运司筹措转运，因此各路之救灾事宜多有本路转运司官员参与其中。真宗大中祥符九年（1016）九月诏，"如闻广西东西路物价稍贵，宜令转运司、提点刑狱官分路抚恤，发官廪减价赈粜"⑥。地方官的报灾申请也要由转运司批准，除非转运司拒不履行职责。如陈耿守阆中，

---

① 〔宋〕李焘：《续资治通鉴长编》卷20，中华书局，1979年，第615页。
② 〔宋〕李焘：《续资治通鉴长编》卷105，中华书局，1979年，第939页。
③ 〔宋〕刘挚：《忠肃集》卷13《正议大夫致仕龚公（鼎臣）墓志铭》，上海古籍出版社，2003年，第587页。
④ 〔宋〕赵升：《朝野类要》卷4《安抚》，上海古籍出版社，2003年，第130页。
⑤ 〔清〕徐松：《宋会要辑稿》食货59，中华书局，1957年，第5844页。
⑥ 〔清〕徐松：《宋会要辑稿》食货68，中华书局，1957年，第5813页。

逢年大旱,"希转运使意,不听民诉灾。民遮君自言,君即诣府请之。犹不许,因趋出,悉取民所诉状属吏以令蠲其租。而公文上转运使,转运使初不悦,后无如之何"①。

(2)常平司。常平司,全称提举常平司,简称仓司、庾司,主管常平仓、义仓、广惠仓,及各路役钱、水利、盐茶等事,救灾是其一项重要职责。常平司从性质上说,本应属于平衡物价的一种机构,但在灾害繁多的宋代,常平司更多地被用来行使救济灾荒的功能。"提举常平官,自熙宁初置,元祐、绍圣间,罢复不常。……然常平钱皆取以赡军,今特掌义仓及水利、役法、振济等事而已,无复平粜之政矣。"②

(3)提点刑狱司。提点刑狱司,简称提刑司或宪司。提刑司长官为提点刑狱公事或同提点刑狱,负责一路司法刑狱与治安巡查,也经常参与地方上的救灾事宜。哲宗元祐元年(1086)三月,"诏府并诸路提点刑狱体访州县灾伤,即不限放税分数及有无披诉,以义仓及常平米斛速行赈济,无致流移"③。提刑司参与救灾是有明文授权的。

(4)地方长官。地方府、州、县各级长官,对自己辖区内的救灾事宜都要负责,诸如灾伤的检视、灾荒的申告、赈灾物资的发放等。就如,北宋庆历八年(1048),黄河决口,30余万流民纷纷跑到京东路青州、淄州等丰饶之地避灾。恰逢富弼时任京东路安抚使,管辖八州之地。面对灾情,富弼迅速进行救灾,首先根据所管辖八州的仓储盈虚状况,选择5处丰熟州县,开放粮仓,调度粮食。其次,罢官籴。最后,借鉴前朝的纳粟补官制,鼓励乡绅大户捐赠,待灾情过后依据捐赠多寡替他们上奏请求赏赐。此外,富弼还鼓励民众自救,将原本属于国有的山泽、森林、池塘之地,听任流民自行获取,给予土产,令原主不得干涉。由此可见地方官员在救灾中发挥着巨大作用。④

(5)乡村行政机构。宋代为实现对乡村社会的管理而在乡村设立了负责行

---

① 〔宋〕刘敞:《公是集》卷53《代散大夫殿中丞知汝州叶县骑都尉陈君(耿)墓志铭》,上海古籍出版社,2003年,第881页。
② 〔宋〕李心传:《建炎以来朝野杂记(甲集)》卷11《提举常平茶盐》,中华书局,2000年,第227页。
③ 〔清〕徐松:《宋会要辑稿》食货57,中华书局,1957年,第5815页。
④ 〔元〕脱脱:《宋史》卷313《富弼传》,中华书局,1977年,第1025页。

使朝廷管理乡村社会行政事务和公共事务权力的、有一定人员配置的行政组织。熙丰变法前,宋代乡设有里正、户长和乡书手(后上升为县吏);管设有户长,负责催征赋役;耆设耆长和壮丁,主要负责维护治安。熙丰变法后,都保取代了乡和管而成为当时的乡村行政组织。都保设有保正副和大小保长等,负责行使维护治安和催征赋役等多项职能。因此,宋代参与救灾的乡村行政组织先后有乡、耆和都保,涉及的乡村行政头目有里正、耆长、壮丁、保正副和大小保长等。宋代救灾有严格的程序,从灾荒的检放、受灾人口的抄扎到赈济粮米的发放,乡村行政头目都要参与其中。[1]

4. 宋代疫病防治机构

宋代继承唐制,中央、地方设有医疗机构。中央设立翰林医官院,专管医之政令和医疗事务,并有专管药政的机构"御药院""尚药局",御药院保管国内外进献的珍贵药物,专为皇室贵族服务。尚药局为最高的药政机构。太医局集医学教育、医疗实践于一体。"有丞,有教授,有九科医生额三百人。岁终则会其全失而定其赏罚。……科置教授一,选翰林医官以下与上等学生及在外良医为之。学生常以春试,取合格者三百人为额。太学、律学、武学生、诸营将士疾病,轮往治之。"[2]太医的主要职责是为官学生、诸营将士治病,同时培养医疗人才。同时,太医还有防治疫灾的职责。《宋史》载:"仁宗在位,哀病者乏方药,为颁《庆历善救方》。知云安军王端请官为给钱和药予民,遂行于天下。尝因京师大疫,命太医和药……令太医择善察脉者,即县官授药,审处其疾状予之,无使贫民为庸医所误,夭阏其生。"[3]北宋宋神宗熙宁九年(1076),王安石在京师开封创设太医局"熟药所",也叫"卖药所",后改为"太平惠民局",这是我国历史上最早的国家药店,由国家控制药物贸易,实行专营。由于医疗效果好,熟药所开始设立分店,并由京师向全国各地发展。南宋高宗绍兴二十一年(1151)"闰四月壬申,改诸路熟药所为太平惠民局"[4]。国家统一在各州设立药房,进一步提高了医疗防疫的成效。

宋代地方各州、军设医学教授。宋代通过医学考试,按成绩分等授予医官。

---

[1] 谭景玉:《宋代乡村行政组织在救灾中的作用》,《广西社会科学》2007年第1期。
[2] 〔元〕脱脱:《宋史》卷164《职官志》,中华书局,1977年,第3885~3886页。
[3] 〔元〕脱脱:《宋史》卷178《食货志·役法》,中华书局,1977年,第4338页。
[4] 〔宋〕李埴:《皇宋十朝纲要校正》卷24《高宗》,中华书局,2013年,第697页。

"上舍生高出伦辈之人,选充尚药局医师以次医职。上等从事郎,除医学博士、正录,中等登仕郎,除医学正录或外州大藩医学教授,下等将仕郎,除诸州军医学教授。"①诸州、军医学教授实际就是地方所设官医。各州、县还指派民间有医术者充当医人,在官府当差。"医人,州三人,县各一人。嘉祐六年(1061),州县号当旬医人者许于郭下轮差。其外县医人听侧近村抽取,各不限主客户,仍不得影占州色役。熙宁四年(1071),本州相度诸县医人,如无愿祗应处,量给佣钱募人充应。诸县各一人,内七人给雇钱。元祐初(1086年左右),以第四等户轮给与免身丁。"②地方州、县政府医官、医差的设立,为防治疾疫提供了制度保障。《宋史》载,田昼,"(徽宗)建中靖国初(1101年左右)……知淮阳军,岁大疫,日挟医问病者药之"③。这里的"医"应当是在官府轮值当差的医人。

(二)金代救灾机构

1.金代中央救灾机构

(1)尚书省。尚书省是金代直接领导抗灾救灾的最高机构,同时对于失职的官员,尚书省要奏报皇帝处置。世宗大定二十六年(1186)八月,黄河在卫州堤决口,破坏了州城,世宗命户部侍郎王寂、都水少监王汝嘉前往筹划,备御水灾。又至章宗明昌五年(1194)八月,尚书省认为黄河水有向南流的趋势,但王汝嘉等却未注意,没有提前做好准备,未及时上报,以致延误时机,贻害百姓。

(2)惠民司。惠民司,初名惠民局,属尚书省礼部管辖,始设于金海陵王时,海陵王贞元二年(1154)十一月初置惠民局。惠民司的主要职责是向百姓提供廉价的医药。金世宗大定三年(1163),曾有人提出惠民司一年的收入尚不足支付官员的俸禄。对此,世宗认为惠民司本来就是福利救济机构,设置它并非为了牟利,而是为了济民。因此,不应斤斤计较支出多少。章宗、宣宗、哀宗时都有惠民司的设置,如余里痕都在章宗时任惠民司都监。金哀宗天兴二年(1233)八月"辛丑,设四隅和籴官及惠民司,以太医数人更直,病人官给以药,仍择年老进士二人为医药官"④。

---

① 〔清〕徐松:《宋会要辑稿·崇儒三》,中华书局,1957年,第2775页。
② 〔清〕纪昀:《清文渊阁本四库全书》卷14《版籍类五》,上海古籍出版社,1987年,第124页。
③ 〔元〕脱脱:《宋史》卷345《田昼传》,中华书局,1977年,第10959页。
④ 〔元〕脱脱:《金史》卷18《哀宗下》,中华书局,1975年,第400页。

(3)都水监。因为在金代的各种自然灾害中水灾最为严重,因而朝廷专门为防治水灾设立了专门的程序与机构。例如都水监就专门负责"措黄、沁河,卫州置司",其中设有监(正四品),掌川泽、津梁、舟楫、河渠之事,少监、丞(正七品),内一员外监分治。掾(正八品),掌与丞同,外监分治。勾当官四员,准备分治监差委。设都巡河官,掌巡视河道、修完堤堰、栽植榆柳等河防之事。此外,为了保证各项赈灾措施的顺利落实,还对中央与地方的防灾官员实行奖惩。参知政事马琪上书称:都水外监人员冗多,每遇到事情都相互推卸责任,或重复邀功,议论纷纭不一,废官事。拟罢免都水监掾这一官职,改设勾当官二员,"又自昔选用都、散巡河官,止由监官辟举,皆诸司人,或有老疾,避仓库之繁,行贿请托,以致多不称职。拟升都巡河作从七品,于应入县令廉举人内选注外,散巡河依旧,亦于诸司及丞簿廉举人内造注,并取年六十以下有精力能干者。到任一年,委提刑司体察,若不称职,即日罢之"①。如果守御一方有方,致河水安流,任满,从本监及提刑司保荐申报,量功绩给予升除奖惩。

2. 金代地方救灾机构

(1)提刑司。提刑司设置于金章宗即位之初,大定二十九年(1189)六月"乙未,初置提刑司,分按九路,并兼劝农采访事,屯田、镇防诸军皆属焉"②。提刑司的设置,主要是章宗为了加强对地方的控制、监督。提刑使"掌审察刑狱、照刷案牍、纠察滥官污吏豪猾之人、私盐酒曲并应禁之事,兼劝农桑"③。提刑司职责的重要一项劝农中就包括赈济。提刑司设置不久,当年十一月,章宗即"诏有司,今后诸处或有饥馑,令总管、节度使或提刑司先行赈贷或赈济,然后言上"④。可见,章宗赋予了提刑司先行赈济然后汇报的权力。对水旱灾害的发生,提刑司还要及早做好预防措施。金章宗承安二年(1197)十二月"乙酉,谕宰臣,今后水潦旱蝗,盗贼窃发,命提刑司预为规画"⑤。水旱灾害发生后,提刑司还要及时复核受灾的确切情况,然后农民才能翻耕农田。"明昌二年(1191)二月,敕自今民有诉水旱灾伤者,即委官按视其实,申所属州府,移报提刑司,同所

---

① 〔元〕脱脱:《金史》卷27《志第八》,中华书局,1975年,第278页。
② 〔元〕脱脱:《金史》卷9《章宗纪一》,中华书局,1975年,第210页。
③ 〔元〕脱脱:《金史》卷57《百官志三》,中华书局,1975年,第1308页。
④ 〔元〕脱脱:《金史》卷9《章宗纪一》,中华书局,1975年,第213页。
⑤ 〔元〕脱脱:《金史》卷10《章宗纪二》,中华书局,1975年,第243页。

属检毕,始令翻耕。"①

(2)养济院、暖汤院、普济院。金代还有养济院、暖汤院、普济院等向饥民提供食物的救济机构。金熙宗皇统元年(1141),"陕西大旱,饥死者十七八,以慎微为京兆、鄜延、环庆三路经济使,许以便宜。慎微募民入粟,得二十余万石,立养济院饲饿者,全活甚众"②。此时的养济院还只是一时一地的应急设置,而到了金章宗时,就普遍设置了普济院。普济院的前身可能是暖汤院,金章宗明昌四年(1193)十二月甲午,"谕大兴府于暖汤院日给米五石,以赡贫者"③。金章宗承安二年(1197)始见普济院的设置,当年十月"甲午,大雪,以米千石赐普济院,令为粥以食贫民"④。金章宗承安四年(1199)"十一月乙未,敕京、府、州、县设普济院,每岁十月至明年四月设粥,以食贫民"⑤。普济院的初设时间虽无从考证,但至少在金章宗承安四年,普济院已经普遍设置于县以上的行政区了。

总之,宋代和金代的救灾机构繁多,组织严密,从中央到地方再到乡村组织,形成了一个严密的救灾体系。

二、救灾程序

宋金时期,各种灾害发生得比较频繁,在继承前代各种救灾经验以及在应对本朝频繁的灾害中,逐渐形成了一套比较完备的救灾程序,以确保受灾民户得到及时合理的救助。金代的各种制度多效法宋朝,以致宋金时期的救灾程序大同小异,其大致主要包括诉灾、检放、抄札、赈济等几个部分。

(一)诉灾

诉灾是宋代灾害救助的第一道程序,它是指灾害发生后,民户向官府报告灾情的行为,也称为披诉。如嘉祐五年(1060),仁宗诏梓州路:"今春饥,夏秋闵

---

① 〔元〕脱脱:《金史》卷47《食货志二》,中华书局,1975年,第1060页。
② 〔元〕脱脱:《金史》卷128《傅慎微传》,中华书局,1975年,第2763页。
③ 〔元〕脱脱:《金史》卷10《章宗纪二》,中华书局,1975年,第230页。
④ 〔元〕脱脱:《金史》卷10《章宗纪二》,中华书局,1975年,第243页。
⑤ 〔元〕脱脱:《金史》卷11《章宗纪三》,中华书局,1975年,第252页。

雨,其人户诉灾伤者,令转运使速遣官体量,蠲其赋租,仍勿检覆。"①百姓遭受灾害后,只有迅速及时地向官府诉灾,才能确保政府在较短的时间内了解灾情,实施救助。

宋代对诉灾有严格规定,一般要求民户直接向官府报告,"使军已立式出榜三县,晓示人户赴县投帐缴申","诸路漕臣散出文榜于乡村,晓谕应有灾伤去处,仰民户依条式于限内陈状"。②而不允许州县吏人代替诉灾,防止乡司胥吏趁机营私舞弊。但里正等乡村行政头目诉灾却是被允许的。此外对民户的诉灾时间,宋朝也有限制。太祖开宝三年(970),"诏民诉水旱灾伤者,夏不得过四月,秋不得过七月"。太宗时更明确规定:"夏以四月三十日,秋以八月三十日为限,自此遂为定制。"③南宋孝宗时亦规定:"诸官私田灾伤,夏田以四月,秋田以七月,水田以八月,听经县陈诉,至月终止。若应诉月,并次两月过闰者,各展半月。诉在限外,不得受理(非时灾伤者,不拘月份,自被灾伤后,限一月止)。"④不过后来,由于臣僚奏请晚禾成熟较晚,并且各地具体情况不同,使得民户诉灾日期推迟半月。⑤

对于民户诉灾,官府要及时接受和处理,不然属违法行为,"诸县灾伤应诉而过时不受状,或抑遏者,徒二年,州及监司不觉察者,减三等"⑥。不过,宋朝尽管有诉灾的严格规定,但仍有地方不认真执行的情况。如仁宗时就有"灾伤之民诉于转运司而不受"⑦的情况。哲宗时,御使蔡蹈亦言:"臣窃见本台近日节次接过开封府东明县百姓六百九十八状,计一千八百五十九户,为陈论今岁夏旱,依条披诉灾伤,本县不为收受。"⑧由此可见,宋朝在民户诉灾过程中,存在的问题还是不少的。⑨

---

① 〔宋〕李焘:《续资治通鉴长编》卷192,中华书局,1979年,第4645页。
② 〔宋〕朱熹:《朱熹集·别集》卷9,四川教育出版社,1996年,第5554~5555页。
③ 〔宋〕王栐:《燕翼诒谋录》卷4《诉水旱立限日》,中华书局,1997年,第42页。
④ 〔宋〕董煟:《救荒活民书》卷2《今具旱伤敕令格式下项淳熙令》,上海古籍出版社,2003年,第270页。
⑤ 〔宋〕董煟:《救荒活民书》卷2《检旱》,上海古籍出版社,2003年,第261页。
⑥ 〔清〕徐松:《宋会要辑稿》食货68,中华书局,1957年,第6284页。
⑦ 〔宋〕董煟:《救荒活民书》卷2《今具旱伤敕令格式下项淳熙令》,上海古籍出版社,2003年,第271页。
⑧ 〔清〕徐松:《宋会要辑稿》食货68,中华书局,1957年,第6284页。
⑨ 郭文佳:《论宋代灾害救助程序》,《求索》2004年第9期。

(二)检放

检放包含两层含义:一是检查灾伤,二是确定减税的程度。也就是说,灾情发生后,一方面检查灾情;另一方面根据灾情轻重,确定减免租税的工作就是检放。

当灾害发生后,宋朝地方官员要及时对灾情进行检查,确定受灾民户减免税数,然后政府才能实施救济。徽宗大观三年(1109)九月六日,诏:"东南路比闻例有灾伤,解斗踊贵,可下诸路监司,仰依实检放秋苗数,仍依条推行赈济。"[1]

州县对灾情的检放有一定的时间限制,一般从官司受状到公布结果,不超过四十天。对此,哲宗时户部曾言:"州县遇有灾伤,差官检放,乞自任受状至出榜,共不得过四十日。从之。"[2]对在检放中出现不实的,要重新核验,如绍兴二十九年(1159)四月二十六日,高宗就下诏:"绍兴府山阴县检放赈济不均去处,令浙东常平官再验合放实数申。其第四等以下不经赈济者,令遵节次已降指挥赈济施行。"[3]

宋朝从官司受状,到遣官下乡检视,确定灾伤程度与放税分数,以及最后差官覆实等检放的一系列过程,在《淳熙令》中有详细的记述:"诸受诉灾伤者状,限当日量伤灾每少。元状差通判或幕职官(本县缺官即申转运司差)州给籍用印,限一日起发。仍同令佐同诣田所,躬亲先检见存苗亩,次检灾伤田亩。具所诣田所,检村及姓名、应放分数注籍,每五日一申州。其籍候检毕,缴申州,州以状对籍点检。自往受诉状,复通限四十日,具应放税租色额外分数榜示。元不曾布种者,不在放限,仍报县申州,州自受状。及检放毕,申所属监司检查。即检放有不当,监司选差邻州官复检(若非亲检次第,照依州委官法)。"[4]官府要及时派人下乡检视,检灾官必须亲至受灾区,到受灾区后要召集乡村行政头目耆长、保正等参与调查统计,"将各县乡分分委县官趁此未曾收刈之际,躬亲下

---

[1] 〔清〕徐松:《宋会要辑稿》食货68,中华书局,1957年,第6397页。
[2] 〔宋〕李焘:《续资治通鉴长编》卷494,中华书局,1979年,第11744页。
[3] 〔清〕徐松:《宋会要辑稿》食货68,中华书局,1957年,第6284页。
[4] 〔宋〕董煟:《救荒活民书》卷2《今具旱伤敕令格式下项淳熙令》,上海古籍出版社,2003年,第270页。

乡,遍诣田段地头,亲自相视。仍关叫耆保并人户指证,供结罪赏,攒类开具供申"①。可见,宋代对检放的规则、程序还是有严格规定的,显示出对检放的重视。②

(三)抄札

抄札是灾情发生后,官府派人登记受灾人口情况,以备进行灾害赈济的工作。此项工作一般由县级官员、乡官和乡村保正等基层官员来进行和完成。庆历八年(1048),富弼在京东路救济河北流民,要求各州县"酌量逐县耆分多少差官,每一官令专管十耆或五七耆……分头下乡,勒耆壮引领,排门点检抄札流民。每见流民,逐家尽底唤出本家骨肉,亲自当面审问的实人口,填定姓名口数,逐家便各给历子一道收执,照证准备请领米豆,即不曾差委公人、耆壮抄札,别到作弊,虚伪重叠,请却历子"。③

抄札的内容包括需要赈济的人户及姓名、大小、口数、住处等。据载:"近委官抄札三县管下赈粜人户姓名、大小、口数申军,寻将已申到帐拖照得合赈粜人户,并不见声说见住地名去处,恐有漏落增添情弊,难以稽考。合行下逐县,将逐都塌画地图,画出山川水陆路径、人户住止去处,数内不合赈粜人户,用红笔圈栏,合赈粜人户,用青笔圈栏,合赈济人户,黄笔圈栏。逐一仔细填写姓名、大小口数,令本都保正长等参考诣实缴申,切待差官点摘管实。"④

一般抄札就是以都保为单位,由都保正长负责具体实施,上级官员负责核实。耆保抄札如不实,则要受处罚。绍兴二十七年(1157),权户部侍郎林觉等上奏称:"冬月养济,务在均给贫乏。今措置临安府两县在城兵官下公人及甲头,如抄札贫民姓名不实,及诡名冒请钱米,许人告。"⑤

(四)赈济

检灾之后就是赈济,赈济就是政府有关机构采取一定的救灾措施,准备相

---

① 〔宋〕朱熹:《朱熹集·别集》卷9,四川教育出版社,1996年,第5556页。
② 谭景玉:《宋代乡村行政组织在救灾中的作用》,《广西社会科学》2007年第1期。
③ 〔宋〕董煟:《救荒活民书》卷3《支散流民斛斗画一指挥》,上海古籍出版社,2003年,第285页。
④ 〔宋〕朱熹:《朱熹集·别集》卷9,四川教育出版社,1996年,第5569页。
⑤ 〔宋〕李心传:《建炎以来系年要录》卷178,中华书局,1956年,第2939页。

应的救灾物资对受灾地区民众进行救济的过程。在研究宋朝救灾中的赈济工作时要注意几个方面的问题。第一个要注意的就是赈济工作的检放赈济标准,即放税的标准。这取决于受灾程度的大小,采取什么样的赈济方式,要视放税的额度大小而定。总体说来,宋朝灾伤放税分数分为三个等级:灾伤在二分至五分为小饥,放税在二分至五分之间;灾伤在五分至七分为中饥,放税在五分至七分之间;灾伤在七分以上为大饥,放税也在七分至十分之间。①

第二个要注意的是赈济工作的原则,其原则是视户等而定。宋朝政府根据民户占田及拥有财富的多少将其分为主户、客户两类。主户一般指占有土地,拥有一定财产,并且缴纳赋税的民户;客户则指没有土地,并不缴纳赋税的民户。主户根据财力的多少又分为五等,第一、二等为富裕之家的上户,第三等为中产之家的中户,第四、五等为贫困下户。赈济工作的一般原则是自下而上,即先赈济客户、下户,之后才到中户、上户。② 大观二年(1108)八月十九日,工部言巨鹿城被淹,"诏见在人户依放税七分法赈济"。到九月二十九日,经办官吏上言:巨鹿受灾严重,欲将第三等户亦依第四等户条赈济。朝廷方才同意。③ 由此可见,各户等的赈济标准是不同的。户等越高,财力越多,其抗灾能力也就越强,宋朝的赈济先照顾到社会弱势群体的利益,这是难能可贵的,体现了公平合理的原则。

第三个要注意的是赈济的数额标准。宋朝的赈济工作有三种类型:赐给、平粜、借贷。赐给是政府无偿供给受灾群众粮食;平粜是政府售卖给受灾群众平价或低于市价的粮食;借贷是政府暂借给受灾群众粮食,等到归还时要收取一定的利息。宋朝政府规定的赐给数额一般是大人日给二升,小儿日给一升;平粜的数额一般是每人每日二升;借贷的数额通常是每户三斗。

由以上救灾程序可以反映出,宋金时期对救灾事宜的规定是相当完备的,在救灾的管理方面已经积累了一定的经验,形成了一整套完整的管理模式。

---

① 邱云飞:《从救灾体制方面看宋朝社会内部"相对稳定性"的原因》,《洛阳大学学报》2005年第3期。

② 邱云飞:《从救灾体制方面看宋朝社会内部"相对稳定性"的原因》,《洛阳大学学报》2005年第3期。

③ 〔清〕徐松:《宋会要辑稿》食货57,中华书局,1957年,第5817页。

三、一般灾害防治

通过历代救灾防灾经验的积累,宋金时期逐渐形成了一些常见的普遍的救灾措施,整体来说主要包括救灾物资节约筹集、救灾物资储存、救灾物资调运流通、救灾物资发放、赋役债务减免、灾民护理安置等。这些措施是宋金时期救灾减灾最有效的常见措施,有利于保障灾民生命及财产安全。

(一)救灾物资节约筹集

1. 减少宫廷开支

在灾荒年,宋金朝廷采取减少宫廷开支的办法,节省资金,以渡过荒年。如金章宗泰和四年(1204)五月,大旱,章宗因此减膳撤乐,省御厩马。卫绍王大安元年(1209),久不雨,"内出宝器及图书、文画付杂卖场卖"[1],减少宫廷开支的办法虽是杯水车薪,但也表明了宋金政府抗灾救灾的积极态度,安抚了人心。

2. 劝分与纳粟补官

劝分是指国家在灾荒年间劝谕有力之家无偿赈济贫乏或减价出粜所积粮食以惠贫者的措施。"劝"的常见办法是用官、爵与钱、粮进行交换,也就是后人诟病的卖官鬻爵。宋金时期捐献粮食可以补官。宋代首次实施此项措施是在真宗天禧元年(1017),"四月,登州牟平县学究郑河出粟五千六百石振饥,乞补弟巽。不从。晁迥、李维上言,乞特从之,以劝来者,丰稔即止。诏补三班借职(今承信郎)。自后援巽例以请者,皆从之"[2]。宋代政府十分重视劝分之法,制定了十分优厚的劝分赏格。高宗绍兴元年(1131),"诏出粟济粜者赏各有差。粜及三千石以上,与守阙进义校尉;一万五千石以上,与进武校尉;二万石以上,取旨优赏;已有官荫不愿补授者,比类施行"[3]。劝分赏格的设立,说明宋代政府对劝分的重视,但更多的是出现在北宋后期特别是南宋时期,凡是遇到需要赈

---

[1] 宇文懋昭著,崔文印校证:《大金国志校证》卷22《东海郡侯上》,中华书局,1986年,第296页。
[2] 〔宋〕王栐:《燕翼诒谋录》卷2,中华书局,1997年,第12页。
[3] 〔元〕脱脱:《宋史》卷178《食货志上六》,中华书局,1977年,第4340页。

济的地方,大体都要行劝分之法,劝分之法亦成为宋代政府荒政中常用的措施。

从金初至金末,曾多次实行纳粟补官法,从普通民众、一般官吏到僧侣道人,只要交纳一定数量的钱粟,即可升迁为官或迁升官品。而他们所缴纳的钱粟,则用于救灾或军储。如金熙宗皇统三年(1143)三月,陕西旱饥,诏许富民入粟补官。世宗大定二年(1162),行纳粟补官法。① 金代末年,战争与灾荒相伴而来,为满足军需,金朝廷千方百计地盘剥百姓,百姓四处逃散,朝廷只好卖官鬻爵以解燃眉之急。

3. 赐度牒

宋金时期卖度牒也是筹集救灾物资的重要办法之一。度牒是国家发给佛教僧尼的身份凭证。出家人只有持有度牒,政府才承认其为合法的僧尼,才能够享受种种特权,如免除赋税徭役和减免罪罚等。因此,度牒在宋金时期十分受欢迎,更成了一种特殊的商品和货币。宋金政府发行的大量度牒,在社会经济和政府财政中占据了相当重要的地位,尤其是在某些地方发生灾害时,政府就赐度牒以代替货币让地方政府出卖筹钱赈济贫乏。如北宋哲宗绍圣元年(1094),"帝以京东河北之民乏食,流移未归,诏给空名假承务郎敕十、太庙斋郎补牒十、州助教不理选限敕三十。度牒五百,付河北东西路提举司,召人入钱粟充振济"②。需要说明的是,宋金政府用度牒赈灾只是财政状况不断恶化情况下的一种无奈之举。

4. 收购余粮

金代在荒歉时期经常采用收购富粮地区或富粮户的余粮来赈济灾民。金世宗大定二十一年(1181),"时中都大水,而滨、棣等州及山后大熟,命修治怀来以南道路,以来粜者。又命都城减价以粜"③。金世宗大定二年,完颜守道"改太子詹事,兼右谏议大夫,驰驿规画山东两路军粮,及赈民饥。守道籍大姓户口,限以岁储,使尽输其赢入官,复给其直,以是军民皆足"④。

5. 官员捐己俸禄

这往往是少数良吏的个人行为,但也能带动下属,使饥民得到一定的救助。

---

① 〔元〕脱脱:《金史》卷6《世宗纪》,中华书局,1975年,第125页。
② 〔元〕马端临:《文献通考》卷26《国用四·振恤》,商务印书馆,1936年,第254页。
③ 〔元〕脱脱:《金史》卷47《食货志二》,中华书局,1975年,第1046~1047页。
④ 〔元〕脱脱:《金史》卷88《完颜守道传》,中华书局,1975年,第1957页。

如《金史·移剌益传》载:"明昌三年,畿内饥,擢授霸州刺史,同授刺史者十一人,既入谢,诏谕之曰:'亲民之职惟在守令,比岁民饥,故遣卿等往抚育之。其资序有过者有弗及者,朕不计此,但以材选,尔其知之。'既至,首出俸粟以食饥者,于是倅以下及郡人递出粟以佐之,且命属县视以为法,多所全活。"①裴满亨"泰和五年,改安武军度使。岁大雪,民多冻殍,亨输己俸为之赒赡,及劝率僚属大姓同出物以济"②。

(二)救灾物资储存

灾害过后国家为防止百姓在流离失所的情况下食不果腹,往往会动用仓储机构中储备的粮食,因此仓储建设就成为灾害预防的重点,其中设置广泛的仓储,比如政府管理的常平仓、官督民办的义仓、民办为主的社仓等的建设,以宋朝最为完善,金朝也设置了类似的机构,而惠民仓、广惠仓、丰储仓、平籴仓等一度在宋朝设置,起到辅助作用。

自然灾害的发生往往会引发饥荒,所以宋金时期十分注重积贮备荒,发展仓储。宋代名臣司马光在宋英宗治平二年(1065)曾向皇帝上疏,要求朝廷早积贮以备凶灾。他以陈州(今周口淮阳区)等州水灾为例,指出水灾后诸州民众流离失所,不能怪罪于水灾时救灾的官员,根本原因是官员们在平时没能做好积贮备荒工作,致使一旦发生水灾,便无粮赈济。所以他希望英宗能重视积贮备荒,提拔赏赐在积贮方面有优异表现的官员,惩处不知积贮备荒之人。③

事实上,宋代皇帝也十分注重积贮备荒,所以宋代兴建了大量的仓储,常平仓、义仓、社仓、广惠仓、惠民仓等仓储在宋代全国都有分布。两宋在强调国家积贮备灾的同时,也呼吁民众进行积蓄,希望民众自身具有抗灾能力。例如太祖在建隆四年(963)四月就曾下诏,"令州县告谕人户,夏麦登熟,不得枉有靡费"④。乾德四年(966)八月再次下诏,"令州县长吏劝民谨储蓄,戒佚游,以备凶荒"⑤。此外真宗也于天禧二年(1018)五月下诏,"令三京诸路揭榜晓谕,常

---

① [元]脱脱:《金史》卷97《移剌益传》,中华书局,1975年,第2160页。
② [元]脱脱:《金史》卷97《裴满亨传》,中华书局,1975年,第2144页。
③ [宋]李焘:《续资治通鉴长编》卷240,中华书局,1979年,第4954页。
④ 司义祖整理:《宋大诏令集》卷182,中华书局,1962年,第660页。
⑤ [宋]李焘:《续资治通鉴长编》卷7,中华书局,1979年,第176页。

加察举。有孝悌力田储蓄岁记者,长吏倍加存恤之"①。都是劝解百姓注意储备以备荒年。宋代防灾需要囤积大量粮食以备饥荒之需,所以各种仓储繁多,如常见的常平仓、义仓、惠民仓、广惠仓、社仓、丰储仓、平籴仓、平粜仓等,不常见的平济仓、永利仓、州济仓、平止仓、通惠仓、广济仓、籴纳仓等。从这些仓的设置情况看,有由宋廷直接下诏建立,行政关系上直接隶属中央的仓种;有由各地自行设置,经费及管理都由地方负责的仓种。建立仓储的目的基本上都是"以备凶灾""以平谷价"②。在宋代诸多仓种中,设置最为普遍、作用最大的是常平仓。宋太宗淳化三年(992)六月,下令正式设立常平仓③,这是宋代设置常平仓之开端。真宗景德三年(1006)和天禧四年(1020),常平仓经过两次广泛设立,除福建外,各路均设置了常平仓。此时常平仓制度基本上在宋代确立起来。神宗熙宁年间(1068—1077),王安石推行新法,于熙宁二年(1069)二月,将常平仓法与青苗法结合起来,实行有偿借贷。④但此举在当时招致众多非议,例如苏辙就认为此举只是重在借贷取息,根本不是常平之法,真正的常平之法是"法见在,而患不修举"⑤。王安石罢相之后,常平仓法逐渐恢复到新法之前的状态,直到宋末。

金代也仿效宋代发展仓储,金初已经有了防备灾害而设立的仓储。在常平仓正式确立之前,有类似常平仓的"仓廪"。仓廪的记载表明其建置早于常平仓,但其在和籴、积蓄粮食方面功能类似于常平仓。金章宗明昌三年(1192)八月,章宗下诏令各县设置常平仓,各个州、府、县官兼职管理。此后,常平仓才正式设立,成为永制。直至金末,常平仓仍旧保留未废。就常平仓的作用而言,主要是为赈济灾民及保障军队的给养提供了保证。从金初至金末,金的上京、西京、东京、南京地区全面实行了和籴,以备灾荒之用。

常平仓的主要功能集中于两个方面:一是平抑谷价。据韩琦所说:"遇年岁不稔,物价稍高,合减元价出粜。出粜之时,令诸县取逐乡近下等第户姓名,印给关子,令收执赴仓。每户粜与三石或两石。惟是坊郭则每日零细粜与,浮居

---

① 司义祖整理:《宋大诏令集》卷184,中华书局,1962年,第660页。
② 〔元〕脱脱:《宋史》卷176《食货上四》,中华书局,1977年,第4275页。
③ 〔清〕徐松:《宋会要辑稿》食货53,中华书局,1957年,第5722页。
④ 〔宋〕李焘:《续资治通鉴长编》卷256,中华书局,1979年,第6256页。
⑤ 〔宋〕苏辙:《龙川略志》卷3《与王介甫论青苗盐法铸钱利害》,中华书局,1982年,第13页。

之人每日五升或一斗。故民受实惠,甚济饥乏。即未曾见坊郭有物业人户乃来零籴常平斛斗者。"可见常平仓就是为了防止"坊郭有物业人户"受籴①,以及"以防近上户人频买兴贩之弊"②,防止粮价被商人操控。二是以备饥荒。正如高宗所说:"常平法不许他用,惟待赈荒恤饥。"③为了确保灾前赈灾钱粮的到位,防止挪用,宋人提出常平仓钱粮必须由专门机构管理,专款专用,三司及转运司等中央与地方最高理财机关也无权过问与使用。④ 常平仓钱物由司农寺管理,三司、转运司不得移作他用。

(三)救灾物资调运流通

1. 禁遏籴

禁遏籴,即禁止各地阻止粮食出境,促进粮食从丰稔之地流向灾荒地区,从而达到赈济灾荒的目的。宋金时期由于灾害频发,各地为了赈灾备荒,以致到后来即便是丰稔之岁,也不许本地米斛出境。但是,宋代的行政体制决定了禁遏籴之法并不能得到很好的贯彻。众所周知,宋代加强中央集权,将地方的财权收归中央,地方上往往不能留有余财,因此在灾荒频发之年,各地粮食普遍吃紧,深恐"他处之人恣行般运不加禁止,本州本县自至艰籴"⑤。因此遏籴不能从根本上禁止也就不足为怪了。

2. 利用价格和税收杠杆赈灾政策

宋代商品经济繁荣,人们开始通过价格杠杆因势利导,利用商人求利的本质,动员他们进行赈灾。如熙宁中,赵抃以大资政知越州,"两浙旱蝗,米价踊贵,饥死者十五六。州榜衢路,立赏禁人增米价。阅道独榜衢路,令有米者任增价粜之,于是诸州米商辐凑诣越,米价更贱,民无饿死者"⑥。除以价格杠杆外,朝廷还以税收杠杆(主要是减免商税)引导商人往受灾地区运送粮食。其目的是通过让商人贩运粮食到灾区有利可图,从而解决灾区的粮食供给,达到赈灾

---

① 〔宋〕董煟:《救荒活民书》卷2《韩琦平价济村民》,上海古籍出版社,2003年,第276页。
② 〔宋〕董煟:《救荒活民书》卷2《常平》,上海古籍出版社,2003年,第254页。
③ 〔宋〕李心传:《建炎以来系年要录》卷133,中华书局,1956年,第2141页。
④ 〔元〕脱脱:《宋史》卷176《食货上四》,中华书局,1977年,第4276页。
⑤ 〔宋〕董煟:《救荒活民书》卷中《禁遏籴》,上海古籍出版社,2003年,第259页。
⑥ 〔宋〕江少虞:《宋朝事实类苑》第23卷,上海古籍出版社,1999年,第275页。

的效果。如元符三年(1100)三月二十六日,"户部言:'河北被灾州郡……其行商兴贩斛斗往灾伤去处粜卖,乞依已得朝旨与免商税至五月终。'从之"①。

(四)救灾物资发放

"赈"亦作"振",赈济主要是指用钱或衣服、粮食等救济灾民,是最常见的一种救灾措施。就宋金时期而言,赈济包括赐给、借贷、平粜、工振等方式。

1. 赐给

赐给,是将物品无偿送予灾民,以帮助其渡过临时性的困难。宋代首次实行赐给是在太祖建隆三年(962)三月,"诏赐沂州饥民种食"②。宋代政府大多是赐给灾民粮食,但也有赈钱及其他物品的。如仁宗天圣七年(1029),"六月河北大水,坏澶州浮桥。七月命三司刑部郎中钟离瑾为河北安抚使,仍诏瑾所至发官廪以赈贫乏,其被溺之家,见存三口者给钱二千,不及者半之"③。高宗绍兴三十一年(1161)春正月,"丙申,大雨雪,给三衙卫士、行在贫民钱及薪炭"④。总而言之,无偿赐给在宋代推广得相当普遍,不仅施行的次数多,而且赐给的物品也比较多样化,无偿赐给主要是针对灾荒比较严重的情况,是各种救灾措施中比较重要的一种。此外,灾害发生之后,为了恢复生产,官府往往向农民提供耕牛。金世宗大定二十八年(1188)十一月庚子,"诏南京、大名府等处避水逃移不能复业者,官与津济钱,仍量地顷亩给以耕牛"⑤。

2. 借贷

借贷,宋代借贷在王安石变法以前"不限灾伤之分数,并容借贷,不拘民户之等第,均令免息"⑥。王安石为改善宋代政府的财政状况而推行新法,他结合青苗法的实施,规定第四等以上户借贷常平仓米必须出息,第四等以下户才能免息。⑦哲宗元祐年间(1086—1093),新党失势,借贷出息的措施被指责为与民争利,因此取消了出息之令。至宋末,因为国家的财政困难,再次出现借贷这一

---

① 〔清〕徐松:《宋会要辑稿》食货57,中华书局,1957年。
② 〔元〕马端临:《文献通考》卷26《国用四·振恤》,商务印书馆,1936年,第252页。
③ 〔清〕陆曾禹《钦定康济录》卷1下《前代救援之典》,上海古籍出版社,2003年,第241页。
④ 〔元〕脱脱:《宋史》卷32《高宗纪九》,中华书局,1977年,第599页。
⑤ 〔元〕脱脱:《金史》卷8《世宗纪下》,中华书局,1975年,第202页。
⑥ 〔宋〕李焘:《续资治通鉴长编》卷392,中华书局,1979年,第9543页。
⑦ 〔清〕徐松:《宋会要辑稿》食货57,中华书局,1957年,第5815页。

措施。

3. 平粜

平粜，是将赈济之粮米低于市场价售于受灾者的措施，是一种有偿赈济。宋代的平粜措施开始时是以平抑物价为目的，很少用于赈灾。平粜的物资除粮食以外，根据各地物产的不同还有其他种类，如"张咏镇蜀日，春粜米，秋粜盐，官给券以惠贫弱"①。平粜虽是一种不错的赈济措施，但在实施过程中很容易出现官商勾结的营私舞弊现象。哲宗元祐六年(1091)八月乙卯，"监察御史虞策言：'两浙灾伤州县收米多为贩夫、公吏相结冒籴，次及强壮之人，其饥羸者转受困饥，或被蹂躏死伤'"②。为此，宋代政府"重申法禁，严厉禁止"③。

4. 工赈

欧阳修知颍州曾采用此法，"岁大饥，公奏免黄河夫役，得全者万余家。又给民工食，大修诸陂，以溉民田，尽赖其利"④。以工代赈具有相当明显的优点，在宋代得到极大的推广，但在实施过程中也出现了一些弊端。如天圣七年(1029)五月，宋廷得报："户房闻灾伤路分募人工役多不预先将合用人数告示，以致饥民聚集，却无合兴工役。"⑤针对此种情况，中书门下省建议将"逐路有合兴工役，并依所计工数晓示，逐旋入役，免致饥民过有聚集，以致失所"⑥。神宗熙宁时期下令："自今灾伤用司农常法振救不足者，并预具当修农田水利工役募夫数及其直上闻，乃发常平钱斛募饥民兴修。不如法振救者，委司农劾之。"⑦对工赈开始进行正规的管理。

（五）赋役债务减免

宋金时期在应对灾荒时，也会推行减免赋税、徭役或是延迟征收赋税、徭役的措施，以此减少灾民的负担以达到稳定民心及维持社会安定的作用。宋金时期的减缓租赋具体通过蠲免、免役、倚阁等方式来实现。

---

① 〔元〕脱脱：《宋史》卷315《韩绛传》，中华书局，1977年，第10303页。
② 〔宋〕李焘：《续资治通鉴长编》卷464，中华书局，1979年，第11095页。
③ 〔清〕徐松：《宋会要辑稿》食货57，中华书局，1957年，第5816页。
④ 〔清〕陆曾禹：《钦定康济录》卷3下《十四兴工作以食饿夫》，上海古籍出版社，2003年，第341页。
⑤ 〔清〕徐松：《宋会要辑稿》食货57，中华书局，1957年，第5814页。
⑥ 〔清〕徐松：《宋会要辑稿》食货57，中华书局，1957年，第5814页。
⑦ 〔元〕马端临：《文献通考》卷26《国用四·振恤》，商务印书馆，1936年，第254页。

1. 蠲免

蠲免,即政府免除应征的赋税及积欠政府的钱物。宋代实行蠲免之法始于太宗至道二年(996),"至道二年,放江南诸州南唐时旧欠官物千二百四十八万缗,以民贫无以偿"①。此后,蠲免政策普遍实行起来,每遇灾荒或大赦之年均实行蠲免。如真宗大中祥符二年(1009)秋七月"乙亥,蠲京东徐、济七州水灾田租"②。英宗治平元年(1064)出现大范围水灾,这一年"畿内(今开封)、宋(今商丘)、亳、陈(今淮阳)、许(今许昌)、汝(今汝州)、蔡(今汝南)、唐(今唐河)、颍、曹、濮、济、单、濠、泗、庐、寿、楚、杭、宣、洪、鄂、施、渝州,光化、高邮军大水,遣使行视,疏治振恤,蠲其赋租"③。总之,蠲免是宋代政府赈灾救荒的一项重要措施,它在助民渡荒、宽抒民力方面起到了很大的作用。

2. 免役

免役,即免除受灾群众徭役的一种救济方式,此种救济方式属于间接性的。免役之法来源甚早,宋初比较重视此法。如仁宗至和年间(1054—1056),"谏官范镇上疏曰:'陛下每遇水旱之灾……今岁无麦,朝廷为放税免役及发仓廪拯贷,存恤之恩不为不至'"④。神宗时期(1068—1085),王安石推行新法,颁布免役法,规定免役必须出役钱,因此宋代政府在此期间多用免役法来进行赈灾。之后由于新旧党交替掌权,用免役之法赈灾,时有时无。到南宋后,除宁宗嘉定二年(1209)秋七月"癸卯,募民以振饥免役"⑤外,已几乎不见有免役之法用于赈灾的记载。

3. 倚阁

倚阁是政府延缓征收应征的赋税。倚阁是宋代新创的一种救灾措施,宋代最早实行倚阁,是在真宗景德二年(1005)十二月,"丁酉……除海州朐山、东海等县民所逋去年赈贷及倚阁东苗盐米"⑥。此后,在灾荒之年倚阁之法普遍开展起来。倚阁的对象从原则上不分户等而定,但在实际上往往是中等以下之人

---

① 〔元〕马端临:《文献通考》卷27《国用五·蠲贷》,商务印书馆,1936年,第258页。
② 〔元〕脱脱:《宋史》卷7《真宗纪二》,中华书局,1977年,第141页。
③ 〔元〕脱脱:《宋史》卷13《英宗纪》,中华书局,1977年,第256页。
④ 〔元〕脱脱:《宋史》卷179《食货志下一》,中华书局,1977年,第4352~4353页。
⑤ 〔元〕脱脱:《宋史》卷39《宁宗纪三》,中华书局,1977年,第753页。
⑥ 〔宋〕李焘:《续资治通鉴长编》卷61,中华书局,1979年,第1379页。

户。刘珙于孝宗淳熙二年(1175)在建康赈灾时,"首奏倚阁三等户夏税"①。倚阁的数额则是视户等高低、纳税额度的多少而定。总体来说,纳税额低的下等户倚阁数额大;纳税额高的中上等户倚阁数额小。光宗绍熙三年(1192)下诏规定:户纳税十石以上者,倚阁额度由州县决定,其余纳税人户分为三等,纳税五石倚阁三分之一,纳税二石以上五石以下倚阁二分之一,纳税二石以下全部倚阁。② 此项措施且不论其执行的具体情况如何,其隐含的思想再一次体现了宋代政府的公平合理原则。

(六)灾民护理安置

1. 安辑流民

自然灾害的发生会引发灾民流动,迁离原居住地,为了尽快恢复由灾荒引发的人口流动及正常的生活秩序与生产,宋金时期政府为流民返乡提供一些优惠措施。

(1)发放返乡物资。为帮助流民能顺利返乡,朝廷给予流民程粮、免除津渡之税等优惠,以解决他们在归途上的经济困难。如宋太祖在开宝六年(973)正月曾下诏:"诸州流民所在计程给以粮,遣各还本贯。"③宋哲宗时期,为减轻流民沿途负担,还改发放米粮为发给路券,可以沿路领取食物。除政府给予流民返乡程粮外,有的地方官还劝谕豪富给予路粮资助。如大中祥符二年(1009),知邓州右司谏直史馆张知白言:"陕西流民相续入境,有欲还本贯而无路粮者,臣谕劝豪民出粟数千斛,计口给半月之粮,凡就路者总二千三百家,万二百余口。"④为了方便流民尽快返乡耕种,朝廷还下令沿途免收渡钱等。如淳熙九年(1182)正月六日,知建康府范成大言:"近降指挥,流移之人如愿归业耕种,即量支钱米给据津遣,今欲移文两淮安抚司漕,行下所属,约束沿江渡口,遇有江浙流移归业之人,其人口、行李、牛畜等并与免收渡钱,无致邀阻。其江浙津渡亦乞一例免收。"⑤

---

① 〔元〕张铉:《至大金陵新志》卷13下之上,上海古籍出版社,2003年,第563页。
② 〔清〕徐松:《宋会要辑稿》食货58,中华书局,1957年,第5830页。
③ 〔宋〕李焘:《续资治通鉴长编》卷14,中华书局,1979年,第196页。
④ 〔清〕徐松:《宋会要辑稿》食货57,中华书局,1957年,第5813页。
⑤ 〔清〕徐松:《宋会要辑稿》食货69,中华书局,1957年,第6362页。

(2)为返乡者给粮、修庐舍。流民返乡初期,由于农业生产处于恢复期,粮食还未收成,缺乏食物。因此,政府给予复业流民一定的食物救济,使他们不再逃移,以便能安心生产。如天禧元年(1017)九月十六日,"诏河东流民有复业者发仓粟赈之"①。失去房屋的流民返乡后,安身之处也是必不可少的。有些地方官员就通过"作室庐"的方式招徕流民。如宋仁宗时期,元绛除江南西路转运判官,请得知台州,"大水昏垫之余,公出库钱就民作室数千区,许人自占,与之期,三岁偿所费,于是流亡皆复业"②。

(3)给予返乡者土地。在流民返乡后饮食和住宿得到基本解决的前提下,朝廷再通过给田、还田等,使流民恢复原来的田产或能得到一块耕地。农民拥有耕地,是使农业劳动力与土地最终有效结合,恢复农业生产的关键条件。绍兴十八年(1148),王镇知安丰军六安县,"江南猾民冒佃荒田,辄数千亩。君躬按户籍,丁给百亩,于是流逋四归,愿耕者众"③。

(4)为返乡者提供种子、农具。对缺乏生产资料的归业流民,朝廷提供粮种、农具和耕牛等。如绍圣元年(1094)三月二十二日,"上曰:'闻京东、河北之民乏食,流移未归本土,宜加意安恤。给粮种,差官就谕,使还农桑业。'范纯仁等对曰:'今已给常平米,又许旨所养牛质取官缗钱,免租税、贷与谷麦种矣'"④。

2. 为灾民赎身

灾害发生时,灾民无力自养,只得出卖妻子、儿女甚至自身而求活命。灾后,官府有时出资为其赎身。历史上官府为百姓赎身的情况并不多见,但在金代则是较为常见的救灾措施。金章宗泰和四年(1204)十二月"辛丑,敕陕西、河南饥民所鬻男女,官为赎之"⑤。但对官府出资为灾民赎身的善举也有不同意见,认为此举不利于救济饥民,如金章宗时"行简奏曰:往年饥民弃子,或丐以与人,其后诏书官为收赎,或其父母衣食稍充,即识认,官亦断与之。自此以后,饥

---

① 〔清〕徐松:《宋会要辑稿》食货57,中华书局,1957年,第5813页。
② 〔宋〕王安礼:《王魏公集》卷7《资政殿学士太子少保致仕赠太子少师谥章简元公(绛)墓志铭》,线装书局,2004年,第233页。
③ 〔宋〕周必大:《文忠集》卷77《朝议大夫赐紫金鱼袋王君(镇)墓碣》,吉林出版集团有限责任公司,2005年,第867页。
④ 〔清〕徐松:《宋会要辑稿》食货57,中华书局,1957年,第5816页。
⑤ 〔元〕脱脱:《金史》卷12《章宗纪四》,中华书局,1975年,第270页。

岁流离道路，人不肯收养，肆为捐瘠，饿死沟中。伏见近代御灾诏书，皆曰'以后不得复取'，今乞依此施行。上是其言，诏书中行之"①。

3. 募兵

荒年募兵，就是在灾荒年月，募灾民为兵，以此来赈济灾民。这是宋代一项特殊的政策，该政策在太祖时期得到确立。史载："太祖为言：'可以利百代者，惟养兵也。方凶年饥岁有叛民而无叛兵，不幸乐岁而变生则有叛兵而无叛民。'"②有宋一代，此项措施得到很好的贯彻。例如神宗元丰二年（1079），"以兖、郓、齐、济、滨、棣、德、博民饥，募为兵，以补开封府界、京东西将兵之阙"③。神宗元丰三年（1080），"又诏：'河北水灾，阙食民甚众，宜寄招补军'"④。仁宗庆历八年（1048），"河朔大水，民流就食"。富弼前往赈灾，"凡活五十余万人，募为兵者万计"。⑤ 事实上荒年募兵在赈灾上有很大的局限性。募兵大多招募灾民中的"壮健"者入伍，占灾民比例很低，在赈灾中的作用实际上并不是很大，但其造成了大量冗兵。宋代特别是北宋时期，其兵员增长是相当快的，到了仁宗皇祐之初，"兵已一百四十万矣"⑥。而宋代人口最高时也不到五千万，在仁宗之时更是不到三千万，其兵民比例之高居各代之冠，政府财政收入的五分之四都被这支庞大的军队消耗掉了。此问题的根源还是在于宋代"守内虚外"的祖宗家法，与冗兵问题相比，宋代政府更在意的是社会稳定，尤其是灾荒时期的社会稳定。神宗虽然被财用匮乏所困扰，但对募灾民为兵这一政策却大加赞赏，称其为"太平之业"，"自古未有及之者"。⑦

4. 宽刑赎罪

灾害发生时，统治者也会施行宽刑（在灾荒年份实行减宽刑罚的措施）。在宋代最早实行宽刑是宋太祖乾德元年（963），"夏四月，旱。甲申，遍祷京城祠庙，夕雨。减荆南朗州、潭州管内死罪一等"⑧。另外，王尧臣知光州时，"岁大

---

① 〔元〕脱脱：《金史》卷106《张行简传》，中华书局，1975年，第2330页。
② 〔宋〕晁以道：《景迂生集》卷1《元符三年应诏封事》，上海古籍出版社，2003年，第16页。
③ 〔元〕脱脱：《宋史》卷193《兵志七·召募之制》，中华书局，1977年，第4802页。
④ 〔元〕脱脱：《宋史》卷193《兵志七·召募之制》，中华书局，1977年，第4802~4803页。
⑤ 〔元〕脱脱：《宋史》卷313《富弼传》，中华书局，1977年，第10254页。
⑥ 〔宋〕王明清：《挥麈余话》卷1，上海古籍出版社，2003年，第581页。
⑦ 〔宋〕李焘：《续资治通鉴长编》卷327，中华书局，1979年，第7883页。
⑧ 〔元〕脱脱：《宋史》卷1《太祖纪一》，中华书局，1977年，第13页。

饥,群盗发民仓廪,吏法当死。公曰:'此饥民求食尔,荒政之所恤也。'乃请以减死论。其后,遂以著令,至今用之"①。

5. 迁移就粮

迁移就粮是把受灾地区的灾民迁移到未受灾地区。金世宗大定三年(1163)二月"庚午,上谓宰相曰:'洙州(今淮阳)饥民,流散逐食,甚可矜恤。移于山西,富民赡济,仍于道路计口给食'"。② 金宣宗兴定五年(1221)八月,宣宗"又谕枢密,河北艰食,民欲南来者日益多,速令渡之,毋致殍死"③。由于迁移就粮,要产生大量的人口流动,容易成为社会不安定因素,因而政府很少主动实施,只是在不得已的情况下的妥协之策。

四、特种灾害防治

宋金时期有较为丰富的防治专门灾害的经验,包括兴修水利工程以应对水旱灾害,设置专门机构治理黄河,推广种植耐旱、高产的农作物以应对饥年,专门下捕蝗令应对蝗灾,在疾病流行地区散发药品,派遣医生进行救治,以应对疫灾等。这些灾害防治措施都有助于减少灾害造成的损失。宋金时期,在灾害防治方面得到进一步的发展。

(一)水旱防治

宋金时期,河南的水旱灾害尤为频繁,尤其是黄河在河南地区频繁决口,为了预防水旱灾害,河南地区建设了大量的水利工程。为抓好水利事业,政府颁发过不少有关水利的诏书。仁宗天圣五年(1027)诏:"诸州长吏、令佐能劝民修陂池、沟洫之久废者,及垦辟荒田、增税二十万以上,议赏;监司能督责部吏经画,赏亦如之。"④神宗熙宁九年(1076),政府颁布《水利图》于天下,诏诸州县遵

---

① 〔宋〕杜大珪:《名臣碑传琬琰之集》中卷8《王文安公尧臣墓志铭(欧阳修撰)》,上海古籍出版社,2003年,第276页。
② 〔元〕脱脱:《金史》卷6《世宗纪上》,中华书局,1975年,第130页。
③ 〔元〕脱脱:《金史》卷16《宣宗纪下》,中华书局,1975年,第358页。
④ 〔元〕脱脱:《宋史》卷173《食货上一》,中华书局,1977年,第4165页。

照《水利图》兴修水利,甚至以此作为地方官员考课的主要内容之一,"考课院……(官员)在任……兴修水利,疏导积水,以利民田"①。各地因此兴修了很多水利工程。除兴修水利外,河南作为政府的统治中心,政府在此地区大力治河的同时,积极开挖河道,大力发展漕运,形成以东京为中心的运河体系。史料记载:"宋都大梁,有四河以通漕运:曰汴河,曰黄河,曰惠民河,曰广济河。"②

治理黄河也是宋金时期防灾的重要内容。北宋初年每年派出一些官员分堤巡视与督率治堤堵口,此时尚未形成治河专职部门。例如在太祖乾德五年(967),由于河患频繁,曾下诏:"开封、大名府、郓、澶、滑、孟、濮、齐、淄、沧、棣、滨、德、博、怀、卫、郑等州长吏,并兼本州河堤使。"③但黄河决溢常波及数州,因此治堤堵口需要统一指挥,仁宗天圣八年(1030)"始诏河北转运司计塞河之备"④。这是转运司负责河防工作的开始。此外,还有"都大管勾应付修河公事""修河钤辖""修河都监""都大提举河渠司"等专职官员和"都大修河制置使"。嘉祐三年(1058),仁宗在京师设置的都水监成为主管全国河渠事宜的最高专职机构。而神宗在熙宁六年(1073)四月"诏置疏浚黄河司"⑤,成为专司治河的机构。专职河防机构的设置对于治河自然具有十分重要的作用。金代也设立专门的河防管理机构和专职人员,负责日常的防灾事宜。尚书省工部是国家公共事业管理机构,掌山林川泽之禁,江河堤岸、道路桥梁的修建,下设都水监,专规负责黄河、沁河,在卫州置司,另外朝廷也临时委派其他部门的官员兼治河防。金代实行黄河汛情奏报制度,战国时期已设此制,金代则以法令的形式把每年的5至7月底定为江河的涨水期。在此期间,沿河各州县的官员须严加防守,并随时上报所发生的水情与险情。金代颁行的《河防令》被认为是"目前所见的最早的系统防洪令"。

宋金时期推广耐旱高产新作物是预防旱灾的一项重要措施。宋代经历了五代战乱后,人口飞速增长,出于人口增长的需要,以及灾害频繁需要大量的粮食储备,宋代开始推广高产作物,其中最为成功的是占城稻。宋真宗大中祥符

---

① 〔清〕徐松:《宋会要辑稿》职官59,中华书局,1957年,第3721页。
② 〔元〕脱脱:《宋史》卷175《食货上三》,中华书局,1977年,第4250页。
③ 〔元〕脱脱:《宋史》卷91《河渠一》,中华书局,1977年,第2257页。
④ 〔元〕脱脱:《宋史》卷91《河渠一》,中华书局,1977年,第2267页。
⑤ 〔宋〕李焘:《续资治通鉴长编》卷252,中华书局,1979年,第6149页。

二年(1009)至四年(1011),连续三年都发生了旱灾,为了应付旱灾,宋真宗下令"给占城稻种,教民种之"。宋代佛教和尚释文莹在笔记《湘山野录》里写到占城稻耐旱、子多、粒大,适合在旱地播种。所以在官方的推动下,很快在河南中西部实现了种植。明代学者徐献忠在《吴兴掌故集》一书中详细地记述了河南中西部陆地种植占城稻的情况,指出了占城稻自福建引种,到浙江安家,再扩散到河南中西部。占城稻的推广极大缓解了宋代粮食的压力。①

(二)虫灾防治

宋金统治者在蝗虫初现之时就下令扑灭,务求使其不成灾。神宗在元丰二年(1079)二月诏:"诸路方春阙雨,虑生蝗蝻害田,其令河北、陕西、京东西等路监司,常戒州县扑灭,毋致滋生。"②宋代每逢蝗灾,都会专门下捕蝗令。例如熙宁八年(1075),宋神宗下诏除蝗:"有蝗处委县令佐亲部夫打扑。如地里广阔,分差通判、职官、监司提举。仍募人得蝻五升或蝗一斗,给细色谷一升;蝗种一升,给粗色谷二升。给价钱者,以中等实直。仍委官视烧瘗,监司差官覆按以闻。"③淳熙八年(1181)九月孝宗颁布捕蝗诏令:"诸蝗初升若飞落,地主邻人隐蔽不言,耆保不即时申举扑除者,各杖一百。许人告报,当职官承报不受理,及受理而不亲临扑除或扑除未尽者,各加二等。"④从这些诏书可以看出,宋朝历代皇帝对通过捕蝗防治蝗灾越来越重视。宋仁宗时只是单纯地规定了奖励的条例,并没有相应的措施。宋神宗时则明确规定了路监司、府州通判和县令必须亲自组织人员进行捕杀,不仅对捕捉到蝗虫的人员及时进行奖励,而且对因捕捉蝗虫而遭到苗种损失的人给予赔偿。到了南宋孝宗时,捕蝗诏令变得更加严厉,蝗虫刚出现时,如发现者没有及时报告,或发现者已报告,有关官员不予受理或已受理没有亲自组织人员捕杀,以及捕杀未尽的,均要受到杖刑的处罚。

宋金统治阶层在春季雨水较少之时就警惕发生蝗灾,令地方官员务必要防患于未然。在蝗灾过后,对于蝗卵的根除,也是宋金时期治蝗的重要一环。熙宁十年(1077)三月时,神宗诏:"时雨稍愆,令开封府界泊诸路监司分察州县,检

---

① 何炳棣:《中国历史上的早熟稻》,《农业考古》1990年第1期。
② 〔宋〕李焘:《续资治通鉴长编》卷296,中华书局,1979年,第7213页。
③ 〔宋〕李焘:《续资治通鉴长编》卷267,中华书局,1979年,第6543~6544页。
④ 〔宋〕董煟:《救荒活民书》卷2《捕蝗》,上海古籍出版社,2003年,第275页。

举除殄蝗虫种子法施行,无使滋生。"①

(三)疫灾防治

在疾疫发生时,宋代官府首先派遣医生进行诊治,如嘉祐五年(1060)五月,因"京师民疫",仁宗命"选医给药以疗之"。② 为防治疾疫,宋朝政府除派遣医生进行救治外,还在疾病流行地区散发药品。淳化五年(994)六月,"是月,都城大疫",太宗"分遣医官煮药给病者"。③ 南宋时,继续沿用北宋散发医药的政策。此外对疾疫家庭困难者,政府拨款资助,并对死者进行埋葬。如大观二年(1108),面对疾疫,徽宗"令大观库支钱一万赴开封府,令就差散药使臣,并逐厢地分使臣,每日量数支给。应死亡贫乏不能葬者,人给钱两贯,小儿一贯"④。金朝医疗制度与宋朝基本相同,医疗机构大多是为官府服务的,因而在防疫中所起作用不大,仅仿照宋朝设置的惠民司专门对外出售药物。

(四)震灾防治

古代在无法精确预测地震发生规律的情况下,往往采取一系列预防地质灾害发生的措施。为保证灾后有充足的粮食供应,无论发生水旱灾害、虫灾、霜灾还是地震灾害等,人们都需要囤积粮草、设仓积谷。宋金时期自然灾害频发,朝廷一直都非常重视粮食的仓储。灾害发生后,负责赈济的官员都会"发禀振民"。

另外还有防震建筑技术和材料的应用。由于地震对建筑物影响颇大,宋代以来,房屋建筑延续了传统建筑风格中对木质结构的应用,因而在地震震级较小的情况下,造成的房屋破坏是较轻的。宋代的房屋建筑沿用了隋唐已趋成熟的斗拱形制,这种结构在地震作用下,斗拱结构的抗震机制类似于一个隔震减震器,并且在地震过程中能消耗掉大量地震能量,进而发挥出良好的隔震、减震作用。

---

① 〔宋〕李焘:《续资治通鉴长编》卷281,中华书局,1979年,第6886页。
② 〔元〕脱脱:《宋史》卷5《仁宗纪四》,中华书局,1977年,第245页。
③ 〔元〕脱脱:《宋史》卷12《太宗纪二》,中华书局,1977年,第94页。
④ 〔清〕徐松:《宋会要辑稿》食货59,中华书局,1957年,第5842页。

五、修政禳灾

中国救灾思想的最原始形态即为天命主义之禳弭论,它将自然灾害与为政之得失相联系,主张灾害的暴发是上天对帝王以及其他官员、民众的警示。宋金时期在这种观念影响下,当发生灾害时,皇帝与宰辅经常恐惧修省、减膳撤乐、祈雨祈晴,除帝王外其他各级官员包括御史、谏官,以及普通老百姓也通过祭祀占卜和巫禳等方式参与到禳灾、弥灾的活动中来。

(一)修政弭灾

宋金时期继承了前代天人感应的灾异观,《宋史·五行志》说:"国家将兴,必有祯祥;国家将亡,必有妖孽。"[1]同时宋人还把阴阳五行与人事更紧密地联系起来,就如孙甫认为"阴之象,臣也,后宫也,四夷也"[2]。也就是说臣子、后宫、四夷对应了"阴",当三者违背常态,阴阳失调,就会引发灾异。所以宋人在提及阴阳失调时,都附会上人事,认为人事的不当是导致阴阳失调的原因,这也造成了宋代利用灾异思想进行政治斗争。一是大臣借灾异向皇帝谏言,如宋神宗元丰八年(1085)十二月,刘挚上言,要皇帝"进忠良,退阿谀,通壅蔽,去疑贰,务以至诚实事上塞天谴,下救生民"[3]。二是利用灾异攻击其他政治党派,如宋神宗熙宁五年(1072),华山山崩,文彦博称"市易与下争利,致华岳山崩"[4],指责王安石的新法不当,是造成华山山崩的原因,用来反对王安石变法。

(二)祈禳消灾

宋金时期祭祀占卜在农业救灾防灾中也占据了重要的地位。据《宋史》卷130《礼志六》记载,宋代官方祭祀的神灵中,与农业生产有关的神灵就有社稷、五岳四渎、先蚕、马祖、风伯、雨师、醋神、八蜡神等。除平时举行祭祀仪式外,遇

---

[1] 〔元〕脱脱:《宋史》卷61《五行志》,中华书局,1977年,第1317页。
[2] 〔元〕脱脱:《宋史》卷295《孙甫传》,中华书局,1977年,第9839页。
[3] 〔宋〕李焘:《续资治通鉴长编》卷363,中华书局,1979年,第8694页。
[4] 〔元〕脱脱:《宋史》卷327《王安石传》,中华书局,1977年,第10547页。

到自然灾害时,官府很大程度上也把祈求祷告神灵的方法作为应灾方式之一。受当时社会认知条件的制约,人们对风雨雷电的自然现象无法作出正确的解释,往往把它们看作是神灵的恩赐或惩罚,所以就需要对水旱、疾疫、蝗灾等占卜祭祀,而对于祭祀,无论是政府还是民间,都需要巫觋来沟通天地。例如一旦发生旱灾,就需要巫觋祈雨,宋金时期对祈雨活动极为重视,在史籍中对祈雨的记载非常多。如宋太祖乾德元年(963),"五月壬子朔,祷雨京城。甲寅,遣使祷雨岳渎"[1]。太宗太平兴国五年(980),"五月癸卯朔,大霖雨。辛酉,命宰相祈晴"[2]。仁宗天圣五年(1027),"六月甲戌,祈雨于玉清昭应宫、开宝寺"[3]。金章宗泰和四年(1204)夏四月,因久旱,避正殿,减膳,省御厩马。金宣宗贞祐四年(1216)七月,因旱灾、蝗灾,敕减尚食数品。民间自发的祈雨活动更是屡见不鲜,这些祈雨仪式多由巫觋来主持。如陆游《湖山九首·其三》诗曰:"老巫祈社雨,小妇饷春耕。"[4]遇到蝗灾,往往也会祭祀酺神。如南宋初年,宋政府下令有蝗灾则祭酺神。酺祭源于《周礼》,但不知所祭何神。东汉人郑玄注为"人物灾害之神",北宋时期开始对蝗灾实行酺祭。庆历中,上封事者言螟蝗为害,乞外内并修祭酺礼。

---

[1] 〔元〕脱脱:《宋史》卷1《太祖一》,中华书局,1977年,第14页。
[2] 〔元〕脱脱:《宋史》卷4《太宗纪一》,中华书局,1977年,第64页。
[3] 〔元〕脱脱:《宋史》卷9《仁宗纪一》,中华书局,1977年,第183页。
[4] 〔宋〕陆游著,钱仲联校注:《剑南诗稿校注》,上海古籍出版社,2005年,第4315页。

第六章 元代河南救灾

本章中的元代的时间段是从金代灭亡,蒙古人占领中原的 1234 年算起,到 1367 年元朝灭亡之前,共有 134 年。选择这个时段的理由是,在 1234 年蒙古人统治地区是以蒙古草原地带为中心,后与南宋联合攻破蔡州,从此黄河流域开始纳入到蒙古人的统治之中,虽然信阳地区曾被南宋收回一段时间,但总体上从 1234 年起,河南地区就在蒙古人的统治之下。1368 年正月,朱元璋在南京建都,建立明朝,同年三月徐达进军中原,八月攻陷大都。1368 年这一年河南虽然大部分时间处于战乱阶段,但实际上在四月河南就已经在明军的统治之下了,所以在统计过程中就把 1368 年的河南算到了明朝的统治之下,这里只统计到 1367 年。

为便于了解和统计元代河南灾害情况,特简述元代河南地区的行政建置。元初仿金制,地方设行尚书省,下设有路、府、州、县。元世祖中统年间建立行省制。在元代河南地区大部分隶属于河南江北行省,小部分隶属于中书省。中书省包含河南地区的有彰德、卫辉、大名、东平、怀庆、济宁等路,以及濮州部分地区。河南江北行省中的河南府路、汴梁路,南阳府、汝宁府、归德府以及汝州、陈州、亳州、郑州、许州、钧州等散州都属于今河南地区。①

更具体来说,汴梁路,治所在今河南开封,金改为南京,元初为南京路,领一府二十州。后从南京路割裕州、唐州、汝州、邓州、嵩州、卢氏行襄樊,建南阳府。割蔡、息、颍为汝宁府;又割归德府;废延州,属县延津、阳武改属南京路。至元二十五年(1288),改南京路为汴梁路。汴梁路辖十七县、五州。十七县为开封县、祥符县、中牟县、原武县、鄢陵县、荥泽县、封丘县、扶沟县、阳武县、杞县、延津县、兰阳县、通许县、尉氏县、太康县、洧川县、陈留县。五州即郑、许、陈、钧、睢等五州。此五州共领二十一县:郑州领管城县、荥阳县、汜水县、河阴县;许州

---

① 周振鹤主编:《中国行政区划通史·元代卷》,复旦大学出版社,2009 年。

领长社、长葛、郾城、襄城、临颍五县;陈州领宛丘、西华、商水、南顿、项城五县;钧州领阳翟、新郑、密三县;睢州领襄邑、考城、仪封、柘城四县。① 无论是南京路还是汴梁路基本上所辖区域均在今河南境内。

归德府,治所在今河南商丘,窝阔台汗十年(1238),范阳人张子良率泗州西城军民十万余降蒙古,归德一带和亳州鄢县,也相继投降。蒙哥汗二年(1252),设立归德府及州、县机构。归德府原领宋城、宁陵、下邑、虞城、谷熟、砀山等六县。至元二年(1265),割去虞城、砀山属济宁府,省并谷熟入睢阳,鄢县入永州,改永州为永城县。至元八年(1271),宿州、亳州、徐州、邳州划归归德府。河南江北行省建立后,归德府直隶河南江北行省,领四县、四州。② 四县睢阳、永城、下邑、宁陵均属今商丘地区。四州为徐、宿、邳、亳,仅亳州下领的鹿邑县属今河南。

河南府路,治所在今洛阳地区,原领九县一州。九县为洛阳、宜阳、永宁、登封、巩、偃师、孟津、新安、渑池,后割渑池隶陕州。一州为陕州,下领四县,即陕县、灵宝、阌乡、渑池四县。③

南阳府,治所在今河南南阳。共领南阳、镇平二县,邓、唐、嵩、汝、裕五州。邓州,辖穰、内乡、新野三县。唐州,仅领泌阳一县。嵩州,领卢氏一县。汝州,领梁县、鲁山、郏县三县。裕州,领方城、叶县、舞阳三县。④

汝宁府,治所在今河南驻马店汝南县,元初领上蔡、西平、确山、遂平、平舆五县。至元七年(1270)省并遂平、平舆而复立汝阳县。至元三十年(1293),从汴梁路划息州、颍州、信阳、光州四州,升为汝宁府。大德八年(1304)正月重新设遂平县。汝宁府共领汝阳、上蔡、西平、确山、遂平五县,颍州、息州、光州、信阳四州。颍州,下辖三县,其中太和县、沈丘县属今河南地区。息州安抚司废罢以后的相当长的时间内,由于其类似直隶省部之州的地位不复存在,息州降为南京路的属州,"其民"也只能"隶南京路"了。直到至元三十年(1293)后息州划属汝宁府,才重新管辖新蔡、真阳二县。光州,至元十二年(1275)归附元朝,隶属于蕲黄宣慰司;至元二十三年(1286)八月,光州改属淮西宣慰司;至元三十

---

① 〔明〕宋濂:《元史》卷59《地理志二》,中华书局,1976年,第1401~1403页。
② 〔明〕宋濂:《元史》卷59《地理志二》,中华书局,1976年,第1407~1409页。
③ 〔明〕宋濂:《元史》卷59《地理志二》,中华书局,1976年,第1403~1404页。
④ 〔明〕宋濂:《元史》卷59《地理志二》,中华书局,1976年,第1404~1405页。

年,隶属汝宁府,领定城、固始、光山三县。信阳州,金朝灭亡后,宋、蒙直接在此处军事对峙长达四十余年;至元十四年(1277),改立信阳府;至元十五年(1278)改为信阳州,领罗山、信阳二县。①

彰德路,唐为相州,后改为邺郡,金为彰德军节度使和彰德府,隶属河北西路,成吉思汗十五年(1220)归附蒙古。至元二年(1265),设立彰德总管府,管辖怀、孟、卫、辉四州和本府安阳等五县。至元六年(1269)十二月,又分彰德、怀孟、卫辉为三路,彰德独立为一路。彰德路领一录事司、三县、一州。三县,即安阳县、汤阴县、临漳县。一州,即林州。除临漳县今属河北地区,另外两县一州均属于今河南地区。②

大名路,治所在今河北大名县,成吉思汗时期归附蒙古,至元二年独立为一路,领一录事司、五县、三州。五县,即元城县、大名县、南乐县、魏县、清河县,但只有南乐县属今河南地区。三州,为开州、滑州和浚州。开州下辖的濮阳、东明、长垣、清丰四县,除东明县属今山东地区,其余均位于今河南地区。滑州,领白马、内黄二县。浚州,无属县,大致位于今河南浚县一带。③

怀庆路,治所在今河南沁阳市。元初曾称为怀孟州,至元六年怀孟独立为一路。延祐六年(1319)更名为怀庆路。领三县、一州。三县,即河内县、修武县、武陟县。一州为孟州,下领河阳、济源、王屋、温县四县。这三县、一州均属于今河南地区。④

卫辉路,治所在今河南卫辉市,元初属彰德总帅府。蒙哥汗二年(1252),卫、辉二州从彰德总帅府割出,属真定路。中统元年(1260)升格为卫辉路,至元二年复隶属于彰德路总管府。至元六年重新独立为卫辉路。卫辉路领一录事司、四县、二州。四县为汲县、新乡县、获嘉县、胙城县,均属于今河南地区。二州,为辉州和淇州。但只有淇州下设的临淇县属今河南。⑤

东平路,治所在今山东东平县。成吉思汗十五年就已经归附蒙古,其地大

---

① 〔明〕宋濂:《元史》卷59《地理志二》,中华书局,1976年,第1405~1407页。
② 〔明〕宋濂:《元史》卷58《地理志一》,中华书局,1976年,第1360页。
③ 〔明〕宋濂:《元史》卷58《地理志一》,中华书局,1976年,第1361页。
④ 〔明〕宋濂:《元史》卷58《地理志一》,中华书局,1976年,第1362~1363页。
⑤ 〔明〕宋濂:《元史》卷58《地理志一》,中华书局,1976年,第1363页。

部分属山东,只有寿张县部分地区,属今河南濮阳台前县、范县。①

济宁路,主要由金兖州、济州、单州之地组成。济宁路领一录事司、七县、三州,大部分属于今山东地区,只有虞城县属今河南。濮州为散州,元时领六县,仅范县属今河南。②

第一节　元代河南各类自然灾害统计分析

一、元代河南水灾

(一)元代河南水灾数据统计

元代河南水灾十分严重,因为黄河自金朝决口后,便多次在河南地区决口,水灾成为元代河南发生最为频繁的灾害。我们根据收集的资料统计到元代河南地区发生的水灾有142次,具体如下:

1. 世祖至元元年(1264)是岁……大名(安阳、鹤壁、新乡、濮阳等地)、东平(台前县)……濮州(范县)……大水。(《元史》卷5《世祖纪二》)

2. 世祖至元二年(1265)移守大名。岁大水,漂没庐舍,租税无从出,弘范辄免之。(《元史》卷156《张弘范传》)

3. 世祖至元五年(1268)八月己丑,亳州(周口东)大水。(《元史》卷6《世祖纪三》)

4. 世祖至元五年(1268)十二月戊寅,以……东平(台前县)、南京(郑州、许昌、开封、漯河、周口、商丘等地)……等处大水。(《元史》卷6《世祖纪三》)

5. 世祖至元九年(1272)九月,南阳(南阳、平顶山、洛阳市、三门峡等地区)、怀孟(焦作、济源)、卫辉(新乡市中西部)……等州淫雨,河水并溢,圮

---

① 〔明〕宋濂:《元史》卷58《地理志一》,中华书局,1976年,第1365页。
② 〔明〕宋濂:《元史》卷58《地理志一》,中华书局,1976年,第1366~1467页。

田庐,害稼。(《元史》卷50《五行志》)

6. 世祖至元十年(1273)七月庚寅,河南水。(《元史》卷8《世祖纪五》)

7. 世祖至元十四年(1277)五月,以河南、山东水旱。(《元史》卷9《世祖纪六》)

8. 世祖至元十四年(1277)六月,濮州(濮阳范县)、堂邑雨水,没禾稼。(《元史》卷50《五行志一》)

9. 世祖至元十七年(1280)八月,怀庆……东平(台前县)……等路水。(《元史》卷50《五行志一》)

濮州(范县)、东平……水。(《元史》卷11《世祖纪八》)

10. 世祖至元二十年(1283)六月,怀庆、河南(三门峡、洛阳等地)等路沁河水涌溢,坏民田一千六百七十余顷。(《元史》卷50《五行志一》)

11. 世祖至元二十年(1283)七月,卫辉路清河溢,损稼。(《元史》卷50《五行志一》)

12. 世祖至元二十年(1283)南阳府唐(唐河县)、邓(邓州市)、裕(方城县)、嵩(嵩县)四州河水溢,损稼。(《元史》卷50《五行志一》)

13. 世祖至元二十二年(1285)秋,南京、彰德(安阳、鹤壁等地)、大名……等路河水坏田三千余顷。(《元史》卷50《五行志一》)

14. 世祖至元二十三年(1286)六月,汴梁(郑州东、许昌、开封、漯河北、周口西、商丘西等地)、归德(商丘市、周口市等地)七县水。(《元史》卷50《五行志一》)

15. 世祖至元二十三年(1286)十月辛亥,河决开封、祥符(开封祥符区)、陈留(开封)、杞、太康、通许、鄢陵、扶沟、洧川、尉氏、阳武(原阳)、延津、中牟、原武(原阳)、睢州(睢县)十五处。(《元史》卷14《世祖纪十一》)

16. 世祖至元二十四年(1287)三月,汴梁河水泛溢,役夫七千修完故堤。(《元史》卷14《世祖纪十一》)

17. 世祖至元二十四年(1287),南京……河南等路霖雨害稼。(《元史》卷14《世祖纪十一》)

18. 世祖至元二十五年(1288)五月,河决汴梁,太康、通许、杞三县,陈颍二州(周口市内)皆被害;汴梁大霖雨,河决襄邑(睢县),漂麦禾。(《元

史》卷15《世祖纪十二》)

19. 世祖至元二十五年(1288)六月壬申,睢阳(商丘睢阳区)霖雨,河溢害稼。(《元史》卷15《世祖纪十二》)

六月乙亥,以考城(民权)、陈留(开封)、通许、杞、太康五县大水及河溢没民田。(《元史》卷15《世祖纪十二》)

20. 世祖至元二十五年(1288)十二月,汴梁二路河溢,害稼。(《元史》卷50《五行志一》)

21. 世祖至元二十六年(1289)六月,东平、汴梁……霖雨害稼;河溢太康;怀庆路武陟县,汴梁路祥符县皆大水。(《元史》卷15《世祖纪十二》)

22. 世祖至元二十七年(1290)十一月,河决祥符义唐湾(开封市),太康、通许、陈、颍二州大被其患。(《元史》卷16《世祖纪十三》)

23. 世祖至元二十八年(1291)八月,大名……南乐诸县霖雨为灾。(《元史》卷50《五行志一》)

24. 成宗元贞二年(1296)八月,大名路水。(《元史》卷19《成宗纪二》)

25. 成宗元贞二年(1296)九月,河决河南杞、封丘、祥符、宁陵、襄邑五县。(《元史》卷19《成宗纪二》)

26. 成宗元贞二年(1296)十月,河决开封县。(《元史》卷50《五行志一》)

27. 成宗元贞二年(1296)是岁……汴梁……水。(《元史》卷19《成宗纪二》)

28. 成宗大德元年(1297)正月,汴梁、归德水。(《元史》卷19《成宗纪二》)

29. 成宗大德元年(1297)三月,归德……汴梁诸县水。(《元史》卷19《成宗纪二》)

30. 成宗大德元年(1297)五月,河决汴梁。(《元史》卷19《成宗纪二》)

31. 成宗大德元年(1297)七月,河决杞县蒲口(杞县西北)。(《元史》卷19《成宗纪二》)

32. 成宗大德二年(1298)六月,河决蒲口……泛溢汴梁、归德二郡。

(《元史》卷50《五行志一》)

33. 成宗大德二年(1298)七月,汴梁等处大雨,河决坏堤防,漂没归德数县禾稼、庐舍。(《元史》卷19《成宗纪二》)

34. 成宗大德三年(1299)五月,河决蒲口儿等处,浸归德府数郡,百姓被灾。(《元史》卷65《河渠二》)

35. 成宗大德三年(1299)八月,汴梁、大都、河间水。(《元史》卷20《成宗纪三》)

36. 成宗大德三年(1299)十月,汴梁、归德水。(《元史》卷20《成宗纪三》)

37. 成宗大德四年(1300)六月,归德睢州(商丘西)大水。(《元史》卷50《五行志一》)

38. 成宗大德五年(1301)大名……归德……东平(台前县)水。(《元史》卷20《成宗纪三》)

39. 成宗大德五年(1301)光州(信阳东南)……霖。(《元史》卷20《成宗纪三》)

40. 成宗大德六年(1302)五月,归德、徐州、邳州水。(《元史》卷20《成宗纪三》)

41. 成宗大德七年(1303)六月,修武、河阳(孟州市)、新野、兰阳(兰考)等县赵河、湍河、白河、七里河、沁河、潦河皆溢。(《元史》卷50《五行志》)

42. 成宗大德八年(1304)五月,大名之浚(浚县)、滑(滑县),德州之齐河霖雨。(《元史》卷21《成宗纪四》)

五月,汴梁之祥符(开封市)、太康,卫辉之获嘉,太原之阳武(原阳)河溢。(《元史》卷21《成宗纪四》)

43. 成宗大德八年(1304)六月,汴梁祥符、开封、陈州(周口南)霖雨。(《元史》卷21《成宗纪四》)

44. 成宗大德八年(1304)八月,以大名……去岁霖雨。(《元史》卷21《成宗纪四》)

45. 成宗大德八年(1304)九月,以冀、孟(济源、焦作)、辉(辉县)、云内诸州去岁霖雨。(《元史》卷21《成宗纪四》)

46. 成宗大德九年(1305)二月,以归德频岁被水民饥,给粮两月。(《元史》卷21《成宗纪四》)

47. 成宗大德九年(1305)六月,汴梁阳武县(原阳)思齐口河决。(《元史》卷50《五行志一》)

48. 成宗大德九年(1305)七月,陈州之西华河溢。(《元史》卷21《成宗纪四》)

49. 成宗大德九年(1305)八月,归德、陈州河溢。(《元史》卷21《成宗纪四》)

八月,大名大水。(《元史》卷21《成宗纪四》)

50. 成宗大德十年(1306)六月,大名……等路大水。(《元史》卷50《五行志一》)

51. 成宗大德十一年(1307)六月,汴梁、南阳、归德……水。(《元史》卷22《武宗纪一》)

52. 武宗至大元年(1308)七月,彰德、卫辉二郡水,损稻田五千三百七十顷。(《元史》卷50《五行志一》)

七月,大名路浚州(浚县)七月十一日连雨至十七日,清、石二河水溢李家道。(《元史》卷64《河渠志一》)

53. 武宗至大二年(1309)七月,河决归德府,又决汴梁封丘县。(《元史》卷50《五行志一》)

54. 武宗至大三年(1310)六月,洧川(长葛东)、鄄城、汶上三县水。(《元史》卷50《五行志一》)

六月,汝州(平顶山市)大水,死者九十二人。(《元史》卷23《武宗纪二》)

55. 武宗至大三年(1310)七月,汜水(荥阳市)……诸县水。(《元史》卷23《武宗纪二》)

56. 武宗至大三年(1310)十一月,河南水。(《元史》卷23《武宗纪二》)

57. 武宗至大四年(1311)六月,东平(台前县)、归德……诸州水。(《元史》卷24《仁宗纪一》)

58. 武宗至大四年(1311)七月,彰德、大名……等路……濮(范县)……

等州霖雨伤稼;东平……等路大水。(《元史》卷24《仁宗纪一》、《元史》卷50《五行志一》)

59. 仁宗皇庆元年(1312)五月,归德睢阳县(睢阳区)河滥。(《元史》卷50《五行志一》)

60. 仁宗皇庆二年(1313)六月,河决陈、亳(周口东)、睢州(商丘西)、开封、陈留县(开封),没民田庐。(《元史》卷24《仁宗纪一》)

61. 仁宗延祐元年(1314)十二月,汴梁、南阳、归德、汝宁(驻马店、信阳、周口等地)、淮安水。(《元史》卷25《仁宗纪二》)

62. 仁宗延祐二年(1315)六月,河决郑州,坏汜水县(荥阳西汜河东)治。(《元史》卷50《五行志一》)

63. 仁宗延祐二年(1315)河南、归德、南阳、徐、陈、蔡(上蔡、新蔡等地)、许州(许昌)、荆门、襄阳等处水。(《元史》卷96《食货志四》)

64. 仁宗延祐三年(1316)六月,河决汴梁,没民舍。(《元史》卷25《仁宗纪二》)

65. 仁宗延祐六年(1319)六月,东平、济宁等路,曹、濮……等州大雨水害稼。(《元史》卷50《五行志一》)

六月,大名路属县水,坏民田一万八千顷。(《元史》卷50《五行志一》)

66. 仁宗延祐六年(1319)六月,汴梁、归德……彰德……卫辉、南阳等郡大雨水。(《元史》卷50《五行志一》)

67. 仁宗延祐七年(1320)四月,亳州(周口东部)水。(《元史》卷27《英宗纪一》)

68. 仁宗延祐七年(1320)六月,荥泽县六月十一日河决塔海庄东堤十步余,横堤两重,又缺数处。二十三日夜,开封县苏村及七里寺复决二处。(《元史》卷65《河渠志二》)

69. 仁宗延祐七年(1320)七月,后卫屯田及颍、息(息县)、汝阳(汝南县)、上蔡等县水。(《元史》卷27《英宗纪一》)

70. 仁宗延祐七年(1320)是岁,河决汴梁原武县(原阳)。(《元史》卷50《五行志一》)

71. 英宗至治元年(1321)七月,大名……东平……等路……濮等州水。(《元史》卷27《英宗纪一》)

72. 英宗至治元年(1321)十二月,大名、顺德等路水,民饥。(《元史》卷27《英宗纪一》)

十二月,归德……等处水。(《元史》卷50《五行志一》)

73. 英宗至治二年(1322)正月,仪封县(兰考仪封乡)河溢伤稼。(《元史》卷28《英宗纪二》)

74. 英宗至治二年(1322)二月,濮州(范县)大水。(《元史》卷50《五行志一》)

75. 英宗至治二年(1322)五月,睢(商丘西)、许(许昌)二州去年水旱。(《元史》卷28《英宗纪二》)

76. 英宗至治二年(1322)闰五月,睢阳县亳社屯(商丘睢阳区)大水,饥。(《元史》卷28《英宗纪二》)

77. 英宗至治二年(1322)六月,新平、上蔡二县水。(《元史》卷28《英宗纪二》)

78. 英宗至治二年(1322)十二月,大名、归德、汝宁……屯田水。(《元史》卷28《英宗纪二》)

79. 泰定帝元年(1324)六月,大司农屯田、诸卫屯田、彰德、汴梁等路雨伤稼。(《元史》卷29《泰定帝纪一》)

六月,东平、济宁等郡二十有二县,曹、濮……等处十县淫雨,水深丈余,漂没田庐。(《元史》卷50《五行志一》)

80. 泰定帝元年(1324)六月,陈(周口南)……六州雨水害稼。(《元史》卷50《五行志一》)

81. 泰定帝元年(1324)七月,大名路开州濮阳县(濮阳市)河溢。(《元史》卷29《泰定帝纪一》)

82. 泰定帝元年(1324)八月,汴梁、济南属县雨水伤稼;八月汴梁考城(兰考)、仪封(兰考)……等县霖雨,损禾稼。(《元史》卷29《泰定帝纪一》、《元史》卷50《五行志一》)

83. 泰定帝二年(1325)五月,汴梁路十五县河溢;五月河溢汴梁,被灾者十有五县。(《元史》卷29《泰定帝纪一》、《元史》卷50《五行志一》)

84. 泰定帝二年(1325)六月,奉元、卫辉路及永平屯田丰赡……等署雨伤稼;六月卫辉汲县、归德宿州雨水。(《元史》卷29《泰定帝纪一》、《元

史》卷50《五行志一》)

六月,济宁路虞城(商丘虞城)……五县水。(《元史》卷50《五行志一》)

85. 泰定帝二年(1325)七月,睢州(商丘西)河决。(《元史》卷50《五行志一》)

86. 泰定帝二年(1325)八月,卫辉路汲县河溢。(《元史》卷29《泰定帝纪一》)

87. 泰定帝三年(1326)二月,归德府属县河决,民饥。(《元史》卷30《泰定帝纪二》)

88. 泰定帝三年(1326)六月,光州(信阳东南)水。(《元史》卷50《五行志一》)

89. 泰定帝三年(1326)七月,河决郑州、阳武县(原阳)。(《元史》卷30《泰定帝纪二》)

七月,汴梁路水。(《元史》卷30《泰定帝纪二》)

90. 泰定帝三年(1326)十月,河水溢,汴梁路乐利堤坏。(《元史》卷30《泰定帝纪二》)

91. 泰定帝四年(1327)五月,睢州(商丘西)河溢。(《元史》卷30《泰定帝纪二》)

92. 泰定帝四年(1327)六月,汴梁路河决。(《元史》卷30《泰定帝纪二》)

93. 泰定帝四年(1327)八月,汴梁路扶沟、兰阳县(兰考)河溢,没民田庐。(《元史》卷30《泰定帝纪二》)

94. 泰定帝四年(1327)十二月,汴梁中牟、开封、陈留三县,归德郑、宿二州雨水。(《元史》卷50《五行志一》)

95. 泰定帝四年(1327)夏邑县河溢。(《元史》卷50《五行志一》)

96. 泰定帝四年(1327)是岁,汴梁诸属县霖雨,河决。(《元史》卷30《泰定帝纪二》)

97. 泰定帝致和元年(天历元年,1328年)三月,河决砀山、虞城二县。(《元史》卷50《五行志一》)

98. 泰定帝致和元年(天历元年,1328年)六月……东平等郡三十县,

濮……等州九县雨水害稼。(《元史》卷50《五行志一》)

99. 文宗天历二年(1329)六月,淮东诸路,归德府、徐、邳二州大水。(《元史》卷33《文宗纪二》)

100. 文宗天历三年(1330)二月,卫辉路胙城(延津县)、新乡县大风雨灾。(《元史》卷34《文宗纪三》)

101. 文宗天历三年(1330)六月,黄河溢,大名路之属县没民田五百八十余顷。(《元史》卷34《文宗纪三》)

102. 明宗至顺二年(1331)七月,归德府雨伤稼。(《元史》卷35《文宗纪四》)

103. 明宗至顺三年(1332)五月,汴梁之睢州(商丘西)、陈州(周口)、开封、兰阳(兰考)、封丘诸县河水溢。(《元史》卷36《文宗纪五》)

104. 明宗至顺三年(1332)九月,曹州之楚丘县(滑县)……皆大水。(《元史》卷37《宁宗纪》)

105. 明宗至顺三年(1332)十月,楚丘县(滑县)河堤坏。(《元史》卷37《宁宗纪》)

106. 顺帝元统元年(1333)五月,汴梁阳武县河溢害稼。(《元史》卷51《五行志二》)

107. 顺帝元统元年(1333)六月,泾河溢,关中(三门峡西)水灾。(《元史》卷38《顺帝纪一》)

六月,黄河大溢,河南水灾。(《元史》卷38《顺帝纪一》)

108. 顺帝元统二年(1334)四月,益都、东平路水。(《元史》卷38《顺帝纪一》)

109. 顺帝至元元年(1335)是年,河决汴梁封丘县。(《元史》卷51《五行志二》)

110. 顺帝至元二年(1336)五月,南阳、邓州大霖雨,自是日至于六月甲申,湍河、白河大溢,水为灾。(《元史》卷39《顺帝纪二》)

111. 顺帝至元三年(1337)六月,卫辉淫雨至七月。(《元史》卷51《五行志二》)

112. 顺帝至元三年(1337)六月,汴梁兰阳(兰考)、尉氏、归德府皆河水泛溢。(《元史》卷51《五行志二》)

113. 顺帝至元三年(1337)六月,彰德大水,深一丈。(《元史》卷39《顺帝纪二》)

114. 顺帝至元三年(1337)七月,怀庆水。(《元史》卷39《顺帝纪二》)

115. 顺帝至元三年(1337)京师、河南北水溢。(《元史》卷39《顺帝纪二》)

116. 顺帝至元四年(1338)二月,赈京师、河南北被水灾者。(《元史》卷39《顺帝纪二》)

117. 顺帝至元六年(1340)八月,卫辉大水,漂民居千余家。(《元史》卷51《五行志二》)

八月,河南府宜阳县大水,漂民居,溺死者众。(《元史》卷50《五行志一》)

118. 顺帝至元正年(1341)汴梁钧州(禹州)大水。(《元史》卷51《五行志二》)

119. 顺帝至正元年(1341)中原频年水旱,民力困弊,是岁夏秋大雨。([元]苏天爵《滋溪文稿》卷12)

120. 顺帝至正二年(1342)四月,睢州仪封县大水害稼。(《元史》卷51《五行志二》)

121. 顺帝至正二年(1342)九月,归德府睢阳县因黄河为患。(《元史》卷40《顺帝纪三》)

122. 顺帝至正二年(1342)秋,彰德路霖雨。(《元史》卷51《五行志二》)

123. 顺帝至正三年(1343)河南自四月至是七月,霖雨不止。(《元史》卷41《顺帝纪四》)

124. 顺帝至正三年(1343)七月,汴梁中牟、扶沟、尉氏、洧川(长葛市)四县,郑州荥阳、汜水(荥阳汜水镇)、河阴(荥阳广武镇)三县大水。(《元史》卷51《五行志二》)

125. 顺帝至正四年(1344)五月,大霖雨,黄河溢,平地水二丈,决白茅堤、金堤,曹、濮、济、兖皆被灾。(《元史》卷41《顺帝纪四》)

126. 顺帝至正四年(1344)六月,河南巩县(巩义市)大雨,伊、洛水溢,漂民居数百家。(《元史》卷51《五行志二》)

127. 顺帝至正四年(1344)六月,济宁路兖州,汴梁、鄢陵、通许、陈留(开封)、临颍等县大水害稼,人相食。(《元史》卷51《五行志二》)

128. 顺帝至正四年(1344)夏,兰阳县(兰考),许州、长葛、郾城(漯河)、襄城、睢州(睢县)、归德府亳州之鹿邑、济宁之虞城淫雨害蚕麦。(《元史》卷51《五行志二》)

129. 顺帝至正五年(1345)夏,汴梁祥符(开封祥符区)、尉氏、洧川(开封洧川镇)、郑州、钧州(禹州)、亳州(含周口)久雨害稼。(《元史》卷51《五行志二》)

130. 顺帝至正八年(1348)五月,钧州新郑县淫雨害麦。(《元史》卷51《五行志二》)

131. 顺帝至正九年(1349)七月,归德府淫雨决十旬。(《元史》卷51《五行志二》)

132. 顺帝至正十年(1350)二月,彰德路大雨害麦。(《元史》卷51《五行志二》)

133. 顺帝至正十一年(1351)七月,河决归德府永城县,坏黄陵冈岸。(《元史》卷51《五行志二》)

134. 顺帝至正十四年(1354)六月,河南府巩县大雨,伊、洛水溢,漂没民居,溺死三百余人。(《元史》卷51《五行志二》)

135. 顺帝至正十六年(1356)河决郑州河阴县(荥阳广武镇),官署民居尽废,遂成中流。(《元史》卷51《五行志二》)

136. 顺帝至正二十三年(1363)孟州济源、温县水。(《元史》卷51《五行志二》)

137. 顺帝至正二十四年(1364)怀庆孟州、河内(沁阳市)、武陟县水。(《元史》卷51《五行志二》)

138. 顺帝至正二十五年(1365)秋……汴梁许州(许昌南)及钧州之密县(新密市)淫雨害稼。(《元史》卷51《五行志二》)

139. 顺帝至正二十六年(1366)二月,河北水,上自东明、曹、濮,下及济宁,皆被其害。(《元史》卷51《五行志二》)

140. 顺帝至正二十六年(1366)六月,河南府大霖雨,瀍水溢,深四丈许,漂东关居民数百家。(《元史》卷51《五行志二》)

141. 顺帝至正二十六年(1366)秋七月……卫辉、汴梁钧州大水害稼。(《元史》卷51《五行志二》)

142. 顺帝至正二十七年(1367)秋,彰德路淫雨。(《元史》卷51《五行志二》)

接下来,通过收集的资料,我们分析一下元代河南地区发生的水灾所具有的时间分布特点。

(二)元代河南水灾特征

1. 年际分布特征

根据上述材料制表6-1:

表6-1 元代河南水灾数据年际分布统计表

时段	蒙古时期	元朝前期	元朝后期	总体情况
年号	窝阔台汗六年至至元七年	至元八年至延祐七年	至治元年至至正二十七年	
起止	1234—1270	1271—1320	1321—1367	1234—1367
年长	37	50	47	134
次数	4	66	72	142
比重	2.8%	46.5%	50.7%	100%
频度	1次/9.3年	1次/0.8年	1次/0.7年	1次/1年

蒙古时期水灾发生的次数虽少,但受灾的范围较广,这4次水灾中有2次造成了大范围的受灾,例如世祖至元五年(1268)"戊寅,以中都、济南、益都、淄莱、河间、东平、南京、顺天、顺德、真定、恩州、高唐、济州、北京等处大水"[①]。这次水灾基本上波及整个华北地区。

元代前期50年间共发生了139次自然灾害,水灾占这个时期灾害总数的半数左右。值得注意的是这个时期水灾呈现连年发生的特点,例如世祖至元二十三年(1286)至至元二十九年(1292),连续7年间河南地区都发生过水灾。其中成宗大德八年(1304)、成宗大德九年(1305),这两个年份均发生了5次水灾。此外这个时期出现大范围的水灾14次。

---

① 〔明〕宋濂:《元史》卷6《世祖纪三》,中华书局,1976年,第120页。

元代后期,水灾发生尤为频繁,呈现一年多发的特点。其中英宗至治二年(1322)、泰定帝泰定元年到四年(1324—1327)这几年基本上每一年都会发生5到6次水灾。从泰定帝泰定元年(1324)一直到顺帝至元四年(1338)连续14年,河南地区都发生过水灾。此外顺帝至正元年到五年(1341—1345)、至正二十三年到二十七年(1363—1367),也是连续几年都发生过水灾。

2. 年内分布特征

为了方便观察特点,我们根据收集的数据制表6-2:

表6-2　元代河南水灾记录年内分布统计表

季节	春季			夏季				秋季				冬季			不详
次数	12			57				42				13			18
月份	一	二	三	不详	四	五	六	不详	七	八	九	不详	十	十一	十二	不详
次数	2	7	3	0	3	16	36	2	21	12	5	4	5	2	6	0

通过表6-2可知,元代河南水灾主要集中于夏秋两季,夏季最多,占水灾总数的69%。以六月份最多,达36次。主要是水灾十分受季节的影响,夏季是河南地区降水最多的季节,往往在夏季河水会上涨,所以极易发生水灾。

如果以水灾次数的多少和分布情况来代表降雨量的多少和分布的话,那么我们可以看到,元代河南降雨主要集中于夏季和秋季。在前期,夏、秋、冬三季降雨多,春季少,根据历史记载当时春天的旱情正好十分严重。在后期,春夏秋降雨多,还有一段春季比秋季降雨多、和夏季一样多。

通过上述可知,元代河南水灾有以下特点:第一,河南地区水灾严重,水灾次数多;第二,水灾在河南地区往往会多年连续发生,在一年内水灾也会多次发生;第三,元代河南水灾主要集中于夏秋两季,夏季发生频率更高。

二、元代河南旱灾

(一)元代河南旱灾数据统计

我们根据收集的资料统计到元代河南地区发生的旱灾有54次。旱灾虽然没有水灾发生频繁,但是持续时间长,影响的范围大,会对土地及人民的生活造成很大的损害。元朝胡祗遹在《哀饥民》中写道:"天灾流行孰可御,水灾何如旱

灾苦。"① 由此可见,元代抵御旱灾的能力较之水灾要低。元代河南旱灾具体情况如下:

  1. 世祖中统三年(1262)五月甲申,东平(台前县)、滨棣旱。(《元史》卷5《世祖纪二》)

  2. 世祖中统四年(1263)八月,彰德路(安阳、鹤壁)及洺、磁二州旱。(《元史》卷5《世祖纪二》)

  3. 世祖中统四年(1263)十一月,东平(台前县)、大名(今安阳东、鹤壁东、新乡东、濮阳中西部等地)等路旱。(《元史》卷5《世祖纪二》)

  4. 世祖至元元年(1264)四月壬子,东平、太原、平阳旱,分遣西僧祈雨。(《元史》卷5《世祖纪二》。《元史》卷50《五行志一》记载为二月)

  5. 世祖至元二年(1265)迁东平路宣慰使,春旱,祈泰山而雨。(《元史》卷163《张德辉传》)

  6. 世祖至元十二年(1275)是岁,卫辉(新乡中西部)、太原等路旱。(《元史》卷8《世祖纪五》)

  7. 世祖至元十三年(1276)是岁,东平……水旱缺食。(《元史》卷9《世祖纪六》)

  8. 世祖至元十七年(1280)八月,怀庆(今焦作、济源等地)……南京路(今郑州东、许昌、开封、漯河北、周口西、商丘西等地)、许州(漯河、许昌南)平阳旱。(《元史》卷11《世祖纪八》)

  9. 世祖至元二十年(1283)正月,以燕南、河北(黄河以北的河南)、山东诸郡去岁旱。(《元史》卷12《世祖纪九》)

  10. 世祖至元二十二年(1285)五月,广平、汴梁(郑州东、许昌、开封、漯河北、周口西、商丘西等地)、钧(禹州)、郑(郑州)旱。(《元史》卷13《世祖纪十》)

  11. 世祖至元二十三年(1286)五月甲午,汴梁旱。(《元史》卷14《世祖纪十一》)

  12. 世祖至元二十五年(1288)东平路须县等六县……旱。(《元史》卷

---

① 〔元〕胡祗遹:《紫山大全集》卷4《哀饥民》,《元史研究资料汇编》第16册,中华书局,2014年,第237页。

50《五行志一》)

13. 成宗元贞元年(1295)八月,汴梁、安西、真定等路旱。(《元史》卷18《成宗纪一》)

14. 成宗元贞二年(1296)六月,河间、大名路旱。(《元史》卷19《成宗纪二》)

15. 成宗元贞二年(1296)七月,怀州武陟县旱。(《元史》卷19《成宗纪二》)

16. 成宗元贞二年(1296)七月,怀庆、大名、河间旱。(《元史》卷19《成宗纪二》)

17. 成宗元贞二年(1296)八月,大名开州(濮阳、新乡等地)、怀庆武陟县、河间肃宁县旱。(《元史》卷50《五行志一》)

18. 成宗元贞二年(1296)九月,卫辉路(新乡中西部)旱、疫。(《元史》卷19《成宗纪二》)

19. 成宗元贞二年(1296)是岁,大都、保定、汴梁、江陵、沔阳、淮安、水金、复州、风损禾,太原、开元、河南、芍陂旱。(《元史》卷19《成宗纪二》)

20. 成宗大德元年(1297)十月,梁县(汝州市)……自春及秋不雨。(《元史》卷19《成宗纪二》)

21. 成宗大德元年(1297)大名、平阳旱。(《元史》卷19《成宗纪二》)

22. 成宗大德二年(1298)五月,卫辉(新乡中西部)、顺德、平滦等路旱。(《元史》卷50《五行志一》)

23. 成宗大德三年(1299)五月,南阳(南阳、平顶山、洛阳市、三门峡等地)、顺德、东昌、归德(商丘市、周口市等地)……旱、蝗。(《元史》卷20《成宗纪三》)

24. 成宗大德四年(1300)八月,大名之白马县(滑县)旱。(《元史》卷20《成宗纪三》)

25. 成宗大德五年(1301)六月,汴梁、南阳、卫辉(新乡市中西部)、大名、濮州(范县)旱。(《元史》卷20《成宗纪三》)

六月,汴梁之封丘、阳武(原阳)、兰阳(兰考)、中牟、延津、河南渑池、蕲州之蕲春、广济、蕲水旱。(《元史》卷20《成宗纪三》)

26. 英宗至治二年(1322)三月,河间、河南、陕西十二郡春旱秋霖,民

饥。(《元史》卷28《英宗纪二》)

27. 英宗至治二年(1322)十二月,河南及云南乌蒙等处屯田旱。(《元史》卷28《英宗纪二》)

28. 泰定帝泰定元年(1324)六月,湖广、河南诸屯田皆旱。(《元史》卷29《泰定帝纪一》)

29. 泰定帝泰定二年(1325)七月,息州(息县)旱。(《元史》卷50《五行志一》)

七月,汴梁、德安、汝宁(驻马店、信阳、周口南等地)诸路旱,免其租。(《元史》卷29《泰定帝纪一》)

30. 泰定帝泰定三年(1326)七月,大名……诸路属县旱。(《元史》卷30《泰定帝纪二》)

31. 泰定帝泰定三年(1326)十月,怀庆修武县旱。(《元史》卷30《泰定帝纪二》)

32. 泰定帝泰定四年(1327)五月,大都、南阳、汝宁、庐州等路属县旱。(《元史》卷30《泰定帝纪二》)

33. 泰定帝泰定四年(1327)六月,汝宁府旱。(《元史》卷30《泰定帝纪二》)

34. 泰定帝泰定四年(1327)八月……河南等路屯田旱。(《元史》卷30《泰定帝纪二》)

35. 泰定帝泰定四年(1327)十二月,东平、济南、怀庆诸路旱。(《元史》卷30《泰定帝纪二》)

36. 泰定帝泰定四年(1327)是岁,汴梁、延安、汝宁、峡州旱。(《元史》卷30《泰定帝纪二》)

37. 泰定帝致和元年(天历元年,1328年)二月,广平、彰德等郡旱。(《元史》卷50《五行志一》)

38. 泰定帝致和元年(天历元年,1328年)十一月,汴梁、河南(含三门峡、洛阳北及郑州西等地)等路及南阳府频岁蝗旱。(《元史》卷32《文宗纪一》)

39. 文宗天历二年(1329)四月,河南府路以兵,旱民饥。(《元史》卷33《文宗纪二》)

40. 文宗天历二年(1329)八月,河南府路旱、疫,又被兵。(《元史》卷33《文宗纪二》)

八月,大名……诸属县及湖、池、饶诸路旱。(《元史》卷33《文宗纪二》)

41. 文宗天历二年(1329)九月,以卫辉路(新乡中西部)旱。(《元史》卷33《文宗纪二》)

42. 文宗天历三年(1330)三月,怀庆路……天久亢旱。(《元史》卷65《河渠志二》)

43. 明宗至顺二年(1331)是岁,冀宁、河南二路旱,大饥。(《元史》卷35《文宗纪四》)

44. 明宗至顺三年(1332)九月,河南府之洛阳县旱。(《元史》卷37《宁宗纪》)

45. 顺帝元统元年(1333)六月,两淮(信阳光山一带)旱,民大饥。(《元史》卷38《顺帝纪一》)

46. 顺帝元统二年(1334)四月,河南旱,自是月不雨至于八月。(《元史》卷38《顺帝纪一》)

47. 顺帝至元元年(1335)四月,河南旱。(《元史》卷38《顺帝纪一》)

48. 顺帝至正二年(1342)彰德……皆大旱,自春至秋不雨,人有相食者。(《元史》卷51《五行志二》)

49. 顺帝至正三年(1343)七月,新郑、密(新密市)己丑之夏,天少雨,民以旱告。(《溢溪文稿》卷12)

50. 顺帝至正七年(1347)怀庆、卫辉(新乡市中西部)、河东及凤翔之岐山、汴梁之祥符(开封市)、河南之孟津皆大旱。(《元史》卷51《五行志二》)

51. 顺帝至正十年(1350)夏秋,彰德旱。(《元史》卷42《顺帝纪五》)

52. 顺帝至正十四年(1354)怀庆河内县(沁阳市)、孟州(济源与焦作西),汴梁祥符县(开封市)……皆大旱;祥符旱魃再见……人相食。(《元史》卷51《五行志二》)

53. 顺帝至正十五年(1355)卫辉(新乡中西部)大旱。(《元史》卷51《五行志二》)

54.顺帝至正二十二年(1362)河南洛阳、孟津、偃师三县大旱,人相食。(《元史》卷51《五行志二》)

以下将从旱灾的基本状况、旱灾时间和空间分布等方面进行论述,以求较全面地认识蒙元时期河南旱灾。

(二)元代河南旱灾特征

1.年际分布特征(如表6-3)

表6-3 元代河南旱灾数据年际分布统计表

时段	蒙古时期	元朝前期	元朝后期	总体情况
年号	窝阔台汗六年至至元七年	至元八年至延祐七年	至治元年至至正二十七年	
起止	1234—1270	1271—1320	1321—1367	1234—1367
年长	37	50	47	134
次数	5	20	29	54
比重	9%	37%	54%	100%
频度	1次/7.4年	1次/2.5年	1次/1.6年	1次/2.5年

第一阶段河南发生的5次旱灾,4次都发生于东平路。第二阶段,这50年间共发生了139次自然灾害,其中有20次旱灾,占此时段灾害的14%。旱灾发生以汴梁路和大名路居多。这个阶段以成宗大德元年(1297)干旱最为严重,一年间就发生了5次旱灾,还出现了长时间的无雨期,例如"梁县及安丰之蒙城、霍丘自春及秋不雨"①。从春到秋,梁县(今平顶山汝州市)都处于干旱状态。第三阶段,这47年间共发生了175次灾害,旱灾发生了29次,占此时段灾害的17%左右。其中泰定帝泰定元年到四年(1324—1327),文宗天历二年(1329)到顺帝至元元年(1335),这几年间连续出现了旱灾。这个阶段还出现了长时段的干旱,例如元统二年(1334)"(四月)河南旱,自是月不雨至于八月"②。出现了长达4个月的无降雨期。"至正二年(1342),彰德、大同二郡及冀宁平晋、榆次、徐沟县,汾州孝义县,忻州皆大旱,自春至秋不雨,人有相食者"③,更是基本上3

---

① 〔明〕宋濂:《元史》卷19《成宗纪二》,中华书局,1976年,第414页。
② 〔明〕宋濂:《元史》卷38《顺帝纪一》,中华书局,1976年,第822页。
③ 〔明〕宋濂:《元史》卷51《五行志二》,中华书局,1976年,第1106页。

个季度没有降水。这一阶段47年间20年都出现旱灾,受灾年份占42.55%。

2.年内分布特征(如表6-4)

表6-4 元代河南旱灾记录年内分布统计表

季节	春季				夏季				秋季				冬季				不详
次数	6				17				17				13				1
月份	一	二	三	不详	四	五	六	不详	七	八	九	不详	十	十一	十二	不详	
次数	1	1	2	2	4	6	5	2	5	7	3	2	2	2	2	7	

由表6-4可以看出元代河南干旱主要集中于夏秋两季,均出现了17次旱灾,占旱灾总数的63%。出现旱灾最频繁的月份为八月,共计7次。河南省的地理位置,由南向北处在亚热带与暖温带的过渡地带,气候过渡性明显,受季风气候影响,天气变化剧烈,多灾害性天气①,降水主要集中在六、七、八三个月,约占全年降水量的45%~60%②,且降水年际变化大,各年之间降水量很不稳定,变幅很大。降水这种在季节和年际的不稳定性,极易引起水旱灾害。在汛期(六至九月)③,正是秋作物生长旺盛阶段,需水量大,同时气温高,蒸发量大,若遇到十天、半月不雨,就会出现干旱现象,甚至带来旱灾;而非汛期(十月至次年五月),尤其是三至五月,作物返青、拔节时期,若遇到20~30天甚至更长时间的持续干旱不雨,也会出现干旱现象,形成旱灾。④

---

① 河南省水利厅水旱灾害专著编辑委员会:《河南水旱灾害》,黄河水利出版社,1999年,第20~21页。
② 李永文、马建华:《新编河南地理》,河南大学出版社,2006年。
③ 河南省水利厅水旱灾害专著编辑委员会:《河南水旱灾害》,黄河水利出版社,1999年,第21页。
④ 李开封、高文华、李溯源等:《中世纪暖期豫北地区干旱灾害研究》,《河南大学学报(自然科学版)》2018年第3期。

三、元代河南虫灾

(一)元代河南虫灾数据统计

元代河南的虫害十分严重,根据程亚琼的《元代河南江北行省自然灾害研究》中统计,河南江北行省中河南地区的蝗灾状况如下,汴梁路发生22次、河南路发生15次、归德府12次,南阳府10次。[①] 经统计,元代河南地区发生虫灾94次,其中蝗灾就有75次,占80%以上。蚕灾则有7次,其他虫灾12次。虽然旱灾与蝗灾常常连续发生,但是有关蝗灾的记载却远远超过旱灾,可见此时期这一地区的蝗虫灾害十分严重,甚至超过了旱灾。接下来我们通过整理虫灾的历史资料以了解虫灾的状况及分布特征。

1. 世祖中统四年(1263)六月,壬子……东平(台前县)诸路蝗。(《元史》卷5《世祖纪二》)

2. 世祖至元二年(1265)十二月,……东平……蝗旱。(《元史》卷6《世祖纪三》)

3. 世祖至元三年(1266)是岁,东平……蝗。(《元史》卷6《世祖纪三》)

4. 世祖至元三年(1266)以东平等处蚕灾,减其丝料。(《元史》卷96《食货志四》)

5. 世祖至元四年(1267)六月壬戌……东平等处蚕灾。(《元史》卷6《世祖纪三》)

6. 世祖至元四年(1267)是岁,山东、河南北诸路蝗。(《元史》卷6《世祖纪三》)

7. 世祖至元五年(1268)六月戊申,东平等处蝗。(《元史》卷6《世祖纪三》)

8. 世祖至元六年(1269)六月丁亥,河南、河北(黄河以南河南地区)、山东诸郡蝗。(《元史》卷6《世祖纪三》)

---

① 程亚琼:《元代河南江北行省自然灾害研究》(硕士学位论文),暨南大学,2015年。

9. 世祖至元六年(1269)以济南、益都、怀孟、德州、淄莱、曹州、真定、顺德、河间、济州、东平(台前县)、恩州、南京(含郑州东、许昌、开封、漯河北、周口西、商丘西等地)等处蚕灾。(《元史》卷96《食货志四》)

10. 世祖至元七年(1270)五月壬戌,大名(含安阳东、鹤壁东、新乡东部、濮阳中西部等地)、东平(台前县)等路桑蚕皆灾。(《元史》卷7《世祖纪四》)

11. 世祖至元七年(1270)五月,南京、河南(含三门峡、洛阳北部及郑州西部等地区)等路蝗。(《元史》卷7《世祖纪四》)

12. 世祖至元七年(1270)七月,大蝗。(《洛阳县志(乾隆)》)

13. 世祖至元七年(1270)十月,以南京、河南两路蝗。(《元史》卷7《世祖纪四》)

14. 世祖至元八年(1271)六月,甲午……卫辉(新乡中西部)、铭磁、顺德、大名、河南、南京……怀孟、平阳、归德(商丘、周口等地)诸州县蝗。(《元史》卷7《世祖纪四》)

15. 世祖至元十五年(1278)七月戊申,濮州(范县)蝗。(《元史》卷10《世祖纪七》)

16. 世祖至元二十二年(1285)四月……汴梁(含郑州东部、许昌、开封、漯河北部、周口西部、商丘西部)……归德、保定蝗。(《元史》卷13《世祖纪十》)

17. 世祖至元二十二年(1285)五月……大名、济南蚕灾。(《元史》卷13《世祖纪十》)

18. 世祖至元二十五年(1288)七月,真定、汴梁蝗。(《元史》卷50《五行志一》)

19. 世祖至元二十六年(1289)七月,东平……归德、汴梁、怀庆蝗。(《元史》卷15《世祖纪十二》)

20. 世祖至元二十七年(1290)四月,河北十七郡(含今黄河以北河南地)蝗。(《元史》卷16《世祖纪十三》)

21. 世祖至元二十九年(1292)六月……归德等郡蝗。(《元史》卷50《五行志一》)

22. 成宗元贞元年(1295)六月,汴梁路蝗。(《元史》卷18《成宗纪

一》)

六月,汴梁陈留(开封)、太康、考城(兰考)等县,睢(睢县)、许(许昌)等州蝗。(《元史》卷50《五行志一》)

23. 成宗元贞二年(1296)六月……汝宁(含驻马店、信阳、周口南部等地)……东平、大名、滑州(滑县及内黄县)、德州蝗。(《元史》卷19《成宗纪二》)

24. 成宗元贞二年(1296)七月,平阳、大名、归德、真定蝗。(《元史》卷19《成宗纪二》)

25. 成宗元贞二年(1296)八月,平阳、大名、归德、真定等郡蝗;德州、彰德(含安阳市、新乡、鹤壁北部)、太原蝗。(《元史》卷19《成宗纪二》;《元史》卷50《五行志一》)

26. 成宗大德元年(1297)六月,归德、徐、邳等地蝗。(《元史》卷19《成宗纪二》)

27. 成宗大德二年(1298)二月,归德等处蝗。(《元史》卷19《成宗纪二》)

28. 成宗大德二年(1298)四月,江南、山东、江浙、两淮(信阳光山一带)、燕南属县百五十处蝗。(《元史》卷19《成宗纪二》)

29. 成宗大德二年(1298)六月,山东、河南、燕南、山北五十处蝗。(《元史》卷19《成宗纪二》)

30. 成宗大德三年(1299)五月,扬州、南阳(南阳、平顶山、洛阳市、三门峡等地)……归德……旱、蝗。(《元史》卷20《成宗纪三》)

31. 成宗大德三年(1299)十月,陇、陕(三门峡西)蝗。(《元史》卷20《成宗纪三》)

32. 成宗大德五年(1301)四月,大都、彰德……大名、濮州虫食桑。(《元史》卷20《成宗纪三》)

33. 成宗大德五年(1301)六月,顺德、怀庆蝗。(《元史》卷20《成宗纪三》)

34. 成宗大德五年(1301)八月,河南、淮南(淮河南岸地区)、睢(商丘西部)、陈(周口)、唐(南阳唐河县)、和等州,新野、汝阳、江都、兴化等县蝗。(《元史》卷50《五行志一》)

第六章　元代河南救灾　323

35. 成宗大德五年(1301)是岁,汴梁、归德、南阳、邓州、唐州、陈州、和州、襄阳、汝宁、高邮、扬州、常州蝗。(《元史》卷20《成宗纪三》)

36. 成宗大德六年(1302)四月,真定、大名、河间等路蝗。(《元史》卷20《成宗纪三》)

37. 成宗大德七年(1303)四月,卫辉路(新乡中西部)、辰州螟。(《元史》卷20《成宗纪四》)

38. 成宗大德七年(1303)五月,东平(台前县)、益都、济南等路蝗。(《元史》卷20《成宗纪四》)

39. 成宗大德七年(1303)闰五月,汴梁开封县虫食麦。(《元史》卷21《成宗纪四》)

40. 成宗大德十年(1306)四月……河南蝗。(《元史》卷21《成宗纪四》)

41. 武宗至大元年(1308)二月,汝宁、归德二路旱、蝗,民饥。(《元史》卷22《武宗纪一》)

42. 武宗至大元年(1308)五月,真定、大名、广平有虫食桑。(《元史》卷22《武宗纪一》)

43. 武宗至大元年(1308)五月,东平、东昌、益都螽。(《元史》卷22《武宗纪一》)

44. 武宗至大二年(1309)四月……东平……大名、汴梁、卫辉(新乡中西部)……等处蝗。(《元史》卷23《武宗纪二》)

45. 武宗至大二年(1309)七月,……濮(范县)……等州蝗。(《元史》卷23《武宗纪二》)

46. 武宗至大三年(1310)八月,汴梁、怀庆、卫辉、彰德、归德、汝宁、南阳、河南等路蝗。(《元史》卷23《武宗纪二》)

47. 仁宗皇庆元年(1312)四月,彰德安阳县蝗。(《元史》卷24《仁宗纪一》)

48. 仁宗延祐三年(1316)焦作沁阳、孟县蝗。(乾隆《怀庆府志》)

49. 英宗至治元年(1321)六月,卫辉、汴梁等处蝗。(《元史》卷27《英宗纪一》)

50. 英宗至治元年(1321)七月,胙城县(新乡卫辉)蝗。(《元史》卷27

《英宗纪一》)

　　七月,通许……等县蝗。(《元史》卷27《英宗纪一》)

　　51.英宗至治二年(1322)五月,汴梁祥符蝗。(同治《开封府志》)

　　52.英宗至治二年(1322)十二月,汴梁、顺德……濮州、益都诸属县及诸卫屯田蝗。(《元史》卷28《英宗纪二》)

　　53.泰定帝泰定元年(1324)六月,顺德、大名、河间、东平等二十一郡蝗。(《元史》卷29《泰定帝纪一》)

　　54.泰定帝泰定二年(1325)五月,彰德路蝗。(《元史》卷29《泰定帝纪一》)

　　55.泰定帝泰定二年(1325)六月,德、濮(范县)……等县蝗。(《元史》卷50《五行志一》)

　　56.泰定帝泰定二年(1325)九月,济南、归德等郡蝗。(《元史》卷50《五行志一》)

　　57.泰定帝泰定三年(1326)六月,东平属县蝗。(《元史》卷30《泰定帝纪二》)

　　58.泰定帝泰定三年(1326)七月,大名、顺德、卫辉、淮安等路……蝗;七月……睢州(商丘西部)……等州蝗。(《元史》卷30《泰定帝纪二》;《元史》卷50《五行志一》)

　　59.泰定帝泰定三年(1326)八月,东平、汴梁、南阳河南等郡蝗。(《元史》卷50《五行志一》)

　　60.泰定帝泰定三年(1326)九月,庐州、怀庆二路蝗。(《元史》卷30《泰定帝纪二》)

　　61.泰定帝泰定三年(1326)夏,大蝗,淇(淇县)之西北有蝗生焉。(《滋溪文稿》卷16)

　　62.泰定帝泰定四年(1327)五月,大都、南阳、汝宁、庐州等路属县旱蝗;五月洛阳县有蝗五亩……蝗又集。(《元史》卷30《泰定帝纪二》;《元史》卷50《五行志一》)

　　63.泰定帝泰定四年(1327)六月……大名、峡州属县蝗。(《元史》卷30《泰定帝纪二》)

　　64.泰定帝泰定四年(1327)八月……怀庆等路蝗。(《元史》卷30《泰

定帝纪二》)

65. 泰定帝泰定四年(1327)十二月……卫辉……五路,南阳、河南二府蝗。(《元史》卷30《泰定帝纪二》)

66. 泰定帝泰定四年(1327)是岁,济南、卫辉、济宁、南阳八路属县蝗。(《元史》卷30《泰定帝纪二》)

67. 泰定帝致和元年(天历元年,1328年)四月,孟州蝗。(民国《孟县志》)

68. 泰定帝致和元年(天历元年,1328年)五月,汝宁府颍州,卫辉路汲县(卫辉市)蝗。(《元史》卷30《泰定帝纪二》)

69. 泰定帝致和元年(天历元年,1328年)十一月,汴梁、河南等路及南阳府频岁蝗旱。(《元史》卷32《文宗纪一》)

70. 文宗天历二年(1329)四月,濮州(范县)虫灾。(《元史》卷33《文宗纪二》)

四月,……怀庆孟州……州蝗。(《元史》卷33《文宗纪二》)

71. 文宗天历二年(1329)五月,大名路蚕灾。(《元史》卷33《文宗纪二》)

72. 文宗天历二年(1329)六月,卫辉蚕灾。(《元史》卷33《文宗纪二》)

六月,汴梁蝗。(《元史》卷33《文宗纪二》)

73. 文宗天历二年(1329)六月,卫辉蝗。(《元史》卷33《文宗纪二》)

74. 文宗天历二年(1329)七月,真定、河间、汴梁……诸属县……蝗。(《元史》卷33《文宗纪二》)

75. 文宗天历三年(1330)三月,濮州诸县虫食桑叶将尽。(《元史》卷34《文宗纪三》)

76. 文宗天历三年(1330)五月……河南、大名、般阳、南阳……汴梁等路,开(濮阳中南部、安阳东南部与新乡长垣县)……濮(范县)……滑(滑县及内黄县)等州,及大有、千斯等屯田蝗。(《元史》卷50《五行志一》)

77. 文宗天历三年(1330)七月……怀庆、卫辉……河南……等路及武卫、宗仁卫、左卫率府诸屯田蝗;……河内(沁阳)、灵宝、延津等二十二县蝗。(《元史》卷34《文宗纪三》;《元史》卷50《五行志一》)

78. 明宗至顺二年(1331)三月,陕州(三门峡西)诸县蝗。(《元史》卷35《文宗纪四》)

三月,真定、汴梁二路……等八州,俱有虫食桑为灾。(《元史》卷35《文宗纪四》)

79. 明宗至顺二年(1331)五月,东昌、保定二路,濮(范县)、唐(唐河县)二州,有虫食桑。(《元史》卷35《文宗纪四》)

80. 明宗至顺二年(1331)六月,河南、晋宁二路诸属县蝗。(《元史》卷35《文宗纪四》)

81. 明宗至顺二年(1331)七月,河南、奉元属县蝗。(《元史》卷35《文宗纪四》)

82. 明宗至顺三年(1332)三月,大名、汴梁、广平诸路,有虫食桑叶尽。(《元史》卷36《文宗纪五》)

83. 明宗至顺三年(1332)四月,东昌、济宁二路及曹、濮诸州,皆有虫食桑。(《元史》卷36《文宗纪五》)

84. 顺帝元统二年(1334)四月,大名路桑麦灾。(《元史》卷38《顺帝纪一》)

85. 顺帝至元二年(1336)六月,(永城)蝗为灾。七月复蝗。(嘉靖《永城县志》)

86. 顺帝至元三年(1337)七月,河南武陟县禾将熟,有蝗自东来。(《元史》卷39《顺帝纪二》)

87. 顺帝至正四年(1344)四月,归德府永城县及亳州蝗。(《元史》卷51《五行志二》)

88. 顺帝至正五年(1345)七月,(卫辉)鸟食蝗。(乾隆《汲县志》)

89. 顺帝至正十二年(1352)六月,大名路开、滑、浚(浚县)三州,元城十一县水旱虫蝗。(《元史》卷42《顺帝纪五》)

90. 顺帝至正十八年(1358)秋……汴梁之陈留(开封)、归德之永城皆蝗。(《元史》卷51《五行志二》)

91. 顺帝至正十九年(1359)……彰德,怀庆,东昌,卫辉,……及汴梁之祥符(开封市治)、原武(原阳)、鄢陵、扶沟、杞、尉氏、洧川(洧川镇)七县,郑之荥阳、氾水(氾水镇),许之长葛、郾城(漯河)、襄城、临颍,钧之新郑、密县(新密),皆蝗,食禾稼草木俱尽。(《元史》卷51《五行志二》)

92. 顺帝至正二十一年(1361)六月,河南巩县(巩义)蝗,食稼俱尽。(《元史》卷51《五行志二》)

93. 顺帝至正二十一年（1361）七月，卫辉及汴梁荥泽县（荥阳广武镇），郑州蝗。(《元史》卷51《五行志二》)

94. 顺帝至正二十二年（1362）秋，卫辉及汴梁开封、扶沟、洧川（洧川镇）三县，许州（许昌）及钧之新郑、密（新密）二县蝗。(《元史》卷51《五行志二》)

(二) 元代河南虫灾特征

1. 年际分布特征（如表6-5）

表6-5 元代河南虫灾数据年际分布统计表

时段	蒙古时期	元朝前期	元朝后期	总体情况
年号	窝阔台汗六年至至元七年	至元八年至延祐七年	至治元年至至正二十七年	
起止	1234—1270	1271—1320	1321—1367	1234—1367
年长	37	50	47	134
次数	13	35	46	94
比重	14%	37%	49%	100%
频度	1次/2.8年	1次/1.4年	1次/1年	1次/1.4年

虫灾在第一阶段数量高于水旱灾害。这点相对于其他朝代来说是比较罕见的。第二阶段，这50年间共发生了139次自然灾害，虫灾共35次，占此阶段灾害总数的23%，其中蝗灾29次，蚕灾1次，其他虫灾5次。50年间虫灾发生的年份有20年，出现虫灾的年份占此阶段总年份的40%。第三阶段共发生了175次灾害，虫灾发生了46次，占此阶段灾害总数的26%，其中蝗灾40次，蚕灾2次，其他虫害4次。此阶段47年间有19年都出现虫灾，出现虫灾的年份占此阶段的40%。其中泰定帝泰定元年（1324）到明宗至顺三年（1332），连续9年出现虫灾，而且在这几年间虫灾出现最为频繁，文宗天历二年（1329）是发生虫灾最多的年份，共计7次，其次泰定帝泰定三年（1326）、泰定帝四年（1327）、明宗至顺二年（1331）均发生了5次。

通过上述可知，蝗灾出现了三个高峰期，即成宗元贞元年（1295）到成宗大德七年（1303）、泰定帝泰定元年至四年（1324—1327）和文宗天历二年至顺帝元统二年(1334),这三个高峰期虫灾出现的时间具有连续性,且出现次数也比较高。

2. 年内分布特征(如表6-6)

表6-6 元代河南虫灾记录年内分布统计表

季节	春季				夏季				秋季				冬季				不详
次数	5				52				23				6				8
月份	一	二	三	不详	四	五	六	不详	七	八	九	不详	十	十一	十二	不详	
次数	0	2	3	0	14	15	22	1	14	5	2	2	2	1	3	0	

由表6-6可得出元代河南虫灾的季节月份分布特征。其中蝗灾主要集中于夏季,以五、六月发生的次数最多。值得注意的是在冬季也发生了6次虫灾,其中十二月就发生了3次,分别是世祖至元二年(1265)[①]、英宗至治二年(1322)[②]、泰定帝泰定四年(1327)[③],且这三次蝗灾都属于涉及范围大的大型蝗灾。通过上文,我们得知元代前期是由寒期向暖期过渡,后期由暖期向寒期过渡。元朝一直处于冷暖期过渡的状态,所以冬天出现蝗虫正是其气候异常的表现。蚕灾和蝗灾主要出现在夏季,和昆虫的繁衍生长期相符。

四、元代河南雹灾

(一)元代河南雹灾数据统计

元代河南总共发生了18次雹灾,具体情况如下:

1. 世祖中统三年(1262)五月甲申,顺天、平阳、河南(含三门峡、洛阳北部及郑州西部等地)、真定雨雹。(《元史》卷5《世祖纪二》)

2. 世祖至元二年(1265)是岁,彰德(安阳、鹤壁北)、大名(安阳东、鹤壁东、新乡东、濮阳中西部等地)、南京(郑州东、许昌、开封、漯河北、周口西、商丘西等地)、河南府等地……雹。(《元史》卷6《世祖纪三》)

---

① 〔明〕宋濂:《元史》卷6《世祖纪三》,中华书局,1976年,第109页。
② 〔明〕宋濂:《元史》卷28《英宗纪二》,中华书局,1976年,第627页。
③ 〔明〕宋濂:《元史》卷30《泰定帝纪二》,中华书局,1976年,第679页。

3. 世祖至元二十年(1283)四月,河南风雪雨雹伤稼。(《元史》卷 50《五行志一》)

4. 世祖至元二十四年(1287)是岁……南阳(南阳、平顶山、洛阳南、三门峡等地)、怀庆(焦作市、济源市)等路风雹害稼。(《元史》卷 14《世祖纪十一》)

5. 成宗元贞二年(1296)七月,太原、怀庆雹。(《元史》卷 19《成宗纪二》)

6. 成宗大德二年(1298)八月,彰德安阳县雨雹。(《元史》卷 50《五行志一》)

7. 成宗大德十年(1306)郑州暴风雨雹,大如鸡卵,麦及桑枣皆损。(《元史》卷 21《成宗纪四》)

8. 武宗至大元年(1308)五月,管城县(郑州管城区)大雨雹。(《元史》卷 22《武宗纪一》)

9. 武宗至大四年(1311)四月,南阳等处风、雹。(《元史》卷 24《仁宗纪一》)

10. 仁宗皇庆元年(1312)四月,大名浚州(浚县)、彰德安阳县、河南孟津县雨雹。(《元史》卷 50《五行志一》)

11. 仁宗皇庆元年(1312)五月,彰德、河南、陇西雹。(《元史》卷 24《仁宗纪一》)

12. 仁宗延祐六年(1319)六月,晋阳、西京、阳翟(禹州)、新郑、密(新密)等县大雨雹。(《元史》卷 26《仁宗纪三》)

13. 泰定帝泰定四年(1327)七月,彰德汤阴县,冀宁定襄县,大同武、应二州雨雹害稼。(《元史》卷 50《五行志一》)

14. 泰定帝致和元年(天历元年,1328 年)四月,灵州、浚州大雨雹。(《元史》卷 30《泰定帝纪二》)

四月浚州、泾州大雹,伤麦禾。(《元史》卷 50《五行志一》)

15. 泰定帝致和元年(天历元年,1328 年)六月,彰德属县大雨雹。(《元史》卷 30《泰定帝纪二》)

六月,泾川、汤阴等县大雨雹。(《元史》卷 50《五行志一》)

16. 顺帝至正八年(1348)四月,钧州密县雨雹,大如鸡子,伤麦禾。

(《元史》卷51《五行志二》)

17.顺帝至正十一年(1351)四月,彰德路雨雹形如斧,伤人畜。(《元史》卷42《顺帝纪五》)

18.顺帝至正二十一年(1361)五月,东平(台前县)雨雹害稼。(《元史》卷51《五行志二》)

(二)元代河南雹灾特征

1. 年际分布特征

通过上述材料可制表6-7。

表6-7 元代河南雹灾数据年际分布统计表

时段	蒙古时期	元朝前期	元朝后期	总体情况
年号	窝阔台汗六年至至元七年	至元八年至延祐七年	至治元年至至正二十七年	
起止	1234—1270	1271—1320	1321—1367	1234—1367
年长	37	50	47	134
次数	2	9	7	18
比重	11%	50%	39%	100%
频度	1次/18.5年	1次/5.6年	1次/6.7年	1次/7年

在蒙古时期,雹灾发生次数仅有2次,到了元代发生次数大为提高,1294年至1333年,是雹灾发生最为集中的时段,40年间发生了11次,占所有雹灾的一半以上。

2. 年内分布特征

根据灾害发生的季节月份制表6-8。

表6-8 元代河南雹灾记录年内分布统计表

季节	春季				夏季				秋季				冬季				不详
次数	0				12				3				0				3
月份	一	二	三	不详	四	五	六	不详	七	八	九	不详	十	十一	十二	不详	
次数	0	0	0	0	6	4	2	0	2	1	0	0	0	0	0	0	

由表6-8可知,雹灾主要发生于夏季。这与雹灾的形成机制有关,冰雹是由积雨云形成的,而形成积雨云需要满足三个条件:第一要有大量的不稳定能

量产生对流天气;第二要有充足的水汽;第三要有足够的冲击力。夏天的午后气温非常高,所以常常会有强烈的气流上升,所以这些条件决定了积雨云只能在夏天出现,这也就造成了夏季冰雹多发的情况。

五、元代河南寒灾

(一)元代河南寒灾数据统计

在元代河南主要有霜冻、雪灾这两种寒灾。具体情况如下:

1. 成宗大德五年(1301)三月,汤阴县霜杀麦。(《元史》卷50《五行志一》)

2. 仁宗延祐元年(1314)三月,东平(台前县)、般阳等郡,泰安、曹、濮(范县)等州大雨雪三日,陨霜杀桑。(《元史》卷50《五行志一》)

3. 仁宗延祐元年(1314)闰三月,汴梁(郑州东、许昌、开封、漯河北、周口西、商丘西等地)……等路,陇州、开州(濮阳中南、安阳东南)……长垣等县,陨霜杀桑果禾苗。(《元史》卷25《仁宗纪二》)

4. 文宗天历三年(1330)二月,汴梁路封丘、祥符县霜灾。(《元史》卷34《文宗纪三》)

5. 顺帝至正六年(1346)九月,彰德(安阳、鹤壁北)雨雪,结冻如琉璃。(《元史》卷51《五行志二》)

6. 顺帝至正七年(1347)八月,卫辉(新乡中西部)陨霜杀稼。(《元史》卷51《五行志二》)

7. 顺帝至正十年(1350)三月,彰德大寒,近清明节,雨雪三尺。(《元史》卷51《五行志二》)

8. 顺帝至正十一年(1351)三月,汴梁路钧州(禹州)大雷雨雪,密县(新密)平地雪深三尺余。(《元史》卷51《五行志二》)

9. 顺帝至正二十三年(1363)八月,钧州密县陨霜杀菽。(《元史》卷51《五行志二》)

10. 顺帝至正二十七年(1367)三月,彰德大雪,寒甚于冬,民多冻死。(《元史》卷51《五行志二》)

(二)元代河南寒灾特征

1. 年际分布特征

元代河南寒灾一共发生了10次,其中霜冻6次、雪灾4次。根据上面资料制表6-9。

表6-9 元代河南寒灾数据年际分布统计表

时段	蒙古时期	元朝前期	元朝后期	总体情况
年号	窝阔台汗六年至至元七年	至元八年至延祐七年	至治元年至至正二十七年	
起止	1234—1270	1271—1320	1321—1367	1234—1367
年长	37	50	47	134
次数	0	3	7	10
比重	0	30%	70%	100%
频度	0	1次/16.6年	1次/6.7年	1次/13.4年

在蒙古时期河南地域没有寒灾的记录,在元代前期发生了3次寒灾,在元代后期则出现了7次,总而言之寒灾发生比较稀少。

2. 年内分布特征(如表6-10)

表6-10 元代河南寒灾记录年内分布统计表

季节	春季				夏季				秋季				冬季				不详
次数	7				0				3				0				0
月份	一	二	三	不详	四	五	六	不详	七	八	九	不详	十	十一	十二	不详	
次数	0	1	6	0	0	0	0	0	0	2	1	0	0	0	0	0	

此时,霜冻灾害集中于春季,春季本应是气温回升,万物复苏之时,但因为受寒潮等因素的影响,霜冻出现就极易造成农业灾害;雪灾在元代一共出现了4次,3次出现于春季三月份,1次出现于秋季九月。

六、元代河南风灾

(一)元代河南风灾数据统计

根据我们统计,元代河南发生的风灾次数较少,只有5次,其中4次是大风,1次沙尘,平均27年才发生一次。为了方便理解,特把当时河南风灾状况列举如下:

1. 世祖至元二十年(1283)正月,汴梁延津、封丘二县大风,麦苗尽拔。(《元史》卷50《五行志一》)

2. 仁宗延祐七年(1320)八月,延津县大风,昼晦,桑陨者十八九。(《元史》卷50《五行志一》)

3. 泰定帝泰定四年(1327)五月,卫辉路(新乡市中西部)大风九日,禾尽偃。(《元史》卷30《泰定帝纪二》)

4. 泰定帝至顺元年(天历三年,1330年)二月,胙城县(延津县)、新乡县大风。(《元史》卷50《五行志一》)

5. 顺帝至正元年(1341)四月,彰德(安阳、鹤壁北部)有赤风自西北起,昼晦如夜。(《元史》卷40《顺帝纪三》)

(二)元代河南风灾特征

1. 年际分布特征

通过上述资料制表6-11。

表6-11 元代河南风灾数据年际分布统计表

时段	蒙古时期	元朝前期	元朝后期	总体情况
年号	窝阔台汗六年至至元七年	至元八年至延祐七年	至治元年至至正二十七年	
起止	1234—1270	1271—1320	1321—1367	1234—1367
年长	37	50	47	134
次数	0	2	3	5
比重	0	40%	60%	100%
频度	0	1次/25年	1次/15.6年	1次/26.8年

通过上述可知,风灾主要集中于 1320 年到 1330 年这 10 年间,而且风灾发生地多为豫北地区,其中延津县就出现过 3 次。虽然风灾出现的次数较少,但是其危害不容小视,大风持续时间比较短,可破坏比较大,短时间内就能给农业造成巨大的损失,如"麦苗尽拔""桑陨""禾尽偃"。

2. 年内分布特征(如表 6-12)

表 6-12　元代河南风灾记录年内分布统计表

季节	春季			夏季				秋季				冬季				不详
次数	2			2				1				0				0
月份	一	二	三	不详	四	五	六	不详	七	八	九	不详	十	十一	十二	不详	
次数	1	1	0	0	1	1	0	0	0	1	0	0	0	0	0	0	

由表 6-12 可知,元代河南地区冬季无风灾记录,在其他季节发生频度也不高,此时河南地区发生的风灾次数较少,可能与其地处中原的位置有一定关系。

七、元代河南震灾

(一)元代河南震灾数据统计

此时地震在河南地区出现了 8 次,为了方便讨论,特把元代河南地震灾害的情况列举如下:

1. 仁宗延祐元年(1314)八月,冀宁、汴梁(郑州东、许昌、开封、漯河北、周口西、商丘西等地)及武安、涉县地震,坏官民庐舍,武安死者十四人,涉县三百二十六人。(《元史》卷 25《仁宗纪二》)

2. 仁宗延祐三年(1316)十月,河南路(三门峡市、洛阳北部及郑州西等地)地震。(《元史》卷 25《仁宗纪二》)

3. 顺帝至元三年(1337)八月,河南地震。(《元史》卷 39《顺帝纪二》)

4. 顺帝至正元年(1341)三月,汴梁地震。(《元史》卷 40《顺帝纪三》)

5. 顺帝至正三年(1343)二月,汴梁路新郑、密二县地震。(《元史》卷 41《顺帝纪四》、《元史》卷 51《五行志二》)

6. 顺帝至正四年(1344)十二月,东平(台前县)地震。(《元史》卷 41《顺帝纪四》)

7. 顺帝至正十一年(1351)四月,孟州(济源、焦作)地震。(《元史》卷42《顺帝纪五》)

8. 顺帝至正二十六年(1366)河南巩县(巩义市)大霖雨,地震山崩。(《元史》卷51《五行志二》)

(二)元代河南震灾特征

1. 年际分布特征

通过上述资料制表6-13：

表6-13 元代河南震灾数据年际分布统计表

时段	蒙古时期	元朝前期	元朝后期	总体情况
年号	窝阔台汗六年至至元七年	至元八年至延祐七年	至治元年至至正二十七年	
起止	1234—1270	1271—1320	1321—1367	1234—1367
年长	37	50	47	134
次数	0	2	6	8
比重	0	25%	75%	100%
频度	0	1次/25年	1次/7.8年	1次/16.8年

由上可知,地震主要发生于顺帝至正年间,从至元三年(1337)到至正二十六年(1366),29年间发生了6次地震,约5年就发生一次。元代河南地区最严重的一次地震发生在延祐元年(1314)八月,冀宁、汴梁及武安、涉县地震,"坏官民庐舍,武安死者十四人,涉县三百二十六人"[①]。元代河南地震多发于当时的河南府路和汴梁路。

2. 年内分布特征(如表6-14)

表6-14 元代河南震灾记录年内分布统计表

季节	春季				夏季				秋季				冬季				不详
次数	2				1				2				2				1
月份	一	二	三	不详	四	五	六	不详	七	八	九	不详	十	十一	十二	不详	
次数	0	1	1	0	1	0	0	0	0	2	0	0	1	0	1	0	

---

① 〔明〕宋濂：《元史》卷25《仁宗纪二》,中华书局,1976年,第566页。

由表 6-14 可知,元代河南地区震灾的发生无季节特点,因地震属地质灾害,任何时间都有可能发生。

八、元代河南疫灾

(一)元代河南疫灾数据统计

通观元代,河南发生过 9 次瘟疫,平均 15 年一次。根据我们收集的材料,元代在河南发生的瘟疫情况具体如下:

1. 元太宗六年(1234),继而汴梁(郑州东、许昌、开封、漯河北、周口西、商丘西等地)溃,饥民北徙,殍殣相望。(《元名臣事略》卷 10)

2. 元太宗九年(1237)十月,丁酉,至怀(焦作市、济源市),值大疫,士卒困惫,有旨以本部兵就镇怀孟。(《元史》卷 123《纯只海传》)

3. 成宗大德元年(1297)九月,卫辉路(新乡市中西部)旱、疫。(《元史》卷 19《成宗纪二》)

4. 武宗至大三年(1310),比见累年山东、河南诸郡,蝗旱荐臻,疹疫暴作,郊关外十室九空。(《归田类稿·时政书》卷 2)

5. 文宗天历二年(1329)八月,河南府路(三门峡、洛阳北部及郑州西部)旱、疫,又被兵。(《元史》卷 33《文宗纪二》)

6. 文宗天历三年(1330)二月,新安、保定诸驿孳畜疫死。(《元史》卷 34《文宗纪三》)

7. 文宗天历三年(1330)八月,河南府路新安、渑池等十五驿饥疫。(《元史》卷 34《文宗纪三》)

8. 顺帝至正五年(1345),至正四年,河南北大饥,明年又疫,民之死者半。(《金台集》卷 1《颍州老翁歌》)

9. 顺帝至正十六年(1356)春,河南大疫。(《元史》卷 51《五行志二》)

(二)元代河南疫灾特征

1. 年际分布特征

通过上述资料制表 6-15:

表 6-15　元代河南疫灾数据年际分布统计表

时段	蒙古时期	元朝前期	元朝后期	总体情况
年号	窝阔台汗六年至至元七年	至元八年至延祐七年	至治元年至至正二十七年	
起止	1234—1270	1271—1320	1321—1367	1234—1367
年长	37	50	47	134
次数	2	2	5	9
比重	22%	22%	56%	100%
频度	1次/18.5年	1次/25年	1次/9.4年	1次/14.9年

通过上述收集到的资料可知,在元代河南发生过几次较大的瘟疫,如武宗至大三年(1310)、顺帝至正五年(1345)、顺帝至正十六年(1356),这三年发生的瘟疫基本上波及河南全境。尤其是顺帝至正五年的瘟疫,涉及山东、河南两地。此外元代的瘟疫还有一个明显的特点就是伴随着战争。蒙古征金、征宋战争,时间跨度长、规模大,死伤比较严重,同时蒙古人还有屠城和掠夺人口的习惯,一旦发生疫情,规模就比较大,扩散的范围也比较广。其在围攻汴梁城时就暴发了巨大疫情,攻破汴梁之后,中原人口仅剩下70多万户。而据苏天爵《元朝名臣事略》记载,被围时仅汴梁人口就有147万户,整个中原所剩人口竟然不及战争之前开封人口,足见疫情的严重程度。

2. 年内分布特征(如表6-16)

表 6-16　元代河南疫灾记录年内分布统计表

季节	春季			夏季				秋季				冬季				不详
次数	2			0				3				1				3
月份	一	二	三	不详	四	五	六	不详	七	八	九	不详	十	十一	十二	不详
次数	0	1	0	1	0	0	0	0	0	2	1	0	1	0	0	0

通过表6-16关于元代的疫灾记录可以明显地看到元代疫灾较少,其中秋季最多,共3次,其次为春季。夏、冬两季未发现疫灾记录。

第二节　元代河南自然灾害概况

一、各类自然灾害数据的总量和比重

我们收集到元代在134年中共计有360次灾害记录,经考证合并一些发生在同样地区、同样时间的重复灾害记录,得知当时河南发生了340次灾害,平均每年都会发生将近2次灾害。在这些灾害中,有水灾142次;旱灾54次;虫灾共94次,其中蝗灾75次,蚕灾7次,其他虫灾12次;风灾5次;雹灾18次;寒灾一共10次,其中霜冻、雪灾分别有6次、4次;地震8次;瘟疫9次。

二、自然灾害数据的时段分布特征

(一)自然灾害年际分布特征

元代河南自然灾害可以分为以下三个历史阶段:

蒙古时期:从蒙古人开始占领中原(1234)到忽必烈正式建国,定国号大元(1270)前一年为第一阶段。此时政权叫作大蒙古国,蒙古人虽然已经占据了北方大部分地区,但此时南宋尚未灭亡。这个阶段前后有37年,河南发生了26次自然灾害,占自然灾害总数的8%,平均每年发生0.7次自然灾害。以虫灾最多,为13次,其中蝗灾9次,蚕灾4次。其次是旱灾5次,水灾4次,雹灾、瘟疫各2次。这一阶段的自然灾害记录较少,主要是因为当时还处于战争状态,蒙古政权对灾害的统计并不是十分完整。

元朝前期:从1271年到1320年英宗继位为第二阶段,这50年间共发生了139次自然灾害,占元代河南自然灾害总数的41%,平均每年发生2.94次自然灾害,4个月便会发生1次。其中有水灾66次、旱灾20次、霜冻3次、雹灾10次、虫灾35次(其中蝗灾29次、蚕灾1次、其他虫灾5次)、地震2次、风灾2次、

瘟疫2次。这个阶段元代政权已经成为全国性的政权,自然灾害较多,但总体上还处于中央控制之下,政局相对稳定。

元朝后期:从1321年到1367年元朝灭亡前一年为第三阶段,这47年间共发生了175次灾害,占元代河南发生自然灾害总数的51%,平均每年发生3.68次灾害,这个时期基本上3个月左右就会出现1次。具体来说,水灾有72次、旱灾29次、虫灾46次(其中蝗灾40次、蚕灾2次、其他虫害4次)、雹灾7次、寒灾7次(雪灾、霜冻分别是4次、3次)、风灾3次(其中大风2次、沙尘1次)、瘟疫5次、地震6次。这个时期蒙古的上层统治阶层在争权夺利,政治混乱,再加上这个阶段灾害频发,超越了前两个阶段之和。百姓生活更加困苦,于是下层起义也开始不断增多,社会进入了比较动荡的时期。

(二)灾害年内分布特征

元代河南发生的自然灾害种类及次数较多,在时间分布上呈现出很强的规律性,接下来我们就以季节、月份来讨论一下元代河南发生的灾害的时间分布状况,为了方便讨论特制表6-17和表6-18:

表6-17 元代河南灾害发生季节分布表

季节\灾种	水灾	旱灾	蝗灾	蚕灾	其他	大风	沙尘	雹灾	霜冻	雪灾	地震	瘟疫	合计
春季	12	6	2	0	3	2	0	0	4	3	2	2	36
夏季	57	17	41	5	6	2	0	12	0	0	1	0	141
秋季	42	17	23	0	0	1	0	3	2	1	2	3	94
冬季	13	13	6	0	0	0	0	0	0	0	2	1	35
不详	18	1	6	2	0	0	0	3	0	0	1	3	34
合计	142	54	78	7	9	5	0	18	6	4	8	9	340

表 6-18 元代河南灾害发生月份分布表

灾种月份	水灾	旱灾	虫灾 蝗灾	虫灾 蚕灾	虫灾 其他	风灾 大风	风灾 沙尘	雹灾	寒灾 霜冻	寒灾 雪灾	地震	瘟疫	合计
一月	2	1	0	0	0	1	0	0	0	0	0	0	4
二月	7	1	2	0	0	1	0	0	1	0	1	1	14
三月	3	2	0	0	3	0	0	0	3	3	1	0	15
四月	3	4	11	0	3	1	0	6	0	0	1	0	29
五月	16	6	9	3	3	1	0	4	0	0	0	0	42
六月	36	5	20	2	0	0	0	2	0	0	0	0	65
七月	21	5	14	0	0	0	0	2	0	0	0	0	42
八月	12	7	5	0	0	1	0	1	2	0	2	2	32
九月	5	3	2	0	0	0	0	0	0	1	0	1	12
十月	5	2	2	0	0	0	0	0	0	0	1	1	11
十一月	2	2	1	0	0	0	0	0	0	0	0	0	5
十二月	6	2	3	0	0	0	0	0	0	0	1	0	12
不详	24	14	9	2	0	0	0	3	0	0	1	4	57
合计	142	54	78	7	9	5	0	18	6	4	8	9	340

首先要对这里的统计表作一下说明。经统计元代在河南的灾害发生次数高达 340 次,包含水、旱、虫、低温灾害、风灾、瘟疫、地震等自然灾害。但是有些灾害发生的时间比较长,往往超过 1 个月甚至 1 个季度,所以对这样的灾害,并未算作某一月份,而是把其归入了不详之中。此外有的灾害并未注明发生的月份,但注明了发生的季节,所以这两个表格中的灾害数据无法一一对应,这样是为了更好地论述元代自然灾害的一些规律和特征,并不是统计错误。

根据元代河南灾害季节、月份分布表可以看出,夏季是灾害发生最为频繁的季节,共有各种灾害 141 次,占全部灾害的 41%。尤其是水灾,在夏季发生了 57 次,占夏季灾害的 42%。此外虫灾、低温灾害中的冰雹灾害也主要发生于夏季。秋季也是灾害的高发期,在秋季发生了 94 次灾害,大约占元代在河南发生灾害次数的四分之一。四个季节以冬季发生灾害的次数较少,频率较小。从月份上来说,六月是灾害发生次数最多的月份,达 65 次,几乎是整个冬季发生灾害次数的 2 倍。其次是四、五、七、八月份。从四月起各种灾害都进入了高发期,一直持续到八月份,灾害的发生频次才开始减少,这和各类灾害的季节发生规律基本上是相吻合的。

第三节　元代救灾机构、程序和措施

世祖时期,元朝才开始逐步建立起救灾制度,中统元年(1260)才有了具体的赈济措施。同年,元朝政府有了利用常平仓救济饥民的记载。也是在中统年间,在政府的救灾行为中,因灾蠲免赋税开始有了一定的比率,如:"免彰德今岁田租之半,洺、磁十之六。"[①]可见当时政府已经有了核查受灾程度,针对受灾程度进行减免的制度。之后随着时代的发展,元代的救灾制度逐步完善。

河南地区在元代起着控制中原与江南,提供屯戍军马及军需的重要作用。河南地区因为气候等因素的影响,灾害相对较多,所以对蒙元时期救灾机构、程序和措施是有必要进行了解的。但此时河南地区在防灾减灾方面所采取的措施与其他地区应对灾害的措施没有太大的区别,虽然与前代相比十分相似,但也是有一定发展的。接下来我们就从元代河南的防灾救灾制度和防灾救灾措施这两方面做简单的论述。

一、救灾机构

救灾机构在中央是全国一致的,在地方机构上河南有自己的特色。至于作为一项制度的救灾程序,河南地区与当时全国的救灾程序具有一致性。

(一)中央救灾机构

元代有很多机构参与到救灾之中。在中央有中书省、户部等负责救灾的决

---

① 〔明〕宋濂:《元史》卷5《世祖纪二》,中华书局,1976年,第94页。

策与物资的调配。地方上有行省官、路官、府官、州官、县官、民官等负责具体的救灾事项和灾前预防工作。此外还有负责检查救灾情况的廉访司以及一些专门的救灾机构。

1. 中书省

中书省建立于太宗窝阔台汗三年(1231),"秋八月,幸云中。始立中书省,改侍从官名。以耶律楚材为中书令,粘合重山为左丞相,镇海为右丞相"①。这时,河南尚属于金国统治,1234年蒙古灭金,才将河南纳入其统治区。元代中书省总领百官,与枢密院、御史台分掌政、军、监察三权,是元代重要的中央行政机构。各省、各路受灾进行减税必须经中书批准,大德六年(1302),御史台认为,"自大德元年以来数有星变及风水之灾,民间乏食。""今春霜杀麦,秋雨伤稼。五月太庙灾。"建议中书省与有经验的老臣共同商议救灾事宜,"请禁诸路酿酒,减免差税,赈济饥民",皇帝采纳其建议并且命中书实行。②

中书省起到执行救灾的作用。中书省下辖左右司,其中左司所掌:吏礼房、知除房、户杂房、科粮房。科粮房中有负责赈济的赈济科。③顺帝至正十三年(1353)"中书得钞三万锭以赈民"④。

2. 户部

户部,为中书省六部之一,掌天下户口、钱粮、田土之政令。在救灾中有上报灾情、执行中书省的命令、签发救灾物资、减免租税的职能。如"至元六年、七年,透纳灾伤粮数送户部"⑤,户部需要依据灾情减免税租。"至元十九年御史台咨承奉中书省札付户部呈照:'得各处每年申到蚕、麦、秋田水旱等灾伤,凭准各道按察司正官检视明白,至日验分数依例除免。'"⑥

3. 其他部门

除中书省及其门下的户部外,中央还有大司农司等负责救灾的部门。

首先,大司农司"凡农桑、水利、学校、饥荒之事,悉掌之"⑦,饥荒救灾也在

---

① 〔明〕宋濂:《元史》卷2《太宗纪二》,中华书局,1976年,第31页。
② 〔明〕宋濂:《元史》卷20《成宗纪三》,中华书局,1976年,第443页。
③ 〔明〕宋濂:《元史》卷85《百官志一》,中华书局,1976年,第2123页。
④ 〔明〕宋濂:《元史》卷143《余阙传》,中华书局,1976年,第3417页。
⑤ 〔元〕佚名:《元典章》卷23《灾伤·地税住催》,中国广播电视出版社,1998年,第1019页。
⑥ 〔元〕佚名:《元典章》卷23《灾伤·检踏灾伤体例》,中国广播电视出版社,1998年,第1019页。
⑦ 〔明〕宋濂:《元史》卷87《百官志三》,中华书局,1976年,第2188页。

其负责范围。

其次是御史台、行御史台以及提刑按察司、廉访司等监察机构,在救灾方面负有重要责任。其官员往往负责核实灾情、参与救灾决策、检查地方官员赈灾情况、纠正救灾弊端等工作。① 元世祖忽必烈在建御史台的诏书中曾指出:"虫蝻生发飞落,不即打捕申报,及部内有灾伤检视不实,委监察并行纠察。"②至元十四年(1277)南台成立时,再次重申了监察系统的这种职责。至元二十年(1283)正月,世祖明确规定把有灾降临,而按察司不即行视,作为按察司失职之处,要"罪之"。至元三十一年(1294)七月,忽必烈又宣布:"凡军民士庶、诸色户计,所在官司不务存心抚治,以致军民困苦……若此之类,肃政廉访司监察御史有能用心纠察,量加迁赏;若罪状明白,廉访司御史台不为纠弹,受赂循情或别作过犯,诸人陈告得实,罪比常人加重。"③在实际救灾过程中,监察部门参与也有实例,例如武宗至大元年(1308)二月,益都、济宁、般阳、济南、东平、泰安等路发生饥荒就"遣山东宣慰使王佐同廉访司核实赈济"④。有时候监察机构也会直接参与救灾。仁宗延祐三年(1316)"河南流民群聚渡江,所过扰害,命行台、廉访司以见贮赃钞赈之"⑤。

此外还有都水监,掌治理河渠并堤防水利桥梁闸堰等事宜。⑥

(二)地方救灾机构

1. 河南行省

行中书省、路、府、州、县等地方政府,是救灾中的主要负责部门。在灾害发生时,他们首先负责把灾情上报,然后在救灾过程中负责具体的救灾事宜。元代建立了河南省行政区,使得河南第一次成为灾害上报、灾害防治地方机构。河南行省建于元世祖至元二十九年(1292)。是年正月"罢河南宣慰司。以汴梁、襄阳、河南、南阳、归德皆隶河南行省。复割湖广省之德安、汉阳、信阳隶荆

---

① 赵经纬:《元代赈灾机构初探》,《张家口师专学报(社会科学版)》1996年第1期。
② 〔元〕佚名:《元典章》卷5《台纲·内台·设立宪台格例》,中国广播电视出版社,1998年,第127页。
③ 〔元〕佚名:《元典章》卷2《肃台纲》,中国广播电视出版社,1998年,第27页。
④ 〔明〕宋濂:《元史》卷22《武宗纪一》,中华书局,1976年,第495页。
⑤ 〔明〕宋濂:《元史》卷25《仁宗纪二》,中华书局,1976年,第573页。
⑥ 〔明〕宋濂:《元史》卷90《百官志六》,中华书局,1976年,第2295页。

湖北道,蕲黄隶淮西道,并淮东道三宣慰司咸隶河南省"①。元代河南行省比今天河南省的范围要大,包括今天湖北省北部和江苏、安徽一部分。河南救灾的记载有,武宗至大二年(1309)四月,河南、山东等地发生蝗灾,六月"选官督捕蝗"②。泰定四年(1327)三月,"河南行省诸州县及建康属县饥,赈粮有差"③。行省是元代救灾的地方最高行政机构。大德十一年(1307)九月,"襄阳霖雨,民饥,敕河南省发粟赈之"④。值得一提的是,河南省有平章政事救灾的事迹。《元史》卷142《彻里帖木儿传》载:天历二年(1329),拜中书右丞,寻升中书平章政事,出为河南行省平章政事。黄河清,有司以为瑞,请闻于朝。彻里帖木儿曰:"吾知为臣忠、为子孝、天下治、百姓安为瑞,余何益于治。"岁大饥,彻里帖木儿议赈之。其属以为必自县上之府,府上之省,然后以闻。彻里帖木儿慨然曰:"民饥死者已众,乃欲拘以常格耶。往复累月,民存无几矣。此盖有司畏罪,将归怨于朝廷,吾不为也。"大发仓廪赈之,乃请专擅之罪。文宗闻而悦之,赐龙衣、上尊。⑤ 彻里帖木儿违反赈灾正常程序,不待灾情上报朝廷,就下令开仓救济灾民。皇帝对这一善举予以表彰。

行省以下,路也是重要救灾机构。文宗天历三年(1330)三月,怀庆路同知阿合马上言修广济渠⑥。

2. 河南道提刑按察司和河南道肃政廉访使

按察司下的廉访使是御史台下属的地方监察官员。"国初,立提刑按察司四道:曰山东东西道,曰河东陕西道,曰山北东西道,曰河北河南道。"⑦其中河北河南道按察司,治汴梁(一度迁许),监察覆盖河南地区,直隶于中央御史台。至元二十八年(1291),改按察司曰肃政廉访司。后定为二十二道。每道廉访使二员,正三品;副使二员,正四品。其中"江北河南道,汴梁路置司"⑧,是监察河南地区的重要机构,防灾、勘灾、救灾是其重要职责。《元史》载,程思廉"累迁河北

---

① 〔明〕宋濂:《元史》卷17《世祖纪十四》,中华书局,1976年,第358页。
② 〔明〕宋濂:《元史》卷23《武宗纪二》,中华书局,1976年,第512页。
③ 〔明〕宋濂:《元史》卷30《泰定帝纪二》,中华书局,1976年,第678页。
④ 〔明〕宋濂:《元史》卷22《武宗纪一》,中华书局,1976年,第489页。
⑤ 〔明〕宋濂:《元史》卷142《彻里帖木儿传》,中华书局,1976年,第3404页。
⑥ 〔明〕宋濂:《元史》卷65《河渠志二》,中华书局,1976年,第1628页。
⑦ 〔明〕宋濂:《元史》卷86《百官志二》,中华书局,1976年,第2180页。
⑧ 〔明〕宋濂:《元史》卷86《百官志二》,中华书局,1976年,第2181页。

河南道按察副使,道过彰德,闻两河岁饥,而征租益急,欲止之。有司谓法当上请,思廉曰:'若然,民已不堪命矣。'即移文罢征,后果得请。(至元)二十年(1283),河北复大饥,流民渡河求食,朝廷遣使者,集官属,绝河止之。思廉曰:'民急就食,岂得已哉! 天下一家,河北、河南皆吾民也。'亟令纵之。且曰:'虽得罪死不恨。'章上,不之罪也。卫辉、怀孟大水,思廉临视赈贷,全活甚众。水及城不没者数板,即修堤防,露宿督役,水不为患,卫人德之"①。元贞二年(1296),尚文授河北河南肃政廉访使。"大德元年,河决蒲口,台檄令文按视防河之策。"尚文建言"蒲口不塞便"②,朝议从之。

3. 河南山东都水监

都水监是元代水利机构。《元史》载:"元有天下,内立都水监,外设各处河渠司,以兴举水利、修理河堤为务。"③都水监,秩从三品。掌治河渠并堤防水利桥梁闸堰之事。都水监二员,从三品。至元二十八年(1291)置。后来为了提高治黄的效率,元政府还设立河南行都水监,但只设了三年,又废而不置。至正九年(1349)春正月"庚子,姚炜以河水屡决,请立行都水监于汴梁,仿古法备捍,仍命濒河州县正官皆兼知河防事,从之"④。泰定二年(1325)七月辛未,立河南行都水监。元文宗天历元年(1328)十一月,御史台臣言:"行宣政院、行都水监宜罢。"⑤从之。顺帝至正六年(1346)五月"丁酉,以黄河决,立河南山东都水监"⑥。至正十一年(1351)"夏四月壬午,诏开黄河故道,命贾鲁以工部尚书为总治河防使,发汴梁、大名十三路民十五万,庐州等戍十八翼军二万,自黄陵冈南达白茅,放于黄固、哈只等口,又自黄陵西至阳青村,合于故道,凡二百八十里有奇"⑦,十一月,"遣使以治河功成告祭河伯。召贾鲁还朝,超授荣禄大夫、集贤大学士,赐金系腰一、银十锭、钞千锭、币帛各二十四。都水监并有司官有功

---

① 〔明〕宋濂:《元史》卷163《程思廉传》,中华书局,1976年,第3830页。
② 〔明〕宋濂:《元史》卷170《尚文传》,中华书局,1976年,第3987页。
③ 〔明〕宋濂:《元史》卷64《河渠一》,中华书局,1976年,第1588页。
④ 〔明〕宋濂:《元史》卷29《泰定帝纪一》,中华书局,1976年,第655页。
⑤ 〔明〕宋濂:《元史》卷32《文宗纪一》,中华书局,1976年,第721页。
⑥ 《元史》卷145《月鲁不花传》载:"至正元年,朝廷立行都水监,以选为其监经历。"此"元年"疑为"六年"之误。
⑦ 〔明〕宋濂:《元史》卷42《顺帝纪五》,中华书局,1976年,第890页。

者三十七员,皆升迁其职"①,"十二月,立河防提举司,隶行都水监,掌巡视河道,从五品"②。

4. 基层组织——村社

元代还比较注意健全基层救灾体系,规定:"县邑所属村疃,凡五十家立一社,择高年晓农事者一人为之长。增至百家者,别设长一员。不及五十家者,与近村合为一社。"③规定村社是国家基层生产、防灾组织,社内各农户、社与社之间在灾害期间相互救助,把防治水旱灾害作为首要任务。"社中有疾病凶丧之家不能耕种者,众为合力助之。一社之中灾病多者,两社助之。凡为长者,复其身,郡县官不得以社长与科差事。农桑之术,以备旱暵为先。"④针对小灾荒,由村社自行解决,或者几个社互相救助。经过社民商议,在政府官员的督导参与下,社长可以调用社员和义仓,进行灾害治理。

(三)特殊救灾机构

元代在全国各路还设有官医提举司、惠民局、养济院等机构,用于医疗和其他方面的救济。

1. 医疗机构

官医提举司是地方上的医药管理机构,设立于至元二十五年(1288),秩从五品,掌管医户差役诉讼等事务,还负责向医学选拔推荐学生。⑤《元典章》云:"诸路官医提举司或提领所委正官一员,专行提调同医学教授将附籍医户并应有开张药铺、行医货药之家子孙弟侄选拣堪中一名赴学。若有良家子弟才性可以教诲,愿就学者,听据医学生员。钦奉圣旨,拟免本身检医杂泛,将来进学成就,别行定夺。"⑥当时仅在河南、江浙、江西、湖广、陕西行省及一些路设立了官医提举司。州县则设官医提领所。元代还有医户制度,将有行医资格的家庭编为医户,再轮流到官府行医当差。不经考试或没有医籍,不得行医。元代对行

---

① 〔明〕宋濂:《元史》卷42《顺帝纪五》,中华书局,1976年,第893页。
② 〔明〕宋濂:《元史》卷92《百官志八》,中华书局,1976年,第2335页。
③ 〔明〕宋濂:《元史》卷93《食货志一》,中华书局,1976年,第2354~2355页。
④ 〔明〕宋濂:《元史》卷93《食货志一》,中华书局,1976年,第2355页。
⑤ 〔明〕宋濂:《元史》卷89《百官志四》,中华书局,1976年,第2222页。
⑥ 〔元〕佚名:《元典章》卷32《礼部·医学》,中国广播电视出版社,1998年,第1199页。

医资格有严格的监管制度。规定："各路并州县除医学生员外,应有系隶籍医户及但是行医之家,皆以医业为生,拟合依上,每遇朔望诣本处及,聚集三皇庙圣前焚香,各说所行科业,治过病人,讲究受病根因,时月运气,用过药饵是否合宜,仍令各人自写曾医愈何人病患,治法药方,具呈本路教授外。据州县医人具呈每月教谕,候年终悉呈本路医学教授考较优劣,备申擢用,以革假医之弊。"①

元代在路、州、县设有受太医院领导的医学、医官和惠民局。

医学是元代医疗教育机构。《元史》载:"医学提举司,秩从五品。至元九年(1272)始置。……掌考较诸路医生课义,试验太医教官,校勘名医撰述文字,辨验药材,训诲太医子弟,领各处医学。提举一员,副提举一员。"②根据《元史》记载,彰德路(安阳)、卫辉路(汲县)、怀庆路(沁阳)均设医学提举一员,这些路元代直隶中书省,但均在今天的河南省境内。路以下的各州、县也设有医学机构。

惠民局是宋金以来的官立药店。成宗大德三年(1299),"置各路惠民局,择良医主之"③,"凡局皆以各路正官提调,所设良医,上路二名,下路府州各一名,其所给钞本,亦验民户多寡以为等差"。各省惠民药局的本钱不一。其中"河南行省,二百七十锭"④。元代惠民局已经普及到各个州、县。

2. 养济院

最早在中统元年(1260)就已经有了养济鳏寡孤独废疾的诏令:"首诏天下,鳏寡孤独废疾不能自存之人,天民之无告者也,命所在官司,以粮赡之。"⑤同年,元朝政府设立十路宣抚司,在"宣抚司合行事理"中规定:"钦奉诏书:鳏寡孤独废疾不能自存之人,于官仓内支粮赈赡。仰宣抚司令所在官司依上赈赡,仍置孤老院存恤住坐。"⑥至元八年(1271),"令各路设济众院以居处之"⑦。一直到至元十九年(1282),制定了统一的养济政策,规定"鳏寡孤独、老弱残疾不能自存之人,照依中统元年已降诏书,仰所在官司支粮养济。仍令每处创立养济院一所,有官房者就用官房,无官房者官为起盖,专一收养上项穷民,仍委本处正

---

① 〔元〕佚名:《元典章》卷32《礼部·医学》,中国广播电视出版社,1998年,第1200页。
② 〔明〕宋濂:《元史》卷89《百官志四》,中华书局,1976年,第2222页。
③ 〔明〕宋濂:《元史》卷20《成帝纪三》,中华书局,1976年,第425页。
④ 〔明〕宋濂:《元史》卷96《食货志四》,中华书局,1976年,第2468页。
⑤ 〔明〕宋濂:《元史》卷96《食货志四》,中华书局,1976年,第2474页。
⑥ 〔元〕拜柱:《通制条格》,浙江古籍出版社,1986年,第55页。
⑦ 〔明〕宋濂:《元史》卷96《食货志四》,中华书局,1976年,第2474页。

官一员主管。应收养而不收养、不应收养而收养者,仰御史台按察司计点究治"①。不仅重审了官府养济鳏寡孤独的责任,而且要求地方"正官"主管,统一提供养济院房舍,并由御史台、按察司对执行情况进行监督。

二、救灾程序

面对频繁的灾害,元代朝廷的救灾程序大致分为两部分:一是涉及报灾、勘灾、救灾的申检体覆制度;一是由群臣上书或由皇帝下诏举行百官集议的应灾议(谏)政制度,通过抨击时弊,官员就"弭灾之道"发表意见,作为救灾的参考。

(一)申检体覆制度

申检体覆是元朝政府实施的一项重要的报灾、勘灾制度。大型灾害发生时,各州县需上报到路,由路总管府进行调度、救灾。若灾害规模较大,路无权调配资源救灾,需上报至行省。若行省也无权处理则上报至中央。下级申报上级后,上级需要对灾害情况进行检踏核实,察看实际受灾是否与所上报的情况相符。核实后,将"实损田禾顷亩分数"登记入册,并根据灾情程度进行赈济。②

1. 报灾

灾害发生后,灾民应及时向所在官府上报。但民户诉灾有一定的时间限制,"今后田禾如被旱涝灾伤,河南至洺、卫等路,夏田四月,秋田八月,其余路分,夏田五月,秋田水田,并以八月为限,人户经本处陈诉。若次月遇闰者,展限半月。非时灾伤,自被灾日为始,限一月陈诉。限外告者,皆不为理"③。申检体覆制度至元九年(1272)开始正式实行。

2. 勘灾

勘灾包括两个部分。一是"检灾"。元朝规定:"今后各道按察司,如承各路官司申牒灾伤去处,正官随即检踏实损分数,明白回牒,各处官司缴连申部,随

---

① 〔元〕拜柱:《通制条格》,浙江古籍出版社,1986年,第183~187页。
② 申友良、肖月娥:《元代申检体覆制度与减灾救灾》,《湛江师范学院学报》2012年第5期。
③ 〔元〕拜柱:《通制条格》卷17《田禾灾伤》,浙江古籍出版社,1986年,第215~216页。

即除免,庶使百姓少安。"①大德六年(1302):"民间田禾旱涝灾伤,依例体覆。其余的则依着初立御史台体例里,教监察每、廉访司官人每体察呵,便当的一般有。"②元朝特别强调必须由正官亲自检视,"各道按察司今后遇有灾伤,即摘正官亲诣体覆"③。二是"放税"。元代对灾民的减免赋税有着极为严格的规定,税粮减免即分为三等:"诸水旱灾伤,皆随时检覆得实,作急申部。拾分损捌以上,其税全免;损柒以下,止免所损分数;收及陆分者,税即全征,不须申检。"④

3. 救灾监察

元代对申检体覆制度有严格的规定。廉访司要参与整个救灾环节。首先廉访司要四处巡查,防止地方隐瞒灾情。其次对上报的灾情,审查报灾情况是否属实。最后参与到救灾之中,监督地方救灾。如果廉访司没有定时出巡,会受到严厉处罚。管民官不真实及时地报灾,也要受到处置。例如至元十九年(1282),燕南、河北、山东等郡大旱,但是没有及时上报灾情,于是上谕:"自今管民官,凡有灾伤,过时不申,及按察司不即行视者,皆罪之。"⑤

元代的救灾程序看似严密,实则比较僵化。救灾物资、救灾权力大部分掌握在中央手中,地方各级机构权力严重受限,不能很好地行使救灾职能。

(二)应灾议(谏)政制度

应灾议(谏)政就是皇帝因灾害频发而下诏自责,表示听取臣民的意见;臣民则应诏抨击时弊,指责当政者的过失。⑥元朝是各种自然灾害多发的朝代。面对不断而且频繁发生的各种自然灾害,朝廷继承了前代的传统,在推行多种赈恤措施的同时,提倡应灾议(谏)政,鼓励官员就"弭灾之道"发表意见,作为施政的参考。《元史》载,至元十四年(1277)三月,"以冬无雨雪,春泽未继,遣使问便民之事于翰林国史院,耶律铸、姚枢、王磐、窦默等对曰:足食之道,唯节

---

① 〔元〕佚名:《元典章》卷23《户部九·灾伤·检踏灾伤体例》,中国广播电视出版社,1998年,第1019页。
② 〔元〕赵承禧等编撰:《宪台通纪(外三种)》,浙江古籍出版社,2002年,第50页。
③ 〔元〕赵承禧等编撰:《宪台通纪(外三种)》,浙江古籍出版社,2002年,第50页。
④ 〔元〕拜柱:《通制条格》卷17《水旱灾伤》,浙江古籍出版社,1986年,第212页。
⑤ 〔明〕宋濂:《元史》卷12《世祖纪九》,中华书局,1976年,第250页。
⑥ 赫治清:《中国古代灾害史研究》,中国社会科学出版社,2007年,第57~85页。

浮费,靡谷之多,无逾醪醴曲糵。况自周、汉以来,尝有明禁。祈赛神社,费亦不赀,宜一切禁止。从之"①。因灾害向翰林国史院的儒士征询"便民之事",可以说是元朝应灾议(谏)政的最初表现。

《元史·赵孟頫传》载,至元二十七年(1290),"是岁地震,北京尤甚,地陷,黑沙水涌出,人死伤数十万,帝深忧之。时驻跸龙虎台,遣阿剌浑撒里驰还,召集贤、翰林两院官,询致灾之由"。这一次召集翰林、集贤两院官询问"致灾之由",可以说是元朝集议"弭灾之道"的开始。②

有元一代因灾议(谏)政,主要有两种形式:一种是百官集议,一种是官员上书。百官集议由皇帝下诏举行,官员上书则随时都可进行。两者之中,前者更受重视。百官集议"弭灾之道",参与者最初是翰林、集贤院官,后来逐步扩大,主要包括中书省、御史台、枢密院和翰林院、集贤院。中书省、枢密院、御史台是行政、军事和监察的最高机构,集贤院和翰林院官员主要由有声望的儒士组成。官员上书因灾议(谏)政并无明确的身份限制,但主要以监察系统的官员为主。

元代应灾议(谏)政总的来说效果有限,有时更成为政治斗争的工具,如泰定二年(1325)"河决,雨水,百姓流殍。疏请会集元老大臣讲求致灾之由,弭灾之道。会地震、蝗、旱,灾异逾甚。公及二三同列毅然上封事,谓:'地阴当静,今动,得非执政有失调燮乎?又兵亦阴象,得非掌枢机之臣军政有所不修乎?宜修实效,答天戒。'俱不报。章三上,陈缺政,并言:'御史大夫秃忽都奸邪不忠,曩附阿宰相,曲庇参政杨某,自隳纪纲,不胜重任。'移文上都分台,事闻,大夫罢,宰相不悦,激天子怒,行幸还,将罗织罪名,逮捕治书侍御史苗某、治书侍御史蔡某等系诏狱置对,公等上印绶待罪于家,众惧祸不测,公泰然以处,狱久始释,置公等不问"③。因灾议(谏)政引发监察御史仇濬等人上书,指责的对象包括"执政""掌枢机之臣"和"御史大夫",结果监察系统的官员遭到了沉重的打击。

---

① 〔明〕宋濂:《元史》卷9《世祖纪六》,中华书局,1976年,第189页。
② 〔明〕宋濂:《元史》卷172《赵孟頫传》,中华书局,1976年,第4020页。
③ 〔元〕宋褧:《燕石集》卷14《仇公墓志铭》,光绪九年刊本。

三、一般灾害防治

元代的救灾措施很多,一般的救灾措施涉及救灾物资筹集、储存、调运流通以及发放等多个环节。具体来说主要是灾时税役的减免,以及灾后对流民的安抚等。

(一)救灾物资节约筹集

元代救灾物资的来源多种多样,有的是罚没的赃钞、赃粮,例如至元二十八年(1291)大名路旱灾使用的是"所没赃籴粟五千斛"①,延祐三年(1316)四月赈济河南流民用的就是廉访司所罚贪官赃钞②;有的是通过商贾富家入粟补官获得的粮食,如"行省复请令商贾入粟中盐,富家纳粟补官……官租以赈"③;有的是国家仓储中保存的粮食;有的是僧侣道粮,像天历二年(1329)四月河南饥荒,"弛山林川泽之禁,听民采食,行入粟补官之令,及括江淮僧道余粮以赈"④。

在元代后期为筹集救灾物资,主要为入粟补官。"天历三年,内外郡县亢旱为灾,于是用太师答剌罕等言,举而行之。凡江南、陕西、河南等处定为三等,令其富实民户依例出米,无米者折纳价钞。陕西每石八十两,河南并腹里每石六十两,江南三省每石四十两,实授茶盐流官,如不仕让封父母者听。钱谷官考满,依例升转。"⑤入粟补官的办法,各省不一。"河南并腹里:二千石之上,从七品;一千五百石之上,正八品;一千石之上,从八品;五百石之上,正九品;三百石之上,从九品;二百石之上,上等钱谷官;一百五十石之上,中等钱谷官;一百石之上,下等钱谷官。"⑥"先已入粟,遥授虚名,今再入粟者,验其粮数,照依资品,实授茶盐流官。""河南并腹里:一千三百三十石之上,从七品;一千石之上,正八

---

① 〔明〕宋濂:《元史》卷174《张孔孙传》,中华书局,1976年,第4067页。
② 〔明〕宋濂:《元史》卷25《仁宗纪二》,中华书局,1976年,第573页。
③ 〔明〕宋濂:《元史》卷33《文宗纪二》,中华书局,1976年,第733页。
④ 〔明〕宋濂:《元史》卷33《文宗纪二》,中华书局,1976年,第733页。
⑤ 〔明〕宋濂:《元史》卷96《食货志四》,中华书局,1976年,第2476页。
⑥ 〔明〕宋濂:《元史》卷82《选举志二》,中华书局,1976年,第3053页。

品;六百六十石之上,从八品;三百三十石之上,正九品;二百石之上,从九品。""先已入粟,实授茶盐流官,今再入粟者,验其粮数,加等升除。""河南并腹里:一千石之上,七百五十石之上,五百石之上,二百五十石之上,一百五十石之上。"①

(二)救灾物资储存

救灾物资的储存主要是建立仓储体系。早在元太宗年间就已经建立了仓库和仓储制度。元朝仓库分两种,一为官仓,分为腹里官仓和常平仓;二为民仓,也就是义仓。官仓是为了应对中央的各种开支和应付各种突发事情的,其设置较早。《史集》记载,元朝太祖时已经有仓,但当时只是为了存放多余的战利品。太宗元年,"始置仓廪,立驿传。命河北汉民以户计,出赋调,耶律楚材主之"②。随着疆域扩大,赋税增多,仓库也随之增加,"常平仓世祖至元六年(1269)始立。其法:丰年米贱,官为增价籴之;歉年米贵,官为减价粜之。于是八年以和籴粮及诸河仓所拨粮贮焉。二十三年定铁法,又以铁课籴粮充焉"③。河南地区各路、府、州也设置了官仓,比较重要的有:"南阳府仓五,曰在城仓,曰汝州仓,曰裕州仓,曰邓州仓,曰唐州仓""南京路仓六:曰南京仓,曰郑州仓,曰钧州仓,曰许州仓,曰陈州仓,曰蔡州仓,曰睢州仓。"④在河南地区救灾发挥作用较大的是民间义仓。"义仓亦至元六年始立。其法:社置一仓,以社长主之,丰年每亲丁纳粟五斗,驱丁二斗,无粟听纳杂色,歉年就给社民。于是二十一年新城县水,二十九年东平等处饥,皆发义仓赈之。皇庆二年(1313),复申其令。"⑤顺帝至正六年(1346)十月,"宜阳大水,溺死者给钞葬之,仍振其民义仓粮两月"⑥。

(三)救灾物资调运流通

户部掌管天下的钱粮转运,在救灾中有签发救灾物资、减免租税的职能。

---

① 〔明〕宋濂:《元史》卷96《食货志四》,中华书局,1976年,第2476~2477页。
② 〔明〕宋濂:《元史》卷2《太宗纪》,中华书局,1976年,第29~30页。
③ 〔明〕宋濂:《元史》卷96《食货志四》,中华书局,1976年,第2467页。
④ 柯劭忞:《新元史》卷80《食货志》,上海古籍出版社,2017年,第188页。
⑤ 〔明〕宋濂:《元史》卷96《食货志四》,中华书局,1976年,第2467页。
⑥ 〔清〕曾廉:《元书》卷15《顺帝本纪》,清宣统三年刻本。

如"至元十九年御史台,咨承奉中书省札付户部呈照:'得各处每年申到蚕、麦、秋田水旱等灾伤,凭准各道按察司正官检视明白,至日验分数依例除免。'"可见救灾物资需要户部下令发放、转运。

救灾物资尤其是粮食的发放需要粮仓的配合,元代官府钱粮的放支方式主要有该支、实支、正支、折支、添支。"该支,顾名思义,为应支数;实支,是说实际放支额;正支,为正常放支的量;折支,即折价支付;添支,指除正常放支之外,额外增加的数。"①支取的对象是大麦、小麦、黄米、中统钞、羊、酒、白米等基本物资。粮仓给粮时,一般会先支年久、数多、不耐储存者,避免浪费,及时用陈更新。至元二十八年(1291)规定:"诸官物出给,先尽远年。其见在数多,用处数少,不堪久贮者,速申当该上司作急支发,毋致损败。违者究治。"②元代仓粮的运输,由官府组织,主要有陆运、漕运和海运。漕运、海运等大都为官方主导下的运输行为,具体的运输任务也多由站户、车户、船户等承担,有时也雇用民户承运,如"诸和雇脚力,皆尽行车之户,少则于近上有车户内和雇,仍籍其输转,勿使官吏挪攒作弊"③。

(四)救灾物资发放

赈济也是一种常见的救灾物资发放方法,赈济包括赈济、赈贷、赈粜等方式,在河南地区主要采取的是赈粮、赈钞。最早的赈粮发生于元太宗五年(1233),也就是蒙古灭金时期,当时因为战争瘟疫,河南到处是灾民,于是元政府就把饥民北徙,并"给米一斛,俾散居近境"④。赈粮一般为米、粟。例如至元十二年(1275)"是岁,卫辉、太原等路旱……凡赈米三千七百四十八石、粟二万四千二百六石"⑤。有时候赈粮不是一时,会延续几个月,在成宗大德九年(1305),归德水灾中就给饥民粮食长达两个月。⑥

---

① 潘洁:《黑水城出土钱粮文书专题研究》,宁夏人民出版社,2013年,第21页。
② 〔元〕拜柱:《通制条格》卷14《仓库·关防》,江苏古籍出版社,1986年,第154页。
③ 柯劭忞:《新元史》卷73《食货志》,上海古籍出版社,2012年,第352页。
④ 〔元〕苏天爵:《元名臣事略》卷10,中华书局,1996年,第200页。
⑤ 〔明〕宋濂:《元史》卷8《世祖纪五》,中华书局,1976年,第172页。
⑥ 〔明〕宋濂:《元史》卷21《成宗纪四》,中华书局,1976年,第462页。

(五)赋役债务减免

赋役债务减免即蠲免制度,是我国古代社会中常用的一种救灾政策。"元赈恤之名有二:曰蠲免者,免其差税,即《周官·大司徒》所谓薄征者也;曰赈贷者,给以米粟,即《周官·大司徒》所谓散利者也。然蠲免有以恩免者,有以灾免者。赈贷有以鳏寡孤独而赈者,有以水旱疫疠而赈者,有以京师人物繁凑而每岁赈粜者。"蠲免就是减免租、税、科差,包括免田租、免徭役、免丝料等。恩免是因为皇帝登基、改元等节庆时,特别减免赋税徭役。灾免是对受灾地区根据规定进行赋役减免。有时恩免、灾免会重合。

对河南受灾地区进行减免赋税的事例,《元史》记载了很多:至元六年(1269)六月,河南、河北、山东等地发生蝗灾,便下令"其代输筑城役夫户赋悉免之"①。至元七年(1270),"南京、河南蝗旱,减差徭十分之六"。至元十二年(1275)八月,"免河南路包银三分之二"。至元十四年(1277)五月,河南、山东地区连续发生水旱,于是就"除河泊课,听民自渔"②。元成宗大德七年(1303)二月,"尽除内郡饥荒所在差税,仍令河南省赈恤流民"③。大德八年(1304),"汴梁祥符、开封、陈州霖雨,蠲其田租"④。天历二年(1329)四月,河南府路发生大饥荒,"食人肉事觉者五十一人,饿死者千九百五十人,饥者二万七千四百余人"⑤,于是元文宗下令"弛山林川泽之禁,听民采食"⑥,同时调粮赈济。"延祐二年(1215),河南、归德、南阳、徐、邳、陈、蔡、许州、荆门、襄阳等处水,……皆免其民户税粮。至顺元年(1330),以河南、怀庆旱,其门摊课程及逋欠差税皆免征。"⑦

(六)灾民护理安置

灾害会产生大量的灾民,这些灾民为了生存往往会迁移他地,形成大量的

---

① 〔明〕宋濂:《元史》卷6《世祖纪三》,中华书局,1976年,第122页。
② 〔明〕宋濂:《元史》卷9《世祖纪六》,中华书局,1976年,第190页。
③ 〔明〕宋濂:《元史》卷21《成宗纪四》,中华书局,1976年,第448页。
④ 〔明〕宋濂:《元史》卷21《成宗纪四》,中华书局,1976年,第460页。
⑤ 〔明〕宋濂:《元史》卷33《文宗纪二》,中华书局,1976年,第733页。
⑥ 〔明〕宋濂:《元史》卷33《文宗纪二》,中华书局,1976年,第733页。
⑦ 〔明〕宋濂:《元史》卷96《食货志四》,中华书局,1976年,第2473页。

流民,面对这些受灾民众,元朝专门制定了救济法规。"如因缺食趁熟少壮有头匹气力者,每起不过三十人,官为应付行粮接送,转发本乡。于内若有鳏寡孤独不能自存之人,官给口粮养济。"①如果"籍在京流民废疾者,给粮遣还"。

具体措施还有临时收容、临时安置、遣返回乡。如元朝在流民集中的地方修建了临时居住的房屋,或者利用寺院道观等场所用以收容流民。至大二年(1309)武宗诏令:"诸处流移人民,仰所在官司详加检视。流民所至之处,随给系官房舍,并劝谕土居之家、寺观、庙宇权与安存。其不能自存者,计口赡济。还乡者,量给行粮。"②对于生活困难不能及时返乡的流民,元朝无偿给予或租佃部分官田或闲置土地给流民耕种,以减轻流民的负担及减少流民的数量,暂时定居在异地他乡,"往年流民趁食他乡,不能还业者,所在官司常加优恤,有官田愿种者,从便给之,并免差税五年"③。"诸被灾流民,有司招谕复业。其年深不能复业及失所在者,蠲其赋。"④自愿返乡的流民有多种优惠措施,包括由官府承担返乡流民的经费等。

在灾害中遇难的死者,政府也会进行安置,例如至大三年(1310)河南发生水灾,大量民众遇难,于是政府"死者给檟,漂庐舍者给钞,验口赈粮两月"⑤。面对流民还会进行施粥,例如顺帝至正十三年(1353)的春夏大饥,"乃捐俸为粥以食之"⑥。

四、特种灾害防治

中国古代为了防治灾害,往往施行兴修水利、救济贫民灾民,或者观察天时提前预报灾害、扑杀虫卵等措施,元代也是如此。

---

① 〔元〕佚名:《元典章》卷57《刑部·禁治聚众作会》,中国广播电视出版社,1998年,第1932页。
② 〔元〕佚名:《元典章》卷3《圣政·恤流民》,中国广播电视出版社,1998年,第96页。
③ 〔元〕佚名:《元典章》卷3《圣政·恤流民》,中国广播电视出版社,1998年,第95页。
④ 〔元〕佚名:《元典章》卷3《刑法二》,中国广播电视出版社,1998年,第2640页。
⑤ 〔明〕宋濂:《元史》卷23《武宗纪二》,中华书局,1976年,第529页。
⑥ 〔明〕宋濂:《元史》卷143《余阙传》,中华书局,1976年,第3427页。

（一）水旱防治

1. 兴修水利

水灾在元代发生比较频繁，统治阶层往往采取兴修水利的办法来预防水灾。元代水利建设较为突出。从元世祖忽必烈开始就确立了"国以民为本，民以食为本，衣食以农为本"的国策，并设置了劝农司、司农司等专门主管农桑水利的机构。元世祖中统三年(1262)，郭守敬就向皇帝上书建议兴修燕京河道及开发邢台、磁州农田水利和豫北沁河等水利工程。在至元十二年(1275)，郭守敬又测量卫、泗、汶、济等河，规划运河河道，测量孟门以东黄河故道，规划黄河分洪及灌溉。① 此外元朝水利中较为突出的成就是，开凿京杭大运河，沟通了黄河、淮河、长江等水系。

在河南地区对于黄河的治理也是预防水灾的一项重要措施，为此元代政府在河南地区设立了专门治理黄河的机构——河南山东都水监。在元代治河成就最大的，当数贾鲁。元顺帝至正三年(1343)五月，河决白茅口，次年又决曹州境及汴梁，五月又决白茅堤，六月北决金堤，今河南、山东、安徽、江苏交界处，泛滥长达七年之久。② 从至正八年(1348)起，贾鲁就巡视河道，考察地形，提出两个方案：一是修筑北流堤防，任河北行；二是堵决口，挽河仍回东流。在丞相脱脱的支持下取后策，"十一年(1351)四月，命鲁以工部尚书、总治河防使，进秩二品，授以银章，领河南、北诸路军民，发汴梁、大名十有三路民一十五万，庐州等戍十有八翼军二万供役，一切从事大小军民官，咸禀节度，便宜兴缮"③，十一月堵口成功。在元代还出现了专门研究治河经验和介绍治河技术的著述。宋代沈立编著的《河防通议》在元代经由色目人沙克什加以纂集，得以保存下来，这是我国目前现存最早的一部治理黄河的著作。此外，元末欧阳玄的《至正河防记》，对黄河抢险、堵口等施工方法作了详细的论述。这些专著都为后人研究治河问题提供了宝贵的资料。

---

① 〔明〕宋濂：《元史》卷164《郭守敬传》，中华书局，1976年，第3846页。
② 〔明〕宋濂：《元史》卷66《河渠志三》，中华书局，1976年，第1645页。
③ 〔明〕宋濂：《元史》卷187《贾鲁传》，中华书局，1976年，第4291页。

2.农业技术防治

元朝的农书中有许多关于防治旱灾的方法。在河南地区主要是种植小麦,在《农桑辑要》中有利用酢浆拌麦种以提高小麦抗干旱能力的方法。"当种麦,若天旱无雨泽,则薄渍麦种以酢浆并蚕矢,夜半渍,向晨速投之,令与白露俱下。酢浆令麦耐旱,蚕矢令麦忍寒。"①

此外还有利用药物、雪水拌种、堆肥来防治旱灾的方法。此外农书中还有许多提高种子的抗旱能力的方法,今天的科学实验也验证了某些方法有一定的作用。② 在河南地区还有"树艺桑枣以助水旱"的防旱措施,即通过种植经济作物桑树、枣树来减轻水旱灾害对农民经济的破坏。③ 最早是由元代中顺大夫广东宣慰使聂以道提出的,《元故中顺大夫广东道宣慰使聂以道墓志铭》载:"其冬至京师,宰臣以河南水灾,给驿命往赈之。赈已,复给驿还,沿道劝课农民,树艺桑枣,以助水旱。民争欢趋,比还,青青载道已千余里,众谓此举在救荒上。拜朝列大夫海北海南道肃政廉访使。"④

(二)虫灾防治

元代十分重视虫灾尤其是蝗灾的治理,曾经以立法的形式,规定治蝗不力的处罚:"诸虫蝗为灾,有司失捕,路官各罚俸一月,州官各笞一十七,县官各二十七,并记过。"⑤所以在河南地区发生蝗灾时,官府经常组织捕蝗。如至元二年(1265)西京、北京、益都、真定、东平、顺德、河间、徐、宿、邳等地旱灾、蝗灾接连发生,此次蝗灾规模大,基本上涉及了元朝大半疆土,且灾情严重,地方官王磐便组织数万人进行大规模的捕蝗行动。⑥ 元代也有很多预防虫灾之法,从耕种到种子处理,再到田间管理,最后到粮食储藏,元代都有防治虫灾的方法和措施。比如为了防治蝗虫,元代人根据蝗虫的生长周期特点,多在春夏或秋天天晴热的时间,找到蝗虫虫卵集中地,实行烧荒,可以烧死地表的害虫,或通过深

---

① 〔元〕大司农司:《元刻农桑辑要校释》,农业出版社,1988年,第76页。
② 袁祖亮主编,和付强著:《中国灾害通史·元代卷》,郑州大学出版社,2009年,第110页。
③ 程亚琼:《元代河南江北行省自然灾害研究》(硕士学位论文),暨南大学,2015年。
④ 〔元〕刘岳申撰:《申斋刘先生文集》卷8《元故中顺大夫广东道宣慰使聂以道墓志铭》,杨讷编:《元史研究资料汇编》第36册,中华书局,2014年,第437页。
⑤ 〔明〕宋濂:《元史》卷102《刑法志》,中华书局,1976年,第2620页。
⑥ 〔明〕宋濂:《元史》卷160《王磐传》,中华书局,1976年,第3752页。

耕,将虫卵从地下翻出,用太阳晒死。①

(三)疫灾防治

面对疫灾,元朝主要就是给药请医治疗,比如"适汴、郑大疫,义坚亚礼命所在村郭构室庐,备医药,以畜病者,由是军民全活者众"②。在各地的惠民局也有良医救治贫民,国家出资让这些地方医院运转。另外灾情严重时,政府组织撤离疫区,或者建房隔离。太宗九年(1237)大疫,"有旨以本部兵就镇怀孟"③。元朝时人们已经知道因疫病死亡的尸体具有传染性,所以对于因疫病死亡的尸体往往采取深埋的方式以隔离传染,如至正十八年(1358)的疫灾,"择地自南北两城抵卢沟桥,掘深及泉,男女异圹,人以一尸至者,随给以钞……"④

(四)其他灾害防治

对低温灾害的预防,在元代《农桑辑要·栽桑》也有记载:"备霜灾者……觑当日风势,发火燠氲,假借烟气,顺风以解霜冻。"熏烟预防桑树霜冻,是较古老的方法,对农业生产具有指导作用。东汉王祯《农书》卷2《垦耕》从耕作上预防霜冻低温对作物的影响,"秋耕宜早者,乘天气未寒时,将阳和之气掩在地中,其苗易荣。过秋天气寒冷有霜时,必待日高方可耕地,恐掩寒气在内,令地薄不收子粒。春耕易迟者,亦待春气和暖,日高时耕",即通过恰当地掌握春耕秋耕的时机,降低低温对农作物的影响。⑤ 另外,在元朝的农书里,还有一些预防风灾的方法。如王祯《农书》认为在农田外围种树具有挡风的作用。

---

① 袁祖亮主编,和付强著:《中国灾害通史·元代卷》,郑州大学出版社,2009年,第128~130页。
② 〔明〕宋濂:《元史》卷135《铁哥术传》,中华书局,1976年,第3272页。
③ 〔明〕宋濂:《元史》卷123《纯只海传》,中华书局,1976年,第3030页。
④ 〔明〕宋濂:《元史》卷204《朴不花传》,中华书局,1976年,第4552页。
⑤ 王培华:《元代北方寒害及减灾防灾措施》,《文史知识》1998年第9期。

五、修政禳灾

(一)修政弭灾

元代仍然流行天人感应观念,《元史·五行志》云:"天人感应之机,岂易言哉! 故无变而无不修省者,上也;因变而克自修省者,次之;灾变既形,修之而莫知所以修,省之而莫知所以省,又次之;其下者,灾变并至,败亡随之,讫莫修省者,刑戮之民是已。历考往古存亡之故,不越是数者。"①延祐七年(1320)十二月,"河南饥,帝(英宗硕德八剌)问其故,群臣莫能对,帝曰:'良由朕治道未洽,卿等又不尽心乃职,委任失人,致阴阳失和,灾害荐至。自今各务勤恪,以应天心,毋使吾民重困。'"②这些史实都反映了统治者仍然相信,君主大臣失职,将导致灾害的发生,只有通过"修德"尽职,才能消弭灾害。

(二)禳灾

元朝依然把祈禳作为救灾的一种灵验手段,盛行祭祀、祈祷、禳灾等活动。例如至元二年(1265)东平路发生了旱灾,于是派遣东平路宣慰使去泰山进行祈雨③。观音奴"登泰定四年(1327)进士第。由户部主事,再转而知归德府(治所在今商丘)"④。"亳州(归德府辖区)有蝗食民禾,观音奴以事至亳,民以蝗诉,立取蝗向天祝之,以水研碎而饮,是岁蝗不为灾。"⑤禳灾活动虽然在现在看来是一种迷信行为,对预防灾害并没有用处,但对古代民众来言,是极大的心理安慰,有利于维护社会的稳定。

元代盛行岳镇海渎祭祀。岳镇海渎即五岳五镇四海四渎,而河南地区就有中岳嵩山,四渎中的淮河、济水。如1240年,蒙古统治者就已经开始祭祀岳镇海渎。元代对于岳镇海渎的祭祀,分为常祀、代祀。常祀是由地方长官率领僚

---

① 〔明〕宋濂:《元史》卷50《五行志一》,中华书局,1976年,第1050页。
② 〔明〕宋濂:《元史》卷27《英宗纪一》,中华书局,1976年,第608页。
③ 〔明〕宋濂:《元史》卷163《张德辉传》,中华书局,1976年,第3825页。
④ 〔明〕宋濂:《元史》卷192《良吏二》,中华书局,1976年,第4368页。
⑤ 〔明〕宋濂:《元史》卷192《良吏二》,中华书局,1976年,第4368页。

属每年进行祭祀,代祀由官员每年前往各地代皇帝祭祀。成宗大德九年(1305)二月二十四日,右丞相哈剌哈孙等言:"去年地震星变,雨泽愆期,岁比不登。祈天保民之事,有天子亲祀者三:曰天,曰祖宗,曰社稷。今宗庙、社稷,岁时摄官行事。祭天国之大事也,陛下虽未及亲祀,宜如宗庙、社稷,遣官摄祭,岁用冬至,仪物有司豫备,日期至则以闻。"①

元代宗教处于大发展时期,在这个时期宗教众多,佛教、道教、伊斯兰教、基督教等,均在境内传播。元代盛行佛教祈禳消灾活动。在救灾中经常派遣西僧进行求雨,如至元元年(1264)四月,东平、太原、平阳等地旱,政府就派遣"西僧祈雨"②。

宋末元初,丘处机为蒙古成吉思汗讲道,深受成吉思汗信赖,所以元代道教一度十分兴盛。道教一直认为灾害是阴阳五行不调或者是神妖作怪,通过一定的道法手段便可以消除灾害。每遇大灾,朝廷还会请道教天师或者有名气的道士祈祷、设醮以消灾。如顺帝至元三年(1337),"大霖雨,自是日至癸巳不止。京师,河南、北水溢,御河、黄河、沁河、浑河水溢,没人畜、庐舍甚众……设醮长春宫"③。

(三)对禳灾的批评

元代灾害观念对灾害产生和灾害防救的主张中,人事已经占了很大的比重,天人感应观念有所淡化。金末元初著名的政治家、理学家姚枢,在忽必烈询问治国之道时提出了"八目",即"修身,力学,尊贤,亲亲,畏天,爱民,好善,远佞"。其中"畏天",主张天子要对天有敬畏之心,但其重点已经放在人事上。同时他还提出了"恤鳏寡""广储蓄、复常平以待凶荒,立平准以权物估"等灾害治理措施。④ 许衡是元初著名的理学家,也是河南人,《元史》载:"许衡,字仲平,怀之河内人也,世为农。父通,避地河南,以泰和九年九月生衡于新郑县。"许衡虽然并不公开反对天人感应之说,但却秉承儒家"敬鬼神而远之"的态度,主张对灾害积极防救。他认为:"三代而下称盛治者,无如汉之文、景,然考之当时,

---

① 〔明〕宋濂:《元史》卷72《祭祀一》,中华书局,1976年,第1782页。
② 〔明〕宋濂:《元史》卷5《世祖纪二》,中华书局,1976年,第96页。
③ 〔明〕宋濂:《元史》卷39《顺帝纪二》,中华书局,1976年,第840页。
④ 〔明〕宋濂:《元史》卷158《许衡传》,中华书局,1976年,第3712页。

天象数变,山崩地震未易遽数,是将小则有水旱之灾,大则有乱亡之应,非徒然而已也。而文、景克承天心,一以养民为务,今年劝农桑,明年减田租,恳爱如此,宜其民心得而和气应也。"灾异出现,"议者谓当除旧布新,以应天变"①。"天之道恒在于下,恒在于不足也。君人者,不求之下而求之高,不求之不足而求之有余,斯其所以召天变也。其变已生,其象已著,乖戾之几已萌,犹且因仍故习,抑其下而损其不足,谓之顺天,不亦难乎?"②许衡认为,文景之治时期也会出现灾害,但文景时期,天子爱民,在灾害发生后也能渡过,不至于国家衰亡,借此劝谏元代朝廷要重视灾害的治理。泰定时,大臣张珪对佛教禳灾曾提出尖锐批评,他说:"自古圣君,惟诚于治政,可以动天地、感鬼神,初未尝徼福于僧道,以厉民病国也。且以至元三十年言之,醮祠佛事之目,止百有二;大德七年,再立功德使司,积五百有余,今年一增其目,明年即指为例,已倍四之上矣。僧徒又复营干近侍,买作佛事,指以算卦,欺昧奏请,增修布施莽斋,自称特奉、传奉,所司不敢较问,供给恐后。况佛以清净为本,不奔不欲,而僧徒贪慕货利,自违其教,一事所需,金银钞币不可数计,岁用钞数千万锭,数倍于至元间矣。凡所供物,悉为己有,布施等钞,复出其外,生民脂膏,纵其所欲,取以自利,畜养妻子,彼既行不修洁,适足亵慢天神,何以要福!比年佛事愈繁,累朝享国不永,致灾愈速,事无应验,断可知矣。"③可见当时人也并非完全赞同禳灾行为。

---

① 〔明〕宋濂:《元史》卷158《许衡传》,中华书局,1976年,第3724页。
② 〔明〕宋濂:《元史》卷158《许衡传》,中华书局,1976年,第3724页。
③ 〔明〕宋濂:《元史》卷175《张珪传》,中华书局,1976年,第4080页。

第七章 明代河南救灾

明代从 1368 年朱元璋建立明朝开始,至 1644 年崇祯皇帝朱由检亡国,共历经 276 年。这一历史时期自然灾害频度高、种类多,既说明了明代灾害的频繁,也反映了国家对报灾、救灾的重视。关于这一时期自然灾害的种类,我们统计有水灾、旱灾、虫灾、地震、疫灾、风灾(沙尘、大风)、雹灾、寒灾(霜灾、雪灾、冰冻)等 8 种。河南地处中原腹地,由于独特的地理位置,靠近明代政治中心的京畿地区,灾害记录非常多。

　　为便于了解和统计明代河南灾害情况,先介绍下明代河南地区的行政建置。洪武九年(1376)六月,明太祖朱元璋对全国各地的行政制度进行变革,下令废除了各地的行中书省,改为承宣布政使司。[①] 今河南地区基本由河南布政使司管辖。朱元璋根据河南各府的实际情况,废除或并置了部分州县。洪武十三年(1380)之后,河南的管辖区除磁州外,基本与今日河南省相似。到嘉靖二十四年(1545),归德由州升为府,开封府原来所辖的睢州划归归德府。[②] 此后,河南布政司下一直领开封、河南、汝宁、南阳、怀庆、卫辉、彰德、归德 8 府,汝州 1 直隶州、11 属州、96 个县。北至武安,南至信阳,东至永城,西至陕州。

　　1. 开封府,洪武元年(1368)五月日开封府,领州 4、县 30,所辖约今天的开封、郑州等地区;

　　2. 河南府,洪武元年改元代时河南江北行省河南府路为河南府,领州 1、县 13,陕州下只领灵宝、阌乡 2 县,所辖约今洛阳、三门峡一带;

　　3. 归德府,洪武元年五月降为州,属开封府,后升为归德府,将开封府所辖的睢州划归归德府,之后领州 1、县 8,所辖在今河南商丘一带;

[①] 〔清〕张廷玉等:《明史》卷 42《地理三》,中华书局,1974 年,第 977 页。
[②] 《明世宗实录》卷 200"嘉靖二十四年六月庚子","中央研究院"历史语言研究所校勘影印本,1962 年,第 5703 页。

4. 汝宁府,洪武元年设,领州2、县12,在今河南汝南一带;

5. 南阳府,洪武元年设,领州2、县11,在今河南南阳;

6. 怀庆府,洪武元年十月为府,洪武十年(1377)后怀庆府下有6直辖县,在今河南沁阳一带;

7. 卫辉府,洪武元年八月为府,洪武十三年(1380)后卫辉府直领6县,在今河南卫辉一带;

8. 彰德府,洪武元年闰七月为府,十月属河南分省,领州1、县6,在今安阳地区;

9. 汝州直隶州,成化十二年(1476)九月直隶布政司,领鲁山、郏、宝丰、伊阳4县,在今平顶山一带。①

第一节 明代河南各类自然灾害统计分析

一、明代河南水灾

(一)明代河南水灾数据统计

明代河南水灾是最主要、发生次数最多的灾害。我们根据明代史料记录和灾害统计标准对水灾进行统计得出,明代河南水灾发生次数共312次,主要是雨水过多和河水泛滥、决口等造成。水灾是对河南地区影响较大的一种自然灾害。以下通过整理水灾的历史资料以了解水灾的状况及分布特征。

1. 明太祖洪武元年(1368)大水。(民国《重修滑县志》卷20)

2. 明太祖洪武元年(1368)大水。(嘉靖《开州志》卷1)

3. 明太祖洪武二年(1369)大水。(民国《修武县志》卷16)

4. 明太祖洪武五年(1372)七月辛未,是月开封府大水。(《明太祖实录》卷75"洪武五年七月辛未")

---

① 〔清〕张廷玉等:《明史》卷42《地理三》,中华书局,1974年,第977~993页。

5. 明太祖洪武七年(1374)河决开封堤,蔡河壅塞,漕运不通。(乾隆《陈州府志》)

6. 明太祖洪武七年(1374)六月丁酉,开封府陈留、兰阳二县骤雨,河涨溢,伤禾。(《明太祖实录》卷90"洪武七年六月丁酉")

7. 明太祖洪武七年(1374)十二月戊戌,开封府陈留等六县水灾,诏免其田租。(《明太祖实录》卷95"洪武七年十二月戊戌")

8. 明太祖洪武八年(1375)正月丁亥,河决开封府大黄寺堤百余丈,诏河南参政安然集民夫三万余人塞之。(《明太祖实录》卷96"洪武八年正月丁亥")

9. 明太祖洪武八年(1375)开封府祥符、杞、陈留、封丘、睢、商水、西华、兰阳等八州、县,以六月积雨,黄河水溢,伤禾……诏:并免今年田租凡一万四千六百余石。(《明太祖实录》卷101"洪武八年九月丁未";《明史》卷28《五行一》)

10. 明太祖洪武八年(1375)七月,淮安、北平、河南、山东大水。(《明史》卷28《五行一》)

11. 明太祖洪武十一年(1378)十月丙辰,河决兰阳。(《明史》卷28《五行一》)

十一月戊寅,开封府封丘县言:河溢,伤稼。命免今年田租。(《明太祖实录》卷121"洪武十一年十一月戊寅")

12. 明太祖洪武十二年(1379)六月己丑,武昌府江夏县、陈州商水县大水。(《明太祖实录》卷125"洪武十二年六月己丑")

13. 明太祖洪武十四年(1381)秋八月庚辰,河决原武、祥符、中牟。(《明史》卷2《太祖纪二》)

14. 明太祖洪武十四年(1381)十月,陈州水。(民国《淮阳县志》卷20)

15. 明太祖洪武十五年(1382)二月壬子,河决河南,命驸马都尉李祺赈之。(《明史》卷3《太祖纪三》)

二月甲戌,开封府祥符等八县及陈州水灾。诏免其田租。(《明太祖实录》卷142"洪武十五年二月甲戌")

16. 明太祖洪武十五年(1382)秋七月乙卯,河决荥泽、阳武。(《明史》卷3《太祖纪三》)

乙卯,河溢荥泽、阳武二县。(《明太祖实录》卷146"洪武十五年七月乙卯")

17.明太祖洪武十七年(1384)六月乙未,睢州巴河决。(《明太祖实录》卷162"洪武十七年六月乙未")

18.明太祖洪武十七年(1384)秋八月丙寅河决开封东月堤,自陈桥至陈留溃流数十里,是月复决杞县入巴河。(《明史》卷3《太祖纪三》)

19.明太祖洪武十七年(1384)丙子,河南、北平大水,分遣驸马都尉李祺等赈之。(《明史》卷3《太祖纪三》)

20.明太祖洪武十八年(1385)八月,河南又水。(《明史》卷28《五行一》)

21.明太祖洪武二十年(1387)河溢冲汴,由安远门入,淹没官私廨宇甚众。(顺治《祥符县志》卷1)

22.明太祖洪武二十年(1387)大水。(光绪《扶沟县志》卷15)

23.明太祖洪武二十二年(1389)河没仪封,徙其治于白楼村。(《明史》卷83《河渠一》)

24.明太祖洪武二十三年(1390)正月庚寅,河决归德。(《明史》卷28《五行一》)

二月癸亥,河决归德,发诸军民塞之。(《明史》卷3《太祖纪三》)

25.明太祖洪武二十三年(1390)七月癸巳,河决开封,漂没民居。(《明史》卷28《五行一》)

26.明太祖洪武二十三年(1390)十一月丙辰,以西华、商水、兰阳、封丘、杞五县河水暴溢,及陈州没禾稼,遣官赈之。(《明太祖实录》卷206"洪武二十三年十一月丙辰")

27.明太祖洪武二十三年(1390)安阳水。(《明史》卷28《五行一》)

28.明太祖洪武二十四年(1391)正月庚寅,河决阳武,发军民塞之,免被水田租。(《明史》卷3《太祖纪三》)

29.明太祖洪武二十四年(1391)四月,河水暴溢,决原武黑洋山,东经开封府城北五里,又东南由陈州、项城、太和、颍州、颍上,东至寿州正阳镇,全入于淮。(《明史》卷83《河渠一》)

30.明太祖洪武二十五年(1392)正月,河决阳武,开封州县十一俱水。

(《明史》卷28《五行一》)

正月,河决阳武,浸淫及于陈州、中牟等十一县,有司乞发军民修堤防,免今年田租。(民国《阳武县志》卷1)

31. 明太祖洪武三十年(1397)八月丁亥,河决开封,三面皆水,犯仓库。(《明史》卷28《五行一》)

32. 明成祖永乐元年(1403)九月壬午,工都言:河南陈州西华县沙河水溢,冲决堤堰,以通黄河,伤民禾稼,乞量起民丁,趁农隙修筑。从之。(《明太宗实录》卷23"永乐元年九月壬午")

33. 明成祖永乐二年(1404)九月,河决开封,环城。(《明史》卷28《五行一》)

34. 明成祖永乐二年(1404)冬十月丁丑,河决开封。(《明史》卷6《成祖纪二》)

35. 明成祖永乐三年(1405)二月丁卯,河南布政司言:河决马村堤。命本司官躬督民丁修治。(《明太宗实录》卷39"永乐三年二月丁卯")

三月,温县水决堤四十余丈。济、涝二水溢。(《明史》卷28《五行一》)

36. 明成祖永乐四年(1406)修阳武黄河决岸。(《明史》卷83《河渠一》)

37. 明成祖永乐四年(1406)六月己卯,户部言:河南嵩、温等四县水,民缺种粮。命给贷之。(《明太宗实录》卷55"永乐四年六月己卯")

38. 明成祖永乐五年(1407),永乐六年正月甲子,河南武陟县知县屠任言:县东关至北贾村等处,去年霪雨。沁水冲决堤岸,淹没田庐,请用民力修筑。从之。(《明太宗实录》卷75"永乐六年正月甲子")

39. 明成祖永乐五年(1407)秋七月丁卯,河溢河南。(《明史》卷6《成祖纪二》)

40. 明成祖永乐五年(1407)十一月癸酉,河南彰德府汤阴县言:河水泛溢,没民田一百七十一顷有奇,乞免今年税粮。从之。(《明太宗实录》卷73"永乐五年十一月癸酉")

41. 明成祖永乐七年(1409)二月己卯,河南陈州卫言,河水冲决城垣三百七十六丈。(《明太祖实录》卷88"永乐七年二月己卯")

42. 明成祖永乐七年(1409)八月甲子,河南汝宁府遂平县言:雨水伤稼,秋税乞输钞。从之。(《明太宗实录》卷95"永乐七年八月甲子")

43. 明成祖永乐八年(1410)六月癸亥,鄢陵、临漳二县骤水,河水坏堤岸,没田禾。辛未初阳武县河决盐堤二百余丈。(道光《续行水金鉴》)

44. 明成祖永乐八年(1410)八月庚申,河溢开封。(《明史》卷6《成祖纪二》)

秋,河决开封,坏城二百余丈,民被患者万四千余户,没田七千五百余顷。《明史》卷83《河渠一》)

45. 明成祖永乐八年(1410)十二月戊戌,河决汴梁,坏城。(《明史》卷28《五行一》)

46. 明成祖永乐九年(1411)(河)决阳武中盐堤,漫中牟、祥符、尉氏。(《明史》卷83《河渠一》)

明成祖永乐十年(1412)六月辛未,初,河南阳武县言:河决中盐堤二百二十余丈,浸没中牟、祥符、尉氏诸县,中盐堤与武县大宾堤皆河流之冲,屡塞屡决。(《明太宗实录》卷129"永乐十年六月辛未")

47. 明成祖永乐九年(1411)是岁,湖广、河南水。(《明史》卷28《五行一》)

48. 明成祖永乐九年(1411)七月,河复故道,自封丘金龙口,下鱼台塌场,会汶水,经徐、吕二洪南入于淮。(《明史》卷83《河渠一》)

49. 明成祖永乐十年(1412)三月戊申,河南汝宁府遂平县雨,山水决河堤,没田四十余顷,被灾一百三十六户。(《明太宗实录》卷126"永乐十年三月戊申")

50. 明成祖永乐十年(1412)六月癸亥,河南鄢陵、漳二县骤雨,河水坏堤岸,没田禾。(《明太宗实录》卷129"永乐十年六月癸亥")

51. 明成祖永乐十一年(1413)八月己巳,巡按直隶监察御史况文言:寿州旧有安丰塘……近因潦水,决坏堤岸。是日河南遂平县言:河决堤岸,漂没民居四百余所,坏田稼六十顷有奇。(《明太宗实录》卷142"永乐十一年七月己巳")

52. 明成祖永乐十二年(1414)八月辛亥,黄河溢坏河南土城二百余丈。(《明太宗实录》卷154"永乐十二年八月辛亥")

53. 明成祖永乐十三年(1415)六月,北畿、河南、山东水溢,坏庐舍,没

田禾,临清尤甚。滏、漳二水漂磁州民舍。(《明史》卷28《五行一》)

十二月丙子,山东馆陶县、北京南乐县民自陈:今夏河水泛滥,淹没禾稼。(《明太宗实录》卷171"永乐十三年十二月丙子")

54. 明成祖永乐十四年(1416)七月,开封州县十四河决堤岸。(《明史》卷28《五行一》)

55. 明成祖永乐十六年(1418)十月甲申,行在工部言:河南黄河溢,决埽座四十余丈。(《明太宗实录》卷205"永乐十六年十月甲申")

56. 明成祖永乐二十年(1422)夏秋……河南北及凤阳河溢。(《明史》卷28《五行一》)

永乐二十一年五月癸未,户部尚书郭资言:河南开封府归德、睢州、祥符、阳武、中牟、宁陵、项城、永城、荥泽、太康、西华、兰阳、原武、封丘、通许、陈留、洧川、杞县及南阳府内乡、卫辉府新乡、获嘉、汲、洪、辉县,并凤阳府宿州,去年夏、秋淫雨,黄河泛滥,并伤田稼。(《明太宗实录》卷259"永乐二十一年五月癸未")

57. 明成祖永乐二十年(1422)夏秋……河南北及凤阳河溢。(《明史》卷28《五行一》)(跨季节记为2次)

58. 明成祖永乐二十二年(1424)九月庚辰,以河南黄河泛滥,祥符、陈留、鄢陵、太康、阳武、原武诸县多伤禾稼。(《明仁宗实录》卷2上"永乐二十二年九月庚辰")

59. 明仁宗洪熙元年(1425)洪熙元年四月丁卯,直隶大名府开州奏:去岁、今岁皆霖雨、伤稼。(《明仁宗实录》卷9下"洪熙元年四月丁卯")

60. 明宣宗宣德元年(1426)六七月,黄、汝二水溢,淹开封十州县及南阳汝州、河南嵩县。(《明史》卷28《五行志》)

七月己未,河南布政司奏:六月至七月连雨不止,黄、汝二河溢,开封府之郑州及阳武、中牟、祥符、兰阳、荥泽、陈留、封丘、鄢陵、原武九县,南阳府之汝州、河南府之嵩县,多漂流庐舍,淹没田稼。(《明宣宗实录》卷19"宣德元年七月己未")

61. 明宣宗宣德元年(1426)七月己未,河南布政司奏:六月至七月连雨不止,黄、汝二河溢,开封府之郑州及阳武、中牟、祥符、兰阳、荥泽、陈留、封丘、鄢陵、原武九县,南阳府之汝州、河南府之嵩县,多漂流庐舍,淹没田稼。

(《明宣宗实录》卷19"宣德元年七月己未")(跨季节记为2次)

62. 明宣宗宣德二年(1427)九月壬子,直隶大名府长垣县、开州,保定府祁州及徐州丰、沛、萧三县各奏:七月内连雨,谷、豆皆伤。(《明宣宗实录》卷31"宣德二年九月壬子")

63. 明宣宗宣德三年(1428)七月,大水,饥。(光绪《南乐县志》卷7)

八月,黄河溢,由陈至项淹没城郭、民庐殆尽。(宣统《项城县志》卷31)

九月丙子……河南开封之郑州、祥符、陈留、荥阳、荥泽、阳武、临颍、鄢陵、杞、中牟、洧川十县,湖广沔阳州及监利县各奏:今年七月、八月久雨,江水泛溢。低田悉淹没无收。(《明宣宗实录》卷47"宣德三年九月丙子")

64. 明宣宗宣德四年(1429)夏五月,大水。(民国《重修滑县志》卷20)

十一月庚午,直隶大名府内黄县奏:六、七月间连雨不止,河水浸溢,淹没田亩一千九百三十八顷八十一亩。(《明宣宗实录》卷59"宣德四年十一月庚午")

65. 明宣宗宣德四年(1429)十一月庚午,直隶大名府内黄县奏:六、七月间连雨不止,河水浸溢,淹没田亩一千九百三十八顷八十一亩。(《明宣宗实录》卷59"宣德四年十一月庚午")(跨季节记为2次)

66. 明宣宗宣德五年(1430)十月乙未,直隶广平府成安县及大名府内黄县奏:六、七月天雨连绵,河水泛溢,淹没官民田地,苗稼无收。(《明宣宗实录》卷71"宣德五年十月乙未")

67. 明宣宗宣德五年(1430)七月,南阳山水泛涨,冲决堤岸,漂流人畜庐舍。(《明史》卷28《五行一》)

明宣宗宣德五年(1430)十月癸巳,河南南阳府奏:七月初旬骤雨连日,山水泛涨,冲决河岸,漂流人畜、庐舍,淹没农田,粟谷豆皆以无收。(《明宣宗实录》卷71"宣德五年十月癸巳")

68. 明宣宗宣德六年(1431)六月,河决开封,没八县。(《明史》卷28《五行一》)

69. 明宣宗宣德六年(1431)七月己丑,顺天府涿、蓟二州……大名府开州、长垣县各奏:今年六月以来久雨,潦水淹没禾稼。(《明宣宗实录》卷81"宣德六年七月己丑")

八月癸巳,巡抚侍郎于谦奏:今年七月黄河暴溢,淹没河南开封府所属祥符、中牟、阳武、通许、荥泽、尉氏、原武、陈留八县民居、田稼。(《明宣宗实录》卷82"宣德六年八月癸巳")

70. 明宣宗宣德九年(1434)正月,沁乡沁水涨,决马曲湾,经获嘉、新乡,平地成河。(《明史》卷28《五行一》)

71. 明宣宗宣德九年(1434)八月癸酉,河南开封府通许县各奏:五、六月间久雨,水潦冲决堤岸,淹没田苗……命行在户部遣人巡视,并宽恤之。(《明宣宗实录》卷112"宣德九年八月癸酉")

72. 明英宗正统元年(1436)闰六月,顺天、真定、保定、济南、开封、彰德六府俱大水。(《明史》卷28《五行一》)

73. 明英宗正统元年(1436)七月癸卯……河南开封府、广州潮州府各奏:霪雨连绵,河堤冲决,伤害稼穑。(《明英宗实录》卷20"正统元年七月癸卯")

八月辛卯,河南彰德府各奏:所属州、县,自闰六月至七月,天雨连绵,河水泛涨,田禾淹没。(《明英宗实录》卷21"正统元年八月辛卯")

74. 明英宗正统二年(1437)凤阳,淮安,扬州诸府,徐、和、滁诸州,河南开封,四五月河、淮泛涨,漂居民禾稼。(《明史》卷28《五行一》)

75. 明英宗正统二年(1437)八月戊寅……近因天雨连绵,河水泛涨,开封府所属祥符等县民居、学舍、田禾、头畜多被淹没。(《明英宗实录》卷33"正统二年八月戊寅")

76. 明英宗正统二年(1437)河决阳武、原武、荥泽。(《明史》卷28《五行一》)

77. 明英宗正统三年(1438)正月癸丑……河南永宁县各奏:天雨淋漓,田禾淹没,办纳粮草艰难。(《明英宗实录》卷38"正统三年正月癸丑")

78. 明英宗正统三年(1438)七月癸卯,巡抚河南、山西行在兵部右侍郎于谦奏:开封府阳武县黄河决,怀庆府武陟县沁河决……直隶广平、顺德二府亦奏:漳河决,俱伤禾稼。(《明英宗实录》卷44"正统三年七月癸卯")

79. 明英宗正统四年(1439)五月,京师大水,坏官舍民居三千三百九十区。顺天、真定、保定三府州县及开封、卫辉、彰德三府俱大水。(《明史》卷28《五行一》)

80.明英宗正统四年(1439)七月,滹沱、沁、漳三水俱决,坏饶阳、献县、卫辉、彰德堤岸。(《明史》卷28《五行一》)

81.明英宗正统五年(1440)五月至七月,江西江溢,河南河溢。(《明史》卷28《五行一》)

82.明英宗正统五年(1440)五月至七月,江西江溢,河南河溢。(《明史》卷28《五行一》)(跨季节记为2次)

83.明英宗正统八年(1443)七月甲子,久雨,黄河、汴水泛滥,坏堤堰甚多。(《河南通志》)

84.明英宗正统九年(1444)四月丙戌,河南荥泽县知县李永安言:"汴河水溢,决堤坏田。"(《明英宗实录》卷115"正统九年四月丙戌")

85.明英宗正统九年(1444)是年,两畿、山东、河南、浙江、湖广大水,江河皆溢。(《明史》卷10《英宗前纪》)

86.明英宗正统九年(1444)闰七月,河南山水灌卫河,没卫辉、开封、怀庆、彰德民舍、坏卫所城。(《明史》卷28《五行一》)

87.明英宗正统十年(1445)夏,河南州县多大水。(《明史》卷28《五行一》)

十月壬寅,河南阳武县奏:今年七月以来雨水,沿河漂流人畜、房屋、淹伤田禾。(《明英宗实录》卷135"正统十年十月壬寅")

辛亥,河南睢州、磁州、祥符、杞县、阳武、原武、封丘、陈留、安阳、临漳、武安、汤阴、林县、涉县皆以今夏久雨河决,淹没民田、屋宇、畜产无算。(《明英宗实录》卷134"正统十年十月辛亥")

88.明英宗正统十一年(1446)六月,浑河溢固安。两畿、浙江、河南俱连月大雨水。(《明史》卷28《五行一》)

辛未,顺天府、应天府……河南开封卫辉二府各奏:今年五月、六月天雨连绵,淹没田苗,漂流居民庐舍、畜产。命户部遣官覆视以闻。(《明英宗实录》卷143"正统十一年七月辛未")

89.明英宗正统十三年(1448)六月癸酉,河南陈留县奏:今年五月间河水泛涨,冲决金村堤及黑潭南岸。(《明英宗实录》卷167"正统十三年六月癸酉")

90.明英宗正统十三年(1448)秋七月乙酉,河决大名,没三百余里,遣

使蠲振。己酉,河决河南,没曹、濮、东昌,溃寿张沙湾,坏运道,工部侍郎王永和治之。(《明史》卷10《英宗前纪》)

河决汊、唐二坝。河南八树口决,漫曹、濮二州,抵东昌,坏沙湾等堤。(《明史》卷28《五行一》)

91. 明英宗正统十四年(1449)河决朱家口,大饥。(嘉靖《长垣县志》卷2)

92. 明代宗景泰二年(1451)八月丁卯,河南开封……三万诸卫各奏:今夏霪雨,河堤冲决,伤害禾稼,租税无征。(《明英宗实录》卷207"景泰二年八月丁卯")

93. 明代宗景泰三年(1452)河南、山东、陕西、吉安、袁州俱大水。(《明史》卷28《五行一》)

94. 明代宗景泰四年(1453)南畿、河南、山东府十州一,自五月至于八月霪雨伤稼。(《明史》卷29《五行二》)

95. 明代宗景泰四年(1453)南畿、河南、山东府十州一,自五月至于八月霪雨伤稼。(《明史》卷29《五行二》)(跨季节记为2次)

冬十月戊戌,河南汝宁府并归德州各奏:"所属今年七月、八月天雨连绵,田禾尽被淹没。"命户部覆之。(《明英宗实录》卷234"景泰四年冬十月戊戌")

96. 明代宗景泰五年(1454)九月辛亥,先是沁河决武陟马曲湾堤五百九十余丈,漫流新乡,获嘉入卫河,没民田庐甚众,至是诏有司修筑之。(《明英宗实录》卷245"景泰五年九月辛亥")

97. 明代宗景泰六年(1455)北畿府五、河南府二久雨伤稼,云南大理诸府如之。(《明史》卷29《五行二》)

98. 明代宗景泰六年(1455)六月癸未,河决开封。(《明史》卷11《景帝纪》)

开封、保定俱大水。(《明史》卷28《五行一》)

99. 明代宗景泰七年(1456)六月,河决开封,河南、彰德田庐淹没。(《明史》卷28《五行一》)

秋七月癸酉,河南卫辉、怀庆、开封府、山东济南、青州、东昌府各奏:"自五月、六月以来久雨,水溢田禾,淹没无存,税粮无从征纳。"命户部堪实以闻。(《明英宗实录》卷 268"景泰七年秋七月癸酉")

100.明英宗天顺元年(1457)夏,淮安、徐州、怀庆、卫辉俱大水,河决。(《明史》卷 28《五行一》)

冬十月庚子,河南开封府原武、荥泽二县各奏:"今年六月以来天雨连绵,黄河泛滥,田禾俱被淹没。"命户部覆视之。(《明英宗实录》卷 283"天顺元年冬十月庚子")

101.明英宗天顺三年(1459)秋七月庚子……河南开封、怀庆、汝宁府所属陈州、尉氏等十一州、县,并山东青州左卫,直隶武定千户所,俱奏:五、六月中骤雨,淹没田禾,秋粮无征。上命户部堪实以闻。(《明英宗实录》卷 305"天顺三年秋七月庚子")

102.明英宗天顺四年(1460)夏,北畿及开封、汝宁大水。(《明史》卷 28《五行一》)

安庆、南阳雨,自五月至七月,淹禾苗。(《明史》卷 29《五行二》)

九月壬寅……河南钧,裕,邓,磁等州,太康,襄城,柘城,鹿邑,阳武,新郑,舞阳,鲁山,内乡,镇平,南阳,新野,泌阳,临漳,汤阴,河内,修武,温,安阳,孟,登封等县……河南颍州,南阳等卫俱奏:五、六月大雨伤稼,秋粮子粒无征。上命堪实蠲之。(《明英宗实录》卷 319"天顺四年九月壬寅")

103.明英宗天顺四年(1460)安庆、南阳雨,自五月至七月,淹禾苗。(《明史》卷 29《五行二》)(跨季节记为 2 次)

104.明英宗天顺五年(1461)秋七月丁巳,河决开封,侍郎薛远往治之。(《明史》卷 12《英宗后纪》)

七月,河决开封土城,筑砖城御之。越三日,砖城亦溃,水深丈余。周王后宫及官民乘筏以避,城中死者无算。(《明史》卷 28《五行一》)

105.明英宗天顺五年(1461)襄城水决城门,溺死甚众。(《明史》卷 28《五行一》)

106.明英宗天顺八年(1464)淫雨,麦禾死。(嘉靖《通许县志》)

107.明宪宗成化元年(1465)河决,流径武平城,漂没庐舍,是年免田租三之一。(光绪《鹿邑县志》卷 6 下)

108.明宪宗成化元年(1465)八月甲辰,南北直隶及河南……郡县凡一百四十余处各奏水患。(《明宪宗实录》卷 20"成化元年八月甲辰")

秋八月,大水。(宣统《项城县志》卷31)

109. 明宪宗成化二年(1466)甲午,顺天、保定、河南开封、山东青州四府大水。(《明宪宗实录》卷32"成化二年秋七月甲午")

秋七月,大水。(宣统《项城县志》卷31)

110. 明宪宗成化四年(1468)秋淫雨,禾腐。(乾隆《通许县志》)

111. 明宪宗成化四年(1468)河决祥符,漫溢至杞,民饥。(乾隆《杞县志》)

112. 明宪宗成化七年(1471)伊、洛涨水入城,漂没居民。(乾隆《偃师县志》卷29)

113. 明宪宗成化九年(1473)畿南五府及怀庆俱大水。(《明史》卷28《五行一》)

114. 明宪宗成化九年(1473)夏六月十二日,河决百亩冈,官民舍尽没,城内水丈余。(嘉靖《通许县志》)

115. 明宪宗成化十三年(1477)闰二月,河南大水。(《明史》卷28《五行一》)

116. 明宪宗成化十四年(1478)五月,陕州大水,人多淹死。(《明史》卷28《五行一》)

117. 明宪宗成化十四年(1478)九月,河决开封护城堤五十丈。(《明史》卷28《五行一》)

118. 明宪宗成化十六年(1480)六月,大雨,大小河水尽泛。(民国《中牟县志》卷1)

119. 明宪宗成化十六年(1480)大水。(民国《重修滑县志》卷20)

120. 明宪宗成化十七年(1481)秋淫雨,伤民禾稼,诏免田租之半。(嘉靖《夏邑县志》卷5)

秋淫雨。(嘉靖《永城县志》卷4)

121. 明宪宗成化十八年(1482)河南、怀庆诸府,夏秋霪雨三月,塌城垣千一百八十余丈,漂公署、坛庙、民居三十一万四千间有奇,淹死一万一千八百余人。(《明史》卷29《五行二》)

122. 明宪宗成化十八年(1482)河南、怀庆诸府,夏秋霪雨三月,塌城垣千一百八十余丈,漂公署、坛庙、民居三十一万四千间有奇,淹死一万一千

八百余人。(《明史》卷29《五行二》)(跨季节记为2次)

123. 明宪宗成化十九年(1483)伊、洛水入城。(乾隆《偃师县志》卷29)

124. 明宪宗成化二十二年(1486)丙午河决,水至城下。(万历《杞县志》)

125. 明宪宗成化二十三年(1487)五月丁巳,河南开封府州县黄河水溢,淹没禾稼。(《明宪宗实录》卷290"成化二十三年五月丁巳")

126. 明孝宗弘治元年(1488)秋,大水。(宣统《项城县志》卷31)

127. 明孝宗弘治二年(1489)五月,河决开封黄沙岗抵红船湾,凡六处,入沁河。所经州县多灾,省城尤甚。(《明史》卷28《五行一》)

六月,大水,坏民庐舍。(嘉靖《真阳县志》卷9)

128. 明孝宗弘治三年(1490)大水。(宣统《项城县志》卷31)

129. 明孝宗弘治四年(1491)十月戊午,黄河溢,命有司量赈开封、怀庆二府及归德、宣武、睢阳三卫被灾之家。(《明孝宗实录》卷56"弘治四年十月戊午")

130. 明孝宗弘治五年(1492)河决朱家口。(嘉靖《长垣县志》)

131. 明孝宗弘治六年(1493)河复决荆隆口,水浸城下,全邑几没。(顺治《封丘县志》)

132. 明孝宗弘治六年(1493)河水灌县城。(民国《中牟县志》)

133. 明孝宗弘治七年(1494)大水。(民国《淮阳县志》卷20)

134. 明孝宗弘治七年(1494)春,水灾。(宣统《项城县志》)

135. 明孝宗弘治八年(1495)秋,霪雨,三月不绝,沁河泛涨,漂人庐舍。(民国《修武县志》卷16)

136. 明孝宗弘治九年(1496)山水溢涨。(民国《鄢陵县志》卷29)

137. 明孝宗弘治十年(1497)夏六月,霪雨伤稼。(光绪《鹿邑县志》卷6下)

138. 明孝宗弘治十年(1497)八月庚辰,河南邓州水灾,户部请令有司给米以赈之,溺死人口者,家二石,漂流房屋、头畜者,家一石,沙压禾苗者,量减征科。从之。(《明孝宗实录》卷128"弘治十年八月庚辰")

139. 明孝宗弘治十一年(1498)河决归德。(《明史》卷83《河渠一》)

140. 明孝宗弘治十四年(1501)闰七月戊戌……河南等处以水灾告户部,请令所司各举行荒政以恤民患……(《明孝宗实录》卷177"弘治十四年闰七月戊戌")

141. 明孝宗弘治十六年(1503)九月辛未,河南守臣以归德州城池没于大水,不堪居守,请筑新城于州治之北。从之。(《明孝宗实录》卷203"弘治十六年九月辛未")

142. 明孝宗弘治十七年(1504)五月壬子,河南南阳县猛风迅雷暴雨,河水泛滥,淹没军民房屋三百余间,溺死人口九十名,诏所司如例赈恤,不许虚应故事。(《明孝宗实录》卷212"弘治十七年五月壬子")

143. 明孝宗弘治十七年(1504)水。(民国《淮阳县志》卷20)

144. 明武宗正德二年(1507)霪雨。(嘉靖《通许县志》)

145. 明武宗正德三年(1508),自四月始雨,继后昼晴夜雨,自七月终方止,夏麦秋禾俱未成熟,相食者甚多。(嘉靖《鲁山县志》)

146. 明武宗正德三年(1508),自四月始雨,继后昼晴夜雨,自七月终方止,夏麦秋禾俱未成熟,相食者甚多。(嘉靖《鲁山县志》)(跨季节记为2次)

147. 明武宗正德四年(1509)秋,大水,民多死徙。(乾隆《邓州志》卷24)

148. 明武宗正德四年(1509)己巳,黄河自东徙于庄口,民庐被冲塌殆尽。(万历《仪封县志》)

149. 明武宗正德六年(1511)六月汜水暴涨,溺死百七十六人,毁城垣百七十余堵。(《续文献通考》)

夏六月大雨,颍河决。(顺治《临颍县志》)

春旱,夏淫雨累月至十月。(嘉靖《永城县志》)

150. 明武宗正德六年(1511),淫雨累月,伤禾稼。(光绪《扶沟县志》)

151. 明武宗正德八年(1513)六月,河复决黄陵岗。(《明史》卷83《河渠一》)

152. 明武宗正德九年(1514)秋大水。(民国《重修滑县志》卷20)

153. 明武宗正德十年(1515)水。(宣统《项城县志》卷31)

154. 明武宗正德十二年(1517)夏六月,大水。(嘉靖《商城县志》卷8)

夏大水,禾尽没。(嘉靖《固始县志》卷9)

155. 明武宗正德十二年(1517)大霖雨,四旬乃止。(民国《重修滑县志》卷20)

156. 明武宗正德十三年(1518)大水。(光绪《开州志》卷1)

157. 明武宗正德十六年(1521)夏,霪雨弥月,平地水深尺余,无禾。(光绪《开州志》卷8)

158. 明武宗正德十六年(1521)秋,大水。(民国《重修滑县志》卷20)

159. 明武宗正德十六年(1521)沁河决,城中水深数尺。(民国《获嘉县志》卷17)

160. 明世宗嘉靖元年(1522)春二月,水,夏六月,大旱。(民国《淮阳县志》卷20)

161. 明世宗嘉靖元年(1522)冬十二月,雷电雨雪。(顺治《祥符县志》卷1)

162. 明世宗嘉靖二年(1523)八月辛丑,河南开封等大水。(《明世宗实录》卷30"嘉靖二年八月庚子")

163. 明世宗嘉靖二年(1523)淫雨害稼。(顺治《汝阳县志》卷10)

164. 明世宗嘉靖三年(1524)六月旱,八月大水,是年大疫。(民国《淮阳县志》卷20)

165. 明世宗嘉靖四年(1525)七月,大水。(民国《淮阳县志》卷20、宣统《项城县志》卷31)

166. 明世宗嘉靖八年(1529)九月六日大霖雨,卫河、淇水俱泛滥,山水亦横流,淹没民禾于东南之境。(嘉靖《淇县志》)

秋九月河决张家口。(嘉靖《夏邑县志》)

167. 明世宗嘉靖九年(1530)七月十二日,河水决……自后水害频仍,鲜有宁岁云。(光绪《虞城县志》10)

河水泛涨,城西田禾尽没。(民国《中牟县志》卷1)

168. 明世宗嘉靖九年(1530)秋,大水。(嘉靖《内黄县志》卷8)

秋潦。(嘉靖《商城县志》卷8)

169. 明世宗嘉靖九年(1530)大水。(光绪《南乐县志》卷7)

170. 明世宗嘉靖十年(1531)秋,大水。(嘉靖《真阳县志》卷9)

171. 明世宗嘉靖十一年(1532)七月,大水。(嘉靖《郾城县志》)

172. 明世宗嘉靖十一年(1532)白河决,民田多淹没。(嘉靖《夏邑县志》卷5)

173. 明世宗嘉靖十二年(1533)正月庚午,以水旱灾免浙江杭、台、温、处四府,河南开封等府八十六州县、陈州等十三卫所军民田粮有差。(《明世宗实录》卷146"嘉靖十二年正月庚午")

174. 明世宗嘉靖十五年(1536)春三月,大雨。(嘉靖《内黄县志》卷8)

175. 明世宗嘉靖十六年(1537)大霖雨自二月至八月乃止。(光绪《南乐县志》)

176. 明世宗嘉靖十六年(1537)五月淫雨,四十日不开,麦禾露积于野,沤烂几尽。(嘉靖《淇县志》)

夏四月淫雨至于六月,平地水深数尺。(民国《阳武县志》)

大霖雨自二月至八月乃止。(光绪《南乐县志》)

177. 明世宗嘉靖十六年(1537)大霖雨自二月至八月止。(光绪《南乐县志》)(跨季节记为3次)

秋,两畿、山东、河南、陕西、浙江各被水灾,湖广尤甚。(《明史》卷28《五行一》)

178. 明世宗嘉靖十七年(1538)夏淫雨七十余日,麦腐,秋禾尽死。(乾隆《通许县志》)

179. 明世宗嘉靖十七年(1538)七月十五日,大雷雨,水骤起数丈,没民田禾,荡民庐舍,人畜多为溺死。(乾隆《禹州志》)

180. 明世宗嘉靖十七年(1538)秋大水,北门危甚,坏民庐舍,不可胜记。(道光《宝丰县志》)

181. 明世宗嘉靖十八年(1539)春雨、夏雹、秋大旱,民饥,米斗钱百六十文。(康熙《长垣县志》)

182. 明世宗嘉靖十八年(1539)春旱,夏蝗,秋大雨。(光绪《永城县志》)

183. 明世宗嘉靖十九年(1540)秋七月,白河决。(民国《夏邑县志》卷5)

184. 明世宗嘉靖二十年(1541)秋,大水。(民国《中牟县志》卷1)

185. 明世宗嘉靖二十一年(1542)五月复大雨五十日,二麦烂,秋禾死。(康熙《通许县志》)

夏六月,淫雨逾月,河南徙,平地水深丈余,民多溺死。(光绪《鹿邑县志》)

186. 明世宗嘉靖二十一年(1542)夏六月,大雨,伊、洛涨溢。(乾隆《重修洛阳县志》卷10)

六月暴雨如注,大水如河汉,漫流弥月。(康熙《延津县志》)

187. 明世宗嘉靖二十二年(1543)七月,河决境内,风雨大作,堤决,水浸城内将县志学舍公馆尽行淹没。(康熙《考城县志》)

188. 明世宗嘉靖二十三年(1544)春夏淫雨,民皆舟行,议籍官帑,代民输税。(嘉靖《长垣县志》)

189. 明世宗嘉靖二十三年(1544)春夏淫雨,民皆舟行,议籍官帑,代民输税。(嘉靖《长垣县志》)(跨季节记为2次)

190. 明世宗嘉靖二十四年(1545)秋雨过多,禾未成收,田野之间十室九空。(嘉靖《鲁山县志》卷10)

河水溢,秋禾咸被淹没。(光绪《虞城县志》卷10)

191. 明世宗嘉靖二十五年(1546)夏六月,黄河决,淹没民田。(康熙《夏邑县志》)

丁未,以水灾免河南归德、开封等府并属县税粮有差。(《明世宗实录》卷318"嘉靖二十五年十二月丁未")

192. 明世宗嘉靖二十六年(1547)大雨,河决,漂荡田庐。(民国《夏邑县志》卷5)

193. 明世宗嘉靖二十六年(1547)夏六月,大水。(康熙《长垣县志》卷2)

194. 明世宗嘉靖二十六年(1547)大雨,河决,诏免田租之半。(光绪《虞城县志》卷10)

195. 明世宗嘉靖二十七年(1548)五月,尉氏雨水,淹没禾稼十之三四,经数月不涸。(道光《尉氏县志》卷4)

196. 明世宗嘉靖二十七年(1548)大水。(光绪《开州志》卷1)

197. 明世宗嘉靖二十八年(1549)大水。(民国《中牟县志》卷1)

198. 明世宗嘉靖二十九年(1550)春三月,大雨雪,平地水深三尺。(民国《淮阳县志》卷20)

199. 明世宗嘉靖三十年(1551)大水,饥。(光绪《开州志》卷1)

200. 明世宗嘉靖三十一年(1552)六月初八日,大雨。(民国《中牟县志》卷1)

201. 明世宗嘉靖三十一年(1552)大水。(民国《重修滑县志》卷20)

202. 明世宗嘉靖三十一年(1552)淫雨。(康熙《长垣县志》卷2)

203. 明世宗嘉靖三十二年(1553)六月林县大雷雨,……秋禾不登,……明年春人死无算。(乾隆《彰德府志》)

夏六月大雨。伊、洛涨溢入城,水深丈余,漂没公廨民舍殆尽,民木栖,有不得食者七日,人畜死者甚重。(顺治《河南府志》)

204. 明世宗嘉靖三十二年(1553)秋,大水。(民国《重修滑县志》卷20)

205. 明世宗嘉靖三十四年(1555)十二月壬寅,山西、陕西、河南地大震,河、渭溢,死者八十三万有奇。(《明史》卷18《世宗纪二》)

206. 明世宗嘉靖三十五年(1556)秋雨淫潦。(民国《商水县志》)

秋,大樊口决,淹没灵泉、利平等乡。(道光《修武县志》)

207. 明世宗嘉靖三十六年(1557)大水,堡南保丹江泛滥尤甚。(康熙《内乡县志》)

208. 明世宗嘉靖三十七年(1558)大水害禾稼,坏室庐,民多溺死。(乾隆《新野县志》卷8)

209. 明世宗嘉靖三十七年(1558)卫辉汲县,沁河水溢伤禾。(康熙《卫辉府志》)

210. 明世宗嘉靖三十八年(1559)六月十五日,黄河水溢,至城淹没沙淤民田,溺死甚众。(民国《中牟县志》卷1)

夏,大水。(康熙《长垣县志》卷2)

211. 明世宗嘉靖三十八年(1559)河堤决,大水入城。(嘉庆《洧川县志》卷8)

212. 明世宗嘉靖四十一年(1562)大水雨雹。(顺治《淇县志》)

213. 明世宗嘉靖四十二年(1563)夏,大水。(康熙《长垣县志》卷2)

第七章 明代河南救灾 383

214. 明世宗嘉靖四十二年(1563)秋七月,大雨,倾官民庐舍万余间。(乾隆《阳武县志》卷12)

215. 明世宗嘉靖四十三年(1564)夏,双洎河溢,害及田畴、庐舍、城郭。(民国《鄢陵县志》卷29)

216. 明世宗嘉靖四十五年(1566)夏六月雨四旬,大水,平地行舟,禾稼淹没,庐舍倾毁,城郭亦多圮坏。(乾隆《陈州府志》)

217. 明世宗嘉靖四十五年(1565)秋,大水。(顺治《固始县志》卷9)

218. 明穆宗隆庆元年(1567)秋,大水。(民国《重修滑县志》卷20、光绪《开州志》卷1)

219. 明穆宗隆庆元年(1567)大雨淹麦,饥。(民国《淮阳县志》卷20)

220. 明穆宗隆庆二年(1568)秋七月大雨。(顺治《祥符县志》卷1)

221. 明穆宗隆庆二年(1568)秋八月,大水。(道光《伊阳县志》卷6)

222. 明穆宗隆庆二年(1568)大水,饥。(康熙《濮州志》卷1)

223. 明穆宗隆庆三年(1569)夏六月淫雨,至九月终止,平地水深数尺。(乾隆《阳武县志》)

七月壬午,河决沛县,自考城、虞城、曹、单、丰、沛至徐州,坏田庐无算。(《明史》卷28《五行一》)

临漳、武安、内黄大水。(乾隆《彰德府志》)

夏霖雨,秋复雨,至十月乃止,亡麦苗。先五月霖雨,六月复霖雨,坏民庐舍,多压民死者,坏城,七月复雨,至十月乃止。(康熙《长垣县志》)

224. 明穆宗隆庆三年(1569)夏六月淫雨至九月终止,平地水深数尺。(康熙《阳武县志》)

夏霖雨,秋复雨,至十月乃止,亡麦苗。先五月霖雨,六月复霖雨,坏民庐舍,多压民死者,坏城,七月复雨,至十月乃止。(康熙《长垣县志》)(跨季节记为2次)

225. 明穆宗隆庆四年(1570)五月大雨月余。(顺治《温县志》)

夏秋大水。(乾隆《登封县志》)

226. 明穆宗隆庆四年(1570)夏秋大水。(乾隆《登封县志》)(跨季节记为2次)

227. 明穆宗隆庆五年(1571)冬十月己亥,河南、山东大水,申饬河防。

(《明史》卷19《穆宗纪》)

228. 明穆宗隆庆六年(1572)四月,林县大雨,城溃。(乾隆《彰德府志》)

夏,尉氏县大雨,伤禾。(万历《开封府志》卷2)

夏,大水,害稼。(乾隆《新野县志》卷8)

229. 明神宗万历二年(1574)秋,大水。(乾隆《新蔡县志》卷10)

230. 明神宗万历二年(1574)大水。(乾隆《裕州志》卷1)

231. 明神宗万历三年(1575)秋,大水伤禾。(民国《淮阳县志》卷20)

232. 明神宗万历三年(1575)大水。(康熙《濮州志》卷1)

233. 明神宗万历四年(1576)大水伤谷。(嘉靖《长垣县志》卷2)

234. 明神宗万历四年(1576)大水。(康熙《濮州志》卷1)

235. 明神宗万历五年(1577)大水。(康熙《濮州志》卷1)

236. 明神宗万历五年(1577)秋大雨伤禾。(光绪《开州志》)

237. 明神宗万历六年(1578)夏,大雨。(乾隆《新乡县志》卷28)

238. 明神宗万历七年(1579)春,多雨。(乾隆《新蔡县志》卷10)

239. 明神宗万历七年(1579)秋,水伤禾稼。(民国《光山县志约稿》)

240. 明神宗万历七年(1579)大水。(民国《淮阳县志》卷20)

241. 明神宗万历七年(1579)淫雨,沁河决。(民国《获嘉县志》卷17)

242. 明神宗万历八年(1580)大水。(民国《淮阳县志》卷20)

243. 明神宗万历九年(1581)大水。(民国《淮阳县志》卷20)

244. 明神宗万历十年(1582)六月,颍水溢。(民国《禹县志》卷2中)

245. 明神宗万历十一年(1583)夏五月大雨如注,涉旬乃止。(民国《中牟县志》)

246. 明神宗万历十一年(1583)十月辛未,河南水灾,蠲振有差。(《明史》卷20《神宗纪一》)

247. 明神宗万历十二年(1584)正月二十六日大雨,震霅异常。(顺治《淇县志》)

248. 明神宗万历十二年(1584)沁水决,入武陟城。(顺治《怀庆府志》)

249. 明神宗万历十三年(1585)秋,木栾店、莲华口决,淹县南一带。

(道光《修武县志》)

250.明神宗万历十五年(1587)秋七月,河决开封,蠲振有差。(《明史》卷20《神宗纪一》)

七月,开封及陕州、灵宝河决。(《明史》卷28《五行一》)

251.明神宗万历十六年(1588)夏疫,五月至六月淫雨伤稼。(民国《阳武县志》)

252.明神宗万历二十年(1592)六月十一日,湍河大水至城下,是夕大风雨拔木,砖石皆飞。(康熙《内乡县志》)

253.明神宗万历二十一年(1593)大雨,自三月至八月……是冬大饥。(康熙《汝阳县志》卷5)

254.明神宗万历二十一年(1593)四月初淫雨至于八月,四野弥漫,舟筏遍地,二麦漂没。(宣统《项城县志》)

大雨,自三月至八月……是冬大饥。(康熙《汝阳县志》卷5)

255.明神宗万历二十一年(1593)大雨,自三月至八月……是冬大饥。(康熙《汝阳县志》卷5)(跨季节记为3次)

四月初淫雨至于八月,四野弥漫,舟筏遍地,二麦漂没。(宣统《项城县志》)(跨季节记为2次)

256.明神宗万历二十一年(1593)大雨两月,麦禾尽没,人相食,饿殍载道。(民国《西平县志》卷34)

257.明神宗万历二十二年(1594)二月甲子,先是河南大雨,五谷不升,给事中杨东明绘《饥民图》以进……(《明神宗实录》卷270"万历二十二年二月甲子")

258.明神宗万历二十二年(1594)十月戊辰,河南、开封、南阳等府,陈州、尉氏等州县水灾……(《明神宗实录》卷278"万历二十二年十月戊辰")

259.明神宗万历二十五年(1597)大雨水,河溢。(民国《夏邑县志》卷9)

260.明神宗万历二十八年(1600)十一月,大雨二昼夜,泥水不成冻。(康熙《长垣县志》)

261.明神宗万历二十九年(1601)秋九月壬寅,河决开封、归德。(《明史》卷21《神宗纪二》)

262. 明神宗万历三十年(1602)大水。(民国《郾城县记》)

263. 明神宗万历三十年(1602)夏四月大水。(民国《淮阳县志》卷20)

264. 明神宗万历三十年(1602)河决。(光绪《虞城县志》卷10)

265. 明神宗万历三十一年(1603)春,淫雨七旬。(康熙《汝阳县志》卷5)

266. 明神宗万历三十一年(1603)夏,大水。(民国《淮阳县志》卷20)

267. 明神宗万历三十二年(1604)秋,大水。(民国《淮阳县志》卷20)

268. 明神宗万历三十二年(1604)大水。(乾隆《新野县志》卷8)

269. 明神宗万历三十二年(1604)大水。(民国《郾城县记》)

270. 明神宗万历三十三年(1605)大水。(民国《郾城县记》)

271. 明神宗万历三十三年(1605)大水。(乾隆《新野县志》卷8)

272. 明神宗万历三十四年(1606)六月,洮河泛滥。(嘉庆《南阳府志》)

273. 明神宗万历三十五年(1607)秋七月大水,霖雨六十日,原野横流,民禾尽没。涉水入城,市可行舟,嗣后连年大水,霖雨旬日,则黑洋山及古潭口水泉泛溢。(顺治《封丘县志》)

274. 明神宗万历三十五年(1607)秋七月,大水。(民国《淮阳县志》卷20)

275. 明神宗万历三十七年(1609)大水。(民国《堰城县志》)

276. 明神宗万历三十八年(1610)大水。(乾隆《新野县志》卷8)

277. 明神宗万历三十九年(1611)春,河南大雨。(《明史》卷29《五行二》)

是岁春夏大雨,岁大水,两畿及湖广皆大水,暴雨两月河水泛滥溢害稼。(顺治《邓州志》)

278. 明神宗万历三十九年(1611)是岁春夏大雨,岁大水,两畿及湖广皆大水,暴雨两月河水泛滥溢害稼。(顺治《邓州志》)(跨季节记为2次)

279. 明神宗万历三十九年(1611)秋,大水。(光绪《扶沟县志》卷15)

280. 明神宗万历四十年(1612)黄河水溢,南出数百里,鄢陵受客水之害淹没,惨不忍言。(民国《鄢陵县志》29)

281. 明神宗万历四十年(1612)六月大雨,平地水深二丈,东北城门俱

漂没,居民溺死者甚众。(乾隆《禹州志》)

282. 明神宗万历四十一年(1613)七月,京师大水。南畿、江西、河南俱大水。(《明史》卷28《五行一》)

283. 明神宗万历四十一年(1613)沁河决。(道光《修武县志》)

284. 明神宗万历四十二年(1614)大水。(康熙《新野县志》卷8)

285. 明神宗万历四十三年(1615)大水。(乾隆《新野县志》卷8)

286. 明神宗万历四十四年(1616)六月,(河)决开封陶家店、张家湾、由会城大堤下陈留,入亳州涡河。(《明史》卷84《河渠二》)

287. 明神宗万历四十五年(1617)秋霖数月,伤禾,民大饥。(嘉庆《商城县志》)

288. 明神宗万历四十六年(1618)八月,大水。(康熙《汝阳县志》卷5)

289. 明神宗万历四十七年(1619)九月,(河)决阳武脾沙堽,由封丘、曹、单至考城,复入旧河。(《明史》卷84《河渠二》)

290. 明神宗万历四十七年(1619),夏夜大水,洗去邑南牛山、河店,人畜尽伤。(嘉庆《商城县志》)

291. 明万历四十七年(1619),河决阳武脾沙岗(乾隆《怀庆府志》)

292. 明光宗泰昌元年(1620)雨水,冰。(民国《洛宁县志》卷1)

293. 明熹宗天启元年(1621)九月,霪雨十日。(民国《许昌县志》卷19)

294. 明熹宗天启二年(1622)八月水,冰雹大如掌,伤禾。(民国《重修滑县志》卷20)

295. 明熹宗天启三年(1623)伊水涨。(乾隆《重修洛阳县志》卷10)

296. 明熹宗天启四年(1624)秋,大风、大雨伤禾。(顺治《汝阳县志》卷5)

297. 明熹宗天启四年(1624)大水。(光绪《南乐县志》卷7)

298. 明熹宗天启五年(1625)七月,九沟地震,南北三十里。冬大冰雪深数尺。(乾隆《新蔡县志》卷10)

299. 明熹宗天启六年(1626)六月壬午,河决广武。(《明史》卷22《熹宗纪》)

闰六月辛亥,张朴又奏:"据广武守备报称,六月十一日子时猛然风雷震吼,暴雨如倾,东西河溃共七十余丈,淹没军民房屋、头畜大炮、驼鼓,水漂无影。"报闻。(《明熹宗实录》卷73"天启六年闰六月辛亥")

300. 明熹宗天启七年(1627)夏,霪雨,损麦;冬大雪,人畜多冻死。(康熙《内乡县志》卷11)

301. 明思宗崇祯四年(1631)夏,河决原武湖村铺,又决封丘荆隆口,败曹县塔儿湾大行堤。(《明史》卷84《河渠二》)

十月壬子,河南巡抚吴光义疏奏:"河南河决阳武、原武、封丘、延津、荥泽五县,汇为泽国,漂没、死者不可胜纪……"《崇祯长编》卷51"崇祯四年十月壬子")

302. 明思宗崇祯五年(1632)二月大风昼晦,夏六月水,河决孟津口,漫溢至杞,东入睢州。(乾隆《杞县志》)

夏大霖雨,四旬乃止。(光绪《南乐县志》)

六月壬申,河决孟津口,横漫数百里。(《明史》卷28《五行一》)

303. 明思宗崇祯六年(1633)十月……淫雨竟月。(光绪《阌乡县志》)

304. 明思宗崇祯六年(1633)霪雨两月。(乾隆《嵩县志》卷6)

305. 明思宗崇祯七年(1634)五月,大旱;大水连发七次,岁凶,人食草木。(乾隆《新蔡县志》卷10)

306. 明思宗崇祯九年(1636)大水。(嘉庆《开州志》卷1)

307. 明思宗崇祯十年(1637)河决于县南,秋禾灾。(宣统《陈留县志》)

308. 明思宗崇祯十五年(1642)六月,汴河决。(《明史五行志》)

309. 明思宗崇祯十五年(1642)夏大雨,秋大水,伤禾。(民国《重修汝南县志》)

310. 明思宗崇祯十五年(1642)九月壬午,贼决河灌开封(硃家寨)。癸未,城圮,士民溺死者数十万人。(《明史》卷24《庄烈帝纪二》)

311. 明思宗崇祯十六年(1643)春三月,大雨,麦烂。(康熙《汝阳县志》卷5)

312. 明思宗崇祯十六年(1643)三月大雨坏麦,七月大雨坏禾,是岁大疫。(民国《确山县志》)

秋七月大雨,无秋。(康熙《汝阳县志》卷5)

(二)明代河南水灾特征

1. 年际分布特征(如表 7-1)

表 7-1　明代河南水灾数据年际分布统计表

时段	一	二	三	四	五	合计
年号	洪武、建文、永乐	洪熙、宣德、正统、景泰、天顺	成化、弘治、正德	嘉靖、隆庆	万历、天启、崇祯	
起止	1368—1424	1425—1464	1465—1521	1522—1572	1573—1643	1368—1643
年长	57	40	57	51	71	276
次数	58	48	53	69	84	312
比重	19%	15%	17%	22%	27%	100%
频度	1次/1.0年	1次/0.8年	1次/1.1年	1次/0.7年	1次/0.8年	1次/0.9年

从时间上来看,明代河南的水灾平均每年都会发生,其中水灾次数主要集中在明朝统治前期和后期,根据前文所划分的时间阶段,第一阶段是在洪武、永乐年间,共 57 年,发生水灾 58 次,多是河决灾害。第二阶段是洪熙至天顺年间,共 40 年,发生水灾 48 次。第三阶段从成化至正德年间,共 57 年,水灾发生 53 次,水灾的发生频率较为平均。第四阶段从嘉靖至隆庆年间,共 51 年,发生水灾 69 次。第五阶段从万历至崇祯年间,共 71 年,发生水灾 84 次。由以上各个阶段水灾的发生数量来看,水灾发生频繁,几乎每个年份都有发生,是明代河南地区自然灾害发生最为频繁、影响最大的一种灾害。

2. 年内分布特征(如表 7-2)

表 7-2　明代河南水灾记录年内分布表

季节	春季					夏季				秋季				冬季			不详
次数	24					75				102				19			92
月份	一	二	三	不详 || 四	五	六	不详	七	八	九	不详	十	十一	十二	不详	
次数	7	6	5	6 || 7	21	36	11	41	21	13	27	11	3	4	1	

水灾具有大的时段分布特征,还具有季节、月份分布特点。根据表格我们可以看出水灾发生的季节特征和具体月份。关于表格有一些问题要说明,季节和月份水灾没有完全准确对应,是因为很多水灾持续时间很长,有的跨越两季,

有的持续数月,此种情况也做多个统计。受河南地区地理环境及气候的影响,水灾主要集中在夏秋季节,其中六、七月份是水灾多发的两个月份。

二、明代河南旱灾

(一)明代河南旱灾数据统计

根据史料中明代河南旱灾记载,我们对逐年的干旱灾害进行了统计分析,依据灾害统计标准得出河南地区在明代共发生了201次干旱灾害。以下通过对旱灾历史资料的整理以了解旱灾状态及分布特征。

1.明太祖洪武四年(1371)八月己酉,河南……临濠等府旱。(《明太祖实录》卷67"洪武四年八月己酉")

2.明太祖洪武四年(1371)十一月丁卯,开封府祥符等五县并睢州以旱闻,诏免今年田租。(《明太祖实录》卷69"洪武四年十一月丁卯")

3.明太祖洪武五年(1372),河南黄河竭,行人可涉。是岁春、夏旱,蝗,岁大旱。(民国《新乡县志》)

4.明太祖洪武五年(1372),河南黄河竭,行人可涉。是岁春、夏旱,蝗,岁大旱。(民国《新乡县志》)(跨季节记为2次)

原武六月旱。(民国《修武县志》)

5.明太祖洪武七年(1374)二月,平阳、太原、汾州、历城、汲县旱蝗,并免租税。(《明史》卷2《太祖纪二》)

6.明太祖洪武七年(1374),冬旱至于八年(洪武)夏六月,禾稼尽槁死。(嘉靖《长垣县志》)

7.明太祖洪武七年(1374),冬旱至于八年(洪武)夏六月,禾稼尽槁死。(嘉靖《长垣县志》)

8.明太祖洪武七年(1374),冬旱至于八年(洪武)夏六月,禾稼尽槁死。(嘉靖《长垣县志》)(跨三个季节记为三次)

9.明太祖洪武二十二年(1389)四月戊午,监察御史许珪巡按河南,上言:自开封永城至彰德,春夏旱旸,麦苗疏薄,农民所收无几,今年夏税宜减半征收。(《明太祖实录》卷196"洪武二十二年四月戊午")

10. 明太祖洪武二十二年(1389)四月戊午,监察御史许珪巡按河南,上言:自开封永城至彰德,春夏旱旸,麦苗疏薄,农民所收无几,今年夏税宜减半征收。(《明太祖实录》卷196"洪武二十二年四月戊午")(跨季节记为2次)

11. 明成祖永乐二十一年(1423)夏秋,旱蝗相继,麦禾俱无。(光绪《宜阳县志》卷2)

12. 明宣宗宣德二年(1427)八月甲子,河南府灵宝县各奏:五、六月亢阳不雨,田谷旱伤。(《明宣宗实录》卷30"宣德二年八月甲子")

13. 明宣宗宣德七年(1432)九月乙丑,河南布政使李昌祺奏:开封等府,郑州、中牟等州、县四十四处,今年四月至七月亢旱不雨,谷麦无收,人民艰食,其岁纳秋粮、马草乞皆停征。从之。(《明宣宗实录》卷95"宣德七年九月乙丑")

九月戊辰,直隶大名府奏:所属开州并长垣、南乐、内黄、清丰、滑、浚六县,自今年五月至七月终干旱,黍谷皆槁。(《明宣宗实录》卷95"宣德七年九月戊辰")

十月己酉,河南遂平县奏:今年夏、秋旱甚,禾苗焦槁,民七百六十余户乏食。(《明宣宗实录》卷96"宣德七年十月己酉")

14. 明宣宗宣德七年(1432)九月戊辰,直隶大名府奏:所属开州并长垣、南乐、内黄、清丰、滑、浚六县,自今年五月至七月终干旱,黍谷皆槁。(《明宣宗实录》卷95"宣德七年九月戊辰")

七年十月己酉,河南遂平县奏:今年夏、秋旱甚,禾苗焦槁,民七百六十余户乏食。(《明宣宗实录》卷96"宣德七年十月己酉")(跨季节记为2次)

15. 明宣宗宣德八年(1433)大名府开州及魏、长垣、元城、内黄四县……河南汝宁府上蔡县,南阳府汝、邓二州,及郏、鲁山、新野、舞阳、南阳、唐、泌阳、镇平、叶九县各奏:自宣德七年冬至今年春、夏不雨,田稼旱伤。(《明宣宗实录》卷103"宣德八年六月丙申")

16. 明宣宗宣德八年(1433)大名府开州及魏、长垣、元城、内黄四县……河南汝宁府上蔡县,南阳府汝、邓二州,及郏、鲁山、新野、舞阳、南阳、唐、泌阳、镇平、叶九县各奏:自宣德七年冬至今年春、夏不雨,田稼旱伤。(《明宣宗实录》卷103"宣德八年六月丙申")

河南卫辉府所属六县、彰德府武安县各奏：今年春、夏不雨，苗稼旱伤，秋田无收。(《明宣宗实录》卷103"宣德八年七月癸酉")

河南府洛阳、偃师、孟津、巩四县……各奏：去年冬无雪，今年春、夏不雨，田谷旱死。(《明宣宗实录》卷104"宣德八年八月甲午")(跨季节记为2次)

17. 明宣宗宣德八年(1433)大名府开州及魏、长垣、元城、内黄四县……河南汝宁府上蔡县，南阳府汝、邓二州，及郏、鲁山、新野、舞阳、南阳、唐、泌阳、镇平、叶九县各奏：自宣德七年冬至今年春、夏不雨，田稼旱伤。(《明宣宗实录》卷103"宣德八年六月丙申")(跨季节记为3次)

18. 明英宗正统二年(1437)十月戊寅，直隶开州滑县、河南陕州灵宝县……各奏：久旱不雨，苗稼灾伤。上命户部覆实以闻。(《明英宗实录》卷30"正统二年十月戊寅")

19. 明英宗正统四年(1439)河南彰德、怀庆、开封、卫辉诸府亦奏：自二月至四月不雨，高阜之地，夏麦无收。上命行在户部遣官覆视以闻。(《明英宗实录》卷55"正统四年五月庚午")

20. 明英宗正统四年(1439)河南彰德、怀庆、开封、卫辉诸府亦奏：自二月至四月不雨，高阜之地，夏麦无收。上命行在户部遣官覆视以闻。(《明英宗实录》卷55"正统四年五月庚午")(跨季节记为2次)

21. 明英宗正统八年(1443)河南自春徂夏不雨。(乾隆《河南府志》)

22. 明英宗正统八年(1443)河南自春徂夏不雨。(乾隆《河南府志》)(跨季节记为2次)

23. 明英宗正统十年(1445)癸卯……河南南阳府、山西平阳府所属州、县各奏：四月以来旱伤，秋粮无办。(《明英宗实录》卷134"正统十年十月癸卯")

24. 明英宗正统十二年(1447)河南开封、河南、彰德三府各奏：旱、蝗。上命户部遣官覆视。(《明英宗实录》卷154"正统十二年五月甲辰")

25. 明英宗正统十二年(1447)辛卯……河南开封等六府旱、蝗。(《明英宗实录》卷156"正统十二年七月辛卯")

26. 明代宗景泰元年(1450)五月乙巳，直隶保定、河间、广平、河南、彰德等府俱奏:春、夏亢旱,麦苗槁死,税麦、丝绢无从营办,命户部堪实以闻。(《明英宗实录》卷192"景泰元年五月乙巳")

27.明代宗景泰元年(1450)五月乙巳,直隶保定、河间、广平、河南、彰德等府俱奏:春、夏亢旱,麦苗槁死,税麦、丝绢无从营办,命户部堪实以闻。(《明英宗实录》卷192"景泰元年五月乙巳")(跨季节记为2次)

28.明代宗景泰四年(1453),南北畿、河南及湖广府三,数月不雨。(《明史》卷30《五行三》)

29.明代宗景泰五年(1454),山东、河南旱。(《明史》卷30《五行三》)

30.明代宗景泰六年(1455),河间、河南卫辉、怀庆三府……各奏:今年二月至五月不雨,田苗旱伤。(《明英宗实录》卷258"景泰六年九月壬寅")

31.明代宗景泰六年(1455)河间、河南卫辉、怀庆三府……各奏:今年二月至五月不雨,田苗旱伤。(《明英宗实录》卷258"景泰六年九月壬寅")(跨季节记为2次)

32.明英宗天顺元年(1457)大旱,禾尽槁。(嘉靖《开州志》卷1)

33.明英宗天顺二年(1458)大旱。(光绪《扶沟县志》卷15)

34.明英宗天顺七年(1463)河南卫辉等府并山东东昌、青州等卫俱奏:去年亢旱,至冬无雪,今年自正月至四月不雨,二麦槁死,秋田不能下种,税粮无所出……(《明英宗实录》卷352"天顺七年五月戊戌")

35.明英宗天顺七年(1463)河南卫辉等府并山东东昌、青州等卫俱奏:去年亢旱,至冬无雪,今年自正月至四月不雨,二麦槁死,秋田不能下种,税粮无所出……(《明英宗实录》卷352"天顺七年五月戊戌")(跨季节记为2次)

36.明宪宗成化元年(1465)冬不雪,至春不雨。(嘉靖《通许县志》)

37.明宪宗成化五年(1469),成化六年三月庚辰朔,免河南汝州粮三万七千六百石有奇,草四万八千余束,以去年旱灾故也。(《明宪宗实录》卷77"成化六年三月庚辰朔")

38.明宪宗成化六年(1470)山东、河南旱。(《明会要》)

39.明宪宗成化七年(1471)大旱。(嘉靖《商城县志》卷8)

40.明宪宗成化八年(1472)武陟、济源、河内七月旱,民饥。(《山西省通志》)

41. 明宪宗成化九年(1473)秋七月甲寅,免河南彰德、卫辉二府所属州县去年税粮十六万六千八百余石,以旱灾故也。(《明宪宗实录》卷118"成化九年七月甲寅")

42. 明宪宗成化十年(1474)大旱,饥。(民国《重修滑县志》卷20)

43. 明宪宗成化十三年(1477)广西、福建、江西、河南水旱频仍,瘟疫大作。(《明宪宗实录》卷164"成化十三年闰二月乙丑")

44. 明宪宗成化十五年(1479),京畿大旱,顺德、凤阳、徐州、济南、河南、湖广皆旱。(《明史》卷30《五行三》)

45. 明宪宗成化十六年(1480)九月壬午,免河南开封、怀庆、卫辉、彰德、河南府诸州县夏税麦一十五万四千五百余石,丝八万九千二百余两,怀庆、颍川、彰德、归德卫子粒麦一万八千余石,以是岁夏旱故也。(《明宪宗实录》卷207"成化十六年九月壬午")

46. 明宪宗成化十七年(1481)大旱,田种无收,十室九空尽逃亡,烟火断炊,鸡犬无闻,唉声动地,抛妻弃子,道旁死者,惟存其骨,林中树木,尽去其皮。(顺治《温县志》)

47. 明宪宗成化十八年(1482)八月辛酉,以旱灾免河南开封等七府宣武等十五卫所并直隶汝宁千户所去年夏麦四十四万一千六百五十余石,丝二十五万四千一百九十余两。秋粮子粒共三十四万七千八百九十余石,草三十三万八千七百三十余束。(《明宪宗实录》卷230"成化十八年八月辛酉")

48. 明宪宗成化十八年(1482)大旱,疫。(光绪《永城县志》卷15)

49. 明宪宗成化十九年(1483)旱荒,人相食。(光绪《扶沟县志》卷15)

50. 明宪宗成化二十年(1484)九月庚戌,以旱灾命山西、河南清军御史还京……《明宪宗实录》卷256"成化二十年九月庚戌")

十二月乙亥,以旱灾免河南夏税一百七十七万五千一百余石。(《明宪宗实录》卷259"成化二十年十二月乙亥")

51. 明宪宗成化二十年(1484)大旱,民食树皮、羗莉、麻糁尽,有食人肉者。(民国《中牟县志》)

52. 明宪宗成化二十一年(1485)乙巳,岁大旱,民流亡过半。(万历《仪封县志》)

53. 明宪宗成化二十三年(1487)岁旱,蝗,疫疫,民多死徙。(乾隆《柘城县志》)

54. 明孝宗弘治元年(1488)南畿、河南、四川及武昌诸府旱。(《明史》卷30《五行三》)

六月丁巳,户部言:山陕河南比岁旱灾,而平阳、西安、河南、怀庆四郡尤甚……(《明孝宗实录》卷15"弘治元年六月丁巳")

55. 明孝宗弘治三年(1490)十月庚申,以旱灾免河南开封府弘治三年夏税麦十三万四千七百三十七石,丝七万八千五百一十七两;河南府麦六万六千四百九十四石,丝三万八千四百六十六两;南阳府麦三千九百一十五石,丝二千二百六十六两;彰德府麦一万八千二百一十三石,丝一万三百七十二两;卫辉府麦一万五千五百五十三石,丝八千九百二十四两;怀庆府麦六万六千一百七十五石,丝三万八千五百一两;汝州麦三万四千七百一十三石,丝二万一百六十六两,及宣武、陈州、睢阳、彰德、怀庆、弘农、河南、洛阳、归德九卫并嵩县守御等三所屯粮麦二万二千六百九十四石有奇。(《明孝宗实录》卷44"弘治三年十月庚申")

56. 明孝宗弘治五年(1492)自正月不雨至四月,民不得稼。(嘉靖《濮州志》卷8)

57. 明孝宗弘治五年(1492)自正月不雨至四月,民不得稼。(嘉靖《濮州志》卷8)(跨季节记为2次)

58. 明孝宗弘治五年(1492)旱,赈。(嘉靖《内黄县志》卷8)

59. 明孝宗弘治六年(1493),北直、山东、河南、山西及襄阳、徐州旱。(《明史》卷30《五行三》)

三月己巳,以河南、山东、山西、北直隶等处亢旱,命巡抚等官祷于岳镇海渎之神……(《明孝宗实录》卷73"弘治六年三月己巳")

60. 明孝宗弘治六年(1493)九月甲寅,以旱灾免河南开封等府弘治六年夏田税粮之半。(《明孝宗实录》卷80"弘治六年九月甲寅")

61. 明孝宗弘治七年(1494)二月乙丑,以旱灾免湖广襄阳、河南南阳等府州县并各卫所,弘治六年夏税之半。(《明孝宗实录》卷85"弘治七年二月乙丑")

62. 明孝宗弘治八年(1495)九月癸未,以旱灾免河南彰德、卫辉、怀庆三府并所属州县正官明年朝觐……(《明孝宗实录》卷104"弘治八年九月癸未")

63. 明孝宗弘治八年(1495)春旱。(宣统《项城县志》卷31)

64. 明孝宗弘治十一年(1498)河南、山东、广西、江西、山西府十八旱。(《明史》卷30《五行三》)

65. 明孝宗弘治十一年(1498)十二月癸卯,以旱灾免河南卫辉、彰德二府及彰德三卫粮草子粒有差。(《明孝宗实录》卷145"弘治十一年十二月癸卯")

66. 明孝宗弘治十二年(1499)二月庚子,以旱灾免山西大同府所属州县、行都司所属卫所及河南开封等府所属州县,宣武、南阳等卫所弘治十一年粮草子粒有差。(《明孝宗实录》卷147"弘治十二年二月庚子")

67. 明孝宗弘治十二年(1499)八月辛丑,以旱灾免河南彰德等四府及弘农等六卫所弘治十二年夏税二万七百五十石有奇。(《明孝宗实录》卷153"弘治十二年八月辛丑")

68. 明孝宗弘治十五年(1502)旱。(嘉靖《真阳县志》卷9)

69. 明孝宗弘治十六年(1503)四月不雨至九月,百谷无成。(光绪《永城县志》)

夏、秋不雨。(光绪《永城县志》卷4、嘉靖《夏邑县志》卷5)

70. 明孝宗弘治十六年(1503)四月不雨至九月,百谷无成。(光绪《永城县志》)(跨季节记为2次)

夏、秋不雨。(光绪《永城县志》卷4、嘉靖《夏邑县志》卷5)(跨季节记为2次)

71. 明孝宗弘治十八年(1505)三月丙戌朔,以旱灾免河南开封等三府及宣武等五卫所弘治十七年夏税子粒有差。(《明孝宗实录》卷222"弘治十八年三月丙戌朔")

72. 明孝宗弘治十八年(1505)旱。(民国《淮阳县志》卷20)

73. 明武宗正德元年(1506)夏、秋不雨,麦禾枯。(嘉靖《通许县志》)

夏秋旱。(康熙《陈留县志》)

74. 明武宗正德元年(1506)夏、秋不雨,麦禾枯。(嘉靖《通许县志》)

夏秋旱。(康熙《陈留县志》)(跨季节记为2次)

75. 明武宗正德三年(1508)夏六月,大旱。(光绪《扶沟县志》)

76. 明武宗正德四年(1509)陈留正月至五月旱。(康熙《陈留县志》)

77. 明武宗正德四年(1509)陈留正月至五月旱。(康熙《陈留县志》)(跨季节记为2次)

78. 明武宗正德四年(1509)秋,大旱,民多死徙。(乾隆《新野县志》卷8)

79. 明武宗正德六年(1511)春旱,夏霪。(光绪《永城县志》卷15)

80. 明武宗正德七年(1512)旱。(嘉靖《通许县志》)

81. 明武宗正德七年(1512)秋,大旱。(民国《重修滑县志》卷20)

82. 明武宗正德八年(1513)九月癸未,……以旱灾免河南开封等府、睢阳等卫夏税有差。(《明武宗实录》卷104"正德八年九月癸未")

83. 明武宗正德十年(1515)大旱。(光绪《南乐县志》卷7)

84. 明武宗正德十年(1515)大旱,民大饥。(乾隆《内黄县志》卷6)

85. 明武宗正德十一年(1516)大旱,自正月不雨至于六月,麦禾不登。(康熙《鹿邑县志》卷6下)

86. 明武宗正德十一年(1516)大旱,自正月不雨至于六月,麦禾不登。(康熙《鹿邑县志》卷6下)(跨季节记为2次)

夏旱,二麦不收,奏闻免夏税什七。(民国《修武县志》卷16)

87. 明武宗正德十六年(1521)两京、山东、河南、山西、陕西自正月不雨至于六月。(《明史》卷30《五行三》)

春正月至夏六月不雨,大旱无麦禾。(康熙《鹿邑县志》)

88. 明武宗正德十六年(1521)两京、山东、河南、山西、陕西自正月不雨至于六月。(《明史》卷30《五行三》)(跨季节记为2次)

春正月至夏六月不雨,大旱无麦禾。(康熙《鹿邑县志》)(跨季节记为2次)

89. 明世宗嘉靖元年(1522)春二月,水,夏六月,大旱。(民国《淮阳县志》卷20)

90. 明世宗嘉靖二年(1523)六月戊辰,是月,……河南开封、江西吉安、袁州、广信等府、州、县旱。(《明世宗实录》卷28"嘉靖二年六月戊辰")

八月乙卯,以旱灾免河南开封、彰德、卫辉三府所属十四州县及彰德卫、卫辉前千户所军民田租有差。(《明世宗实录》卷30"嘉靖二年八月乙卯")

91. 明世宗嘉靖三年(1524)春旱,夏大疫,死者几半,饿殍横途,秋霪雨,伤禾豆,诏有司赈恤。(光绪《永城县志》卷15)

92. 明世宗嘉靖三年(1524)六月,旱。(宣统《项城县志》卷31)

六月旱,八月大水,是年大疫。(民国《淮阳县志》卷20)

93. 明世宗嘉靖六年(1527)九月乙卯,以……河南,山西旱减免田租有差。(《明世宗实录》卷80"嘉靖六年九月乙卯")

94. 明世宗嘉靖七年(1528)大旱,民多饥死。(康熙《内乡县志》卷11)

95. 明世宗嘉靖七年(1528)北畿、湖广、河南、山东、山西、陕西大旱。(《明史》卷30《五行三》)

96. 明世宗嘉靖七年(1528)八月壬子,以旱灾免开封、河南彰德、卫辉、怀庆等各府州县卫所存粮有差。(《明世宗实录》卷91"嘉靖七年八月壬子")

97. 明世宗嘉靖八年(1529)春寒,麦苗尽枯,大饥,人食木叶。(道光《扶沟县志》)

98. 明世宗嘉靖九年(1530)夏旱。(嘉靖《商城县志》卷8)

99. 明世宗嘉靖十年(1531)春,大旱,麦枯死。(道光《扶沟县志》卷15)

100. 明世宗嘉靖十年(1531)三月不雨,六月乃雨。(嘉庆《开州志》卷1)

101. 明世宗嘉靖十一年(1532)春大旱。(嘉靖《鲁山县志》卷10)

102. 明世宗嘉靖十一年(1532)六月,旱。(宣统《项城县志》卷31)

103. 明世宗嘉靖十二年(1533)九月壬子,以河南开封府旱蝗许折征起运钱粮有差。(《明世宗实录》卷154"嘉靖十二年九月壬子")

104. 明世宗嘉靖十七年(1538)开州旱,秋大水,复大水。(康熙《开州志》)

105. 明世宗嘉靖十八年(1539)春大旱。(嘉靖《鲁山县志》)

106. 明世宗嘉靖十八年(1539)春雨、夏雹、秋大旱,民饥,米斗钱百六十文。(康熙《长垣县志》)

107. 明世宗嘉靖十八年(1539)大旱,蝗飞蔽天。(乾隆《确山县志》)

108. 明世宗嘉靖二十年(1541)大旱,人饥相食。(民国《重修滑县志》卷20)

109. 明世宗嘉靖二十一年(1542)秋旱,无禾。(光绪《永城县志》)

110. 明世宗嘉靖二十三年(1544)春、夏旱。(嘉靖《真阳县志》卷9)

111. 明世宗嘉靖二十三年(1544)春、夏旱。(嘉靖《真阳县志》卷9)(跨季节记为2次)

112. 明世宗嘉靖二十四年(1545)九月庚午,以旱灾诏南直隶、浙江、江西、湖广、河南所属州县及诸卫所田粮改征折色有差。(《明世宗实录》卷303"嘉靖二十四年九月庚午")

113. 明世宗嘉靖二十五年(1546)七月丁卯,以旱灾免河南府所属陕州、洛阳等州县,弘农、卫辉等卫所夏税有差。(《明世宗实录》卷313"嘉靖二十五年七月丁卯")

114. 明世宗嘉靖二十八年(1549)七月庚寅,以旱灾免河南陕州等州,洛阳等县并各卫所夏税有差。(《明世宗实录》卷350"嘉靖二十八年七月庚寅")

115. 明世宗嘉靖二十九年(1550)闰六月戊辰,以旱灾免河南开封、归德、彰德、卫辉、怀庆等府夏税有差。(《明世宗实录》卷362"嘉靖二十九年闰六月戊辰")

116. 明世宗嘉靖二十九年(1550)十月壬申,以……河南彰德、卫辉府属旱灾各蠲免秋粮有差。(《明世宗实录》卷366"嘉靖二十九年十月壬申")

117. 明世宗嘉靖三十二年(1553)春旱,秋大水,伊洛皆溢,漂田舍无算。(道光《汝州全志》)

118. 明世宗嘉靖三十二年(1553)夏旱。(民国《重修滑县志》卷20)

119. 明世宗嘉靖三十六年(1557)夏旱,无麦。(乾隆《滑县志》)

120. 明世宗嘉靖三十八年(1559)秋,不雨。(顺治《固始县志》卷9)

121. 明世宗嘉靖三十九年(1560)大旱,自正月至七月不雨,木皆枯死。(光绪《南乐县志》)

122. 明世宗嘉靖三十九年(1560)大旱,自正月至七月不雨,木皆枯死。

（光绪《南乐县志》）（跨季节记为2次）

夏,旱。（乾隆《阳武县志》卷12）

123. 明世宗嘉靖三十九年（1560）大旱,自正月至七月不雨,木皆枯死。（光绪《南乐县志》）（跨三个季节记为3次）

124. 明世宗嘉靖四十一年（1562）春二月,不雨,至于夏五月。（康熙《新郑县志》卷4）

125. 明世宗嘉靖四十一年（1562）春二月,不雨,至于夏五月。（康熙《新郑县志》卷4）（跨季节记为2次）

夏,大旱。（乾隆《偃师县志》卷2）

126. 明世宗嘉靖四十二年（1563）春,大旱。（民国《重修滑县志》卷20）

春,大旱,虫食桑叶无蚕。（光绪《开州志》卷1）

127. 明世宗嘉靖四十三年（1564）旱,冬无雪。（民国《淮阳县志》卷20）

128. 明穆宗隆庆四年（1570）夏不雨,秋大水。（乾隆《重修固始县志》）

129. 明神宗万历元年（1573）春,旱。（康熙《长垣县志》卷9）

130. 明神宗万历二年（1574）夏,旱。（民国《光山县志约稿》）

131. 明神宗万历二年（1574）旱。（康熙《长垣县志》卷9）

132. 明神宗万历八年（1580）正月至四月不雨,井泉多涸。（乾隆《温县志》）

春、夏旱。（康熙《长垣县志》卷2）

133. 明神宗万历八年（1580）正月至四月不雨,井泉多涸。（乾隆《温县志》）（跨季节记为2次）

春、夏旱。（康熙《长垣县志》卷2）（跨季节记为2次）

134. 明神宗万历九年（1581）春旱,夏多雨,秋又旱。（康熙《长垣县志》卷2）

135. 明神宗万历九年（1581）春旱,夏多雨,秋又旱。（康熙《长垣县志》卷2）

136. 明神宗万历九年（1581）十一月,大旱无禾。（光绪《鹿邑县志》卷

6下)

　　137. 明神宗万历九年(1581)大旱。(乾隆《嵩县志》卷6)

　　138. 明神宗万历十年(1582)十一月,大旱无禾。(光绪《鹿邑县志》卷6下)

　　139. 明神宗万历十年(1582)旱。(民国《重修滑县志》卷20)

　　140. 明神宗万历十一年(1583)旱蝗。(光绪《开州志》)

　　141. 明神宗万历十二年(1584)八月辛未,河南地方旱、潦、冰雹。(《明神宗实录》卷152"万历十二年八月辛未")

　　142. 明神宗万历十三年(1585)自正月至五月不雨,秋复不雨,菽不登。(嘉庆《洧川县志》)

　　143. 明神宗万历十三年(1585)自正月至五月不雨,秋复不雨,菽不登。(嘉庆《洧川县志》)

　　夏大旱。(民国《重修滑县志》卷20)

　　144. 明神宗万历十三年(1585)自正月至五月不雨,秋复不雨,菽不登。(嘉庆《洧川县志》)(跨季节记为3次)

　　秋大旱。(光绪《辉县志》)

　　145. 明神宗万历十四年(1586)正月至夏大旱,不雨,多风。(顺治《淇县志》)

　　春夏大旱,民饥。(民国《阳武县志》卷1)

　　146. 明神宗万历十四年(1586)正月至夏大旱,不雨,多风。(顺治《淇县志》)(跨季节记为2次)

　　春夏大旱,民饥。(民国《阳武县志》卷1)(跨季节记为2次)

　　147. 明神宗万历十五年(1587)秋七月,山西、陕西、河南、山东旱。(《明史》卷20《神宗纪一》)

　　148. 明神宗万历十六年(1588)春旱,大饥,疫,死者枕籍。(道光《获嘉县志》)

　　春大旱,民食树皮,秋复大旱。(康熙《长垣县志》)

　　149. 明神宗万历十六年(1588)春大旱,民食树皮,秋复大旱。(康熙《长垣县志》)

　　150. 明神宗万历十七年(1589)春不雨至于秋。(乾隆《重修固始县

志》)

151. 明神宗万历十七年(1589)春不雨至于秋。(乾隆《重修固始县志》)

夏旱。(乾隆《陈州府志》)

152. 明神宗万历十七年(1589)春不雨至于秋。(乾隆《重修固始县志》)(跨三个季节记为3次)

153. 明神宗万历十八年(1590)四月大旱,麦亩以升计,六月又大旱,亡豆田,十月雨,始布种麦种。(康熙《长垣县志》)

五月丙辰……大学士申时行等奏言:"窃闻旱灾甚广,自北直隶地方至河南、山东、江北夏麦俱已全枯,秋禾未能布种……"(《明神宗实录》卷223"万历十八年五月丙辰")

五月丁巳,户部尚书石星等奏言:"……连河南、山东、北直隶、山西、陕西俱报旱荒……"(《明神宗实录》卷223"万历十八年五月丁巳")

154. 明神宗万历十九年(1591)夏大旱,无麦。(乾隆《怀庆府志》)

155. 明神宗万历二十年(1592)旱,丁丑雨霖。(乾隆《滑县志》)

156. 明神宗万历二十三年(1595)秋,旱。(民国《修武县志》卷16)

157. 明神宗万历二十四年(1596)春、夏大旱。(光绪《开州志》卷1)

158. 明神宗万历二十四年(1596)春、夏大旱。(光绪《开州志》卷1)(跨季节记为2次)

159. 明神宗万历二十六年(1598)大旱,民饥。(道光《获嘉县志》卷16)

160. 明神宗万历二十七年(1599)三月旱,秋大旱,无禾,冬大饥。(道光《尉氏县志》)

161. 明神宗万历二十七年(1599)三月旱,秋大旱,无禾,冬大饥。(道光《尉氏县志》)(跨季节记为2次)

162. 明神宗万历二十七年(1599)夏大旱。(民国《禹县志》)

163. 明神宗万历二十七年(1599)大旱,秋熟未获,烈风三日,禾尽偃。(乾隆《获嘉县志》)

164. 明神宗万历二十八年(1600)仍旱。(乾隆《获嘉县志》)

165. 明神宗万历二十九年(1601)五月丁未……河南荒旱,斗米银二钱,小米银一钱,野无青草,载道流离,盗贼群行,正昼抢劫……(《明神宗实录》卷359"万历二十九年五月丁未")

166. 明神宗万历二十九年(1601)山东、山西、河南皆大旱。(《明史》卷21《神宗纪二》)

167. 明神宗万历三十年(1602)夏,大旱。(光绪《开州志》卷1)

168. 明神宗万历三十三年(1605)大旱,蝗。(康熙《长垣县志》卷2)

169. 明神宗万历三十四年(1606)四月,大旱;六月,飞蝗。(光绪《开州志》卷1)

170. 明神宗万历三十六年(1608)二月不雨至五月。(乾隆《禹州志》)

171. 明神宗万历三十六年(1608)二月不雨至五月。(乾隆《禹州志》)(跨季节记为2次)

172. 明神宗万历三十六年(1608)大旱,斗米千钱。(乾隆《内黄县志》)

173. 明神宗万历三十七年(1609)湖广、四川、河南、陕西、山西旱。(《明史》卷21《神宗纪二》)

174. 明神宗万历四十三年(1615)大旱,自春至秋不雨。(康熙《濮州志》卷1)

175. 明神宗万历四十三年(1615)大旱,自春至秋不雨。(康熙《濮州志》卷1)

176. 明神宗万历四十三年(1615)大旱,自春至秋不雨。(康熙《濮州志》卷1)(跨季节记为3次)

177. 明神宗万历四十五年(1617)秋霖数月,伤禾,民大饥。(嘉庆《商城县志》)

178. 明神宗万历四十六年(1618)夏旱。(光绪《开州志》卷1)

179. 明神宗万历四十七年(1619)大旱,三秋无雨,麦未播种。(乾隆《内黄县志》)

180. 明熹宗天启元年(1621)夏,大旱,无禾。(民国《孟县志》卷10)

181. 明熹宗天启六年(1626)十月,开封旱蝗。(《明史》卷28《五行一》)

182. 明熹宗天启七年(1627)大旱,蝗。(民国《夏邑县志》卷9)

183. 明思宗崇祯二年(1629)旱、蝗。(康熙《内乡县志》卷11)

184. 明思宗崇祯三年(1630)夏五月,旱。(民国《巩县志》卷5)

185. 明思宗崇祯五年(1632)春旱,六月雨至八月城,□复于隍。(民国《禹县志》)

186. 明思宗崇祯六年(1633)夏大旱。(嘉庆《密县志》)

187. 明思宗崇祯七年(1634)五月,大旱。(乾隆《新蔡县志》卷10)

六月旱,斗米银七钱,死亡相枕藉。(乾隆《阌乡县志》)

188. 明思宗崇祯八年(1635)自八年至十三年,每夏亢旱,飞蝗蔽日。(《豫变纪略》)

189. 明思宗崇祯九年(1636)大旱。(乾隆《济源县志》卷1)

190. 明思宗崇祯十年(1637)旱、蝗,民饥。(道光《获嘉县志》)

191. 明思宗崇祯十一年(1638)六月,两畿、山东、河南大旱蝗。(《明史》卷24《庄烈帝纪二》)

192. 明思宗崇祯十二年(1639)畿南、山东、河南、山西、浙江旱。(《明史》卷30《五行三》)

193. 明思宗崇祯十二年(1639)夏四月旱,六月飞蝗害稼。(光绪《开州志》)

六月,畿内、山东、河南、山西旱蝗。(《明史》卷24《庄烈帝纪二》)

194. 明思宗崇祯十三年(1640)是年,两畿、山东、河南、山、陕旱蝗,人相食。(《明史》卷24《庄烈帝纪二》)

195. 明思宗崇祯十三年(1640)春夏大旱,秋蝗,八月二十一日雨雪。十月大饥,人相食。(《临颍县续志》)

春夏不雨,大风沙霾,昼晦,蝗蝻大作,人相食,瘟疫,发帑赈饥。(民国《新乡县志》)

196. 明思宗崇祯十三年(1640)春夏大旱,秋蝗,八月二十一日雨雪。十月大饥,人相食。(《临颍县续志》)(跨季节记为2次)

春夏不雨,大风沙霾,昼晦,蝗蝻大作,人相食,瘟疫,发帑赈饥。(民国《新乡县志》)(跨季节记为2次)

夏不雨,七月霜,父子相食,饿莩遍野。(光绪《重修卢氏县志》卷12)

197. 明思宗崇祯十四年(1641)春无雨,蝗蝻食麦尽……夏无雨。(乾

隆《滑县志》)

198.明思宗崇祯十四年(1641)春无雨,蝗蝻食麦尽……夏无雨。(乾隆《滑县志》)(跨季节记为2次)

六月,两畿、山东、河南、浙江、湖广旱蝗,山东寇起。(《明史》卷24《庄烈帝纪二》)

两京、山东、河南、湖广及宣、大边地旱。(《明史》卷30《五行三》)

199.明思宗崇祯十五年(1642)春,大旱。(乾隆《阳武县志》卷12)

200.明思宗崇祯十六年(1643)大旱,自三月至七月始雨,无禾。(乾隆《新郑县志》)

201.明思宗崇祯十六年(1643)大旱,自三月至七月始雨,无禾。(乾隆《新郑县志》)(跨季节记为2次)

(二)明代河南旱灾特征

1.年际分布特征(如表7-3)

表7-3 明代河南旱灾数据年际分布统计表

时段	一	二	三	四	五	合计
年号	洪武、建文、永乐	洪熙、宣德、正统、景泰、天顺	成化、弘治、正德	嘉靖、隆庆	万历、天启、崇祯	
起止	1368—1424	1425—1464	1465—1521	1522—1572	1573—1643	1368—1643
年长	57	40	57	51	71	276
次数	11	24	53	40	73	201
比重	6%	12%	26%	20%	36%	100%
频度	1次/5.2年	1次/1.7年	1次/1.1年	1次/1.3年	1次/1.0年	1次/1.4年

在第一阶段洪武至永乐年间,从洪武二十三年(1390)至永乐二十年(1422)的33年间没有旱灾的记载,这一时期的旱灾记载是比较少的,之后便是旱灾的频发期,出现旱灾连年多发的情况,旱灾程度严重且复杂。第一阶段和第二阶段共发生旱灾35次,这两个阶段旱灾发生率较低。从第三阶段成化至正德年间共发生旱灾53次,发生较为频繁。第四阶段嘉靖、隆庆年间,共发生旱灾40次,这一时期出现连年全年干旱的情况。在第五阶段万历、天启、崇祯三朝,共

发生旱灾73次,万历八年(1580)至万历二十年(1592)出现了连年大旱的情况,崇祯五年(1632)至崇祯十六年(1643)的11年间出现连年全年大旱灾,造成了严重影响。

2. 年内分布特征

旱灾也具有明显的季节、月份分布特点,我们特制表7-4,方便读者认识到旱灾的季节、月份分布特征。

表7-4　明代河南旱灾记录年内分布表

季节	春季				夏季				秋季				冬季				不详
次数	45				68				30				8				50
月份	一	二	三	不详	四	五	六	不详	七	八	九	不详	十	十一	十二	不详	
次数	9	5	4	27	20	4	10	34	7	2	5	16	1	3	1	3	

旱灾具有连续性,往往持续数月,甚至从一个季节延续到另一个季节。在单个月份统计时会有数据的重复。此外许多旱灾资料只记载了其发生的季节,所以在上表中一个季节发生灾害总数大于这个季节月份之和。由表格可见,旱灾主要发于春夏季节,季节特征较为明显。其中以春旱、夏旱和春夏连旱的情况较为多见,秋冬季的干旱灾害较少。因此,明代河南干旱灾害发生的季节性很明显,呈现出春夏多、秋冬少的特点。

在明代河南地区发生的自然灾害以旱灾和水灾的发生次数最高,对农业生产和人民生活的危害是最为严重的。其中在河南地区发生的大旱中,有连年干旱的情况,如成化十五年至二十一年(1479—1485)、嘉靖六年至十二年(1527—1533)、万历八年至二十年(1580—1592)、崇祯五年至十六年(1632—1643)等几次,其中崇祯年间旱灾的严重程度和持续时间都是历史上罕见的。崇祯十年(1637),旱灾情况最为严重,出现了"人相食"的惨烈景况,河南部分地区的县志中均有此类记载。此次大旱是在连年干旱之后再次发生的春、夏、秋的连旱,而河南地区的人民在遭受连年干旱之后,对灾害的抵御能力已经大为降低,甚至有所丧失,而结局必然也是悲惨的。地方志中记载了豫北地区的获嘉县从崇祯九年到十三年(1636—1640)经历了5年的旱蝗侵袭,以及战争和瘟疫的折磨摧残,使"民死于灾,死于兵,死于疫者,百不存一二。存者食草根树皮,以至父子、兄弟、夫妻互相蚕食,尸骨遍郊野,庐舍丘墟"①。各种灾害相袭,使河南地区的生产遭到极大的破坏,遭受了较大的人员伤亡损失。严重的旱灾使河南地区的农业遭受了重大损失,粮食几乎是颗粒无收。

三、明代河南虫灾

(一)明代河南虫灾数据统计

虫灾是有害生物繁殖过量引发的灾害。明代的虫灾主要是蝗虫蝗蝻的侵害即蝗灾,其特点是为害烈,旱蝗并发。古代的干旱天气有利于蝗虫的繁衍增代。明代的蝗灾主要集中于黄淮海平原地区,因此河南地区所发生的蝗虫灾害也是较为频繁的。蝗灾作为一种生物性自然灾害,受季节、温度、湿度影响特别大,而水旱灾害的交替肆虐,为蝗虫的滋生提供了非常有利的成灾环境。如果遇到干旱的情况,也为蝗虫大量繁殖提供了条件,夏季出现干旱少雨的情况时,越冬的虫卵就可以免遭雨水的浸渍,虫卵孵化率就会特别高。河南的旱灾一般多发生在春夏,非常有利于蝗虫的繁殖和生长。根据史料记载分析,依照灾害统计标准得出明代河南地区共发生虫灾130次,多是由水旱灾害所引发的次生灾害,对河南地区农业的破坏力较大。以下是虫灾的相关史料记载:

1. 明太祖洪武三年(1370)七月乙巳,河南府奏:田间生斑猫虫,食麻、豆。命有司捕之。(《明太祖实录》卷54"洪武三年七月乙巳")

2. 明太祖洪武五年(1372)六月,开封府诸县蝗。(万历《开封府志》卷2)

蝗。(民国《中牟县志》卷1)

蝗。(光绪《扶沟县志》卷15)

3. 明太祖洪武六年(1373)五月己酉,开封府封丘县蝗。(《明太祖实录》卷83"洪武六年五月己酉")

4. 明太祖洪武六年(1373)七月,北平、河南、山西、山东蝗。(《明史》卷28《五行一》)

5. 明太祖洪武七年(1374)二月,平阳、太原、汾州、历城、汲县旱蝗,并

---

① [清]刘德昌:康熙《商丘县志》卷3《灾祥》,康熙四十年刻本,第194页。

免租税。(《明史》卷3《太祖纪二》)

6.明太祖洪武七年(1374)四月……河南府巩县,永平府乐亭县,河间府莫州、清县,东昌府聊城县并蝗,命捕之。(《明太祖实录》卷88"洪武七年四月甲子")

六月,怀庆、真定、保定、河间、顺德、山东、山西蝗。(《明史》卷28《五行一》)

7.明太祖洪武八年(1375)河南彰德府安阳等县,北平,大名府内黄等县蝗。(《明太祖实录》卷99"洪武八年四月丁巳")

8.明成祖永乐元年(1403)正月丁酉,大名府清丰等县蝗,民饥,户部请以元城县所贮粮四万余石赈之。从之。(《明太宗实录》卷16"永乐元年正月丁酉")

9.明成祖永乐元年(1403)丁酉河南蝗,免今年夏税。(《明史》卷6《成祖纪二》)

夏,山东、山西、河南蝗。(《明史》卷28《五行一》)

10.明成祖永乐二年(1404)正月庚申,河南郑州荥泽县言:蝗蝻伤稼,税粮乞以豆菽代输。(《明太宗实录》卷27"永乐二年正月庚申")

11.明成祖永乐十四年(1416)七月丁酉,户部言:河南卫辉府新乡县,山东乐安州,北京通州及顺义、宛平二县蝗。命速遣人捕瘗。(《明太宗实录》卷178"永乐十四年七月丁酉")

七月,彰德府属县蝗。(《明太宗实录》卷178"永乐十四年七月")

12.明成祖永乐十四年(1416)畿内、河南、山东蝗。(《明史》卷28《五行一》)

13.明成祖永乐二十一年(1423)夏秋,旱蝗相继,麦禾俱无。(光绪《宜阳县志》卷2)

14.明宣宗宣德元年(1426)六月戊子,河南布政司奏:安阳、临漳二县蝗。(《明宣宗实录》卷18"宣德元年六月戊子")

15.明宣宗宣德五年(1430)九月壬寅,大名府奏:浚县虫蝻生。(《明宣宗实录》卷70"宣德五年九月壬寅")

16.明宣宗宣德九年(1434)五月丁丑,河南开封府祥符县各奏:蝗蝻生。命行在户部遣官驰驿督捕。(《明宣宗实录》卷110"宣德九年五月丁丑"）

17. 明英宗正统二年（1437）四月己卯，初，行在户部奏：去年山东、河南、顺天等府蝗，已命官督捕，今恐复生。上命卫、所、府、州、县设法捕之。既而蝗果复滋蔓，于是复命户部差主事等官驰驿督捕。（《明英宗实录》卷29"正统二年四月己卯"）

18. 明英宗正统三年（1438）七月癸卯，归德州蝗。（《明英宗实录》卷44"正统三年七月癸卯"）

19. 明英宗正统四年（1439）五月庚戌，……河南开封府，山东兖州、济南二府各奏：属县有蝗。上谓户部臣曰：不速扑灭，恐遗民患，即遣人驰传，令所司捕之。（《明英宗实录》卷55"正统四年五月庚戌"）

20. 明英宗正统五年（1440）四月庚寅，河南开封、彰德二府，并山东兖州府所属州、县俱蝗。上命行在户部遣人驰驿，令所在官司捕绝，毋使滋蔓。（《明英宗实录》卷66"正统五年四月庚寅"）

21. 明英宗正统六年（1441）七月丁酉，河南彰德、卫辉、开封、南阳、怀庆五府……蝗生。上命行在户部速移文镇守巡按三司官，严督军卫有司捕灭。（《明英宗实录》卷81"正统六年七月丁酉"）

八月丁亥，河南右参政孙原贞奏：所属府、州、县蝗灾。（《明英宗实录》卷82"正统六年八月丁亥"）

22. 明英宗正统七年（1442）四月己酉，河南布政司奏：开封等府所属州、县蝗蝻生发，伤害苗稼。上命即遣官督捕，毋令殃民。（《明英宗实录》卷91"正统七年四月己酉"）

五月，顺天、广平、大名、河间、凤阳、开封、怀庆、河南蝗。（《明史》卷28《五行一》）

23. 明英宗正统十二年（1447）五月甲辰，河南开封、河南、彰德三府各奏旱、蝗。上命户部遣官覆视。（《明英宗实录》卷154"正统十二年五月甲辰"）

24. 明英宗正统十二年（1447）七月辛卯，直隶永平、凤阳并河南开封等六府旱、蝗。上命户部移文所司：速为赈济、扑灭，毋遗民患。（《明英宗实录》卷156"正统十二年七月辛卯"）

25. 明英宗正统十三年（1448）六月丙子，巡按河南监察御史奏：开封府及汝阳县蝗,有秃鹫万余下食之,蝗因尽绝,禾稼无损。(《明英宗实录》卷167"正统十三年六月丙子")

26. 明英宗正统十四年(1449)六月己酉,河南布政司奏:开封府诸县蝗。(《明英宗实录》卷179"正统十四年六月己酉")

27. 明代宗景泰元年(1450)秋蝗。(嘉靖《通许县志》)

28. 明英宗天顺元年(1457)丁丑蝗,免田租。(顺治《汝阳县志》卷10)

29. 明英宗天顺元年(1457)蝗,免租。(嘉靖《真阳县志》卷9)

30. 明英宗天顺二年(1458)蝗生,无间遐迩,长垣尤多。(嘉靖《长垣县志》卷2)

31. 明宪宗成化二年(1466)夏蝗,民饥。(嘉靖《通许县志》)

32. 明宪宗成化三年(1467)七月,开封、彰德、卫辉蝗。(《明史》卷28《五行一》)

33. 明宪宗成化十九年(1483)五月,河南蝗。(《明史》卷28《五行一》)

34. 明宪宗成化十九年(1483),蝗蝻生发,食伤禾稼,累年被灾,困苦无伸。(顺治《温县志》)

35. 明宪宗成化二十一年(1485),旱蝗。(乾隆《新安县志》)

36. 明宪宗成化二十二年(1486)四月,河南蝗。(《明史》卷28《五行一》)

37. 明宪宗成化二十三年(1487)岁旱,蝗,瘟疫,民多死。(康熙《柘城县志》)

38. 明武宗正德三年(1508)春旱,秋蝗。(康熙《续修陈州志》)

39. 明武宗正德七年(1512)六月,濮州蝗,害稼。(嘉靖《濮州志》卷1)

40. 明武宗正德十四年(1519)蝗。(民国《重修滑县志》卷20)

41. 明武宗正德十五年(1520)复蝗,食禾且尽。(民国《重修滑县志》卷20)

42. 明武宗正德十五年(1520)蝗。(嘉靖《郾城县志》)

43. 明世宗嘉靖二年(1523)夏水秋蝗。(乾隆《沈丘县志》)

44. 明世宗嘉靖六年(1527)六月,蝗蝻生。(嘉靖《永城县志》卷4、嘉靖《夏邑县志》卷5)

六月大蝗,黍稷一空。(康熙《宁陵县志》)

45. 明世宗嘉靖七年(1528)秋七月旱蝗,蝗自西、北、东环城四境,遮蔽天日,前后相继数十日,岁大饥,民死之八九。(道光《宝丰县志》)

46. 明世宗嘉靖七年(1528)飞蝗蔽天,田禾尽没。(康熙《中牟县志》)

47. 明世宗嘉靖八年(1529)六月,飞蝗蔽野,大伤禾稼,民多饿死。(光绪《孟津县志》)

夏六月甲子,蝗飞蔽天。(乾隆《杞县志》)

48. 明世宗嘉靖八年(1529)七月,吾谷将熟,禾稼盈野。不意飞蝗自东南来,飞腾蔽日,止栖阔长四十里,五谷颖粟苗草尽为食毁,后虫蝻复生。(嘉靖《巩县志》)

七月,淇境大蝗,秋禾食尽,民大饥,人相食。(嘉靖《淇县志》)

49. 明世宗嘉靖八年(1529)十一月丙申,以河南蝗灾免开封等府所属州县并宣武等卫秋粮有差。(《明世宗实录》卷107"嘉靖八年十一月丙申")

50. 明世宗嘉靖九年(1530)春,大疫,禾蝻。(民国《陕县志》卷1)

51. 明世宗嘉靖九年(1530)夏,飞蝗食稼,民饥。(民国《淮阳县志》卷20)

52. 明世宗嘉靖九年(1530)夏蝗,入秋,复生蝻。(道光《尉氏县志》卷1)

53. 明世宗嘉靖十年(1531)蝗。(道光《尉氏县志》卷1)

54. 明世宗嘉靖十年(1531)大蝗。(嘉靖《永城县志》卷4)

55. 明世宗嘉靖十年(1531)蝗蝻。(康熙《裕州志》卷1)

56. 明世宗嘉靖十一年(1532)夏飞蝗。(《鲁山县志》卷10)

57. 明世宗嘉靖十一年(1532)飞蝗遍野。(道光《修武县志》卷4)

58. 明世宗嘉靖十一年(1532)蝗蝻。(康熙《裕州志》卷1)

59. 明世宗嘉靖十一年(1532)大蝗。(道光《尉氏县志》卷1)

60. 明世宗嘉靖十二年(1533)九月壬子,以河南开封府旱蝗许折征起运钱粮有差。(《明世宗实录》卷154"嘉靖十二年九月壬子")

61. 明世宗嘉靖十四年(1535)秋七月,蝗。(民国《淮阳县志》卷20)

秋,蝗飞蔽天。(嘉靖《内黄县志》卷8)

62. 明世宗嘉靖十五年(1536)夏、秋大蝗。(嘉靖《内黄县志》卷8)

63. 明世宗嘉靖十五年(1536)夏、秋大蝗。(嘉靖《内黄县志》卷8)(跨季节记为2次)

64. 明世宗嘉靖十七年(1538)大蝗。(光绪《辉县志》)

65. 明世宗嘉靖十九年(1540)秋,蝗。(光绪《南乐县志》卷7)

66. 明世宗嘉靖十九年(1540)蝗蝻。(顺治《固始县志》卷9)

67. 明世宗嘉靖二十年(1541)夏,蝗蝻食禾尽。(康熙《中牟县志》卷1)

68. 明世宗嘉靖二十年(1541)飞蝗遍野。(嘉庆《洧川县志》卷8)

69. 明世宗嘉靖二十一年(1542)夏五月,蝗蝻食麦,秋七月食谷。(康熙《夏邑县志》)

70. 明世宗嘉靖二十一年(1542)夏五月,蝗蝻食麦,秋七月食谷。(康熙《夏邑县志》)(跨季节记为2次)

71. 明世宗嘉靖二十二年(1543)大蝗,食禾几尽。(乾隆《新野县志》卷8)

72. 明世宗嘉靖二十三年(1544)蝗,大水,大疫。(道光《武陟县志》卷12)

73. 明世宗嘉靖二十五年(1546)蝗。(康熙《郾城县志》)

74. 明世宗嘉靖二十六年(1547)飞蝗蔽天。(乾隆《确山县志》)

75. 明世宗嘉靖三十年(1551)夏,蝗。(光绪《陕州直隶州志》卷1)

76. 明世宗嘉靖三十六年(1557)秋,飞蝗蔽天。(康熙《汝宁府志》)

77. 明世宗嘉靖三十七年(1558)戊午,紫虫食麦。(乾隆《偃师县志》卷29)

78. 明世宗嘉靖三十七年(1558)大蝗。(乾隆《原武县志》)

79. 明世宗嘉靖三十九年(1560)秋,蝗蝻生。(乾隆《阳武县志》卷12)

80. 明神宗万历八年(1580)蝗。(乾隆《济源县志》卷1、道光《河内县志》卷11)

81. 明神宗万历九年(1581)蝗。(民国《许昌县志》卷19)

82. 明神宗万历十年(1582)夏秋蝗蝻。(民国《淮阳县志》卷20)

83. 明神宗万历十年(1582)夏秋蝗蝻。(民国《淮阳县志》卷20)(跨季节记为2次)

84. 明神宗万历十年(1582)蝗蝻伤禾。(康熙《中牟县志》卷1)

85. 明神宗万历十一年(1583)旱蝗。(光绪《开州志》)

86. 明神宗万历十三年(1585)夏旱、蝗,人相食。(乾隆《光州志》)

87. 明神宗万历十四年(1586)春夏大旱,民饥,赈,六月小雨,七月螟蝗生,八月风霾异常,秋禾一空。(乾隆《阳武县志》卷12)

88. 明神宗万历十七年(1589)河南连年水旱,地多荒芜,获嘉等地生蝗。(道光《获嘉县志》卷16)

89. 明神宗万历二十四年(1596)夏六月雨雹;秋,蝗。(民国《重修滑县志》卷20)

90. 明神宗万历二十五年(1597)蝗。(民国《鄢城县记》)

91. 明神宗万历二十七年(1599),飞蝗蔽日,食禾苗殆尽。(乾隆《嵩县志》卷6)

92. 明神宗万历三十年(1602)秋,蝗。(乾隆《新乡县志》卷28)

93. 明神宗万历三十三年(1605)大旱,蝗。(康熙《长垣县志》卷2)

94. 明神宗万历三十四年(1606)四月,大旱;六月,飞蝗。(光绪《开州志》卷1)

95. 明神宗万历三十四年(1606)秋,大蝗伤禾稼。(民国《新乡县志》)

96. 明神宗万历三十五年(1607)六月,飞蝗过野,投河而死,禾未甚伤。(顺治《封丘县志》)

97. 明神宗万历三十七年(1609)己酉大旱,蝗,民流。(嘉庆《息县志》)

98. 明神宗万历四十年(1612)春三月蝗。(乾隆《杞县志》)

99. 明神宗万历四十年(1612)夏六月蝗。(乾隆《扶沟县志》)

100. 明神宗万历四十三年(1615)蝗。(民国《修武县志》卷16)

101. 明神宗万历四十四年(1616)夏六月蝗。(乾隆《扶沟县志》)

102. 明神宗万历四十四年(1616)七月,常州、镇江、淮安、扬州、河南蝗。(《明史》卷28《五行一》)

103. 明神宗万历四十五年(1617)六月,蝗飞蔽天,禾草间食。(《新野县志》)

夏六月二十三日,蝗蔽天。(民国《中牟县志》)

104. 明神宗万历四十五年(1617)七月,蝗蝻络野,禾稼一空。(《新野

县志》)

九月乙酉,户部尚书李汝华复:"河南巡按张惟任题:沈丘等五十州县因旱蝗为虐,漕粟难输……"(《明神宗实录》卷561"万历四十五年九月乙酉")

105. 明神宗万历四十六年(1618),飞蝗蔽天,食谷殆尽。(乾隆《卫辉府志》)

106. 明神宗万历四十七年(1619)六月,蝗食稼,蛹遍野。(万历《南阳府志》)

107. 明神宗万历四十八年(1620)秋蝗。(康熙《上蔡县志》)

108. 明熹宗天启元年(1621)大蝗。(道光《泌阳县志》卷3)

109. 明熹宗天启三年(1623)大雨雹,蝗。(康熙《内乡县志》卷11)

110. 明熹宗天启六年(1626)是秋,河南蝗。(《明史》卷22《熹宗纪》)

111. 明熹宗天启六年(1626)十月,开封旱蝗。(《明史》卷29《五行一》)

112. 明熹宗天启七年(1627)旱,大蝗。(光绪《虞城县志》卷10)

113. 明思宗崇祯二年(1629)旱、蝗。(康熙《内乡县志》卷11)

114. 明思宗崇祯七年(1634)八月,旱蝗。(顺治《临颍县志》)

115. 明思宗崇祯八年(1635)飞蝗蔽空,每年谷菽俱为所食。(康熙《淯川县志》卷8)

116. 明思宗崇祯八年(1635)七月,河南蝗。(《明史》卷28《五行一》)

秋复大蝗,蔽天布野。(嘉庆《密县志》)

117. 明思宗崇祯九年(1636)飞蝗蔽天。(光绪《重修卢氏县志》卷12)

118. 明思宗崇祯九年(1636)飞蝗蔽空,每年谷菽俱为所食。(康熙《淯川县志》卷8)

119. 明思宗崇祯十年(1637)有蝗自山东来,蔽野断青,岁大饥,明年蝗复生,倍之。(民国《鄢陵县志》卷29)

120. 明思宗崇祯十年(1637)飞蝗蔽空,每年谷菽俱为所食。(康熙《淯川县志》卷8)

121. 明思宗崇祯十年(1637)六月,山东、河南蝗。(《明史》卷28《五行一》)

122. 明思宗崇祯十年(1637)秋七月,山东、河南蝗,民大饥。(《明史》

卷23《庄烈帝纪一》)

123.明思宗崇祯十一年(1638)飞蝗蔽空,每年谷菽俱为所食。(康熙《淯川县志》卷8)

124.明思宗崇祯十一年(1638)四月不雨至六月中,蝗虫蔽天,赤地千里,食禾殆尽,次年又蝗。(乾隆《新乡县志》)

125.明思宗崇祯十一年(1638)两畿、山东、河南大旱蝗。(《明史》卷24《庄烈帝纪二》)

126.明思宗崇祯十二年(1639)飞蝗蔽空,每年谷菽俱为所食。(康熙《淯川县志》卷8)

127.明思宗崇祯十二年(1639)畿内、山东、河南、山西旱蝗。(《明史》卷24《庄烈帝纪二》)

128.明思宗崇祯十三年(1640)五月,两京、山东、河南、山西、陕西大旱蝗。(《明史》卷24《庄烈帝纪二》)

129.明思宗崇祯十四年(1641)六月,两畿、山东、河南、浙江、湖广旱蝗,山东寇起。(《明史》卷24《庄烈帝纪二》)

130.明思宗崇祯十五年(1642)蝗,既而大潦。(康熙《内乡县志》卷11)

(二)明代河南虫灾特征

1.年际分布特征(如表7-5)

表7-5 明代河南虫灾数据年际分布统计表

时段	一	二	三	四	五	合计
年号	洪武、建文、永乐	洪熙、宣德、正统、景泰、天顺	成化、弘治、正德	嘉靖、隆庆	万历、天启、崇祯	
起止	1368—1424	1425—1464	1465—1521	1522—1572	1573—1643	1368—1643
年长	57	40	57	51	71	276
次数	13	17	12	37	51	130
比重	10%	13%	9%	29%	39%	100%
频度	1次/4.4年	1次/2.4年	1次/4.8年	1次/1.4年	1次/1.4年	1次/2.1年

在第一阶段洪武至永乐年间共发生虫灾13次,虫灾的发生率较低。在第

二阶段发生虫灾17次,第三阶段发生12次,这三个阶段的虫灾发生次数不多。第四阶段发生虫灾37次,这一阶段的虫灾发生与旱灾关系密切。第五阶段发生虫灾51次,是虫灾发生数量最多、发生率较高的时期。这一阶段也是处于水旱灾害频发的时期。嘉靖统治时期的虫灾发生率是较高的,嘉靖六年(1527)至嘉靖三十年(1551)这一时期,河南地区蝗虫灾害几乎连年发生,且出现多地群发的现象,共发生蝗虫灾害32次,平均每年发生一次。从崇祯七年(1634)至明朝结束也是蝗虫灾害的连发期,每年皆有蝗虫灾害的发生且多地群发。万历至崇祯时期,蝗灾规模逐渐增大,并且出现时间持续较长、灾害传播迅速的特点,导致连年灾荒,饿殍遍野。

2. 年内分布特征(如表7-6)

表7-6 明代河南虫灾记录年内分布表

季节	春季				夏季				秋季				冬季				不详
次数	5				36				36				2				51
月份	一	二	三	不详	四	五	六	不详	七	八	九	不详	十	十一	十二	不详	
次数	2	1	1	1	6	7	14	9	17	1	2	16	1	1	0	0	

明代的蝗灾与干旱气候及旱灾的发生联系密切。蝗虫灾害多发于水旱灾害之后。从时间上看,四月至七月是蝗灾的高发期,集中于每年的夏秋两季。

从资料记载来看,多是旱蝗灾害一起发生的。如崇祯六年(1633),豫北和豫东平原的干旱发生后,次年就有蝗灾的出现。崇祯十二年至十三年(1639—1640)是旱灾发生的最高峰,也是蝗灾最为严重的时候。如《明史》卷24《庄烈帝纪二》中,关于"旱蝗"的记载连年不断。旱灾是诱发蝗灾的直接因素。水灾引起的蝗虫灾害亦有很多的记载,如《明英宗实录》"正统二年四月壬午"记载:"四月,河南开封、怀庆、河南等地自去年闰六月以来天雨连绵,河水冲溢,淹没田土,至六月,河南、怀庆府各奏天久不雨,蝗蝻伤稼。"在《获嘉县志》中记载,万历十七年(1589),"河南连年水旱,地多荒芜,获嘉等地生蝗"。

四、明代河南雹灾

(一)明代河南雹灾数据统计

明代河南共发生雹灾82次,以下是明代河南雹灾的史料记载情况:

1. 明太祖洪武三年(1370)八月,彰德府临漳、汤阴二县雨雹。(《明太祖实录》卷55"洪武三年八月辛丑")

2. 明太祖洪武六年(1373)五月应天府江宁县……开封府兰阳县雨雹。(《明太祖实录》卷82"洪武六年五月庚午")

3. 明太祖洪武十二年(1379)四月,雨雹。(乾隆《重修洛阳县志》卷10)

4. 明成祖永乐二年(1404)七月壬午,河南府洛阳县雨雹伤稼。(《明太宗实录》卷33"永乐二年七月壬午")

5. 明成祖永乐十二年(1414)五月辛未,河南睢及仪封、杞县、考城、太康、洛阳、灵宝、嵩县、新安八县雨雹伤麦。(《明太宗实录》卷150"永乐十二年五月辛未")

6. 明英宗正统元年(1436)六月十四日雨雹大作,伤民稼穑。上命行在户部遣官覆视从闻。(《明英宗实录》卷21"正统元年八月辛卯")

7. 明宪宗成化十四年(1478),雹大如拳。(康熙《中牟县志》卷1)

8. 明宪宗成化二十一年(1485)震雹。(嘉靖《通许县志》)

9. 明宪宗成化二十二年(1486)南阳雨雹,大如鹅卵。(《明史》卷28《五行一》)

10. 明孝宗弘治四年(1491)裕、汝二州雨雹,大者如墙杵,积厚二三尺,坏屋宇禾稼。(《明史》卷28《五行一》)

11. 明孝宗弘治四年(1491)雨雹伤麦禾,四境皆赤地。(嘉靖《长垣县志》卷2)

12. 明孝宗弘治五年(1492)四月二十五日,雹伤麦稼,县东南甚。(嘉靖《通许县志》)

13. 明孝宗弘治六年(1493)闰五月朔,雨雹。(康熙《延津县志》)

14. 明孝宗弘治八年(1495)大雨雹。(民国《淮阳县志》卷20)

15. 明孝宗弘治十一年(1498)戊辰,直隶寿州及河南县各雨冰雹,伤麦苗,杀禽鸟,坏官民廨舍。(《明孝宗实录》卷136"弘治十一年四月戊辰")

16. 明孝宗弘治十二年(1499)四月戊戌,河南许州大风雨雹。(《明孝宗实录》卷149"弘治十二年四月戊戌")

17. 明孝宗弘治十三年(1500)四月癸巳,山东濮州暴风迅雷骤雨、冰雹交下,毙人畜,伤田禾民舍。(《明孝宗实录》卷161"弘治十三年四月癸巳")

四月癸卯……清丰四县风雨冰雹交下,毙人畜,伤田禾。(《明孝宗实录》卷161"弘治十三年四月癸卯")

18. 明孝宗弘治十五年(1502)大雨雹。(同治《叶县志》卷1)

19. 明武宗正德八年(1513)雨雹。(万历《仪封县志》)

20. 明武宗正德九年(1514)正月,雷雹。(万历《开封府志》卷2)

21. 明武宗正德九年(1514)五月,雨雹如卵、如碗,伤麦禾,人畜死者甚众。(光绪《南乐县志》卷7)

五月丙寅,直隶开州、河南磁州暨武安、考城县大雨雹,坏麦禾,击死人畜。(《明武宗实录》卷112"正德九年五月丙寅")

22. 明武宗正德十年(1515)震雹。(嘉靖《通许县志》)

23. 明武宗正德十一年(1516)八月十一日,震电交作,雹大者如鸡卵。(嘉靖《通许县志》)

24. 明世宗嘉靖元年(1522)冬十二月,雷电雨雪。(顺治《祥符县志》卷1)

25. 明世宗嘉靖二年(1523)十二月,雷雨雹。(康熙《中牟县志》卷1)

26. 明世宗嘉靖六年(1527)四月,雨雹伤稼。(嘉靖《郾城县志》)

27. 明世宗嘉靖十一年(1532)四月八日,张庄雹,大如斗,杀麦不实。(嘉靖《固始县志》卷9)

28. 明世宗嘉靖十三年(1534)夏六月朔,迅雷雨雹。(光绪《开州志》卷1)

29. 明世宗嘉靖十四年(1535)四月庚子,开封、彰德雨雹杀麦。(《明史》卷28《五行一》)

30. 明世宗嘉靖十四年(1535)四月,雹杀麦。(民国《淮阳县志》卷20)

31. 明世宗嘉靖十八年(1539)春雨、夏雹、秋大旱,民饥,米斗钱百六十文。(康熙《长垣县志》)

32. 明世宗嘉靖二十四年(1545)十二月雨雹,大雷。(民国《光山县志约稿》)

33. 明世宗嘉靖二十五年(1546)临县、武安雨雹。(乾隆《彰德府志》)

34. 明世宗嘉靖三十年(1551)六月,雨雹。(乾隆《新乡县志》卷28)

35. 明世宗嘉靖三十一年(1552)四月,冰雹自西北来,大者如卵片。(嘉靖《巩县志》卷6)

36. 明世宗嘉靖三十五年(1556)三月,雹。(顺治《河南府志》)

丙辰三月,雨雹。(乾隆《偃师县志》)

37. 明世宗嘉靖三十六年(1557)四月,雨雹。(康熙《宁陵县志》)

38. 明世宗嘉靖三十九年(1560)雨雹。(康熙《陈州府志》)

39. 明世宗嘉靖四十年(1561)六月,地震,大雨雹。(乾隆《偃师县志》卷29)

40. 明世宗嘉靖四十一年(1562)大水雨雹。(顺治《淇县志》)

41. 明穆宗隆庆六年(1572)三月,雨雹伤麦。(顺治《温县志》)

42. 明神宗万历元年(1573)夏四月夜冰雹,大如鸡子……平民饥,赈。(乾隆《阳武县志》卷12)

43. 明神宗万历三年(1575)夏四月,大雨冰雹。(顺治《祥符县志》卷1)

44. 明神宗万历九年(1581)七月,雨雹伤禾。(康熙《汝阳县志》卷5)

七月,雨雹伤稼。(康熙《上蔡县志》)

45. 明神宗万历十一年(1583)夏五月雨雹,大如杵,杀人。(道光《获嘉县志》)

46. 明神宗万历十一年(1583),西南境大雨雹。(乾隆《卫辉府志》)

47. 明神宗万历十二年(1584)正月二十六日大雨,震雹异常,四月、五月大旱、大风,七月二十一日大风伤禾。(顺治《淇县志》)

48. 明神宗万历十二年(1584)八月辛未,河南地方旱、潦、冰雹。(《明神宗实录》卷152"万历十二年八月辛未")

九月庚辰,河南报冰雹异常,打毁二麦。(《明神宗实录》卷153"万历十二年九月庚辰")

49. 明神宗万历十三年(1585)雨雹伤麦。(道光《修武县志》卷4)

50. 明神宗万历十五年(1587)夏四月,大雨雹伤禾,自五月至八月不雨……六月大雨雹。(民国《淮阳县志》)

51. 明神宗万历十六年(1588)夏六月,大雨雹。(顺治《邓州志》)

52. 明神宗万历十八年(1590)六月初四日,雨雹。(康熙《内乡县志》)

53. 明神宗万历二十年(1592)夏雨雹伤禾,秋淫雨,风拔木。(乾隆《怀庆府志》)

54. 明神宗万历二十一年(1593)春雨雹,无麦。(乾隆《阳武县志》卷12)

55. 明神宗万历二十四年(1596)大旱,蝗蝻生;四月,冰雹。(乾隆《济源县志》卷1)

56. 明神宗万历二十四年(1596)夏六月雨雹;秋,蝗。(民国《重修滑县志》卷20)

57. 明神宗万历二十八年(1600)六月,山东大风雹,击死人畜,伤禾苗。河南亦雨冰雹,伤禾麦。(《明史》卷28《五行一》)

58. 明神宗万历三十一年(1603)雹杀禾稼,饥。(康熙《镇平县志》)

59. 明神宗万历三十五年(1607)四月,雨雹,大如鸡卵,打死禽鸟,害稼。(乾隆《禹州志》)

60. 明神宗万历三十八年(1610)闰三月丙午,是日河南南阳府桐柏县冰雹为灾。(《明神宗实录》卷469"万历三十八年闰三月丙午")

61. 明神宗万历四十年(1612)雨雹。(民国《修武县志》卷16)

62. 明神宗万历四十二年(1614)夏四月十二日,大雨雹。(民国《淮阳县志》卷20)

63. 明神宗万历四十六年(1618)夏,雹伤人。(民国《孟县志》卷10)

64. 明神宗万历四十八年(1620)五月内冰雹,大如鸡卵,自辰至午,屋瓦皆碎,麦已熟,秕粒尽没。(民国《清丰县志》)

65. 明熹宗天启二年(1622)八月,冰雹大如掌,伤禾。(民国《重修滑县志》卷20)

66. 明熹宗天启三年(1623)大雨雹,蝗。(康熙《内乡县志》卷11)

67. 明熹宗天启四年(1624)四月十九日,烈风雨雹,须臾深尺余,小者如鸡卵,大者如斗,麦禾损坏几尽。(康熙《新郑县志》卷4)

68. 明熹宗天启六年(1626),雨雹,大风揭瓦拔木。(道光《河内县志》卷11)

69. 明熹宗天启六年(1626)黄雾四塞,继而雨雹。(光绪《重修卢氏县志》)

70. 明思宗崇祯元年(1628),雨雹伤禾。(道光《河内县志》卷11)

71. 明思宗崇祯三年(1630)夏,雨雹伤禾。(光绪《虞城县志》卷10)

72. 明思宗崇祯四年(1631)五月,陨雹。(光绪《虞城县志》卷10)

73. 明思宗崇祯五年(1632)六月,雨雹。(康熙《泌阳县志》)

六月,雨冰雹,大如碗,小如卵。(《唐河县志》)

74. 明思宗崇祯六年(1633)开州五月,雨雹如杵,毁房折木。(康熙《开州志》)

75. 明思宗崇祯六年(1633)雨雹伤禾。(道光《河内县志》卷11)

76. 明思宗崇祯六年(1633)秋孟雨雹害稼。(乾隆《怀庆府志》)

77. 明思宗崇祯七年(1634)夏五月雨雹。(嘉庆《开州志》)

78. 明思宗崇祯九年(1636)四月,雨雹,大如鸡子。(乾隆《阳武县志》卷12)

79. 明思宗崇祯十二年(1639)五月,雨冰,夏无麦,秋蝗、旱,大饥。(乾隆《新乡县志》)

80. 明思宗崇祯十五年(1642)秋七月,武陟大雨雹,伤稼殆尽。(乾隆《怀庆府志》)

81. 明思宗崇祯十六年(1643)六月,大雨雹。(顺治《邓州志》)

82. 明思宗崇祯十六年(1643)七月,雨雹大如卵。(乾隆《罗山县志》)

（二）明代河南雹灾特征

1. 年际分布特征（如表 7-7）

表 7-7　明代河南雹灾数据年际分布统计表

时段	一	二	三	四	五	合计
年号	洪武、建文、永乐	洪熙、宣德、正统、景泰、天顺	成化、弘治、正德	嘉靖、隆庆	万历、天启、崇祯	
起止	1368—1424	1425—1464	1465—1521	1522—1572	1573—1643	1368—1643
年长	57	40	57	51	71	276
次数	5	1	17	18	41	82
比重	6%	1%	21%	22%	50%	100%
频度	1次/11.4年	1次/40年	1次/3.4年	1次/2.8年	1次/1.7年	1次/3.4年

明代河南雹灾多集中于中后期，在第一阶段洪武至永乐年间仅有 5 次雹灾发生，第二阶段有 1 次雹灾发生。第三阶段发生雹灾 17 次，第四阶段发生雹灾 18 次，这两个阶段的雹灾发生数量逐渐增多，雹灾发生出现集中年份连发的情况。第五阶段明后期万历、天启、崇祯年间，出现了雹灾连年多发的情况，这一时期雹灾发生次数达到 41 次，占整个明代河南雹灾总次数的一半。

2. 年内分布特征（如表 7-8）

表 7-8　明代河南雹灾记录年内分布表

季节	春季			夏季			秋季				冬季				不详
次数	7			37			9				3				26
月份	一	二	三	不详	四	五	六	不详	七	八	九	不详	十	十一	十二	不详
次数	2	0	4	1	16	9	8	4	3	5	0	1	0	0	3	0

由表 7-8 可见，雹灾在季节分布上集中于夏季，其中四月雹灾的发生次数最多。

雹灾一般也是突发性的，有时小如米粒，有时大如鹅卵，坚如石块，如成化二十二年（1486），"三月甲寅，南阳雨雹，大如鹅卵"①。弘治四年（1491），"三月

---

① 〔清〕张廷玉等：《明史》卷 28《五行一》，中华书局，1974 年，第 429 页。

癸卯,裕、汝二州雨雹,大者如墙杵,积厚二三尺,坏屋宇禾稼"①。大型的雨雹灾害,其破坏力和杀伤力都是较强的。

雨雹对庄稼和人畜都易造成伤害。其中雨雹伤稼的记载:如《明太宗实录》卷33"永乐二年七月壬午"条"七月壬午,河南府洛阳县雨雹伤稼"。《明孝宗实录》卷136"弘治十一年四月戊辰"条"四月戊辰,直隶寿州及河南县各雨冰雹,伤麦苗,杀禽鸟,坏官民廨舍"。以及万历二十八年(1600)全河南省雨雹,如:"六月,山东大风雹,击死人畜,伤禾苗。河南亦雨冰雹,伤禾麦。"②这几次的雨雹结果都是"杀麦伤禾"。

雹灾发生的时间都不是很长,然而造成的危害却较为严重。相较于霜灾和雪灾,雹灾的发生次数是较多的,对农业的影响和危害也是不容轻视的。

五、明代河南寒灾

(一)明代河南寒灾数据统计

霜灾、雪灾、冰冻是明代发生比较少的一些自然灾害。据灾害统计标准得出明朝河南发生寒灾共49次,其中雪灾发生30次,霜灾14次,冰冻5次。以下是明代河南寒灾的史料记载情况:

1. 明代宗景泰四年(1453)三月,多雨雪。(新编《登封县志》)

2. 明代宗景泰四年(1453)冬十一月戊辰至明年孟春,山东、河南、浙江、直隶、淮、徐大雪数尺,淮东之海冰四十余里,人畜冻死万计。(《明史》卷28《五行一》)

3. 明代宗景泰五年(1454)是春,罗山大寒,竹树鱼蚌皆死。衡州雨雪连绵,伤人甚多,牛畜冻死三万六千蹄。(《明史》卷28《五行一》)

4. 明宪宗成化二年(1466)四月霜,桑麦死。(嘉靖《通许县志》)

5. 明宪宗成化八年(1472)冬,雪深数尺,民死于饥寒者甚多。(乾隆《重修洛阳县志》卷13)

---

① 〔清〕张廷玉等:《明史》卷28《五行一》,中华书局,1974年,第430页。
② 〔清〕张廷玉等:《明史》卷28《五行一》,中华书局,1974年,第432页。

6. 明宪宗成化二十二年(1486)冬大雨雪,人多冻死。(光绪《扶沟县志》)

7. 明宪宗成化二十二年(1486)风雪浃旬,人畜冻死,是岁大疫,死者相望。(乾隆《陈州府志》)

8. 明孝宗弘治元年(1488)七月秋,霜,无禾。(嘉靖《通许县志》)

9. 明孝宗弘治元年(1488)十一月,雷电,大雪经月。(乾隆《唐县志》卷1)

10. 明孝宗弘治二年(1489)冬,大雪。(嘉靖《许州志》卷8、嘉靖《商城县志》卷8、嘉靖《固始县志》卷9)

11. 明孝宗弘治六年(1493)冬大雪,深丈余。(乾隆《原武县志》)

12. 明武宗正德九年(1514)三月三日,霜,杀麦。(嘉靖《通许县志》)

13. 明世宗嘉靖元年(1522)冬十二月,雷电雨雪。(顺治《祥符县志》卷1)

14. 明世宗嘉靖七年(1528)九月雨浃旬,冬饥,冰坚盈尺,民冻死载道。(康熙《续修陈州志》)

15. 明世宗嘉靖二十九年(1550)春三月,大雨雪,平地水深三尺。《淮阳县志》卷20)

16. 明世宗嘉靖三十年(1551)二月,夜大降严霜,麦苗枯槁。(嘉靖《鲁山县志》卷10)

17. 明世宗嘉靖三十二年(1553)二月二十六如夜大降严霜,麦苗尽枯……(嘉靖《鲁山县志》)

18. 明世宗嘉靖四十一年(1562)夏四月朔,陨霜杀禾。(乾隆《杞县志》)

19. 明世宗嘉靖四十三年(1564)冬,大雪。(顺治《固始县志》卷9)

20. 明世宗嘉靖四十五年(1566)春大雪,陨霜。(乾隆《重修固始县志》)

春,大雪,飞霜遍地。(顺治《固始县志》卷9)

21. 明世宗嘉靖四十五年(1566)城池冰生花,大者如松、柏、桂梅,小者如萱、蒲、蔬。(乾隆《原武县志》)

22. 明世宗嘉靖四十五年(1566)怀庆冬大雪二十余日,冰生花。(乾隆

《怀庆府志》)

冬十二月大雪七日,深六七尺,至岁除日方霁,是年甘露降。(乾隆《陈州府志》)

23. 明神宗万历六年(1578)冬,极寒。(乾隆《新蔡县志》卷10)

24. 明神宗万历八年(1580)冬天雨冰。(乾隆《长葛县志》)

冬雨木冰。(乾隆《原武县志》)

25. 明神宗万历十一年(1583)癸未二月,陨霜杀麦。(康熙《夏邑县志》)

三月陨霜杀麦。(光绪《永城县志》)

三月陨霜。(光绪《虞城县志》卷10)

26. 明神宗万历十五年(1587)丁亥春不雨,夏六月大饥,九月十二日大雪深尺余,晚禾尽杀,荞麦斗银四钱。(道光《汝州全志》)

27. 明神宗万历十六年(1588)陨霜杀禾,大饥,大疫,间阎哭声不绝,亲戚不相吊唁。(光绪《阌乡县志》)

28. 明神宗万历二十四年(1596)四月己亥,林县雪。(《明史》卷28《五行一》)

29. 明神宗万历二十六年(1598)十一月辛亥,彰德陨霜,不杀草。(《明史》卷28《五行一》)

30. 明神宗万历二十九年(1601)正月初九,大雪四十日,雪水淹麦,瘟疫盛行。(乾隆《新蔡县志》卷10)

31. 明神宗万历三十三年(1605)正月,大雪。(顺治《汝阳县志》卷10)

32. 明神宗万历四十年(1612)正月雨木冰,榆、柳折损大半。(乾隆《陈州府志》)

33. 明神宗万历四十六年(1618)八月大水,九月雪。(康熙《上蔡县志》)

34. 明神宗万历四十八年(1620)冬月大雪,民仍饥,大寒。(嘉庆《商城县志》)

冬十二月雨冰折木。(乾隆《淮宁县志》)

35. 明熹宗天启元年(1621)正月元旦,大雪弥月。(康熙《汝阳县志》卷5)

36. 明熹宗天启五年(1625)七月,九沟地震。冬大冰雪深数尺。(乾隆《新蔡县志》卷10)

37. 明熹宗天启六年(1626)冬,荥泽池冰结花。(《豫变纪略》)

38. 明熹宗天启七年(1627)夏,霪雨,损麦;冬大雪,人畜多冻死。(康熙《内乡县志》卷11)

39. 明思宗崇祯四年(1631)十月,大雪五日夜,平地深六尺许,人畜冻死不可胜计。(康熙《新郑县志》卷4)

40. 明思宗崇祯五年(1632)秋淫雨弥月,冬大雪以风,沟壑皆平。(乾隆《济源县志》)

41. 明思宗崇祯六年(1633)大旱,冬异雪弥旬,大疫。(民国《禹县志》卷2中)

42. 明思宗崇祯七年(1634)甲戌除夜大雷电雨雪。(康熙《兰阳县志》)

43. 明思宗崇祯八年(1635)春,大雪。(嘉庆《商城县志》)

44. 明思宗崇祯十二年(1639)三月十七陨霜伤麦,数日间麦根复生。(乾隆《陈州府志》)

45. 明思宗崇祯十二年(1639)春,郡大旱,风霾蔽日,麦苗尽枯,八月,霜杀禾黍。(乾隆《彰德府志》)

46. 明思宗崇祯十三年(1640)夏不雨,七月霜,父子相食,饿殍遍野。(光绪《重修卢氏县志》)

三月大风,复旱蝗,八月二十日陨霜,晚禾无成。(顺治《淇县志》)

春夏大旱,八月霜杀禾,是岁民大饥,人相食。(乾隆《阳武县志》)

春夏大旱,秋蝗,八月二十一日雨雪。十月大饥,人相食。(顺治《临颍县志》)

47. 明思宗崇祯十四年(1641)辛巳冬,大饥,米麦斗钱千二百。雪深三尺,民多冻死流徙。(康熙《汝阳县志》)

48. 明思宗崇祯十六年(1643)元旦大雷雪。(乾隆《罗山县志》)

49. 明思宗崇祯十六年(1643)四月,鄢陵陨霜杀麦。(《明史》卷28《五行一》)

（二）明代河南寒灾特征

1. 年际分布特征（如表7-9）

表7-9　明代河南寒灾数据年际分布统计表

时段	一	二	三	四	五	合计
年号	洪武、建文、永乐	洪熙、宣德、正统、景泰、天顺	成化、弘治、正德	嘉靖、隆庆	万历、天启、崇祯	
起止	1368—1424	1425—1464	1465—1521	1522—1572	1573—1643	1368—1643
年长	57	40	57	51	71	276
次数	0	3	9	10	27	49
比重	0	6%	18%	21%	55%	100%
频度	0	1次/13.3年	1次/6.3年	1次/5.1年	1次/2.6年	1次/5.6年

从年际分布上来看，明洪武、永乐、洪熙、宣德、正统年间未有寒灾的记录，之后的个别年份偶有寒灾的记录。第五阶段是寒灾发生较多的时期，共发生27次，其中寒灾在崇祯年间发生频繁，共发生了11次，且呈现连年发生的特点。

2. 年内分布特征（如表7-10）

表7-10　明代河南寒灾记录年内分布表

季节	春季				夏季				秋季				冬季				不详
次数	15				4				6				21				3
月份	一	二	三	不详	四	五	六	不详	七	八	九	不详	十	十一	十二	不详	
次数	5	3	4	3	4	0	0	0	2	1	3	0	1	3	4	13	

寒灾受气候的影响较大，在整个明朝统治时期河南地区发生的寒灾是随气候异常发生的。寒灾季节分布特征突出，主要集中在寒冷的冬季。从季节月份上来看，雪灾和冰冻主要发生在冬季寒冷时期，霜灾主要发生在三月和四月份。

明代河南雪灾不多见，但有记载的雪灾所造成的危害较为严重，造成了较大的人员和牲畜伤亡，对农业生产也产生了一定影响。如景泰四年（1453）的大雪，"冬十一月戊辰至明年孟春，山东、河南、浙江、直隶淮、徐大雪数尺，淮东之海冰四十余里,人畜冻死万计"①。《泌阳县志》中记载,成化年间南阳大雪,泌阳之民冻死者甚多。可见寒灾造成了较大的人、畜的损失。有关河南地区霜灾的记载较少,明神宗万历二十六年(1598):"十一月辛亥,彰德陨霜,不杀草。"②明思宗崇祯十六年(1643):"四月,鄢陵陨霜杀麦。"③可见霜灾对河南地区的农业也具有一定的破坏力。

六、明代河南风灾

(一)明代河南风灾数据统计

河南地区沙土地较多,遇到大风,便是黄沙飞扬蔽日,天昏地暗,经常引起"沙霾""昼晦"等现象的发生,对农作物也有一定的影响。沙尘天气的形成一般需具备4个条件,即强大而持续的风力、干燥的气候、疏松的土质和稀少的植被。其中强大而持续的风力是沙尘天气发生的直接动力。长年大风日多的地区,风灾在季节上多发生于多风的春季,这表明强劲的风力和沙尘天气的关系十分密切。依据灾害统计标准得出明代河南地区发生风灾50次,其中沙尘灾害有3次。以下是明代河南地区风灾的史料记载情况:

1. 明宪宗成化六年(1470)二月丁丑,开封昼晦如夜,黄霾蔽天。(《明史》卷30《五行三》)

2. 明宪宗成化七年(1471)三月十六日,晦不见掌。(嘉靖《通许县志》)

3. 明孝宗弘治二年(1489)二月辛亥,开封昼晦如夜。(《明史》卷30《五行三》)

4. 明孝宗弘治三年(1490)四月,吹沙昼晦。(嘉靖《通许县志》)

5. 明武宗正德五年(1510)十一月十六日昼晦,十二月六日晦,二昼夜。(嘉靖《通许县志》)

---

① 〔清〕张廷玉等:《明史》卷28《五行一》,中华书局,1974年,第426页。
② 〔清〕张廷玉等:《明史》卷28《五行一》,中华书局,1974年,第428页。
③ 〔清〕张廷玉等:《明史》卷28《五行一》,中华书局,1974年,第428页。

6. 明武宗正德五年(1510)风霾。(嘉靖《通许县志》)

7. 明武宗正德十五年(1520)春三月,大风拔木。(光绪《开州志》卷1)

8. 明世宗嘉靖二年(1523)三月大风……春旱,秋大霖雨,民饥。(民国《重修滑县志》卷20)

三月大风昼晦逾旬,夏旱,秋复霖雨,民饥。(乾隆《内黄县志》)

9. 明世宗嘉靖六年(1527)夏旱。四月风毁麦拆屋。(乾隆《沈丘县志》)

10. 明世宗嘉靖七年(1528)大风拔木拆屋。(乾隆《沈丘县志》)

11. 明世宗嘉靖二十三年(1544)三月十四日,红风起西北,飞沙揭瓦。(康熙《延津县志》)

12. 明世宗嘉靖二十六年(1547)五月五日,大风霾。(民国《中牟县志》)

13. 明世宗嘉靖三十二年(1553)五月,大风雨,拔木坏屋,禾稼淹没,民大饥。(民国《淮阳县志》)

14. 明世宗嘉靖四十一年(1562)春三月,风霾。(乾隆《怀庆府志》)

春三月,风霾。(乾隆《阳武县志》)

15. 明世宗嘉靖四十一年(1562)大风偃禾拔木。(康熙《汝宁府志》)

16. 明世宗嘉靖四十一年(1562)壬戌七月大风,偃禾拔木。(康熙《上蔡县志》)

17. 明神宗万历二年(1574)大风昼晦。(民国《重修滑县志》卷20)

18. 明神宗万历十三年(1585)三月甲申夕黑风骤至……十四日黎明止,雨沙尺余。(光绪《南乐县志》)

19. 明神宗万历十四年(1586)四月十二午时,大风,昼晦。(乾隆《原武县志》)

20. 明神宗万历十四年(1586)春夏大旱,民饥,赈,六月小雨,七月蝗螟生,八月风霾异常,秋禾一空。(乾隆《阳武县志》)

自春正月旱至六月,九月大风。(乾隆《卫辉府志》)

21. 明神宗万历十四年(1586)大风异常,百姓震恐,仍大旱,秋沁河泛溢。(道光《获嘉县志》)

22. 明神宗万历十四年(1586)大风坏石坊屋瓦如飞。(民国《光山县

志约稿》)

23. 明神宗万历十五年(1587)三月三日申时地震……大饥,大疫。四月五月大旱大风。(道光《辉县志》)

24. 明神宗万历十五年(1587)三月三日申时地震,有声如雷。城堞摧圮,屋宇动摇,四月、五月大旱、大风。(顺治《淇县志》)

25. 明神宗万历十五年(1587)七月二十一日大风伤禾。(顺治《淇县志》)

26. 明神宗万历十六年(1588)春大饥……六月大风,雨雹。(民国《淮阳县志》)

27. 明神宗万历十八年(1590)二月风霾,初二日未时自北飞沙走石。(乾隆《阳武县志》)

三月,林县大风昼晦,临漳旱。(乾隆《彰德府志》)

三月三日大风起自西北,红沙蔽日,白昼如夜。(乾隆《内黄县志》)

28. 明神宗万历十九年(1591)春,大风。(民国《兰封县志》)

29. 明神宗万历十九年(1591)秋,淫雨,风拔木。(乾隆《怀庆府志》)

30. 明神宗万历二十年(1592)六月十一日,湍河大水至城下,是夕大风雨拔木,砖石皆飞。(康熙《内乡县志》)

31. 明神宗万历二十年(1592)夏雨雹伤禾,秋淫雨,风拔木。(乾隆《怀庆府志》)

32. 明神宗万历二十七年(1599),秋熟未获,烈风三日,禾尽偃。(乾隆《获嘉县志》)

33. 明神宗万历二十九年(1601)风沙蔽日。(康熙《延津县志》)

34. 明神宗万历三十五年(1607)元日大风撼屋。(康熙《上蔡县志》)

35. 明神宗万历三十五年(1607)大风。(顺治《汝阳县志》卷10)

36. 明熹宗天启元年(1621)春,风霾。(顺治《祥符县志》卷1)

37. 明熹宗天启四年(1624)秋,大风、大雨伤禾。(康熙《汝阳县志》卷5)

38. 明熹宗天启五年(1625)春风霾。(光绪《南乐县志》卷7)

39. 明熹宗天启六年(1626)五月,有黑风迅雷暴雨,拔树倾屋,昼晦。(民国《阳武县志》)

40. 明熹宗天启六年(1626)雨雹,大风揭瓦拔木。(道光《河内县志》卷11)

41. 明思宗崇祯四年(1631)六月庚戌,河南开封府临颍县是日未时雷雨大作,顷之雨定,风雾突生,吹倒民居二百余间,压死二人,拔树千株。磨扇、花盆飘空旋转,又将居民杜发连墙刮过壕北,压死其家子民等八人。自王家庄至巩家庄,计十五里。巡按李日宣以闻。(《崇祯长编》卷47"崇祯四年六月庚戌")

42. 明思宗崇祯五年(1632)二月,大风昼晦。六月二十二日暴雨彻夜,黄河泛溢,平地水深二丈。(道光《尉氏县志》)

43. 明思宗崇祯十一年(1638)三月初二日,风沙昼晦。(道光《尉氏县志》)

春三月二日昼晦风沙,屋宇皆赤,四日乃止。(同治《开封府志》)

44. 明思宗崇祯十二年(1639)二月壬申,浚县有黑黄云起,旋分为二,顷之四塞。狂风大作,黄埃涨天,间以青白气。五步之外,不辨人踪,至昏始定。(《明史》卷30《五行三》)

三月,大风霾,昼晦,秋七月大饥。(光绪《辉县志》)

三月十四日,黑风沙暴雨。(光绪《虞城县志》)

45. 明思宗崇祯十三年(1640)二月二十一日,风霾,天赤如血,昼晦,春夏大旱,八月陨霜杀禾……是岁大饥,人相食。(民国《阳武县志》)

二月黑风,昼晦,夏旱疫,秋蝗。(民国《夏邑县志》)

三月,大风沙霾昼晦。(乾隆《汲县志》)

三月,大风,复旱蝗,八月二十日陨霜,晚禾无成。(顺治《淇县志》)

46. 明思宗崇祯十三年(1640)七月,大风拔木。(民国《确山县志》)

47. 明思宗崇祯十四年(1641)二月初五,恶风竟夜,飞沙弥塞四野,屋舍具空。(光绪《永城县志》)

48. 明思宗崇祯十四年(1641)五月,南阳大风拔屋。(《明史》卷30《五行三》)

49. 明思宗崇祯十六年(1643)二月,大风霾,昼晦。(乾隆《罗山县志》)

50. 明思宗崇祯十六年(1643)春,黑风自东北起,狂风怒吼,白昼晦冥。

(乾隆《陈州府志》)

(二)明代河南风灾特征

1. 年际分布特征(如表7-11)

表7-11 明代河南风灾数据年际分布统计表

时段	一	二	三	四	五	合计
年号	洪武、建文、永乐	洪熙、宣德、正统、景泰、天顺	成化、弘治、正德	嘉靖、隆庆	万历、天启、崇祯	
起止	1368—1424	1425—1464	1465—1521	1522—1572	1573—1643	1368—1643
年长	57	40	57	51	71	276
次数	0	0	7	9	34	50
比重	0	0	14%	18%	68%	100%
频度	0	0	1次/8.1年	1次/5.7年	1次/2.1年	1次/5.5年

第一阶段和第二阶段未见有风灾发生的记载,从洪武元年(1368)至成化五年(1469)都没有风灾记录。第三阶段至第四阶段共发生风灾16次,发生频率相对较低。在第五阶段的明代中后期,沙尘和风灾发生的次数较为频繁。其中万历十三年至二十年(1585—1592),除万历十七年(1589)外,连年有风灾发生,共计风灾14次,这几个年份风灾发生极为频繁。崇祯后期风沙灾害也较为频繁。

2. 季节分布特征(如表7-12)

表7-12 明代河南风灾记录年内分布表

季节	春季				夏季				秋季				冬季				不详
次数	19				12				8				1				10
月份	一	二	三	不详	四	五	六	不详	七	八	九	不详	十	十一	十二	不详	
次数	1	7	9	2	5	4	3	0	3	1	0	4	0	1	0	0	

在季节上,风沙灾害也呈现出一定的特点。主要集中在春夏季,风沙灾害在气候较干燥的春季发生最为频繁,发生风灾最多的月份是在三月份。

由资料可见,风灾沙尘也是属于突发不受控的自然灾害,灾害严重时也会造成人员伤亡和其他损失。如史料中记载,成化六年(1470)二月丁丑,开封昼晦如夜,黄霾蔽天。①《崇祯长编》卷 47"崇祯四年六月庚戌"条记载:"河南开封府临颍县是日未时雷雨大作,顷之雨定,风雾突生,吹倒民居二百余间,压死二人,拔树千株。磨扇、花盆飘空旋转,又将居民杜发连墙刮过壕北,压死其家子民等八人。自王家庄至巩家庄,计十五里。巡按李日宣以闻。"特强沙尘暴在明代河南地区也有发生,崇祯十二年(1639),"二月壬申,浚县有黑黄云起,旋分为二,顷之四塞。狂风大作,黄埃涨天,间以青白气。五步之外,不辨人踪,至昏始定"②。大的风沙灾害也影响到人们的日常生活。

大型风灾对房屋建筑、庄稼农作物会造成较大的破坏,大风伤禾的情况在史料记载中也较为常见。崇祯十四年(1641),"五月,南阳大风拔屋"③。《内乡县志》中记载:"万历二十年(1592)六月十一日(7月19日)内乡县湍河大水至城下,是夕大风雨拔木,砖石皆飞。"对禾稼的破坏也很大。如《汝宁县志》中记载,嘉靖四十一年(1562)汝南地区,"汝宁大风伤禾拔木"。

七、明代河南震灾

(一)明代河南震灾数据统计

地震是地下长期积蓄起来的巨大能量在极短的时间(几秒钟至数分钟)内突然爆发,引起大地震动,也是突发性灾害。地震是群祸之首,是人类生存和文明建设的大敌。它以巨大的能量,瞬息间使成千上万乃至数十万生灵惨遭灭顶之灾,使人们辛勤劳动的成果毁于一旦。随着科学技术的进步,人们对自然灾害的治理水平在逐步提高,对水灾、旱灾、虫灾等部分自然灾害能够实现可控治理,但对于地震灾害仍然无法预测防治。明代河南地震发生比较频繁,而频繁的地震给当时的社会和人们造成了极其严重的后果。根据史料记载与灾害统计标准得出明代发生在河南的地震共 68 次,明代长达 276 年,历经 17 朝的统治,平均 4.1 年发生一次,发生频率也较高。

---

① 〔清〕张廷玉等:《明史》卷 30《五行三》,中华书局,1974 年,第 491 页。
② 〔清〕张廷玉等:《明史》卷 30《五行三》,中华书局,1974 年,第 512 页。
③ 〔清〕张廷玉等:《明史》卷 30《五行三》,中华书局,1974 年,第 490 页。

1. 明成祖永乐二年(1404)十一月甲寅夜,河南开封府地震。(《明太宗实录》卷36"永乐二年十一月甲寅")

2. 明宪宗成化元年(1465)四月甲申,钧州地震,二十三日乃止。(《明史》卷30《五行三》)

3. 明宪宗成化五年(1469)十二月丙辰,汝宁、武昌、汉阳、岳州同日地震。(《明史》卷30《五行三》)

4. 明宪宗成化六年(1470)正月丁亥,河南地震。(《明史》卷30《五行三》)

5. 明宪宗成化九年(1473)九月壬子,河南光州地震。(《明宪宗实录》卷120"成化九年九月壬子")

6. 明宪宗成化十六年(1480)三月丁未,河南郾城、临颍二县地震,有声如雷,屋宇皆摇。(《明宪宗实录》卷201"成化十六年三月丁未")

7. 明宪宗成化十七年(1481)二月甲寅,南京……兖州及河南州县,同日地震。(《明史》卷30《五行三》)

8. 明宪宗成化二十年(1484)四月三日地震,是年旱。(嘉靖《商城县志》)

9. 明宪宗成化二十三年(1487)夏四月丙戌,河南卫辉府地震有声。(《明宪宗实录》卷289"成化二十三年夏四月丙戌")

10. 明孝宗弘治四年(1491)四月丁未,河南彰德府地震有声。(《明孝宗实录》卷50"弘治四年四月丁未")

11. 明孝宗弘治六年(1493)四月甲辰,开封、卫辉、东昌、兖州同日地震,有声。(《明史》卷30《五行三》)

12. 明孝宗弘治八年(1495)九月丙午,山东观城、郓城、寿张、范县各地震有声,濮州地连震,声如雷。(《明孝宗实录》卷104"弘治八年九月丙午")

13. 明孝宗弘治十一年(1498)十二月壬辰朔,河南新野县地震,有声如雷。(《明孝宗实录》卷145"弘治十一年十二月壬辰朔")

14. 明孝宗弘治十三年(1500)八月甲辰,河南光州地震有声。(《明孝宗实录》卷165"弘治十三年八月甲辰")

15. 明孝宗弘治十四年(1501)正月庚戌朔,……是日,陕州、永宁、卢氏二县,平阳府安邑、荣河二县,俱震,有声。蒲州自是日至戊午连震。丁丑,福、兴、泉、漳四府地俱震。(《明史》卷30《五行三》)

16. 明孝宗弘治十四年(1501)八月丁卯,河南光州及陕西高陵、渭南等县俱地震有声。(《明孝宗实录》卷178"弘治十四年八月丁卯")

17. 明孝宗弘治十五年(1502)九月丙戌,南京……兖州同日地震,坏城垣、民舍。濮州尤甚,地裂涌水,压死百余人。是日,开封、彰德、平阳、泽、潞亦震。(《明史》卷30《五行三》)

18. 明孝宗弘治十七年(1504)七月癸巳,河南开封府及钧、许二州、洧川、鄢陵、长葛、新郑、杞五县俱地震有声。(《明孝宗实录》卷214"弘治十七年七月癸巳")

19. 明武宗正德三年(1508)八月乙未,河南府地震。(《明武宗实录》卷41"正德三年八月乙未")

20. 明武宗正德三年(1508)十一月甲辰,河南卫辉府地震。(《明武宗实录》卷44"正德三年十一月甲辰")

21. 明武宗正德七年(1512)春正月丁未朔,山东濮州地震有声。(《明武宗实录》卷83"正德七年春正月丁未朔")

22. 明武宗正德十四年(1519)冬十月壬午,河南汝宁府许州及洧川等县地震。(《明武宗实录》卷179"正德十四年十月壬午")

23. 明武宗正德十五年(1520)八月乙丑,济南、东昌、开封地震。(《明史》卷30《五行三》)

24. 明武宗正德十五年(1520)十二月壬辰,彰德府地震。(《明武宗实录》卷194"正德十五年十二月壬辰")

25. 明武宗正德十六年(1521)正月初一日地震。(乾隆《新野县志》卷8)

26. 明世宗嘉靖元年(1522)地震。(乾隆《开封府志》卷2、顺治《汝阳县志》卷10、嘉靖《商城县志》卷8、嘉靖《固始县志》卷9、嘉靖《光山县志》卷9、乾隆《偃师县志》卷29、乾隆《重修洛阳县志》卷10)

27. 明世宗嘉靖二年(1523)正月,南京、凤阳、山东、河南、陕西地震。(《明史》卷30《五行三》)

28. 明世宗嘉靖三年(1524)春正月丙寅朔,南京地震有声,直隶开州浚县、东明县,陕西西安府,河南开封府及许州皆震。(《明世宗实录》卷35"嘉靖三年春正月丙寅朔")

29. 明世宗嘉靖四年(1525)八月癸卯,直隶徐州归德卫、怀远县、凤阳府、寿州、颍州、河南开封府、怀庆府俱地震,有声如雷。(《明世宗实录》卷54嘉靖"四年八月癸卯")

八月十六日,地震。(康熙《中牟县志》卷1)

30. 明世宗嘉靖四年(1525)九月壬申,凤阳府及徐州,大名府长垣县、开封府祥符、陈留县各地震。(《明世宗实录》卷55"嘉靖四年九月壬申")

31. 明世宗嘉靖五年(1526)正旦昏,地大震,轰然若雷……声自西南向东北去。(嘉靖《郾城县志》)

32. 明世宗嘉靖五年(1526)八月,复震。(嘉靖《郾城县志》)

33. 明世宗嘉靖二十三年(1544)春、夏旱,大饥,西平地震。(民国《西平县志》卷34)

34. 明世宗嘉靖二十四年(1545)十二月,地震,崩山裂屋。(道光《武陟县志》卷12)

35. 明世宗嘉靖二十五年(1546)秋,地震。(光绪《虞城县志》卷10)

36. 明世宗嘉靖三十一年(1552)地震。(道光《重修伊阳县志》卷6、乾隆《嵩县志》卷6)

37. 明世宗嘉靖三十四年(1555)十二月壬寅,山西、陕西、河南同时地震,声如雷。……或地裂泉涌,中有鱼物,或城郭房屋,陷入地中,或平地突成山阜,或一日数震,或累日震不止。……官吏、军民压死八十三万有奇。(《明史》卷30《五行三》)

38. 明世宗嘉靖三十五年(1556)南阳府属地震有声。(同治《叶县志》卷1)

39. 明世宗嘉靖三十七年(1558)三月甲寅,河南南阳县地震。(《明世宗实录》卷457"嘉靖三十七年三月甲寅")

40. 明世宗嘉靖三十九年(1560)地震。(乾隆《新安县志》卷14)

41. 明世宗嘉靖四十年(1561)闰五月丁巳,河南归德府地震。(《明世宗实录》卷497"嘉靖四十年闰五月丁巳")

42. 明世宗嘉靖四十三年(1564)地震,有声如雷,倾官民庐舍,压死人

畜甚多。(民国《洛宁县志》卷1)

43. 明世宗嘉靖四十三年(1564)地震,有声如雷。(光绪《宜阳县志》卷2)

44. 明穆宗隆庆二年(1568)三月甲寅,……湖广郧阳及河南十五州县,同日地震。(《明史》卷30《五行三》)

45. 明穆宗隆庆二年(1568)四月癸未,怀庆、南阳、汝宁、宁夏同日地震。乙酉,凤翔、平凉、西安、庆阳地震,坏城伤人。(《明史》卷30《五行三》)

46. 明穆宗隆庆三年(1569)秋大水,地震。(民国《淮阳县志》)

47. 明穆宗隆庆三年(1569)地震。(民国《陕县志》卷1)

48. 明穆宗隆庆五年(1571)正月己卯,山东东昌府观城、朝城二县地震。(《明穆宗实录》卷53"隆庆五年正月己卯")

正月十五日,地震。(康熙《濮州志》卷1)

49. 明神宗万历二年(1574)二月乙卯,河南归德府永城县申时地震有声。(《明神宗实录》卷22"万历二年二月乙卯")

50. 明神宗万历三年(1575)五月戊戌朔,襄阳、郧阳及南阳府属地震三日。己亥,信阳亦震。(《明史》卷30《五行三》)

五月,地震。(康熙《裕州志》卷1)

51. 明神宗万历九年(1581)十月壬寅,河南商丘县地震。(《明神宗实录》卷117"万历九年十月壬寅")

52. 明神宗万历十五年(1587)二月初三日,地震有声,是年大旱。(康熙《中牟县志》卷1)

三月壬辰,开封府属地震者三,彰德、卫辉、怀庆同日震。(《明史》卷30《五行三》)

53. 明神宗万历十六年(1588)十二月乙未,礼部屡奏灾异,……河南叶县,……云南卫府州县十余处俱地震,或有声如雷鼓,山裂石飞,毁屋杀人。甚则震倒城楼、铺舍、城垣、衙宇、民居,压死男妇百余,牛畜无算……(《明神宗实录》卷206"万历十六年十二月乙未")

54. 明神宗万历二十二年(1594)二月壬子,开封、通许、鄢陵、许州、临颍、归德、睢州皆地震。(《明神宗实录》卷270"万历二十二年二月壬子")

55. 明神宗万历二十五年(1597)秋八月地震。(民国《重修滑县志》卷20)

56. 明神宗万历四十二年(1614)九月庚午,山西、河南地震。(《明史》卷30《五行三》)

57. 明神宗万历四十三年(1615)地震。(光绪《重修卢氏县志》卷12)

58. 明神宗万历四十六年(1618)七月夜,地震。(民国《鄢陵县志》卷29)

59. 明神宗万历四十八年(1620)旱蝗,地震。(康熙《长垣县志》)

60. 明熹宗天启二年(1622)二月癸酉,济南、东昌、河南、海宁地震。(《明史》卷30《五行三》)

61. 明熹宗天启三年(1623)十一月,地震,房舍俱动,坏城数丈。(光绪《南乐县志》卷7)

62. 明熹宗天启五年(1625)七月,九沟地震。冬大冰雪深数尺。(乾隆《新蔡县志》卷10)

63. 明熹宗天启六年(1626)六月丙子,京师地震。济南、东昌及河南一州六县同日震。……城郭、庐舍并摧,压死人民无算。(《明史》卷30《五行三》)

64. 明熹宗天启六年(1626)七月辛未,河南地震。(《明史》卷30《五行三》)

65. 明思宗崇祯元年(1628)冬,地震。(《沁阳县志》卷3)

66. 明思宗崇祯九年(1636)六月,地震,城垣房屋皆摇动。(民国《洛宁县志》卷1)

67. 明思宗崇祯十年(1637)二月,地震大蝗。(光绪《永城县志》)

68. 明思宗崇祯十六年(1643)冬,地震。(康熙《夏邑县志》卷9)

明代河南地震发生是比较频繁的,在时间和地理分布上呈现出很强的规律性。

(二)明代河南震灾特征

1.年际分布特征(如表 7-13)

表 7-13　明代河南震灾数据年际分布统计表

时段	一	二	三	四	五	合计
年号	洪武、建文、永乐	洪熙、宣德、正统、景泰、天顺	成化、弘治、正德	嘉靖、隆庆	万历、天启、崇祯	
起止	1368—1424	1425—1464	1465—1521	1522—1572	1573—1643	1368—1643
年长	57	40	57	51	71	276
次数	1	0	24	23	20	68
比重	1%	0	35%	34%	30%	100%
频度	1次/57年	0	1次/2.4年	1次/2.2年	1次/3.6年	1次/4.1年

通过查询《明史》、《明实录》、雍正《河南县志》等文献资料,我们发现明代河南除洪武、建文、洪熙、宣德、正统、景泰、天顺、泰昌 8 朝外,其余 9 朝皆有地震的记载。永乐时期,有 1 次关于河南的地震记载,即"永乐二年十一月甲寅夜,河南开封府地震"①。永乐帝统治 22 年,是有记载的地震发生最少的一朝,发生率低。在年际分布上,明代河南的地震灾害发生频率较轻的时期是永乐、崇祯、天启三个时段,属于明朝的前期和后期。第三阶段共发生震灾 24 次,其中弘治、正德时期是地震较为频繁和危害较大的时期,发生地震 16 次。第四阶段共发生震灾 23 次,其中嘉靖统治 45 年,发生地震达到 18 次,平均每 2.5 年发生 1 次,也是属于地震发生较为频繁的一朝。第五阶段共发生震灾 20 次,发生率降低。

2.年内分布特征(如表 7-14)

表 7-14　明代河南震灾记录年内分布表

季节	春季				夏季				秋季				冬季				不详
次数	17				10				17				13				11
月份	一	二	三	不详	四	五	六	不详	七	八	九	不详	十	十一	十二	不详	
次数	8	6	3	0	6	2	2	0	4	6	5	2	2	3	6	2	

---

① 《明太宗实录》卷 36 "永乐二年十一月甲寅"。

从月份来看,明代河南发生的地震多集中在春季,五、六月份发生地震的概率是较低的,相比较来看,季节之间发生地震次数的差距还是较为明显的。

八、明代河南疫灾

(一)明代河南疫灾数据统计

明代的瘟疫灾害是一个突出灾害,严重威胁着人们的生命。依据史料记载与灾害统计标准得出明代河南疫灾共发生 48 次,而疫灾的发生亦多是由其他灾害所引发的。以下是明代河南疫灾的史料记载情况:

1. 明成祖永乐九年(1411)七月,河南、陕西疫。(《明史》卷28《五行一》)

2. 明宪宗成化二年(1466)饥,民多瘟疫。(康熙《裕州志》卷1)

3. 明宪宗成化十三年(1477)闰二月,广西、福建、江西、河南水旱频仍,瘟疫大作。(《明宪宗实录》卷163"成化十三年闰二月乙丑")

4. 明宪宗成化十八年(1482)大旱,疫。(嘉靖《永城县志》卷4)

5. 明宪宗成化二十一年(1485),新野疫疠大作,死者无虚日。(《名医类案·瘟疫》)

6. 明宪宗成化二十一年(1485)大疫。(康熙《中牟县志》)

7. 明宪宗成化二十二年(1486)风雪浃旬,人畜冻死,是岁大疫,死者相望。(乾隆《陈州府志》)

8. 明宪宗成化二十三年(1487)岁旱,蝗,瘟疫,民多死。(康熙《柘城县志》)

9. 明武宗正德六年(1511)大疫。(宣统《项城县志》卷31、民国《商水县志》卷24、民国《淮阳县志》卷20)

10. 明世宗嘉靖二年(1523)地震,大饥,疫。(嘉靖《夏邑县志》卷5、光绪《虞城县志》卷10)

11. 明世宗嘉靖三年(1524)春旱,夏大疫,死者几半,饿殍横途,秋霪雨,伤禾豆,诏有司赈恤。(嘉靖《永城县志》卷4)

12. 明世宗嘉靖三年(1524)六月旱,秋八月大水,是年大疫。(民国

《淮阳县志》卷20)

13. 明世宗嘉靖九年(1530)春,大疫,禾蝻。(民国《陕县志》卷1)

14. 明世宗嘉靖十六年(1537)淫雨数月,禾稼一空,大疫。(康熙《长垣县志》)

15. 明世宗嘉靖十七年(1538)春大饥,尉氏疫疠大作。(嘉靖《尉氏县志》)

16. 明世宗嘉靖十七年(1538)大水,民饥,瘟疫,死者甚众。(康熙《续修陈州志》)

17. 明世宗嘉靖十八年(1539)夏大疫,秋大蝗。(嘉靖《兰阳县志》)

18. 明世宗嘉靖十九年(1540)夏,大疫。(民国《禹县志》卷2中)

19. 明世宗嘉靖二十三年(1544)蝗,大水,大疫。(道光《武陟县志》卷12)

20. 明世宗嘉靖二十三年(1544)夏,大疫。(康熙《中牟县志》卷1、康熙《阳武县志》卷12)

21. 明世宗嘉靖二十三年(1544)正月以至六月,瘟疫流行,民病什九,死亡亦相枕籍。(嘉靖《巩县志》卷6)

22. 明世宗嘉靖二十三年(1544)正月以至六月,瘟疫流行,民病什九,死亡亦相枕籍。(嘉靖《巩县志》卷6)(跨季节记为2次)

23. 明世宗嘉靖四十一年(1562)夏,大疫。(顺治《固始县志》卷9)

24. 明穆宗隆庆五年(1571)夏,大疫,死者甚众。(顺治《固始县志》卷9)

25. 明神宗万历七年(1579),自万历七年以来……瘟疫盛作。(《明神宗实录》卷262"万历二十一年七月己未")

26. 明神宗万历九年(1581)夏,大疫。(同治《开封府志》)

27. 明神宗万历十年(1582)春大疫。(民国《淮阳县志》卷20)

28. 明神宗万历十四年(1586),大梁瘟疫大作,甚至灭门。(万历《万病回春》)

29. 明神宗万历十五年(1587)三月三日申时地震……大饥,大疫。四月五月大旱大风。(道光《辉县志》)

30. 明神宗万历十六年(1588)三月,山西、陕西、河南及南畿、浙江并大

饥疫。(《明史》卷20《神宗纪一》)

31. 明神宗万历二十九年(1601)正月初九日,大雪四十日,雪水淹麦,瘟疫盛行。(乾隆《新蔡县志》卷10)

32. 明神宗万历三十一年(1603)春,霪雨,大疫;秋,大水。(顺治《固始县志》卷9)

33. 明神宗万历三十一年(1603)水荒,瘟疫,岁大饥,人相食及枕藉死者甚众。(乾隆《邓州志》卷24)

34. 明神宗万历三十二年(1604),大饥,疫。(光绪《虞城县志》卷10)

35. 明神宗万历三十四年(1606)大疫,死者甚众,是年六月洮河泛滥。(光绪《河南通志》)

36. 明神宗万历四十年(1612)大水入城,四门俱圮,民病瘟疫。(嘉庆《洧川县志》卷8)

37. 明神宗万历四十四年(1616)洛阳疫,死者枕藉于道。(乾隆《重修洛阳县志》卷10)

38. 明思宗崇祯三年(1630)夏秋疟痢盛行,死者甚多。(康熙《内乡县志》卷11)

39. 明思宗崇祯五年(1632)六月二十日,大水……,是岁秋、冬人多疟疾,伤寒死者甚众。(民国《许昌县志》卷19)

40. 明思宗崇祯五年(1632)六月二十日,大水……,是岁秋、冬人多疟疾,伤寒死者甚众。(民国《许昌县志》卷19)(跨季节记为2次)

41. 明思宗崇祯六年(1633)大疫,人多死。(《郏县志》卷10)

42. 明思宗崇祯十一年(1638)大旱,川竭、井涸、瘟疫盛行,死伤甚众。(乾隆《嵩县志》)

43. 明思宗崇祯十三年(1640)夏旱疫,八月陨霜杀禾,大饥,人相食,二月黑风。(康熙《夏邑县志》)

44. 明思宗崇祯十三年(1640)春夏不雨,大风沙霾,昼晦,蝗蝻大作,人相食,瘟疫,发帑赈饥。(民国《新乡县志》)

45. 明思宗崇祯十四年(1641)春大饥疫,民死过半,骨肉相食,道路罕人行。(顺治《荥泽县志》)

46. 明思宗崇祯十四年(1641),蝗蝻生,瘟疫大作,乱尸横野,地荒过

半。(道光《河内县志》卷11)

47.明思宗崇祯十五年(1642)饥疫死者百万户。(《明史》卷262《杨文岳传》)

48.明思宗崇祯十六年(1643)三月大雨坏麦,七月大雨坏禾,是岁大疫。(民国《确山县志》)

(二)明代河南疫灾特征

1.年际分布特征(如表7-15)

表7-15 明代河南疫灾数据年际分布统计表

时段	一	二	三	四	五	合计
年号	洪武、建文、永乐	洪熙、宣德、正统、景泰、天顺	成化、弘治、正德	嘉靖、隆庆	万历、天启、崇祯	
起止	1368—1424	1425—1464	1465—1521	1522—1572	1573—1643	1368—1643
年长	57	40	57	51	71	276
次数	1	0	8	15	24	48
比重	2%	0	17%	31%	50%	100%
频度	1次/57年	0	1次/7.1年	1次/3.4年	1次/3.0年	1次/5.8年

从时间来看,第一阶段和第二阶段共发生两次疫灾,均在永乐年间。这一时期各类自然灾害较少,疫灾发生的概率也非常低。在第三阶段,从成化二十一年至二十三年(1485—1487),河南出现了连年的疫灾,这几个年份也是大水大旱之年,对出现疫灾有较大的影响。在第四阶段的嘉靖十六年至十九年(1537—1540),河南多地出现了疫灾的情况,也多是由其他灾害所引发形成的。崇祯十三年至十六年(1640—1643),每年均有疫灾发生。第三、四、五3个时段是疫灾的多发期,其余年份的疫灾发生较少,个别年份偶有发生。

2. 年内分布特征(如表 7-16)

表 7-16　明代河南疫灾记录年内分布表

季节	春季				夏季				秋季				冬季				不详
次数	9				9				2				1				27
月份	一	二	三	不详	四	五	六	不详	七	八	九	不详	十	十一	十二	不详	
次数	2	1	2	4	0	0	0	9	1	0	0	1	0	0	0	1	

疫灾的发生也具有一定的季节月份特征，如表 7-16 所示，表中所展现季节月份记录，其中有 27 条记录是属于无具体时间记载的疫灾。其中疫灾的发生多集中于春夏季，春夏季节也是灾害多发季节，极易造成疫灾的扩散。

疫灾的发生极易受其他灾害的影响。前文在论述灾害原因时，提到有些灾害的发生是由其他灾害所引发的，如水旱灾害之后易引起瘟疫灾害的发生。如《明宪宗实录》"成化十三年闰二月乙丑"条记载："闰二月，广西、福建、江西、河南水旱频仍，瘟疫大作。"万历十六年(1588)三月，"山西、陕西、河南及南畿、浙江并大饥疫"①。可见饥荒也是造成瘟疫的一个重要原因。饥荒发生时，人们的身体抵抗力下降，加之传染病出现，人与人之间容易感染，传染病便会快速传播。因此瘟疫也常常伴随饥荒而生。地震灾害也极易引发瘟疫，地震具有较大的破坏力，其造成的人员和牲畜伤亡以及水源的污染，极易导致传染性病菌的产生、繁殖和传播，古人的卫生安全意识不够，在医疗条件相对较差的情况下，带来瘟疫灾害的可能性极大。如嘉靖《夏邑县志》中记载："嘉靖二年(河南)夏邑地震，大饥，疫，饿殍盈野，有司发仓赈济。"在雍正《河南通志》中记载："万历十五年三月三日申时，卫辉地震，大饥，大疫，有声如雷，城堤皆摧，大饥，大疫。"可见地震使人民失去了生存的家园以及储备的粮食，饥荒随之而来，瘟疫灾害也席卷而来。

---

① 〔清〕张廷玉等：《明史》卷 20《神宗纪一》，中华书局，1974 年，第 272 页。

第二节　明代河南自然灾害概况

一、各类自然灾害数据的总量和比重

通过梳理统计史料所记载的明代河南自然灾害,可将河南地区的自然灾害种类分为水灾、旱灾、虫灾、雹灾、地震、风灾(沙尘和大风)、寒灾(霜灾、雪灾、冰冻)、疫灾等8类。根据统计,明代河南地区发生水灾312次,是最为频繁的一类灾害。旱灾发生201次,仅次于水灾。其次是虫灾,多是蝗灾,共130次。再次是雹灾82次,地震68次。风沙灾害共50次,包括沙尘和大风灾害,其中有3次带有沙尘的灾害。寒灾共49次,主要是对低温天气引发的灾害进行统计,包括霜灾、雪灾、冰冻,雪灾发生相对较多,共30次,霜灾14次,冰冻5次。疫灾48次。明代河南地区发生的自然灾害数量共计940次,成为了明代发生自然灾害较为频繁和严重的一个省份,水旱灾害的发生次数已超过河南自然灾害总数的一半。

从灾害发生的时间来看,河南灾害的特点主要表现为连续性与集中性,且旱涝灾害交替的年份较多。在明代历史上,连续3年以上的水灾时间段有26个,连续5年以上的有12个,连续时间最长的是持续18年的水灾;旱灾连续3年以上的有16个,连续5年以上的时间段有9个,旱灾连续时间最长的一次是14年。明代河南水旱灾害的连续性是较为明显的。[①]

[①] 张静:《明代河南地区水旱灾害与社会应对》(硕士学位论文),郑州大学,2015年。

二、自然灾害数据的时段分布特征

(一)自然灾害数据的时段分布特征

本部分是以明代年号进行时段划分,对不同皇帝统治时期河南灾害的发生情况进行分析统计:

第一阶段:从洪武元年(1368)至永乐二十二年(1424),共57年。这一时期河南共发生自然灾害89次,平均每年发生1.6次。其中水灾发生最为频繁,共58次,是这一阶段发生的主要灾害,平均每年都有水灾发生,这一时期河南的水灾多是由夏秋多雨水导致的,河流的决口亦多是雨水过多所致。这一阶段正处于明朝的立国初期,属于自然灾害发生较少的一个阶段。这一阶段河南地区的旱、蝗虫及其他各类的灾害都发生较少,资料中未见此阶段寒灾和风灾的发生,其中发生蝗虫灾害13次,旱灾11次,雹灾5次,震灾1次,疫灾1次。由发生灾害的数据可见,此阶段发生在河南地区较多、影响较大的便是水灾。从第一阶段来看,河南地区的灾害发生种类较少,自然灾害发生频率相对较低。

第二阶段:从洪熙元年(1425)至天顺八年(1464),共40年。在此期间,河南地区共发生自然灾害91次,平均每年发生2.3次灾害。这一时期河南地区发生水灾48次,旱灾24次,虫灾17次,寒灾3次,雹灾1次,风灾、震灾、疫灾均未见有发生的记载。这一时段发生在河南较多且影响较大的就是水、旱、虫灾,水灾仍是发生最为频繁的自然灾害,旱灾和虫灾的发生频率较为一致,其中虫灾多是由水旱灾害引发的,水、旱、虫灾三种灾害对河南地区的农业生产和人民生活影响较大。其余自然灾害的发生频率相对较低,这一时期发生在河南地区的灾害种类也相对较少。

第三阶段:从成化元年(1465)至正德十六年(1521),共57年。在此阶段河南地区共发生自然灾害183次,平均每年发生3.2次灾害。其中水灾发生53次,旱灾发生53次,虫灾发生12次,雹灾发生17次,寒灾发生9次,风灾发生7次,震灾发生24次,疫灾发生8次。这一阶段水旱灾害的发生都较为频繁,旱灾的发生较上一阶段增多。这一阶段雹灾、风灾、震灾、疫灾较上一阶段明显增多,震灾在此阶段仅次于水旱灾害,呈现多发状态,平均约2.4年发生一次。雹灾连年发生的情况增多。这一阶段水旱灾害仍是发生最为频繁的自然灾害,各种灾害均有发生,灾害发生种类增多。

第四阶段:从嘉靖元年(1522)至隆庆六年(1572),共51年。此阶段河南地区共发生222次自然灾害,平均每年发生4.4次自然灾害。其中水灾发生69次,旱灾发生40次,虫灾发生37次,雹灾发生18次,寒灾发生10次,风灾发生9次,震灾发生23次,疫灾发生15次。这一阶段每年均有水灾发生,其中旱灾和蝗虫灾害多是同时发生,旱灾容易引发蝗虫灾害。在嘉靖前期、后期以及隆庆年间,震灾发生较为集中,呈现连年发生的情况。这一时期的灾害发生数量较大,灾害发生频率增高。

第五阶段:从万历元年(1573)至崇祯十六年(1643),共71年。此阶段河南地区共发生354次自然灾害,平均每年发生灾害约5次。其中水灾发生84次,旱灾发生73次,虫灾发生51次,雹灾发生41次,寒灾发生27次,风灾发生34次,震灾发生20次,疫灾发生24次。这一阶段是河南地区自然灾害的集中多发时期,表现为一个年份多种灾害并发、各类灾害连年的情况。这一特点突出表现在万历八年(1580)至万历二十年(1592)和崇祯年间,在这两个时间段内,河南地区多种灾害并发且连年发生,造成了较为严重的破坏和影响,其中风灾、雪灾在这两个时间段较为频发,而连年频发的情况也是集中在这两个时间段。在这一阶段,水、旱、蝗灾仍是最主要的灾害,雨雹在这一阶段呈现出多发连发的特点,共发生41次,占整个明代河南雹灾发生总量的一半。这一阶段是河南地区灾害的多发期,自然灾害发生总量较大,多种灾害并发、连发,造成了极为严重的破坏。

从以上五个阶段的灾害情况来看,整个明代河南灾害发生呈现出不断递增的趋势,从明代前期至后期,自然灾害逐渐频发、并发、连发。第一阶段、第二阶段的灾害发生数量较少,且灾害发生种类单一;第三阶段至第四阶段,灾害数量较第一阶段、第二阶段倍增,逐渐呈现多种灾害并发的趋势。第五阶段多种自然灾害集中多发、并发、连发,灾害发生总量最多,灾害的影响较为严重。从明代河南灾害发生情况来看,水、旱、蝗虫灾害是河南地区最多发的自然灾害,对河南农业生产影响较大。水旱灾害多是涉及全省范围的大灾害,蝗虫灾害多是由水旱灾害引发的次生灾害。水灾发生的季节多集中在夏秋雨季,旱灾多集中在春、夏季节,蝗虫灾害多在水旱灾害之后,多发于夏秋季节。

第三节 明代救灾机构、程序和措施

明朝是我国古代自然灾害较为严重的历史时期,统治者从立国之初便非常重视灾害的救治,逐渐形成完善的防灾救灾体系与制度,在整个明代的发展中逐渐形成了较为完备且高效的防灾救灾措施。

一、救灾机构

明代负责救灾的机构具体来说分为四个层面,从中央政府来说,主要是由内阁和户部负责;从地方上来说则由地方各级政府负责;中央特遣到地方的巡抚及巡按御史也有在所辖地区救灾的职责;此外,太医院也是明代重要的医疗救灾机构。

(一)中央救灾机构

1. 内阁

自明初明太祖罢宰相,内阁制逐渐形成,而后成为国家政务的主要决策系统。至嘉靖朝,国内水旱频仍,流民暴动不断,最高统治者世宗怠于政务,使处理政务的大权落入内阁手中,"嘉靖以后,朝位班次,俱列六部之上"[1]。因此国内每遇灾害,内阁便成了皇权专制下的主要决策者,待灾情上奏之后,内阁与户部、巡抚、巡按等商议救灾措施、议定救灾方案,最后由皇帝核准。隆庆时期的内阁首辅高拱是河南新郑人,对河南灾情事宜较为关注。隆庆四年(1570),河南水患不断,诸多州县遭大水浸没,新郑西南隅城墙被大水所毁,时任河南巡抚的李邦珍给高拱写信,请缨修筑城墙,高拱回信:"民财敝匮,年岁凶荒,重大工

---

[1] 〔清〕张廷玉等:《明史》卷72《职官一》,中华书局,1974年,第1734页。

程岂宜轻举？望姑已之，待丰稔之时，不妨再议。"①张居正为内阁首辅时，对河南灾害也极为关注，他一直通过书信对河南巡抚梁梦龙做出指示："今岁徐邳河患更剧，将来漕事深有可虞，得通此一线以备不然，诚预防至计，但事关海防，理须慎重，一应造舟设官，皆计虑周悉，庶可无虞。"②内阁也承担着国家的救灾事务。国家每有救灾大事，阁臣不得不主动承担起解决民情困苦的责任。可见在明代中后期，内阁便是处理国家救灾事务的主要决策机构。

2. 户部

户部作为六部之一，主管国家土地、人口、税收及财政，事务相当繁重，救灾也是户部的重要职能之一。户部参与救灾在灾害年表中亦有体现，可见户部是明代中央机构中负责救灾事务的主要部门。根据户部的职责，明政府多派遣户部对河南灾区给予救助，拨银赈灾，给予国家财政支持。如《明太宗实录》中记载："明成祖永乐元年正月丁酉，大名府清丰等县蝗，民饥，户部请以元城县所贮粮四万余石赈之。从之。"③其中对于河南地区的救灾还体现在蠲免税粮、减免徭役、停征、折征等。同时户部还代表中央覆视地方的灾情，参与廷议的救灾事务，或是下派官员到地方，指挥协助河南布政使司、州、县救灾，可见户部在河南等地方的救灾事务中担任着重要职责。如《明英宗实录》"天顺元年冬十月庚子"条记载："今年六月以来天雨连绵，黄河泛滥，田禾俱被淹没。"命户部覆视之。④

（二）地方救灾机构

1. 河南巡抚

巡抚和巡按，是明代两个非常重要的差遣性官职，属于中央特遣到地方的巡视官员。巡抚是明政府为使地方各衙门协调行动，从而改善和加强王朝统治而设立的。巡抚有抚循地方的职责，自然在灾害发生时也有义务进行奏闻、救治。中央政府为了更好地对灾害进行治理，也选派巡抚和巡按官员到河南地

---

① 〔明〕高拱：《高拱全集》，中州古籍出版社，2006年，第531页。
② 〔明〕张居正：《张太岳集》，中国书店，2019年，第601页。
③ 《明太宗实录》卷16"永乐元年正月丁酉"，"中央研究院"历史语言研究所，1962年，第296页。
④ 《明英宗实录》卷283"天顺元年冬十月庚子"，"中央研究院"历史语言研究所，1962年，第6075页。

区,负责监督指挥河南的灾害救治工作。明初巡抚是临时性质的,地区也不固定,景泰元年(1450)河南巡抚正式成为常设机构,并向行政官转化,治河防灾是其重要职责。《明史》载:"巡抚河南等处地方兼管河道提督军务一员。宣德五年遣兵部侍郎于谦巡抚山西、河南。正统十四年以左副都御史王来巡抚湖广、河南。景泰元年始专设河南巡抚。万历七年兼管河道,八年加提督军务。"①

2. 河南布政使

明代政府分散地方省级政权的权力,划为三司,即都指挥使司、承宣布政使司和提刑按察使司,这三司是平行的权力机构,都司管军政,布政司管民政和财政,按察司管司法和监察。由于布政司主管民政和财政,救灾就是其一项重要职能。关于明代河南布政司的救灾,如永乐三年(1405)二月,"河南布政司言:河决马村堤。命本司官躬督民丁修治"②。甄完,景泰初进河南左布政使,"属水旱相仍,民多流殍,完至,发仓赈贷,奏蠲夏税,民困稍苏"③。除了布政司救灾,有时其他部门也参与救灾的工作,如"景泰四年,河南等处灾伤,令所在问刑衙门责有力因犯于缺粮州县仓纳米赈济"④。一般而言,救灾的主要职责在于布政使司。明代行政区划在省级之下为府、州、县,这类机构直接和黎民百姓接触,主管当地的一切事务,在灾害发生时对百姓进行救助也是其本分所在。地方州县政府是直接管辖地方,是地方救灾的直接领导机构,处于救灾工作的第一线。灾害发生后,州县政府向上汇报灾情,请求朝廷赈灾和等待朝廷的救助,而后对地方的灾害救治进行指导和全力整治。地方的各级政府机构都有责任参与到救灾工作中。

(三)河南巡按御史

明代都察院下设十三道监察御史110人,正七品,其中河南道10人。明巡按御史,"十三省各一人"。明代的巡按,主要是指监察御史出差到地方监察各级部门,"巡按则代天子巡狩,所按藩服大臣、府州县官诸考察,举劾尤专,大事

---

① 〔清〕张廷玉等:《明史》卷73《职官二》,中华书局,1974年,第1776页。
② 《明太宗实录》卷39"永乐三年二月丁卯","中央研究院"历史语言研究所,1962年,第649页。
③ 〔明〕张元忭撰:《(万历)绍兴府志》卷41《人物志七》,明万历刻本。
④ 〔明〕何麟纂:《真阳县志》卷9《博物志·祥异》,明嘉靖刻本,第157页。

奏裁,小事立断"。① 其权力大、职权范围宽。按临所至,"存恤孤老,巡视仓库,查算钱粮,勉励学校,表扬善类,翦除豪蠹,以正风俗,振纲纪"。"凡政事得失,军民利病,皆得直言无避。"②参与地方的灾害救治也就成为常事了。《明太祖实录》记载,明太祖洪武二十二年(1389)六月戊午,监察御史许珪巡按河南,上言:"自开封永城至彰德,春夏旱旸,麦苗疏薄,农民所收无几,今年夏税宜减半征收。"③宣德九年(1434),"秋七月甲申,遣给事中、御史、锦衣卫官督捕两畿、山东、山西、河南蝗。八月庚戌,振湖广饥。甲子,救两京、湖广、江西、河南巡抚、巡按御史、三司官行视灾伤,蠲秋粮十之四"④。弘治六年(1493)十二月,巡按河南御史涂升言:"黄河为患,南决病河南,北决病山东。"⑤因上治河之策四条,为皇帝称许。嘉靖年间,范鏓"迁河南知府。岁大饥,巡抚都御史潘埙驳诸请振文牒,候勘实乃发。鏓不待报,辄开仓振之,全活十余万。民争讴颂鏓,语闻禁中。帝为责户部及埙与巡按御史匿灾状。埙归罪鏓以自解,被劾罢去,鏓名由此显"⑥。后升至河南左、右布政使,河南巡抚。

在一份摘录的明弘治十五年(1502)由巡按河南监察御史"李公"发出的救灾公文中可看到巡按御史的权力。文中说:"天降骤雨,兼以风雹,地决黄河,兼以山水,淹倒城垣,溺死人口,漂流房屋,伤害禾稼,按属地方在在皆然,而归德、修武视他尤甚。速行各府、州、县、卫所大小衙门官员,一体痛加修省,仍将一应兴利除害并救灾恤患事宜,大者可为上请,次者公评议处施行。各陈一二,火速赍报本院,以资不逮。"⑦

万历二十二年(1594),"河南大饥,给事中杨明绘《饥民图》以进,巡按陈登云进饥民所食雁粪,帝览之动容"。万历三十九年(1611),河南巡按也曾向神宗请求免除河南因灾害拖欠的税赋,但没有得到批准。"秋八月,河南巡按曾用升以灾请蠲振。时河南洊饥,开封、归德、汝宁等府自春徂夏,霪雨连旬,平地水深

---

① 〔清〕张廷玉等:《明史》卷73《职官二》,中华书局,1974年,第1768页。
② 〔清〕张廷玉等:《明史》卷73《职官二》,中华书局,1974年,第1769页。
③ 《明太祖实录》卷196"洪武二十二年六月戊午","中央研究院"历史语言研究所,1962年,第2949页。
④ 〔清〕张廷玉等:《明史》卷9《宣宗纪》,中华书局,1974年,第124~125页。
⑤ 〔清〕张廷玉等:《明史》卷83《河渠一》,中华书局,1974年,第2022页。
⑥ 〔清〕张廷玉等:《明史》卷199《范鏓传》,中华书局,1974年,第5268页。
⑦ 〔明〕张旭:《梅岩小稿》卷30《公移》,明正德元年刻本。

丈尺,飞蝗蔽野。用升奏言,中州钱粮自三十年迄今逋赋三十九万有奇,请悉免之,并请留秋冬税银以振灾重州县。不报。"①

由上述记载可见,明代的巡抚和巡按有上报灾情、提出救灾建议和监督灾害救治的职责。

(四)医疗救灾机构

明代还有重要的医疗救灾机构太医院。《明史》载:"太医院。院使一人,正五品,院判二人,正六品。其属,御医四人,正八品,后增至十八人,隆庆五年,定设十人。……生药库、惠民药局,各大使一人,副使一人。"②太医院不仅服务于皇帝、王公大臣,也在全国各地派出医生、开设药店局,实施对民间疾疫的治疗。"外府州县置惠民药局。边关卫所及人聚处,各设医生、医士或医官,俱由本院试遣。"③"洪武三年置惠民药局,府设提领,州县设官医。凡军民之贫病者,给之医药。"④"嘉靖二十一年五月,以夏疫,令太医院及顺天府惠民药局措置药物,散给居民。"⑤太医院还是医学教育机构,负责培养医学生,考试合格者,收充医士,食粮当差。"成化十年奏定:医士有家小者月支米七斗,无者五斗。医生有家小者四斗,无者三斗。""医官,旧例月支米二石,弘治间令照医士例止支七斗。"⑥还在地方设立医学培养机构。"府,正科一人,从九品。州,典科一人。县,训科一人。洪武十七年(1384)置,设官不给禄。"⑦明代在中央和省府州县普设医官、医士、医学及惠民药局,大大提高了疫病的治疗成效。

二、救灾程序

明代政府逐渐形成了一整套比较完善的救灾程序,具体说来有以下几个

---

① 〔清〕夏燮编:《明通鉴》卷74,清同治刻本。
② 〔清〕张廷玉等:《明史》卷74《职官三》,中华书局,1974年,第1812页。
③ 〔清〕张廷玉等:《明史》卷74《职官三》,中华书局,1974年,第1813页。
④ 〔清〕张廷玉等:《明史》卷74《职官三》,中华书局,1974年,第1813页。
⑤ 〔清〕龙文彬:《明会要》卷39《职官十一》,清光绪十三年永怀堂刻本。
⑥ 《明会典》卷224《太医院》,明万历年间内府刻本,第2044页。
⑦ 〔清〕张廷玉等:《明史》卷75《职官四》,中华书局,1974年,第1853页。

过程。

(一) 报灾

报灾是受灾地区的地方官员将灾害的发生情况(发生时间、受灾区域、损失状况等)上报给中央政府。明代的报灾程序自开国洪武时期就有规定。关于报灾时间,明太祖洪武元年(1368)八月下诏规定:"凡水旱之处,不拘时限,可随时申报。"[1]可见水旱灾害的报告时间是不作限制的。到了孝宗弘治年间(1488—1505),开始确定时限:"夏灾不得过五月终,秋灾不得过九月终。"[2]后至神宗万历九年(1581)时,又进一步规定:"地方凡遇灾伤重大,州县官亲诣勘明,巡抚不待勘报速行奏闻,巡按不待部覆即将勘实分数作速具奏,以凭覆请赈恤,至报灾之期,在腹里仍照旧例,夏灾限五月,秋灾限七月;沿边如延、宁、甘、固、宣、大、蓟、辽各处,夏灾改限七月内,秋灾改限十月内,俱须依期从实奏报。或报时有灾报后无灾及报时灾重报后灾轻,报时灾轻报后灾重,巡按疏内明白实奏,不得执泥巡抚原疏,致灾民不沾实惠。"[3]明代不断对报灾期限加以调整,区分内地和边远地区,这对灾情的处理更为有效,明确各级官员在救灾过程中应承担的责任,中央能够对受灾地区的情况有清楚了解,能够使灾区灾民得到快速救助。

在报灾这一程序中,明代政府针对匿灾不报或报灾不力的情况做了处罚性的规定。如洪武十八年(1385),"令灾伤去处有司不奏,许本处耆宿连名申诉,有司极刑不饶"[4]。永乐五年(1407),河南官员匿灾不报,且"言雨旸时若,禾稼茂实"。成祖了解实情后,"乃亟命发粟赈之,逮其官,悉置于法。仍榜谕天下有司,自今民间水旱灾伤不以闻者,必罪不宥"[5]。可见明政府对各地区的救灾是极为重视的。

(二) 勘灾

勘灾又称踏勘,明代勘灾分两级,灾害发生时,当地地方官员先行勘灾,勘

---

[1] 〔明〕徐光启撰,石声汉校注:《农政全书校注》卷44《备荒考中》,岳麓书社,2002年,第737页。
[2] 〔清〕张廷玉等:《明史》卷78《食货志二》,中华书局,1974年,第1909页。
[3] 〔清〕嵇璜等:《钦定续文献通考》卷32《赈恤》,文渊阁四库全书本,第627册,第130页。
[4] 〔明〕徐溥等:《明会典》卷19,文渊阁四库全书本,第617册,第238页。
[5] 〔清〕秦蕙田:《五礼通考》卷246《凶礼一·荒礼》,文渊阁四库全书本,第142册,第50页。

测灾情并将灾伤情况上报户部,然后再由户部派遣官员前往灾害发生地进行核实。明代政府对勘灾程序也有明确规定,洪武二十六年(1393)规定:"凡各处田禾遇有水旱灾伤,所在官司踏勘明白,具实奏闻。仍申合干上司,转达本部立案,具奏。差官前往灾所覆踏是实,将被灾人户姓名、田地顷亩、该征税粮、数目造册缴报本部立案,开写灾伤缘由具奏。"①这一诏令对勘灾的程序有了明确的规定,对勘灾的内容也做出了具体的要求。勘灾这一程序的实施能够让中央政府对各地的灾害情况有细致的了解,从而施以适当的灾害救治措施。

明代针对不同的受灾情况实行不同的救助措施。其中灾伤分为两个等级,曰极灾、次灾,或曰轻灾、重灾。对这两个级别的灾伤状况明确规定了两种不同的救助措施,即重灾赐给,轻灾平粜。明代大体将受灾民众划分为三等:一等曰极贫,二等曰次贫,三等曰稍贫。嘉靖八年(1529)佥事林希元上疏云:"救荒有二难,曰得人难,曰审户难。有三便,曰极贫之民便赈米,次贫之民便赈钱,稍贫之民便转贷。"②但是在具体实施救灾时,多对极贫和次贫两者进行赈济。如"万历己巳,陈霁岩知开州。时大水,无蠲而有赈。府下有司议,岩倡议,极贫民赈谷一石,次贫民赈五斗,务必令民共沾实惠"③。

(三)形成救灾决议

这一程序是在户部官员勘灾归来之后,将灾情上报中央政府,由中央政府组织有关人员进行商议,形成妥当具体的救灾方案。在明代这一过程最常用的形式就是"廷议"。

廷议是中国古代历朝经常采用的一种行之有效的办事制度。明代也经常采用廷议的形式决定国家的一些重要政务。前文论及灾荒救治是户部的一项主要职责,因此有关救灾的重大事项是由户部主持廷议的。如嘉靖二年(1523)十一月,"大学士杨廷和等以直隶江北水灾异常,疏请集议赈救,并蠲一应岁派额办钱粮。上曰:'灾伤重大,朕心恻然,其议所以赈救之。'于是户部集廷臣条陈救荒八事……疏入,上曰:'灾伤重大,国民困苦,存留起运粮米、岁办等项钱

---

① 〔明〕徐溥等:《明会典》卷19,文渊阁四库全书本,第617册,第237页。
② 《钦定康济录》卷4下《荒政丛言疏》,文渊阁四库全书本,第663册,第402页。
③ 《钦定康济录》卷3上《先审户以防奸冒》,文渊阁四库全书本,第663册,第299页。

粮,尽与停免,其余事宜俱如议.'仍差两京堂上官一员会同抚按严督所属,将前后动支银两设法赈济,使沾实惠"①。

总之,地方上若遇到自然灾害,需要经过地方官员的报灾、勘灾以及户部官员的复勘,中央政府了解灾情后召集有关部门进行廷议,制定关于救灾的各项政策、措施,这就是明代救灾决议的形成过程。由于皇帝和中央的过度集权造成救灾程序复杂、烦琐,这不仅产生不必要的文书编制及人员往来费用,还在一定程度上影响了救灾的效率。嘉靖八年(1529)三月,河南旱灾,巡抚河南都御史潘埙救灾时,"牵制文移,往来驳勘,不以时允发"②,以致饿死大量灾民。

(四)救灾执行监督

在中央形成救灾决议之后,接下来要做的就是根据决议采用各种具体的救灾措施对受灾民众进行救治了。将中央的救灾决议下发至河南布政司,由布政司下传至受灾府,受灾府将中央的决议交由受灾州县执行。当然从中央到地方的每一级政府都有相应的救荒职责,州县政府是地方最直接主要的救荒领导机构,处于救灾的第一线,指导地方救灾的各项事宜。

经过一系列救灾讯息的传达,国家和地方针对受灾地区的灾情灾种执行不同的应对措施。为了达到真正救助的目的,一般在灾情确定之后,中央首先实施的赈济政策就是蠲免赋税,这是在灾情可控和国家财政充盈的情况下可以最快下达执行的救灾措施。在救灾执行过程中,往往蠲免、赈济、折输、移粟等多种措施并行,以提高救灾效率。当然,明代救灾制度仍存在不足,由于吏治不良,一部分官员在报灾、勘灾、救灾过程中弄虚作假,出现不如实报灾、贪污救灾物资、救灾不力等情况。例如,永乐五年(1407),皇帝下诏称:"河南郡县荐罹旱涝,有司匿不以闻。又有言雨旸时若,禾稼茂实者。及遣人视之,民所收有十不及四五者,有十不及一者,亦有掇草实为食者,闻之恻然。亟命发粟赈之,已有饥死者矣。此亦朕任用匪人之过,已悉置于法,其榜谕天下有司,自今民间水旱

---

① 《明世宗实录》卷33"嘉靖二年十一月庚寅","中央研究院"历史语言研究所,1962年,第856~857页。
② 《明世宗实录》卷99"嘉靖八年三月壬戌","中央研究院"历史语言研究所,1962年,第2351页。

灾伤不以闻者,必罪不宥。"①因此中央多派遣得力官员协助、监督地方州县的救灾工作。

三、一般灾害防治

(一)救灾物资节约筹集

明代用于救灾的粮食、银钱和其他物资主要是来自中央财政、地方留存和地方备荒的各种仓储,其中预备仓是明代所独创的最主要的备荒仓储。预备仓始设于太祖时期。"州县则设预备仓,东南西北四所,以振凶荒。""永乐中……益令天下府县多设仓储,预备仓之在四乡者移置城内。""预备仓之设也,太祖选耆民运钞籴米,以备振济。"②由官府出仓本,设置于居民丛集之处,并且让年高稳重的人进行管理,其目的是备赈济,防御灾害。预备仓的粮食主要来自中央政府财政拨付的籴谷,但有时也会动用地方财政或者民间富户的捐助及罪犯的罚赎。《明会典·仓庾》载:"祖宗设仓贮谷以备饥荒,其法甚详。凡民愿纳谷者,或赐奖敕为义民,或充吏,或给冠带散官。令有司以官田地租税契引钱,及无碍官银籴谷收贮。近时多取于罪犯纸赎,以所贮多少为考绩殿最云。"③明初预备仓由各地组织收储,物资由政府拨款和地方留存,同时鼓励富民捐献或向民间富户募集救灾粮款。明中后期,灾害多发且严重,仓储出现空虚,政府主要实行捐纳和罚赎,给予物资捐献者以奖励、免役或做官的优待,以及将罚没的银钱和籴谷收入预备仓。在救灾中赈济所用粮食主要来源于地方仓储积粮和地方上的官廪。地方出现饥馑,通常都是直接利用当地所储仓粮来赈济灾民。

(二)救灾物资储存

明朝汪文义在《旱灾疏》中说:"能积于不涸之仓,藏于不竭之府者,可御水旱之来。当患而为之备,即灾而为之捍者,可免流离之苦。"④这句强调了仓储备

---

① 《明太宗实录》卷67"永乐五年五月辛未","中央研究院"历史语言研究所,1962年,第939页。
② 〔清〕张廷玉等:《明史》卷79《食货三》,中华书局,1974年,第1924~1925页。
③ 〔明〕申时行等修,万历《明会典》卷22《户部九》,中华书局,1989年,第152页。
④ 〔明〕俞汝为:《荒政要览》卷2《奏议》,天津古籍出版社,2010年,第193~194页。

荒的重要性,以及大力推行仓储备荒的必要性。明代的农政学家徐光启也十分重视为备荒而准备积蓄。他引玄扈的《除蝗疏》说:"国家不务蓄积,不备凶饥,人事之失也。"①他还引用杨溥之言,论说了明初洪武年间的积蓄管理。"我太祖高皇帝,惓惓以生民无为心。凡有预设备荒定制。洪武年间,每县于四境设立仓场,出官钞籴谷,储贮其中。又于近仓之处,佥点大户看守,以备荒年赈贷。官籍其数,敛散皆有定规。"②徐光启对洪武时期实行的仓储备荒政策大为称赞。

明代的备荒仓主要是指预备仓、社仓、义仓。弘治年间规定各地预备仓积粮数量:"限州县十里以下积万五千石,二十里积二万石;卫千户所万五千石,百户所三百石。"③正德年间规定:"府积万石,州四五千石,县二三千石为率。既,又定十里以下万五千石,累而上之,八百里以下至十九万石。"④不过预备仓制度逐渐走向衰败。"其后积粟尽平粜,以济贫民,储积渐减。隆庆时,剧郡无过六千石,小邑止千石。久之数益减,科罚亦益轻。万历中,上州郡至三千石止,而小邑或仅百石。"⑤明初,预备仓由于管理严格,在救荒中的作用极大,也不断发展壮大。随着明代吏治的逐渐废弛,预备仓也深受影响,管理逐渐松散,仓谷往往一借无还,政府必须不断追加资金投入,成为政府的一大财政负担。到万历年间(1573—1620),神宗皇帝也打起了预备仓的主意。如此一来,地方上的预备仓就逐渐资金不足,其衰落也就不可避免了。

明代社仓多设于乡村当社,由地方殷实大户掌管,社仓相对于官府预备仓来说,是一种民间的民营救灾仓储,社仓受地域限制,一个社仓往往只能兼顾一乡或数村之民,作用范围相当有限。明代义仓与前代义仓不同,多设于乡村里社,比之常平仓、社仓,其民营色彩更浓,基本由里社自治。

(三)救灾物资调运流通

调粟是对粮食物资进行统一调度、调剂丰歉的一种方式,也是赈济粮食的

---

① 〔明〕徐光启撰,石声汉校注:《农政全书校注》卷44《备荒考中》,中华书局,2020年,第1671页。
② 〔明〕徐光启撰,石声汉校注:《农政全书校注》卷43《备荒考中》,中华书局,2020年,第1614页。
③ 〔清〕张廷玉等:《明史》卷79《食货三》,中华书局,1974年,第1925页。
④ 〔清〕张廷玉等:《明史》卷79《食货三》,中华书局,1974年,第1925页。
⑤ 〔清〕张廷玉等:《明史》卷79《食货三》,中华书局,1974年,第1926页。

补充手段。它是在地方上的粮储不足以供应灾民所需之时,政府通过调动邻近府县的粮食或是调用京储或是截漕拨运等方式,移粟就民以调济民食,解决灾民的缺食问题。调粟采取的途径主要有截留漕运、预支官俸、禁闭米价、鼓励通商等。如永乐十四年(1416),"北京、河南、山东饥,免永乐十二年逋租,发粟一百三十七万石有奇振之"①。洪熙元年(1425)大名府民饥,曾调用长垣县仓中储粟赈济。② 正统十年(1445),陕西境内因连年荒旱蝗潦,"赈济饥民,支粮尽绝",由于其与河南二府邻近,于是"将河南府并潼关仓粮运至泾阴等处,将怀庆府仓粮运至华阴等处以备赈济"③。

平粜,就是平抑物价。其一就是利用中央直接控制的粮食,将公仓存粮运往灾区平价出售,解决灾民生计问题。对于灾年囤积居奇、视民生死不顾者,也会给予惩罚。宣德年间(1426—1435),山西、河南荒,时巡抚二省的于谦召集里老,命他们劝富户平粜存粮,减价出粜则给予免役等奖励,"有不愿减者勿强。若有奸民擅富要利,坐视饥民,不与平粜者,里老从实具呈,重罚不恕"④。明政府也注意利用民间力量来调剂丰歉。嘉靖三十年(1551),河南灾,"令劝谕殷实铺行给领官银,或不敷,听于临清仓折粮银借支二万两作为粜本,前往临近有收地方收买粮米,听赈。仍立为均粜之法,照依原买、脚价,听从过得人户易买自济,或互为贸迁,相兼接续赈粜"⑤。

(四)救灾物资发放

明代救灾物资的发放主要是通过赈济的途径实施的。明代赈济包括无偿赈济与有偿借贷。赈济是把物品或钱无偿给予灾民以帮助其渡过难关的行为。赈济有赈物、赈钱两种。赈物中最常见的是赈粮和赈布帛。利用官廪米赈济灾民也是政府的常用之法,永乐十二年(1414),"直隶之灵璧、怀远、桐城、宿松、潜山、太湖、舒城、常熟,河南之洛阳、汝阳、项城,山东之安丘、诸城,陕西之安化、

---

① 〔清〕张廷玉等:《明史》卷7《成祖纪》,中华书局,1974年,第95页。
② 《明仁宗实录》卷9上"洪熙元年夏四月甲辰","中央研究院"历史语言研究所校勘影印本,1962年,第281页。
③ 《明英宗实录》卷135"正统十年十一月癸未","中央研究院"历史语言研究所校勘影印本,1962年,第2683页。
④ 《钦定康济录》卷3上,文渊阁四库全书本,第663册,第293~294页。
⑤ 〔明〕王圻:《续文献通考》卷41,文海出版社,第2529页。

华亭诸县民饥,皇太子命郡县城各发官廪赈之,凡赈谷九万一千六百三十石有奇"①。赈钱是由政府发给灾民救助金,让其籴买粮食渡过灾荒。洪武十九年(1386)时遣使运钞三千锭往大名府赈水灾灾民②,用钞五万三千三百余锭赈河南诸府州县四万八千八百户③。

其中借贷的目的不仅是解决灾民生计问题,也致力于灾后发展。借贷物资不仅包括粮食、钱币,还有种子、耕牛、农具等生产资料。贷粮,如洪武二十五年(1392),河南光州固始县民因年饥艰食,许其将当地县仓预备粮二万五千六百余石贷民。④

明代还实行工赈措施。弘治时(1488—1505),河决沛城,百姓流离,时任河南巡抚孙需"乃役以筑堤而予以佣钱,趋者万计,堤成而饥民饱,公私便之"⑤。组织灾民修筑河堤,给予灾民相应的钱粮以代替直接救济,一方面可以防止水灾的再次发生,另一方面也达到了救济灾民的效果。

(五)赋役债务减免

1. 蠲免

明代历朝中央政府都实行过蠲免政策,针对灾害情况也有一定的蠲免实施标准。明朝立国之初,朱元璋因出身贫苦,对百姓的疾苦较为体恤,所以对灾害救济极为重视。明初的蠲免制度是同朱元璋的与民休息政策相联系的。洪武元年(1368)即下诏:"令水旱去处,不拘时限,从实踏勘实灾,税粮即与蠲免。"⑥洪武十八年(1385)十一月己亥,河南水患,免"被水之处今年田租,河南二十三

---

① 《明太宗实录》卷149"永乐十二年三月壬寅","中央研究院"历史语言研究所校勘影印本,1962年,1743~1744页。
② 《明太祖实录》卷177"洪武十九年春正月辛酉","中央研究院"历史语言研究所校勘影印本,1962年,第2675页。
③ 《明太祖实录》卷177"洪武十九年二月癸丑","中央研究院"历史语言研究所校勘影印本,1962年,第2681页。
④ 《明太祖实录》卷217"洪武二十五年三月戊戌","中央研究院"历史语言研究所校勘影印本,1962年,第3191页。
⑤ [清]杨景仁:《筹济编》卷13之4,诒砚斋藏版,光绪四年重镌。
⑥ 《明会典》卷19,文渊阁《四库全书》本,第617册,第230页。

万七千五百余石"①。明成祖基本继承太祖的恤民思想,经常使用蠲免的措施救荒。蠲免内容包括赋税蠲免和徭役蠲免两方面。赋税蠲免即在灾害发生时,政府下令免除税粮。永乐十三年(1415),"蠲顺天……河南、山东州县水旱田租"②。徭役蠲免通过免除受灾之民必须服徭役的义务,放宽民力以救治灾民,也是政府救灾的重要举措。永乐八年(1410)时皇太子令"扬州、淮安、凤阳至陈州去岁水灾之处,有工匠在京应役者,悉罢,遣还家,令营衣食"③。

蠲免的范围还包括各种加派及杂税等项。如宣德八年(1433)春夏间,畿内及河南、山东、山西大旱,受灾地区除获免当年夏税及往年逋负外,"其拖欠各色课程、盐课,并各衙门见坐派买办、采办诸色物料、颜料等项及亏欠孳牧马、驴、牛、羊牲口,悉皆蠲免"④。

2. 折输

折输是明政府在灾荒之年减轻灾民赋税负担的一项重要措施,它是将民户应上缴的税粮折成银钱或其他物品。其目的主要有三:一是确保税收,允许将税粮折成灾区有收入的作物或物品,如永乐二年(1404),"河南郑州荥泽县言:蝗蝻伤稼,税粮乞以豆菽代输。从之"⑤。二是把粮食留在灾区用以维持灾民生计,如永乐七年(1409)八月,"河南汝宁府遂平县言:雨水伤稼,秋税乞输钞。从之"⑥。永乐十年(1412)正月,河南、山西的受灾地区也获准将税粮折收钞、帛。⑦ 三是消除民户缴纳的税粮在运输途中的损耗,从而减轻赋税,这也是折输最重要的意义所在。

---

① 《明太祖实录》卷176"洪武十八年十一月己亥","中央研究院"历史语言研究所校勘影印本,1962年,第2670页。
② [清]张廷玉等:《明史》卷7《成祖本纪》,中华书局,1974年,第93页。
③ 《明太宗实录》卷100"永乐八年春正月乙未","中央研究院"历史语言研究所校勘影印本,1962年,第1309页。
④ [明]屠隆:《荒政考》,载李文海、夏明方:《中国荒政全书》(第一辑),北京古籍出版社,2003年,第178页。
⑤ 《明太宗实录》卷27"永乐二年正月庚申","中央研究院"历史语言研究所,1962年,第498页。
⑥ 《明太宗实录》卷95"永乐七年八月甲子","中央研究院"历史语言研究所校勘影印本,1962年,第1264页。
⑦ 《明太宗实录》卷124"永乐十年正月乙酉","中央研究院"历史语言研究所校勘影印本,1962年,第1561页。

(六)灾民护理安置

明初,针对大量因战乱而流离失所的流民,明政府一方面资助其还乡,一方面准其在流徙地附籍,或迁至地广人稀处,官给耕牛种子,令其垦荒耕种,并蠲免租税。正统年间(1436—1449),"凡流民,英宗令勘籍,编甲互保,属在所里长管辖之。设抚民佐贰官。归本者,劳徕安辑,给牛、种、口粮。又从河南、山西巡抚于谦言,免流民复业者税"①。正统六年(1441),山东、陕西流民20余万涌入河南,巡抚于谦一面开仓赈济,一面"令布政使抚集其众,授田给牛耕种。流民以安"②。

明代还多次设专官,在流民密集的地区负责安辑工作。从正统开始到弘治止,明政府先后6次,在山东、山西、河南、陕西、湖广、四川、顺天等地设州县佐贰、布政参议、按察副使、巡抚等职协同地方官办理流民事务。③

明朝也多次颁诏由政府出资赎还贫民因灾荒典卖的妻妾子女。"(洪武)十九年,诏赎河南饥民所鬻子女。"④明代政府还多次采取措施以确保离散的家人能够团聚,如"成化二十三年,诏陕西、山西、河南三省军民,先因饥荒逃移将妻妾子女典卖与人者,许典卖之家首告,准给原价赎取归宗。其无主及愿留者,听。隐匿者罪之"⑤。

四、特种灾害防治

明代河南灾害主要是以水、旱、虫灾为主,对河南地区的农业和人民生活造成了严重的影响,明政府也实施了诸多有针对性的灾害预防措施,并形成了较为完善的防灾体系。

---

① 〔清〕张廷玉等:《明史》卷77《食货一》,中华书局,1974年,第1879页。
② 〔清〕龙文彬:《明会要》卷51《民政二》,中华书局,1956年,第962页。
③ 叶依能:《明代荒政述论》,《中国农史》1996年第4期。
④ 〔明〕王圻:《续文献通考》卷32,文渊阁四库全书本,第627册,第119页。
⑤ 〔清〕倪国琏:《钦定康济录》卷4上,文渊阁四库全书本,第663册,第372页。

（一）水旱防治灾害预防

中国历代政府都十分重视兴修水利，明代政府也不例外，并把兴修水利作为防灾减灾的一项重要措施。明代政府采取整治河流、兴修农田水利灌溉工程等措施减少水旱灾害的发生，减轻水旱灾害的危害。

1.兴修水利

明代，豫北和南阳的水利在河南地区比较突出。豫北地区主要指河南省黄河以北地区，即当时的彰德、卫辉、怀庆三府辖地。该区是河南省重要的农作区。主要河流有漳河、卫河、洱河、丹河、沁河等，是发展农田水利灌溉事业的基础。

明代，豫北地区的大型水利灌溉工程主要有丹、沁河水利工程。丹、沁河水利工程是豫北地区古老的水利工程之一，灌溉之利使百姓获利甚巨。明代对该工程多次修复，使之产生了更大的效益。第一次是弘治六年（1493），河南巡抚徐洛委托参政朱宣主持对元代开凿的淮渠疏浚修复，因地制宜，宣泄疏通并举，又设里闸口，随时关闭，周围田地均得淮溉。嘉靖年间（1522—1566），河内县令胡玉玑又进行修缮，并将所修河道命名为利丰河。隆庆二年（1568），怀庆（今河南沁阳市）知府纪诚再次对之进行修缮，又更其名为通济河。以万历十八年（1590）所作修复最为有名，当时豫北旱情严重，袁应泰任河内县令，自太行山麓凿洞引水，修成一条流经济源、孟县、河内、温县、武陟等5县的大渠，称作广济渠。广济渠的修筑，为发展河内地区的农业生产做出了新的贡献，使过去"只播菽谷"的沁河流域出现了"围水环流遍种水稻，亩收二钟有奇"的喜人景象。[1]万历年间，陈邦瞻为河南布政使，开水田千顷。陈学为中牟令，县有大泽，积水占膏腴田二十余里，学疏为河者五十七，为渠者百三十九，俱引入小清河，民获大利。[2] 南阳地区水利工程主要是修复疏浚大量的前代遗迹，主要有邓州的黄家堰、黑龙堰等；内乡县的郑渠堰，东、西俞公堰等；新野县的沙堰、黑龙堰；镇平县的西河堰、上石堰等；南阳县的上石堰、聚宝盆等。[3] 农田水利工程的修建能

---

[1] 〔明〕陈子龙等：《明经世文编》卷153《崔文敬公洹词·沁州水田记》，中华书局，1962年，第1537页。

[2] 〔清〕嵇璜撰：《续通典》卷5《食货》，文渊阁四库全书本。

[3] 马雪芹：《南阳地区两汉、唐宋、明清时期水利事业之比较研究》，《中国历史地理论丛》1993年第2期。

有效改善河南地区的农业受灾情况,也是河南地区关键的农业防灾措施。

2. 对黄河、淮河的整治

明代之前黄河、淮河泛滥频繁,且治理不力,河决灾害发生频繁,严重影响和威胁到河南地区的农业经济和人民生活,因此明代之前的政府对黄河进行了多次大规模的治理。朱元璋建立明政权后,对黄河进行了局部治理,但未兴建大工。永乐至成化时,治黄工作只在局部地区修防。这些修防工程,在一定范围内使得河南地区受水灾影响的状况得以缓解,但不能从根本上稳定河势,黄河仍处于迁徙不定的状态。

明代中后期开始大规模治理黄河。正统十三年(1448)秋,黄河在新乡八树口决口,漫曹、濮,抵东昌,冲张秋,溃寿张沙湾,大运河的航道也遭到严重破坏。此后黄河屡修屡决,于是朝臣共推通晓治河的徐有贞前往专治。徐有贞"大集民夫,躬亲督率,治渠建闸"①。至此,沙湾河决才告修毕。弘治六年(1493)春,黄河在张秋戴家庙决口,并且"犁漕河与汶水合而北行",刘大夏被推举前往治理。刘大夏组织大量民夫塞住了张秋决口,之后又组织了筑塞黄陵冈及荆隆等七口的工程。经过这一番治理之后,黄河北决自张秋冲毁运河的危险大大降低,河南地区的河决水患灾害也大为减少。明代后期治理黄河最有名的是潘季驯,当时"河复决崔镇,宿、沛、清、桃两岸多坏,黄河日淤垫,淮水为河所迫,徙而南"②。潘季驯主持此次河务,并且提出把堤防工程分为遥堤、缕堤、格堤、月堤,因地制宜地在黄河两岸周密布置,配合使用。③ 此工程修筑之后数年再没有大的河患。明代河南地区饱受黄河泛滥决堤的影响,治理好黄河对减轻河南的水灾起着关键作用,明政府对黄河的几次整治,使得河南的水灾发生频率有所降低,起到了较好的防治水灾效果。

万历三年(1575),黄河、淮河交相漫涨,南直隶、山东、河南三省相连地区一片汪洋,且危及明祖陵。为了治理淮河、黄河水患,潘季驯于万历六年(1578)督众治河。潘季驯首先修筑高堰以增强抗洪能力,又督工修筑缕堤140余里,以束水冲沙,同时还修建了减水坝四座,用以分泄洪水,增强大堤的抗洪能力。经

---

① 〔清〕张廷玉等:《明史》卷171《徐有贞传》,中华书局,1974年,第4562页。
② 〔清〕张廷玉等:《明史》卷84《河渠二》,中华书局,1974年,第2049页。
③ 《黄河水利史述要》编写组:《黄河水利史述要》,黄河水利出版社,2003年,第289页。

过这次治理,黄河水无所分,当时,"两河归正,沙刷水深,海口大辟,田庐尽复,流移归业,禾黍颇登"①。此后,"高堰初筑,清口方畅,流连数年,河道无大患"②。淮河得到有效治理,使得河南地区的水灾减少。

(二)虫灾防治

明代的人们与前代相比更进步的是通过利用蝗虫的生活习惯和蝗灾发生的规律,来有效地消除蝗灾。徐光启在《农政全书》中提出了消灭蝗虫滋生以扑灭蝗虫的科学方法,"涸泽者,蝗之原本也。欲除蝗,图之此其地矣。……凡地方有湖荡淀洼积水之处,遇霜降水落之后,即亲临勘视,本年潦水所至,到今水涯有水草存积,即多集夫众,侵水芟刈"③。关于蝗虫的生长周期也有明确的认识,徐光启在《农政全书》的《荒政篇》中记载,"蝗初生如粟米,数日旋大如蝇,能跳跃群行,是名为蝻……如是传生"④。于是便结合蝗蝻各个生长时期特点将其捕杀。掘卵灭蝗、开沟捕打,用绳兜兜取,利用清晨蝗虫"浸露体重"不能飞行而及时捕杀。对于蝗虫灾害的特点,形成了治早治小治静的原则,即"捕蝗不如捕蝻,捕蝻不如灭种"的原则,在蝗虫的繁殖早期捕杀可大大提高捕杀除害的效率。

明代治理蝗虫灾害的思想中还增加了选择种植蝗虫不喜食的农作物和利用其他生物治蝗的内容,陈经伦在《治蝗笔记》中有关于养鸭治蝗的记载,即"遂教其土人群畜鸭雏,春夏之间随地放之,是年北方遂无蝗害"。而有关养鸭治蝗的记载在其他文献中也多有记录,后世路世仪的《除蝗记》一书中也有此记载。可见,利用养鸭来治理蝗虫的方法是有效可行的。还有利用农业技术防治虫害的思想,徐光启在《农政全书·蚕桑广类》中指出:"种棉二年,翻稻一年,即草根溃烂,土气肥厚,虫螟不生。多不得过三年,过则生虫。"⑤此方法是利用轮作耕

---

① 《河防一览》卷8《河工告成疏》,文渊阁四库全书本,第576册,第284页。
② 〔清〕张廷玉等:《明史》卷84《河渠二》,中华书局,1974年,第2054页。
③ 〔明〕徐光启撰,石声汉校注:《农政全书校注》卷44《备荒考中》,中华书局,2020年,第1673~1676页。
④ 〔明〕徐光启撰,石声汉校注:《农政全书校注》卷44《备荒考中》,中华书局,2020年,第1672页。
⑤ 〔明〕徐光启撰,石声汉校注:《农政全书校注》卷44《备荒考中》,中华书局,2020年,第1235页。

种防治虫害。

(三)疫灾防治

明朝政府针对疫灾防治,会采取赈济抚恤灾民的措施,为灾民提供粮食或施粥,同时也会采取遣医送药、掩埋尸体等救灾措施。嘉靖三十三年(1554)四月乙亥,"都城内外大疫。上闻之,谕礼部曰:'时疫太甚,死亡塞道,朕为之恻然,其令太医院发药,户部同锦衣卫官以米五千石煮粥疗济,用副朕好生之意,死者官给席藁,令所在居民收瘗之'"①。统治者针对此次疫灾所采取的措施较多,包括向灾民施粥,掩埋尸体等。根据史书记载,此次救灾使"贫民全活甚众,远方闻者争来就食,户部尚书方钝以人多食少,请益发廪以赈之。报可"②。可见这些救治疫病的措施成效较为突出。在疫灾过后,统治者也会对灾民采取蠲免或缓征等措施。

(四)农业技术防灾

明代的农业防灾技术主要包括轮作复种制度、重视施肥、用毒药砒霜拌种防治病虫害等。明代河南人民根据农业耕作经验实行轮作复种的方式,重视施肥,以此来提高粮食产量,增加生活储备。选种能耐旱、耐涝、耐盐碱、耐贫瘠和抗病虫的作物品种,对备荒救灾具有重要意义。明代我国从境外引进了甘薯、玉米、马铃薯等高产、生长期短的农作物新品种,对这一时期的备灾救荒具有重要的补充作用。

五、修政禳灾

明代也习惯于用"天人感应"的观点来解释灾异现象。朱元璋早在称吴王之前,就希望把自己的行为纳入符合天意的轨道上。"今天下纷纷,群雄并争,迭相胜负,生民皇皇,坠于涂炭,不有所属,物类尽矣。愿天早降大命,以靖祸

---

① 《明世宗实录》卷409,"中央研究院"历史语言研究所校勘影印本,1962年,第7133页。
② 《明世宗实录》卷409,"中央研究院"历史语言研究所校勘影印本,1962年,第7133页。

乱,苟元祚未终,则群雄宜早息。某亦处群雄中,请自某始,若元祚已终,群雄之中当膺天命者,天命早归之,无使生民久阽危苦,存亡之几,验于三月及逾三月。"①朱元璋这几句话实际上是为自己祈福,希望"天命早归"于他。从中我们也可看出,在他心中天意是体恤民虞的,所以他把这番议论的立论点放在了"无使生民久阽危苦"上,以求让上天知道,自己是顺民意,亦是顺天意的,也让黎民百姓知道自己是顺天应命的"真命天子"。故而他在位期间对自然灾异表现得极为重视。明世宗是另一个深受"天人感应"影响的皇帝,他在位期间通过修省来消除灾祸的行动多不胜数。例如,正德十六年(1521)五月,"又旱,久不雨,请修举实政,以回天意。上嘉纳之。仍令礼官择日祷雨"②。明代因灾修政的方法有很多,如节用、减赋、取消地方贡献、罢免不称职官员、体恤将士等,其中最常见的是因灾求言和因灾恤刑。明成化年间大臣商辂所上《弭灾疏》中建议宪宗皇帝:"诏在庭文武群臣,凡致灾之由、弭灾之策,悉陈以闻。言之善者俯赐听纳,见于施行。言之不善,亦不加罪。如是则言路开而下情达,万事何忧不理、灾害何忧不息哉。"又称许明宪宗"凡遇盛暑,必下诏宽恤于京师,或值灾变,必遣官详审于天下"。后来,他又在《请革西厂疏》中提出:"今天鸣地震,无处无之,水旱灾伤,日甚一日,省躬念咎,弭灾息患之道,莫先于恤刑。"③

明代除灾害发生要临时祭祀禳灾外,还形成了皇帝登基改元例行祭祀的惯例。正如弘治年间马文升所说:"我朝故事,凡改元之初,并因水旱灾伤,朝廷命翰林院撰写祭文,分遣廷臣前去致祭五岳、五镇、四渎、四海之神,祭毕,所在官司就将祭文刻于石碑。"④

明代在继承前代的基础上也孕育出了灾害神灵信仰与祭祀禳灾的做法,常见的受祀神灵有:

城隍神:用以旱来祈雨,雨来祈晴,从而首次将城隍神纳入国家祀典,并且封"京都为承天鉴国司民升福明灵王,开封、临濠、太平、和州、滁州皆封为

---

① 《明太祖实录》卷1"甲午冬十月","中央研究院"历史语言研究所校勘影印本,1962年,第16~17页。
② 《明世宗实录》卷2"正德十六年五月丙辰","中央研究院"历史语言研究所校勘影印本,1962年,第74~75页。
③ 〔明〕陈子龙辑:《明经世文编》卷38《商文毅公文集》,明崇祯平露堂刻本。
④ 〔明〕马文升:《端肃奏议》卷5《祛除邪术以崇正道事》,清文渊阁四库全书本。

王"①。

山神:明代列入国家祀典的山神,最主要的是"五岳""五镇"。五岳之神为"东岳泰山之神,南岳衡山之神,中岳嵩山之神,西岳华山之神,北岳恒山之神"②。所谓"五镇",即指山东东镇沂山、浙江绍兴南镇会稽山、陕西宝鸡西镇吴山、辽宁北镇医巫闾山、山西中镇霍山。

水神:明代列入祀典的水神较多,最主要的是"四海""四渎"。四海之神分别为"东海之神,南海之神,西海之神,北海之神"③,分别位于山东莱州府、广东南海县、山西蒲州、河南怀庆府济源县。四渎之神分别为"东渎大淮之神,南渎大江之神,西渎大河之神,北渎大济之神"④,分别位于河南南阳府泌阳县、四川成都府、山西蒲州、河南怀庆府济源县。

蝗神:对神的祭祀是当时上至皇帝下到黎民百姓最重要的社会活动之一。地方官员在地方上也经常身先示范,组织祈禳活动。永乐二十二年(1424),直隶大名府浚县蝗蝻生发,"知县王士廉斋戒,率僚属耆民祠于八蜡祠"⑤。正统九年(1444),宋琰"迁河南布政司右参政,为汝阳不雨,蝗复大出,琰即日往按斋严致祷,有鹜数十群蔽空,下食蝗,越明日大雨,官吏士民,交相欣忭"⑥。八蜡庙及刘猛将军庙在明代以后基本上分布在河南每一个县城。

开封以东的黄陵岗原有"昭应河神之祠",但因此处濒临黄河,屡次河决,神祠遭到破坏。正德十一年(1516)九月,总理河道赵璜请求重造神祠,令有司致祭⑦,得到朝廷的批准。

明代祭祀禳灾活动较为常见,这些都充斥着迷信色彩,虽未起到预防灾害的作用,但对安抚当时的人民起到了积极作用。

---

① 〔清〕张廷玉等:《明史》卷49《礼三》,中华书局,1974年,第1286页。
② 〔清〕张廷玉等:《明史》卷49《礼三》,中华书局,1974年,第1284页。
③ 〔清〕张廷玉等:《明史》卷49《礼三》,中华书局,1974年,第1284页。
④ 〔清〕张廷玉等:《明史》卷49《礼三》,中华书局,1974年,第1284页。
⑤ 《明太宗实录》卷271"永乐二十二年夏五月乙亥","中央研究院"历史语言研究所校勘影印本,1962年,第2451页。
⑥ 〔清〕嵇曾筠撰:雍正《浙江通志》卷159《人物》,清文渊阁四库全书本。
⑦ 《明武宗实录》卷141"正德十一年九月己亥","中央研究院"历史语言研究所校勘影印本,1962年,第2780页。

第八章 清代河南救灾

本章清代的时间以 1644 年顺治定都北京开始,到 1911 年辛亥革命结束,共计 268 年。

为方便了解清代河南灾害的地区分布,现对清代涉及的今河南行政区划进行简单介绍。《清史稿》云:"清初为河南省,置巡抚。雍正二年,升陈、许、禹、郑、陕、光六州为直隶州。十二年,升陈、许为府,郑、禹仍属州。乾隆九年,许复直隶。光绪末,郑复直隶。宣统初,淅川厅直隶。领府九,直隶州五,直隶厅一,州五,县九十六。""宣统三年,编户四百六十六万一千五百六十六,口二千六百八十九万四千九百四十五。"① 以清代嘉庆二十五年(1820)河南的行政区划为准,当年的河南共下辖开封、归德、彰德、卫辉、怀庆、南阳、河南、汝宁、陈州九府及汝州、许州、光州、陕州四直隶州。② 之后清代数朝政区上的变动比较少,主要是郑州升为直隶州。各府、直隶州情况如下:

1. 开封府。府治祥符县,管辖祥符、新郑、陈留、杞、洧川、鄢陵、通许、尉氏、中牟、兰封、密,还有禹州等 1 州 11 县。

2. 归德府。府治商丘县,管辖商丘、宁陵、鹿邑、夏邑、虞城、永城、柘城、考城,还有睢州等 1 州 8 县,与现在的商丘市相对应。

3. 彰德府。府治安阳,至清末辖安阳、临漳、林、武安、汤阴、涉、内黄等 7 县,较清初划出磁州划入内黄,对应现在的安阳市、鹤壁市。

4. 卫辉府。府治汲县,至清末辖汲、新乡、淇、辉、延津、获嘉、浚、滑、封丘等 9 县,对应新乡市,淇县、浚县现属鹤壁市。

5. 怀庆府。府治河内县,至清末辖河内、济源、原武、修武、武陟、孟、温、阳武等 8 县,与现在焦作市相对应,济源现为省直属市。

---

① 〔民国〕赵尔巽:《清史稿》卷 62《地理志·河南》,中华书局,1976 年,第 2067 页。
② 谭其骧主编:《中国历史地图集》(第 8 册),中国地图出版社,1987 年,第 24~25 页。

6. 南阳府。府治南阳,至清末辖裕州、邓州及南阳、镇平、唐、泌阳、新野、桐柏、南召、内乡、舞阳、叶等2州10县。

7. 河南府。府治洛阳县,至清末辖洛阳、偃师、宜阳、永宁、新安、巩、孟津、渑池、登封、嵩等10县。

8. 汝宁府。府治汝阳(汝南县),辖汝阳、正阳、确山、上蔡、新蔡、西平、遂平、罗山,还有散州信阳。现代的驻马店市对应汝宁府,信阳市市区及罗山县也属之。

9. 陈州府。府治淮宁县,明朝时为散州,属于开封府,清朝升级为州,雍正年间成为府,至清末辖淮宁、商水、沈丘、太康、西华、项城、扶沟等7县,周口市就是古时候的陈州。

10. 汝州直隶州,明时就为直隶州,清沿袭明制,至清末领鲁山、宝丰、郏、伊阳等4县,民国后汝州成为县,归洛阳市管辖。现代平顶山因矿产而成为了市,20世纪80年代行政区调整,汝州反倒成为了下属县级市。

11. 许州直隶州,原属开封府,雍正二年(1724)为直隶州,至清末领临颍、襄城、郾城、长葛等4县。民国改为许昌县,与现在的许昌市、漯河市相对应。

12. 光州直隶州,原属汝宁府,至清末辖光山、固始、息、商城等4县。光州,民国成为光山县,近代成立信阳市,这几个县都划归。

13. 陕州直隶州,原属河南府,至清末辖卢氏、阌乡、灵宝3县,民国废州设陕县,属洛阳市。20世纪80年代单独设立三门峡市。

14. 郑州直隶州,原属开封府,至清末辖荥阳、荥泽、汜水3县,民国废州设郑县,与现郑州市对应,但面积扩大数倍。

第一节 清代河南各类自然灾害统计分析

一、清代河南水灾

(一)清代河南水灾数据统计

依据我们统计的资料,清代河南大小水灾共计 194 次,在所有灾害中发生最频繁。史料如下:

1. 清顺治二年(1645)(闰六月)己丑,河决王家园。(《清史稿》卷 4《世祖本纪一》)

2. 清顺治二年(1645)夏,(黄河)决考城,又决王家园。(《清史稿》卷 126《河渠志一》)

3. 清顺治二年(1645)七月,(黄河)决流通集,一趋曹、单及南阳入运,一趋塔儿湾、魏家湾,侵淤运道,下流徐、邳、淮阳亦多冲决。(《清史稿》卷 126《河渠志一》)

秋大雨,晚禾有歧穗。(民国《清丰县志》)

4. 顺治七年(1650)五月,齐河河决,长清河决,荆隆口平地水深丈余,村落漂没殆尽,黄河决;剞城、日照大水。(《清史稿》卷 40《灾异志一》)

5. 顺治七年(1650)八月,(黄河)决荆隆朱源寨,直往沙湾,溃运堤,挟汶由大清河入海。(《清史稿》卷 126《河渠志一》)

6. 顺治八年(1651)十月,广宗、南乐、玉田、邢台、宁河、南和大水。(《清史稿》卷 40《灾异志一》)

7. 顺治九年(1652)五月淫雨,房屋倾圮,秋禾淹没。(乾隆《阳武县志》)

8. 顺治九年(1652),八月九日大水。(康熙《鹿邑县志》)

秋,大水伤稼。(康熙《上蔡县志》)

秋大水。(乾隆《郾城县志》)

9. 顺治九年(1652),(黄河)复决邳州,又决祥符朱源寨。(《清史稿》卷126《河渠志一》)

10. 顺治九年(1652),河决封丘。(《清史稿》卷121《食货志二》)

11. 顺治十年(1653)秋七月大水,湍习两河交溢……坏田数千亩。(乾隆《邓州志》)

12. 顺治十一年(1654),沁河决,城内行舟,四月冰雹损麦。(乾隆《汲县志》)

五月二十四大风雨,毁禾拔木,室庐倾倒,城水不浸堤者尺许。(民国《夏邑县志》)

六月己未朔,河决大王庙。(《清史稿》卷5《世祖本纪二》)

甲午二月大雨淹麦。六月二十三大风雨一昼夜,摧木拔禾,倾屋坏垣。(乾隆《虞城县志》)

13. 顺治十一年(1654)秋七月水。(乾隆《杞县志》)

14. 顺治十四年(1657)(黄河)决祥符槐疙疸,随塞。(《清史稿》卷126《河渠志一》)

15. 顺治十五年(1658)五月十三日大雨至二十二日,麦萎无收。(嘉庆《正阳县志》)

五月初四日淫雨至九日。(民国《重修临颍县志》)

五月大雨如注,经数旬不止,伤麦。(乾隆《沈丘县志》)

六月阴雨百余日,积水汪洋,秋田全没。(道光《太康县志》)

16. 顺治十五年(1658)八月二十二复大雨,至九月二十六日始晴,河水泛滥,平地深丈许,秋禾一粒无存,庐舍漂没殆尽,人多溺死。牛畜饥饿死,幸存者以瘟灾倒毙。(乾隆《沈丘县志》)

秋八月淫雨如注,至十一月方息。丹淅两河水溢为灾,境内田土崩毁甚多。(康熙《淅川县志》)

兰封秋九月淫雨十日,坏稼。(民国《兰封县志》)

17. 顺治十六年(1659)四月终旬大雨百日麦尽烂。(康熙《扶沟县志》)

五月大雨四十余日,二麦糜烂殆尽。(顺治《临颍县志》)

五月淫雨,四十日不开,麦禾露积于野,泡烂几尽。(顺治《淇县志》)

18. 顺治十六年(1659)春淫雨伤麦。(乾隆《遂平县志》)

19. 顺治十六年(1659)秋大雨,谷菽不登。(康熙《汝宁府志》)

20. 顺治十六年(1659)冬淫雨,十月至明年三月水大溢,积潦横流,秋麦尽废。(同治《鄢陵县志》)

21. 顺治十七年(1660)三月淫雨。(乾隆《邓州志》)

22. 顺治十七年(1660)夏五月,南阳地震,自午至亥。是日大雨如注,民间屋宇多倾。(嘉庆《南阳府志》)

23. 顺治十七年(1660),(黄河)决陈州郭家埠、虞城罗家口,随塞。(《清史稿》卷126《河渠志一》)

24. 顺治十八年(1661)六月大雨五日,双洎河溢。(康熙《长葛县志》)

25. 康熙元年(1662)五月,(黄河)决曹县石香炉、武陟大村、睢宁孟家湾。(《清史稿》卷126《河渠志一》)

六月,决开封黄练集,灌祥符、中牟、阳武、杞、通许、尉氏、扶沟七县。(《清史稿》卷126《河渠志一》)

26. 康熙元年(1662)秋七月,淫雨四十日,沁河决,平地行舟,毁民居,禾尽淹没。(康熙《原武县志》)

八月黄河水溢,泛滥于南,与沙河堤平,西华河决葫芦湾,县境河决杨家湾,二水横流,漂民庐舍,不可胜数,城不没者三版,河水之决,无大于此者。(乾隆《商水县志》)

27. 康熙二年(1663)五月大水。(乾隆《重修固始县志》)

28. 康熙二年(1663)七月沁河决,浸灌获嘉、新乡城。屋庐漂没,秋禾俱尽,郡城以土塞门。(民国《新乡县志》)

29. 康熙三年(1664)(黄河)决杞县及祥符阎家寨,再决朱家营,旋塞。(《清史稿》卷126《河渠志一》)

30. 康熙四年(1665)四月,河决上游,灌虞城、永城、夏邑,又决安东茆良口。(《清史稿》卷126《河渠志一》)

31. 康熙七年(1668)五月南山起蛟,水暴溢,坏市集庐舍、桥梁,人多溺死。(乾隆《重修固始县志》)

六月,郡城大雨不止。西山南冈一带洪水骤发,不辨村舍,北城倾圮。(乾隆《彰德府志》)

六月大雨,汝河决,田禾淹没。(康熙《汝阳县志》)

32. 康熙七年(1668)秋七月大雨,平地水深三尺,庐舍多淹没者。(乾隆《杞县志》)

八月淫雨伤稼。(康熙《鹿邑县志》)

33. 康熙八年(1669)夏五月淫雨。(康熙《通许县志》)

六月大雨,洪河决,田禾淹没。(康熙《上蔡县志》)

夏,徐州、商城地震,淫雨三月,开封、归德、汝宁伤禾为甚。(《河南通志》)

34. 康熙八年(1669)七月大水河水泛涨。(康熙《扶沟县志》)

八月连雨不止,四野水深数尺,东西大路行筏渡人。(宣统《陈留县志》)

35. 康熙九年(1670)三月大雨经旬,洪河决,平地水深数尺。(康熙《上蔡县志》)

36. 康熙九年(1670)五月暴风雨,淮、黄并溢。(《清史稿》卷126《河渠志一》)

37. 康熙十一年(1672)秋,(黄河)决萧县两河口,邳州塘池旧城,又溢虞城。(《清史稿》卷126《河渠志一》)

38. 清康熙十三年(1674)四月暴风雨,河溢,伤禾。岁饥。(乾隆《邓州志》)

39. 康熙十四年(1675)三月霖雨,春寒麦不收。(乾隆《舞阳县志》)

40. 康熙十四年(1675)八月大水。(嘉庆《正阳县志》)

九月,淫雨伤禾。(乾隆《怀庆府志》)

41. 康熙十四年(1675)秋复大水,禾尽淹。(乾隆《舞阳县志》)

42. 康熙十五年(1676)五月大水,育河、潦河暴涨。(康熙《南阳府志》)

夏六月,南阳大水,漂没民居,溺死者甚众。(康熙《南阳府志》)

43. 康熙十五年(1676)八月复霖雨,人食草子、榆皮,多饿莩。(乾隆《舞阳县志》)

44. 康熙十七年(1678)春淫雨浃旬,二麦黑疸,入夏亢旸。(乾隆《项城县志》)

45. 康熙十七年(1678)五月大水。(乾隆《沈丘县志》)

46. 康熙十七年(1678)七月大水,岁饥。(道光《尉氏县志》)

及秋又阴雨滂沱,苗多秀而不实。(乾隆《项城县志》)

47. 康熙十八年(1679)七月,河内、济源、修武、武陟、原武、阳武同日地震,淫雨弥月,田谷多死。(乾隆《怀庆府志》)

八月霖雨,至九月乃止,冬十一月大饥。(乾隆《杞县志》)

八月十五日淫雨,至九月二十五日止,秋禾损坏。(道光《修武县志》)

九月十一沙河水决。(民国《商水县志》)

48. 康熙十八年(1679)秋淫雨,八月十五日至九月十二日田禾尽朽。(乾隆《温县志》)

49. 康熙二十二年(1683)三月,淫雨昼夜四十日,麦禾尽伤。(乾隆《获嘉县志》)

春三月霖雾,有虫食麦。(同治《开封府志》)

50. 康熙二十二年(1683)四月药雨,伤麦尽槁,民饥。(乾隆《阳武县志》)

六月发龙水,冲去龙头桥。(嘉庆《商城县志》)

51. 康熙二十二年(1683)癸亥春无麦,夏秋大水,民多疫死。(康熙《西平县志》)

52. 康熙二十二年(1683)秋,大雨害稼。(乾隆《怀庆府志》)

53. 康熙二十三年(1684)秋,淫雨害禾。(乾隆《怀庆府志》)

54. 康熙二十四年(1685)五月初七日淫雨为灾,至六月十四日止,秋禾悉淹没。(光绪《续修睢州志》)

六月霖雨,害禾。(乾隆《杞县志》)

55. 康熙二十四年(1685)大雨水。(民国《夏邑县志》)

56. 康熙二十七年(1688)夏六月水灾。(康熙《夏邑县志》)

57. 康熙二十七年(1688)秋积潦伤稼。(民国《西华县续志》)

58. 康熙二十八年(1689)夏六月大水伤禾稼,秋禾不登。(康熙《鹿邑县志》)

59. 康熙二十九年(1690)八月大水。(康熙《汝宁府志》)

60. 康熙三十二年(1693)四月雨至于六月,损麦禾。(康熙《内乡县

六月霖雨,河溢,冬大暖无雪。(同治《开封府志》)

61. 康熙三十五年(1696)大水,(黄河)决张家庄,河会丹、沁逼荥泽,徙治高埠。又决安东童家营,水入射阳湖。(《清史稿》卷126《河渠志一》)

62. 康熙四十二年(1703)四月二十日大雨如注,平地水深二尺。(嘉庆《淯川县志》)

四月、六月、七月水,冬大饥。(民国《重修临颍县志》)

五月,高唐、南乐、宁津、东阿、江陵、监利、湖州大水。(《清史稿》卷40《灾异志一》)

六月淫雨伤禾。(乾隆《阳武县志》)

63. 康熙四十二年(1703)秋淫雨损禾。(民国《长垣县志》)

64. 康熙四十三年(1704)秋九月大雨。(乾隆《重修固始县志》)

65. 康熙四十四年(1705)夏,大雨坏城垣,滨河两岸人民庐舍漂没殆尽,无麦禾。(乾隆《罗山县志》)

66. 康熙四十八年(1709)三、四月之交,湍、淯二河连发水者五,二麦淹没,房屋倒毁。(乾隆《新野县志》)

67. 康熙四十八年(1709)三、四月之交,湍、淯二河连发水者五,二麦淹没,房屋倒毁。(乾隆《新野县志》)(跨季节记为2次)

四月大雨,麦尽伤。颍水溢。(乾隆《沈丘县志》)

六月,(黄河)决兰阳雷家集、仪封洪邵湾及水驿张家庄各堤。(《清史稿》卷126《河渠志一》)

68. 康熙四十八年(1709)大水,次年四月内,时疫流行。(乾隆《项城县志》)

69. 康熙五十二年(1713)夏大水,霖雨数月。(民国《确山县志》)

70. 康熙五十三年(1714)夏六月河水伤稼。(乾隆《陈州府志》)

71. 康熙五十三年(1714)七月雨。(乾隆《获嘉县志》)

72. 康熙五十八年(1719)己亥光州五月大水,南城西门右城墙前陷数丈,水入城坏庐舍五百余间,南关民居尽圮。(乾隆《光州县志》)

73. 康熙六十年(1721)八月丙戌,河决武陟入沁水。(《清史稿》卷8《圣祖本纪三》)

74. 康熙六十一年(1722)正月,马营口复决,灌张秋,奔注大清河。(《清史稿》卷126《河渠志一》)

75. 康熙六十一年(1722),旱,岁饥,正月黄河水溢,六月沁水复溢。(道光《武陟县志》)

76. 康熙六十一年(1722)六月,沁水暴涨,冲塌秦家厂南北坝台及钉船帮大坝。(《清史稿》卷126《河渠志一》)

77. 康熙六十一年(1722)九月,秦厂南坝甫塞,北坝又决,马营亦漫开,十二月塞之。(《清史稿》卷126《河渠志一》)

78. 雍正元年(1723)六月,(黄河)决中牟十里店、娄家庄,由刘家寨南入贾鲁河。(《清史稿》卷126《河渠志一》)

79. 雍正元年(1723)七月,(黄河)决梁家营、詹家店,复遣大学士张鹏翮往协修,是月塞。(《清史稿》卷126《河渠志一》)

秋七月黄河决,水淹禾稼,奉文蠲振。(乾隆《西华县志》)

九月,(黄河)决郑州来童寨民堤,郑民挖阳武故堤泄水,并冲决中牟杨桥官堤,寻塞。(《清史稿》卷126《河渠志一》)

九月二十一日,河决阳武。(乾隆《怀庆府志》)

80. 雍正二年(1724)六月,(黄河)决仪封大寨、兰阳板桥,逾月塞之。(《清史稿》卷126《河渠志一》)

81. 雍正二年(1724)十二月夜暴雨。(乾隆《舞阳县志》)

82. 雍正三年(1725)三月七日,颍水决,田禾淹,岁饥。(民国《重修临颍县志》)

83. 雍正三年(1725)七月初一日,城西门外沙河北岸,堤决数十丈。(乾隆《郾城县志》)

84. 雍正四年(1726)七月,嘉应、信宜、庆阳、汉阳、汉川、黄陂、江夏、武强、祁州、唐州(河南唐河县)、黄安、平乡、饶平、苍梧、普宣、济宁州、兖州、东昌大水。(《清史稿》卷40《灾异志一》)

85. 雍正七年(1729)七月,风雨七昼夜不止,庐舍倾坏。(乾隆《滑县志》)

86. 雍正八年(1730)六月大雨三日,洧水啮城,西门、南门水,北大王庙圮于河。(乾隆《新郑县志》)

87. 雍正十二年(1734)秋七月大水,淹十八苏村。(民国《巩县志》)

八月,丰乐镇渡口河决,镇垣冲圮。(嘉庆《安阳县志》)

88. 乾隆元年(1736)五月黄河决,由砀山、永城至泗州。(光绪《永城县志》)

夏水。(乾隆《沈丘县志》)

89. 清乾隆三年(1738)秋淫雨。(乾隆《内黄县志》)

90. 乾隆四年(1739)夏五月,秋七、八月淫雨,山水涨,贾鲁河、金水河、潮河各水泛溢,浸害田禾,官署仓廒民庐倾圮几半,东乡为尤甚。(乾隆《郑州志》)

六月内大雨十天,秋禾尽淹。(乾隆《阳武县志》)

六月十四日,大水泛涨,县北深两丈余,禾尽淹,村庄多冲坏,穿冈触城,垣墉多圮,东北两面尤甚,县南迤逦六十余里,几成泽国。(道光《鄢陵县志》)

91. 乾隆四年(1739)夏五月,秋七、八月淫雨,山水涨,贾鲁河、金水河、潮河各水泛溢,浸害田禾,官署仓廒民庐倾圮几半,东乡为尤甚。(乾隆《郑州志》)(跨季节记为2次)

九月初九日,水又泛涨,二麦旋种旋淹,苗无存者。(道光《鄢陵县志》)

秋大水。(光绪《内黄县志》)

92. 乾隆七年(1742)夏四月,雨雹,秋水。(道光《太康县志》)

六月大雨,田禾多没。(民国《鄢陵县志》)

93. 乾隆十四年(1749)六月大雨,湍、白二河水溢。(乾隆《邓州志》)

94. 乾隆十四年(1749)秋八月,水。(乾隆《杞县志》)

95. 乾隆十五年(1750),其冬,河决阳武。(《清史稿》卷307《陈宏谋传》)

96. 清乾隆十六年(1751)(秋七月)己卯,河南阳武十三堡河决。(《清史稿》卷11《高宗本纪二》)

九月淮水溢,坏民舍。(《清史稿》卷40《灾异一》)

97. 乾隆十八年(1753)秋,(黄河)决阳武十三堡。(《清史稿》卷126《河渠志一》)

98. 乾隆二十年（1755）秋，大水。（民国《重修临颍县志》）

99. 乾隆二十二年（1757）夏六月大雨，八昼夜，水与城平，漂没庐舍田稼，谷价腾贵，人多饿死。（道光《淮宁县志》）

100. 乾隆二十六年（1761）七月，沁、黄并涨，武陟、荥泽、阳武、祥符、兰阳同时决十五口，中牟之杨桥决数百丈，大溜直趋贾鲁河。（《清史稿》卷126《河渠志一》）

九月戊申，河南怀庆府丹、沁二河溢入城，冲没人口千三百有奇。（《清史稿》卷12《高宗本纪三》）

101. 乾隆三十三年（1768）三月，由下亭村西向南决口二十丈。（民国《鄢城县记》）

102. 乾隆三十三年（1768）七月，太原、武清、庆宁、宁河、南河、乐安、安肃、望都大水。（《清史稿》卷40《灾异志一》）

103. 乾隆四十二年（1777），河溢仪封。（《清史稿》卷325《列传》112《何煟传》）

104. 乾隆四十三年（1778）闰六月癸亥，河南祥符河决。（《清史稿》卷14《高宗本纪五》）

105. 乾隆四十三年（1778）秋七月癸巳，河南仪封考城河决。（《清史稿》卷14《高宗本纪五》）

106. 乾隆四十四年（1779）六月戊辰，河南武陟、河内沁河决。（《清史稿》卷14《高宗本纪五》）

107. 乾隆四十四年（1779），是岁河决青龙冈。（《清史稿》卷310《列传》97《嵇曾筠传》）

108. 乾隆四十五年（1780）秋七月戊戌，顺天良乡永定河决。……辛丑，山东曹县及河南考城河决。（《清史稿》卷14《高宗本纪五》）

109. 乾隆四十五年（1780）十一月，张家油房塞而复开。（《清史稿》卷126《河渠志一》）

110. 乾隆四十六年（1781）秋七月壬寅朔，江苏崇明、太仓等州县海溢。……己酉，河南万锦滩及仪封曲家楼河决。（《清史稿》卷14《高宗本纪五》）

111. 乾隆四十七年（1782）夏黄水漫口，蠲租有差。（乾隆《杞县志》）

112. 乾隆四十七年(1782)秋,汝水大溢,与淮、洪二水通流,沿河村庄漂没无数。(嘉庆《正阳县志》)

113. 乾隆四十七年(1782),(唐侍陛)服阕,会河决青龙冈,屡筑屡圮。(《清史稿》卷336《唐侍陛传》)

114. 乾隆四十八年(1783)三月,由商丘七堡出堤归入正河。(《清史稿》卷126《河渠志一》)

115. 乾隆四十九年(1784)八月己丑,河南睢州河决,命阿桂督治之。(《清史稿》卷14《高宗本纪五》)

116. 乾隆五十二年(1787)六月,河南睢州河溢。(《清史稿》卷360《康基田传》)

117. 乾隆五十三年(1789)六月,漳河溢。(《清史稿》卷40《灾异一》)

118. 乾隆五十六年(1791)洧水、杨水暴涨。(嘉庆《密县志》)

119. 乾隆五十九年(1794)夏六月沁水暴溢,河北田禾灾。(嘉庆《续济源县志》)

120. 乾隆五十九年(1794)卫辉府被水,七月丹、沁二河决,免卫辉等属被水额赋。(《续文献通考》)

121. 乾隆五十九年(1794)七月庚寅,河南丹、沁二河决。(《清史稿》卷15《高宗本纪六》)

122. 嘉庆六年(1801)六月,武清、昌平、涿州、蓟州、平谷、武强、玉田、定州、南乐、望都、万全、大兴、宛平、香河、密云、大城、永清、东安、抚宁、南宫、金华大水,滦河溢,永定河溢。(《清史稿》卷40《灾异志一》)

123. 嘉庆七年(1802)河决衡家楼。(《清史稿》卷353《铁保传》)

124. 嘉庆八年(1803)九月,(黄河)决封丘衡家楼。(《清史稿》卷126《河渠志一》)

125. 嘉庆八年(1803)冬,黄河溢,大水;东阿河决,坏民田庐舍;东昌河决;蒲台、利津、滨州、沾化、云梦、范县、观城大水。(《清史稿》卷40《灾异志一》)

126. 嘉庆十四年(1809)夏,汝水溢,伤人无数。(道光《汝州全志》)

127. 嘉庆十七年(1812)春,淫雨。(嘉庆《密县志》)

128. 嘉庆十八年(1813)秋八月二十五日淫雨八日,丹水溢,陆地成河。

(道光《修武县志》)

(九月)乙亥,河南睢州河溢。(《清史稿》卷16《仁宗本纪》)

129. 嘉庆十九年(1814)九月淫雨,陕州地大震,伤人。(光绪《陕州直隶州志》)

秋大水。(光绪《鹿邑县志》)

130. 嘉庆二十一年(1816)六月汝州洗耳河、伊阳马蓝河俱溢。(道光《汝州全志》)

131. 嘉庆二十一年(1816)六、七月淫雨,山水暴注,上游河决,淹浸本境,梁湾等一百九十七村庄漂没民房三千一百七十九间。(民国《续浚县志》)

132. 嘉庆二十三年(1818)六月壬申,武陟沁河溢,旋报合龙。(《清史稿》卷16《仁宗本纪》)

六月,(黄河)溢虞城。(《清史稿》卷126《河渠志一》)

133. 嘉庆二十四年(1819)七月,(黄河)溢仪封及兰阳,再溢祥符、陈留、中牟。(《清史稿》卷126《河渠志一》)

秋八月,大雨二十余日,城圮。(咸丰《续林县志》)

134. 嘉庆二十四年(1819)十二月,漳卫水溢,灾。(光绪《开州志》)

135. 嘉庆二十五年(1820)三月,马营口塞……是月仪封又漫塌。(《清史稿》卷126《河渠志一》)

136. 嘉庆二十五年(1820),宣化、宁晋、宁河、宝坻、文安、东安、涿州、高阳、安州、静海、沧州、埠山、大名、南乐、长垣、保安、万全、怀安、西宁、怀来、新河、丰润大水。(《清史稿》卷40《灾异志一》)

137. 道光八年(1828)六月,大雨水,城南泌河泛溢。(道光《泌阳县志》)

138. 道光八年(1828)八月,大雨连绵……沁河决。(道光《获嘉县志》)

139. 道光十一年(1831)七月,河水涨发,刷塌新修第六、七段石工十七丈五尺许。(民国《郾城县记》)

140. 道光十二年(1832)八月,(黄河)决祥符。(《清史稿》卷126《河渠志一》)

141. 道光十八年(1838)六月,宜都水溢,南阳淹没民居甚多。(《清史稿》卷40《灾异志一》)

142. 道光十九年(1839)春,栖霞霪雨,南乐大雨。(《清史稿》卷42《灾异志三》)

143. 道光二十一年(1841)六月,(黄河)决祥符,大溜全掣,水围省城。(《清史稿》卷126《河渠志一》)

144. 道光二十三年(1843)自四月下旬雨至于八月……黄河决入颍水,自苑寨冲口,南至濄河。(宣统《项城县志》)

六月,决中牟,水趋朱仙镇,历通许、扶沟、太康入涡会淮。(《清史稿》卷126《河渠志一》)

145. 道光二十三年(1843)自四月下旬雨至于八月……黄河决入颍水,自苑寨冲口,南至濄河。(宣统《项城县志》)(跨季节记为2次)

秋七月乙巳,河决东河中牟九堡,慧成下部严议。(《清史稿》卷19《宣宗本纪三》)

146. 道光二十六年(1846)四月初四日,沙河陡涨,冲破城垣十余丈,时天旱祷雨,南门封闭,水无路可出,坏民庐舍无数,人畜溺死者甚多。(光绪《重修卢氏县志》)

闰五月二十六日,大雨,漳水暴发……冲去人畜无算,屋宇倒塌大半。(民国《续安阳县志》)

147. 道光二十七年(1847)春二月二十六日,大雨,人皆种棉,其后直至五月滴雨未降,是岁大饥。(民国《续安阳县志》)

148. 道光二十七年(1847)六月,黄河水发,南北弥漫,秋禾尽被淹没。(道光《虞城县志》)

149. 道光二十八年(1848)八月,大雨水。(光绪《鹿邑县志》)

150. 咸丰元年(1851)正月东平,夏太平大水。秋,怀州大水。(《清史稿》卷40《灾异志一》)

151. 咸丰五年(1855)六月丙辰,河南兰阳河溢。(《清史稿》卷20《文宗本纪》

152. 咸丰五年(1855),铜瓦厢河决,穿运而东,堤埝冲溃。(《清史稿》卷127《河渠志二》)

153. 咸丰六年(1856),旱荒。八月十五日,大雨倾盆,田塘埂多被冲倒。(民国《信阳县志》)

154. 同治二年(1863)六月,河决开州、考城、菏泽。(《清史稿》卷 21《穆宗本纪一》)

155. 同治五年(1866)三月,大水。(同治《叶县志》)

156. 同治五年(1866)六月初一日起,日日大雨淋漓,月余方止,禾稼尽伤,城倾数处。(民国《正阳县志》)

六月,大雨,平地行舟。(光绪《柘城县志》)

157. 同治五年(1866)秋七月乙酉,河南河决胡家屯(今郑州市境)。(《清史稿》卷21《穆宗本纪一》)

158. 同治七年(1868)六月,(黄河)决荥泽十堡,又漫武陟赵樊村。(《清史稿》卷 126《河渠志一》)

159. 同治七年(1868)秋七月丁亥,荥泽河决。(《清史稿》卷 22《穆宗本纪二》)

160. 同治八年(1869),河决兰阳。(《清史稿》卷 127《河渠志二》)

161. 同治九年(1870)五月二十四日,雷雨,高柏、庄里诸村,平地水深数尺。(光绪《阌乡县志》)

162. 同治十年(1871)七月,河内沁河决。(《清史稿》卷 22《穆宗本纪一》)

163. 同治十二年(1873),是年夏秋,(黄河)决开州焦丘、濮州兰庄,又决东明之岳新庄、石庄户民埝。(《清史稿》卷 126《河渠志一》)

164. 同治十三年(1874),石庄户决口,夺溜南趋,命宝桢速筹堵筑。(《清史稿》卷 129《河渠志四》)

165. 光绪元年(1875)三月十九日,土垆河岸陷,泉涌十余里。(民国《郾城县记》)

166. 光绪二年(1876)……是年渚河决于余湾改流(余湾在洪陈店之北,决后斜入土垆,河渚之下游淤平)。(民国《郾城县记》)

167. 光绪四年(1878)五月初一日,大雨。(民国《修武县志》)

六月初十日夜半大雨如注,竟夕不休,天方曙明,水徒涨数丈,波涛汹涌,立倾明港寨垣十之七……寨内陷庐舍一千余所,寨男女冒雨走避,群集

于北街边凸处……实为清朝二百三十四年以来所仅见之水,日未午雨水止,水退毙仅数人,石桥冲折三丈许……(民国《信阳县志》)

168. 光绪四年(1878)七月,大雨连绵,沁河决。(民国《获嘉县志》)

八月丙戌,沁河决。(《清史稿》卷23《德宗本纪一》)

九月五日至十七日,大雨连绵十二日,水复大涨。(民国《修武县志》)

169. 光绪四年(1878)十月癸巳,沁河复决。(《清史稿》卷23《德宗本纪一》)

170. 光绪九年(1883),淫雨自四月至八月,麦禾尽伤。(光绪《永城县志》)

五月,霖雨四十日。(民国《重修渑池县志》)

171. 光绪九年(1883)浚县七月淫雨,河决郭村、马头。(民国《续修浚县志》)

淫雨自四月至八月,麦禾尽伤。(光绪《永城县志》)(跨季节记为2次)

172. 光绪十年(1884)七月初三日大雨,涧水溢坏民舍。(民国《重修渑池县志》)

八月,淫雨弥月。(光绪《陕州直隶州志》)

173. 光绪十年(1884),地震,激水高二尺,是年大水。(民国《郾城县记》)

174. 光绪十三年(1887)六月丁未,开州大辛庄河溢,灌山东境。(《清史稿》卷23《德宗本纪一》)

175. 光绪十三年(1887)八月初一日起至初十日止,十昼夜大雨如注,城乡井水溢。十三日子时,石家桥黄河决口,自郑州以下淹没四十余州县,人畜死者无算。(民国《郑县志》)

秋七月十三日,黄河决。(民国《重修临颍县志》)

八月十六日,黄河决郑州,水至沙河北岸,淹没庐舍无算,冬旱。(民国《商水县志》)

八月甲辰,沁河决,赈平彝水灾。丙午……郑州河决,南入于淮,褫河督成孚职,留任。(《清史稿》卷23《德宗本纪一》)

八月,黄河大涨。(民国《陕县志》)

176. 光绪十四年（1888），是年七月，（黄河）决长垣范庄。(《清史稿》卷126《河渠志一》)

177. 光绪十五年（1889）七月辛未，沁河决。(《清史稿》卷23《德宗本纪一》)

178. 光绪十六年（1890）五月淫雨，连阴四十八日，水淹滑城，自城东门坐船上老岸验堤。(民国《重修滑县志》)

五、六月，雨潦成河，陆地行舟。(民国《清丰县志》)

179. 光绪十六年（1890）八月淫雨，败菽棉尽死。(光绪《鹿邑县志》)

180. 光绪十八年（1892）六月，南乐卫河决，洮州大水。(《清史稿》卷40《灾异志一》)

181. 光绪十九年（1893）八月，溴水自缑村决口。(民国《孟县志》)

182. 光绪二十年（1894）七月，太平、松门溢，堤尽溃；南乐卫河决。(《清史稿》卷40《灾异志一》)

183. 光绪二十一年（1895）秋七月甲辰，沁河决。乙巳，荥泽河决。……（己酉）寿张、齐东河决。(《清史稿》卷24《德宗本纪二》)

184. 光绪二十四年（1898）四月，淫雨成灾，麦涝坏，尽成秕，农民缺食困甚。(民国《正阳县志》)

五月，大水。(民国《夏邑县志》)

六月二十六日，大雨倾盆，河水涨溢，水灾甚重。(民国《鄢陵县志》)

185. 光绪二十四年（1898）八月，大水。(民国《郾城县记》)

186. 光绪二十六年（1900），风饥。六月，洛水溢，秋禾被淹。(民国《巩县志》)

187. 光绪二十七年（1901）九月，黄河漫溢。(民国《孟县志》)

188. 光绪三十二年（1906）五月癸卯，河南沁河溢，赈灾民。(《清史稿》卷24《德宗本纪二》)

189. 光绪三十二年（1906）丙午，春旱，池水涸，入夏雨多，水为灾，民宅倾圮无数，邑北山村庄及石岩多被水冲坏，秋禾淹没，籽粒不归。(民国《内乡县志》)

190. 光绪三十三年（1907）秋七月己未，河决孟县。(《清史稿》卷24《德宗本纪二》)

191. 宣统元年(1909),(黄河)决开州孟民庄。(《清史稿》卷126《河渠志一》)

192. 宣统二年(1910)七月、八月暴雨倾盆,沟河泛涨,汾、泥两岸,晚禾尽被淹没。(宣统《项城县志》)

八月沙河南岸决。(民国《西华县续志》)

193. 宣统二年(1910)十二月三十日大雨滂沱……日如夏令。(民国《正阳县志》)

194. 宣统三年(1911)春,淫雨伤麦,自去冬大雪,入春来连月阴雨。(民国《重修临颍县志》)

195. 宣统三年(1911)六月二十夜,大雨如注,水灌城内,房屋倾圮,自东关上船直达卫南坡。(民国《重修滑县志》)

(二)清代河南水灾特征

1. 年际分布特征

按清代268年的历史,以大致相等的时间段,将清代268年分为前、中、后三个时期,顺治、康熙、雍正为前期,计92年;乾隆、嘉庆为中期,计85年;道光、咸丰、同治、光绪、宣统为后期,计91年;三个阶段河南的水灾发生状况,如表8-1。

表8-1 清代河南水灾分布及发生率情况表

年号	顺治	康熙	雍正	乾隆	嘉庆	道光	咸丰	同治	光绪	宣统	总体情况
年长	18	61	13	60	25	30	11	13	34	3	
次数	24	53	10	34	15	13	4	11	26	5	
起止	1644—1735			1736—1820		1821—1911					1644—1911
年长	92			85		91					268
次数	87			49		59					195
比重	45%			25%		30%					100%
频度	1次/1.06年			1次/1.73年		1次/1.54年					1次/1.37年

清代前期:顺治元年至雍正十三年(1644—1735),共计92年,水灾次数为85次,平均每1.06年发生1次。其中顺治朝18年共计水灾24次,平均每0.75年发生1次;康熙朝61年共计水灾53次,平均每1.2年发生1次;雍正朝13年共计水灾10次,平均每1.3年发生1次。可以看出清代前期顺治朝水灾发生最

为频繁,康熙朝次之,雍正朝水灾发生频率最低。

清代中期:乾隆元年至嘉庆二十五年(1736—1820),共计85年,水灾次数为49次,平均每1.73年发生1次。其中乾隆朝60年共计水灾34次,平均每1.76年发生1次;嘉庆朝25年共计水灾15次,平均每1.67年发生1次。可以看出清代中期嘉庆朝的水灾发生年平均率与乾隆朝大致相当。

清代后期:道光元年至宣统三年(1821—1911),共计91年,水灾次数为59次,平均每1.54年发生1次。其中道光朝30年共计水灾13次,平均每2.3年发生1次;咸丰朝11年共计水灾4次,平均每2.75年发生1次;同治朝13年共计水灾11次,平均每1.18年发生1次;光绪朝34年共计水灾26次,平均每1.31年发生1次;宣统朝3年共计水灾5次,平均每0.6年发生1次。可以看出清代后期同治、光绪和宣统朝水灾发生年平均率较高,道光朝和咸丰朝水灾发生年平均率相对较低。

通过以上表格及分析可以看出,清代河南水灾发生非常频繁,几乎每年都发生水灾;前期水灾发生率明显高于中后期,这是清代河南水灾的总体特征。但是,由于这样所划分的时间段过长,对水灾特征的考察可能会显得粗略。下面再以季节为阶段,对清代河南水灾分布状况进行考察,以期获得规律性的认识。

2. 年内分布特征(如表8-2)

表8-2　清代河南水灾记录年内分布统计表

季节	春季				夏季				秋季				冬季				不详
次数	19				67				76				11				22
月份	一	二	三	不详	四	五	六	不详	七	八	九	不详	十	十一	十二	不详	
次数	2	1	11	5	2	10	30	25	22	14	4	36	3	2	3	3	

从季节分布来看,夏、秋两季是清代河南水灾的高发季节,冬季是水灾低发季,春季水灾的发生频次处于不高不低的状态。从发生频次上看,四季的排序为秋季、夏季、春季、冬季。夏、秋两季共计发生水灾143次,将近占水灾总次数(195次)的73.3%。其中夏季67次,占四季总数的34.4%;秋季发生水灾76次,占四季总次数的39%,发生频次高于夏季。发生水灾的主要原因是淫雨连绵、积涝成灾,或因山洪暴发、江河决溢形成灾害;夏、秋两季湿热多雨,为江河汛期,所以水灾多发生于夏、秋季节。

春季水灾发生频次明显低于夏、秋两季,但高出冬季,处于居中地位,共发生水灾 19 次,占水灾总次数(195 次)的 9.7%。春季是水灾向高发期过渡的季节,此时气候变化无常、气温回升不稳定、冷暖起伏较大,所以,春季水灾的发生往往随气候状况而有较大的波动。春季气温较高的年份,阴湿多雨,发生水灾的概率就大。

冬季发生水灾的次数最少,共计发生水灾 11 次,占四季总次数的 5.6%,是水灾的绝对低发季节。冬季干燥少雨,江河结冻,故水灾发生的概率小。发生于冬季的水灾多是因为气候变化导致雨雪过多等形成灾害。

从月份分布来看,五、六、七、八月份是清代河南水灾的高发月,这 4 个月水灾的发生频次分别为 10 次、30 次、22 次、14 次,分别占四季水灾总次数的 5.1%、15.4%、11.3%、7.2%;其中六月份水灾发生次数最多,是清代河南水灾的绝对高发月。十一月份和二月份是清代河南水灾的低发月份,2 个月份的水灾总和为 3 次,仅占四季水灾总次数的 1.5%。除去高发月份与低发月份,其余月份水灾发生次数相差不大。

二、清代河南旱灾

(一)清代河南旱灾数据统计

依据我们统计资料所得,清代河南大小旱灾记录共计 147 次。史料如下:

1. 顺治元年(1644)四月旱,五、六月谷禾皆枯,七月初三日乃雨。(顺治《临颍县志》)

2. 顺治二年(1645)春旱。(民国《清丰县志》)

3. 顺治五年(1648)春夏亢旱。(乾隆《阳武县志》)

4. 顺治五年(1648)春夏亢旱。(乾隆《阳武县志》)(跨季节记为 2 次)

5. 顺治六年(1649)夏大旱。(嘉庆《密县志》)

6. 顺治九年(1652)春夏旱。(乾隆《郾城县志》)

7. 顺治九年(1652)春夏旱。(乾隆《郾城县志》)(跨季节记为 2 次)

壬辰夏秋旱,明年三月始雨。(嘉庆《息县志》)

夏四月不雨,至于秋,八月九日大水,冬饥。(康熙《鹿邑县志》)

8. 顺治九年(1652)七月旱。(民国《新修阌乡县志》)

夏四月不雨,至于秋,八月九日大水,冬饥。(康熙《鹿邑县志》)(跨季节记为2次)

壬辰夏秋旱,明年三月始雨。(嘉庆《息县志》)(跨季节记为2次)

秋又旱,禾尽槁……冬无雪。(嘉庆《商城县志》)

9. 顺治十年(1653)春旱。(嘉庆《息县志》)

10. 顺治十年(1653)夏旱。(乾隆《重修固始县志》)

11. 顺治十五年(1658)春旱无麦。(乾隆《阳武县志》)

12. 顺治十六年(1659)大旱,六月始雨,秋禾不登。(光绪《内黄县志》)

13. 顺治十七年(1660)六月大旱。(康熙《长葛县志》)

14. 顺治十七年(1660)春陨霜,大旱,麦枯。(乾隆《怀庆府志》)

15. 顺治十七年(1660)秋旱,岁饥。(乾隆《邓州志》)

16. 顺治十八年(1661)春旱。(乾隆《原武县志》)

17. 顺治十八年(1661)夏大旱。(民国《确山县志》)

18. 顺治十八年(1661)秋大旱。(乾隆《罗山县志》)

19. 康熙元年(1662),(内黄)大旱,自八月不雨至明年九月,民饥甚。(《清史稿》卷476《循吏传一·张沐传》)

20. 康熙元年(1662)春旱。(康熙《原武县志》)

21. 康熙二年(1663)正月,民始种麦。七月旱蝗。(乾隆《沈丘县志》)

22. 康熙二年(1663),春、夏旱。(乾隆《卫辉府志》)

23. 康熙二年(1663),春、夏旱。(乾隆《卫辉府志》)(跨季节记为2次)

24. 康熙四年(1665)七月,文水、平定、寿阳、孟县、代州、蒲县旱。(《清史稿》卷43《灾异志四》)

25. 康熙九年(1670)春,开州、东明、蠡县、广平、任县、武清、大城、景州、庆云、灵寿、沙河、磁州、元城大旱无麦。(《清史稿》卷43《灾异志四》)

26. 康熙九年(1670)秋旱,禾不登。(民国《西平县志》)

27. 康熙十三年(1674)五、六月旱。(同治《清丰县志》)

夏六月大旱。(乾隆《新郑县志》)

28. 康熙十三年(1674)春,乐陵、许州、剞城、费县旱。(《清史稿》卷43《灾异志四》)

29. 康熙十四年(1675)正月雪,旱。(嘉庆《密县志》)

30. 康熙十四年(1675)闰五月大旱,沁水竭。(道光《武陟县志》)

五、六月大旱。(嘉庆《密县志》)

31. 康熙十五年(1676)大旱,自春徂秋七十余日,禾皆枯死,井水涸。(乾隆《舞阳县志》)

32. 康熙十五年(1676)秋冬不雨,麦种未布。(乾隆《阳武县志》)

33. 康熙十八年(1679)夏五月旱至秋七月。(乾隆《杞县志》)

34. 康熙十八年(1679)五月至八月,百日无雨,禾苗尽枯。(康熙《上蔡县志》)

七月,旱。(嘉庆《正阳县志》)

35. 康熙十八年(1679)十七年冬无雪,至十八年六月二十五日始雨,麦止收三分,秋禾止收一分,人民饥饿,奉旨蠲免本年钱粮十分之三。(康熙《封丘县志》)

36. 康熙二十二年(1683)夏旱。(民国《新乡县志》)

37. 康熙二十二年(1683)秋大旱,十一月,县西冶戍津,半月余,水底沙石皆见,鱼鳖可数。(康熙《怀庆府志》)

38. 康熙二十三年(1684)夏大旱。(乾隆《卫辉府志》)

39. 康熙二十三年(1684)河内旱。(乾隆《怀庆府志》)

40. 康熙二十四年(1685)春大旱。(康熙《通许县志》)

41. 康熙二十七年(1688)春旱。(乾隆《获嘉县志》)

42. 康熙二十七年(1688)春夏不雨。(民国《河阴县志》)

43. 康熙二十七年(1688)秋大旱,八月桃李再华。(民国《孟县志》)

44. 康熙二十八年(1689)五月旱。(乾隆《邓州志》)

六月旱,秋禾尽槁。(康熙《怀庆府志》)

45. 康熙二十八年(1689)七月大旱,晚秋尽槁。(乾隆《阳武县志》)

七月旱。(嘉庆《正阳县志》)

九月旱霜,荞麦尽枯。(康熙《新郑县志》)

46. 康熙二十八年(1689)春夏大旱。(康熙《新郑县志》)

47. 康熙二十八年(1689)春夏大旱。(康熙《新郑县志》)(跨季节记为2次)

48. 康熙二十九年(1690)自正月至五月不雨……麦枯死,三月天雨黄沙三日,沁水竭。(道光《武陟县志》)

49. 康熙二十九年(1690)大旱,自正月至五月始雨,秋八月雨雹,大风拔木。(民国《河阴县志》)

50. 康熙二十九年(1690)夏五月旱,至秋七月。(乾隆《杞县志》)

六月旱,酷暑,菽苗死,沁复竭。(道光《武陟县志》)

七月,旱。(康熙《汝宁府志》)

51. 康熙二十九年(1690)十月,大旱。(道光《武陟县志》)

52. 康熙二十九年(1690)秋,大旱,人食木叶,麦枯死。(乾隆《怀庆府志》)

夏大旱,秋禾尽枯。(乾隆《陈州府志》)

53. 康熙三十年(1691)夏五月旱,蝗不为灾。(康熙《上蔡县志》)

夏六月旱,大疫。(嘉庆《正阳县志》)

54. 康熙三十年(1691)春大旱。(同治《开封府志》)

夏旱蝗,秋苗未播。(康熙《光州志》)

55. 康熙三十年(1691)秋旱蝗,禾苗食尽,大饥。(乾隆《滑县志》)

56. 康熙三十年(1691)辛未蝗,大旱,秋无禾,疫。(乾隆《偃师县志》)

57. 康熙三十一年(1692)春旱。(道光《修武县志》)

春夏大旱、雹。(乾隆《氾水县志》)

58. 康熙三十一年(1692)五月不雨,六月大旱。(康熙《光州志》)

59. 康熙三十二年(1693)四月旱蝗。(嘉庆《正阳县志》)

60. 康熙四十三年(1704)二月至七月不雨。(康熙《内乡县志》)

61. 康熙四十三年(1704)二月至七月不雨。(康熙《内乡县志》)

62. 康熙四十三年(1704)二月至七月不雨。(康熙《内乡县志》)(跨季节记为3次)

63. 康熙四十七年(1708)秋八月旱。(乾隆《杞县志》)

64. 康熙四十七年(1708)春大旱,麦禾俱焦。(乾隆《温县志》)

65. 康熙四十七年(1708)夏旱。(民国《长垣县志》)

夏旱。(乾隆《临颍县续志》)

66. 康熙四十八年(1709)春旱。(乾隆《阳武县志》)

67. 康熙五十二年(1713)大旱,麦种不入。(民国《禹县志》)

68. 康熙五十三年(1714)春夏大旱。(乾隆《阳武县志》)

69. 康熙五十三年(1714)春夏大旱。(乾隆《阳武县志》)(跨季节记为2次)

70. 康熙五十八年(1719)旱、雨雹。(乾隆《陈州府志》)

71. 康熙五十九年(1720)六月旱。(光绪《内黄县志》)

72. 康熙五十九年(1720)秋旱,禾无穗。(光绪《阌乡县志》)

73. 康熙六十年(1721)辛丑春旱,无麦。(道光《汝州全志》)

74. 康熙六十年(1721)秋又大旱,民食水藻、榆皮,流亡载道。(道光《汝州全志》)

75. 康熙六十一年(1722)夏五、六月不雨,秋禾枯。(道光《修武县志》)

夏旱,颍水决数处,田多借以灌溉。(民国《重修临颍县志》)

76. 康熙六十一年(1722)秋旱,无禾。(光绪《阌乡县志》)

77. 康熙六十一年(1722)旱,岁饥。(道光《武陟县志》)

78. 雍正元年(1723)春旱,瘟疫大作。(道光《修武县志》)

79. 雍正元年(1723)夏大旱。(乾隆《温县志》)

80. 雍正二年(1724)春旱。(乾隆《西华县志》)

81. 雍正三年(1725)四月旱。(乾隆《杞县志》)

82. 雍正十二年(1734)八月旱,十月民始种麦。(乾隆《陈州府志》)

83. 乾隆元年(1736)秋旱,冬饥。(乾隆《沈丘县志》)

84. 乾隆三年(1738)自六月至八月不雨,苗尽槁。(乾隆《罗山县志》)

85. 乾隆三年(1738)夏旱。(光绪《内黄县志》)

86. 乾隆四年(1739)春旱。(乾隆《阳武县志》)

87. 乾隆四年(1739)夏旱。(光绪《内黄县志》)

88. 乾隆八年(1743)春大旱,麦禾枯,秋亦歉收。(乾隆《温县志》)

89. 乾隆八年(1743)五月旱。(乾隆《氾水县志》)

癸亥六月旱,秋禊。(乾隆《偃师县志》)

90. 乾隆八年(1743)七月旱,秋禾被灾。(民国《新安县志》)

91. 乾隆十六年(1751)夏四月旱。(乾隆《杞县志》)

92. 乾隆十七年(1752)夏五月旱。(乾隆《杞县志》)

93. 乾隆二十年(1755)秋旱,大饥,人相食,冬赈。(民国《阳武县志》)

94. 乾隆二十二年(1757)夏旱。(光绪《内黄县志》)

95. 乾隆三十三年(1768)自三月至于六月不雨,光州四属唯息县间植粟谷荞麦,余皆赤地无禾。(乾隆《光山县志》)

96. 乾隆四十二年(1777)秋七月不雨,麦不得种。(乾隆《杞县志》)

97. 乾隆四十二年(1777)夏大旱,秋无禾,大饥。(民国《禹县志》)

98. 乾隆四十三年(1778)春大旱,夏无麦。(乾隆《杞县志》)

99. 乾隆四十三年(1778)自去秋不雨至六月,无麦。(嘉庆《孟津县志》)

100. 乾隆四十三年(1778)自去秋不雨至六月,无麦。(嘉庆《孟津县志》)(跨季节记为2次)

101. 乾隆四十七年(1782)春旱。(乾隆《杞县志》)

102. 乾隆四十七年(1782)壬寅夏,旱魃为灾,宜之四境田不尽犒,万民惶惶……(《宜阳县志》碑文)

103. 乾隆四十八年(1783)夏大旱。(乾隆《杞县志》)

104. 乾隆四十八年(1783),大旱,风霾屡作,天昏黑,不辨五色,至五十年六月初三日寅时微雨,自卯至午又雨,约犁许,秋禾始种。(民国《修武县志》)

105. 乾隆四十九年(1784)三月,大名府属七州县旱。(《清史稿》卷43《灾异志四》)

106. 乾隆五十年(1785)春三月大旱,麦禾无收。(道光《太康县志》)

107. 乾隆五十年(1785)自春及夏无雨,田间不能下种,六月晦日始大雨,四境补艺荞麦,及秋后蘸蘸望倍收。(乾隆《光山县志》)

春夏旱。(民国《鄢城县记》)

108. 乾隆五十年(1785)秋大旱,谷价每斗钱三千,人多饿死。(道光《淮宁县志》)

109. 乾隆五十六年(1791),旱。(光绪《辉县志》)

110. 嘉庆七年(1802)六月,武昌、汉阳、黄川、德安、咸宁、黄冈、安陆旱。(《清史稿》卷43《灾异志四》)

111. 嘉庆十七年(1812)秋大旱,禾尽枯。(同治《郏县志》)

112. 嘉庆十七年(1812)冬旱。(道光《宝丰县志》)

113. 嘉庆十八年(1813)春旱,自正月至七月始雨,冬饥,人相食。(道光《鄢陵县志》)

三月麦遍生细虫,数日尽枯,大旱,至七月十三日始雨,尽种荞麦。(同治《郏县志》)

114. 嘉庆十八年(1813)六月大旱,饥。(光绪《鹿邑县志》)

115. 嘉庆十八年(1813)九月,乐清、宁津、南乐、清苑、邢台、广宗、井陉、清丰、武邑、唐山、望都、南宫旱。(《清史稿》卷43《灾异志四》)

116. 嘉庆十八年(1813)大旱,九月十九日陨霜,荞麦尽伤。先是连岁旱,麦禾歉收,至是大饥。(斗麦千文,饿死逃亡无数。)(民国《重修临颍县志》)

117. 嘉庆十八年(1813)春夏亢旱,六月始雨,多种荞麦。(宣统《项城县志》)

118. 嘉庆十八年(1813)夏大旱,大饥,人相食,麦禾皆无,七月中旬始雨,尽种荞麦。(民国《禹县志》)

二麦歉收,夏大旱,虫食豆苗殆尽,人乏食,多鬻子女。(道光《淮宁县志》)

119. 嘉庆十九年(1814)六月,旱。(光绪《鹿邑县志》)

120. 道光二十三年(1843)大旱,秋禾枯槁。(光绪《开州志》)

121. 道光二十六年(1846)河南麦收甚薄,七、八月间亢旱,秋虽见粒,而麦未曾种。(民国《氾水县志》)

122. 道光二十六年(1846)春旱。(民国《禹县志》)

123. 道光二十七年(1847)春二月二十六日大雨,人皆种棉,其后直至五月滴雨未降,是岁大饥。(民国《续安阳县志》)

124. 道光二十七年(1847)夏五月旱,至秋不雨,无禾,饿莩载道。(民国《重修渑池县志》)

125. 道光二十七年(1847)大旱,秋蝗生遍野,害稼。(光绪《开州志》)

126. 咸丰五年(1855)以河南南阳诸地旱蝗,请饬发仓筹赈。(《清史稿》卷426《王庆云传》)

127. 咸丰六年(1856)秋大旱。(同治光绪合版《叶县志》)

128. 咸丰十年(1860)春,清丰、蓬莱、皋兰旱。(《清史稿》卷43《灾异志四》)

129. 同治三年(1864)自五月至四年五月不雨,井泉多涸。(民国《光山县志》)

130. 同治五年(1866)七、八月旱。(民国《正阳县志》)

131. 光绪元年(1875)直隶、河南、陕西、山西迭遭旱灾,饥民死者日近万人。(《清史稿》卷121《食货志二》)

132. 光绪二年(1876)夏旱、蝗,大饥。(民国《中牟县志》)

133. 光绪二年(1876)秋,大旱,蝗。(民国《郾城县记》)

134. 光绪三年(1877)夏秋冬不雨,至明年四月始雨,大饥疫,斗米千余钱,人民死亡相继。(民国《河阴县志》)

135. 光绪三年(1877)河南大旱。(《清史稿》卷418《袁甲三传》)

136. 光绪四年(1878),光绪二年四月不雨至是岁(四年)三月,经年不雨,大旱,赤地千里,食草根树皮殆尽,以至人相食,骨肉相残,加以疫疠大作,死者枕藉,是年予及晋、陕俱大旱,赤地千里。(《博爱县志》)

137. 光绪十三年(1887)六月旱。(光绪《鹿邑县志》)

138. 光绪十三年(1887)八月十六日,黄河决郑州,水至沙河北岸,淹没庐舍无算,冬旱。(民国《商水县志》)

139. 光绪二十四年(1898)夏旱,无麦。(民国《郾城县记》)

140. 光绪二十五年(1899)陈留五、六月旱。(宣统《陈留县志》)

141. 光绪二十五年(1899)八月旱,斗米千钱,民多流离。(民国《郑县志》)

142. 光绪二十五年(1899)秋冬大旱,禾全无,麦未播种。(民国《密县志》)

143. 光绪二十五年(1899)秋冬大旱,禾全无,麦未播种。(民国《密县志》)(跨季节记为2次)

144. 光绪二十六年(1900)五月旱。(民国《重修滑县志》)

六月大旱……至二十一日夜始雨,百禾复苏,虽灾不为大害。(民国《方城县志》)

145. 光绪二十六年(1900),旱,七月蝗,大饥,时水旱连年。(民国《重修临颍县志》)

146. 光绪二十六年(1900)闰八月,南乐、邢台旱。(《清史稿》卷43《灾异志四》)

147. 宣统二年(1910)八月十六日涧水竭。(民国《重修渑池县志》)

(二)清代河南旱灾特征

1. 年际分布特征

按清代268年的历史,以大致相等的时间段,将清代268年分为前、中、后三个时期,顺治、康熙、雍正为前期,计92年;乾隆、嘉庆为中期,计85年;道光、咸丰、同治、光绪、宣统为后期,计91年。如表8-3所示:

表8-3 清代河南旱灾分布及发生率情况表

年号	顺治	康熙	雍正	乾隆	嘉庆	道光	咸丰	同治	光绪	宣统	总体情况
年长	18	61	13	60	25	30	11	13	34	3	
次数	18	59	5	27	10	6	3	2	16	1	
起止	1644—1735			1736—1820		1821—1911					1644—1911
年长	92			85		91					268
次数	82			37		28					147
比重	56%			25%		19%					100%
频度	1次/1.12年			1次/2.3年		1次/3.25年					1次/1.82年

清代前期:顺治元年至雍正十三年(1644—1735),共计92年,旱灾次数为82次,平均每1.12年发生1次。其中顺治朝18年共计旱灾18次,平均每年发生1次;康熙朝61年共计旱灾59次,平均每年发生1次;雍正朝13年共计旱灾5次,平均每2.6年发生1次。可以看出这一时期顺治朝和康熙朝的旱灾发生相对频繁。

清代中期:乾隆元年至嘉庆二十五年(1736—1820),共计85年,旱灾次数为37次,平均每2.3年发生1次。其中乾隆朝60年共计旱灾27次,平均每2.22年发生1次;嘉庆朝25年共计旱灾10次,平均每2.5年发生1次。可以看出这一时期乾隆朝旱灾发生的年频率略高于嘉庆朝。

清代后期:道光元年至宣统三年(1821—1911),共计91年,旱灾次数为28次,平均每3.25年发生1次。其中道光朝30年共计旱灾6次,平均每5年发生1次;咸丰朝11年共计旱灾3次,平均每3.67年发生1次;同治朝13年共计旱灾2次,平均每6.5年发生1次;光绪朝34年共计旱灾16次,平均每2.13年发生1次;宣统朝3年有1次旱灾,平均每3年发生1次。可以看出此时期光绪朝旱灾发生的年频率最高,道光朝旱灾发生的年频率最低。

2.年内分布特征(如表8-4)

表8-4 清代河南旱灾记录年内分布统计表

季节	春季				夏季				秋季				冬季				不详
次数	35				46				35				6				25
月份	一	二	三	不详	四	五	六	不详	七	八	九	不详	十	十一	十二	不详	
次数	1	0	2	32	5	2	7	32	5	5	1	24	0	0	0	6	

从表8-4看,夏季是清代河南旱灾的高发季节,冬季是旱灾的低发季节,春、秋季旱灾的发生频次居中。春、夏两季共计发生旱灾81次,占旱灾总次数(147次)的55.1%。其中春季发生旱灾35次,约占旱灾总数的23.8%;夏季发生旱灾46次,约占旱灾总次数的31.3%;夏季旱灾发生频次高于春季,在四季中为最高。

秋季旱灾的发生次数与春季相同,共计发生旱灾35次,约占旱灾总次数(147次)的23.8%。

冬季共计发生旱灾6次,仅占旱灾总次数的4.1%,是四季中旱灾发生最少的季节。冬季阴冷干燥,难得出现高温天气,故发生旱灾的概率很小。但有时秋季长期干旱无雨,持续到冬天,便形成了冬季的干旱,以致久旱成灾。

从月份分布看,四、六、七、八4个月份是清代河南旱灾的高发月,4个月份累计旱灾总和22次,占旱灾总次数的15%;其中六月份发生旱灾7次,是清代河南旱灾有具体月份记载的次数中发生最多的月份。十、十一、十二月份是清代河南旱灾的低发月份,这3个月份处在冬季,是清代河南旱灾的绝对低发月份。

三、清代河南虫灾

(一)清代河南虫灾数据统计

依据我们的统计资料所得,清代河南大小虫灾共计43次。记录如下:

1. 康熙二年(1663)正月,民始种麦。七月旱蝗。(乾隆《沈丘县志》)
2. 康熙十七年(1678)蟓食谷禾。(嘉庆《密县志》)
3. 康熙二十一年(1682)信阳、莒州蝗。(《清史稿》卷40《灾异志一》)
4. 康熙二十二年(1683)春三月,霖雾,有虫食麦。(同治《开封府志》)
5. 康熙二十二年(1683)春,螣,无麦。(乾隆《怀庆府志》)
6. 康熙二十二年(1683)四月,蟓伤麦。(民国《新乡县志》)
7. 康熙二十七年(1688)夏六月,黑虫食禾。(民国《河阴县志》)
8. 康熙二十八年(1689)春旱,六月虫生,伤禾。(乾隆《阳武县志》)
9. 康熙二十九年(1690)八月,蝗。(道光《武陟县志》)
10. 康熙二十九年(1690)秋,螟蝗食禾,苗殆尽。(康熙《原武县志》)
11. 康熙三十年(1691)夏五月旱,蝗不为灾。(康熙《上蔡县志》)

六月十一日,飞蝗自东南来,障目蔽天,集地厚尺许,食秋禾立尽……至十月不绝,米贵如珠,民多转徙饥死。(乾隆《登封县志》)

夏六月,蝗飞蔽天。(康熙《开封府志》)

12. 康熙三十年(1691)秋七月,以蝻生蠲免原、延、封、阳武被灾钱粮有差。(康熙《开封府志》)

秋,蝗。(康熙《内乡县志》)

秋,旱蝗,禾苗食尽,大饥。(乾隆《滑县志》)

13. 康熙三十年(1691)辛未蝗,大旱,秋无禾,疫。(乾隆《偃师县志》)
14. 康熙三十二年(1693)四月,旱蝗。(嘉庆《正阳县志》)
15. 康熙四十三年(1704)春大饥,夏麦大熟,秋黑蜻蜓蔽空。(乾隆《内黄县志》)
16. 康熙五十三年(1714),光州甲午旱,飞蝗食禾。(乾隆《光州县志》)

17. 康熙六十年(1721)，蝗伤禾，斗米五百五十钱。(民国《新安县志》)

18. 康熙六十一年(1722)秋，晚禾虫食。(道光《修武县志》)

19. 雍正元年(1723)春，蝗。(乾隆《西华县志》)

20. 雍正元年(1723)夏，蝗，生民多转徙大河南。(民国《新乡县志》)

21. 雍正元年(1723)秋，飞蝗蔽天，食禾殆尽。(乾隆《温县志》)

22. 乾隆三年(1738)秋，蝗蝻生。(乾隆《温县志》)

23. 乾隆七年(1742)蝗。(光绪《辉县志》)

24. 乾隆十六年(1751)秋，鹳鸟来，好蝗生，食禾殆尽，八月初三日夜，大雷雨，蝗皆聚于北山中，厚数寸，三日尽死。(光绪《辉县志》)

25. 乾隆四十七年(1782)夏，蝗。(同治光绪合版《叶县志》)

26. 乾隆五十年(1785)秋，蝗。(民国《郾城县记》)

27. 乾隆五十一年(1786)七月，蝗自南来，群飞蔽日，禾苗尽食。(同治《郏县志》)

28. 乾隆五十一年(1786)八月，飞蝗入境，不伤禾稼。(乾隆《重修固始县志》)

夏，飞蝗蔽日，食秋禾尽，民大饥，奉文振恤。(民国《新乡县志》)

29. 乾隆五十一年(1786)春，斗麦千钱，夏秋之交瘟疫遍行。死者无数，蝗生蔽野，伤稼。(光绪《祥符县志》)

秋，飞蝗蔽日……禾尽伤。(道光《淮宁县志》)

30. 嘉庆十八年(1813)三月，麦遍生细虫，数日尽枯，大旱，至七月十三日始雨，尽种荞麦。(同治《郏县志》)

31. 嘉庆十八年(1813)，二麦歉收，夏大旱，虫食豆苗殆尽，人乏食，多鬻子女。(道光《淮宁县志》)

32. 道光二十三年(1843)飞蝗食禾。(光绪《阌乡县志》)

33. 道光二十七年(1847)，大旱，秋蝗生遍野，害稼。(光绪《开州志》)

34. 咸丰五年(1855)以河南南阳诸地旱蝗，请饬发仓筹赈。(《清史稿》卷426《王庆云传》)

35. 咸丰六年(1856)四月，蝗。(同治光绪合版《叶县志》)

36. 咸丰六年(1856)蝗。(同治《郏县志》)

37. 咸丰七年(1857)秋间蝗灾较早,一食无余。(安徽布政使李孟群奏折)

38. 光绪元年(1875)夏蝗。(民国《新修阌乡县志》)

39. 光绪二年(1876)秋,大旱,蝗。(民国《郾城县记》)

40. 光绪二十五年(1899)自入春以后,雨泽未能沾足,粮价日昂……七月谷生螟,食叶尽,且旱,麦无苗。(民国《重修滑县志》)

41. 光绪二十六年(1900),旱,七月蝗,大饥,时水旱连年。(民国《重修临颍县志》)

42. 光绪二十七年(1901)七月,飞蝗害稼。(民国《孟县志》)

43. 光绪三十二年(1906),田有虫,赤首黑身,伤禾。(民国《新安县志》)

(二)清代河南虫灾特征

1. 年际分布特征

按清代268年的历史,以大致相等的时间段,将清代268年分为前、中、后三个时期,顺治、康熙、雍正为前期,计92年;乾隆、嘉庆为中期,计85年;道光、咸丰、同治、光绪、宣统为后期,计91年。三个阶段的河南虫灾发生状况,如表8-5所示:

表8-5 清代河南虫灾分布及发生率情况表

年号	顺治	康熙	雍正	乾隆	嘉庆	道光	咸丰	同治	光绪	宣统	总体情况
年长	18	61	13	60	25	30	11	13	34	3	
次数	0	18	3	8	2	2	4	0	6	0	
起止	1644—1735			1736—1820		1821—1911					1644—1911
年长	92			85		91					268
次数	21			10		12					43
比重	49%			23%		28%					100%
频度	1次/4.38年			1次/8.5年		1次/7.58年					1次/6.23年

清代前期:顺治元年至雍正十三年(1644—1735),共计92年,虫灾次数为21次,平均每4.38年发生1次。其中顺治朝18年未出现虫灾;康熙朝61年共计虫灾18次,平均每3.39年发生1次;雍正朝13年共计虫灾3次,平均每4.33年发生1次。可以看出这一时期康熙朝的虫灾发生相对频繁。

清代中期:乾隆元年至嘉庆二十五年(1736—1820),共计85年,虫灾次数为10次,平均每8.5年发生1次。其中乾隆朝60年共计虫灾8次,平均每7.5年发生1次;嘉庆朝25年共计虫灾2次,平均每12.5年发生1次。可以看出这一时期乾隆朝虫灾发生的年频率略高于嘉庆朝。

清代后期:道光元年至宣统三年(1821—1911),共计91年,虫灾次数为12次,平均每7.58年发生1次。其中道光朝30年共计虫灾2次,平均每15年发生1次;咸丰朝11年共计虫灾4次,平均每2.75年发生1次;同治朝13年未出现虫灾;光绪朝34年共计虫灾6次,平均每5.67年发生1次;宣统朝则无虫灾记录。可以看出此时期咸丰朝和光绪朝虫灾发生的年频率相对较高。

2. 年内分布特征(如表8-6)

表8-6 清代河南虫灾记录年内分布统计表

季节	春季				夏季				秋季				冬季				不详
次数	3				12				16				0				12
月份	一	二	三	不详	四	五	六	不详	七	八	九	不详	十	十一	十二	不详
次数	0	0	2	1	3	1	2	6	5	2	0	9	0	0	0	0

从季节分布来看,夏、秋季是虫灾高发季节,共计28次虫灾,占虫灾总数(43次)的65.1%;冬季是虫灾的绝对低发季节,没有虫灾记录。春季是四季当中虫灾发生频次居中的季节,共计3次虫灾,占虫灾总次数的7%。

从月份分布来看,四、七月份分别为3、5次虫灾,共计发生虫灾8次,占总次数的18.6%,这2个月是清代河南虫灾的绝对高发月份;一、二、九、十、十一、十二月份均无虫灾记录,是虫灾的绝对低发月份。

总的来看,三至八月份是气候比较温热的时期,易于虫类滋生繁殖,虫灾发生频次高;而一、二月份和九至十二月份较为寒冷,虫类生长环境差,虫灾发生的频次较低;而发生于此时的虫灾,可能是气温变暖所导致。

四、清代河南雹灾

(一)清代河南雹灾数据统计

依据我们统计资料所得,清代河南大小雹灾共计71次。史料如下:

1. 顺治元年(1644)秋七月癸丑,雨雹。(《清史稿》卷4《世祖本纪

一》)

2. 顺治五年(1648)四月,大雨雹,如卵如拳,麦禾伤。(民国《清丰县志》)

六月二十三日,大风发屋拔木,雨雹大者如升,中屋舍梁栋立折。(嘉庆《正阳县志》)

3. 顺治六年(1649)二月二十三日,雨雹如卵,坏民舍。(嘉庆《正阳县志》)

4. 顺治七年(1650)五月,应山大雨雹;信阳雨雹,伤麦。(《清史稿》卷40《灾异志一》)

5. 顺治八年(1651)七月,雨雹害稼。(乾隆《怀庆府志》)

6. 顺治九年(1652)四月,大雨雹,麦禾尽伤。(乾隆《郑州志》)

7. 顺治十年(1653)夏,雨雹,杀菽。(宣统《项城县志》)

8. 顺治十一年(1654),沁河决,城内行舟。四月冰雹损麦。(乾隆《汲县志》)

9. 顺治十五年(1658)二月二十九日五更,大雷雨……是日冰雹十里,拔巨桑,碎如飞叶。(乾隆《新蔡县志》)

10. 顺治十五年(1658)八月初一日,雨雹,大如枣。(民国《孟县志》)

11. 顺治十六年(1659)三月,雨冰。(顺治《临颍县志》)

12. 顺治十六年(1659)七月,雨雹。(嘉庆《孟津县志》)

13. 顺治十七年(1660)四月,雨雹,大如鸡卵,伤麦。(道光《汝州全志》)

14. 顺治十八年(1661)原武五月大雨雹。(乾隆《原武县志》)

六月,雨雹损稼。(乾隆《阳武县志》)

15. 康熙八年(1669)五月初三日申时,雨雹大如拳。(康熙《洛阳县志》)

16. 康熙十三年(1674)正月,雨水冰。(乾隆《温县志》)

17. 康熙十五年(1676)五月初十日雨雹,大如鸡卵。(民国《孟县志》)

六月大雨雹,自县西北至东南一路,长六十里,宽二十里,大者如拳,小者如鸡卵,一时平地深二尺许,田禾一空,树皮尽脱。(康熙《封丘县志》)

18. 康熙十七年(1678)五月雨雹,自县北瓦窑,东至刘光集,长四十里,

宽五十里,坏田禾十之六。(康熙《封丘县志》)

19. 康熙十七年(1678)震雷冰雹,损禾稼。(康熙《安阳县志》)

20. 康熙十八年(1679)三月二十七日天雨雹,大者如拳,小者如卵,由白沙冈北蔡寺抵上蔡东岸集,东南、西北亘百余里。屋瓦击碎,二麦尽毁如泥,无一茎存者。(民国《商水县志》)

三月雨雹,伤麦。(康熙《上蔡县志》)

21. 康熙十八年(1679)四月十七日,雨雹,伤禾稼。(康熙《南阳县志》)

22. 康熙二十三年(1684)彰德府四月,郡大风雪,叠雨冰雹,伤人畜,二麦。蠲免安阳县钱粮。(乾隆《彰德府志》)

23. 康熙二十三年(1684)九月,雨雹。(民国《上蔡县志》)

24. 康熙二十四年(1685)夏四月,雨雹杀麦。(乾隆《杞县志》)

25. 康熙二十八年(1689)十一月初七日,薄暮大雷雹。(乾隆《新蔡县志》)

26. 康熙二十八年(1689)秋,雨雹。(乾隆《邓州志》)

27. 康熙二十九年(1690)四月,天雨土,麦不登,六月雨雹,大如鸡卵。(乾隆《登封县志》)

28. 康熙二十九年(1690)七月,雨雹。(道光《武陟县志》)

秋八月雨雹,大风拔木。(民国《河阴县志》)

29. 康熙二十九年(1690)十月雹,大旱。(乾隆《怀庆府志》)

30. 康熙三十年(1691)七月十一日,大风昼晦,疾雷,大雨雹,伤禾稼。(康熙《内乡县志》)

31. 康熙三十一年(1692)九月五日,雷电交加,大雨雹。(嘉庆《洧川县志》)

32. 康熙三十二年(1693)夏四月,原武、中牟雨雹,损麦禾。(同治《开封府志》)

33. 康熙三十四年(1695)六月,雨雹。(道光《怀宁县志》)

34. 康熙五十二年(1713)癸巳四月二十四日,雨雹。(道光《汝州全志》)

35. 康熙五十三年(1714)春三月,雨雹。(乾隆《陈州府志》)

36. 康熙五十八年(1719)夏大雨雹,出借灾民谷。(民国《长垣县志》)

37. 康熙五十九年(1720)四月十八,大雨雹,小如枣,大如栗,深三寸,麦尽伤。(乾隆《陈州府志》)

38. 康熙六十一年(1722)四月二十八日雨雹,大如拳。(民国《中牟县志》)

39. 雍正元年(1723)四月,雨雹。(民国《重修临颍县志》)

四月雨冰雹,伤麦。(嘉庆《正阳县志》)

40. 雍正三年(1725)夏五月二十五日雨雹。(光绪《阌乡县志》)

41. 雍正八年(1730)八月十九日,雨雹伤晚禾,县北村庄树叶零落,若经霜然。(道光《修武县志》)

42. 乾隆元年(1736)春三月雨雹。(乾隆《卫辉府志》)

43. 乾隆七年(1742)夏四月雨雹,秋水。(道光《太康县志》)

44. 乾隆七年(1742)秋七月大雨雹,州北乡田禾多伤。(乾隆《郑州志》)

八月十二日雨雹。(康熙《原武县志》)

45. 乾隆十四年(1749)三月初九,鲁山西北一带有被雹之处,雹大如豆。(嘉庆《鲁山县志》)

46. 乾隆四十八年(1783)秋八月雨雹,冬无雪。(乾隆《杞县志》)

47. 乾隆五十年(1785)三月雨雹,大如鸡卵,平地深尺余,麦尽伤。红风如火,黑风昼晦。(道光《淮宁县志》)

48. 嘉庆十四年(1809)六月,南乐雨雹,大如鸡卵。(《清史稿》卷40《灾异志一》)

49. 嘉庆二十四年(1819)四月二十七,大雨雹,城西孟庄等三十五村二麦歉收。(民国《方城县志》)

夏五月,大雨雹。(道光《禹州志》)

50. 道光十一年(1831)三月二十八日大雨雹,是年春多怪风,无麦。(民国《中牟县志》)

51. 道光十一年(1831)四月初八日大雨雹,有大如鸡卵者,深至尺许。(宣统《项城县志》)

52. 道光十二年(1832)三月大雪兼雹,年岁歉收。(民国《南阳县志》)

53. 同治五年(1866)四月十八日雨雹,大者如碗,二麦损伤。(民国《正阳县志》)

54. 光绪元年(1875)五月初五日雨雹,大者如碗,深尺余,碎木杀禾,人畜被击,有死者。(宣统《项城县志》)

55. 光绪四年(1878)三月十六,天雨冰。(民国《鄢陵县志》)

56. 光绪九年(1883)四月廿二、廿五、廿六日三次雨雹,大如碗。(宣统《项城县志》)

六月,雨雹。(民国《重修临颍县志》)

57. 光绪十三年(1887)四月大雷雨雹。(光绪《陕州直隶州志》)

58. 光绪十三年(1887)九月,雹。(民国《陕县志》)

59. 光绪十九年(1893)三月二十三日,雨雹,大如核桃,厚至半尺,二麦无存。(民国《封丘县续志》)

60. 光绪十九年(1893)四月,麦秋日大雨雹,有受伤陨命者。(民国《重修滑县志》)

61. 光绪二十二年(1896)九月,南乐大冰雹。(《清史稿》卷40《灾异志一》)

62. 光绪二十四年(1898)四月,大雨雹,继以淫雨,平地水深数尺。(民国《鄢陵县志》)

五月十三日,天大雷电,以风雨雹,如拳大。(民国《密县志》)

63. 光绪二十五年(1899)三月二十九日,雨雹。(民国《密县志》)

64. 光绪二十五年(1899)四月,大雹如枣栗。(光绪《南乐县志》)

65. 光绪二十六年(1900),是年三月十六日晚大雨雹,其大者如拳,厚五寸余,田苗皆尽,东西约三十余里,西北东南约百余里,三乡尤甚。(民国《宜阳县志》)

66. 光绪二十六年(1900)七月二十八日,雨雹,大如鸡卵。(民国《孟县志》)

八月,南乐大雷雨雹。(《清史稿》卷40《灾异志一》)

67. 光绪二十七年(1901)三月十七日,大雨雹,杨坡里、大宋里尤甚,有重数斤者,麦苗尽毁。(民国《洛宁县志》)

68. 光绪二十七年(1901)五月,大雨雹。(民国《孟县志》)

69.光绪二十八年(1902)八月初三雨雹。(光绪《南阳县志》)

70.光绪三十二年(1906)夏四月十八日雨雹。(民国《淮阳县志》)五月初三日,雨雹,害禾稼。(民国《正阳县志》)

71.宣统二年(1910)四月,英豪雨雹盈尺。(民国《重修渑池县志》)

(二)清代河南雹灾特征

1.年际分布特征

按清代268年的历史,以大致相等的时间段,将清代268年分为前、中、后三个时期,顺治、康熙、雍正为前期,计92年;乾隆、嘉庆为中期,计85年;道光、咸丰、同治、光绪、宣统为后期,计91年。三个阶段的河南雹灾发生状况,如表8-7所示：

表8-7 清代河南雹灾时间分布及发生率情况表

年号	顺治	康熙	雍正	乾隆	嘉庆	道光	咸丰	同治	光绪	宣统	总体情况
年长	18	61	13	60	25	30	11	13	34	3	
次数	14	24	3	6	2	3	0	1	17	1	
起止	1644—1735			1736—1820		1821—1911					1644—1911
年长	92			85		91					268
次数	41			8		22					71
比重	58%			11%		31%					100%
频度	1次/2.24年			1次/10.6年		1次/4.13年					1次/3.77年

清代前期:顺治元年至雍正十三年(1644—1735),共计92年,雹灾次数为41次,平均每2.24年发生1次。其中顺治朝18年共计雹灾14次,平均每1.29年发生1次;康熙朝61年共计雹灾24次,平均每2.54年发生1次;雍正朝13年共计雹灾3次,平均每4.33年发生1次。可以看出这一时期顺治朝的雹灾发生相对频繁。

清代中期:乾隆元年至嘉庆二十五年(1736—1820),共计85年,雹灾次数为8次,平均每10.6年发生1次。其中乾隆朝60年共计雹灾6次,平均每10年发生1次;嘉庆朝25年共计雹灾2次,平均每12.5年发生1次。可以看出乾隆朝雹灾发生的年频率略高于嘉庆朝。

清代后期:道光元年至宣统三年(1821—1911),共计91年,雹灾次数为22

次,平均每 4.14 年发生 1 次。其中道光朝 30 年共计雹灾 3 次,平均每 10 年发生 1 次;咸丰朝 11 年没有雹灾记录;同治朝 13 年共计雹灾 1 次,平均每 13 年发生 1 次;光绪朝 34 年共计雹灾 14 次,平均每 2.43 年发生 1 次;宣统朝 3 年有 1 次雹灾记录,平均每年发生 0.33 次。可以看出此时期光绪朝雹灾发生的年频率相对较高。

2. 年内分布特征(如表 8-8)

表 8-8　清代河南雹灾记录年内分布统计表

季节	春季				夏季				秋季				冬季				不详
次数	15				37				16				2				1
月份	一	二	三	不详	四	五	六	不详	七	八	九	不详	十	十一	十二	不详	
次数	1	1	13	0	19	8	3	7	4	4	4	4	1	1	0	0	

从季节分布来看,夏季是雹灾的绝对高发期,共计发生雹灾 37 次,约占四季总次数(71 次)的 52%;其次是秋季和春季,雹灾次数分别为 16 次、15 次,分别占四季总次数的 22.5%、21.1%;冬季雹灾发生次数最少,只有 2 次,冬季是雹灾的绝对低发季节。

从月份分布来看,三、四、五月份是清代河南雹灾的高发月,3 个月共计雹灾 40 次,占了总数的 56.3%;一、二、十、十一、十二月份是雹灾的低发月份,十二月份没有雹灾记录,其余月份都仅有 1 次雹灾记录。总的来说,三至九月份这 7 个月是清代河南雹灾集中发生期,一、二、十、十一、十二月份这 5 个月是雹灾发生较少的时期。

五、清代河南寒灾

(一)清代河南寒灾数据统计

依据我们统计资料所得,清代河南大小寒灾共计 51 次。史料如下:

1. 顺治元年(1644)正月,雪深三尺。是岁斗麦钱二千,人食树皮、草子。(民国《郾城县记》)

2. 顺治十六年(1659)二月晦日,大风雪,牛羊冻死者无数。(光绪《辉县志》)

3. 顺治十七年(1660)春,陨霜,大旱,麦枯。(乾隆《怀庆府志》)

4. 康熙九年(1670)九月雪,树枝皆折。(乾隆《安阳县志》)

5. 康熙九年(1670)冬十一月大寒,井结冰,道路多冻死者。(乾隆《杞县志》)

6. 康熙十三年(1674)春正月大雪,雷震移时。(同治《清丰县志》)

春正月大雪震电。(同治《开封府志》)

7. 康熙十四年(1675)三月,霖雨,春寒,麦不收。(乾隆《舞阳县志》)

8. 康熙十四年(1675)四月,霜,大水,城圮。(乾隆《陈州府志》)

9. 康熙十五年(1676)冬,大雪深数尺,禽兽草木多冻死。(乾隆《邓州志》)

10. 康熙十七年(1678)三月,霜。(乾隆《沈丘县志》)

11. 康熙十七年(1678)七月寒,冬饥,斗粟钱三百。(乾隆《沈丘县志》)

12. 康熙十八年(1679)冬,黄河自孟至温及祥符以下冻坚,往来行人皆履冰上。(乾隆《温县志》)

13. 康熙二十七年(1688)三月乙未严霜降。(民国《河阴县志》)

14. 康熙二十八年(1689)九月早霜,荞麦枯。(康熙《新郑县志》)

15. 康熙二十八年(1689)冬十一月雨、震电、雹、霰交作浃旬,继以大雪,人多冻馁。(康熙《鹿邑县志》)

16. 康熙二十九年(1690)九月初陨霜,瘟疫时行。(乾隆《怀庆府志》)

17. 康熙二十九年(1690)十一月,雨雪寒,沍冰坚,至次年二月始解,计六十余日,人畜草木冻死无数。(乾隆《陈州府志》)

冬十二月,黄河冰冻。(康熙《原武县志》)

18. 康熙五十三年(1714)八月,霜杀谷,人民逃亡大半。(乾隆《阳武县志》)

九月,陨霜杀禾。(乾隆《获嘉县志》)

19. 康熙六十年(1721)冬,木冰,树枝半折,鸟兔多死。(嘉庆《正阳县志》)

20. 雍正八年(1730)二月陨霜杀麦。(乾隆《内黄县志》)

21. 乾隆元年(1736)三月大雪,春苗再种。(道光《太康县志》)

22. 乾隆三年(1738)八月二十四日,大霜,奇寒。(乾隆《光州志》)

23. 乾隆七年(1742)四月初七日,陨霜损麦。(乾隆《重修洛阳县志》)

24. 乾隆八年(1743)四月,陨霜杀麦。(民国《灵宝县志》)

25. 乾隆八年(1743)大水,秋禾尽没……八月初九日霜。(嘉庆《洧川县志》)

26. 乾隆十四年(1749)三月初六日大雪,风拔木。(乾隆《遂平县志》)

27. 乾隆五十年(1785)九月二十八日倏大雪,翌日严霜,仅获其三之一。(乾隆《光山县志》)

28. 乾隆五十五年(1790)四月,范县陨霜杀麦。(《清史稿》卷40《灾异志一》)

29. 嘉庆十七年(1812)春二月二十二日大雨雪,积厚尺余,压折树枝无算。(嘉庆《续济源县志》)

30. 嘉庆十七年(1812)七月十五日透雨,种植荞麦,九月酷霜尽毁。(新编《登封县志》)

31. 嘉庆十八年(1813)八月,霜杀之。(道光《淮宁县志》)

九月大霜,荞麦尽枯,途多饿莩,肉无幸存,尽为饥民刮食,市有诈称牛马肉售者。(民国《禹县志》)

九月陨霜,杀荞。(光绪《鹿邑县志》)

32. 嘉庆十八年(1813)大旱,九月十九日陨霜,荞麦尽伤。先是连岁旱,麦禾歉收,至是大饥。(斗麦千文,饿死逃亡无数)(民国《重修临颍县志》)

33. 嘉庆十九年(1814)春大雪,道殣相望。(嘉庆《密县志》)

34. 嘉庆二十四年(1819)十二月,南乐大雪,平地深数尺,人畜多冻死。(《清史稿》卷40《灾异志一》)

35. 道光十一年(1831)冬十一月大雪,深三四尺,柿、榴、桐、楝及竹多冻死。(民国《郾城县记》)

冬,元氏、南乐大雪,井冻,冰深四五尺。(《清史稿》卷40《灾异志一》)

36. 道光二十一年(1841)冬,高淳大雪深五尺,人畜多冻死;黄川大雪深数尺,经两月始消,民多冻馁;罗田大雪深丈余,民多冻馁。(《清史稿》卷40《灾异志一》)

37. 道光二十八年(1848)霜损荞麦。(民国《确山县志》)

38. 咸丰六年(1856)二月霜杀麦。(同治《郏县志》)

39. 同治五年(1866)四月陨霜。(光绪《重修卢氏县志》)

四月十八日,冰盈尺,伤麦。(光绪《祥符县志》)

40. 同治五年(1866)九月初六日陨霜,荞麦枯落,是岁大饥。(民国《正阳县志》)

41. 光绪元年(1875)春陨霜杀麦。(民国《新修阌乡县志》)

42. 光绪元年(1875)井内结冰。(民国《孟县志》)

43. 光绪十年(1884)三月,陨霜杀麦。(光绪《阌乡县志》)

44. 光绪十三年(1887)正月元旦,雪花大如掌,树木花果冻多死……八月初一日起至初十日止,十昼夜大雨如注,城乡井水溢。十三日子时,石家桥黄河决口,自郑州以下淹没四十余州县,人畜死者无算。(民国《郑县志》)

45. 光绪十九年(1893)元旦大雪。(民国《鄢陵县志》)

46. 光绪十九年(1893)十一月大雪,井冰,木裂。(光绪《南乐县志》)

47. 光绪二十四年(1898)春雨冰,大饥。(宣统《项城县志》)

48. 光绪二十五年(1899)八月陨霜杀稼。(光绪《南乐县志》)

49. 光绪二十五年(1899)十二月雪大,木裂。(光绪《南乐县志》)

50. 光绪二十七年(1901)六月十九大风,天寒如严冬。(民国《淮阳县志》)

51. 宣统二年(1910)冬十月大雪,树木皆冻,望如冰山。(民国《清丰县志》)

(二)清代河南寒灾特征

1. 年际分布特征

按清代268年的历史,以大致相等的时间段,将清代268年分为前、中、后三个时期,顺治、康熙、雍正为前期,计92年;乾隆、嘉庆为中期,计85年;道光、咸丰、同治、光绪、宣统为后期,计91年。三个阶段的河南寒灾发生状况,如表8-9所示:

表 8-9　清代河南寒灾分布及发生率情况表

年号	顺治	康熙	雍正	乾隆	嘉庆	道光	咸丰	同治	光绪	宣统	总体情况
年长	18	61	13	60	25	30	11	13	34	3	
次数	3	16	1	8	6	3	1	2	10	1	
起止	1644—1735			1736—1820		1821—1911					1644—1911
年长	92			85		91					268
次数	20			14		17					51
比重	39%			27%		34%					100%
频度	1次/4.6年			1次/6.1年		1次/5.4年					1次/5.25年

清代前期:顺治元年至雍正十三年(1644—1735),共计92年,寒灾次数为20次,平均每4.6年发生1次。其中顺治朝18年共计寒灾3次,平均每6年发生1次;康熙朝61年共计寒灾16次,平均每3.81年发生1次;雍正朝13年共计寒灾1次,平均每13年发生1次。可以看出这一时期康熙朝寒灾发生相对频繁。

清代中期:乾隆元年至嘉庆二十五年(1736—1820),共计85年,寒灾次数为14次,平均每6.1年发生1次。其中乾隆朝60年共计寒灾8次,平均每7.5年发生1次;嘉庆朝25年共计寒灾6次,平均每4.17年发生1次。可以看出嘉庆朝寒灾发生的年频率略高于乾隆朝。

清代后期:道光元年至宣统三年(1821—1911),共计91年,寒灾次数为17次,平均每5.4年发生1次。其中道光朝30年共计寒灾3次,平均每10年发生1次;咸丰朝11年共计寒灾1次,平均每11年发生1次;同治朝13年共计寒灾2次,平均每6.5年发生1次;光绪朝34年共计寒灾10次,平均每3.4年发生1次;宣统朝3年有1次寒灾,平均每3年发生1次。可以看出此时期光绪朝寒灾发生的年频率相对较高。

2.年内分布特征

表 8-10　清代河南寒灾记录年内分布统计表

季节	春季				夏季				秋季				冬季				不详
次数	18				6				12				13				2
月份	一	二	三	不详	四	五	六	不详	七	八	九	不详	十	十一	十二	不详	
寒灾	4	4	6	4	5	0	1	0	3	3	5	1	2	3	2	6	

从季节分布看,春、冬季是寒灾的高发季节,总共发生 31 次寒灾,占寒灾总次数(51 次)的 60.8%;春季是寒灾的高发季节,18 次的寒灾灾害占四季总次数的 35.3%;冬季是寒灾的第二高发季,13 次的寒灾灾害约占四季总次数的 25.5%;夏季共发生寒灾 6 次,占寒灾总次数的 11.8%,是清代河南寒灾灾害的绝对低发季节。

从月份分布来看。清代河南寒灾的月份分布极不均匀,三、四、九月份是清代河南寒灾灾害的高发月份,合计 16 次,占总次数的百分比合计为 31.4%;五月份无寒灾灾害,是清代河南寒灾灾害的低发月份。

六、清代河南风灾

(一)清代河南风灾数据统计

依据我们统计资料所得,清代河南大小风灾共计 42 次。下面把清代河南风灾记录附上,便于我们以下的讨论。

1. 顺治二年(1645)五月,大风自北起,大木断拔。(康熙《延津县志》)

2. 顺治五年(1648)六月二十三日,大风发屋拔木,雨雹大者如升,中屋舍梁栋立折。(嘉庆《正阳县志》)

3. 顺治十年(1653)七月迅雷烈风,大木尽拔。(康熙《泌阳县志》)

4. 顺治十一年(1654)五月二十四大风雨,毁禾拔木,室庐倾倒,城水不浸堤者尺许。(民国《夏邑县志》)

甲午二月大雨淹麦。六月二十三大风雨一昼夜,摧木拔禾,倾屋坏垣。(乾隆《虞城县志》)

5. 顺治十一年(1654)秋,省城北门外大风雨,车辆石碓等随风飘起,坠四五里外。(同治《开封府志》)

6. 顺治十五年(1658)四月二十五日,大风拔木发屋。(嘉庆《正阳县志》)

7. 康熙十三年(1674),自正月至四月,大风霾,昼晦。(乾隆《怀庆府志》)

8. 康熙二十三年(1684)春赈饥。五月黑风暴雨,昼晦,拔树木,屋瓦皆

飞。(康熙《阳武县志》)

9. 康熙二十七年(1688)六月,大风拔禾。(乾隆《杞县志》)

10. 康熙二十九年(1690)正月风霾,昼晦二十余日乃止。(乾隆《登封县志》)

11. 康熙二十九年(1690)秋八月,雨雹,大风拔木。(民国《河阴县志》)

12. 康熙三十年(1691)七月十一日,大风昼晦,疾雷,大雨雹,伤禾稼。(康熙《内乡县志》)

13. 康熙三十一年(1692)正月二十三午后,黑风如烟,自西北来……二、三、四月朔俱大风霾。(嘉庆《浉川县志》)

春,大风昼晦。(光绪《南乐县志》)

14. 康熙三十二年(1693)春二月壬辰,大风夜作,黎明天赤如血,雨土竟日。(同治《开封府志》)

15. 康熙三十四年(1695)夏麦不登,秋大风折屋。(民国《汝阳县志》)

16. 康熙三十八年(1699)六月,南乐大风拔木。(《清史稿》卷44《灾异志五》)

17. 康熙四十二年(1703)五月二十二日,巩县大风昼晦。(《清史稿》卷44《灾异志五》)

18. 康熙五十二年(1713)二月晚大黑风。(乾隆《内黄县志》)

19. 康熙五十二年(1713)闰五月,风雨大作,拔树,屋瓦皆飞。(乾隆《内黄县志》)

20. 康熙五十八年(1719)兰封春三月二十七日风雹伤麦,自河北埗阳集直抵东南邑界,四十里被害,河南风大雹小,拔木,坏庐舍,麦苗仅存十分之二三。(民国《兰封县志》)

21. 康熙六十一年(1722)三月大风三日,伤麦。(道光《泌阳县志》)

22. 雍正元年(1723)三月十八日,薄暮有黑风自东而西,晦冥莫辨。六月初旬始雨。(乾隆《获嘉县志》)

23. 雍正八年(1730)春,风霾,屋瓦乱飞。二月内大霜。(乾隆《阳武县志》)

24. 乾隆六年(1741)四月,平定、乐平、孟县大风拔木。(《清史稿》卷

44《灾异志五》)

25. 乾隆十四年(1749)三月初六日大雪,风拔木。(乾隆《遂平县志》)

26. 乾隆二十年(1755)春,烈风昼晦,麦槁。(民国《阳武县志》)

27. 乾隆二十二年(1757)七月,孟县、乐平大风伤稼。(《清史稿》卷44《灾异志五》)

28. 乾隆三十三年(1768)六月,大风拔木。(嘉庆《息县志》)

29. 乾隆三十七年(1772),正阳、确山风灾。(《清史稿》卷325《何煟传》)

30. 乾隆三十九年(1774)七月,荥阳大风拔木。(《清史稿》卷44《灾异志五》)

31. 乾隆四十八年(1783),大旱,风霾屡作,天昏黑,不辨五色,至五十年六月初三日寅时微雨,自卯至午又雨,约犁许,秋禾始种。(民国《修武县志》)

32. 乾隆四十九年(1784)四月初十日,大风昼晦。(光绪《开州志》)

33. 乾隆五十年(1785)三月,雨雹,大如鸡卵,平地深尺余,麦尽伤。红风如火,黑风昼晦。(道光《淮宁县志》)

34. 乾隆五十年(1785)四月初十日,黑风暴起。(嘉庆《范县志》)

35. 乾隆五十六年(1791)夏,城北陈家楼,怪风毁拆房屋……牛为风刮去,在四五里外。(道光《泌阳县志》)

36. 嘉庆十五年(1810)正月十七日,临邑、章丘、新城风霾昼晦。二十七日,滕县昼晦;南乐大风霾,平地积沙二寸许。(《清史稿》卷44《灾异志五》)

37. 道光十一年(1831)三月二十八日,大雨雹,是年春多怪风,无麦。(民国《中牟县志》)

38. 光绪二十二年(1896)五月,南乐大风拔木。(《清史稿》卷44《灾异志五》)

39. 光绪二十六年(1900)六月,黑风昼晦三次,禾菱棉枯。(民国《重修滑县志》)

40. 光绪二十七年(1901)正月十九日大风昼晦,廿九日大风昼晦,二月初九日,大风昼晦,三旬之间,连遭大风,麦禾尽枯,饥。(民国《阳武县

二月初九日大雨,飞沙走石,终日不止。(民国《续安阳县志》)

41.光绪二十七年(1901)六月二十日大风雨,大木尽拔。(宣统《项城县志》)

42.光绪二十八年(1902)二月,暴风杀麦,五月三日,雨雹伤禾。八月廿七,西北风三日,晚禾尽死。(民国《封丘县续志》)

(二)清代河南风灾特征

1. 年际分布特征

按清代268年的历史,以大致相等的时间段,将清代268年分为前、中、后三个时期,顺治、康熙、雍正为前期,计92年;乾隆、嘉庆为中期,计85年;道光、咸丰、同治、光绪、宣统为后期,计91年。三个阶段的河南风灾发生状况,如表8-11所示:

表8-11 清代河南风灾分布及发生率情况表

年号	顺治	康熙	雍正	乾隆	嘉庆	道光	咸丰	同治	光绪	宣统	总体情况
年长	18	61	13	60	25	30	11	13	34	3	
次数	6	15	2	12	1	1	0	0	5	0	
起止	1644—1735			1736—1820		1821—1911					1644—1911
年长	92			85		91					268
次数	23			13		6					42
比重	55%			31%		14%					100%
频度	1次/4年			1次/6.5年		1次/15.2年					1次/6.4年

清代前期:顺治元年至雍正十三年(1644—1735),共计92年,风灾次数为23次,平均每4年发生1次。其中顺治朝18年共计风灾6次,平均每3年发生1次;康熙朝61年共计风灾15次,平均每4.07年发生1次;雍正朝13年共计风灾2次,平均每6.5年发生1次。可以看出这一时期顺治朝的风灾发生相对频繁。

清代中期:乾隆元年至嘉庆二十五年(1736—1820),共计85年,风灾次数为13次,平均每6.5年发生1次。其中乾隆朝60年共计风灾12次,平均每5年发生1次;嘉庆朝25年共计风灾1次。可以看出乾隆朝风灾发生的年频率略高于嘉庆朝。

清代后期:道光元年至宣统三年(1821—1911),共计 91 年,风灾次数为 6 次,平均每 15.2 年发生 1 次。其中道光朝 30 年共计风灾 1 次;光绪朝 34 年共计风灾 5 次,平均每 6.8 年发生 1 次;咸丰朝、同治朝与宣统朝则没有风灾记录。可以看出此时期光绪朝风灾发生的年频率相对较高。

2. 年内分布特征(如表 8-12)

表 8-12 清代河南风灾记录年内分布统计表

季节	春季				夏季				秋季				冬季				不详
次数	16				17				7				0				2
月份	一	二	三	不详	四	五	六	不详	七	八	九	不详	十	十一	十二	不详	
次数	2	3	6	5	4	5	6	2	4	1	0	2	0	0	0	0	

从季节分布来看,夏季是风灾的高发季节,共计发生风灾 17 次,占了四季总次数(42 次)的 40.5%;冬季是风灾的绝对低发季节,没有发生风灾的记录。春季和秋季也是风灾的高发期,分别发生风灾 16、7 次,共占风灾总次数的 54.8%。

从月份分布状况来看,三、六月份是清代河南风灾的绝对高发月份,发生次数均为 6 次,2 个月共计发生风灾 12 次,占清代河南风灾总数的 28.6%。九、十、十一、十二月份是风灾的绝对低发月份,均没有风灾记录。

把 12 个月份综合起来考察,则从一月份到八月份是风灾多发、频发的月份;九、十、十一、十二月份是风灾发生较少的月份。

七、清代河南震灾

(一)清代河南震灾数据统计

依据我们统计资料所得,清代河南大小震灾共计 18 次。史料如下:

1. 顺治六年(1649)正月,南乐地震。(《清史稿》卷 44《灾异志五》)

2. 顺治九年(1652)二月地震。(康熙《上蔡县志》)

3. 顺治十一年(1654)甲午地震,二麦方获,淫潦继作,至六月二十四日,雨如倾盆,河堤尽溃,半岗秋禾俱付洪波。(乾隆《陈州府志》)

4. 顺治十七年(1660)夏五月,南阳地震,自午至亥。是日大雨如注,民间屋宇多倾。(嘉庆《南阳府志》)

5. 康熙七年(1668)二月地震。(乾隆《重修固始县志》)

6. 康熙七年(1668)九月,地震。(康熙《汝阳县志》)

7. 康熙八年(1669)夏,徐州、商城地震,淫雨三月,开封、归德、汝宁伤禾为甚。(《河南通志》)

8. 康熙十八年(1679),六月朔,荣成、宁海、文登地震。二十八日,滨州、信阳、海丰、沾化地震。(《清史稿》卷44《灾异志五》)

9. 康熙十八年(1679)七月,河内、济源、修武、武陟、原武、阳武同日地震,淫雨弥月,田谷多死。(乾隆《怀庆府志》)

10. 康熙二十二年(1683)冬地震。(乾隆《怀庆府志》)

11. 康熙二十三年(1684),河内旱,大饥。七月地震。黄河清,白坡以上三十里,凡三日。(乾隆《怀庆府志》)

12. 康熙二十三年(1684)十月,修武地震,大饥。(乾隆《怀庆府志》)

13. 康熙六十一年(1722)三月十八日地震,二麦无收。(道光《修武县志》)

14. 乾隆五十一年(1786)十二月,地震。(道光《淮宁县志》)

15. 嘉庆十九年(1814)九月,淫雨,陕州地大震,伤人。(光绪《陕州直隶州志》)

16. 道光十年(1830)五月辛酉,河南、直隶毗连十四州县地震,命加意抚恤。(《清史稿》卷17《宣宗本纪一》)

17. 光绪八年(1882)七月,南乐、望都地震。(《清史稿》卷44《灾异志五》)

18. 光绪十年(1884),地震,激水高二尺,是年大水。(民国《郾城县记》)

(二)清代河南震灾特征

1. 年际分布特征

按清代268年的历史,以大致相等的时间段,将清代268年分为前、中、后三个时期,顺治、康熙、雍正为前期,计92年;乾隆、嘉庆为中期,计85年;道光、

咸丰、同治、光绪、宣统为后期,计91年。三个阶段的河南震灾发生情况,如表8-13所示:

表8-13 清代河南震灾分布及发生率情况表

年号	顺治	康熙	雍正	乾隆	嘉庆	道光	咸丰	同治	光绪	宣统	总体情况
年长	18	61	13	60	25	30	11	13	34	3	
次数	4	9	0	1	1	1	0	0	2	0	
起止	1644—1735			1736—1820		1821—1911					1644—1911
年长	92			85		91					268
次数	13			2		3					18
比重	72%			11%		17%					100%
频度	1次/7.1年			1次/42.5年		1次/30.3年					1次/14.9年

清代前期:顺治元年至雍正十三年(1644—1735),共计92年,震灾次数为14次,平均每7.1年发生1次。其中顺治朝18年共计震灾4次,平均每4.5年发生1次;康熙朝61年共计震灾9次,平均每6.8年发生1次;雍正朝13年,没有震灾记录。可以看出这一时期顺治朝的震灾发生相对频繁。

清代中期:乾隆元年至嘉庆二十五年(1736—1820),共计85年,震灾次数为2次,平均每42.5年发生1次。其中乾隆朝和嘉庆朝各发生1次震灾。

清代后期:道光元年至宣统三年(1821—1911),共计91年,震灾次数为3次,平均每30.3年发生1次。其中道光朝30年共计震灾1次;光绪朝34年共计震灾2次,平均每17年发生1次;咸丰朝、同治朝和宣统朝则没有震灾记录。

2.年内分布特征(如表8-14)

表8-14 清代河南震灾记录年内分布统计表

季节	春季				夏季				秋季				冬季				不详
次数	4				4				5				3				2
月份	一	二	三	不详	四	五	六	不详	七	八	九	不详	十	十一	十二	不详	
次数	1	2	1	0	0	2	1	1	3	0	2	0	1	0	1	1	

从上表可以看出震灾的发生时间分布较均匀,没有较大起伏。从季节分布来看,秋季震灾发生次数最高,春、夏两季居中,冬季发生次数最少。从发生次

数多少来看,各项统计数字悬殊不大,说明震灾发生没有非常明显的季节性,但以夏、秋季偏高,冬季偏低。

从月份分布来看,12个月中七月份发生震灾最多,为3次,四月份、八月份和十一月份没有震灾记录,为最少,其他月份震灾发生次数为1或2次,差距不大。

八、清代河南疫灾

(一)清代河南疫灾数据统计

依据我们统计资料所得,清代河南大小疫灾共计30次。史料如下:

1. 顺治十五年(1658)八月二十二复大雨,至九月二十六日始晴,河水泛滥,平地深丈许,秋禾一粒无存,庐舍漂没殆尽,人多溺死。牛畜饥饿死,幸存者以瘟灾倒毙。(乾隆《沈丘县志》)

2. 顺治十六年(1659)己亥春淫雨,牛多疫死。(康熙《汝宁府志》)

3. 康熙十七年(1678)戊午大饥,民多疫死。(康熙《西平县志》)

4. 康熙十八年(1679)夏秋间瘟疫盛作……(乾隆《项城县志》)

5. 康熙二十二年(1683)癸亥春无麦,夏秋大水,民多疫死。(康熙《西平县志》)

6. 康熙二十四年(1685),鲁山大疫。(道光《汝州全志》)

7. 康熙二十九年(1690)九月初陨霜,瘟疫时行。(乾隆《怀庆府志》)

8. 康熙三十年(1691)夏六月旱,大疫。(嘉庆《正阳县志》)

9. 康熙三十年(1691)辛未蝗,大旱,秋无禾,疫。(乾隆《偃师县志》)

10. 康熙三十一年(1692)夏无麦,瘟疫大作,民多病殁。(道光《修武县志》)

11. 康熙三十一年(1692)壬申春大风不雨,秋大疫,本郡及秦晋流民死亡无算。(道光《汝州全志》)

12. 康熙四十三年(1704)春,南乐疫,河间大疫,献县大疫,人死无算。(《清史稿》卷40《灾异志一》)

13. 康熙四十八年(1709)大水,次年四月内,时疫流行。(乾隆《项城

14. 康熙六十一年(1722)大旱,水泉竭,牛疫。秋无禾,冬饥。(乾隆《新郑县志》)

15. 雍正元年(1723)春旱,瘟疫大作。(道光《修武县志》)

16. 雍正元年(1723)夏疫。(乾隆《禹州志》)

17. 乾隆八年(1743)春疫,民饥,上闻,遣使驰赴存恤。(乾隆《西华县志》)

18. 乾隆八年(1743)春大饥,死者枕藉于道,夏大疫,十一月彗星见。(光绪《鹿邑县志》)

19. 乾隆十四年(1749)大水坏民居,岁歉,牛疫多死。(嘉庆《密县志》)

20. 乾隆五十一年(1786)春大疫,死者十之二三。(乾隆《重修固始县志》)

21. 乾隆五十一年(1786)夏麦大熟,人多疫死。(道光《淮宁县志》)
夏,日照大疫;范县大疫。(《清史稿》卷40《灾异志一》)

22. 乾隆五十一年(1786)春,斗麦千钱,夏秋之交瘟疫遍行。死者无数,蝗生蔽野,伤稼。(光绪《祥符县志》)

23. 嘉庆十九年(1814)春仍饥,大疫,人死无算,麦大熟。(道光《鄢陵县志》)

24. 嘉庆十九年(1814)夏麦丰收,瘟疫大作,人多死伤。(嘉庆《密县志》)

25. 道光元年(1821)六月,冠县大疫;武城大疫;范县大疫;钜野疫;登州府属大疫,死者无算。(《清史稿》卷40《灾异志一》)

26. 道光二年(1822)夏,无极、南乐大疫,临榆大疫,永嘉疫。(《清史稿》卷40《灾异志一》)

27. 道光四年(1824)平谷、南乐、清苑大疫。(《清史稿》卷40《灾异志一》)

28. 道光十五年(1835)七月,范县大疫。(《清史稿》卷40《灾异志一》)

29. 光绪三年(1877)夏秋冬不雨,至明年四月始雨,大饥疫,斗米千余

钱,人民死亡相继。(民国《河阴县志》)

30. 光绪四年(1878)春大饥,民鬻妇女,流亡载道,夏大疫,死者枕藉。(民国《中牟县志》)

(二)清代河南疫灾特征

1. 年际分布特征

按清代268年的历史,以大致相等的时间段,将清代268年分为前、中、后三个时期,顺治、康熙、雍正为前期,计92年;乾隆、嘉庆为中期,计85年;道光、咸丰、同治、光绪、宣统为后期,计91年。三个阶段的河南疫灾发生状况,如表8-15所示:

表8-15 清代河南疫灾分布及发生率情况表

年号	顺治	康熙	雍正	乾隆	嘉庆	道光	咸丰	同治	光绪	宣统	总体情况
年长	18	61	13	60	25	30	11	13	34	3	
次数	2	12	2	6	2	4	0	0	2	0	
起止	1644—1735			1736—1820		1821—1911					1644—1911
年长	92			85		91					268
次数	16			8		6					30
比重	53%			27%		20%					100%
频度	1次/5.8年			1次/10.6年		1次/15.2年					1次/8.9年

清代前期:顺治元年至雍正十三年(1644—1735),共计92年,疫灾次数为16次,平均每5.8年发生1次。其中顺治朝18年共计疫灾2次,平均每9年发生1次;康熙朝61年共计疫灾12次,平均每5.1年发生1次;雍正朝13年共计疫灾2次,平均每6.5年发生1次。可以看出这一时期康熙朝的疫灾发生相对频繁。

清代中期:乾隆元年至嘉庆二十五年(1736—1820),共计85年,疫灾次数为8次,平均每10.6年发生1次。其中乾隆朝60年共计疫灾6次,平均每10年发生1次;嘉庆朝25年共计疫灾2次,平均每12.5年发生1次。可以看出乾隆朝疫灾发生的年频率略高于嘉庆朝。

清代后期:道光元年至宣统三年(1821—1911),共计91年,疫灾次数为6次,平均每15.2年发生1次。其中道光朝30年共计疫灾4次,平均每7.5年发生1次；光绪朝34年共计疫灾2次，平均每17年发生1次；咸丰朝、同治朝及宣统朝均无疫灾记录。可以看出此时期道光朝疫灾发生的年频率相对较高。

2. 季节分布特征（如表8-16）

表8-16　清代河南疫灾记录年内分布统计表

季节	春季				夏季				秋季				冬季				不详
次数	6				12				6				0				6
月份	一	二	三	不详	四	五	六	不详	七	八	九	不详	十	十一	十二	不详	
次数	0	0	0	6	1	0	2	9	1	0	2	3	0	0	0	0	

从季节分布上看，清代夏季是疫灾的绝对高发季，共计发生疫灾12次，占总次数（30次）的40%；而春、秋两季疫灾发生次数处于居中地位，均为6次，均占总疫灾次数的20%；冬季则没有发生疫灾的记录，是疫灾的绝对低发季。夏季气候湿热的环境，适合疫病的传播，因此成为疫灾的高发季。从月份上看，疫灾持续时间长，月份之间差距不大。

第二节　清代河南自然灾害概况

一、各类自然灾害数据的总量和比重

为便于讨论，将清代268年分为前、中、后三个时期，顺治、康熙、雍正时期，为前期；乾隆、嘉庆时期，为中期；道光、咸丰、同治、光绪、宣统时期，为后期。以下是对清代河南灾害的阶段性特征的分析，特制作表8-17。

表 8-17 清代河南灾害数据一览表

时期	前期			中期		后期					清朝合计	灾害比重
年号	顺治	康熙	雍正	乾隆	嘉庆	道光	咸丰	同治	光绪	宣统		
年数	18	61	13	60	25	30	11	13	34	3	268	
水灾数	24	53	10	34	15	13	4	11	26	5	195	32%
旱灾数	18	59	5	27	10	6	3	2	16	1	147	25%
虫灾数	0	18	3	8	2	2	4	0	6	0	43	7%
雹灾数	14	24	3	6	2	3	0	1	17	1	71	12%
寒灾数	3	16	1	8	6	3	1	2	10	1	51	9%
风灾数	6	15	2	12	1	1	0	0	5	0	42	7%
震灾数	4	9	0	1	1	1	0	0	2	0	18	3%
疫灾数	2	12	2	6	2	4	0	0	2	0	30	5%
总计	71	206	26	102	39	33	12	16	84	8	597	100%

清代顺治元年（1644）至宣统三年（1911）268年的历史中，共搜罗到河南597次灾害记录，其中水灾最多，有195次，占总灾害次数的32%；其次是旱灾147次，占25%；再次是雹灾71次，占12%；寒灾51次、虫灾43次，各占9%、7%；风灾42次，占7%；疫灾30次，占5%；震灾最少，18次，占3%。

二、自然灾害数据的时段分布特征

清代前期：从顺治元年至雍正十三年（1644—1735），共计92年，灾害次数为303次，平均每0.3年发生1次灾害。其中顺治朝18年共计灾害71次，平均每0.25年发生1次；康熙朝61年共计灾害206次，平均每0.3年发生1次；雍正朝13年共计灾害26次，平均每0.5年发生1次。可以看出清代前期顺治朝灾害发生最为频繁。

清代中期：乾隆元年至嘉庆二十五年（1736—1820），共计85年，灾害次数为141次，平均每0.6年发生1次灾害。其中乾隆朝60年共计灾害102次，平均每0.59年发生1次；嘉庆朝25年共计灾害39次，平均每0.64年发生1次灾害。可以看出清代中期乾隆朝灾害发生年平均率略高于嘉庆朝。

清代后期:道光元年至宣统三年(1821—1911),共计91年,灾害次数为153次,平均每0.59年发生1次灾害。其中道光朝30年共计灾害33次,平均每0.91年发生1次;咸丰朝11年共计灾害12次,平均每0.92年发生1次;同治朝13年共计灾害16次,平均每0.81年发生1次;光绪朝34年共计灾害84次,平均每0.4年发生1次;宣统朝3年共计灾害8次,平均每0.38年发生1次。可以看出清代后期光绪朝和宣统朝灾害发生年平均率较高,道光朝和咸丰朝灾害年发生率较低。

从以上分析可以看出,清代河南灾害发生非常频繁,而且往往是一年发生多次灾害;前期灾害年发生率明显高于中后期,这是清代灾害的总体特征。下面再以季节和月份为时间单位考察各类灾害的情况。特制作表8-18、8-19、8-20。

表8-18 清代河南灾害月份分布表

月份\灾种	水灾	旱灾	虫灾	雹灾	寒灾	风灾	震灾	疫灾	总计
一月	2	1	0	1	4	2	1	0	11
二月	1	0	0	1	4	3	2	0	11
三月	11	2	2	13	6	6	1	0	41
四月	2	5	3	19	5	4	0	1	39
五月	10	2	1	8	0	5	2	0	28
六月	30	7	2	3	1	6	1	2	52
七月	22	5	5	4	3	4	3	1	47
八月	14	5	2	4	3	1	0	0	29
九月	4	1	0	4	5	0	2	2	18
十月	3	0	0	1	2	0	1	0	7
十一月	2	0	0	1	3	0	0	0	6
十二月	3	0	0	0	2	0	1	0	6

表 8-19 清代河南灾害季节分布表

季节\灾种	水灾	旱灾	虫灾	雹灾	寒灾	风灾	震灾	疫灾	总计
春季	19	35	3	15	18	16	4	6	116
夏季	67	46	12	37	6	17	4	12	201
秋季	76	35	16	16	12	7	5	6	173
冬季	11	6	0	2	13	0	3	0	35
不详	22	25	12	1	2	2	2	6	72

表 8-20 清代河南地区灾害月份、季节分布综合表

月份\季节	一月 二月 三月（春季）	四月 五月 六月（夏季）	七月 八月 九月（秋季）	十月 十一月 十二月（冬季）	不详	合计
水灾	19	67	76	11	22	195
旱灾	35	46	35	6	25	147
虫灾	3	12	16	0	12	43
雹灾	15	37	16	2	1	71
寒灾	18	6	12	13	2	51
风灾	16	17	7	0	2	42
震灾	4	4	5	3	2	18
疫灾	6	12	6	0	6	30
总计	116	201	173	35	72	597

从季节分布来看,清代河南灾害集中分布在夏、秋季节,在这一时期共发生374次灾害,约占灾害总数(597次)的62.7%;而冬季灾害发生次数最少,共发生35次灾害,约占灾害总数的5.9%;春季居于中间,共发生116次灾害,占灾害总数的19.4%。

从月份分布来看,清代河南灾害的发生尤其集中在六、七月份,2个月总共发生灾害99次,占灾害总数的16.6%;十、十一、十二月份发生灾害次数较少,3个月总共发生灾害35次,占灾害总数的5.9%;而其他六个月发生灾害的次数居于中间地位。

从总体上看,夏、秋季节是灾害高发期,且多集中于四至八月。清代河南的季节与月份特征与河南春季干旱多风、夏季湿热多雨、秋季温和晴爽、冬季寒冷

多雨雪的气候特征有紧密联系。

第三节 清代救灾机构、程序和措施

清代河南灾害频发,在总结前代救灾经验的基础上,形成了较为系统、完备的救灾体系。下面对清代的救灾机构、救灾程序、防灾及救灾措施和制度等进行简单介绍。

一、救灾机构

由于灾害发生的偶然性,清代没有专设的救灾机构和专职人员。灾害发生后,从皇帝、中央大臣到地方大臣,各部门普遍参与到救灾活动中。"从批阅报灾奏章到拨款派员赴救,躬亲督办,追问查询,可谓不遗余力。上已如此,下必效之,省、府、州县各员,也把施行蠲赈当作地方政务的主要内容。督抚、知府、知州、知县便是该地的救灾总管,无须另设机构和置员"[1]。

清代涉及救灾的机构很多,在中央,主要是由皇帝根据各地灾害奏报情况以诏书、诏令等形式进行总体决策,各部门具体执行;在地方,由各地巡抚、布政使等官员负责各地的灾害救助。此外,还有中央派遣官员对地方赈灾活动进行监督。具体情况如下:

(一)中央救灾机构

中央救灾机构一方面是以皇帝为核心的决策者进行总体部署,另一方面是中央各职能部门具体执行。

---

[1] 李向军:《清代救灾的制度建设与社会效果》,《历史研究》1995 年第 5 期。

1. 内阁

清代内阁是直属皇帝的宰辅机构,史称:"大学士掌钧国政,赞诏命,厘宪典,议大礼、大政,裁酌可否入告。协办佐之。"①内阁大学士秉承皇帝旨意,对救灾活动进行总体决策与部署。康熙二十三年(1684),河南灾,阁臣议遣官往勘,内阁学士汤文正公斌曰:"无益也,使者所至,苛扰实甚。州县一闻遣使,辄辍耕以待勘,是再荒也,不如今有司自勘良便。"②内阁以诏令形式实施救灾措施,实际上起到了救灾总指挥的作用,使各级政府及官员能够迅速反应,快速救助受灾民众,减少损失。雍正以降,内阁大权逐渐被军机处侵夺。

2. 军机处

军机处虽然总辖军国政务,但它并不是一个正式的权力机关。军机处不设官署,奉皇帝命办事,军机大臣无专职,亦无定员。其官员互不统属,皆直隶于皇帝,军机大臣的罢置也听命于皇帝,一切大权都集中在皇帝手里。军机大臣由皇帝在满汉大学士,尚书、侍郎,京堂中选任,没有定员。其具体职责为每日觐见皇帝,协助处理奏折,参议大政。宣统三年(1911),清朝责任内阁成立,前后存在约190年的军机处走向终结。军机大臣由于其重要位置,也经常参与到救灾活动中,如道光二十一年(1841)夏,黄河在河南祥符决口,大学士、军机大臣王鼎暂时总理河务,了解林则徐过去做过东河河总,熟悉河务,上疏朝廷请留流放途中的林则徐与他一起办理黄河堵口工程,得到批准。道光二十一年五月,皇帝下令,"林则徐折回东河,效力赎罪"③。林则徐后即与王鼎同住黄河六堡工地一线,督导堵口工程,深入决口河段察看险情,提出具体堵口方案,于次年二月将原宽三百零三丈的口门全部合龙,河水由引河回归故道,大大减轻了黄河带来的危害。④

3. 户部

清代户部总的职能是管理全国疆土、田地、户籍、赋税、俸饷、财政等,其内

---

① 〔民国〕赵尔巽:《清史稿》卷114《职官》,中华书局,1976年,第3267页。
② 〔清〕钱仪吉:《碑林集》卷16《汤潜庵先生斌传》,中华书局,1993年,第460页。
③ 中山大学历史系中国近代现代史教研组、研究室编:《林则徐集奏稿》(上),中华书局,1965年,第25~28页。
④ 中山大学历史系中国近代现代史教研组、研究室编:《林则徐集奏稿》(上),中华书局,1965年,第25~28页。

部办理政务的机构按地区分工而划分为 14 个清吏司,各司除掌核本省钱粮外,亦兼管其他衙门的部分庶务,职责多有交叉。隶属户部的机构还有掌铸钱的钱法堂及宝泉局,掌库藏的户部三库,掌仓储及漕务的仓场衙门。光绪三十二年(1906),官制改革,户部遂废。户部掌财政、仓储的职能使其在救灾活动中发挥重大作用,清代常平仓始设于顺治十七年(1660),户部即对其存储谷物作出规定,"户部议定常平仓谷,春夏出粜,秋冬籴还,平价生息,凶岁则按数给散贫户";又康熙十九年(1680)谕,"常平仓留本州县备赈,义仓、社仓留本村镇备赈"。① 大力推行积谷备荒之策,强调了积谷备荒的重要性,以使民众在受灾之后能够迅速得到救助,大大减轻了民众的受灾压力。户部在救灾活动中,不仅提供粮食,在一些情况下还会直接发给民众银钱。如乾隆十一年(1746),河南鄢陵等地发生水灾,户部针对灾害情况对这些地区进行赈济,"议准河南鄢陵等二十六州县,秋禾被淹成灾,勘明该州县被灾轻重,酌定加振月分。其永城等八州县仓谷不敷,银米兼振,令于旧例每石给银五钱之外,加增一钱散给"②。

4. 吏部

吏部是古代主管官员的官署,掌管天下文官的任免、考课、升降、勋封、调动等事务。清朝天聪五年(1631)始置吏部,置满、汉、蒙古、汉军等郎官,员额不等。其主管官员的职能使得其具有一定的监督作用,其在任官员经常被派遣到灾区参与救灾,如乾隆二十六年(1761),黄河在河南祥符决口,"河南祥符等州县河水涨发,水与堤平,民舍、田庐间有淹损。现在设法堵御等语,看来此番被水较重。着派侍郎裘曰修驰驿前往,会同该抚常钧查勘。一切抚恤,并疏瀹诸务,俾灾黎均沾实惠,毋致失所"③。

5. 刑部

明清时期,刑部是主管全国刑罚政令及审核刑名的机构,都察院管稽查,大理寺掌重大案件的最后审理和复核,共为"三法司制"。光绪三十二年,将刑部改称法部。清代刑部官员在救灾活动中亦发挥重要作用,如雍正八年(1730),

---

① 〔民国〕赵尔巽:《清史稿》卷 121《食货二》,中华书局,1976 年,第 3554~3555 页。
② 《大清会典则例》卷 54《户部·蠲恤二》,文渊阁四库全书本。
③ 《清高宗纯皇帝实录》卷 641,中华书局,1986 年,第 164~165 页。

河南发生水灾,但河南巡抚田文镜却隐瞒实情,第二年(1731)雍正帝了解实情之后,遂令刑部左侍郎王国栋到河南治赈。① 光绪三年(1877)八月,河南发生特重旱灾,刑部左侍郎袁保恒被朝廷派到河南帮办赈务。光绪四年(1878)四月,他感染霍乱,患病三日就溘然长逝。巡抚李鹤年将袁保恒的事迹汇报给清廷,清廷高度评价曰:"此次派往河南帮办赈务,尤能任劳任怨,悉心经划。遽闻溘逝,轸惜殊深。"②刑部官员在灾害发生后积极参与救助,发挥重大作用。

6. 翰林院

清代沿用明代制度,设置翰林院,主管编修国史,编写记载皇帝言行的起居注,进讲经史,以及草拟有关典礼的文件。其长官为掌院学士,以大臣充任,属官如侍读学士、侍讲学士、侍读、侍讲、修撰、编修、检讨和庶吉士等,统称为翰林。其也经常作为中央派遣大臣参与到救灾活动中,如雍正九年(1731)直隶、山东、河南三省办赈,"特命大学士九卿等预筹赈恤备用之策,务使三省苍黎无一夫之失所,随经廷臣定议,截留漕粮以备三省赈济。专遣大臣经理其事,再令翰林科道等官,分往各州县,亲身查勘,助理散赈"③。

7. 科道官

明、清六科给事中与都察院十三道监察御史总称,俗称为两衙门。其给事中之职守为侍从皇帝,推举人才,纠劾官吏,督察六部,封驳制敕和章奏,评议政事,随时谏言。监察御史职守为纠察内外百司之官,在京受命巡视,在外巡按地方,监督州县,考课官吏,纠劾违法行为,整肃风纪。科道官职司风纪督察,谏设议政,事关吏治。其职能也使得其经常被委派到地方参与灾害救助,如雍正九年五月,"直隶、山东、河南三省雨泽愆期,大有亢旱之象"。于是派遣翰林、科道等官参与救灾,"专遣大臣经理其事,再令翰林科道等官,分往各州县,亲身查勘,助理散赈"。

(二)河南地方机构

督抚等地方官员在清代地方救灾活动中有重要作用,"办理灾赈,乃疆臣最

---

① 〔民国〕赵尔巽:《清史稿》卷294《田文镜传》,中华书局,1976年,第11039页。
② 项城市政协编:《百年家族》,河南大学出版社,2012年,第48页。
③ 《清世宗宪皇帝实录》卷109,中华书局,1985年,第449页。

为切要之事"①。康熙四十八年(1709)针对蝗灾预防、救助中地方官责任作出规定,"州县卫所官员,遇蝗蝻生发,不亲身力行扑捕,借口邻境飞来,希图卸罪者,革职拿问;该管道府不速催扑捕者,降三级留任;布政使司不行察访,速催扑捕者,降二级留任;督抚不行察访,严饬催捕者,降一级留任;协捕官不实力协捕,以致养成羽翼,为害禾稼者,将所委协捕各官革职",并且对报灾也有严格的规定,"该管州县地方,遇有蝗蝻生发,不申报上司者,革职。道府不详报上司,降二级调用;布政使司不详报上司,降一级调用;布政使司详,督抚不行题参,督抚降一级留任"。②

1. 河道总督

清代主管黄河、运河或海河水系的河工行政首脑,名义上隶属工部,实际上另有体系。管理河道的机构,最高长官有河道总督,其下设有管河道,道下有厅、汛、堡等组织。由于河道经常发生决口,河道总督也经常参与到救灾活动中,如乾隆二十六年(1761),黄河在河南祥符决口,派江南河道总督高晋到河南协助堵筑漫口③。光绪三年(1877)"丁戊奇荒"期间,袁保恒与暂署河南的河东河道总督李鹤年共同通饬所属府、州、县署,详查灾民户口,造册上报。

2. 河南督抚

清朝承袭明朝制度,设河南巡抚。康熙十七年(1678),兼管河南岁修工程。雍正四年(1726)曾特加总督衔,不久即省。乾隆五年(1740),因河南盗案繁多,特命加提督衔,为省级地方政府长官,总揽全省军事、吏治、刑狱、民政等,职权甚重。巡抚有救灾职责。如康熙三十九年(1700),徐潮任河南巡抚,"开封五府饥,疏请漕粮暂征改折,以平市直。归德属永城、虞城、夏邑三县被灾地亩至一万七千余顷,出槖常平、义、社仓谷,借给贫民牛种,全活甚众"④。当然,救灾不力也会受到惩罚。田文镜就是这样的典型。雍正二年(1724),田文镜调任河南巡抚。"文镜希上指,以严厉刻深为治,督诸州县清逋赋,辟荒田,期会促迫。"深受雍正赏识,雍正六年(1728)升河南山东总督,雍正八年(1730)兼北河总督。"是岁山

---

① 《清德宗景皇帝实录》卷436,中华书局,1986年,第737页。
② 《大清会典事例(二)》(影印本)卷110《吏部九四·处分例·捕蝗》,中华书局,2013年,第418~419页。
③ 《清高宗纯皇帝实录》卷642,中华书局,1986年,第182页。
④ 〔民国〕赵尔巽:《清史稿》卷276《徐潮传》,中华书局,1976年,第10070页。

东水灾,河南亦被水,上命蠲免钱粮。文镜奏今年河南被水州县,收成虽不等,实未成灾,士民踊跃输将,特恩蠲免钱粮,请仍照额完兑。"①这种报喜不报忧的做法逐渐引起皇帝的怀疑和不满。雍正九年(1731),雍正下诏批评说:"上年山东有水患,河南亦有数县被水,朕以田文镜自能料理,未别遣员治赈。近闻祥符、封丘等州县民有鬻子女者。文镜年老多病,为属吏欺诳,不能抚绥安集,而但禁其鬻子女,是绝其生路也。岂为民父母者所忍言乎?"并令侍郎王国栋到河南治赈。② 田文镜被迫称病离职。

3. 河南布政使

河南布政使是仅次于巡抚的河南地方长官,亦参与治河、救灾。张日晸道光年间迁河南布政使。"河决中牟,值祥符工甫竣,两次灾区二十五州县,附省灾尤重。每驰诣赈所监视,于郊外隙地捐俸构屋,安戢灾黎,遂成村聚。"③当然,应灾不力也要受到惩罚。光绪三年(1877),河南大旱,河南布政使刘齐衔却把报灾官员撤任,"致使道府州县相戒不敢言灾",称麦收"均有五成余"④,并按往常征收课税,河南民众苦不堪言。因呈报太迟,与法令不合,部议办理失当,被免职。

4. 河南地方州县官员

地方州县官员作为一州县之主宰,在地方救灾中也有重要作用,其在报灾、勘灾、审户、发赈等各个具体环节都有细致而严格的规定,同时,针对州县官所实施的灾害救助行为,还有多方位的监督制度:既有直属上司知府的协查监督、道员的稽核、省衙督抚委员的查实,还有朝廷中央户部乃至钦差大臣的不时查访等,⑤州县官员在清代灾害救助体系中,其地位与作用很基础但关键,灾害救助的展开及其社会效果如何,直接与其相关,可谓举足轻重。

5. 民间义赈机构

光绪四年(1878)四月,设立上海协赈公所,其明确决定:"先助豫赈,分济晋

---

① 〔民国〕赵尔巽:《清史稿》卷294《田文镜传》,中华书局,1976年,第10337页。
② 〔民国〕赵尔巽:《清史稿》卷294《田文镜传》,中华书局,1976年,第10339页。
③ 〔民国〕赵尔巽:《清史稿》卷381《张日晸传》,中华书局,1976年,第11636页。
④ 河南省地方史志办公室编:《河南通鉴》,中州古籍出版社,2001年,第492页。
⑤ 邱柳堂:《灾赈日记》,载李文海、夏明方、朱浒主编:《中国荒政书集成》第11册,天津古籍出版社,2010年,第7402页。

陕、直隶。"①可见其义赈较先救助的是河南灾民,义赈对河南灾民的救济是卓有成效的。"丁戊奇荒"期间,经清政府同意,刑部左侍郎袁保恒主持赈务,决定援引山西的赈灾办法,成立河南赈抚局。②

(三)钦差监赈

灾害发生后,中央各部门及官员都可能参与到救灾活动中,"清代外派主持救灾的大臣往往来自不同的官僚机构,救灾大臣有大学士、军机大臣、兵部尚书、吏部尚书和侍郎、左副都御史、侍卫等。这说明救灾官员只是临时差遣,不是专职,救灾没有常设机构"③。这是由灾害发生的偶然性决定的,但灾害一旦发生,中央在收到奏报之后,会迅速诏令相关机构及官员进行救灾。

在清代救灾体系中,对于赈灾的监督也是非常重要的一部分。首先对官员进行慎重选取。金安清曾说过:"乾隆六十年中,各省绝鲜大水旱,故百姓充实,丁粮鲜逋欠者。盖朝廷日以民事为重,慎择疆吏,凡监司以下至牧令,皆以才德自奋,虽不尽廉平,而地方咸日有起色,百废具举故也。"④统治者选取有才德和廉洁的官吏主持、监督赈灾活动,能够实现好的赈灾效果。其次在办理赈灾时,中央会派遣察赈大员或钦差大臣到地方,一方面是协助办理赈灾事务,另一方面是监督赈灾。比如,中央会向地方派遣有经验的钦差大臣协助督抚进行赈灾工作,乾隆二十六年(1761),黄河在河南祥符决口,乾隆皇帝派有经验的吏部侍郎裘曰修为钦差大臣,协助河南巡抚常钧共同查办赈灾,裘曰修"于河务水利,曾经派办,全河经纬,自有成竹",还派江南河道总督高晋到河南协助,因高晋"久任南河,诸事熟谙"⑤。钦差大臣除了协助督抚赈灾,还负有监督赈灾活动的职责。乾隆帝曾说,"地方官习气,往往心存畛域,互相推诿,经钦差在彼督率,自可杜其掩饰观望之弊"⑥。可以看出地方督抚与中央钦差大臣是互相监督的。雍正八年(1730),河南发生水灾,但河南巡抚田文镜却隐瞒实情,第二年

---

① 夏东元编:《郑观应集》,中华书局,2013年,第1510页。
② 周晨星、张华腾:《"丁戊奇荒"与袁保恒豫省赈灾研究》,《安阳师范学院学报》2016年第1期。
③ 孙绍骋:《中国救灾制度研究》,商务印书馆,2005年,第54~55页。
④ 〔清〕欧阳兆熊、金安清:《水窗春呓》,中华书局,1984年,第33页。
⑤ 《清高宗纯皇帝实录》卷642,中华书局,1986年,第182页。
⑥ 《清高宗纯皇帝实录》卷688,中华书局,1986年,第703页。

(1731),雍正帝了解实情之后,遂令侍郎王国栋到河南治赈。"着给与钦差大臣关防,驰驿前往,将被水之州县一一查明,飞饬该地方官,动用本地仓谷钱粮,核实赈济。……倘地方官奉行不善,怠忽从事,着王国栋严参重治。"①

清政府除派官员对赈灾工作进行监督外,还把赈灾工作的效果与地方官员的政绩结合在一起,也是对赈灾工作的督促,"每次赈务结束后,地方督抚都要对下属的表现进行总结评估,缮折上奏。优者嘉奖有差,劣者随即贬黜。即便是督抚大员,皇帝也要根据监赈官的密报,对其施以奖惩。这就使各级官吏对救荒极为重视,不敢掉以轻心"②,使地方官更加注重在赈灾中尽心出力,有所表现。但中央派遣钦差大臣或查赈大臣并不是固定的成例,如乾隆帝称:"向来简派查赈大员,或因旱涝重灾,或因封疆之吏措置未善,致干纠劾,是以降旨举行,非可援为成例。"③

(四)地方医疗体系

清代沿袭明代医疗救灾体系,中央设有太医院,府、州、县设有医官。"太医院管理院事王大臣一人。特简。院使,初制正五品。宣统元年升正四品。左、右院判,初制正六品。宣统元年升正五品。"④其下属有:御医13人,吏目26人,医士20人,医生30人。医学府正科,州典科,县训科,各一人。俱未入流。清朝光绪末年,仿照西方进行医疗制度改革。在民政部下设卫生司,掌核办防疫卫生、检查医药、设置病院各事。地方各省设巡警道,"专管全省巡警、消防、户籍、营缮、卫生事务"。还规定,"本城、镇、乡之卫生清洁道路、蠲除污秽、施医药局、医院、医学堂、公园戒烟会"等公共卫生均属地方自治范围。这些措施在一定程度上对于防治疫病起到了积极作用。

清代没有专门的救灾机构,也没有专门的救灾官吏,其救灾机构一方面是以皇帝为主的中央决策机构,另一方面是以地方督抚为主的具体施行机构。此外,还有中央派遣监督查赈的官员,使救灾活动发挥更大的作用,实现更好的效果。

---

① 《清世宗宪皇帝实录》卷103,中华书局,1985年,第372页。
② 李向军:《清代救灾的制度建设与社会效果》,《历史研究》1995年第5期。
③ 李文海、夏明方:《中国荒政全书》(第二辑),北京古籍出版社,2004年,第765页。
④ 〔民国〕赵尔巽:《清史稿》卷115《职官二》,中华书局,1976年,第3325页。

二、救灾程序

清代地方发生灾情,皇帝见到奏报后降旨地方,由地方督抚派州县地方官进行查勘、办理,同时各方派官协办监督,形成了一套系统化、体系化的救灾体系。清代尚未有常设的专门性救灾机构和救灾官吏,大多都是在灾害发生时组成的临时性机构和人员,但清代在救灾体系的基础上也形成了系统化的救灾程序,主要包括报灾、勘灾、审户及救灾执行监督等。[①]

(一)报灾

报灾是指地方在灾害发生后及时向朝廷上报灾情的程序,"凡地方有灾者,必速以闻"[②]。清顺治十年(1653)还对报灾做了时间规定,"夏灾限六月终,秋灾限九月终"[③]。但当时从地方上报到中央花费时间较长,按规定时间比较紧迫。所以,雍正六年(1728)延长了报灾时间,"其勘报限期,州县官扣除程限,定限四十日;上司官以州县报到日为始,定限五日,统于四十五日内题报,如逾议处"[④]。及时进行报灾是政府进行救灾工作的第一步,是进行后续救灾活动的基础。

乾隆元年(1736)六月,河南按察使隋人鹏奏称:"据陈州府察称,淮宁、商水、西华、扶沟、沈丘等县,于六月初十、十一(7月18、19日)连日得雨,贾鲁、清流、沙河诸水泛滥,近河田庐皆有损伤等情。"[⑤]乾隆二十六年(1761)八月,刘统勋奏称:"豫省统属一百九州县……前次奏报被水五十二州县,后又续报沈丘县一处,田禾被淹,合之前次奏报,通计阖省五十三州县被水,内有河阴、洧川等十

---

① 朱凤祥:《中国灾害通史·清代卷》,郑州大学出版社,2009年,第293页。
② 《嘉庆大清会典》,文海出版社,2006年,第642~643页。
③ 《清世祖章皇帝实录》卷79,中华书局,1985年,第623页。
④ 刘坤一:《刘坤一遗集》第6册,中华书局,1959年,第2767页。
⑤ 水利电力部水管司、水利水电科学研究院编:《清代淮河流域洪涝档案史料》,中华书局,1988年,第132页。

余县情形较轻。"①报灾内容主要包括发生灾害的时间、范围以及受灾程度等,及时、清晰地上报灾情能使朝廷快速了解灾害的基本情况,及时做出应对策略,能够在一定程度上避免由灾害引起的社会动乱。"地方遇灾不报,则民隐不上闻,膏泽无由下究,以致道殣相望,盗贼司目,往往酿成事端,而朝廷不知也。……是讳灾者,国家之大患也。"②

(二)勘灾

勘灾是指灾害发生后地方官员实际勘察受灾区域、受灾程度以及受灾民众,对灾害情况进行详细调查,确定被灾的等级,便于开展后续的救灾工作。勘灾的最终结果则作为政府向灾区救济的主要依据。灾害发生后,地方官府"差官履亩踏勘,将被灾分数详造册结题,照分数蠲免"③。勘灾对受灾民众来说至关重要,它关系到灾后政府的各项救助。"灾分轻重,必察其实。勘之不审,目前赈数之多寡既淆,日后蠲缓之等差亦紊。滥则奸民得以幸其泽,而帑项虚縻;隘则穷黎无以赡其生,而变端易酿。不可不慎之又慎也。"④

清代的勘灾已经比较系统,首先是受灾民众先自报受灾具体信息,如姓名、人口数、居住地、受灾田地等,地方官将所报信息与粮册核对,如果报告的情况属实,才可以作为勘灾底册;其次地方官府派遣官员拿着勘灾底册到现场进行查勘核实,根据查勘情况来划定受灾等级;最后由州县官员进行核造总册,并且在总册上说明是否蠲缓。清代对受灾等级的划分也有规定,康熙时"歉收地方,受灾六分至十分者为受灾,五分以下者为不成灾"⑤。到乾隆时进一步放宽了受灾等级的规定,"被灾五分者亦准蠲免十分之一,将五分灾作成灾对待"⑥。清

---

① 水利电力部水管司、水利水电科学研究院编:《清代淮河流域洪涝档案史料》,中华书局,1988年,第276页。
② 〔清〕杨景仁:《筹济篇》,载李文海、夏明方:《中国荒政全书》(第二辑第四卷),北京古籍出版社,2004年,第56页。
③ 《清世祖实录》,中华书局,1985年,第623页。
④ 〔清〕杨景仁:《筹济篇》,载李文海、夏明方:《中国荒政全书》(第二辑第四卷),北京古籍出版社,2004年,第72页。
⑤ 〔清〕杨景仁:《筹济篇》,载李文海、夏明方:《中国荒政全书》(第二辑第四卷),北京古籍出版社,2004年,第72页。
⑥ 〔清〕杨景仁:《筹济篇》,载李文海、夏明方:《中国荒政全书》(第二辑第四卷),北京古籍出版社,2004年,第72页。

代河南勘灾,如乾隆四年(1739)六月,"开封及所属县邑,大雨成灾且又有水溢之灾,军民困苦,著巡抚尹会一督率属员,详勘查明,多方赈恤,毋使一人夫失所"①。乾隆十一年(1746)六月二十日,河南巡抚硕色奏:"鄢陵等二十六县,六七月间雨水过多,田禾被淹。经臣奏明,亲赴归德府属之永城、鹿邑等处查办灾伤,于八月十四日自省起程,由归德被灾之鄢陵、睢州、商丘直抵夏邑、永城、鹿邑、柘城……逐一详查,被灾地方各有五、六、七分或六、七、八、九分不等……"②地方官员对灾情勘验都有比较仔细清楚的上报,对于后期的救灾活动有很重要的指导作用。

(三)审户

审户指的是地方官府对受灾地区民众的户口进行核实。审户要根据受灾情况划分受灾等级,"贫民当分极、次,全在察看情形。如产微力薄,家无担石,或房倾业废,孤寡老弱,鹄形鸿面,朝不谋夕者,是为极贫;如田地被灾,盖藏未尽,或有微业可营,尚非急不及待者,是为次贫"③。以受灾等级对灾民实施救济,以希望救灾措施能够惠及每个受灾家庭。

灾后官府的救灾不但与被灾等级挂钩,还与受灾家庭成员岁数、人口多少、家庭情况等相关。审户与勘灾应该是同时进行的,但审户工作任务重、时间紧、难度大,成为救灾官员最棘手的问题之一。审户是灾后对贫民进行救助的基础和关键,而由于审户过程中的可操作空间比较大,在实际运作过程中,会出现虚假隐瞒、遗漏现象,"贫者未必报,报者未必给,其报而给者,又未必贫"④,严重影响救灾效果,不利于当地经济的恢复。清代为了保证审户的可靠性,推进后续救灾工作的进一步开展,雍正六年(1728)规定:"地方被灾,督抚等严饬各属

---

① 陈振汉等编:《清实录经济史资料·农业编》(第二分册),北京大学出版社,2012年,第536页。
② 水利电力部水管司、水利水电科学研究院编:《清代淮河流域洪涝档案史料》,中华书局,1988年,第172页。
③ 〔清〕汪志伊:《荒政辑要》,载李文海、夏明方:《中国荒政全书》(第二辑第二卷),北京古籍出版社,2004年,第572页。
④ 陆曾禹:《康济录》,载李文海、夏明方:《中国荒政全书》(第二辑第一卷),北京古籍出版社,2004年,第307页。

亲勘填册……毋得假手青役里甲，徒滋侵蚀。"[1]由督抚亲自进行勘灾、审户，但在审户中还是出现诸多的问题，政府始终没有解决良策。

（四）救灾执行监督

救灾的执行监督主要体现在发赈，也就是在勘灾、议灾的基础上按照灾害严重程度将赈米或赈银发到灾民手中。乾隆二年（1737）户部曾定议，如果在受灾地区发放救助物资的话，除在州县城中设厂外，还应设在距县城四方二三十里的乡村，选择庙宇或高大的闲房，事先将救济的米、谷分开贮藏，并且明示、揭示放赈的具体日期安排，如间隔三天或者半月领取一次救灾物资。州县官员会亲自前往赈灾点将物资散给灾民。而地方有司除在城、仓设厂外，还应该斟酌应赈村庄之道路远近，在各受灾的州县选取一个合适的地方，作为发赈的地点，于饥民当日可往返之适中处所，分别设立赈厂，将应需米、谷预先运贮村庄，确定于某日、某厂散给，并且在正式放赈之前还需要将发赈的具体信息进行公示，如某村庄在某处某日发给，明白晓谕，以免灾民往返守候。[2]

对于冒领赈灾物资的情况，也有一定的预防措施。为防止冒领，在领取赈资后，会在赈票上加盖戳记，赈票还给灾民，以便于下一次领取，并且官方还在赈济的底册里加盖戳记。等到赈灾结束，将赈票收回，进行统一销毁。

三、一般灾害防治

清代在河南地区的灾害治理措施多样，从救灾物资节约筹集、救灾物资储存、救灾物资调运流通、救灾物资发放、赋役债务减免、灾民护理安置等方面来看，主要有赐给、借贷、平粜、蠲免、缓征、安辑流民、为灾民赎身等措施。

---

[1] 〔清〕杨景仁：《筹济篇》，载李文海、夏明方：《中国荒政全书》（第二辑第四卷），北京古籍出版社，2004年，第70页。

[2] 方观承：《赈纪》，载李文海、夏明方：《中国荒政全书》（第二辑第一卷），北京古籍出版社，2004年，第503页。

(一)救灾物资储存

仓储是国家的重要备灾措施之一,在发生灾害时发挥重要作用,如"常平者,荒歉之预备,无伤于农,有益于民。谷贱时增价而籴,谷贵时减价而粜,故遇水旱霜蝗之变,民无菜色,不至于流离饿殍之患"[①]。常平仓在调节粮价、救济灾荒中发挥着重要作用。清顺治十七年(1660),"议准常平仓谷,春夏出粜,秋冬籴还,平价生息,务期便民。如遇凶荒,即按数给散灾户贫民"[②]。

1. 常平仓

清代河南地区设立的常平仓在河南灾害时发挥一定作用,"如获嘉县,康熙六十年(1721),春夏旱,免赋十分之一外,赈谷 2900 余石,继之,河决陟亢村,获嘉西南被淹,接续赈谷 3900 余石;乾隆四年(1739),夏淫雨伤禾,蠲免赋税外,赈谷 8600 余石"[③]。乾隆四十三年(1778)谕:"上年豫省秋雨未能普沾,二麦尚未遍种……第念该省当青黄不接之时,市集粮价未免昂贵,民食不无拮据,着照例将常平仓谷,减价平粜。"[④]嘉庆十二年(1807),平粜河南地区内黄、安阳、汤阴、温县、孟县的五县仓谷。光绪二年(1876),河南省春夏旱,将备荒积谷平粜。[⑤] 在赈济方面,雍正元年(1723),"准直隶、河南二省,各遣大臣一人,会同该抚,将乏食穷黎,速动常平仓谷,查明户口赈济。如常平仓谷不敷,将分储监谷及截留漕米赈济"[⑥]。

2. 社、义仓

民间的社、义仓在防灾救灾中也发挥很大作用。雍正时在河南设置了社仓,特别是田文镜任河南巡抚期间,达到了一个繁荣的时期。据田文镜的奏折

[①] [清]俞森:《常平仓考》,载李文海、夏明方:《中国荒政全书》(第二辑第一卷),北京古籍出版社,2004 年,第 47 页。

[②] 《钦定大清会典事例》卷 275《户部·蠲恤·平粜》,《续修四库全书·史部·政书类》第 802 册,上海古籍出版社,2002 年,第 392 页。

[③] 闫娜轲:《清代河南灾荒及其社会应对研究》(博士学位论文),南开大学,2013 年,第 80 页。

[④] 《钦定大清会典事例》卷 275《户部·蠲恤·平粜》,《续修四库全书·史部·政书类》第 802 册,上海古籍出版社,2002 年,第 397 页。

[⑤] 《钦定大清会典事例》卷 275《户部·蠲恤·平粜》,《续修四库全书·史部·政书类》第 802 册,上海古籍出版社,2002 年,第 399、405 页。

[⑥] 《钦定大清会典事例》卷 271《户部·蠲恤·赈饥》,《续修四库全书·史部·政书类》第 802 册,上海古籍出版社,2002 年,第 326 页。

可知:"雍正元年分共劝捐谷三千七百六十二石三斗七合,雍正二年分共劝捐谷五万三百二十五石二斗八升九合,雍正三年分共劝捐小麦七十九石四斗六升、粟谷五万四千六百一十九石六斗五升九勺。又,盈余谷四十六石二斗一升五合,出借加息谷九百三十四石五斗八升二合。以上三年共本息劝捐麦谷十万九千七百六十七石五斗三合九勺,分立社仓七百九十八座。"①乾隆帝也同样重视社仓的建设,社仓的储存量在这一时期也达到了相当丰富的地步。"据《河南通志》记载,到了乾隆三十年时,河南省全省共劝捐民社仓共贮谷 730443 余石,共添建仓廒 1100 间。"②这些社仓的建设,对河南的灾荒救济起到了积极作用。"通省一百零八州县中,除虞城、鹿邑、中牟、柘城四县不设社仓外,共存社谷 652257 石,平均每县存贮社谷六千余石"③。

清代河南仓储建设取得一定成就,仓房众多,仓谷存储量丰富,在大灾年的时候发挥了较大的救助作用。

(二)救灾物资调运流通

平粜,就是"谷贱时增价而籴,谷贵时减价而粜"④。其功能是动用常平仓谷调节市场粮食价格,或者是灾荒之年赈济灾民。一般是春夏粜出,秋冬来还。平粜这一救灾措施的实施,对缓解灾荒之时粮价急剧上涨,稳定社会秩序有积极作用。

平粜主要是通过派发常平仓等官方粮仓来进行,如乾隆四十三年(1778)谕:"上年豫省秋雨未能普沾,二麦尚未遍种……第念该省当青黄不接之时,市集粮价未免昂贵,民食不无拮据,着照例将常平仓谷,减价平粜。"还有官府出面劝募富人出谷平粜。如光山知县杨殿梓在乾隆五十年(1785)夏旱后,作《劝粜》诗:"人时有贫乏,岁不皆丰穰。今年雨泽愆,谷贵民转伤。昨经平市值,生计筹久长。而何告谕出,靳兹升斗粮。嗷嗷众赤子,典质罄衣装。携钱觅朝炊,四顾空皇皇。树皮与草根,岂充饥馁肠。恻隐苟同具,见此泣道旁。劝尔为富

---

① 中国第一历史档案馆:《雍正朝设立社仓史料(上)》,《历史档案》2004 年第 2 期。
② 张玲:《清代前期河南自然灾害与社会应对》(硕士学位论文),陕西师范大学,2012 年。
③ 闫娜轲:《清代河南灾荒及其社会应对研究》(博士学位论文),南开大学,2013 年,第 86 页。
④ 〔清〕万维翰:《荒政琐言》,载李文海、夏明方:《中国荒政全书》(第二辑第一卷),北京古籍出版社,2004 年,第 461 页。

者,悉心从善良。乘时急粜卖,勿图价高昂。古者黄承事,积谷待饥荒。粜时不增价,其后遂蕃昌。抑闻连处士,平粜济一乡。二子涉科第,表述宜欧阳。利人实自利,专利怨无方。"①这种官府出面劝募富人对灾区进行平粜的方式,产生的效果也是非常好的,对缓解灾区粮价上涨起到了积极的作用。清代河南地区发挥平粜的积极作用,缓解了灾区粮价上涨问题,维持了人民基本的生活需要。

(三)救灾物资发放

赈济是无偿地给予灾情较重地区的灾民以救济,保证他们基本的生活。一般形式有赈谷(米),把米粮无偿给灾民。如乾隆三年(1737),河南信阳、罗山等旱灾,"赏给贫民生口粮三月"②。一般是派发地方常平仓等备荒官储给灾民。赈银是派发给灾民银子。如乾隆二年(1737),河南南阳、新蔡等地发生水灾,灾情较重,"发帑赈恤,倒坏房屋,给资修筑"③。工赈,即以工代赈,是政府在灾时让灾民参与疏浚河渠、修筑堤防以及修葺城池等工程,给他们粮钱,解决其生存问题的一种赈济方式。在河南的工赈主要是疏浚河渠、修筑堤防等。如乾隆二十二年(1757),卫辉等府属水灾,"令该地方官督率民夫,开挖淤沙,引入大河。于派发民夫。每日按名量给饭钱,亦属寓赈于工之意"④。乾隆四十七年(1782),河南省青龙冈堤筑漫口,导致下游一带泛滥成灾,人民生活十分艰难,为了堵住决口,"现在该省另筹开挑引河及改建堤岸"⑤,附近灾民,踊跃赴工,计工授食。这不仅解决了灾民的吃饭问题,又使得决口之处得以修复,可谓是一举两得。杨景仁曾赞赏道:"一遇荒歉,虽多方赈救,而常恐不能接济,是以复兴土功,律穷黎就佣受值,则食力者免于阻饥,程工者修其废坠,一举两得。"⑥工赈的方法不仅解决灾民打工糊口的问题,也为国家兴办治理河患、修筑河防等

---

① 许希之等修,晏兆平纂:《光山县志约稿》(民国25年排印本),《中国方志丛书·华北地方·河南省》,成文出版社,1968年,第555页。
② 陈振汉等编:《清实录经济史资料·农业编》,北京大学出版社,1989年,第408页。
③ 陈振汉等编:《清实录经济史资料·农业编》,北京大学出版社,1989年,第408页。
④ 陈振汉等编:《清实录经济史资料·农业编》,北京大学出版社,1989年,第327页。
⑤ 《钦定大清会典事例》卷288《户部·蠲恤·兴土功》,《续修四库全书·史部·政书类》第802册,上海古籍出版社,2002年,第590页。
⑥ 杨景仁:《筹济编》,载李文海、夏明方:《中国荒政全书》(第二辑第四卷),北京古籍出版社,2004年,第200页。

防灾工程提供劳动力。

这种方法不仅积极调动了灾民战胜灾害、自主救灾的勇气和决心,还大大提高了救灾的效率。赈济措施对安抚灾民、稳定社会秩序、缓和阶级矛盾有着很大的作用。

(四)赋役债务减免

1. 蠲免

清代实行地丁合一的赋税政策,蠲免就是免除受灾的田地所应交的地丁钱粮、漕粮等,在一定程度上减轻灾民赋役,有利于灾区的灾后恢复。

清代河南很早就实行蠲免的措施,顺治三年(1646)"免睢州、祥符、陈留、柘城等县水灾额赋有差"[1]。蠲免是缓解灾情、促进生产发展的重要措施,但这种措施在很长一段时间并没有明确规定,一直到了顺治十年(1653)才明确规定,根据受灾情况把受灾程度分为十分,受灾八分到十分者,免十之三;五分到七分者,免十之二;四分者免十之一。[2] 顺治十五年(1658),"免河南林县雹灾本年分秋粮十之三"[3]。康熙十一年(1672),"免河南安阳等六县本年分水灾额赋有差"[4]。乾隆四年(1739),"免河南确山县本年旱灾地丁银七百六十二两有奇"[5]。朝廷通过蠲免来进行救助,是最为有效的一种措施,对促进灾后社会生产的发展具有积极作用。

蠲免这一措施需要国家强大的财政支持,清代前期的社会经济强盛,国库充盈,所以多用蠲免这一手段来救助河南地区的灾民。但清代后期财政出现危机,国库亏空,蠲免会给国家财政带来很大负担,缓征成为官府赈济的主要方式之一。

2. 缓征

缓征指的是地方根据国家规定,将受灾地区应征的额赋暂缓征收的救灾措施,是古代国家救灾的一项重要的政策,对缓解受灾地区粮食短缺状况起到一

---

[1] 陈振汉等编:《清实录经济史资料·农业编》,北京大学出版社,1989年,第402页。
[2] 《清朝通典》卷17《食货·蠲赈下·灾蠲》,浙江古籍出版社,1988年,第2119页。
[3] 陈振汉等编:《清实录经济史资料·农业编》,北京大学出版社,1989年,第403页。
[4] 陈振汉等编:《清实录经济史资料·农业编》,北京大学出版社,1989年,第404页。
[5] 陈振汉等编:《清实录经济史资料·农业编》,北京大学出版社,1989年,第408页。

定的积极作用。缓征并不是免除赋税,只是延迟征收赋税的时间。所以,缓征对灾民的救助不及蠲免,只是推迟征收赋税的时间,休养民力。

清前期对缓征不是很重视,到乾隆朝才对其重视,并对缓征的对象、内容做了规定。针对重灾区和轻灾区,缓征分为两种情况。在重灾区,它是蠲免措施的辅助,主要对政府规定的蠲免范围之外的赋税等进行缓征。如雍正三年(1725),河南阳武、封丘和中牟三县水灾,"将应纳钱粮竟期分期带征"[①]。到乾隆时期,灾区实施缓征的情况更加普遍,如乾隆十八年(1753),河南武阳、封丘、延津、武陟四县发生水灾,降旨将"(乾隆)十七年钱粮缓征,分年带征,其历年所有借欠常平仓谷,均分作两年征收,以纾民力"[②]。在轻灾区,缓征是政府重要救助措施之一。主要是对清代界定的"不成灾"的地区发挥作用,清代年成歉收不足50%者为"不成灾"。如乾隆八年(1743)河南灾,乾隆帝谕:"河南今夏雨泽不齐,其查勘成灾者……虽不成灾,然高阜之处,收成究属欠薄。著将此七州县堪不成灾之地亩钱粮,缓之明年麦熟后征收,以纾民力。"[③]

在国家财政充裕的清代前期,遇到灾害时实行蠲免较多,缓征较少;而在国家经济实力下降的清代后期,多运用缓征这一救灾措施。无论如何,清政府在河南地区实施缓征这一救灾措施,对缓解河南民力、恢复和发展社会经济起到了一定作用,是灾后救助的重要措施。

3. 借贷

借贷是一种有偿救济方式。清政府对河南受灾较轻地区的灾民实施这一救灾措施,它能够帮助灾民渡过难关,恢复农业生产。因是有偿救济,所以在一定程度上也保证了国家的财政税收,这一措施逐渐为清政府所重视。

清政府对河南地区的借贷有明确规定,如康熙四十三年(1704),"定河南省现存仓谷每岁半存仓储备赈,半贷给贫民"。到了康熙四十七年(1708)又有了新的规定:"定河南各州县常平仓粟,每年以三之一出陈易新,并将新贮各仓粟照常平仓例,听民便贷,不限以额。"[④]借贷可借贷粮食、种子、银子以及牛具等,如乾隆四十三年(1778)河南受灾,次年"谕临河三十六州县存仓积谷,各按县大

[①] 陈振汉等编:《清实录经济史资料·农业编》,北京大学出版社,1989年,第406页。
[②] 陈振汉等编:《清实录经济史资料·农业编》,北京大学出版社,1989年,第416页。
[③] 陈振汉等编:《清实录经济史资料·农业编》,北京大学出版社,1989年,第412页。
[④] 《清朝通典》卷17《食货二·蠲赈下·灾蠲》,浙江古籍出版社,1988年,第2119页。

小尽数出借,其开封、彰德、卫辉、怀庆、河南五府属贫民,酌借一月口粮,并每亩借给籽种六分。又贷归德府属九州县,陈州府属三县,汝、许二州,银、粟均如封开五府例"①。耕牛是农民的重要资产,但在生存都是问题的灾荒年间,大部分耕牛遭到宰杀。耕牛缺少,严重影响灾后经济的恢复和发展,这时政府借贷耕牛的措施便显得很重要,如乾隆二十二年(1757),河南政府曾借给灾民牛种,次年"民间亦争先种麦,实较往岁加多"②。通过借贷的措施,受灾群众拥有基本生活资料,缓解灾害带来的危害,是重要的灾害救助措施之一。

清政府还对还贷作了明确的规定。雍正四年(1726),"议准出借米谷,如本年收成五分者,缓至来年秋后征还。收成六分者,本年先还一半,次年征还一半,收成七分者,本年秋后免息征还,收成八分九分十分者,本年秋后加息还仓"③。从这些借贷和还贷的规定中,可以看出其规定很详细,使借贷措施在灾害救助中起到了重要作用。

(五)灾民护理安置

1. 安辑流民

清统治者对安辑流民问题高度重视,制定了一系列政策,避免灾后流民问题成为影响社会秩序的一大隐患。

清代安辑流民的方法主要有:留养灾民,使灾民不因灾害而在异乡漂泊流荡,保证基本生活;资送灾民回籍,发给灾民资费,以使他们能顺利返回原籍;给予他们籽种,有利于灾后农民进行农业经济的恢复和发展。安辑流民的措施在一定程度上稳定了社会秩序,避免因灾荒发生动乱。如雍正元年(1723),河南等省流民就食京师,不能回籍者,"著五城清查口数,资送回籍,毋致失所"④。不仅如此,清政府对资送灾民回籍的资费也做了规定,在雍正时期,规定:"每口每程给银六分,老病者加给三分,委员管送,沿途患病者,令地方官留养医治,候

---

① 《清朝通典》卷17《食货二·蠲赈下·灾蠲》,浙江古籍出版社,1988年,第2127页。
② 中国科学院地理科学与资源研究所、中国第一历史档案馆编:《清代奏折汇编——农业·环境》,商务印书馆,2005年,第165页。
③ 《钦定大清会典事例》卷276《户部·恤·贷粜》,《续修四库全书·史部·政书类》第802册,上海古籍出版社,2002年,第407页。
④ 陈振汉等编:《清实录经济史资料·农业编》,北京大学出版社,1989年,第457页。

病愈再行转送。"①雍正九年(1731),河南发生饥荒,灾民为了生存,"渡河而南,以图就食。令沿河州县于各渡口详加查询,所过地方有力不能自达者,量给路费,仍知照各州县安插。如有亲朋可依,得以佣工易食者,听其自便。其乞食者,用截漕米粮,照例计口赈给。其闻家乡得雨,欲回本籍者,即资给遣回。不愿即归者,于来春耕种之候,仍皆给以资种,令其回籍。凡资给之费,照例动用存留公项,造册送部"②。康熙二十四年(1685)刘懋藻知光山县时,"旋际奇荒,户口流亡过半。懋藻多方招徕,使之复业"③。安辑流民的这些措施对灾后河南的恢复起到了极大的促进作用,也解决了灾后人民的生活问题,不仅有利于安定和恢复社会秩序,也在一定程度上体现了共济时难的良善风尚。

2. 为灾民赎身

清代民间慈善组织也从事为灾民赎身的活动。光绪初,河南、山西大祲。吴人谢家福等倡义赈,集四十余万金,推福曾董其事。光绪四年(1878)秋,至河南分赈洛阳等十二州县。新安、渑池灾尤重,福曾创立善堂,恤嫠掩骼,收赎子女,购车马若干辆,代疲民应役。开渠洞,制龙骨车,兴水利。又浚洛阳、宜阳废渠,贯通伊、洛,灌田二万顷。④ 金福曾针对河南灾害创建善堂,不仅为灾民料理后事,还从事为灾民赎身的活动,赎回在受灾期间迫于生计被买卖的民众。

面对频发的自然灾害,中国古代国家及民众通过继承和发展历代防灾救灾措施,逐渐形成了较为完善的救灾体系及救灾制度,形成了灾前防御、灾时救济及灾后恢复等一系列积极的措施,为社会的发展及百姓生命、财产安全的维护起到了重要作用。

---

① 陈振汉等编:《清实录经济史资料·农业编》,北京大学出版社,1989年,第457页。
② 《钦定大清会典事例》卷288《户部·蠲恤·抚流亡》,《续修四库全书·史部·政书类》第802册,上海古籍出版社,2002年,第592页。
③ 杨修田修,马佩玖等纂:《光州志》(光绪十三年刊本),《中国方志丛书·华北地方·河南省》,成文出版社,1976年,第722页。
④ 〔民国〕赵尔巽:《清史稿》卷451《金福曾传》,中华书局,1976年,第12569页。

四、特种灾害防治

(一)水旱防治

1.气象奏报

我国作为农业国家,雨水的季节分布在很大程度上会影响农作物的生长,决定整个农业的收成。"民生之盖藏,在收成之丰稔,而收成之丰稔,在雨雪之沾足"①。清代不仅重视气象观测,而且很重视气象奏报,建立了系统的雨雪奏报制度,"清代雨雪折奏制度是前代做法的融通与传承,采用独具清朝特色的奏折作为呈报内容的载体,经过不断调整、完善而形成的一项重要的、规范化的农政信息奏报制度"②。

清代的雨雪上奏记录主要有两类:一是"晴雨录"③,每天进行晴雨的记录;二是"雨雪分寸",是指将发生的雨雪等灾害的情况进行上报。但"晴雨录"并没有普遍实施,"虽然圣祖要求各直省奏报本地的晴雨录,并试图在全国范围内推广这一做法,但从目前所存的晴雨录来看,只有北京、苏州、杭州、江宁保留有较长时间的晴雨录记载,其余各省鲜有记录存留"④。而"雨雪分寸"则较好地进行下来,"每逢雨雪,地方官员要向皇帝报告雨水入土深度和积雪厚度及起止日期"⑤,这些雨雪气象奏报的举措有利于及时掌握农作物的收成状况,采取预防性的灾害应对措施,有十分重要的作用,这些都集中反映了人们对于气候的认识和利用能力已有明显提高。

---

① 《朱批奏折》"乾隆五年十二月十五日,登州总兵马世龙奏",中国第一历史档案馆藏。
② 穆崟臣:《清代雨雪折奏制度考略》,《社会科学战线》2011年第11期。
③ "晴雨录"是清代的一种气象记录及其资料整编,康熙皇帝命令各省逐日逐月写气象记录,并编写清楚按时报告,其内容包括阴、晴、雨、雪、雷电等内容。因康熙皇帝亲自抓气象工作,奠定了良好的基础,使得各地记录和上报气象资料的制度能长期坚持下去。保存至今的《晴雨录》,有国家第一历史档案馆保存的北京、杭州、苏州等地的报告,北京地区时间最长,达180年之久。引自高建国:《中国减灾史话》,大象出版社,1999年,第333~335页。
④ 穆崟臣:《清代雨雪折奏制度考略》,《社会科学战线》2011年第11期。
⑤ 穆崟臣:《清代雨雪折奏制度考略》,《社会科学战线》2011年第11期。

2. 兴修水利

清代也认识到水利失修与旱涝灾害之间的密切关系,如乾隆二年(1737)下谕指出:"养民之道,必使兴利防患……川泽、陂塘、沟渠、堤岸,凡有关乎农事,务筹画于平时。"①水旱灾害是对我国影响最重的灾害,而水利的兴修以及河道的疏通,能防涝防旱,保证农业生产,有效防灾、备灾。

清代统治者多以诏令、批奏等形式督促地方官员兴修水利、强化江河治理。清代兴修水利在乾隆时期获得较快的发展,如乾隆十六年(1751)至十七年(1752),在巡抚陈宏谋的督率下,共修了河渠50余道,其中以永城、睢州和柘城三州县效果最好。乾隆二十二年(1757)又进行了大规模的兴修水利,"涉及开封府、汝宁府、归德府、陈州和许州诸多地区,于当年八月在西起密县、荥阳,东至永城,北自黄河,南到新蔡,共计5万平方公里的土地上全面展开"②。由于各方大力支持,相互配合,全部工程在很短时间内就完成了,河南巡抚胡宝瑔于乾隆二十三年(1758)上奏称当年河南虽遇大雨,但河水安澜,没有灾害发生,农民及时耕种,春秋两季均有较好收成。乾隆四十九年(1784),河南巡抚何裕成开浚县最著名的广济渠,"引沁水灌田万顷,均著成效"③。光绪初年,河南大祲,"吴人谢家福等倡义赈,集四十余万金,推福曾董其事。……开渠涧,制龙骨车,兴水利。又浚洛阳、宜阳废渠,贯通伊、洛,灌田二万顷"。

光绪十三年(1887)八月,"石家桥黄河决口,自郑州以下淹没四十余州县,人畜死者无算"④。黄河决郑州,朝廷于光绪十三年九月十二日下旨,"河南郑州决口,全溜南注,直东两省河患,可以暂纾。然故道一时难复,将来该口堵合之后,河流依旧北趋,除已谕张曜将应修各工及时赶办外,著李鸿章督饬河工员弁,趁此湍流骤减,易于施工,将东明、长垣、开州一带河身及时挑浚,并将两岸堤埝加筑坚厚,以防后患,不可稍涉疏懈"⑤。

清代河南在各府、州、县挑浚河流、建堤筑坝,沿河两岸人民也尽可能利用

---

① 〔清〕张廷玉:《清朝文献通考》,浙江古籍出版社,1988年,第4917页。
② 张玲:《清代前期河南自然灾害与社会应对》(硕士学位论文),陕西师范大学,2012年,第40页。
③ 郑肇经:《中国水利史》,上海书店,1984年,第266页。
④ 周秉彝等修,刘瑞璘纂:《郑县志》(民国20年重印本),《中国方志丛书·华北地方·河南省》,成文出版社,1968年,第98页。
⑤ 《清德宗景皇帝实录》卷247,中华书局,1985年,第320~321页。

黄河水资源修渠筑库,储水防备旱涝,服务于农业生产。清代在河南境内进行的这一系列水利工程建设,在抵御自然灾害方面发挥了一定的积极作用。但由于社会制度和时代的局限,这些水利工程都不能长期保持,往往是在王朝兴盛时期,各方重视,全面兴修,而一旦形势变化,经济衰落,马上殃及水利工程。还有些修修停停的水利工程,不仅没有带来灌溉之利,反而加速了环境的破坏,使农业生产条件更加恶化。

(二)虫灾防治

清人从长期实践中逐步了解到蝗虫趋水喜洼、旱蝗相继、由干旱地方成群迁往低洼易涝地方等特点,总结了一套治理蝗虫的办法,主要有:"农业防治法",这个方法主要是根据蝗虫的特性,通过更改农业生产方式来进行防治;"生物防治法",主要是利用克制蝗虫的生物鸭子来进行捕杀蝗虫;"人工防治法",主要是人工挖掘蝗卵、各种方式捕杀蝗虫以及篝火诱杀等方式;"法规治蝗",主要是通过制定相关法规对治蝗进行详细规定,使治蝗更系统;"组织群众治蝗",这是指广泛发动民间力量参与治蝗。[1] 清代这一系列的蝗灾治理方法是对前代经验的总结,"由汉代的捕捉蝗虫、掘沟治蝗,唐代的掘坑点火诱蝗,宋代的掘卵治蝗等积极措施,发展到明清两代的根治飞蝗的滋生地,旱田改水田,种植蝗虫不食作物,牧鸭灭蝗,以法治蝗等等综合防治措施"[2]。可以看到,清代的蝗虫防治方法正是在不断的继承与发展中形成的,这一系列完备的治蝗除害的方法使得清代的蝗灾治理更高效,取得了良好效果。

(三)疫灾防治

清代河南疫灾发生后,官府及时反应,积极制定救灾策略,减轻灾害的破坏。清代河南疫灾已经形成了比较完善的救治方法,主要的是利用医药救治和制定救疫章程。

利用医药方防治疫灾是清代主要的疫灾防治方式,而且清代已经形成了比较完整、系统的医疗体系,"清朝在中央和地方府县设置专门管理医疗事务的机

---

[1] 马万明:《明清时期防治蝗灾的对策》,《南京农业大学学报》2002年第2期。
[2] 马万明:《明清时期防治蝗灾的对策》,《南京农业大学学报》2002年第2期。

构。宫廷设太医院,有院使、左右院判、御医、吏目、医士、医生等。清初即在地方府县设'医学',建有官署,医官选自吏部,医印铸自礼部,府正科,州典科,县训科,各一人,'由所辖有司遴谙医理者,咨部给札'。职能是救民疾病,寿民生之意"①。清代系统的医疗体系使疫灾发生时能够迅速反应,有效地实施措施进行救治,减少灾害破坏。如嘉庆十九年(1814),河南南阳等州县遭受疫灾,"嘉庆帝得奏,特命太医院开写清瘟解毒丸、藿香正气丸二方,发交方受畴精选药材,按方修合,广为施散,同时命其将该省灾民情形,或半月或旬日具奏一次"②。可见在疫灾发生时,利用医药方成为疫灾重要的救治措施。同时,清代在法律层面也对疫灾的救治方法有一定的规定,"道光元年,清廷第一次从国家法层面,通过制定《救治时疫章程》,对疫灾进行依法依规的系统防治"③。章程的制定提高了疫灾防治的效率,也可以看出清政府对于疫病防治的重视。

(四)推广农业抗灾技术

受农业技术水平限制,清代农作物的亩产量一直增幅不大。所以,注重选择适宜的耕作制度和多产农作物,注重土地的利用率和新作物品种的推广,在一定程度上提高了粮食单位亩产量,也增强了清代农业社会的防灾、救灾能力。在农作物品种的选择上,随着明清以来对外交流的发展,引进了多种海外粮食作物,如一些原产于美洲的红薯、玉米、马铃薯等耐旱农作物被引进和开始播种。特别是清代以来,受朝廷大力垦荒政策的刺激和鼓励,大面积地进行开垦,"耐瘠耐寒的美洲作物的引种,使以前不能利用的荒山、滩涂得以利用,从而增加了粮食生产的面积和产量"④。红薯、玉米、马铃薯等新型农作物的优点也就体现了出来,这类新型农作物适应能力强,不择土地,耐旱、耐瘠,产量高,受到农民的喜爱,得以普遍种植和推广,逐渐成为普通百姓的重要食物。

---

① 林乾、陈丽:《法律视域下的清代疫灾奏报与防治》,《西南大学学报(社会科学版)》2020 年第 3 期。
② 林乾、陈丽:《法律视域下的清代疫灾奏报与防治》,《西南大学学报(社会科学版)》2020 年第 3 期。
③ 林乾、陈丽:《法律视域下的清代疫灾奏报与防治》,《西南大学学报(社会科学版)》2020 年第 3 期。
④ 王思明:《美洲原产作物的引种栽培及其对中国农业生产结构的影响》,《中国农史》2004 年第 2 期。

这些新农作物的广泛推广和种植，改变了我国传统农业社会的粮食作物结构，使小麦、水稻、玉米和红薯成为时人主要的粮食作物，增加了可食用的粮食种类，提高了有限土地的单位亩产量，较好解决了人地之间的尖锐矛盾，这些新作物甚至成为人们灾时赖以生存的必要食物。在现实情况的影响下，根据实际情况引入新型农作物，在一定程度上增强了清代农业社会抵御自然灾害的能力。

五、从修政禳灾到科学救灾

（一）祭祀禳灾

在清代，以天人感应为基础形成的"灾异天谴论"，成为统治者施政的思想理论和依据，进而影响社会开展救灾活动。一旦有灾害发生，人们都会心里惶恐，希望向上天祈求消弭，从而演化出各种不同的祈禳礼仪和具体的仪式。中央和全国各省均有神庙。

朝廷祭祀的神庙有城隍庙、火神庙、东岳庙、龙神庙、河神庙等。《清史稿》载：

> 龙神之祭，黑龙潭庙建西北金山巅，圣祖、世宗亲制碑记。乾隆五年，锡号"昭灵沛泽"。玉泉山庙，九年锡号"惠济慈佑"。昆明湖祠，旧曰广润灵雨祠，锡号"安佑普济"。嘉庆中，加"沛泽广生"。京畿旱，帝亲祷黑龙潭庙。乾隆四十六年，锡号"昭灵广济"。嘉庆间，始列祀典，遣散秩大臣往祭惠济祠。河神庙建绮春园内，祀天后、龙神、河神，并春、秋致祭，遣圆明园大臣将事。[①]

全国各地也是一样。"直省御灾捍患有功德于民者，则锡封号，建专祠，所在有司秩祀如典。"如河南夏邑县，"刘猛将军，雍正三年诏旨特祀"[②]。鹿邑县，

[①] 〔民国〕赵尔巽：《清史稿》卷84《吉礼三》，中华书局，1976年，第2545页。
[②] 韩世勋等修，黎德芬等纂修：《夏邑县志》（民国9年石印本），《中国方志丛书·华北地方·河南省》，成文出版社，1968年，第457页。

"乾隆十二年停八蜡祀,独祀刘猛将军"①。当然,专恃祈祷并不能起到实际救灾作用,这样的做法也受到批评。雍正时,各省祀猛将军元刘承忠。先是直隶总督李维钧奏:"蝗灾,土人祷猛将军庙,患辄除。"于是下各省立庙祀。两江总督查弼纳亦言:"猛将军庙祀所在无蝗害,无庙处皆为灾。"被诃责。诏言:"水旱蝗灾,疆吏当修省,勿专事祈祷。"②随着历史的发展和社会的进步,人们对造成自然灾害的原因的认识有了一定提高,人们也知道通过祈祷祭祀的方法不会禳除灾患,但逢旱灾降临,仍会进行祈雨的活动。如光绪四年(1878)二月,帮办河南赈务刑部左侍郎袁保恒,为了应对河南大旱,进行了求神祈雨的活动。祷辞曰:"乃者,旱既太甚,岁比不登,黎民阻饥,填委沟壑,揆诸天心仁爱,当必恻然悯之。随同大吏亲率绅民诚祈,雨泽非无,阴云四合,微雨飘洒,辄为清风吹散,谁实使之,岂神竟不能自主欤!今以使者敬谨封神之灵旗暂止勿用,俟甘霖既沛,然后听神所为;若云上帝之命不可违,保恒奉使救民,苟利于民无可逃罪,愿以身代神受过,维神鉴而许之。"③

(二)科学灾害观念的传入

晚清时期,随着科技的进步和西方科学的传入,对灾害的认识更多地从自然和社会的角度出发。这一时期的救灾文化也打上了时代的烙印,在继承传统救灾文化的基础上接受先进科学思想。19世纪60至90年代的洋务运动期间,针对当时的严重灾荒,洋务派在西方科学思想的基础上,不断进行思考,并努力探求救治对策,形成了具有近代特色的灾害科学观念。

首先,对发生灾害的原因有了科学的认识。当时的报纸《申报》发表数篇文章,对当时发生灾害的原因有了更加科学的认识:"论说从各个不同的角度,对诸如洪水、干旱、火灾、疾疫、海潮、地震、火山爆发等各类灾害的成因作了初步科学的阐释,明确指出这些自然灾害无非是自然界本身变化运动的产物,与所

---

① 于沧澜主纂,蒋师辙纂修:光绪《鹿邑县志》(光绪二十二年刊本),《中国方志丛书·华北地方·河南省》,成文出版社,1976年,第102页。
② 〔民国〕赵尔巽:《清史稿》卷84《吉礼三》,中华书局,1976年,第2546页。
③ 张镇芳修,施景舜等纂:《项城县志》(民国3年石印本),《中国方志丛书·华北地方·河南省》,成文出版社,1968年,第42页。

谓的'天麻''神道''风水''灵怪'等毫无关系。"①可以看出当时人们对自然灾害的认识已经有了一定的转变,认识到自然灾害发生的原因是有其自身的发展规律的,是自然界运动变化的结果,打破了传统灾异观的思想束缚。同时,人们还倡导在灾害中积极发挥人的作用,如郑观应在《论救水灾》中提到,"天之降灾,人不得而禁之,人之弭灾,天亦不得而特之"②,已经认识到灾害发生的原因是"天"也就是自然发展的结果,其发生不受人们的干预,而人在灾害中也能积极发挥自身的能动性,争取在弭灾中发挥重要作用。

其次,清末救荒思想呈现实用主义的特点。洋务派重臣左宗棠采办机器发展农业生产、兴修水利,还就改造自然,进行防灾、救灾提出了一些新的主张和对策,如提出广植树木、整顿吏治以及利用西方机器兴修水利设施等主张。③ 同时,洋务派重要人物在兴办近代工商企业和灾害救助的实践中,还深刻认识到中国传统重农抑商思想的缺陷,逐渐把近代工商业与灾害救助联系起来,摒弃了"以农为本"的传统救灾思想,这一时期发展、兴办近代工商业成为重要的灾害救助途径。但洋务派这一时期对于西方科学思想的吸收,还只是停在技术阶段,没有科学的思想作指导,"其理论基础即近代科学技术体系,更因洋务派的实用主义态度而一直停留在单纯的知识译介和技术引进阶段"④。这种实用主义的思想也就使得先进人士批判传统的"灾异观"时变得很不彻底,但还是在一定程度上促进了传统自然灾害思想向近代科学灾害思想的转变。

最后,试图发展科学的灾害观。洋务派试图发展新的科学救灾思想,"在开展洋务革新运动的社会思潮中,开始出现了兴办近代工商业和发展近代新型农业谋求自然灾害救助的实践趋向,其目的就是探索一种集官府、商人、民众等多种力量的多元化、社会化的救灾与备荒体系,使得传统救灾思想理论和救助实践方式发生了近代化的初步嬗变"⑤。在这一过程中,一些先进人士以西方近代

---

① 夏明方:《略论洋务派对传统灾异观的批判与利用》,《中州学刊》2002年第1期。
② 郑观应著,夏东元编:《郑观应集》,上海人民出版社,1982年,第30页。
③ 张高臣:《洋务派防灾救荒思想与实践述略》,《山东师范大学学报(人文社会科学版)》2011年第6期。
④ 夏明方:《略论洋务派对传统灾异观的批判和利用》,《中州学刊》2002年第1期。
⑤ 黄静:《清代自然灾害救助法制州县实践研究》(博士学位论文),西南政法大学,2016年,第128页。

自然科学知识为基础,对中国传统的灾异观进行了深刻的反思,使得传统灾荒思想向近代转变。但是,其对传统的灾异观的突破并不彻底,"然而就像整个洋务思潮一样,这一时期中国荒政近代化的构想在很大程度上也只是对西法、西艺的模仿"①。可以看出在清末时期,虽然对于自然灾害有了比较科学的认识,但是传统"灾异天谴论"的思想观念还一直存留,"一旦条件适合,灾异思想就会出现,并且往往结合当时的思想特征"②。

(三)科学救灾方式的兴起

时代催生了新的灾害救助方式,一定程度上解决了传统救灾方式的局限性。

1. 近代慈善事业的新发展——义赈

清代国家财政危机以及官方赈灾的低能无效,使得民间的救灾活动得以兴起。光绪初年,在华北遭受罕见"丁戊奇荒"而进行的救助中,"开始兴起了一种'民捐民办',即由民间自行组织劝赈、自行募集经费,并自行向灾民直接散发救灾物资的'义赈'活动"③。这是传统社会官赈救助方式的有益补充。

商人群体是义赈活动的主要力量,我国商人长期受"重农抑商"思想的压制,渴望获得较高的社会地位,赈灾便成了最好的实现机会。商人群体广泛参与,"各省绅富,应当努力属捐,如能按亩认捐,以工代赈,则兴水利,修农田,则或可消除灾患"④。而且他们还通过报刊等先进通信手段来宣传灾区灾情,扩大影响,希望能够向社会各阶层广泛募集义款和物资,募集到的物资直接给灾民,救灾效果十分显著。义赈作为新生事物,其救助特点也是很明显的,主要有:一是自捐自办,体现的是民间力量自主性参与社会公共事务,极大突破了地方空间限制;⑤二是有组织,有专门的慈善机构以及具体的事务章程;三是救助方式独特,公开、透明,社会公信力强,避免了官赈的弊病,救助效率高;四是充分利

---

① 夏明方:《略论洋务派对传统灾异观的批判和利用》,《中州学刊》2002年第1期。
② 徐凤先:《中国古代的异常天象观》,《自然科学史研究》1994年第3期。
③ 李文海:《晚清义赈的兴起与发展》,《清史研究》1993年第3期。
④ 《论国民今日当注重赈灾》,《申报》宣统三年十二月十四日。
⑤ 朱浒:《江南人在华北——从晚清义赈的兴起看地方史路径的空间局限》,《近代史研究》2005年第5期。

用近代化交通、通信以及媒介等手段,推动了传统灾害救助实践方式的近代化,使义赈具有近代化鲜明的时代特征。① 从这些特点中可以看到义赈的性质,"有别于'官赈'的、由民间筹集资金、民间组织散放的'义赈',是随着带有资本主义性质的经济成分的出现而兴起的"②。显示出传统灾害救助方式向近代化转变的新发展,也预示着新的灾害救助时代的到来。

2. 交通工具的新发展

地方灾害发生后,传统的救灾程序是上报灾情,然后勘测受灾状况,随后等待救灾赈济的批示。这样会很耗费时间,往往都需要半月以上,必定会延误救灾赈济的良好时机。一旦地方遭受灾害,需要迅速上报,迅速筹备充足的物资予以应对,这个过程就需要快捷的交通工具来支持。

传统的救灾程序受历史条件限制,即使飞马报灾,也难免延误。而随着近代实业浪潮的发展和科技的进步,新的交通手段进一步发展,传统灾害思想强调"救灾贵在迅速"的理念进一步得到提升。但在这个过程中也产生了不少争议,如在铁路的修建上,洋务派和顽固派展开了激烈冲突。如光绪七年(1881),李鸿章倡建京清铁路,大臣刘锡鸿在其《罢议铁路折》中列出诸多反对理由,即铁路"不可行者八,无利者八,有害者九",其中兴建铁路会震惊山神、招致旱潦之灾位居第三。③ 认为修建铁路会触怒天意,破坏风水,招致灾祸。但应该认识到大灾荒的形成与交通不畅、消息闭塞有密切关系,延误了救灾赈荒的时机,小灾亦变大灾。只有发展交通,并且与救灾相结合,才能获得良好的救灾效果。

3. 救灾信息传播的新发展

在清后期的救灾中,有更多的媒体、信息等进入,使得灾害救助更具有现代化色彩。随着洋务运动和西方传播媒体在中国的发展,积极利用先进科技手段,如电讯、报刊等媒介知悉灾情实事,而且借助这些崭新的通信工具,及时地将受灾地区的信息传递到全国各地以至海外社会,较大程度发挥了社会舆论和信息的影响力量,有力支援了赈灾活动,快捷的救助行动得以迅速展开。报纸、电报等不仅缩短了灾情信息的传播时间,有助于救荒的迅速开展,而且还使得

---

① 黄静:《清代自然灾害救助法制州县实践研究》(博士学位论文),西南政法大学,2016年,第133页。
② 李文海:《晚清义赈的兴起与发展》,《清史研究》1993年第3期。
③ 中国史学会主编:《洋务运动》(六),上海人民出版社,1973年,第156页。

灾情等信息传播范围不断扩大,更多的人能够了解到灾害,在一定程度上拓宽了参与救灾的力量以及灾害关注度。

4. 近代保险的发展

清代灾害频繁,人们对于灾害的认识也有了新的发展,不仅认识到人的主观能动性,积极主动地抗灾救灾,而且发展出了具有近代意义的救灾方式。近代保险业的发展就是灾害救助方式的新发展,"人类社会的灾害和意外事故的客观存在是保险产生的前提条件"①。保险对于灾害损失的补偿和生命的抚恤都有积极的意义,近代思想家王韬在《代上广州冯太守书》中指出,保险是为了应对灾害和意外事故而设立的。"顾风波之险,有时不可测料,于是特设保险公司为之调剂……此其法诚至善也。"②清代后期虽仍存有"灾异天谴论"的传统思想观念,但在对灾害的认识上已经有更多理性的成分,保险思想在救灾之中就表现出救灾工作的近代化色彩。

总之,灾害观念的初级形态是以"天人感应"为特征的天命灾害观,春秋战国时期,人文思想开始逐渐主导救灾,在此后两千多年的历史长河中这种思想发挥了重要作用,但灾害天命观和祈禳修德的弭灾活动仍有很大市场。近代,随着中西文化交流,科学的灾害观念逐渐产生,并推动了中国救灾方式向科学化转型。

---

① 麻光炳:《西方近代保险思想在中国的传播及中国民族保险业的兴起》,《贵州大学学报(社会科学版)》2000 第 5 期。
② 麻光炳:《西方近代保险思想在中国的传播及中国民族保险业的兴起》,《贵州大学学报(社会科学版)》2000 第 5 期。

结　语

河南地处中原,是古代中国的人口重心,经济、政治、文化中心。"中国"之"中",实得名于河南地处的"中原"。河南救灾史实际上是中国救灾史的缩影。通过对河南救灾史的研究,我们有以下几点认识:

　　一、河南救灾的组织化程度不断提高。河南最初只是"黄河以南"的自然地理区域,它一百万年前是原始人群的栖息地,一万年前出现氏族部落散居,五千年前邦国林立,并逐渐出现统一趋势,出现了"协和万邦"的政权。河南境内虽是分散的诸侯国,但面对灾害,大小邦国协同应对,全国一体化救灾局面逐渐形成。两千多年前,秦王朝废封建、立郡县,河南作为一个行政区域逐渐出现,面积不断扩大。汉代出现"河南郡",唐代出现"河南府""河南道",元代河南建省,统一的地方救灾机构开始出现,救灾组织化程度明显加强。

　　二、河南是中国古代灾害史料保存最为丰富的省份。这是因为古代很多王朝都曾建都河南。夏都阳城,商都殷,周都洛邑,东汉魏晋都洛阳,北魏也迁都洛阳,唐代以洛阳为东都,北宋都开封(同时也是金代的南京)等。河南因是都城所在和政治中心,出于国家安危,统治者特别留意京城及其周围地区的灾情上报,因而保存了丰富的灾害史料。相对而言,其他边远地区对灾害的重视程度、记录的数量就远比河南逊色了。

　　三、河南是中国古代救灾成效最突出的地区。中国五帝以来,救灾的重大特征就是"天下一体"。任何地方的救灾都受到中央统一指挥和全国各地的帮助。河南在很多时间里,是中央政府所在地,这是其他省份所不能比的。河南地区的救灾效果直接关系到国家政权安危,受到高度重视。在交通、通信不太发达的古代,河南"近水楼台先得月",能优先得到中央人力、财力、物力的支持,救灾成效也是最为突出的。

　　四、河南是中国灾害文化最为丰富的省份。中国历史悠久,古代人在识灾、防灾、救灾等方面积累了丰富的经验。河南地处中原,创造并传承了悠久的灾害文化,它是国家灾害文化的代表。传说从尧开始,古代帝王就开始"观象授时",根据天文、气候、物候变化规律安排生产、生活和政治、军事、文化活动,以"夏历"为代表的古代历法体现了顺应自然、预防灾害的思想,但古代灾害文化中也包含了神化自然、祈禳救灾的一面。清朝后期,西方自然科学逐渐传入中国,人们对灾害发生的原因进行科学分析,逐渐形成科学的防灾、救灾观念。

总之,河南作为中国文化大省,历史悠久,蕴含着丰富的识灾、防灾、救灾文化,值得我们去深入研究,吸取精华,弃其糟粕。弘扬优秀的识灾、防灾、救灾文化,不仅对河南有重要的现实意义,对整个国家也有重要的价值。

参考资料

一、古代典籍

[1]〔春秋〕左丘明:《国语》,上海古籍出版社,1988年。

[2]〔春秋〕晏婴:《晏子春秋》,安徽文艺出版社,1996年。

[3]〔战国〕韩非著,任峻华注释:《韩非子》,华夏出版社,2000年。

[4]〔战国〕吕不韦:《吕氏春秋》,华夏出版社,2002年。

[5]〔汉〕司马迁:《史记》,中华书局,2014年。

[6]〔汉〕刘安:《淮南子》,华夏出版社,2000年。

[7]〔汉〕董仲舒:《春秋繁露》,中华书局,1992年。

[8]〔汉〕桓宽:《盐铁论》,华夏出版社,2000年。

[9]〔汉〕刘向:《说苑》,云南人民出版社,1959年。

[10]〔汉〕刘向:《新序》,上海古籍出版社,1990年。

[11]〔汉〕孔安国:《尚书正义》,北京大学出版社,1999年。

[12]〔汉〕班固撰,颜师古注:《汉书》,中华书局,1962年。

[13]〔汉〕班固:《白虎通义》,中华书局,1994年。

[14]〔汉〕王充:《论衡》,岳麓书社,1997年。

[15]〔汉〕郑玄注:《周礼》,四部丛刊本,上海古籍出版社,2010年。

[16]〔汉〕郑玄注,唐贾公彦疏,王辉点校:《仪礼注疏》,上海古籍出版社,2008年。

[17]〔汉〕许慎:《说文解字》,中华书局,2003年。

[18]〔汉〕赵晔撰,〔元〕徐元祐音注:《吴越春秋》,江苏古籍出版社,1999年。

[19]〔汉〕崔寔:《四民月令》,中华书局,1965年。

[20]〔汉〕应劭:《风俗通义》,上海古籍出版社,1990年。

[21]〔汉〕荀悦:《汉纪》,中华书局,2002年。

[22]〔汉〕毛亨:《毛诗正义》,北京大学出版社,1999年。

[23]〔晋〕袁宏:《后汉纪》,中华书局,2002年。

[24]〔晋〕葛洪:《西京杂记》,中华书局,1985年。

[25]〔晋〕陈寿:《三国志》,中华书局,1959年。

[26]〔晋〕常璩:《华阳国志》,上海古籍出版社,1987年。

[27]〔南朝宋〕范晔:《后汉书》,中华书局,1965年。

[28]〔南朝宋〕徐天麟:《西汉会要》,中华书局,1955年。

[29]〔南朝梁〕沈约:《宋书》,中华书局,1974年。

[30]〔北魏〕崔鸿:《十六国春秋》,明万历刻本。

[31]〔北魏〕贾思勰:《齐民要术》,四部丛刊明抄本。

[32]〔北魏〕郦道元:《水经注·济水》,陕西人民出版社,1995年。

[33]〔北齐〕魏收:《魏书》,中华书局,1974年。

[34]〔唐〕房玄龄等撰:《晋书》,中华书局,1974年。

[35]〔唐〕李百药:《北齐书》,中华书局,1972年。

[36]〔唐〕李百药:《北史》,中华书局,1972年。

[37]〔唐〕魏徵等撰:《隋书》,中华书局,1973年。

[38]〔唐〕刘知几:《史通》,上海古籍出版社,2009年。

[39]〔唐〕杜佑:《通典》,中华书局,1988年。

[40]〔唐〕孔颖达注疏:《周易正义》,北京大学出版社,1999年。

[41]〔唐〕孔颖达注疏:《毛诗正义》,北京大学出版社,1999年。

[42]〔唐〕李林甫等撰,陈仲夫点校:《唐六典》,中华书局,2014年。

[43]〔后晋〕刘昫等撰:《旧唐书》,中华书局,1975年。

[44]〔宋〕薛居正等撰:《旧五代史》,中华书局,1976年。

[45]〔宋〕欧阳修、宋祁:《新唐书》,中华书局,1975年。

[46]〔宋〕欧阳修撰:《新五代史》,中华书局,1974年。

[47]〔宋〕司马光编著:《资治通鉴》,中华书局,1976年。

[48]〔宋〕王溥:《唐会要》,上海古籍出版社,2006年。

[49]〔宋〕宋敏:《唐大诏令集》,中华书局,2000年。

[50]〔宋〕司义祖整理:《宋大诏令集》,中华书局,1962年。

[51]〔宋〕李焘:《续资治通鉴长编》,中华书局,1979年。

[52]〔宋〕苏辙:《龙川略志》,中华书局,1982年。

[53]〔宋〕王应麟:《玉海》,江苏广陵古籍刻印社,1987年。

[54]〔宋〕朱熹:《朱熹集·别集》,四川教育出版社,1996年。

[55]〔宋〕王栐:《燕翼诒谋录》,中华书局,1997年。

[56]〔宋〕王钦若:《册府元龟》,中华书局,1960年。

[57]〔宋〕李心传:《建炎以来朝野杂记(甲集)》,中华书局,2000年。

[58]〔宋〕范纯仁:《范忠宣奏议》(文渊阁四库全书本),上海古籍出版社,2003年。

[59]〔宋〕欧阳修:《文忠集》(文渊阁四库全书本),上海古籍出版社,2003年。

[60]〔宋〕田况:《儒林公议》(文渊阁四库全书本),上海古籍出版社,2003年。

[61]〔宋〕刘敞:《公是集》(文渊阁四库全书本),上海古籍出版社,2003年。

[62]〔宋〕刘挚:《忠肃集》(文渊阁四库全书本),上海古籍出版社,2003年。

[63]〔宋〕赵升:《朝野类要》(文渊阁四库全书本),上海古籍出版社,2003年。

[64]〔宋〕董煟:《救荒活民书》(文渊阁四库全书本),上海古籍出版社,2003年。

[65]〔宋〕晁以道:《景迂生集》(文渊阁四库全书本),上海古籍出版社,2003年。

[66]〔宋〕王明清:《挥麈余话》(文渊阁四库全书本),上海古籍出版社,2003年。

[67]〔宋〕黄震:《黄氏日抄》(文渊阁四库全书本),上海古籍出版社,2003年。

[68]〔宋〕蔡襄:《端明集》(文渊阁四库全书本),上海古籍出版社,2003年。

[69]〔宋〕杜大珪:《名臣碑传琬琰之集》(文渊阁四库全书本),上海古籍出版

社,2003年。

[70]〔宋〕王安石:《临川文集》(文渊阁四库全书本),上海古籍出版社,2003年。

[71]〔宋〕赵汝愚:《宋名臣奏议》(文渊阁四库全书本),上海古籍出版社,2003年。

[72]〔宋〕郑樵:《通志》,商务印书馆,1939年。

[73]〔宋〕陆游著,钱仲联校注:《剑南诗稿校注》,上海古籍出版社,2005年。

[74]〔宋〕孟元老:《东京梦华录》,中华书局,2004年。

[75]〔宋〕王安礼:《王魏公集》,全国图书馆文献缩微复制中心,2004年。

[76]〔宋〕周必大:《文忠集》,吉林出版集团有限责任公司,2005年。

[77]〔元〕马端临:《文献通考》,商务印书馆,1936年。

[78]〔元〕脱脱等撰:《金史》,中华书局,1975年。

[79]〔元〕脱脱等撰:《宋史》,中华书局,1977年。

[80]〔元〕张铉:《至大金陵新志》(文渊阁四库全书本),上海古籍出版社,2003年。

[81]〔元〕《通制条格》,浙江古籍出版社,1986年。

[82]〔元〕余阙:《青阳集》(文渊阁四库全书本),台湾商务印书馆,1986年。

[83]〔元〕大司农司编撰,缪启愉校释:《元刻农桑辑要校释》,农业出版社,1988年。

[84]〔元〕苏天爵:《元名臣事略》,中华书局,1996年。

[85]〔元〕《元典章》,中国广播电视出版社,1998年。

[86]〔元〕胡祗遹:《紫山大全集》,《元史研究资料汇编》第16册,中华书局,2014年。

[87]〔元〕王恽:《秋涧集》,《元史研究资料汇编》第19册,中华书局,2014年。

[88]〔元〕刘岳申:《申斋刘先生文集》,《元史研究资料汇编》第36册,中华书局,2014年。

[89]〔元〕朱德润:《存复斋集》,《元史研究资料汇编》第48册,中华书局,2014年。

[90]〔元〕王祯:《农书》,中华书局,1956年。

[91]〔明〕宋濂等撰:《元史》,中华书局,1976年。

[92]〔明〕王圻:《续文献通考》(据万历刊本影印),文海出版社,1979年。

[93]《明实录》,"中央研究院"历史语言研究所校勘影印本,1962年。

[94]《明会典》,中华书局,1989年。

[95]〔明〕龙文彬:《明会要》,中华书局,1956年。

[96]〔明〕陈子龙等:《明经世文编》,中华书局,1962年。

[97]〔明〕钟化民:《赈豫纪略》,中州古籍出版社,2002年。

[98]〔明〕王士性:《豫志》(据学海类编本排印),中华书局,1985年。

[99]〔明〕黄淮、杨士奇:《历代名臣奏议》(文渊阁四库全书本),上海古籍出版社,2003年。

[100]〔明〕潘季驯:《河防一览》(文渊阁四库全书本),上海古籍出版社,1987年。

[101]〔明〕徐光启撰,石声汉校注:《农政全书校注》,岳麓书社,2002年。

[102]〔明〕徐光启撰,王重民辑校:《徐光启集》,中华书局,1963年。

[103]〔清〕秦蕙田:《五礼通考》(文渊阁四库全书本),上海古籍出版社,2003年。

[104]〔清〕阮元校刻:《十三经注疏》,中华书局,1980年。

[105]〔清〕焦循:《孟子正义》,中华书局,2004年。

[106]〔清〕王先谦:《荀子集解》,中华书局,2004年。

[107]〔清〕高士奇:《左传纪事本末》,中华书局,1979年。

[108]〔清〕徐元诰:《国语集解》,中华书局,2002年。

[109]〔清〕钱仪吉:《三国会要》,上海古籍出版社,1991年。

[110]〔清〕赵一清:《三国志补注》,清广雅书局丛书本。

[111]〔清〕董诰:《全唐文》,中华书局,1983年。

[112]〔清〕傅泽洪等:《行水金鉴》,商务印书馆,1936年。

[113]〔清〕徐松辑:《宋会要辑稿》,中华书局,1957年。

[114]〔清〕张廷玉等:《明史》,中华书局,1974年。

[115]〔清〕陈梦雷编纂,〔清〕蒋廷锡校订:《古今图书集成》,中华书局,1985年。

[116]〔清〕乾隆官修:《清朝通典》,浙江古籍出版社,2000年。

[117]〔清〕张廷玉:《清朝文献通考》,浙江古籍出版社,1988年。

[118]〔清〕盛康:《皇朝经世文续编》,文海出版社,1980年。

[119]〔清〕托津奉敕纂:《钦定大清会典事例》,文海出版社,1992年。

[120]〔清〕昆冈等纂:《钦定大清会典事例》,上海古籍出版社,2002年。

[121]《清实录》(影印本),中华书局,2008年。

[122]〔清〕朱寿朋编,张静庐等校点:《光绪朝东华录》(第2册),中华书局,1958年。

[123]中国科学院地理科学与资源研究所、中国第一历史档案馆编:《清代奏折汇编——农业·环境》,商务印书馆,2005年。

[124]〔清〕魏源:《魏源集》,中华书局,1976年。

[125]〔清〕顾炎武:《日知录》(文渊阁四库全书本),上海古籍出版社,2003年。

[126]〔清〕欧阳兆熊、金安清:《水窗春呓》,中华书局,1984年。

[127]〔清〕王庆云:《石渠余纪》,北京古籍出版社,1985年。

[128]〔清〕欧阳昱著:《见闻琐录》,岳麓书社,1986年。

[129]〔清〕杨景仁撰:《筹济编》,诒砚斋藏版,光绪四年重镌本。

[130]〔清〕刘坤一:《刘坤一遗集》(第6册),中华书局,1959年。

[131]〔清〕陆曾禹:《钦定康济录》(文渊阁四库全书本),上海古籍出版社,2003年。

[132]〔民国〕赵尔巽:《清史稿》,中华书局,1977年。

[133]丁振铎:《项城袁氏家集》(影印),文海出版社,1868年。

[134]周秉钧译注:《尚书》,岳麓书社,2001年。

[135]程俊英撰:《诗经译注》,上海古籍出版社,2004年。

[136]杨伯峻注:《论语译注》,中华书局,2004年。

[137]杨伯峻编著:《春秋左传注》,中华书局,1990年。

[138]王文锦译解:《礼记译解》,中华书局,2001年。

[139]杨天宇撰:《周礼译注》,上海古籍出版社,2004年。

[140]李学勤:《周礼注疏》,北京大学出版社,1999年。

[141]李学勤:《礼记正义》,北京大学出版社,1999年。

[142]王梦鸥:《礼记今注今译》,天津古籍出版社,1987年。

[143]周祖谟撰:《尔雅》,云南人民出版社,2004年。

[144]吴毓江撰:《墨子校注》,中华书局,2006年。

[145]黎翔凤撰:《管子校注》,中华书局,2004年。

[146]钟泰著:《庄子发微》,上海古籍出版社,1988年。

[147]吴则虞撰:《晏子春秋集释》,中华书局,1982年。

[148]何宁撰:《淮南子集释》,中华书局,2004年。

[149]方诗铭:《古本竹书纪年辑证》,上海古籍出版社,1981年。

[150]卢元骏注译:《说苑今注今译》,天津古籍出版社,1988年。

[151]周天游:《八家后汉书辑注》,上海古籍出版社,1986年。

[152]徐仲舒:《说文解字段注》,成都古籍书店,1981年。

[153]王国维:《王国维遗书》,上海古籍书店,2011年。

二、地方志

[1]〔明〕周泗修,康绍第纂:《巩县志》,明嘉靖刻本。

[2]〔明〕褚宦修,李希臣纂:《兰阳县志》,明嘉靖刻本。

[3]〔明〕沈绍庆修,王家士纂:《光山县志》,明嘉靖刻本。

[4]〔明〕曾嘉浩修,汪心纂:《尉氏县志》,明嘉靖刻本。

[5]〔明〕韩玉纂修:《通许县志》,明嘉靖刻本。

[6]〔明〕姚卿修,孙铎纂:《鲁山县志》,明嘉靖刻本。

[7]〔明〕董弦纂修:《内黄县志》,明嘉靖刻本。

[8]〔明〕杨邦梁纂修:《郾城县志》,明嘉靖刻本。

[9]〔明〕郑礼纂修:《永城县志》,明嘉靖刻本。

[10]〔明〕郑相修,黄虎臣纂:《夏邑县志》,明嘉靖刻本。

[11]〔明〕杜纬修,刘芳纂:《长垣县志》,明嘉靖刻本。

[12]〔明〕何麟纂:《真阳县志》,明嘉靖刻本。

[13]〔明〕邓拔纂修:《濮州志》,明嘉靖刻本。

[14]〔明〕孙臣鲸修,王崇庆纂:《开州志》,明嘉靖刻本。

[15]〔明〕张良知纂修:《许州志》,明嘉靖刻本。

[16]〔明〕刘䜣纂修:《鄢陵志》,明嘉靖刻本。

[17]〔明〕万炯修,张应辰纂:《商城县志》,明嘉靖刻本。

[18] [明]张梯修,葛臣纂:《固始县志》,明嘉靖刻本。

[19] [明]曹金撰:《开封府志》,明万历十三年刻本。

[20] [清]包赋纂修:《固始县志》,清顺治十六年刊本。

[21] [清]李同亨修,马士陇纂:《祥符县志》,清顺治十八年刻本。

[22] [清]纪国珍修,刘元碗纂:《汝阳县志》,清顺治刻本。

[23] [清]杨廷望修,张沐纂:《上蔡县志》,清康熙二十九年刊本。

[24] [清]朱廷献修,刘曰烽纂:《新郑县志》,清康熙三十二年刊本。

[25] [清]宝鼎望修,高佑纪纂:《内乡县志上》,清康熙三十二年刊本。

[26] [清]安如泰修,张慎为纂:《阳武县志》,清康熙刻本。

[27] [清]张实斗修,南诛源纂:《淮州志》,清康熙刻本。

[28] [清]张文炫原本,宗综增修:《长垣县志》,清内府本。

[29] [清]孙和相修,何之琪纂:《洧川县志》,清内府本。

[30] [清]董学礼纂修,宋名立续修:《裕州志》,清康熙修乾隆补刊。

[31] [清]顾汧、李辉祖修,张沐纂:《(康熙)河南通志》,清康熙三十四年刊本。

[32] [清]龚裕林纂修,汪坚总修:《洛阳县志》,清乾隆十年刊本。

[33] [清]汪运正纂:《襄城县志》,清乾隆十一年刊本。

[34] [清]赵开元修,畅俊纂:《新乡县志》,清乾隆十二年石刻本。

[35] [清]徐金位纂修:《新野县志》,清乾隆十九年刊本。

[36] [清]姚子琅纂,蒋光祖修:《邓州志》,清乾隆二十年刊本。

[37] [清]萧应植纂修:《济源县志》,清乾隆二十六年刊本。

[38] [清]唐基渊纂修:《嵩县志》,清乾隆三十二年刊本。

[39] [清]吴泰来、黄文莲纂修:《唐县志》,清乾隆五十二年刊本。

[40] [清]汤毓悼修,孙星衍纂:《偃师县志》,清乾隆五十三年刊本。

[41] [清]莫玺章修,王增纂:《新蔡县志》,清乾隆修民国重刊本。

[42] [清]倪明进修,粟郇纂:《泌阳县志》,清道光四年刊本。

[43] [清]袁通修,方履篯纂:《河内县志》,清道光五年刊本。

[44] [清]王荣陛修,方履篯纂:《武陟县志》,清道光九年刊本。

[45] [清]张道超修,马九功纂:《伊阳县志》,清道光十八年刊本。

[46] [清]阳霖仓修,欧景恬纂:《叶县志》,清同治十年刊本。

[47]〔清〕周淦修,高锦荣纂:《灵宝县志》,清光绪二年刊本。
[48]〔清〕陈兆麟修,祁德昌纂:《开州志》,清光绪七年刊本。
[49]〔清〕谢应起修,刘占卿纂:《宜阳县志》,清光绪七年刊本。
[50]〔清〕孙撷等撰:《河南通志续通志》,清光绪八年刊本。
[51]〔清〕郭光澎修,李旭春等纂:《卢氏县志》,清光绪十八年刊本。
[52]〔清〕熊灿修,张文楷纂:《扶沟县志》,清光绪十九年刊本。
[53]〔清〕李淇修,席庆云纂:《虞城县志》,清光绪二十一年刊本。
[54]〔清〕于沧澜修,蒋师辙纂:《鹿邑县志》,清光绪二十二年刊本。
[55]〔清〕施有方修,武勋朝纂:《南乐县志》,清光绪二十九年刊本。
[56]〔清〕潘守廉修,张嘉谋纂:《南阳县志》,清光绪三十年刊本。
[57]〔清〕杨修田修,马佩玖等纂:《光州志》,清光绪十三年刊本。
[58]〔清〕周际华纂修:《辉县志》,辉县志编辑委员会,1959年翻印。
[59]〔清〕周秉彝等修,刘瑞璘纂:《郑县志》,民国20年重印刊本。
[60]〔清〕黄璟纂修:《续浚县志》,清光绪十二年刊本。
[61]〔民国〕张镇芳修,施景舜纂:《项城县志》,清宣统三年石印本。
[62]〔民国〕贾毓鹦等修,王凤祥等纂:《洛宁县志》,民国6年铅印本。
[63]〔民国〕徐家磷修,杨凌阁纂:《商水县志》,民国7年刻本。
[64]〔民国〕韩世勋修,黎德芬纂:《夏邑县志》,民国9年石印本。
[65]〔民国〕王秀文、张庭馥纂:《许昌县志》,民国12年石印本。
[66]〔民国〕车云修、王琴林纂:《禹县志》,民国20年刊本。
[67]〔民国〕萧国祯修,蕉封桐纂:《修武县志》,民国20年铅印本。
[68]〔民国〕阮藩济等修,宋立梧等纂:《孟县志》,民国21年刊本。
[69]〔民国〕马子宽修,王蒲园纂:《重修滑县志》,民国21年铅印本。
[70]〔民国〕王泽溥修,李见荃纂:《林县志》,民国21年石印本。
[71]〔民国〕郑康侯修,朱撰卿纂:《淮阳县记》,民国23年铅印本。
[72]〔民国〕周世臣纂修:《郾城县志》,民国23年刊本。
[73]〔民国〕邹古愚修,邹鹊纂:《获嘉县志》,民国24年铅印本。
[74]〔民国〕萧德馨修,熊绍龙纂:《中牟县志》,民国25年石印本。
[75]〔民国〕窦经魁修,耿愔纂:《阳武县志》,民国25年铅印本。
[76]〔民国〕欧阳珍修,韩嘉会纂:《陕县志》,民国25年铅印本。

[77]〔民国〕靳蓉镜、晋克昌等修,苏宝谦纂:《鄢陵县志》,民国25年铅印本。
[78]〔民国〕陈铭鉴纂,李毓藻修:《西平县志》,民国25年刊本。
[79]〔民国〕晏兆平编辑:《光山县志约稿》,民国25年铅印本。
[80]〔民国〕杨保东修,刘莲青纂:《巩县志》,民国26年刊本。
[81]〔民国〕李希白修纂:《新安县志》,民国27年铅印本。
[82]〔民国〕杜鸿宾修,刘盼遂纂:《太康县志》,民国22年排印本。
[83]〔民国〕刘海芳等修,卢以洽纂:《续荥阳县志》,民国13年排印本。

三、现代著作

[1]陈高佣等:《中国历代天灾人祸表》,上海书店,1939年。
[2]王龙章:《中国历代灾况与振济政策》,独立出版社,1942年。
[3]吴泽:《中国历史大系》,棠棣出版社,1953年修订本。
[4]岑仲勉:《黄河变迁史》,人民出版社,1957年。
[5]李文治:《中国近代农业史资料》(第一辑),生活·读书·新知三联书店,1957年。
[6]马世骏:《中国东亚飞蝗蝗区的研究》,科学出版社,1965年。
[7]王德毅:《宋代灾荒的救济政策》,中国学术著作奖助委员会,1970年。
[8]中央气象局研究所等编辑:《华北、东北近五百年旱涝史料》第4分册(河南省),中央气象局研究出版社,1975年。
[9]中国科学院地质研究所:《中国地震地质概论》,科学出版社,1975年。
[10]张家诚:《气候变迁及其原因》,科学出版社,1976年。
[11]王仲荦:《魏晋南北朝史》,上海人民出版社,1979年。
[12]河南省地震局、河南省博物馆编:《河南地震历史资料》,河南人民出版社,1980年。
[13]《云梦睡虎地秦墓》编写组:《云梦睡虎地秦墓》,文物出版社,1981年。
[14]中国社会科学院近代史研究所、中华民国史研究室等编:《孙中山全集》,中华书局,1981年。
[15]史念海:《河山集(二集)》,生活·读书·新知三联书店,1981年。
[16]王绍武:《近代气候变化的研究》,《纪念科学家竺可桢论文集》,科学普及出版社,1982年。

[17]夏东元编:《郑观应集》(上册),上海人民出版社,1982年。
[18]郭沫若:《甲骨文合集》,中华书局,1982年。
[19]河南省水文总站:《河南省历代旱涝等水文气候史料(包括旱、涝、蝗、风、雹、霜、大雪、寒、暑)》,河南省水文总站,1982年。
[20]中国科学院《中国自然地理》编辑委员会:《中国自然地理·历史自然地理》,科学出版社,1982年。
[21]顾功叙主编:《中国地震目录》,科学出版社,1983年。
[22]陈正祥:《中国文化地理》,香港三联书店,1983年。
[23]水利部黄河水利委员会《黄河水利史述要》编写组:《黄河水利史述要》,水利电力出版社,1984年。
[24]郑肇经:《中国水利史》,商务印书馆,1984年。
[25]邓云特:《中国救荒史》,上海书店,1984年。
[26]武汉水利电力学院等:《中国水利史稿》,水利电力出版社,1987年。
[27]陈梦家:《殷墟卜辞综述》,中华书局,1988年。
[28]姚孝遂等主编:《殷墟甲骨刻辞摹释总集》,中华书局,1988年。
[29]《历史地理》第六辑,上海人民出版社,1988年。
[30]水利电力部水管司、水利水电科学研究院编:《清代淮河流域洪涝档案史料》,中华书局,1988年。
[31]中国社会科学院历史研究所资料编纂组:《中国历代自然灾害及历代盛世农业政策资料》,农业出版社,1988年。
[32]陈振汉等编:《清实录经济史资料·农业编》(第二分册),北京大学出版社,1989年。
[33]姚孝遂等主编:《殷墟甲骨刻辞类纂》,中华书局,1989年。
[34]张鹏一著,徐清廉校补:《晋令辑存》,三秦出版社,1989年。
[35]李克让、徐淑英、郭其蕴等:《华北平原旱涝气候》,科学出版社,1990年。
[36]河南省地方史志编纂委员会编纂:《河南省志》,河南人民出版社,1990年。
[37]盛福尧、周克前:《河南历史气候研究》,气象出版社,1990年。
[38]南阳地区水利局编:《南阳地区水利志》,南阳地区水利局,1990年。
[39]李文海等:《近代中国灾荒纪年》,湖南教育出版社,1990年。

[40]王文楷、毛继周、陈代光等编著:《河南地理志》,河南人民出版社,1990年。

[41]河南省地方史志编纂委员会编纂:《河南省志》卷4《黄河志》,河南人民出版社,1991年。

[42]史念海:《中国历史地理纲要》(上、下),山西人民出版社,1991年。

[43]李文海、周源著:《灾荒与饥馑(1840—1919)》,高等教育出版社,1991年。

[44]宋正海主编:《中国古代重大自然灾害和异常年表总集》,广东教育出版社,1992年。

[45]淅川县水利志编纂领导小组编:《淅川县水利志》,淅川县水利局,1992年。

[46]蒋琳:《农业灾荒纪年》,江苏人民出版社,1993年。

[47]张波:《中国农业自然灾害史料集》,陕西科学技术出版社,1994年。

[48]袁林:《西北灾荒史》,甘肃人民出版社,1994年。

[49]张謇研究中心等编:《张謇全集》,江苏古籍出版社,1994年。

[50]李文海等著:《中国近代十大灾荒》,上海人民出版社,1994年。

[51]王育民:《中国人口史》,江苏人民出版社,1995年。

[52]谭其骧主编:《中国历史地图集》,中国地图出版社,1996年。

[53]邹逸麟:《黄淮海平原历史地理》,安徽教育出版社,1997年。

[54]高文学:《中国自然灾害史(总论)》,地震出版社,1997年。

[55]李学勤主编:《中国文化通志》,上海人民出版社,1998年。

[56]许飞琼:《灾害统计学》,湖南人民出版社,1998年。

[57]李文海:《中国近代灾荒与社会稳定》,载《中外历史问题八人谈》,中共中央党校出版社,1998年。

[58]张建民等:《灾害历史学》,湖南人民出版社,1998年。

[59]孟昭华:《中国灾荒史记》,中国社会出版社,1999年。

[60]河南省水利厅水旱灾害专著编辑委员会:《河南水旱灾害》,黄河水利出版社,1999年。

[61]王玉德、张全明:《中华五千年生态文化》,华中师范大学出版社,1999年。

[62]河南省水文总站编:《河南省历代大水大旱年表》,河南省水文总站,

1999年。

[63] 中国史学会主编:《中国近代史资料丛刊·戊戌变法》(四),上海人民出版社等,2000年。

[64] 林富士:《疾病终结者——中国早期的道教医学》,台北三民书局,2001年。

[65] 张文:《宋代社会救济研究》,西南师范大学出版社,2001年。

[66] 顾德融等:《春秋史》,上海人民出版社,2001年。

[67] 陈文华:《农业考古》,文物出版社,2002年。

[68] 宋正海、高建国等著:《中国古代自然灾异群发期》,安徽教育出版社,2002年。

[69] [法]魏丕信著,徐建青译:《18世纪中国的官僚制度与荒政》,江苏人民出版社,2003年。

[70] 李文海、夏明方主编:《中国荒政全书》,北京古籍出版社,2004年。

[71] 王星光:《生态环境变迁与夏代的兴起探索》,科学出版社,2004年。

[72] 陈业新:《灾害与两汉社会研究》,上海人民出版社,2004年。

[73] 李文波:《中国传染病史料》,化学工业出版社,2004年。

[74] 张德二:《中国三千年气象记录总集》,凤凰出版社、江苏教育出版社,2004年。

[75] [澳]E.布赖恩特著,刘东生等编译:《气候过程和气候变化》,科学出版社,2004年。

[76] 刘照渊:《河南水利大事记》(公元前21世纪至1949年),方志出版社,2005年。

[77] 程有为、王天奖主编:《河南通史》(第3册),河南人民出版社,2005年。

[78] 邹逸麟:《中国历史地理概述》,上海教育出版社,2005年。

[79] 傅勤家:《中国道教史》,团结出版社,2005年。

[80] 温克刚主编,庞天荷本卷主编:《中国气象灾害大典·河南卷》,气象出版社,2005年。

[81] 李永文、马建华主编:《新编河南地理》,河南大学出版社,2006年。

[82] 邓铁涛:《中国防疫史》,广西科学技术出版社,2006年。

[83] 陈高华:《元代灾害发生史概述》,《中国社会科学院学术咨询委员会集

刊》第 3 辑,社会科学文献出版社,2007 年。

[84] 周致元:《明代荒政文献研究》,安徽大学出版社,2007 年。

[85] 王文涛:《秦汉社会保障研究——以灾害救助为中心的考察》,中华书局,2007 年。

[86] 阎守诚:《危机与应对:自然灾害与唐代社会》,人民出版社,2008 年。

[87] 袁祖亮主编,刘继刚著:《中国灾害通史·先秦卷》,郑州大学出版社,2008 年。

[88] 袁祖亮主编,焦培民、刘春雨等著:《中国灾害通史·秦汉卷》,郑州大学出版社,2008 年。

[89] 袁祖亮主编,闵祥鹏著:《中国灾害通史·隋唐五代卷》,郑州大学出版社,2008 年。

[90] 袁祖亮主编,邱云飞著:《中国灾害通史·宋代卷》,郑州大学出版社,2008 年。

[91] 袁祖亮主编,张美莉、刘继宪、焦培民著:《中国灾害通史·魏晋南北朝卷》,郑州大学出版社,2009 年。

[92] 袁祖亮主编,和付强著:《中国灾害通史·元代卷》,郑州大学出版社,2009 年。

[93] 袁祖亮主编,朱凤祥著:《中国灾害通史·清代卷》,郑州大学出版社,2009 年。

[94] 周振鹤主编:《中国行政区划通史·元代卷》,复旦大学出版社,2009 年。

[95] 王培华:《元代北方灾荒与救济》,北京师范大学出版社,2010 年。

[96] 李文海、夏明方、朱浒:《中国荒政书集成》,天津古籍出版社,2010 年。

[97] 虞和平编:《经元善集》,华中师范大学出版社,2011 年。

[98] 河南黄河河务局编纂:《河南黄河大事记》,黄河水利出版社,2013 年。

[99] 黄朴民:《天人合一:董仲舒与两汉儒学思潮》,岳麓书社,2013 年。

[100] 吕国强、刘金良主编:《河南蝗虫灾害史》,河南科学技术出版社,2014 年。

[101] 张国旺:《元代蝗灾述论》,《隋唐辽宋金元史论丛》第 5 辑,上海古籍出版社,2015 年。

[102] 张国旺:《元代地震灾害发生史述论》,《隋唐辽宋金元史论丛》第 6 辑,上海古籍出版社,2016 年。

四、期刊论文

[1] 竺可桢:《中国历史上的旱灾》,《史地学报》1925 年第 4 期。

[2] 华文煜:《宋代之荒政》,《经济统计季刊》1932 年第 4 期。

[3] 邹逸麟:《从唐代水利建设看与当时社会经济有关的两个问题》,《历史教学》1959 年第 12 期。

[4] 萧廷奎、彭芳草、李长付等:《河南省历史时期干旱规律的初步探讨》,《开封师院学报》1961 年第 00 期。

[5] 谭其骧:《何以黄河在东汉以后会出现一个长期安流的局面——从历史上论证黄河中游的土地合理利用是消弭下游水害的决定性因素》,《学术月刊》1962 年第 2 期。

[6] 竺可桢:《中国近五千年来气候变迁的初步研究》,《考古学报》1972 年第 1 期。

[7] 竺可桢:《中国近五千年来气候变迁的初步研究》,《中国科学》1973 年第 2 期。

[8] 洛阳博物馆:《洛阳矬李遗址试掘简报》,《考古》1978 年第 1 期。

[9] 顾颉刚、刘起釪:《〈盘庚〉三篇校释译论》,《历史学》1979 年第 1、2 期。

[10] 王绍武、赵宗慈:《近五百年我国旱涝史料的分析》,《地理学报》1979 年第 4 期。

[11] 刘如仲:《从〈饥民图说〉看河南水灾》,《史学月刊》1982 年第 4 期。

[12] 马宗申:《关于我国古代洪水和大禹治水的探讨》,《农业考古》1982 年第 2 期。

[13] 范毓周:《殷代的蝗灾》,《农业考古》1983 年第 2 期。

[14] 周继中:《元代河南江北行省的屯田》,《安徽史学》1984 年第 5 期。

[15] 陆人骥:《中国历代蝗灾的初步研究开明版〈二十五史〉中蝗灾记录的分析》,《农业考古》1986 年第 1 期。

[16] 任振球:《中国近五千年来气候的异常期及其天文成因》,《农业考古》1986 年第 1 期。

[17] 王邨、王松梅:《近五千余年来我国中原地区气候在年降水量方面的变迁》,《中国科学(B 辑 化学 生物学 农学 医学 地学)》1987 年第 1 期。

[18]刘俊文:《唐代水害史论》,《北京大学学报(哲学社会科学版)》1988年第2期。

[19]樊志民、冯风:《关于历史上的旱灾与农业问题研究》,《中国农史》1988年第1期。

[20]卫斯:《我国汉代大面积种植小麦的历史考证——兼与[日]西嶋定生先生商榷》,《中国农史》1988年第4期。

[21]徐海亮:《历代中州森林变迁》,《中国农史》1988年第4期。

[22]贾恒义:《北宋引浑灌淤的初步研究》,《农业考古》1989年第1期。

[23]冯禹:《论天人感应思想的四个类型》,《孔子研究》1989年第1期。

[24]河南省文物研究所:《河南舞阳贾湖新石器时代遗址第二至第六次发掘简报》,《文物》1989年第1期。

[25]何炳棣、谢天桢:《中国历史上的早熟稻》,《农业考古》1990年第1期。

[26]宋湛庆:《宋元明清时期备荒救灾的主要措施》,《中国农史》1990年第2期。

[27]张九洲:《光绪初年的河南大旱及其影响》,《史学月刊》1990年第5期。

[28]李丙寅:《略论先秦时期的环境保护》,《史学月刊》1990年第1期。

[29]王润涛:《洪水传说与中国古代国家的形成》,《湖北大学学报(哲学社会科学版)》1990年第2期。

[30]郑云飞:《中国历史上的蝗灾分析》,《中国农史》1990年第4期。

[31]史念海:《隋唐时期自然环境的变迁及与人为作用的关系》,《历史研究》1990年第1期。

[32]陈关龙:《明代荒政简论》,《中州学刊》1990年第6期。

[33]陈关龙、高帆:《明代农业自然灾害之透视》,《中国农史》1991年第4期。

[34]王敬禹:《汤阴—济源—洛阳断陷带地震地质分析》,《华北地震科学》1991年第3期。

[35]杨宝时:《关于河南省黄河冲积扇形平原区水旱灾害及其对策》,《河南科学》1991年第3期。

[36]暴鸿昌、胡凡:《明清时期长江中上游森林植被破坏的历史考察》,《湖北大学学报(哲学社会科学版)》1991年第1期。

[37]李丙寅:《略论魏晋南北朝时期的环境保护》,《史学月刊》1992年

1 期。

[38]张波等:《中国农业自然灾害历史资料方面观》,《中国科技史料》1992 年第 3 期。

[39]张善余:《全球变化和中国历史发展》,《华东师范大学学报》1992 年第 5 期。

[40]刘菊湘:《北宋河患与治河》,《宁夏社会科学》1992 年第 6 期。

[41]吕国强、邱强、张云霞:《河南省黄河流域历史上蝗灾发生与旱涝关系的初步分析》,《植保技术与推广》1993 年第 5 期。

[42]李文海:《晚清义赈的兴起与发展》,《清史研究》1993 年第 3 期。

[43]张岩:《试论清代的常平仓制度》,《清史研究》1993 年第 4 期。

[44]王勇:《试论西汉灾异谴告理论的积极意义》,《天津师大学报(社会科学版)》1993 年第 6 期。

[45]马雪芹:《南阳地区两汉、唐宋、明清时期水利事业之比较研究》,《中国历史地理论丛》1993 年第 2 期。

[46]韩世明:《金代黄河水患略论》,《求是学刊》1994 年第 2 期。

[47]张震宇、李均、王文楷等:《河南省自然灾害的地域分异规律》,《灾害学》1994 年第 3 期。

[48]康弘:《宋代灾害与荒政述论》,《中州学刊》1994 年第 5 期。

[49]吴宏岐:《元代黄河故道田与退滩地》,《中国历史地理论丛》1994 年第 2 期。

[50]刘太祥:《东汉防灾赈灾措施》,《南都学坛》1994 年第 1 期。

[51]贺润坤:《从云梦秦简〈日书〉看秦民间的灾变与救灾》,《江汉考古》1994 年第 2 期。

[52]张茂树:《瘟疫灾害及其防治》,《灾害学》1994 年第 2 期。

[53]徐凤先:《中国古代的异常天象观》,《自然科学史研究》1994 年第 3 期。

[54]于希贤:《近四千年来中国地理环境几次突发变异及其后果的初步研究》,《中国历史地理论丛》1995 年第 2 期。

[55]程谦恭等:《中国近五千年来地质灾害事件群发周期初步研究》,《西安地质学院学报》1995 年第 4 期。

[56]杭宏秋:《宋代和籴备荒之利弊及其思考》,《中国农史》1995 年第 4 期。

[57]许厚德:《论我国灾害历史的研究》,《灾害学》1995年第1期。

[58]王子今:《秦汉时期气候变迁的历史学考察》,《历史研究》1995年第2期。

[59]储茂东:《秦汉时期黄土高原土地利用与黄河水灾关系及其对水灾的治理》,《佛山大学学报》1995年第4期。

[60]周峰:《全新世时期河南的地理环境与气候》,《中原文物》1995年第4期。

[61]陈国生:《唐代自然灾害初步研究》,《湖北大学学报(哲学社会科学版)》1995年第1期。

[62]潘孝伟:《唐代减灾思想和对策》,《中国农史》1995年第1期。

[63]梁留科:《论人类与旱涝灾害相互作用的关系》,《灾害学》1995年第3期。

[64]李向军:《清代救灾的制度建设与社会效果》,《历史研究》1995年第5期。

[65]龚胜生:《中国先秦两汉时期疟疾地理研究》,《华中师范大学学报(哲学社会科学版)》1996年第4期。

[66]王铮等:《历史气候变化对中国社会发展的影响——兼论人地关系》,《地理学报》1996年第4期。

[67]高建国:《灾害学概况》,《农业考古》1996年第1期。

[68]耿占军、陈国生:《西汉自然灾害及气候初论》,《唐都学刊》1996年第1期。

[69]崔华、牛耕:《从汉画中的水旱神画像看我国汉代的祈雨风俗》,《中原文物》1996年第3期。

[70]章义和:《关于中国古代蝗灾的巫禳》,《历史教学问题》1996年第3期。

[71]卜风贤:《中国农业灾害史料灾度等级量化方法研究》,《中国农史》1996年第4期。

[72]任崇岳:《略论元代末年的河南农民起义》,《许昌师专学报(社会科学版)》1996年第1期。

[73]赵经纬:《元代赈灾机构初探》,《张家口师专学报(社会科学版)》1996年第1期。

[74]叶依能:《明代荒政述论》,《中国农史》1996年第4期。

[75]张剑光、邹国慰:《唐代的蝗害及其防治》,《南都学坛(哲学社会科学版)》1997年第1期。

[76]吴滔:《明清雹灾概述》,《古今农业》1997年第4期。

[77]桂慕文:《中国古代自然灾害史概说》,《农业考古》1997年第3期。

[78]卜逢贤、惠富平:《中国农业灾害历史演变趋势的初步分析》,《农业考古》1997年第3期。

[79]陈业新:《地震与汉代荒政》,《中南民族学院学报(哲学社会科学版)》1997年第3期。

[80]于希贤:《近几千年来的地理环境灾变》,《云南社会科学》1997年第4期。

[81]王保顶:《汉代灾异观略论》,《学术月刊》1997年第5期。

[82]陈采勤:《试论〈周礼〉的荒政制度》,《学术月刊》1998年第2期。

[83]马雪芹:《明清河南自然灾害研究》,《中国历史地理丛刊》1998年第1期。

[84]陈家其等:《江苏省近两千年气候变化研究》,《地理科学》1998年第3期。

[85]王培华:《元代北方寒害及减灾防灾措施》,《文史知识》1998年第9期。

[86]陈业新:《秦汉生态法律文化初探》,《华中师范大学学报(人文社会科学版)》1998年第2期。

[87]倪根金:《中国历史上的蝗灾及治蝗》,《历史教学》1998年第6期。

[88]潘志峰:《试论西汉时期神仙方术及阴阳灾异思想与谶纬的兴起》,《河北学刊》1998年第6期。

[89]夏明方:《从清末灾害群发期看中国早期现代化的历史条件——灾荒与洋务运动研究之一》,《清史研究》1998年第1期。

[90]王培华:《元代北方雹灾的时空特点及国家救灾减灾措施》,《中国历史地理论丛》1999年第2期。

[91]吴十洲:《先秦荒政思想研究》,《中华文化论坛》1999年第1期。

[92]杨振红:《汉代自然灾害初探》,《中国史研究》1999年第4期。

[93]张剑光、邹国慰:《略论两汉疫情的特点和救灾措施》,《北京师范大学学

报(人文社会科学版)》1999 年第 4 期。

[94] 王清:《大禹治水的地理背景》,《中原文物》1999 年第 1 期。

[95] 李裕元:《浅论中原地区近 5000 年来气候的水旱变化规律与中国历史朝代的演替与兴衰》,《华北水利水电学院学报(社科版)》1999 年第 4 期。

[96] 浦善新:《先秦行政区划钩沉上》,《中国地名》1999 年第 4 期。

[97] 张涛等:《对中国传统救灾思想的认识》,《光明日报(京)》1999 年第 6 期。

[98] 邹逸麟:《"灾害与社会"研究刍议》,《复旦学报(社会科学版)》2000 年第 6 期。

[99] 赵沛:《试论东汉的赈灾政策》,《河南师范大学学报(哲学社会科学版)》2000 年第 1 期。

[100] 黄今言、温乐平:《汉代自然灾害与政府的赈灾行迹年表》,《农业考古》2000 年第 3 期。

[101] 孙湘云:《天人感应的灾异观与中国古代救灾措施》,《中国典籍与文化》2000 年第 3 期。

[102] 王刚:《西汉荒政与抑商》,《中州学刊》2000 年第 5 期。

[103] 刘少虎:《两汉荒政建设原因析》,《湖南教育学院学报》2000 年第 6 期。

[104] 杨钰侠:《试论南北朝时期的赈灾之政》,《中国农史》2000 年第 2 期。

[105] 麻光炳:《西方近代保险思想在中国的传播及中国民族保险业的兴起》,《贵州大学学报(社会科学版)》2000 年第 9 期。

[106] 胡阿祥:《魏晋南北朝时期的生态环境》,《南京晓庄学院学报》2001 年第 3 期。

[107] 刘少虎:《论两汉荒政的文化效应》,《益阳师专学报》2001 年第 1 期。

[108] 卜风贤:《中国农业灾害史研究综论》,《中国史研究动态》2001 年第 2 期。

[109] 卜风贤:《周秦两汉时期农业灾害防灾抗灾技术措施》,《古今农业》2001 年第 2 期。

[110] 温乐平:《汉代自然灾害与政府的救灾举措》,《江西师范大学学报》2001 年第 2 期。

[111] 官德祥:《两汉时期蝗灾述论》,《中国农史》2001 年第 3 期。

[112]赵夏竹:《汉末三国时代的疾疫、社会与文学》,《中国典籍与文化》2001年第3期。

[113]刘光本:《中国古代灾异说之流变》,《青岛海洋大学学报(社会科学版)》2001年第2期。

[114]黄春长、赵世超、王晖:《西周兴衰与自然环境变迁》,《光明日报·理论周刊》2001年2月17日。

[115]魏天安、李晓荣:《北宋时期河南的农业开发》,《中州学刊》2001年第4期。

[116]陈朝云:《唐代河南的仓储体系与粮食运输》,《郑州大学学报(哲学社会科学版)》2001年第6期。

[117]贾玉英、赵文东:《略论朱熹的荒政思想与实践》,《河南大学学报(社会科学版)》2001年第5期。

[118]王社教:《历史时期我国沙尘天气时空分布特点及成因研究》,《陕西师范大学学报(哲学社会科学版)》2001年第3期。

[119]任美锷:《4280 a B.P. 太行山大地震与大禹治水后(4070 a B.P.)的黄河下游河道》,《地理科学》2002年第5期。

[120]毛曦:《中国传说时代洪水问题新探》,《山东大学学报(人文社会科学版)》2002年第2期。

[121]郑传斌、苏新留:《明代河南流民问题与社会控制》,《史学月刊》2002年第6期。

[122]王培华、方修琦:《1238—1368年华北地区蝗灾的时聚性与重现期及其与太阳活动的关系》,《社会科学战线》2002年第4期。

[123]和希格:《论金代黄河之泛滥及其治理》,《内蒙古大学学报(人文社会科学版)》2002年第2期。

[124]童圣江:《唐代地震灾害时空分布初探》,《中国历史地理论丛》2002年第4期。

[125]杨善群:《大禹治水地域与作用探论》,《学术月刊》2002年第10期。

[126]卜风贤:《周秦两汉时期农业灾害致灾原因初探》,《农业考古》2002年第1期。

[127]陈业新:《两汉荒政初探》,《淮南师范学院学报》2002年第1期。

[128]陈业新:《两汉时期灾害发生的社会原因》,《社会科学辑刊》2002年第2期。

[129]施和金:《论中国历史上的蝗灾及其社会影响》,《南京师大学报(社会科学版)》2002年第2期。

[130]谢仲礼:《东汉时期的灾异与朝政》,《中国社会科学院研究生院学报》2002年第2期。

[131]陈业新:《两〈汉书〉"五行志"关于自然灾害的记载与认识》,《史学史研究》2002年第3期。

[132]张文华、胡谦:《汉代救荒对策论略》,《延安大学学报(社会科学版)》2002年第3期。

[133]张文华:《气候变迁与中国古代史中的几个问题》,《丹东师专学报》2002年第3期。

[134]卜风贤:《周秦两汉时期农业灾害时空分布研究》,《地理科学》2002年第4期。

[135]陈业新:《两汉时期气候状况的历史学再考察》,《历史研究》2002年第4期。

[136]陈业新:《两汉时期的灾害及对经济影响的分析》,《江海学刊》2002年第5期。

[137]张文华:《汉代自然灾害的发展趋势及其特点》,《淮阴师范学院学报(哲学社会科学版)》2002年第5期。

[138]陈业新:《两汉荒政特点探析》,《史学月刊》2002年第8期。

[139]邹逸麟:《我国环境变化的历史过程及其特点初探》,《新华文摘》2002年第10期。

[140]王晖、黄春长:《商末黄河中游气候环境的变化与社会变迁》,《史学月刊》2002年第1期。

[141]薛瑞泽:《北魏的农田水利建设》,《安徽史学》2002年第3期。

[142]郭旭东:《殷商时期的自然灾害及其相关问题》,《史学集刊》2002年第4期。

[143]赫玉建:《汉代旱涝疫灾害在汉画中的反映》,《中原文物》2002年第1期。

[144]陈迪:《从南阳汉画像看汉代的傩文化》,《中原文物》2002年第1期。

[145]夏明方:《略论洋务派对传统灾异观的批判与利用》,《中州学刊》2002年第1期。

[146]马万明:《明清时期防治蝗灾的对策》,《南京农业大学学报(社会科学版)》2002年第2期。

[147]王化昆:《唐代洛阳的水害》,《河南科技大学学报(社会科学版)》2003年第3期。

[148]阎守诚:《唐代的蝗灾》,《首都师范大学学报(社会科学版)》2003年第2期。

[149]毛阳光:《遣使与唐代地方救灾》,《首都师范大学学报(社会科学版)》2003年第4期。

[150]秦冬梅:《试论魏晋南北朝时期的气候异常与农业生产》,《中国农史》2003年第1期。

[151]游修龄:《中国蝗灾历史和治蝗观》,《华南农业大学学报(社会科学版)》2003年第2期。

[152]王亚利:《魏晋南北朝时期的灾害思想初探》,《四川大学学报(哲学社会科学版)》2003年第1期。

[153]李亚光:《从甲骨文看商代的自然灾害及救治》,《锦州师范学院学报(哲学社会科学版)》2003年第5期。

[154]赵容俊:《甲骨卜辞所见之巫者的救灾活动》,《殷都学刊》2003年第4期。

[155]张文华:《汉代蝗灾论略》,《唐都学刊》2003年第1期。

[156]马新:《气候与汉代水利事业的发展》,《中国经济史研究》2003年第2期。

[157]陈业新:《两汉时期天体异常灾害论探讨》,《社会科学战线》2003年第3期。

[158]樊宝敏等:《中国历史上森林破坏对水旱灾害的影响——试论森林的气候和水文效应》,《林业科学》2003年第3期。

[159]王尚义、任世芳:《两汉黄河水患与河口龙门间土地利用之关系》,《中国农史》2003年第3期。

[160]周峰:《金代的蝗灾》,《农业考古》2003年第3期。

[161]程遂营:《12世纪前后黄河在开封地区的安流与泛滥》,《河南大学学报(社会科学版)》2003年第6期。

[162]张敏:《自然环境变迁与十六国政权割据局面的出现》,《史学月刊》2003年第5期。

[163]赵容俊:《甲骨卜辞所见之巫者的医疗活动》,《史学集刊》2004年第3期。

[164]刘厚琴:《略论汉代抑制型防灾减灾机制》,《烟台大学学报(哲学社会科学版)》2004年第3期。

[165]李华瑞、王海鹏:《朱熹禳弭救荒思想述论》,《中国农史》2004年第3期。

[166]郭文佳:《论宋代灾害救助程序》,《求索》2004年第9期。

[167]黄勇:《汉末魏晋时期的瘟疫与道教》,《求索》2004年第2期。

[168]刘春香:《魏晋南北朝时期灾害发生的社会原因》,《河南商业高等专科学校学报》2004年第3期。

[169]刘春香:《魏晋南北朝时期荒政述论》,《许昌学院学报》2004年第4期。

[170]张文:《中国古代报灾检灾制度述论》,《中国经济史研究》2004年第1期。

[171]王思明:《美洲原产作物的引种栽培及其对中国农业生产结构的影响》,《中国农史》2004年第2期。

[172]中国第一历史档案馆:《雍正朝设立社仓史料》(上、中、下),《历史档案》2004年第2~4期。

[173]赵艳萍:《中国历代蝗灾与治蝗研究述评》,《中国史研究动态》2005年第2期。

[174]胡惠芳:《民国时期蝗灾初探》,《河北大学学报(哲学社会科学版)》2005年第1期。

[175]章义和:《魏晋南北朝时期蝗灾述论》,《许昌学院学报》2005年第1期。

[176]邱云飞:《从救灾体制方面看宋朝社会内部"相对稳定性"的原因》,《洛阳大学学报》2005年第3期。

[177]陈金凤、王芙蓉:《两晋疫病及相关问题研究》,《许昌学院学报》2005年

第 3 期。

[178]王晓丽:《浅谈隋唐佛教寺院的公益活动》,《烟台师范学院学报(哲学社会科学版)》2005 年第 3 期。

[179]么振华:《唐朝的因灾蠲免程序及其实效》,《人文杂志》2005 年第 3 期。

[180]向安强、贾兵强:《略论明清以来河南旱灾》,《农业考古》2005 年第 3 期。

[181]卜风贤:《中国古代的灾荒理念》,《史学理论研究》2005 年第 3 期。

[182]朱浒:《江南人在华北——从晚清义赈的兴起看地方史路径的空间局限》,《近代史研究》2005 年第 5 期。

[183]牛建强:《明万历二十年代初河南的自然灾伤与政府救济》,《史学月刊》2006 年第 1 期。

[184]勾利军、彭展:《唐代黄河中下游地区蝗灾分布研究》,《中州学刊》2006 年第 3 期。

[185]张秀军:《两晋时期民间应对灾害策略》,《北方论丛》2006 年第 5 期。

[186]龚光明、杨旺生:《宋元两朝桑灾比较》,《农业与技术》2006 年第 6 期。

[187]王文涛:《东汉洛阳的自然灾害与政府赈灾年表》,《河南科技大学学报(社会科学版)》2006 年第 1 期。

[188]朱彦民:《商代晚期中原地区生态环境的变迁》,《南开学报》2006 年第 5 期。

[189]庞小霞等:《中原地区文明化进程中农业经济考察》,《农业考古》2006 年第 4 期。

[190]孟凡玉:《淮北汉画像石中的傩形象考辨》,《民族艺术》2006 年第 4 期。

[191]毛阳光:《唐代灾害奏报与监察制度略论》,《唐都学刊》2006 年第 6 期。

[192]石涛:《北宋的天象灾害预测理论与机构设置》,《山西大学学报(哲学社会科学版)》2006 年第 2 期。

[193]阎守诚:《自然灾害与中国古代社会的治乱》,《光明日报》2006 年 6 月 12 日。

[194]王国敏:《农业自然灾害的风险管理与防范体系建议》,《社会科学研究》2007 年第 4 期。

[195]苏新留:《晚清以来黄河灾害对河南乡村环境的影响》,《中州学刊》

2007年第1期。

[196] 鞠明库:《明代的自然灾害及其社会影响》,《江西社会科学》2007年第7期。

[197] 谭景玉:《宋代乡村行政组织在救灾中的作用》,《广西社会科学》2007年第1期。

[198] 张喜琴:《苏轼救荒思想述略》,《山西大学学报(哲学社会科学版)》2007年第4期。

[199] 王芙蓉、续敏:《晋代蝗灾初探》,《乐山师范学院学报》2007年第1期。

[200] 施胜僖:《三国时期孙吴的弱势群体救助》,《湖北广播电视大学学报》2007年第2期。

[201] 卜风贤、王向辉:《魏晋南北朝时期的减灾政策与救荒制度》,《中国减灾》2007年第8期。

[202] 朱彦民:《商代中原地区的草木植被》,《殷都学刊》2007年第3期。

[203] 魏继印:《殷商时期中原地区气候变迁探索》,《考古与文物》2007年第6期。

[204] 刘春雨:《东汉水灾及其救助措施》,《华北水利水电学院学报(社科版)》2007年第2期。

[205] 张文安:《东汉时期河南地区的水灾》,《华北水利水电学院学报(社科版)》2007年第5期。

[206] 卜风贤、冯利兵:《秦汉时期减灾政策与救荒制度》,《中国减灾》2007年第7期。

[207] 魏明孔:《唐初对自然灾害的认识及政府赈灾决策述论——读〈贞观政要〉札记》,《学习与实践》2007年第2期。

[208] 邱云飞:《两宋瘟疫灾害考述》,《医学与哲学(人文社会医学版)》2007年第6期。

[209] 陈鑫:《北宋蝗灾浅探》,《内蒙古农业大学学报(社会科学版)》2008年第4期。

[210] 张兴辽:《河南历史上的地震情况》,《资源导刊》2008年第6期。

[211] 郭文佳:《宋代地方医疗机构与疾疫救治》,《求索》2008年第8期。

[212] 李帮儒:《论唐代救灾机制》,《农业考古》2008年第6期。

[213]么振华:《唐代民间的自助与互助救荒》,《兰州学刊》2008年第11期。

[214]张文安:《两汉时期河南地区的水患及其治理与救助》,《河南大学学报(社会科学版)》2008年第2期。

[215]王长燕、赵景波、郁耀闯:《明代开封地区洪水灾害规律研究》,《华中师范大学学报(自然科学版)》2008年第3期。

[216]陈高华:《元朝赈恤制度研究》,《中国史研究》2009年第4期。

[217]蔡定益:《魏晋南北朝时期的蝗灾探析》,《农业考古》2009年第4期。

[218]王秀莲等:《华北地区宋元明清疫情及相关因素分析》,《天津中医药大学学报》2009年第3期。

[219]郑发展:《明朝洪武初年山西人口移民河南规模初探》,《中州学刊》2009年第2期。

[220]刘玉:《贾谊的生态伦理观探究》,《淮北煤炭师范学院学报(哲学社会科学版)》2009年4月。

[221]鞠明库:《明代河南旱灾与社会应对》,《华北水利水电学院学报(社科版)》2010年第5期。

[222]马彩霞、袁飞:《小议制约元代河南江北行省农业发展的两大因素》,《成功(教育)》2010年第8期。

[223]刘方健:《中国历史上的救灾思想与政策》,《福建论坛(人文社会科学版)》2010年第10期。

[224]么振华:《唐代因灾移民政策简论》,《兰州学刊》2010年第9期。

[225]李华瑞:《劝分与宋代救荒》,《中国经济史研究》2010年第1期。

[226]范勇、郑志强:《宋代社会救灾制度及其对当代社会保障的启示》,《华东交通大学学报》2010年第2期。

[227]刘双怡:《宋代地震灾害与政府应对》,《防灾科技学院学报》2010年第3期。

[228]武玉环:《论金朝的防灾救灾思想》,《史学集刊》2010年第3期。

[229]李华瑞:《北宋荒政的发展与变化》,《文史哲》2010年第6期。

[230]李娜:《浅论范仲淹的荒政思想及其救荒措施》,《牡丹江大学学报》2010年第11期。

[231]王鑫宏:《"丁戊奇荒"对河南的影响及各方赈灾》,《农业考古》2010年

第 3 期。

[232] 吴小伦:《清代河南黄河水患与基层政府行为》,《许昌学院学报》2011 年第 1 期。

[233] 马玉臣:《唐、北宋时期今河南对应区域政区之演变》,《史学月刊》2011 年第 10 期。

[234] 邱云飞:《明代瘟疫灾害史论》,《医学与哲学(人文社会医学版)》2011 年第 1 期。

[235] 甄尽忠:《论魏晋南北朝时期的旱灾与赈济》,《吉首大学学报(社会科学版)》2011 年第 2 期。

[236] 刘荣臻、包羽:《元代社会救济思想初探》,《前沿》2011 年第 21 期。

[237] 穆崟臣:《清代雨雪折奏制度考略》,《社会科学战线》2011 年第 11 期。

[238] 李娟:《1128—1855 年黄河南泛对杞县城市形态的影响》,《三门峡职业技术学院学报》2011 年第 3 期。

[239] 张高臣:《洋务派防灾救荒思想与实践述略》,《山东师范大学学报(人文社会科学版)》2011 年第 6 期。

[240] 王文涛:《论汉代的社会保障思想》,《苏州大学学报(哲学社会科学版)》2012 年第 4 期。

[241] 申友良、肖月娥:《元代申检体覆制度与减灾救灾》,《湛江师范学院学报》2012 年第 5 期。

[242] 吴朋飞、李娟、费杰:《明代河南大水灾城洪涝灾害时空特征分析》,《干旱区资源与环境》2012 年第 5 期。

[243] 马永:《北魏孝文帝统治时期的赈灾防灾措施》,《山西大同大学学报(社会科学版)》2012 年第 4 期。

[244] 李华瑞:《抄劄救荒与宋代赈灾户口的调查统计》,《历史研究》2012 年第 6 期。

[245] 李铁松、潘兴树,尹念辅等:《两宋时期瘟疫灾害时空分布规律初探》,《防灾科技学院学报》2012 年第 12 期。

[246] 李华瑞:《略论宋朝临灾救助的三项重要措施》,《淮阴师范学院学报(哲学社会科学版)》2013 年第 1 期。

[247] 楚纯洁、赵景波:《开封地区宋元时期洪涝灾害与气候变化》,《地理科

学》2013 年第 9 期。

[248]安英桥:《蒙元时期的灾荒与灾荒赈济》,《赤峰学院学报(汉文哲学社会科学版)》2013 年第 10 期。

[249]李华瑞:《论宋代的自然灾害与荒政》,《首都师范大学学报(社会科学版)》2013 年第 2 期。

[250]李华瑞:《宋代地方官员与救荒》,《地方文化研究》2013 年第 2 期。

[251]杨惠淑:《中原地区水旱灾害及减灾措施》,《河南水利与南水北调》2013 年第 23 期。

[252]商兆奎、邵侃:《唐代蝗灾考论》,《原生态民族文化学刊》2013 年第 3 期。

[253]李胜伟:《唐代疫病流行与政府应对措施浅论》,《河南师范大学学报(哲学社会科学版)》2013 年第 1 期。

[254]王武:《晚清河南的水旱灾害及特点分析》,《农业考古》2013 年第 4 期。

[255]贾兵强:《隋唐时期黄河中下游地区气候变化初步研究》,《农业考古》2014 年第 3 期。

[256]何先成:《唐代的蝗灾再认识》,《唐都学刊》2014 年第 1 期。

[257]赵晔:《两汉时期自然灾害与社会救灾的统计分析》,《中国统计》2014 年第 1 期。

[258]杨丽:《两汉时期中原地区瘟疫研究》,《中州学刊》2014 年第 2 期。

[259]陈伟庆:《试论宋代巫觋对农业生产的影响》,《怀化学院学报》2014 年第 4 期。

[260]王星光:《鲁明善〈农桑衣食撮要〉的灾害防护措施探析》,《青海民族研究》2014 年第 3 期。

[261]郑民德、吴志远:《明代的地震灾害与国家应对举措》,《辽宁教育行政学院学报》2014 年第 2 期。

[262]刘宇、郑民德:《农神崇拜与社会信仰:以明清时期的八蜡庙为对象的历史考察》,《农业考古》2014 年第 1 期。

[263]刘海霞:《从清初灾害应对方式看"天人合一"观念的生态局限——兼论我国生态文化建设的现实根基》,《泰山学院学报》2015 年第 5 期。

[264]李艳萍等:《明代河南地区干旱灾害的时空特征分析》,《干旱区资源与

环境》2015 年第 5 期。

[265]李明奎:《基于黄河灾害研究综述的思考》,《昆明学院学报》2015 年第 5 期。

[266]夏明方:《大数据与生态史:中国灾害史料整理与数据库建设》,《清史研究》2015 年第 2 期。

[267]金城等:《北宋时期的蝗灾及治蝗措施——以神宗朝为中心的考察》,《农业考古》2015 年第 6 期。

[268]王斌:《宋朝农民起义新探》,《和田师范专科学校学报》2015 年第 6 期。

[269]夏炎:《中古灾害史研究的新路径:魏晋南北朝地方官灾后救济的史实重建》,《史学月刊》2016 年第 10 期。

[270]吴朋飞、邓玉娜:《黄河变迁对元代开封的影响》,《城市史研究》2016 年第 1 期。

[271]崔彦华、贾碧真:《东汉蝗灾概述》,《社科纵横》2016 年第 9 期。

[272]赵妍:《王安石救荒思想研究》,《前沿》2016 年第 8 期。

[273]叶万松:《史前五帝时期中原地区开始进入文明时代》,《黄河科技大学学报》2016 年第 4 期。

[274]李香云:《浅析先秦时期思想文化生态的发展演变》,《太原理工大学学报(社会科学版)》2016 年第 6 期。

[275]田冰、张云筝:《明代黄河决溢对黄淮平原经济发展的影响》,《中州学刊》2016 年第 12 期。

[276]赫兴无:《试论战国时期中原地区生态环境保护的思想与实践》,《中学地理教学参考》2017 年第 6 期。

[277]李福长、尤聪:《唐代中央灾害处置机制研究》,《西部学刊》2017 年第 10 期。

[278]赵荣俊等:《先秦巫者的祝诅放蛊活动》,《邯郸学院学报》2017 年第 4 期。

[279]张军涛:《甲骨卜辞所见中原稻作》,《古今农业》2017 年第 1 期。

[280]刘继刚:《甲骨文所见殷商时期的蝗灾及防治方法》,《中国农史》2017 年第 4 期。

[281]赫兴无:《春秋时期中原地区生态环境保护的理论探索与实践活动》,

《中学地理教学参考》2017 年第 16 期。

[282]张军涛等:《殷商中原地区蝗灾探析》,《自然科学史研究》2018 年第 4 期。

[283]李欢、张明芳、白景锋:《唐代以来河南蝗灾时空分布变化分析》,《南阳师范学院学报》2018 年第 1 期。

[284]李开封、高文华、李溯源等:《中世纪暖期豫北地区干旱灾害研究》,《河南大学学报(自然科学版)》2018 年第 3 期。

[285]张健:《康熙年间黄河中游大旱事件史实、特征及社会因素(1689—1692)》,《苏州大学学报(哲学社会科学版)》2018 年第 3 期。

[286]张亮、徐鹏:《试析汉代河南地域的水旱灾及其影响》,《安阳师范学院学报》2019 年第 6 期。

[287]秦妍:《汉末三国之际瘟疫探略》,《湖北文理学院学报》2019 年第 12 期。

[288]叶炜:《隋唐时期的粮食储备政策》,《人民论坛》2019 年第 33 期。

[289]李庆勇:《明代河南地震时空分布分析》,《商丘职业技术学院学报》2019 年第 3 期。

[290]陈运梅:《近 10 年来明代灾害史研究综述》,《社会科学动态》2019 年第 3 期。

[291]岳倩霞、郝豫等:《灾害文化演进研究——以河南省为例》,《河南理工大学学报(社会科学版)》2019 年第 1 期。

[292]林乾、陈丽:《法律视域下的清代疫灾奏报与防治》,《西南大学学报(社会科学版)》2020 年第 3 期。

[293]高亚伦:《探索冰雹灾害对农业生产的影响及防范方法》,《现代农业》2020 年第 3 期。

五、学位论文

[1]丁春文:《秦汉自然灾害研究》(硕士学位论文),西北大学,2001 年。

[2]张文华:《汉代自然灾害的初步研究》(硕士学位论文),陕西师范大学,2001 年。

[3]董晓泉:《试论两汉的水利工程与水旱灾害》(硕士学位论文),首都师范

大学,2002年。

[4]谢翠维:《唐代自然灾害研究》(硕士学位论文),西北大学,2002年。

[5]赵昭:《明代的灾荒救治》(硕士学位论文),郑州大学,2002年。

[6]王亚利:《魏晋南北朝灾害研究》(博士学位论文),四川大学,2003年。

[7]高峰:《北朝灾害史研究》(博士学位论文),首都师范大学,2003年。

[8]王弨:《十六国北朝荒政研究》(硕士学位论文),安徽师范大学,2004年。

[9]袁野:《唐代的自然灾害——〈两唐书·五行志〉有关记载研究》(硕士学位论文),首都师范大学,2004年。

[10]李亚光:《周代荒政研究》(博士学位论文),吉林大学古籍研究所,2004年。

[11]李军:《灾害危机与唐代政治》(博士学位论文),首都师范大学,2004年。

[12]王照年:《北宋黄河水患研究》(硕士学位论文),西北师范大学,2005年。

[13]段伟:《秦汉社会防灾减灾制度研究》(博士学位论文),首都师范大学,2005年。

[14]李辉:《北朝时期的自然灾害及国家与民间救灾措施研究》(博士学位论文),吉林大学,2006年。

[15]何巧芝:《明代荒政思想探讨》(硕士学位论文),山西财经大学,2006年。

[16]刘继宪:《南北朝自然灾害统计与初步研究》(硕士学位论文),郑州大学,2006年。

[17]邱云飞:《宋朝水灾初步研究》(硕士学位论文),郑州大学,2006年。

[18]李曼曼:《唐五代瘟疫与社会研究》(硕士学位论文),安徽师范大学,2006年。

[19]和付强:《元代疫病史初步研究》(硕士学位论文),郑州大学,2006年。

[20]王晓艳:《清代河南自然灾害研究》(硕士学位论文),郑州大学,2006年。

[21]李燕:《古代黄河中游环境变化和灾害对于都市迁移发展的影响研究》(硕士学位论文),陕西师范大学,2007年。

[22]冯利兵:《中国古代农业减灾救荒思想研究》(硕士学位论文),西北农林科技大学,2008年。

[23]郁高强:《秦汉水旱灾害及救助措施研究》(硕士学位论文),兰州大学,2009年。

[24] 谢堂银:《光绪十三年黄河郑州决口与清政府的应对措施》(硕士学位论文),东北师范大学,2009年。

[25] 陈超:《秦汉黄河中下游地区作物病虫灾害研究》(硕士学位论文),郑州大学,2010年。

[26] 林欣华:《明代疫灾研究》(硕士学位论文),江西师范大学,2010年。

[27] 陈海军:《隋唐时期荒政研究》(硕士学位论文),青海师范大学,2011年。

[28] 王连营:《论宋代赈济制度》(硕士学位论文),山东大学,2011年。

[29] 丁祥利:《春旱秋潦:黄河与豫东平原社会变迁(1644—1795)》(硕士学位论文),南京大学,2011年。

[30] 吴社伟:《秦汉时期河洛地区的生态环境》(硕士学位论文),河南科技大学,2011年。

[31] 张玲:《清代前期河南自然灾害与社会应对》(硕士学位论文),陕西师范大学,2012年。

[32] 王志航:《宋代荒政思想》(硕士学位论文),四川师范大学,2012年。

[33] 马晓林:《元代国家祭祀研究》(博士学位论文),南开大学,2012年。

[34] 刘旭东:《明代河南灾荒与荒政研究》(硕士学位论文),陕西师范大学,2012年。

[35] 郑秋实:《唐代疫灾防治研究》(硕士学位论文),中央民族大学,2012年。

[36] 周通:《商代用水问题研究》(硕士学位论文),郑州大学,2012年。

[37] 马利利:《明清时期驱蝗神祈禳研究》(硕士学位论文),天津师范大学,2012年。

[38] 周云:《唐代太府寺研究》(硕士学位论文),山东大学,2013年。

[39] 靳强:《唐代的自然灾害若干问题研究》(博士学位论文),武汉大学,2013年。

[40] 罗先勇:《自然灾害与宋代政治初探》(硕士学位论文),四川师范大学,2013年。

[41] 涂斌:《明代蝗灾与治蝗研究》(硕士学位论文),江西师范大学,2013年。

[42] 闫娜轲:《清代河南灾荒及其社会应对研究》(博士学位论文),南开大学,2013年。

[43] 孙玲:《明代黄河灾害与河神信仰》(硕士学位论文),青海师范大学,

2013年。

[44]张武韬:《清代河南省疫灾地理规律与环境机理研究》(硕士学位论文),华中师范大学,2014年。

[45]付海龙:《试论中原地区商代的水井》(硕士学位论文),中央民族大学,2015年。

[46]程亚琼:《元代河南江北行省自然灾害研究》(硕士学位论文),暨南大学,2015年。

[47]张静:《明代河南地区水旱灾害与社会应对》(硕士学位论文),郑州大学,2015年。

[48]张涛:《明代疫灾时空分布及环境机理研究》(博士学位论文),华中师范大学,2015年。

[49]陈晓玲:《明清时期豫北地区自然灾害研究(1368—1840)》(硕士学位论文),广西师范大学,2015年。

[50]张军涛:《商代中原地区农业研究》(硕士学位论文),郑州大学,2016年。

[51]张艳丽:《北魏恤政研究》(硕士学位论文),淮北师范大学,2016年。

[52]黄静:《清代自然灾害救助法制州县实践研究》(博士学位论文),西南政法大学,2016年。

[53]裴沛:《宋代风灾与政府应对研究》(硕士学位论文),河南大学,2017年。

[54]韩晓彤:《清代河南慈善机构研究——以养济院、普济堂为例》(硕士学位论文),郑州大学,2018年。

后　记

我开始从事灾害史研究是十多年前的事了。2003年,我在郑州大学历史系攻读中国古代史专业的硕士学位,正赶上"非典"传播,全国形势严峻,社会一片恐慌,学生被封闭在校园里不能外出,每天宿舍里还要消毒。我的导师袁祖亮先生认为人在灾害面前太渺小了,在如何认识、预防和救治灾害方面,作为学人有义务和责任提供历史借鉴,他在2002、2003级研究生培养方案中,把灾害史作为重点研究方向。2008年,中国又发生汶川大地震,造成近7万人遇难,再一次印证了灾害史研究的重要性。这个时候,我们的灾害史研究也告一段落,这些研究生也陆续离开了学校。我博士毕业后留在郑州大学工作,整理他们留下的资料,撰写出版了《中国灾害通史·秦汉卷》和《中国灾害通史·魏晋南北朝卷》。

2019年年底,我受河南省社会科学院历史与考古研究所唐金培先生邀请,主持河南灾害史研究。项目刚刚开始,全球新型冠状病毒肺炎疫情暴发,交通出行受限,我和研究生团队有一段时间甚至不能见面,只能通过视频会议进行联络。经过近半年的艰苦工作,任务初步完成。我们研究了河南自然灾害的历史记录,并分析其发生特点规律,还重点分析了古代的救灾制度和救灾措施。我们的工作仅仅是史料的搜集和分类整理,分析的系统性和深度非常不足,但愿能对河南救灾史的研究提供些许参考并起到抛砖引玉的作用,其中不足、不当之处,欢迎各界读者批评指正。

在这里,我还要感谢唐金培先生的信任和支持,感谢导师袁祖亮先生和同门袁延胜、刘纪刚、闵祥鹏、刘春雨、贺予新等诸多师兄弟的交流、鼓励,也感谢我的研究团队成员牛小燕、苏爽、王梦欣、张朦朦、胡巧、郭海燕、刘任菲、王纪恒的辛苦付出。

在本书完稿之际,疫情还没有结束,河南省又发生了严重的洪涝灾害。此次降水造成大面积道路、房屋被淹受损,还引发山体滑坡、泥石流,财产损失估计高达数十亿元。疫情和洪灾再次警示世人:尽管我们的经济和科技水平与过去相比,有了显著提高,但自然灾害从未远离,加强防灾意识,健全防灾体系,完善防灾救灾制度和措施仍然不能松懈;加强防灾救灾历史研究,吸取防灾救灾经验教训仍然十分必要。

焦培民
2021 年 7 月 25 日于郑州大学盛和苑明园